Beck'sche Elementarbücher

JOHN LYONS

Semantik

BAND I

VERLAG C. H. BECK MÜNCHEN

Aus dem Englischen übertragen und für den deutschen Leser eingerichtet
von Brigitte Asbach-Schnitker, Jean Boase und Herbert E. Brekle
Die englische Originalausgabe erschien unter dem Titel
„Semantics. Volume I" bei Cambridge University Press 1977

Mit 7 Abbildungen im Text

CIP-Kurztitelaufnahme der Deutschen Bibliothek

Lyons, John:
Semantik / John Lyons. [Aus d. Engl. übertr. u.
für d. dt. Leser eingerichtet von Brigitte Asbach-
Schnitker ...]. – München : Beck.
　Einheitssacht.: Semantics ⟨dt.⟩
Bd. 1. – 1980.
　(Beck'sche Elementarbücher)
　ISBN 3 406 05272 X

ISBN 3 406 05272 X

Einbandentwurf von Walter Kraus, München
Umschlagbild: Vergleich der nordsemitischen Buchstaben mit hieratischen
und hieroglyphischen Schriftzeichen (Ausschnitt)
© Für die deutsche Ausgabe:
C. H. Beck'sche Verlagsbuchhandlung (Oscar Beck), München 1980
Satz und Druck: Georg Appl, Wemding. Printed in Germany

Inhalt

Abbildungsverzeichnis

1. Ein Kommunikationsmodell. *Seite 49*
2. Bedeutungsdreieck. *Seite 110*
3. Wahrheitswerttabelle für den einstelligen negativen Konnektor. *Seite 155*
4. Wahrheitswerttabellen für die zweistelligen Konnektoren. *Seite 156*
5. Vennsche Diagramme, die die Vereinigung und den Durchschnitt von Klassen darstellen. *Seite 170*
6. Verschiedene Arten des diachronen Wandels. *Seite 267*
7. Modell eines hierarchisch geordneten Wortschatzes. *Seite 305*

Typographische Konventionen

KAPITÄLCHEN

Für Bedeutungskomponenten und andere abstraktere Bedeutungselemente oder -korrelate (Cf. 9.9).

kursiv

1. Für Formen (im Unterschied zu Lexemen oder Ausdrücken: cf. 1.5) in ihrer orthographischen Darstellung.
2. Für bestimmte mathematische und logische Symbole, entsprechend den Standardkonventionen.

Einfache Anführungszeichen

1. Für Lexeme und Ausdrücke (cf. 1.5).
2. Zum Zitieren von Sätzen (i. e. Systemsätze: cf. 1.6).
3. Für Aufsatztitel.

Doppelte Anführungszeichen

1. Für Bedeutungen (cf. 1.5).
2. Für Propositionen (cf. 6.2).
3. Für Zitate von anderen Autoren.

Sternchen*

Zum Einführen von *termini technici* und gelegentlich danach auch, um den Leser an ihre technische Bedeutung zu erinnern.

Bemerkungen

1. Wenn ein Ausdruck mit einem Sternchen versehen wurde, werden keine einfachen Anführungszeichen verwendet.
2. Einfache Anführungszeichen werden weggelassen, wenn ein Satz, Ausdruck oder Lexem numeriert ist und in einer neuen Zeile steht; aber Kursivschrift und doppelte Anführungszeichen werden auch dann noch verwendet.
3. Bei Zitaten von anderen Autoren sind die ursprünglichen typographischen Konventionen beibehalten worden. Gelegentlich sind Veränderungen gemacht worden, um Mißverständnisse oder Ambiguitäten zu vermeiden.

Vorwort des Verfassers

Als ich vor sechs Jahren begann dieses Buch zu schreiben, war es meine Absicht, eine ziemlich kurze einbändige Einführung in die Semantik zu schreiben, die den Bedürfnissen von Studierenden in mehreren Fächern dienen könnte und die auch für den allgemeinen Leser interessant sein sollte. Das Buch, wie es nun tatsächlich vorliegt, ist viel länger geworden, obwohl es in mancher Hinsicht weniger umfassend ist, als ich es ursprünglich geplant hatte; dies ist der Grund dafür, daß es nun in zwei Bänden veröffentlicht wird.

Band I ist im wesentlichen allgemeiner gehalten als Band II und ist in sich relativ abgeschlossen. In den ersten sieben Kapiteln habe ich im Rahmen des verfügbaren Raums mein Bestes getan, die Semantik in den allgemeineren Rahmen der Semiotik zu stellen (Semiotik wird hier definiert als die Untersuchung von sowohl menschlichen als auch nicht menschlichen Signalsystemen); ich habe versucht, aus den Aussagen von Etologen, Psychologen, Philosophen, Anthropologen und Linguisten über Bedeutung und Kommunikation etwas zu gewinnen, das einen konsistenten, wenn auch ziemlich eklektischen Zugang zur Semantik eröffnet. Eines der größten Probleme, die ich beim Schreiben dieses Teils des Buches hatte, war terminologischer Natur. Es ist in den Arbeiten zur Semantik und Semiotik häufig der Fall, daß die gleichen Ausdrücke in ganz verschiedenen Bedeutungen von verschiedenen Autoren verwendet werden, oder daß es mehrere Alternativen für etwas gibt, das wesentlich dasselbe Phänomen betrifft. Dazu kann ich nur sagen, daß ich so sorgfältig wie möglich bei der Auswahl zwischen alternativen Ausdrücken oder alternativen Interpretationen derselben Ausdrücke vorgegangen bin und – innerhalb der Grenzen meines eigenen Wissens auf diesem Gebiet – versucht habe, die Aufmerksamkeit des Lesers auf gewisse terminologische Fußangeln zu lenken. Zu einem bestimmten Zeitpunkt hatte ich gehofft in der Lage zu sein, der Praxis zu folgen, nie ein Wort in seiner nicht-technischen Bedeutung zu verwenden, welches anderswo in dem Buch in irgendeiner technischen Bedeutung verwendet wurde. Diesen donquichottischen Vorsatz mußte ich jedoch bald aufgeben! Einige der gewöhnlichsten englischen Wörter (z. B. ‚case‘, ‚feature‘, ‚aspect‘) werden in der Linguistik und in benachbarten Disziplinen in einer hochspezialisierten Bedeutung verwendet; es war mir, so sehr ich mich auch darum bemühte, unmöglich, ohne sie auszukommen. Ich verlasse mich darauf, daß der Kontext (und das Verfahren der Verwendung von Sternchen zur Einführung technischer Ausdrücke) Doppeldeutigkeit und die Möglichkeit des Mißverstehens verringern wird, wenn sie schon nicht ganz ausgeschaltet werden kann.

Die letzten beiden Kapitel von Band I sind der strukturellen Semantik (oder, genauer der strukturellen Lexikologie) gewidmet. Mit diesem Gegenstand habe ich mich immer wieder fast zwanzig Jahre lang beschäftigt; und ich glaube immer noch, obwohl der sogenannte strukturalistische semantische Ansatz sich nicht mehr einer so großen Aufmerksamkeit der Linguisten erfreut wie früher, daß er zu der Analyse der Sprache viel beitragen kann.

Band II kann unabhängig von Band I von jedermann gelesen werden, der schon mit den in Band I erklärten Begriffen und Unterscheidungen vertraut ist, oder der gewillt ist, sie einfach als gegeben anzunehmen. In Band II, der (von dem Kapitel über Kontext, Stil und Kultur abgesehen) sich mit Semantik von einem ziemlich engen sprachwissenschaftlichen Standpunkt aus beschäftigt, bin ich versucht gewesen, etwas mehr zu tun als nur das Werk anderer zu klären und zu systematisieren; dies erklärt auch die Tatsache, daß ich zum Schreiben dieses Buches, insgesamt gesehen, viel länger gebraucht habe, als ich ursprünglich erwartet hatte. Fünf der acht Kapitel in Band II – zwei von den drei Kapiteln über Semantik und Grammatik, das Kapitel über Deixis, Raum und Zeit, das Kapitel über Modus und illokutionäre Kraft und das Kapitel über Modalität – enthalten Abschnitte, in denen auch, es sei denn, daß ich mich ganz täusche, einige wenige meiner eigenen Ideen enthalten sind. *Caveat lector!*

Wie ich schon gesagt habe, ist das Buch in mancher Hinsicht weniger umfassend als ich ursprünglich beabsichtigt hatte. Es enthält nichts über Etymologie und historische Semantik oder über Synonymie, und es gibt sehr wenig über die Struktur von Texten (oder die sogenannte Textlinguistik) oder über Metapher und Stil. Wenn ich mich mit diesen Gebieten noch auseinandergesetzt hätte, hätte ich das Buch noch umfangreicher machen müssen. Manchmal muß man aber aufhören, selbst wenn man noch nicht zu Ende gekommen ist.

Beim Schreiben dieses Vorworts bin ich mir nur zu sehr bewußt, daß ich gerade von Edinburgh, wo ich nun zwölf Jahre in einer der besten linguistischen Abteilungen der Welt verbracht habe, weggezogen bin. Während dieser ganzen Zeit hat mir bei meinem Schreiben und in meiner Lehre der Rat und die Kritik meiner Kollegen von mehreren Departments sehr geholfen. Was dieses Buch anbetrifft, so haben mir viele geholfen, indem sie Teile davon in Manuskriptform gelesen und diese kommentiert haben oder indem sie die Ideen (in einigen Fällen haben sie diese auch selbst hervorgebracht), die ihren Weg in meinen Text gefunden, diskutiert haben: John Anderson, R. E. Asher, Martin Atkinson, Gillian Brown, Keith Brown, John Christie, Kit Fine, Patrick Griffiths, Stephen Isard, W. E. Jones, John Laver, Christopher Longuet-Higgins, J. E. Miller, Keith Mitchell, Barry Richards und James Thorne. Ron Asher und Bill Jones waren besonders hilfreich, jeder von ihnen hat das ganze Typoskript gelesen, und Bill Jones hat den Index für mich erstellt. Neben diesen Edinburgher und Ex-Edinburgher Kollegen gibt es viele andere, denen ich für ihre Kommentare zu Manuskriptfassungen von Teilen des Buches Dank schulde: Harry Bracken, Simon Dik, R. M. Dixon, Françoise Dubois-Charlier, Newton Garver, Gerard Gazdar, Arnold Glass, F. W. Householder, Rodney Huddleston, R. A. Hudson, Ruth Kempson, Geoffrey Leech, Adrienne Lehrer, David Makinson, P. H. Matthews, G. A. Miller, R. H. Robins, Geoffrey Sampson, der verstorbene Stephen Ullmann, Anthony Warner. Zweifellos bleiben viele Fehler und Schwächen übrig, aber ohne die Hilfe so vieler Freunde, deren Spezialwissen in vielen der einschlägigen Gebiete weitaus größer ist als meines, würde ich noch öfter, als ich das sowieso getan habe, einen falschen Weg eingeschlagen haben.

Wie alle Lehrer habe auch ich über die Jahre mehr von meinen Studenten gelernt als sie von mir. Ich betrachte es als eine Auszeichnung, während des Zeitraums, in dem ich dieses Buch geschrieben habe, mehrere Forschungsseminare durchgeführt und eine ziemliche Anzahl von Ph. D.-Dissertationen über Semantik überwacht zu haben. Zwei meiner Studenten muß ich namentlich nennen, denn ich bin mir völlig bewußt, daß von ihnen einige der Punkte, die in diesem Buch erscheinen, stammen: Marilyn Jessen und Claudia Guimaraes de Lemos. Ich habe jedoch keinen Zweifel daran, daß andere meiner Studenten ebenso für vieles im zweiten Band verantwortlich sind, was ich als originelle Beiträge betrachte.

Besonderen Dank schulde ich Rena Somerville, die als meine Sekretärin in den letzten Jahren (die beste Sekretärin, die ich je gehabt habe) so viele Versionen von bestimmten Teilen meines Manuskripts mit der Maschine geschrieben hat, daß sie wahrscheinlich den wesentlichen Inhalt aus ihrem Gedächtnis wiedergeben könnte! Ein Großteil dieser Arbeit hat sie abends und an den Wochenenden zu Hause getan: ich hoffe, daß ihre Familie mir verzeihen wird, daß ich auf diese Weise ihr so viel Zeit gestohlen habe.

Schließlich muß ich meine Dankbarkeit meiner Frau und meinen Kindern für ihre Bereitschaft aussprechen, sich, während ich das Buch schrieb, mit meinen häufigen depressiven Momenten, meiner schlechten Laune oder bloßer Geistesabwesenheit abgefunden zu haben; dasselbe gilt für das Verschieben so vieler versprochener Ausflüge und Ferien. Ganz besonders möchte ich meiner Frau danken für die Liebe und die Unterstützung, die sie mir bei meinem Schreiben wie auch sonst in allen Dingen immer gegeben hat.

Falmer, Sussex
November 1976   J. L.

Vorwort der Übersetzer

Bei der vorliegenden Übersetzung haben wir uns so weitgehend wie möglich an das Original gehalten; dies gilt insbesondere auch für den oft komplexen Satzbau. Veränderungen wurden nur dann vorgenommen, wenn sie uns notwendig erschienen, um die Verstehbarkeit des Textes zu gewährleisten oder um Beispiele unserem soziokulturellen Kontext und der Semantik des Deutschen anzupassen. Daher mußten gelegentlich die im Original gegebenen Beispiele geändert werden, so daß nur ihre linguistische Intention, nicht aber die tatsächliche Bedeutung der Wörter oder Sätze wiedergegeben wurde. (Vgl. etwa das Beispiel *pit, bit, fit,* für das wir *Mann, mag* und *Maß* eingesetzt haben, Orig. S. 233 oder das Beispiel *he drove off,* für das wir *Das Baby trinkt schlecht* verwendeten (Orig. S. 266).)

Eigennamen wurden im fortlaufenden Text durch deutsche Namen ersetzt; in eingefügten numerierten Beispielsätzen dagegen wurden die ursprünglichen Namen beibehalten. An einigen Stellen haben wir zusätzliche, durch a) gekennzeichnete Fußnoten eingefügt; bei solchen Fußnoten handelt es sich entweder um übersetzte Teile des Originaltextes, die aus sprachlichen Gründen ausschließlich für den englischen Leser relevant sind, oder um uns als notwendig erscheinende Anmerkungen zum Originaltext. An wenigen Stellen haben wir uns erlaubt, im laufenden Text Präzisierungen hinzuzufügen; diese erscheinen in eckigen Klammern.

Bibliographische Unstimmigkeiten wurden im Literaturverzeichnis ausgebessert.

B. A.–S., J. B., H. E. B.

1. Einführung
Einige Grundbegriffe und ihre Bezeichnungen
(Termini)

1.1. Die Bedeutung von ‚Bedeutung‘

In diesem Kapitel möchte ich eine Anzahl von allgemeinen Feststellungen treffen und bestimmte Unterscheidungen einführen, die in all dem, was folgt, vorausgesetzt werden. Der Leser sei insbesondere darauf hingewiesen, daß jeder Terminus, der hier eingeführt wird und dem eine bestimmte ‚technische‘ Interpretation gegeben wird, ausschließlich in dieser Bedeutung im ganzen Buch gebraucht werden wird, es sei denn, daß ein solcher Ausdruck auch als nicht-technischer Terminus verwendet wird. Technische Termini werden durch ein nachfolgendes Sternchen gekennzeichnet, wenn sie in diesem oder den nachfolgenden Kapiteln als solche eingeführt werden. Sternchen werden auch gelegentlich gebraucht werden, um den Leser daran zu erinnern, daß ein schon früher eingeführter Terminus in seiner technischen Bedeutung verwendet wird und nicht in irgendeiner seiner nicht-technischen Bedeutungen verstanden werden soll. Alle mit Sternchen versehenen Termini werden im Haupttext oder in den Fußnoten erklärt.

Semantik wird allgemein definiert als die Erforschung der Bedeutung; auch wir werden diese Definition vorläufig übernehmen: was unter ‚Bedeutung‘ in diesem Kontext verstanden werden soll, ist eines unserer Hauptanliegen in den späteren Kapiteln. Spätestens seit Ogden und Richards (1923) ihre klassische Abhandlung über diesen Gegenstand veröffentlichten – aber auch schon viel früher –, war es bei den Semantikern üblich, auf die Tatsache hinzuweisen (nehmen wir an, daß es sich um eine Tatsache handelt), daß das Substantiv ‚Bedeutung‘ [‚meaning‘] und das Verb ‚bedeuten‘ [‚to mean‘] ihrerseits viele unterscheidbare Bedeutungen haben.[1] Eine Vorstellung von der Verschiedenheit dieser Bedeutungen ergibt sich aus einer Betrachtung der folgenden Sätze:

(1) Was ist die Bedeutung [‚meaning‘] von ‚rhinolalisch‘?
(2) Ich habe nicht beabsichtigt [‚mean‘], dich zu verletzen
(3) Er sagt niemals, was er meint [‚means‘]
(4) Sie meint [‚means‘] selten, was sie sagt
(5) Leben ohne Glauben hat keinen Sinn [‚meaning‘]
(6) Was meinst [‚mean‘] du mit dem Wort ‚Begriff‘?
(7) Er meint [‚means‘] es gut, aber er ist ziemlich ungeschickt

(8) Ruhm und Reichtümer bedeuten [‚mean'] nichts für den wahren Gelehrten

(9) Dunkle Wolken bedeuten [‚mean'] Regen

(10) Ich meinte [‚meant'] John und nicht Harry.[1a]

Es ist gerade gesagt worden, daß die verschiedenen Bedeutungen des Substantivs ‚Bedeutung' [‚meaning'] und des Verbs ‚bedeuten' [‚to mean'], die in den obigen Beispielen vorgeführt wurden, voneinander unterscheidbar sind, d. h. nicht, daß sie nicht miteinander zusammenhängen. Wie sie jedoch miteinander zusammenhängen, ist eine schwierige und umstrittene Frage.

Manche der Bedeutungen können dadurch unterschieden werden, indem man andere Wörter in den gleichen Kontext einsetzt und untersucht, ob die sich ergebenden Sätze die gleiche Bedeutung haben. So scheint es z. B., daß im Beispiel (2) ‚mean' durch ‚intend' [beabsichtigen] ersetzt werden kann, ohne daß sich die Gesamtbedeutung des Satzes ändert; im Kontext des Beispiels (5) ist ‚significance' (oder vielleicht ‚value') gleichbedeutend mit ‚meaning' [‚Bedeutung']. Der Begriff der Absicht scheint auch für unser Verständnis der Beispiele (4), (6), (7) und (10) relevant zu sein, obwohl jede Verwendung des Verbs ‚mean' hier von den anderen etwas verschieden zu sein scheint und die Ersetzung von ‚intend' für ‚mean' (wenn dieses Verfahren ausgeführt werden kann, ohne daß seltsame Ausdrücke entstehen) für eine Veränderung in der Bedeutung des Satzes verantwortlich gemacht werden könnte. Die Bedeutung, in der ‚mean' im Beispiel (8) gebraucht wird, ist jener von ‚meaning' im Beispiel (5) recht ähnlich: es würde wohl allgemein zugestimmt werden, daß ‚Leben ohne Glauben bedeutet nichts' und ‚Ruhm und Reichtümer haben für den wahren Gelehrten keine Bedeutung' ungefähr den Beispielen (5) bzw. (8) gleichbedeutend sind. Weder ‚intention' noch ‚significance' sind in dem Kontext des Beispiels (1) gleichbedeutend mit ‚meaning': das erstere könnte hier kaum gebraucht werden, und die Ersetzung von ‚significance' [‚Bedeutung' im Sinne von ‚Wert'] für ‚Bedeutung' würde einen Satz mit einer Bedeutung hervorbringen, die von jener des Beispiels (1) ganz verschieden wäre.   Die Beispiele (3) und (4) sind besonders interessant. In jedem wird die Möglichkeit vorausgesetzt, das eine zu sagen und etwas anderes zu meinen [‚mean']. Dies ist schon für sich genommen rätselhaft genug. Wie können wir ein bestimmtes Wort oder eine Verbindung von Wörtern gebrauchen, um damit etwas anderes zu meinen [‚mean'], als das, was es bedeutet [‚means']? (Wir erinnern uns, daß Humpty Dumpty eine charakteristischerweise extreme und dogmatische Haltung gegenüber diesem Problem eingenommen hat, aber unsere Sympathien liegen ganz gewiß eher auf der Seite von Alice!) Der Begriff von ‚meaning' [‚meinen'], der für die Interpretation des Beispiels (3) einschlägig ist, scheint von dem Begriff ‚meaning', der für die Interpretation des Beispiels (4) einschlägig ist, ziemlich verschieden zu sein, obwohl er ihm eben andererseits auch nicht ganz fremd zu sein scheint.

Dasselbe gilt für das Beispiel (10) und vielleicht auch für das Beispiel (6), wo es die Absicht des Sprechers zu sein scheint, eine bestimmte Person, Ding oder Situation zu identifizieren (oder wie wir später sagen werden, auf sie zu referieren*), wobei wir vermuten können, daß der Hörer eben diese Identifikation nicht vornehmen konnte. In dieser Hinsicht gibt es Ähnlichkeiten und Verschiedenheiten bei den Beispielen (3) und (4). Die Art dieser Ähnlichkeiten und Verschiedenheiten ist jedoch, vorsichtig ausgedrückt, schwierig zu bestimmen; sie kann sich mit den Umständen, unter denen die Sätze angemessen geäußert werden, beträchtlich verändern.

Angebracht erscheint auch der Hinweis, daß, während (1) durch ‚Was bedeutet ‚rhinolalisch'?' paraphrasiert werden kann, ein Satz wie ‚Wen meintest Du – John oder Harry?' dagegen nicht durch ‚Wer war Deine Meinung – John oder Harry?' (oder gar ‚Was war Deine Meinung – John oder Harry?') paraphrasiert werden kann. Auch können (3) und (4) nur auf sehr unnatürliche Weise durch Sätze paraphrasiert werden, die das Substantiv ‚meaning' statt des Verbs ‚to mean' enthalten. Wie wir später sehen werden, ist dieser Hinweis, der so, wie er hier dargestellt wird, offensichtlich genügt, von einiger Wichtigkeit, besonders bei der Diskussion von Benennung und Referenz (Kapitel 7).

Wir werden bei diesem Stadium unserer Überlegungen die Analyse der verschiedenen Deutungen des Verbs ‚to mean' und des Substantivs ‚meaning' nicht weiter fortführen. Aus unserer kurzen Diskussion der oben gegebenen Beispiele wird deutlich geworden sein, daß die Bedeutungen (oder Sinne) von ‚to mean' und ‚meaning' ein Netzwerk von Ähnlichkeiten und Unterschieden darstellt, der Art, daß es unmöglich ist zu sagen, daß irgendeine dieser Bedeutungen überhaupt keine Beziehung zu den anderen aufweist. Die meisten Linguisten und einige Philosophen würden geneigt sein, alle Beispiele außer (1) und möglicherweise (10) unberücksichtigt zu lassen, da sie Gebrauchsweisen oder Bedeutungen der Wörter ‚meaning' und ‚mean' aufweisen, die den Semantiker nicht zu interessieren brauchen – auch wir werden uns in diesem Buch auf die Bedeutung des Substantivs ‚meaning', so wie sie in (1) sich darstellt, konzentrieren. Man kann jedoch durchaus dafür argumentieren, daß diese Bedeutung von ‚meaning' nicht erklärt oder verstanden werden kann außer in Beziehung zu den Begriffen von Intention auf der einen Seite und ‚significance' (oder ‚value') auf der anderen Seite; wir haben gesehen, daß diese Begriffe für die Interpretation von mindestens einigen der anderen Bedeutungen von ‚meaning' und ‚to mean' einschlägig sind.[2] Wie wir in einem späteren Kapitel sehen werden, ist es sehr wünschenswert, wenn nicht sogar wesentlich, daß diese Unterscheidung getroffen wird. Die Tatsache bleibt jedoch bestehen, daß die Bedeutung von Wörtern und Sätzen gelernt und beibehalten wird durch den Gebrauch von Sprache in kommunikativen Situationen. Der Begriff der Kommunikation, dies wird in Kapitel 2 noch deutlicher werden, setzt die Begriffe von Bedeutsamkeit [‚significance'] und Intention voraus, und letzten Endes ist das, was die Wörter und Sätze in einer Sprache bedeuten, sowohl theoretisch unerklärbar als auch empirisch nicht verifizierbar, es sei denn, durch das, was die Sprecher dieser Sprache durch ihren Gebrauch dieser Wörter und Sätze meinen.

Wir möchten nun noch auf einen anderen Punkt hinweisen, der auf den ersten Blick kaum erwähnenswert und schon gar nicht wichtig erscheint. Es geht einfach darum: ‚meaning‘ ist ein Wort aus dem gewöhnlichen englischen Alltagswortschatz. (Ihm können zumindest in grober Annäherung Wörter aus anderen Sprachen gegenüber gestellt werden: ‚signification‘ im Französischen, ‚Bedeutung‘ im Deutschen usw. Diese Gegenüberstellung ist schon für sich genommen dadurch von besonderem Interesse, weil es möglicherweise keine andere Sprache gibt, in der alle die Bedeutungen des englischen Verbs ‚to mean‘ oder des Substantivs ‚meaning‘ durch ein einziges Wort abgedeckt werden.) Wenn wir uns nicht entscheiden, dem Wort ‚meaning‘ eine eingeschränktere technische Bedeutung zu geben, sollten wir auch nicht erwarten, in der Lage zu sein, all das, was wir ‚meaning‘ nennen, innerhalb der Reichweite einer einheitlichen und konsistenten Semantiktheorie unterzubringen. Daß dem so ist, ist vielleicht schon in Beziehung auf die Unterschiede in dem Gebrauch der Wörter ‚meaning‘ und ‚to mean‘ aus den oben genannten Beispielsätzen klar genug geworden. Es ist jedoch wichtig sich klarzumachen, daß dies auch für jede repräsentative Menge von Sätzen – wie (1) – der Form ‚Was ist die Bedeutung [‚meaning‘] von (dem Worte) X?‘ gilt. Je nach den Umständen, unter denen diese Frage gestellt wird, je nach der Wortart von X und dem Kontext, in dem es gebraucht wird, können wir erwarten, daß die Antwort auf diese Frage nicht nur im Detail, sondern sogar in ihrem allgemeinen Typus verschieden ausfällt. Daß ein Unterschied gemacht werden muß zwischen der Bedeutung eines Wortes und der Bedeutung eines (nicht-idiomatischen) Ausdruckes oder Satzes, ist offensichtlich genug; dies gilt auch für die Tatsache, daß die Bedeutung eines Satzes oder eines Teilsatzes ein Produkt aus der Bedeutung der Wörter ist, aus denen sie zusammengesetzt sind. Die Semantiker sind jedoch dauernd in der Versuchung, alle Antworten auf die Frage ‚Was ist die Bedeutung des Wortes X?‘ in ein und dasselbe theoretische Gerüst zu zwängen. Dieser Versuchung muß widerstanden werden. Wir werden eine Anzahl von verschiedenen technischen Termini für die verschiedenen Aspekte oder Arten von Wortbedeutung einführen (dies gilt auch für Satz- und Äußerungsbedeutung) – wir werden diesen, zu gegebener Zeit, einen Platz in unserer Theorie anweisen, aber wir werden nicht darauf bestehen, daß irgendeine dieser Arten grundlegender oder angemessener ist als die anderen. Der Ausdruck ‚Bedeutung‘ [‚meaning‘] selbst wird durchweg in seinem alltagssprachlichen Sinn gebraucht werden, d. h., in dem Sinne, den wir später als intuitiv und vortheoretisch beschreiben werden (cf. 1.6).

1.2. *Gebrauch und Zitieren*

Eines der charakteristischsten Merkmale natürlicher Sprachen (und dies unterscheidet sie wohl nicht nur von den Signalsystemen, die von anderen Lebewesen gebraucht werden, sondern auch von dem, was normalerweise ,nicht-verbale Kommunikation' bei Menschen genannt wird – cf. 3.4) ist ihre Fähigkeit, sich auf sich selbst zu beziehen oder sich selbst zu beschreiben. Für dieses Merkmal oder Eigenschaft der Sprache werden wir den Ausdruck Reflexivität* benützen.[3] Sprache kann sozusagen auf sich selbst zurückgewendet werden.

Wir haben schon Gelegenheit gehabt, auf die Reflexivität der Alltagssprache in unserer Diskussion über Bedeutung in dem vorhergehenden Abschnitt hinzuweisen. Ein Satz wie ,Was ist die Bedeutung von ,rhinolalisch'?' ist nicht nur ein deutscher Satz, es ist auch (bei einer Normalinterpretation, wenn er unter den geeigneten Umständen geäußert wird) ein Satz, der dazu benützt werden kann, eine Frage über das Deutsche zu stellen. Ein anderes typisches Beispiel ist ,das Wort *Sokrates* hat acht Buchstaben', in welchem das Wort *Sokrates* nicht, wie normalerweise, gebraucht wird, um auf eine bestimmte Person zu referieren, sondern, in einem bestimmten Sinn, gebraucht wird, um auf sich selbst zu referieren. (Der Leser wird bemerkt haben, daß beim Zitieren der Wörter ,rhinolalisch' und *Sokrates* zwei verschiedene Konventionen benutzt wurden – Anführungszeichen bzw. Kursivdruck. Der Grund für diesen Notationsunterschied wird im Abschnitt 1.5. genauer erklärt werden.)

Die Tatsache, daß wir nicht nur in der Lage sind, Sprache zu gebrauchen, um über Sprache zu sprechen, sondern dies auch tun müssen, schafft für den Linguisten besondere Probleme; dies gilt in noch stärkerem Maße für den Semantiker. Er muß sicherstellen, daß er das technische Vokabular und die Notationskonventionen, die er benötigt, um zwischen dem reflexiven und dem nicht-reflexiven (oder normalen) Gebrauch der Sprache zu unterscheiden, zu seiner Verfügung hat. Eine terminologische Unterscheidung, die für diesen Zweck vorgeschlagen wurde und die man jetzt in der Literatur ganz häufig findet, ist diejenige zwischen Gebrauch* [,use'] und Zitieren* [,mention'].[4] In einem Satz wie ,Was ist die Bedeutung von ,rhinolalisch'?' wird von dem Wort ,rhinolalisch' gesagt, daß es zitiert wird; in einem Satz wie ,Sie findet seine leicht rhinolalische Sprechweise ganz charmant' wird dieses Wort dagegen normal gebraucht. Obwohl die Ausdrücke ,Gebrauch' und ,Zitieren' in der Überschrift dieses Abschnittes benutzt wurden und wegen ihres häufigen Vorkommens in der Literatur in die Diskussion eingeführt wurden, werden wir sie als technische Termini in den folgenden Abschnitten nicht weiter benützen. Es wäre fast unmöglich, den nicht-technischen Gebrauch des Verbs ,gebrauchen' zu vermeiden, und es wäre möglicherweise verwirrend, wenn ein solches allgemein übliches Wort in einem Buch über Semantik sowohl eine technische wie auch eine nicht-technische Bedeutung bekommen würde. Darüberhinaus könnte behauptet werden, daß das Zitieren eines Wortes auch heißen würde, daß man es gebraucht – wenn dies auch ein ganz besonderer Gebrauch wäre.

Ein Grund, warum Logiker auf der Wichtigkeit der Unterscheidung zwischen dem reflexiven* Gebrauch eines Wortes und anderen Gebrauchsweisen eines Wortes beharrt haben, wird aus der Betrachtung des folgenden offensichtlich falschen Arguments deutlich werden:

(1) Er haßt ‚John‘,
(2) Der Mann da drüben ist John,
(3) Deshalb haßt er den Mann da drüben.

Ich habe gesagt, daß wir es hier mit einem offensichtlich falschen Argument zu tun haben, weil es klar ist, daß das Wort ‚John‘ in der ersten Prämisse (1) reflexiv gebraucht wird: Es wird nämlich gebraucht, um auf einen Namen und nicht auf eine Person, die diesen Namen trägt, zu referieren. Wie nun dieses Wort in der zweiten Prämisse gebraucht wird, ist eine Frage, die uns im Augenblick nicht zu beschäftigen braucht: Es genügt für unsere gegenwärtigen Zwecke, daß sein Gebrauch in (2) offensichtlich verschieden von seinem Gebrauch in (1) ist. Auf die Tatsache, daß ‚John‘ in (1) reflexiv gebraucht wurde, weisen in der geschriebenen Form dieses Satzes die Anführungszeichen hin. In gesprochener Sprache könnte diese Tatsache aus dem Kontext klar werden; wenn nicht, kann dies durch die Einfügung des Ausdruckes ‚der Name‘, oder eines ähnlichen beschreibenden Ausdruckes vor ‚John‘ klar werden: ‚Er haßt den Namen ‚John‘‘.

In vielen theoretischen Diskussionen des reflexiven Gebrauchs von Sprache entstand durch die Doppeldeutigkeiten solcher Ausdrücke wie ‚Wort‘ und ‚Ausdruck‘ [‚phrase‘] Verwirrung. Betrachten wir z. B. die folgenden beiden Sätze:

(4) *John* hat vier Buchstaben
(5) Ich hasse ‚John‘.

Die Mehrheit der Philosophen, Linguisten und Logiker würde sagen, daß es sich um dasselbe Wort handele, das in beiden Fällen gebraucht wird, und daß es in jedem Fall reflexiv gebraucht wird (oder daß es zitiert und nicht eigentlich gebraucht wird). Es ist jedoch keineswegs klar, daß es sich bei dem Gegenstand, auf den in (5) referiert wird, um denselben Gegenstand handelt, auf den in (4) referiert wird; durch die Verwendung von Kursivdruck in dem einen Fall und Anführungszeichen in dem anderen Fall setzen wir auch tatsächlich voraus, daß es in bezug auf den Gegenstand, auf den referiert wird, einen Unterschied gibt. Worum es sich in (4) handelt, ist ziemlich klar (wenn

wir für den Augenblick von der Unterscheidung zwischen Zeichenexemplar*
[‚token'] und Typ* absehen; cf. 1.4): Es handelt sich um eine Folge von vier
Buchstabengestalten. Im Prinzip ist dieser Gegenstand nicht aussprechbar,
aber aufgrund der Tatsache, daß er konventionellerweise mit einem Komplex
von Sprachlauten, der seinerseits mit der gesprochenen Form des Namens
‚John' identifiziert werden kann, korreliert ist, ist dieser Gegenstand selbst
als die geschriebene Form dieses Namens identifizierbar.

Wir wollen nun wenigstens zwei der Möglichkeiten betrachten, nach denen (5) interpretiert werden könnte. Es könnte heißen, daß ich den betreffenden englischen Namen hasse, gleichgültig in welchem Medium* er vorkommt (d. h. gleichgültig, ob er geschrieben oder gesprochen wird; cf. 3.3)
und gleichgültig in welcher Form* er erscheint (d. h. in der Form *John* oder
in der Form *John's;* cf. 1.5); ich habe aber z. B. nichts gegen das französische
‚Jean', das deutsche ‚Johann', das italienische ‚Giovanni' oder das russische
‚Ivan'. Eine andere Interpretation beruht auf dem Begriff der Identität oder
Äquivalenz von Namen, wenn wir nämlich sagen, daß das französische
‚Jean' und das englische ‚John' denselben Namen darstellen. Es gibt noch
viele andere mögliche Interpretationen (einige von ihnen sind zweifellos plausibler als andere). Es mag für den Augenblick genügen, auf die beiden eben
erwähnten Interpretationen hinzuweisen und deutlich zu machen, daß der
Unterschied zwischen ihnen offensichtlich ist, sobald wir mit dem Problem
der Übersetzung von (5) in eine andere Sprache konfrontiert sind. (Es gibt
Situationen, in denen es angebracht ist, Eigennamen zu übersetzen; in anderen Situationen ist dem aber nicht so; cf. 7.5.) Tatsächlich war bei diesen
beiden Interpretationen die erstere beabsichtigt; aus diesem Grund wurden
auch halbe Anführungszeichen benützt und nicht Kursivdruck oder ganze
Anführungszeichen.

Die Unterscheidung zwischen *John* und ‚John' mag zunächst nicht nur
ziemlich subtil, sondern sogar unnötig erscheinen, da englische Eigennamen
nicht flektiert werden, außer in der Possessivform *John's* (man könnte geneigt sein, *John's,* wie viele Sprachwissenschaftler es tun, als eine Erweiterung von *John,* die wahre oder zugrundeliegende Form des Namens, zu
behandeln). In einer flektierenden Sprache können jedoch mit einem einzigen
Wort mehrere verschiedene Formen assoziiert sein, und diese Formen können sich sehr wohl im Hinblick auf die Anzahl der Buchstaben in ihren
jeweiligen geschriebenen Repräsentationen unterscheiden. Im Lateinischen
erscheint z. B. der Name ‚Johannes' in mehreren verschiedenen Formen, je
nach der grammatischen Funktion, die von dem Wort in irgendeinem bestimmten Satz ausgeübt wird: *Johannes, Johannem, Johanni* usw. Nun ergibt
es sich, daß die konventionelle Zitierform* von ‚Johannes' (d. h., die Wortform, die konventionellerweise gebraucht wird, um auf das Wort zu referieren: cf. 1.5), wenn sie geschrieben wird, acht Buchstaben umfaßt. Aber die
Zitierform eines Wortes muß, im Prinzip, von dem Wort selbst unterschieden

werden. Bei der Diskussion des reflexiven Gebrauches von Sprache entstand viel Verwirrung, weil diese Unterscheidung nicht beachtet wurde.

Wir werden an dieser Stelle nicht länger bei der Wichtigkeit einer klaren Unterscheidung zwischen solchen verschiedenen linguistischen Gegenständen verharren, wie sie durch *John* und ‚John‘ dargestellt wurde. Jedoch soll ein Beispiel für die Probleme gegeben werden, die entstehen können, wenn nicht irgendeine Art von Unterscheidung zwischen der geschriebenen Form eines Wortes (oder Ausdruckes) und dem Wort (oder dem Ausdruck) selbst aufrechterhalten wird. In seiner klassischen Diskussion von Gebrauch und Zitierung verwendet Quine (1940: 23–6) die folgenden Sätze als Beispiele

> (6) ‚Boston‘ hat sechs Buchstaben
> (7) ‚Boston‘ ist ein Substantiv
> (8) ‚Boston‘ ist zweisilbig;

und er stellt fest, daß im Unterschied zu

> (9) Boston hat eine große Einwohnerzahl,

sie Eigenschaften dem Namen ‚Boston‘ und nicht der Stadt Boston, die ‚Boston‘ genannt wird, zuschreiben. Quine folgt hier der üblichen philosophischen Konvention, derzufolge einfache Anführungszeichen benützt werden, um anzuzeigen, daß ein Ausdruck zitiert oder erwähnt, aber nicht gebraucht wird. Er formuliert folgendermaßen: „Der Name eines Namens oder eines anderen Ausdruckes wird gewöhnlich dadurch gebildet, daß der benannte Ausdruck zwischen einfache Anführungszeichen gesetzt wird." Er fährt fort: „Um Boston zu zitieren, gebrauchen wir ‚Boston‘ oder ein Synonym davon, und um ‚Boston‘ zu zitieren, gebrauchen wir „Boston" oder wiederum ein Synonym davon." Es folgt, daß ‚Boston‘ ein Ausdruck ist, der Boston benennt und „Boston" ein Ausdruck ist, der ‚Boston‘ benennt.

Auf den ersten Blick mag dies einfach genug erscheinen. Wie sollen wir aber den Terminus ‚Ausdruck‘ in diesem Kontext verstehen? Das, was ‚Ausdruck‘ genannt wird, wird zwischen Anführungszeichen gesetzt. Nun, was zwischen Anführungszeichen gesetzt wird, ist offensichtlich nichts anderes als eine Kette von Buchstaben, und in diesem Fall ist es die Buchstabenkette, welche die konventionelle geschriebene Form des Ausdruckes darstellt, der Boston benennt. Es scheint deshalb daraus zu folgen, daß ein Ausdruck nichts anderes ist als die Buchstabenkette, die seine konventionelle geschriebene Form darstellt. Quine interpretiert (6) als eine Aussage, die ‚Boston‘ die Eigenschaft zuschreibt, aus sechs Buchstaben zu bestehen; dies ist konsistent mit Quines Identifikation des Ausdruckes mit seiner konventionellen geschriebenen Form. Aber er interpretiert auch (7) in der Weise, daß ‚Boston‘ die grammatische Eigenschaft, ein Substantiv zu sein, zugeschrieben wird; in (8) wird ‚Boston‘ die phonetische Eigenschaft der Zweisilbigkeit zugeschrieben. Wenn aber die Eigenschaften, ein Substantiv zu sein und zweisilbig zu sein, auf gleicher Ebene stehen sollen mit der Eigenschaft, sechs Buchstaben zu haben, dann kann der Ausdruck, der diese Eigenschaften hat, nicht mit der Buchstabenkette identifiziert werden, welche die konventionelle geschriebene Form des Ausdruckes darstellt. Es ist offensichtlich nicht sinnvoll zu sagen, daß eine Folge von optisch wahrnehmbaren Gestalten eine bestimmte phonetische Eigenschaft hat. Auch scheint es nicht vernünftig zu sein, die grammatischen Eigenschaften eines Ausdruckes direkt mit seiner konventionellen geschriebenen Repräsentation und nur indirekt mit seiner gesprochenen Form zu assoziieren. Dieses Argument, zwischen einem Ausdruck und seiner geschriebenen oder gesprochenen Form zu unterscheiden, ist unabhängig von der Unterscheidung, die in unserer Diskussion von (4) und (5) angedeutet, aber nicht erklärt wurde.

Das Argument ist ebenfalls unabhängig in der Art und Weise, in welcher der Unterschied zwischen *John* und ‚John' oder zwischen *Boston* und ‚Boston' in irgendeiner bestimmten Beschreibung der Struktur des Englischen formuliert wird. Eine genauere Darstellung dieses Unterschiedes muß aufgeschoben werden, bis wir uns die notwendigen technischen Termini (cf. 1.6) beschafft haben. Im Augenblick genügt es zu sagen, daß es mindestens zwei verteidigbare Wege gibt, um den Unterschied zwischen *John* und ‚John' zu formulieren; welchen Weg wir wählen werden, wird teilweise von unserer Grammatiktheorie und teilweise von unserer Auffassung der Beziehung zwischen geschriebener und gesprochener Sprache abhängen. Wir können sagen, daß *John* die konventionelle geschriebene Repräsentation von ‚John' – dies ist die Zitierform von ‚John' in der geschriebenen Sprache – ist, und daß dies, sozusagen seine geschriebene Gestalt, eine ihrer Eigenschaften ist, wie die phonetische Gestalt eine andere seiner Eigenschaften ist. (Die Tatsache, daß die meisten Linguisten die gesprochene Form als primär ansehen würden und die geschriebene Form eines Wortes als davon abgeleitet, ist an dieser Stelle irrelevant: cf. 3.3.) Alternativ können wir sagen, daß das, was zwischen Anführungszeichen gesetzt wird, weder der Ausdruck selbst noch eine Darstellung einer seiner Eigenschaften ist, sondern eine andere Art von Gegenstand, der sich von dem Ausdruck, von dem er die konventionelle Zitierform ist, unterscheidet, aber auch mit ihm korreliert ist.

Wenn wir eine dieser beiden Alternativen wählen, können wir der Tatsache gerecht werden, daß unter einer bestimmten Interpretation des Ausdruckes ‚dieser Satz' die folgenden beiden Sätze (oder die Aussagen, die durch die Äußerung dieser Sätze gemacht werden) wahr sind:

(10) Dieser Satz enthält das Wort *enthält*
(11) Dieser Satz enthält das Wort ‚enthalten'.

Dagegen ist der folgende Satz (unter der Konvention, die wir für den Gebrauch des Kursivdruckes angenommen haben) offensichtlich falsch:

(12) Dieser Satz enthält das Wort *enthalten*.

Denn in (12), obwohl es tatsächlich die Form *enthalten* enthält, haben wir (unter irgendeiner standardisierten Definition des Terminus ‚Wort') nicht die Form *enthalten* in der Funktion eines Wortes.

1.3. Objektsprache und Metasprache

Diese Unterscheidung ist der Unterscheidung zwischen Gebrauch und Zitierung ähnlich; sie wird von einigen Autoren sogar mit dieser identifiziert. Nichtsdestoweniger ist sie einer eigenen Diskussion wert.

Die Ausdrücke Objektsprache* und Metasprache* sind korrelativ in dem Sinne, daß der eine vom anderen abhängt. Wie wir in dem vorhergehenden Abschnitt gesehen haben, müssen wir Sprache gebrauchen, um über Sprache zu sprechen oder sie zu beschreiben. Anstatt eine gegebene Sprache reflexiv zu gebrauchen, um sie selbst zu beschreiben, können wir eine Sprache verwenden, um eine andere zu beschreiben. In diesem Fall können wir sagen, daß die beschriebene Sprache die Objektsprache ist und die Sprache, die gebraucht wird, um beschreibende Aussagen zu machen, die Metasprache ist. Wir könnten Deutsch gebrauchen, um Französisch zu beschreiben, oder Französisch, um Deutsch zu beschreiben usw. So könnte z. B. der folgende Satz

(1) Das französische Wort ‚homme' ist ein Substantiv

gebraucht werden, um eine metasprachliche* Aussage auf Deutsch über ein Wort des Französischen – der Objektsprache – zu machen. Hier dient eine natürliche Sprache als die Metasprache in bezug auf eine andere.

Es ist jedoch vielleicht üblicher, den Terminus ‚Metasprache' auf speziell konstruierte und formalisierte Systeme zu beschränken; wir werden den Terminus ‚Metaspache' (dagegen nicht ‚metasprachlich') durchweg in diesem Sinne gebrauchen. Die Metasprache wird also normalerweise Ausdrücke enthalten, um die Elemente der Objektsprache (Wörter, Laute oder Buchstaben usw.) zu identifizieren und auf sie zu referieren, und zusätzlich eine bestimmte Anzahl von besonderen technischen Termini, die dazu benützt werden können, um die Beziehungen zwischen diesen Elementen zu beschreiben, wie sie miteinander kombiniert werden können, um Satzglieder und Sätze usw. zu bilden. Entsprechend der üblichen Auffassung von der Beziehung zwischen Metasprache und Objektsprache referieren Ausdrücke der Metasprache auf Wörter und Satzglieder der Objektsprache, indem sie diese benennen; der metasprachliche Name eines objektsprachlichen Wortes oder Satzgliedes wird, wie wir in dem vorausgehenden Abschnitt gesehen haben, dadurch konstruiert, daß die konventionelle geschriebene Zitierform des letzteren zwischen einfache Anführungszeichen gesetzt wird. Von diesem Gesichtspunkt aus betrachtet, ist deshalb ‚Mann' der Name eines bestimmten deutschen Wortes und ‚homme' der Name eines bestimmten französischen Wortes.

Man muß achtgeben, damit die Schlußfolgerung, die eben gezogen wurde, nicht mißverstanden wird. Im Prinzip ist die Metasprache eine von der Objektsprache ganz verschiedene Sprache: sie braucht deshalb in ihrem Wortschatz keines der tatsächlich in der Objektsprache vorkommenden Wörter oder anderen Ausdrücke zu haben. Es ist eine Sache der Bequemlichkeit, weniger der Notwendigkeit, daß der metasprachliche Ausdruck ‚Mann' systematisch auf das deutsche Wort, das er benennt, indem die konventionelle geschriebene Zitierform des Wortes zwischen Anführungszeichen gesetzt wird, bezogen wird. Auch irgendeine andere Konvention könnte dem Zweck dienen, metasprachliche Namen zu konstruieren, vorausgesetzt, daß es klar wäre, welches objektsprachliche Wort oder welcher objektsprachliche Ausdruck durch welchen metasprachlichen Namen bezeichnet wird. Wir könnten die Wörter in dem Wortschatz der Objektsprache z. B. numerieren und dann die entsprechenden Zahlen gebrauchen, um auf irgendein Wort, über welches wir eine metasprachliche Aussage machen möchten, zu referieren. So könnten wir, vorausgesetzt, daß ‚239' durch irgendein Prinzip dem französischen Wort, dessen Zitierform *homme* ist, zugeordnet worden ist, dieselbe Aussagen machen, die durch das Äußern von (1) gemacht wurde, indem wir

(2) das französische Wort 239 ist ein Substantiv

äußern. Wenn wir für unsere eigenen ausgefallenen Zwecke wünschten, die Wörter und Ausdrücke der Objektsprache zu identifizieren, indem wir sie auf solche Namen wie ‚Hans', ‚Peter' und ‚Heinz' taufen, so gibt es nichts, was uns daran hindern könnte. Die Verbindung zwischen einem metasprachlichen Namen und dem, wofür der Name in der Objektsprache steht (gleichgültig, ob die Objektsprache eine natürliche Sprache ist oder nicht), ist prinzipiell arbiträr. Dieses Prinzip gilt selbst dann, wenn die Metasprache auf der Basis eines Teils einer existierenden natürlichen Sprache entwickelt wird. Formalisierung betrifft auch die Reglementierung der Alltagssprache, selbst dann, wenn sie auf der Grammatik und dem Wortschatz der Alltagssprache beruht.

Es wird nun klar geworden sein, warum es nicht wünschenswert ist, metasprachliche Aussagen, die über eine bestimmte Sprache gemacht werden, mit reflexiven Aussagen in derselben Sprache zu identifizieren. Der reflexive Gebrauch einer Sprache hängt nämlich nicht von der vorgängigen Formalisierung der Sprache oder der Annahme von expliziten Konventionen ab, welche Arten von deskriptiven Aussagen erlaubt sind. Es scheint auch nicht vernünftig zu sein, von dem reflexiven Gebrauch der Alltagssprache zu sagen (obwohl gewisse Philosophen diesen Standpunkt eingenommen haben), daß in Sätzen wie ‚Was ist die Bedeutung von ‚rhinolalisch'?' oder ‚*Sokrates* hat acht Buchstaben' wir das Wort ‚rhinolalisch' oder die Form *Sokrates* nicht gebrauchen, sondern diese benennen.

Nachdem wir diesen Punkt gebührend betont haben, können wir nun zugeben, daß der Unterschied zwischen metasprachlichen und sprachreflexiven Aussagen weit weniger scharf ausgeprägt ist, als es die eben geführte linguistische Diskussion nahelegen könnte; d. h. in einer Diskussion über Sprache, die, obwohl sie sich bemühen wird, so genau wie möglich zu sein, und in der viele technische Termini gebraucht werden, nichtsdestoweniger und notwendigerweise in der deutschen Alltagssprache geführt werden wird und nicht in einer speziell konstruierten formalen Sprache oder in irgendeiner Teilsprache des Deutschen, die, mit entsprechenden Einschränkungen, als eine formale Sprache betrachtet werden könnte. Es ist im übrigen eine strittige Frage, ob eine vollständige Formalisierung des alltäglichen Gebrauchs der Umgangssprache auch nur im Prinzip möglich ist. Es ist ebenfalls ein Gegenstand einer beachtlichen philosophischen Kontroverse, ob wir die Alltagssprache mit all ihrem Reichtum, ihren Komplexitäten und scheinbaren Inkonsistenzen als etwas Grundlegendes und nicht weiter Zurückführbares betrachten sollten oder ob wir uns sie als in irgendeinem Sinn abgeleitet (oder ableitbar) von einer einfacheren und regelmäßigeren Art von Sprache vorstellen sollen, mit Eigenschaften ähnlich jenen, die in formalen konstruierten Sprachen vorhanden sind.[5] Die sogenannten Philosophen der Alltagssprache neigten zu der ersteren Ansicht und formale Semantiker zu der zweiten.[6] Es ist deshalb kein Zufall, daß die Philosophen der Alltagssprache herkömmlicherweise mittels der Ausdrücke ,Gebrauch‘ und ,Zitierung‘ diskutiert haben und die formalen Semantiker mit den Ausdrücken ,Sprache‘ und ,Metasprache‘.

In diesem Abschnitt ist der Ausdruck ,Sprache‘ in dem Sinn gebraucht worden, in dem er gewöhnlich in der formalen Logik gebraucht wird; die Ausdrücke ,Alltagssprache‘ oder ,natürliche Sprache‘ wurden im Kontrast zu ,konstruierte Sprache‘ oder ,formale Sprache‘ verwendet. Ansonsten wird in diesem Buch der Ausdruck ,Sprache‘ ohne weitere Qualifikation in dem Sinn von ,natürliche menschliche Sprache‘ gebraucht werden (Beispiele dafür sind das alltägliche Deutsch und Französisch). Einige der allgemeineren Merkmale von Sprache werden in einem späteren Kapitel diskutiert werden (3.4).

Die Unterscheidung zwischen Sprache und Metasprache ist, wie wir später sehen werden, für Tarskis Definition der Wahrheit entscheidend, und Tarskis Definition, zusammen mit einer gewissen ihr assoziierten Konvention, ist der Grundstein, auf dem die ganze moderne formale Semantik gebaut ist (cf. 6.5).

1.4. Typ und Exemplar

Die Ausdrücke Typ* und Exemplar* [token] wurden, wie eine Anzahl anderer Ausdrücke, denen wir später begegnen werden, von dem amerikanischen Philosophen C. S. Peirce (cf. 4.1)[7] in die Semantik eingeführt. Von dieser Unterscheidung wird weithin Gebrauch gemacht, obwohl sie häufig mit anderen wichtigen Unterscheidungen verwechselt wird. Die Beziehung zwischen Exemplaren und Typen wird als ein Fall von Realisierung* [instantiation] aufgefaßt; wir werden sagen, daß Exemplare ihren Typ realisieren*. Wir beginnen mit der Betrachtung der folgenden beiden Sätze:

(1) Das Wort *Referenz* enthält acht Buchstaben
(2) Das Wort *Referenz* enthält fünf (verschiedene) Buchstaben.

Unter einer bestimmten Interpretation dessen, was Identität und Differenz konstituiert, ist jeder dieser Sätze wahr. Es gibt eine offensichtliche Leseart, derzufolge das Wort *Referenz* acht Buchstaben enthält; es gibt auch eine nicht weniger offensichtliche Leseart, derzufolge, da der Buchstabe *e* dreimal vorkommt, der Buchstabe *r* zweimal und jeder andere Buchstabe nur einmal, das Wort *Referenz* fünf (verschiedene) Buchstaben enthält. Soweit, so gut. Aber können wir dies genauer ausdrücken?

Ziehen wir die Typ-Exemplar-Unterscheidung heran, so können wir sagen, daß jedesmal, wenn das Wort *Referenz* vorkommt (d. h. immer, wenn es richtig geschrieben oder gedruckt wird), der Buchstabe *e* dreimal realisiert wird, der Buchstabe *r* zweimal und die Buchstaben f, n und z einmal. Ist der Buchstabe in der zweiten Position der Sequenz derselbe wie der Buchstabe in der vierten Position (in irgendeinem gegebenen Vorkommen des Wortes *Referenz*)? Ja, wenn wir mit ,Buchstaben' den Buchstabentyp meinen; nein, wenn wir mit ,Buchstaben' Buchstabenexemplar meinen. Ähnliches gilt für Wörter (genauer für Wortformen: cf. 1.5). Jedesmal, wenn der folgende Satz vorkommt, enthält er zwei Exemplare desselben Worttyps, nämlich *a*:

(3) Willsch a Bier odr a Wasser? (Schwäbisch).

Der Satz (3) illustriert im übrigen noch eine weitere Art von Ambiguität. Von einem Standpunkt aus gesehen, ist *a* ein Buchstabe (und als solcher ist er nicht eine Form); von einem anderen Standpunkt aus gesehen, ist *a* ein Wort (und genauer gesprochen, eine Wortform: cf. 1.5). Diese Ambiguität, die wir als eine Ambiguität der Ebene* (cf. 3.4) beschreiben können, ist offensichtlich von der Typ-Exemplar-Ambiguität verschieden.

Exemplare sind einzigartige physische Gegenstände, die an einem bestimmten Punkt im Raum oder in der Zeit situiert sind. Sie werden aufgrund ihrer Ähnlichkeit mit anderen einzigartigen physischen Gegenständen und aufgrund ihrer Zugehörigkeit zu dem Typ, den sie realisieren, als Exemplare desselben Typs identifiziert.

Diese Erklärung des Unterschieds zwischen Typen und Exemplaren und der zwischen ihnen bestehenden Beziehung soll für den Augenblick genügen; eine weitere Klärung wird durch den Gebrauch, den wir von dieser Unterscheidung im weiteren Verlauf des Buches machen werden, erreicht werden. Der wichtige Punkt, den es an dieser Stelle zu verstehen gilt, besteht darin, daß, wenn wir sagen, daß derselbe Buchstabe in einem geschriebenen Wort zweimal vorkommt, oder daß dasselbe Wort in demselben Satz zweimal vorkommt (oder auch, daß derselbe Buchstabe in verschiedenen Wörtern oder in demselben Wort in verschiedenen Sätzen vorkommt), die Art von Identität, um die es hier geht, eine Art ist, die von uns Typ-Exemplar-Identität genannt wird. Es sollte jedoch festgehalten werden, daß dies nicht bedeutet, daß der Begriff der Typ-Exemplar-Identität direkt auf Sätze wie (1) und (2) anwendbar wäre. Allgemeiner ausgedrückt, (1) und (2) werden verstanden als generische* Aussagen (cf. 7.2), d. h. daß etwas über den Worttypus *Referenz* gesagt wird und nicht über irgendein bestimmtes Exemplar dieses Typs. Diese Interpretation von (2) kann jedoch auch durch den Begriff der Typ-Exemplar-Identität erfaßt werden, indem nämlich von irgendeinem bestimmten Vorkommen von *Referenz* (d. h., von irgendeinem einzelnen Exemplar) auf die Klasse aller seiner Exemplare generalisiert wird. Wir können Buchstaben als Exemplare nur innerhalb eines Wortexemplars beschreiben (d. h., als einzigartige physische Gegenstände), die dann den einen oder anderen Typ realisieren. Es ist jedoch offensichtlich auch sinnvoll, generisch gesprochen, von dem Worttypus *Referenz* (und nicht nur von jedem seiner Exemplare) zu sagen, daß er acht Buchstaben enthalte.

Wir werden nur selten Gelegenheit haben, Exemplare und nicht Typen zu zitieren, da die Aussagen, die wir über bestimmte Sprachen machen, meistens generischer Art sein werden. Sollte jemand ausnahmsweise wünschen, Exemplare und nicht Typen zu zitieren, so kann er von Reichenbachs (1947: 284) Verfahren der Exemplar-Anführungszeichen* Gebrauch machen. Diese bestehen aus kleinen Pfeilen, deren Aufgabe es ist anzuzeigen, daß das, was sie einschließen, als Exemplar des Typs, der realisiert wird, zu betrachten ist. Macht man von diesem Verfahren Gebrauch, so kann man Sätze wie den folgenden in einer Art und Weise schreiben, daß die beabsichtigte Interpretation klar wird:

(4) Das Wort →Referenz← enthält acht Buchstabenexemplare und fünf Buchstabentypen

(5) →Dieser Satz enthält das Wort ‚enthalten'←

(6) →Dieser Satz enthält das Wort *enthält*←

(7) →Dieser Satz enthält das Wort →enthält← ←.

Alle diese Sätze (genauer, aller diese Text-Sätze*: cf. 1.6) zeigen eine besondere Art von Reflexivität, die als Exemplar-Reflexivität* beschrieben werden kann: d. h. diese Sätze sind so zu interpretieren, daß sie genau auf die Entität referieren, die durch Exemplar-Anführungszeichen eingeschlossen ist.[8] Das Verfahren der Exemplar-Anführungszeichen kann nur sehr beschränkt angewandt werden (cf. Linsky, 1950)[9]; wir werden in diesem Band von ihm keinen weiteren Gebrauch machen. Es ist hier nur eingeführt worden, um den Begriff der Exemplar-Reflexivität klar zu machen, der, wie wir später sehen werden, in Verbindung mit Austins (1962) Unterscheidung zwischen performativen* und konstativen* Äußerungen von beträchtlicher Bedeutung ist (cf. 16.1).

Auf den ersten Blick mag die Typ-Exemplar-Unterscheidung ganz trivial, wenn nicht sogar sinnlos erscheinen. Wir fallen ja schließlich im Alltagsleben normalerweise Typ-Exemplar-Mehrdeutigkeiten nicht zum Opfer. Wir wissen, welche Bedeutung von ‚Wort‘ beabsichtigt ist, wenn uns gesagt wird, daß Telegramme pro Dutzend Wörter soundsoviel kosten. Betrachten wir jedoch Fragen wie die folgenden. Realisiert ein Großbuchstabe denselben Typ wie der entsprechende Kleinbuchstabe? Realisiert ein kursiv gedrucktes Wort denselben Typ, wie das Wort in normaler Antiquaschrift? Ist ein Wort, das von X geschrieben wird, jemals dasselbe Wort, das von Y geschrieben wird? Die Antwort auf diese Fragen hängt nicht von irgendeinem Begriff der absoluten Identität ab. Die Beziehung der Realisierung betrifft vielmehr das Erkennen einer Identität relativ zu einem Zweck oder einer Funktion. Um welche Art von Identität es geht, mag in den meisten praktischen Situationen klar genug sein. Es ist aber wichtig zu verstehen, daß dieser Begriff nicht durch einen bestimmten Grad von physischer oder perzeptueller Ähnlichkeit spezifiziert werden kann. Es ist sogar zweifelhaft, ob irgendein vernünftiges Maß von physischer oder perzeptueller Ähnlichkeit bestimmt werden kann, das von funktionellen Betrachtungen des Problems der Mustererkennung von der Art, mit der wir es hier zu tun haben, völlig unabhängig ist. Unsere unmittelbare und leichte Entscheidung, daß in dem geschriebenen Wort *Referenz* (genauer bei bestimmten Exemplaren der geschriebenen Wortform *Referenz)* acht Buchstabenexemplare, aber nur fünf Buchstabentypen vorhanden sind, ist weitgehend abhängig von der Standardisierung der deutschen Orthographie und dem, was wir in der Schule darüber, was von diesem Standpunkt aus als derselbe Buchstabe des Alphabets betrachtet wird, gelernt haben. Die Identifizierung von gesprochenen Formen als Exemplaren desselben Typs ist weitaus schwieriger.

Die Kategorisierung von Exemplaren in Typen wurde gerade durch das Verfahren der Mustererkennung beschrieben, und wir haben die Wichtigkeit funktionaler Faktoren und konventioneller Standards bei diesem Verfahren betont, was sonst nur zu oft als ein rein perzeptueller Prozeß betrachtet wird. Von einem psychologischen Standpunkt aus betrachtet, mag es interessant sein hinzuzufügen, daß es vielleicht keine scharfe Unterscheidung zwischen Mustererkennung und dem, was gemeinhin Begriffsbildung genannt wird, gibt. Bevor von einem Kind gesagt werden kann, daß es die Bedeutung des Wortes ‚Tisch‘ gelernt hat (d. h. den mit dem Wort ‚Tisch‘ assoziierten Begriff gebildet hat), muß es in der Lage sein, zu erkennen, daß es bestimmte Gegenstände von verschiedener Gestalt und Größe gibt, auf die korrekt als Tische referiert werden kann, und daß dies für andere Gegenstände nicht gilt. Die Tatsache, daß diese Art von Begriffsbildung nicht ausschließlich durch den Begriff der perzeptuellen Ähnlichkeit der Gegenstände, die als Tische identifiziert werden, erfaßt werden kann, wird in allgemeineren Abhandlungen der Semantik häufig dargelegt. Dasselbe gilt für die Arbitrarität oder Konventionalität der Beziehung zwischen Bedeutung und Form (cf. 3.4). Die Tatsache, daß das, was als Identität der Form zählt, ebenfalls, zumindest teilweise, auf den Konventionen beruht, die stillschweigend von den Mitgliedern einer bestimmten Sprachgemeinschaft akzeptiert sind, wird weniger häufig betont, es sei denn in Büchern über Sprachwissenschaft.

Wir haben einige Sorgfalt darauf verwendet, klar zwischen Exemplaren und Typen zu unterscheiden, und wir werden auf diese Unterscheidung im weiteren häufig zurückkommen. Es wäre jedoch unnötigerweise pedantisch, terminologisch oder notationell zwischen Typen und Exemplaren in den Fällen zu unterscheiden, in denen der Kontext es klarmacht, was beabsichtigt ist. Wichtig ist, die Art der Typ-Exemplar-Beziehung verstanden zu haben, vor der Möglichkeit von Mehrdeutigkeiten, die sich daraus ergeben können, gewarnt zu sein und in der Lage zu sein, die Terminologie zu benützen, wenn es nützlich erscheint.

An dieser Stelle soll ein einfaches Beispiel für die Wichtigkeit der Fähigkeit gegeben werden, in der Lage zu sein, zumindest im Prinzip eine Darstellung der Kriterien für Typ-Exemplar-Identität zu geben. Die philosophische Literatur in der Semantik ist voll von Aufsätzen, die sich mit dem, was traditionellerweise indirekte Rede (oder berichtete Rede) genannt wird, befassen; dies geschieht im Zusammenhang mit dem Problem, die Bedingungen, unter denen solche Sätze wie der folgende wahr oder falsch sein könnten (wobei *p* für eine beliebige Proposition steht), zu spezifizieren:

(8) John sagte, daß *p*, und Mary sagte es auch.

Damit (8) wahr ist, ist es offensichtlich unnötig, daß John und Mary dieselbe Kette von Wörtern geäußert haben müssen; sie könnten sogar in zwei ganz verschiedenen Sprachen gesprochen haben. Die Probleme der indirekten Rede sind für den Semantiker real genug. Wie ist es aber mit der sogenannten direkten Rede, die vermutlich von fundamentalerer Natur ist?

Sätze, die nach dem folgenden Muster gebildet sind (wobei X für die konventionelle orthographische Repräsentation irgendeines Äußerungstyps in irgendeiner Sprache steht), können, das wird allgemein zugestanden werden, nicht wahr sein, es sei denn, daß John und Mary zwei verschiedene Exemplare desselben Typs hervorgebracht haben:

(9) John sagte X, und Mary sagte das auch.

So weit, so gut. Die Schwierigkeit liegt in der genauen Angabe dessen, woraus X besteht, und den Kriterien für die Typ-Exemplar-Identität zwischen verschiedenen Vorkommnissen von X. Solange wir unsere Aufmerksamkeit auf eine standardisierte geschriebene Sprache beschränken oder es nur mit geschriebenen Repräsentationen gesprochener Formen zu tun haben (dies gilt besonders dann, wenn wir von nicht-kursiv gedruckten Repräsentationen in einer alphabetischen Schrift Gebrauch machen), können wir geneigt sein, die Schwierigkeit der Bestimmung der Bedingungen, unter denen (9) wahr oder falsch sein würde, zu unterschätzen. Wir werden in einem späteren Kapitel einer Diskussion darüber, was die verbale Komponente einer Äußerung konstituiert, einigen Raum einräumen (cf. 3.1). Es ist nämlich eine notwendige, wenn schon nicht genügende Bedingung für Typ-Exemplar-Identität zwischen Äußerungen, daß zwei Äußerungsexemplare desselben Typs in Beziehung auf ihre verbale Komponente formal identisch sein sollten; d. h. daß sie dieselben Formen in derselben Abfolge realisieren sollten. Was darüber hinaus noch notwendig ist, ist jedoch unklar. Seit Bloomfield (1926) explizit das Prinzip (als eines seiner Postulate für die Linguistik) formuliert hat, daß jede Äußerung vollständig aus Formen besteht (so wie jede Form vollständig aus Phonemen zusammengesetzt ist), ist es gewöhnlich von Linguisten als gesichert angenommen worden, daß die Frage der Typ-Exemplar-Identität für jede Sprache entscheidbar sei. Man ist jedoch großen Schwierigkeiten begegnet, als man versuchte, der theoretischen Bindung des Linguisten an Bloomfields Postulat empirischen Gehalt zu geben.

Bevor wir den Bereich der Typ-Exemplar-Identität verlassen, müssen wir noch eine andere Art von Identitätsbeziehung erwähnen, die zwar derjenigen der Typ-Exemplar-Identität ähnlich ist, aber von ihr unterschieden werden sollte. Dies ist die Beziehung, die zwischen einem Original und einer Kopie oder Reproduktion des Originals besteht (cf. Cohen 1966: 4–5). Nehmen wir an, X schreibt das Wort *Referenz* und Y kopiert es, indem er die Handschrift von X imitiert (ob er dies vorsätzlich tut oder nicht, ist gleichgültig). Sowohl das von X geschriebene Wort als auch das von Y geschriebene Wort werden (unter den geeigneten Kriterien der Typ-Exemplar-Identität) als Exemplare desselben Typs beurteilt. Von diesem Standpunkt aus gesehen haben sie einen äquivalenten Status. Die Beziehung, die zwischen einem Original und demjenigen, was ich Nachbildungen* [replicas] nennen werde, ist nichtsdestoweniger von der Beziehung, die zwischen einem Typ und seinen Exemplaren besteht, klar unterschieden. Das eben gegebene Beispiel einer Nachbildungsbeziehung* ist ziemlich trivial. Interessanter ist die Identitätsbeziehung, die zwischen einer Rede und einer Tonbandaufnahme dieser Rede, die hintereinander abgespielt werden, besteht; noch komplexer und theoretisch noch interessanter ist, wie wir sehen werden, die Beziehung zwischen gesprochener und geschriebener Sprache (cf. 3.3). Innerhalb gewisser Grenzen könnte es angemessen erscheinen, geschriebene Wörter als Nachbildungen gesprochener Wörter zu beschreiben, obwohl erstere normalerweise nicht bestimmte Wortexemplare nachbilden.

1.5. Formen, Lexeme und Ausdrücke

In diesem Abschnitt wird eine dreifache Unterscheidung getroffen werden, die, soweit ich sehen kann, vorher mittels dieser Termini noch nicht getroffen worden ist: die Unterscheidung zwischen Formen, Lexemen und Ausdrükken. Der Terminus ‚Form‘ wurde schon in vorausgehenden Abschnitten gebraucht. Dasselbe gilt, ohne daß weitere Erklärungen gegeben worden wären, für ‚Ausdruck‘. Wir haben darauf geachtet, ‚Form‘ in derjenigen Bedeutung zu gebrauchen, wie sie von Bloomfield (1926) definiert und wie sie auch seither von den meisten Linguisten gebraucht worden ist. Der Terminus ‚Ausdruck‘ ist von der philosophischen Semantik übernommen worden. Aber Philosophen und Logiker machen selten, wenn überhaupt, eine konsistente Unterscheidung zwischen Formen und Ausdrücken auf der einen und zwischen Lexemen und Ausdrücken auf der anderen Seite.

Zuerst soll die Unterscheidung zwischen Formen und Lexemen eingeführt werden. Am klarsten kann sie in bezug auf Wörter erkannt werden. Eine Art ‚Wort‘ für das geschriebene Deutsch zu definieren (wieder einmal werden wir unsere Aufmerksamkeit zunächst auf die geschriebene Sprache beschränken), könnte sein: ein Wort ist irgendeine Folge von Buchstaben, die gemäß dem normalen typographischen Gebrauch auf beiden Seiten durch einen Zwischenraum begrenzt ist. Diese Definition erlaubt, wie es auch sein sollte, Variationen in dem jeweiligen von verschiedenen Zeitungen und Verlagen angenommenen Hausgebrauch, und sie definiert ‚Wort‘ in dem Sinn, der für Telegrammkosten und andere praktische Angelegenheiten angemessen ist. Wörter dieser Art sind Formen*: genauer, sie sind Wortformen*. Wie wir gesehen haben, besteht die normale Konvention in der Linguistik für das Zitieren von Formen (wenn sie orthographisch und nicht phonetisch oder phonologisch repräsentiert werden) darin, Kursivdruck zu benützen. Dies war die Konvention, die in dem Abschnitt über Gebrauch und Zitierung weiter oben übernommen wurde, wenn gesagt wurde, daß *John* vier Buchstaben habe.

Betrachten wir nun die folgende metasprachliche Aussage über das Deutsche: „Die Wörter *fand* und *finden* sind verschiedene Formen desselben Wortes“. Der Terminus ‚Wort‘ wird hier in zwei deutlich verschiedenen Bedeutungen gebraucht (beide sind sowohl in technischem als auch in nichttechnischem Sprachgebrauch ganz normal). In der Bedeutung von ‚Wort‘, in der von *finden* und *fand* gesagt wird, daß sie Formen desselben Wortes seien oder zu demselben Wort gehörten, wird auf ein Lexikonwort referiert; es sind Lexikonwörter, die eine Unterklasse dessen ausmachen (dies findet im heutigen linguistischen Sprachgebrauch einige Unterstützung), was wir Lexeme* nennen.[10] Auf Lexeme wird durchweg referiert, indem wir ihre Zitierformen in einfache Anführungszeichen einschließen. Unter der Zitierform* eines Lexems wird die Form des Lexems verstanden, die konventionellerweise in Standardwörterbüchern und Grammatiken der Sprache verwendet wird, um auf es zu referieren. (Dies braucht nicht immer dasselbe zu sein wie die Zitierform, die in dem alltäglichen reflexiven Gebrauch einer Sprache in einer bestimmten Sprachgemeinschaft verwendet wird; es können alternative Konventionen in Gebrauch sein, z. B. der Gebrauch der Infinitivform des Verb *vs.* seiner ersten-Person-Singular-Form im Lateinischen.) Es ist wichtig zu verstehen, daß die Zitierform tatsächlich eine Form des Lexems ist, die für einen bestimmten reflexiven oder metasprachlichen Zweck gebraucht wird: sie darf nicht mit dem Lexem selbst identifiziert werden. Wenn wir unsere notationellen Konventionen zur Unterscheidung zwischen Wortformen und Lexemen als gegeben annehmen, können wir ohne Verwirrung oder Mehrdeutigkeit sagen, daß *finden* und *fand* Formen von ,finden' sind. Wir machen den Leser jedoch darauf aufmerksam, daß es sich hierbei um keine standardisierte Notationskonvention handelt. Die meisten Linguisten gebrauchen Kursivdruck sowohl für Formen als auch für Lexeme; Philosophen neigen dazu, Anführungszeichen zu gebrauchen, um auf Formen, Ausdrücke und Lexeme zu referieren.

Jetzt können wir etwas über unseren Gebrauch der doppelten Anführungszeichen sagen. Sie werden in diesem Werk hauptsächlich für zwei Zwecke verwendet: erstens für das Anführen von Sätzen oder Texten im engeren Sinne (im Unterschied zum Zitieren) und zweitens, um auf die Bedeutung einer Form oder eines Lexems (im weitesten Sinne von Bedeutung) zu referieren. Es schien nicht notwendig zu sein, systematisch zwischen diesen beiden Gebrauchsweisen der doppelten Anführungszeichen zu unterscheiden, da der Kontext der Diskussion es immer klar macht, welche Gebrauchsweise beabsichtigt ist. Wir werden hauptsächlich mit den Bedeutungen von Lexemen befaßt sein, und auf diese kann referiert werden, indem man die Zitierform des Lexems, in gerader Schrift, zwischen doppelte Anführungszeichen setzt. Nehmen wir an, daß ,X' ein Lexem ist, dann ist „X" die Bedeutung von ,X'. „Türe" ist also die Bedeutung von ,Türe' und unter der Annahme, daß das französische Lexem ,porte' dieselbe Bedeutung wie ,Tür' hat, können wir im Deutschen sagen, daß ,porte' die Bedeutung „Tür" hat. (Der Leser sei daran erinnert, daß ,Bedeutung' für einen bequem lockeren und ungenauen Ausdruck reserviert ist. An dieser Stelle möchten wir nicht solche Fragen stellen, ob von Lexemen verschiedener Sprachen jemals gesagt werden kann, daß sie dieselbe Bedeutung in dem einen oder anderen Sinn von ,Bedeutung' haben usw. Dies sind Fragen, die in späteren Kapiteln untersucht werden sollen.) Unsere notationellen Konventionen für das Zitieren von Sätzen und Äußerungen werden weiter unten erklärt werden. Bisher wurden sie mittels einfacher Anführungszeichen zitiert, es sei denn, daß sie numeriert und auf eine besondere Zeile gesetzt wurden (oder in Exemplar-Anführungszeichen eingeschlossen wurden).

Wie wir in dem vorausgehenden Abschnitt gesehen haben, ist die Typ-Exemplar-Beziehung für die Identifikation von zwei oder mehreren Wortformen als den gleichen relevant. Da die Typ-Exemplar-Unterscheidung auf Lexeme nicht anwendbar ist, entsteht auch niemals die Notwendigkeit, die Ausdrücke ‚Wortform-Exemplar‘ und ‚Wortform-Typ‘ zu benützen; es gibt folglich auch nicht die Möglichkeit der Konfusion oder Ambiguität, die aus dem Gebrauch von ‚Wortexemplar‘ und ‚Worttyp‘ resultieren könnte; diese Ausdrücke referieren darauf, was genauer Wortform-Exemplare und Wortform-Typen genannt würde. Immer wenn der Kontext die beabsichtigte Bedeutung ganz klar macht, wird ‚Wort‘ für jede einzelne der bisher unterschiedenen vier Bedeutungen verwendet werden. Wie schon früher bemerkt worden ist, wurde die Typ-Exemplar-Beziehung in einem Großteil der Literatur mit anderen Unterscheidungen verwechselt: insbesondere ist sie mit der ganz verschiedenen Form-Lexem-Beziehung verwechselt worden. Noch häufiger, besonders in Frequenzzählungen, wurde sie mit der komplexen Beziehung verwechselt, die zwischen einem Lexem und einem Wortexemplar besteht: das, was das Typ-Exemplar-Verhältnis für Wörter in Texten genannt wird, ist oft, obwohl nicht immer, ein Maß für das Verhältnis von Lexemen zu Wortexemplaren.[11]

Wir können nun etwas genauer das Problem der Identifizierung von Formen als Exemplare desselben Typs betrachten. Wir werden es als notwendige und hinreichende Bedingung der Identität von Formen für gesprochenes Deutsch annehmen, daß die betreffenden Exemplare aus denselben Phonemen in derselben Anordnung zusammengesetzt sein sollen. Es sollte festgehalten werden, daß Formen morphologisch einfach oder komplex sein können. Was unter morphologischer Komplexität verstanden werden soll, braucht im Augenblick nicht besonders präzisiert zu werden; ohne sehr stark ins Detail zu gehen, könnte dies auch an dieser Stelle nicht geleistet werden. Die Unterscheidung zwischen morphologischer Einfachheit und morphologischer Komplexität kann für unseren gegenwärtigen Zweck durch die Bezugnahme auf die folgenden zwei Sätze hinreichend klargemacht werden:

(1) Das Licht wird heller
(2) Ich schulde dir keinen Heller.

In Satz (1) kommt die Form *heller* vor, in Satz (2) kommt dieselbe Form *Heller* vor, und aufgrund unserer Definition von ‚Form‘ sind sie Exemplare desselben Typs (Realisierungen derselben Form). Eine morphologische Analyse von *heller* in (1) würde zeigen, daß es komplex ist, daß es nämlich aus *hell* und *er* (beides kann als morphologisch einfach betrachtet werden) zusammengesetzt ist, wogegen *Heller* in (2) – synchronisch gesehen – einfach ist, da es nicht weiter in grammatisch funktionierende Teile zerlegbar ist. (Falls notwendig, kann die morphologische Zusammensetzung einer komplexen Form durch den Gebrauch eines Bindestrichs angezeigt werden: *hell-er.)*

Einige Linguisten könnten den Wunsch haben, die Bedingung aufzustellen, daß Formen, die als Exemplare desselben Typs identifiziert werden, auch Formen desselben Lexems sein sollten. Unter terminologischen Gesichtspunkten scheint es jedoch angebrachter zu sein, nicht so zu verfahren. Wir werden sagen, daß die Form *hell,* die oben als Teil von *hell-er* identifiziert wurde, mit der Zitierform von ‚hell' identifiziert werden kann. Der Vorteil dieser terminologischen Entscheidung besteht darin, daß wir nun sagen können (in Übereinstimmung mit einem anderen ziemlich verbreiteten Gebrauch des Wortes ‚Form'), daß Formen als Exemplare desselben Typs ausschließlich aufgrund ihrer Form und unabhängig von ihrer Bedeutung oder ihrer Zuweisung zu Lexemen identifiziert werden können. Unsere terminologische Entscheidung stimmt mit derjenigen Bloomfields (1926) und den meisten seiner Nachfolger überein und schließt in dieser Hinsicht auch Chomsky (cf. 10.3) mit ein. Daß wir den Terminus ‚Form' hier nicht einfach äquivok verwenden, wird aus einer kurzen Betrachtung der Homonymie* klar werden.

Die meisten deutschen Wörterbücher werden für die folgenden Beispiele getrennte Einträge haben: ‚kosten' in der Bedeutung von ‚probieren' und ‚kosten' in der Bedeutung von „einen Kaufwert haben". Die Tatsache, daß es zwei getrennte Einträge gibt, bedeutet, daß die Autoren oder Herausgeber eines Wörterbuchs entschieden haben, daß es sich um zwei verschiedene Lexeme handelt (und nicht um ein Lexem mit zwei Bedeutungen): ‚kosten$_1$' und ‚kosten$_2$'. In diesem Fall mag ihre Entscheidung teilweise davon bestimmt gewesen sein (wie es häufig in den deutschen Standardwörterbüchern und in Wörterbüchern anderer europäischer Sprachen der Fall ist), daß die beiden Wörter historisch verschiedene Ableitungen haben (cf. Althochdeutsch ‚koston' *vs.* vulgärlateinisch ‚costare'). Etymologische Überlegungen können jedoch von unserem gegenwärtigen Standpunkt aus als theoretisch irrelevant betrachtet werden (cf. 8.2). Unabhängig von ihrer historischen Herkunft könnten jedoch ‚kosten$_1$' und ‚kosten$_2$' deshalb unterschieden worden sein, weil ihre Bedeutungen nicht nur verschieden, sondern auch nicht miteinander verwandt sind. Im Gegensatz dazu wird es wahrscheinlich für ‚Auge' nur einen Eintrag geben, mag es nun „Sehorgan" oder „Wert einer Spielkarte" bedeuten, denn hier nimmt man an, daß die beiden Bedeutungen miteinander verwandt sind: ‚Auge' wird deshalb als ein Lexem mit einer Anzahl von Bedeutungen behandelt. Wir werden uns noch später mit dieser Unterscheidung zwischen Verwandtschaft und Nicht-Verwandtschaft von Bedeutungen befassen; jetzt brauchen wir dieser Unterscheidung keine besondere Aufmerksamkeit zu widmen.

So wie der Terminus gewöhnlich definiert wird, sind Homonyme* Wörter (d. h. Lexeme), die die gleiche Form haben, aber sich in ihrer Bedeutung unterscheiden. Wir haben schon gesehen, daß es nicht die Verschiedenheit von Bedeutungen schlechthin, sondern ihre Nicht-Verwandtschaft ist, was als Kriterium für die Entscheidung herangezogen wird, daß ‚kosten$_1$' und ‚kosten$_2$, Homonyme sind. Was heißt es aber, dieselbe Form zu haben? Lexeme als solche sind, wie wir gesehen haben, abstrakte Entitäten und haben selbst keine Form. Sie sind mit einer Menge einer oder mehrerer Formen assoziiert. Wir müssen deshalb die übliche Definition von Homonymie in dem folgenden Sinn verstehen: Homonyme sind Lexeme, bei denen jeweils alle Formen dieselbe Form haben.

Eine weitere Bedingung für Homonymie, von der zwar häufiger angenommen wird, daß sie notwendig sei – sie wird aber nicht so häufig ausdrücklich erwähnt oder diskutiert – ist die Identität der grammatischen Funktionen. Die Ausdrücke ‚kosten$_1$' und ‚kosten$_2$' genügen beiden Bedingungen: (1) jede von ihnen hat die gleiche Menge von Formen: *koste, kostest, kostete* usw; (2) gibt es eine Identität der grammatischen Funktion nicht nur in dem Sinn, daß jedes Lexem ein Verb ist, sondern auch in dem Sinn, daß dieselbe Form dieselbe grammatische Funktion hat, gleichgültig, ob sie mit ‚kosten$_2$' oder mit ‚kosten$_1$' assoziiert wird: In jedem Fall ist *koste* die erste-Person-Singular-Präsens-Form, *kostest* die zweite-Person-Singular-Präsens-Form usw. Man braucht nicht besonders scharf darüber nachzudenken, um zu erkennen, daß diese beiden Bedingungen, zumindest im Prinzip, unabhängig voneinander sind, so daß sie nicht notwendigerweise beide gleichzeitig gelten. Wir können deshalb verschiedene Arten von partieller Homonymie (einschließlich Homographie* und Homophonie*) zusätzlich zur vollen Homonymie erkennen (cf. 13.4).

Die Unterscheidung zwischen Lexemen und Formen ist nicht nur auf Wörter, sondern auch auf Wortverbindungen anwendbar. Daß dem so ist, wird aus der Tatsache klar, daß ein gewöhnliches deutsches Wörterbuch nicht nur Wörter, sondern auch Wortverbindungen [‚phrases'] als Lexikoneinträge enthält. Viele dieser phrasalen* Lexeme sind in der einen oder anderen Weise idiomatisch: ‚Kohlenbaron', ‚ins Gras beißen', ‚mit Fug und Recht' usw. Die damit verbundenen Fragen werden wir nicht weiter diskutieren. Wichtig ist in diesem Zusammenhang jedoch, daß Wort-Lexeme nur eine Unterklasse der Lexeme darstellen. Grob gesprochen können wir sagen, daß Lexeme diejenigen Wörter und Wortverbindungen sind, die wir in einem Wörterbuch als separaten Eintrag finden.

Wir können nun den Terminus Ausdruck* [‚expression'] einführen, der, wie schon früher bemerkt wurde, von Philosophen und Logikern in ihren Diskussionen über Sprachen gewöhnlich gebraucht wird. Die Tatsache, daß der Terminus ‚Ausdruck' existiert, stellt jedoch natürlich keinen genügenden Grund dafür dar, ihn von ‚Lexem' einerseits und ‚Form' andererseits zu unterscheiden. Die Frage ist vielmehr, ob es notwendig, oder zumindest bequem ist, über alle drei Termini zu verfügen.

Wir beginnen mit der Feststellung, daß ein Terminus für die sprachlichen Einheiten benötigt wird, die dazu dienen, etwas zu identifizieren oder auf etwas zu referieren, gleichgültig, worüber wir sprechen, wenn wir eine Aussage über etwas machen. Der Terminus, der für diesen Zweck in der philosophischen Semantik meistens benützt wird, ist ‚referierender Ausdruck'. Wir möchten jedoch auch einen Terminus für die sprachlichen Einheiten haben, die verwendet werden, um bestimmte Eigenschaften einem Gegenstand, auf den referiert wird, zuzuschreiben. Auch hier ist ‚Ausdruck' wiederum der Terminus, der gemeinhin von Philosophen verwendet wird, genauer ‚prädikativer Ausdruck': von einem Ausdruck, der eine bestimmte Eigenschaft denotiert, wird gesagt, daß er von der Entität prädiziert wird, der die betreffende Eigenschaft zugeschrieben wird. Um Quines Beispiel (cf. 1.2) zu nehmen: Wir können ‚Boston' verwenden, um auf Boston zu referieren, und wir können von Boston den Ausdruck ‚eine große Bevölkerung haben' prädizieren, um dieser Stadt diese Eigenschaft zuzuschreiben. Diese semantischen Begriffe der Referenz, Denotation, Zuschreibung und Prädikation werden alle im einzelnen später diskutiert werden. Für den Augenblick mag das eben gegebene sehr einfache Beispiel genügen. Wie nehmen also an, daß es bestimmte sprachliche Einheiten gibt, deren Aufgabe es ist, auf etwas zu referieren (referierende Ausdrücke), und bestimmte sprachliche Einheiten (prädikative Ausdrücke), deren Aufgabe es ist, prädiziert zu werden oder prädizierbar zu sein in bezug auf Entitäten, auf die referiert wird. Wie wollen auch zugeben, daß beide Arten von Einheiten (unabhängig davon, ob einige oder alle dieser Einheiten eine, aber nicht die andere Funktion haben) in angemessener Weise Ausdrücke genannt werden. Unsere Frage geht dahin, ob die so definierten Ausdrücke entweder mit Formen oder Lexemen identifiziert werden können, die von Grammatikern (zumindest für bestimmte Sprachen) unabhängig aufgestellt worden sind.

Daß Ausdrücke nicht mit Formen identifiziert werden können – wenn ‚Boston' in ‚Boston hat eine zahlreiche Bevölkerung' ein Ausdruck ist – ist schon gezeigt worden (cf. 1.2). Nun sieht es aber so aus, daß ‚Boston' nicht nur als ein Ausdruck, sondern auch als ein Lexem beschrieben werden könnte (dies setzt voraus, daß wir glauben, daß Eigennamen zu dem Wortschatz einer Sprache gehören: cf. 7.5). Es gibt aber unbestimmt viele komplexe Ausdrücke, von denen klar ist, daß sie keine Lexeme sind, und deren Bedeutung durch die Bedeutung der sie zusammensetzenden Lexeme und der produktiven grammatischen Regeln der Sprache bestimmt wird: ‚Die Stadt, in der er gelebt, geliebt und verloren hat'; ‚Die Heimat eines der größten lebenden Logiker und Sprachphilosophen'; ‚Der Ort, an dem vor ungefähr 200 Jahren mehrere hundert Kisten Tee in den Hafen geworfen wurden als Protest gegen die von den Engländern auf Tee erhobenen Steuern'; usw. Derartige komplexe Ausdrücke sind keine Lexeme. Sie können auch nicht mit den Formen, die in bestimmten Sätzen vorkommen, identifiziert werden. Denn das Argument, das früher gegen die Identifizierung von einfachen Ausdrücken mit Formen dargelegt wurde, gilt auch gegen die Identifikation von komplexen Ausdrücken mit Formen. Darüber hinaus gibt es Gelegenheiten, bei denen wir sagen möchten, daß zwei oder mehrere verschiedene Formen desselben Ausdruckes in verschiedenen Sätzen vorkommen, entsprechend der grammatischen Funktion des Ausdrucks in dem Satz, in dem er vorkommt: So kann z. B. der lateinische Ausdruck ‚ille homo' („jener Mann") in der Form *ille homo, homo ille, illum hominem, hominem illum, illius hominis,* usw. je nach seiner grammatischen Funktion vorkommen. Wenn wir in der Lage sein möchten, mit der Widersprüchlichkeit der folgenden zwei übersetzungsmäßig äquivalenten Sätzen durch dasselbe Prinzip fertig zu werden, müssen wir in der Lage sein, zu sagen, daß der lateinische Satz (2) zwei Vorkommnisse desselben Ausdrucks ‚ille homo' enthält, genauso wie der deutsche Satz (1) zwei Vorkommnisse desselben Ausdrucks ‚jener Mann' enthält:

(1) Ich weiß, daß jener Mann mein Vater ist, aber jener Mann ist nicht mein Vater

(2) Scio illum hominem meum patrem esse, sed ille homo meus pater non est.

In einer Hinsicht möchten wir also in der Lage sein zu sagen, daß es eine zugrundeliegende komplexe sprachliche Einheit gibt, deren tatsächlich in Sätzen vorkommende Formen die grammatisch bestimmten Realisierungen* sind; es ist also diese zugrundeliegende Entität und nicht die eine oder andere ihrer Formen, die als referierender Ausdruck funktioniert. Zugleich ist es offensichtlich, daß die Beziehung zwischen einem Ausdruck und seinen Formen der Beziehung zwischen einem Lexem und seinen Formen ähnlich ist, wenn sie nicht gar mit ihr identisch ist. Darüber hinaus können, wie wir später sehen werden, zumindest einige Lexeme in der deutschen und in anderen Sprachen als referierende oder prädikative Ausdrücke fungieren. Aus diesem Grund wird deshalb keine notationelle Unterscheidung zwischen Lexemen und Ausdrücken getroffen werden: einfache Anführungszeichen werden für beide gebraucht werden.

Eines der Probleme, das gerade bei der Beschreibung der Beziehung zwischen Lexemen und Ausdrücken einerseits und zwischen Formen und Lexemen andererseits existiert, besteht darin, daß dies nur innerhalb des Rahmens einer bestimmten grammatischen Theorie geschehen kann. Schließlich könnte der Fall eintreten, daß die Beziehung je nach Sprache in verschiedener Weise definiert werden muß. Es gibt tatsächlich Sprachen, bei denen Argumente dafür gefunden werden können, daß sie ohne die Unterscheidung zwischen Formen und Lexemen beschrieben werden können; viele Linguisten würden sagen, daß das Englische (obwohl vielleicht weniger offensichtlich als z. B. das klassische Chinesisch oder das Vietnamesische) eine solche Sprache ist. Zu dieser Frage wird in einem späteren Kapitel (10.1) noch etwas gesagt werden. In der Zwischenzeit wird jedoch angenommen, daß die hier

gegebene Erklärung von Formen, Lexemen und Ausdrücken in bezug auf die
Termini und Notation, die sich auf sie beziehen, ausreichend ist und den
Leser nicht verwirrt. Es sollte jedoch zumindest klar sein, daß viele philoso-
phische Abhandlungen über Sprache (dies trifft besonders für die Behand-
lung von Gebrauch und Erwähnung und für die Unterscheidung zwischen
Objekt- und Metasprache zu) unscharf, wenn nicht sogar fehlerhaft sind,
weil versäumt wird, genau darzulegen, über welche Arten von sprachlichen
Einheiten gerade diskutiert wird. Dies trifft auch, wie wir später sehen werden, für die üblichen Darstellungen der Dualität der Struktur (oder doppelten
Artikulation) in der Linguistik und in der Semiotik zu (3.4).

1.6. Theorien, Modelle und Daten

Von den Nicht-Linguisten wird im allgemeinen nicht erkannt, wie indirekt
die Beziehung ist, die vom Linguisten in seiner Beschreibung irgendeiner
bestimmten Sprache zwischen beobachteten (oder beobachtbaren) Äußerungen und der Menge grammatischer Sätze (und diese werden als Beispiele
zitiert) postuliert wird. Worin genau diese Beziehung besteht, ist zwischen
den Linguisten untereinander kontrovers. Wie es gewöhnlich der Fall ist,
wurde ein Großteil der Verwirrung dadurch verursacht, daß man versäumte,
sich über die Terminologie zu einigen. Für sich selbst genommen würde eine
terminologische Einigung die theoretischen Dispute, die in der Sprachwissenschaft über die Beziehung zwischen Daten und Theorie stattgefunden haben,
nicht erledigen, aber eine Einigung würde die Probleme klären und vielleicht
ein gewisses Ausmaß an Mißverständnissen vermeiden. In diesem Abschnitt
ist es deshalb mein Ziel, kurz zu erklären, wie ich die Beziehung zwischen
Daten und Theorie verstehe, ich werde auch eine Anzahl von terminologischen Konventionen einführen, mit deren Hilfe wir – wenn es notwendig
wird – klar zwischen den beobachtbaren Phänomenen einerseits und einer
Anzahl von theoretischen Konstrukten auf der anderen Seite unterscheiden
können.

Wir beginnen mit der Unterscheidung zwischen Sprachverhalten* und dem
ihm zugrundeliegenden Sprachsystem*.[12] Wenn wir sagen, daß jemand eine
bestimmte Sprache spricht, z. B. Deutsch, implizieren wir damit, daß er eine
Art von Verhalten oder Tätigkeit zeigt; im Verlaufe dieser Tätigkeit bringt er
stimmliche Signale von größerer und geringerer Dauer hervor sowie verschiedene nicht-stimmliche Signale, die mit diesen stimmlichen Signalen in Beziehung stehen und ihre Interpretation bestimmen können. Die stimmlichen
Signale wollen wir Äußerungen* nennen.

Nun ist aber der Terminus ‚Äußerung' (dies gilt z. B. für das französische
‚énonciation' und ‚énoncé' nicht) zweideutig, insoweit man damit sowohl auf
einen einzelnen Verhaltensakt referieren kann (ein Äußerungsakt: französö-

sisch ‚énonciation') als auch auf das stimmliche Signal, welches ein Produkt dieses Verhaltensaktes (französisch ‚énoncé') ist. Wenn notwendig, können diese zwei Bedeutungen unterschieden werden, nämlich durch den Gebrauch der Termini Äußerungsakt* und Äußerungssignal*. Philosophen sind vielleicht eher daran gewöhnt, den Terminus ‚Äußerung' in dem Sinne eines Aktes (oder einer Tätigkeit) zu verwenden, Linguisten verwenden ihn eher im Sinne eines Signals.[13] Angesichts der Verwirrung, die den Terminus ‚Äußerung' in der Linguistik umgibt, erscheint es angebracht zu sein, festzustellen, daß dieser Terminus sowohl von Bloomfield (1926) als auch Harris (1951) explizit definiert wurde; er kann so verstanden werden, daß er entweder Stücke von Signalverhalten oder die übermittelten Produkte dieses Verhaltens bezeichnet. Es ist jedoch ganz klar, daß so wie ‚Äußerung' tatsächlich gebraucht wurde, nicht nur von Bloomfield und Harris, sondern bis vor kurzem von den meisten Linguisten, mit diesem Ausdruck beabsichtigt war, ihn auf Signale und nicht auf das Verhalten, dessen Produkt die Signale sind, anzuwenden. Immer wenn der Terminus ‚Äußerung' ohne weitere Spezifizierung in diesem Buch gebraucht wird, ist er als äquivalent für ‚Äußerungssignal' zu verstehen.

So wie sie von Harris (1951: 14) definiert wurde, ist eine Äußerung „irgendein Stück von einer Person hervorgebrachter Rede, wobei von dieser Person zu beobachten ist, daß sie vor und nach diesem Stück Rede schweigt"; diese Definition werden wir übernehmen (sie jedoch so ausdehnen, daß sie sowohl geschriebene als auch gesprochene Sprache umfaßt). Aus der Definition folgt, daß eine Äußerung beliebig lang sein kann: sie kann aus einem einzelnen Wort, einem einzelnen Teilsatz oder einem einzelnen Satz (in der Bedeutung von ‚Satz', wie sie gleich erklärt werden wird) bestehen; sie kann aus einer Satzfolge bestehen, sie kann auch aus einem oder mehreren grammatisch unvollständigen Satzfragmenten bestehen, und sie kann schließlich einen Satz oder ein Satzfragment parenthetisch ineinandergeschachtelt enthalten. Kurz gesagt, es gibt keine einfache Korrespondenzbeziehung zwischen Äußerungen und Sätzen.

Sowohl das Verhalten des Sprechers als auch die Äußerungen, die er hervorbringt, sind beobachtbar und können, bis zu einem gewissen Punkt, in ausschließlich physischen oder sprachexternen Termini beschrieben werden. Die Termini ‚Sprachverhalten' und ‚Äußerung' (so wie sie hier verwendet werden) gehören zu dem vortheoretischen oder beobachtungssprachlichen Vokabular der Metasprache des Linguisten: sie sind Ausdrücke, die er gebrauchen kann, um über seine Daten zu sprechen, und zwar vorgängig und unabhängig von ihrer Beschreibung innerhalb eines bestimmten theoretischen Ansatzes. Der Linguist hat aber noch eine andere Menge von Termini zu seiner Verfügung, die, wie wir sehen werden, sich weniger direkt auf die primären Daten beziehen. Diese werden wir theoretische Termini nennen, da ihre Definition und Interpretation im Gegensatz zu den vortheoretischen oder beobachtungssprachlichen Termini innerhalb einer bestimmten linguistischen Theorie fixiert ist.

Die Termini ‚vortheoretisch' und ‚beobachtungssprachlich' sind soeben in einer Weise verwendet worden, die naheliegen könnte, daß sie äquivalent seien.[14] Dies ist jedoch nicht der Fall. Denn das vortheoretische Vokabular der Linguistik wird eine Anzahl von Termini einschließen, die aus dem alltagssprachlichen Reden über Sprache stammen. Einer von ihnen – und für unsere Zwecke der wichtigste – ist ‚Bedeutung'. Ein anderer, soweit gesprochene Sprache betroffen ist, ist ‚Wort', denn Wortexemplare, obwohl sie als physische Gegenstände betrachtet werden könnten, können nicht als getrennte Einheiten in dem Redestrom gemäß rein externer Kriterien identifiziert werden. Termini wie ‚Bedeutung' und ‚Wort' werden wir, wenn sie vorgängig und unabhängig von irgendeinem theoretischen Ansatz gebraucht werden, intuitiv* nennen: Sie beruhen auf den Intuitionen des muttersprachlichen Sprechers von seiner Sprache. Diese Intuitionen sind zweifellos durch unsere formale Schulung in der standardisierten geschriebenen Sprache sehr stark affiziert worden und dürfen deshalb niemals ohne weiteres als ein verläßlicher Führer für unseren tatsächlichen Sprachgebrauch in spontaner Rede betrachtet werden. Aber es gibt keinen Grund, daran zu zweifeln, daß es bis zu einem gewissen Grad eine Korrespondenz zwischen unserem Sprechen und der Art, wie wir zu sprechen glauben, gibt. Eines der Ziele der Linguistik und besonders der Semantik sollte sein, die Intuitionen des muttersprachlichen Sprechers über die Annehmbarkeit oder Äquivalenz bestimmter Äußerungen, die Unannehmbarkeit anderer usw. zu erklären.[15] Es gilt wohl allgemein, daß intuitive Begriffe, auf die in vortheoretischer Weise durch solche Termini wie ‚Annehmbarkeit', ‚Bedeutung', ‚Äquivalenz' usw. referiert wird, eine Vielzahl von unterscheidbaren Phänomenen abdecken; es muß dann nach dem Gesichtspunkt der Bequemlichkeit entschieden werden, ob es besser ist, den vortheoretischen Terminus zu übernehmen, ihm eine engere theoretische Anwendung zu geben, oder statt dessen einen völlig neuen Terminus technicus einzuführen. Wie schon oben erklärt wurde, wird ‚Bedeutung' in diesem Buch durchgängig als ein vortheoretischer, intuitiver Terminus verwendet werden; darüber hinaus wird eine Anzahl von theoretischen Termini an gegebener Stelle eingeführt werden, um auf verschiedene Aspekte der Bedeutung zu referieren. Auch ‚Annehmbarkeit' wird durchwegs als ein vortheoretischer Term gebraucht werden, seine Anwendung wird je nach dem Kontext durch Beobachtung oder Intuition determiniert werden.[16]

Äußerungen sind einmalige physische Ereignisse; als solche kann auf sie mit den Mitteln der Beobachtungs-Metasprache der Linguistik referiert werden. Der Linguist ist jedoch nicht nur an Äußerungen als einmaligen Gegenständen der Beobachtung interessiert. Er ist an Typen und nicht an Exemplaren interessiert, und die Identifikation von Äußerungsexemplaren als Realisierungen desselben Äußerungstyps kann nicht ausschließlich durch externe und beobachtungssprachliche Theorien durchgeführt werden. Wenn wir sagen, daß zwei Äußerungen Exemplare desselben Typs sind, so implizieren wir damit, daß sie eine strukturelle oder funktionelle Identität besitzen, aufgrund derer muttersprachliche Sprecher ihre Identität erkennen können. Das vortheoretische Erkennen der Typ-Exemplar-Identität beruht – und das sollte betont werden – auf der Intuition. Man könnte erwarten, daß es möglich sein sollte, eine theoretische Erklärung der strukturellen Identität zweier Äußerungen aufgrund einer akustischen Analyse der beiden Signale zu geben; entsprechend sollte ihre funktionelle Identität oder ihre Bedeutung aufgrund einer rein verhaltensmäßigen Analyse der beiden Äußerungsakte durchführbar sein. Dies ist aber nicht der Fall. Die Linguisten sind sich jetzt allgemein darüber einig, daß sich zwei Äußerungsexemplare in akustischer Hinsicht ganz stark voneinander unterscheiden können und dennoch für den muttersprachlichen Sprecher als strukturell identisch zählen. Es erscheint auch nicht möglich, Äußerungen als Exemplare desselben Typs zu identifizieren – zumindest was die große Mehrheit der Äußerungen angeht – aufgrund ihrer funktionellen Identität als Reaktionen auf dieselben Stimuli (wobei die Stimuli ihrerseits als Exemplare eines bestimmten Typs unabhängig und auf angemessene Weise als zusammengehörig erkannt worden sein müssen).

Was der Linguist tut, wenn er eine Sprache, z. B. Deutsch, beschreibt, ist, etwas zu konstruieren, das gewöhnlich von Wissenschaftlern als Modell bezeichnet wird, ein Modell nicht des tatsächlichen Sprachverhaltens, sondern ein Modell der Regularitäten, die sich in diesem Verhalten (genauer gesagt, jenes Teils des Sprachverhaltens, das der Linguist aufgrund seiner methodologischen Entscheidung als in den Bereich der Linguistik fallend definiert) manifestiert: er konstruiert ein Modell des Sprachsystems. Wenn wir sagen, daß jemand Deutsch spricht oder Deutsch sprechen kann, so implizieren wir damit, daß er die Beherrschung der Prinzipien erworben hat, die diese Art von Sprachverhalten regulieren, die wir vortheoretisch als Deutsch-Sprechen identifizieren. Um Chomskys (1965) Termini zu verwenden: er hat eine bestimmte Kompetenz* erworben und es ist diese Kompetenz, die seine Performanz* möglich macht und sich in ihr manifestiert. Es sollte deutlich geworden sein, daß hier eine Unterscheidung zwischen dem zugrundeliegenden Sprachsystem und dem Modell des Sprachsystems, wie es vom Linguisten konstruiert wurde, getroffen worden ist.[17]

Jetzt sollte etwas über die Beziehung zwischen Äußerungen und Sätzen gesagt werden. Der Ausdruck ‚Satz‘, wie ‚Wort‘, wird im alltäglichen nicht-technischen Reden gebraucht, und, soweit die geschriebene Sprache betroffen ist, wird das, was einen Satz ausmacht, mehr oder weniger durch die Konventionen der Zeichensetzung und dem Gebrauch von Großbuchstaben klargemacht. Es ist ein Gemeinplatz in der traditionellen Grammatik, daß die Äußerungen alltagssprachlicher Konversation irgendwie dazu neigen, grammatisch unvollständig oder elliptisch zu sein. Wir nehmen an, daß das, was durch den Ausdruck ‚vollständiger Satz' (im Gegensatz zu ‚unvollständiger Satz') gemeint ist, für das geschriebene Deutsch hinreichend klar ist und daß der Ausdruck im wesentlichen in der selben Bedeutung auch auf die gesprochene Sprache anwendbar ist. Wir werden später auf die Rolle von Betonung und Intonation in gesprochener Sprache zurückkommen (3.1).

Wir können nun unterscheiden zwischen dem Satz als etwas, das als das Produkt eines Stück Sprachverhaltens geäußert werden kann, und dem Satz als einer abstrakten theoretischen Entität in dem Modell des Sprachsystems, wie es vom Linguisten konstruiert wird. Wenn es notwendig ist, terminologisch zwischen diesen beiden Bedeutungen zu unterscheiden, werden wir Text-Satz* für das erstere und System-Satz* für das letztere verwenden. Indem wir dem, was mittlerweile der Standardgebrauch in der Linguistik geworden ist, folgen, werden wir den Ausdruck Text* für irgendein zusammenhängendes Stück Rede verwenden, gleichgültig, ob es gesprochen oder geschrieben ist, oder es sich dabei um eine Konversation oder einen Monolog handelt. Text-Sätze, das ist offensichtlich, können als Exemplare desselben Typs identifiziert werden: denn Text-Sätze sind entweder Äußerungen (geschrieben oder gesprochen) oder Teile von Äußerungen. Text-Sätze können vollständig oder unvollständig in dem schon früher genannten Sinn sein.

Die Beziehung zwischen Text-Sätzen und System-Sätzen, dies gilt besonders bei informeller oder nicht sehr sorgfältiger Rede, kann recht komplex sein; sie war denn auch der Gegenstand beträchtlicher theoretischer Auseinandersetzungen zwischen Linguisten. Wir werden auf diese Frage in einem späteren Kapitel (14.6) zurückkommen. In der Zwischenzeit werden wir auf der Grundlage der vereinfachenden Annahme arbeiten, daß Systemsätze Wortfolgen sind, die in ihrer Anordnung eine eins-zu-eins-Entsprechung mit dem aufweisen, was intuitiv durch muttersprachliche Sprecher als vollständige Text-Sätze beurteilt werden würde.

Indem wir einer Anregung von Bar-Hillel (1970: 365) folgen, werden wir nun eine systematische Unterscheidung zwischen den Ausdrücken ‚Aussage', ‚Frage', ‚Befehl' usw. einerseits und ‚deklarativ', ‚interrogativ', ‚imperativ' usw. auf der anderen Seite machen. Wir werden die zuerst genannte Menge von Ausdrücken in Beziehung auf Äußerungen gebrauchen, gleichgültig, ob es sich dabei um Akte oder Signale handelt; die an zweiter Stelle genannten Ausdrücke gebrauchen wir in Beziehung auf Systemsätze und dann auch, davon abgeleitet, auf solche Textsätze, die in ihrer grammatischen Struktur in einem engeren Sinne Systemsätzen entsprechen. Es kann als die charakteristische Funktion oder Verwendung eines Deklarativsatzes aufgefaßt werden, daß damit eine Aussage gemacht wird (d. h. jemanden über etwas zu informieren); die Aufgabe eines Interrogativsatzes, eine Frage zu stellen, und die eines Imperativsatzes, einen Befehl (oder eine Aufforderung) zu geben. Aber ‚Deklarativsatz' und ‚Aussage' entsprechen sich nicht immer genau in dieser Weise, dasselbe gilt für ‚Interrogativsatz' und ‚Frage' sowie für ‚Imperativsatz' und ,Befehl'. Fragen können durch das Äußern von Deklarativsätzen gestellt werden, Befehle können durch das Äußern von Interrogativsätzen gegeben werden usw. Wir müssen deshalb zwischen der grammatischen Struktur eines Satzes und der Art des kommunikativen Aktes, der in einer bestimmten Situation oder in einer identifizierbaren Menge von Situationen durch das Äußern dieses Satzes ausgeführt wird, unterscheiden.

Wenn wir die hier getroffenen Unterscheidungen in ausreichender Weise berücksichtigen, brauchen wir beim Gebrauch der Terminologie nicht unnötigerweise pedantisch zu sein. Aus dem, was oben gesagt worden ist, wird klar sein, daß Systemsätze niemals als die Produkte gewöhnlichen Sprachverhaltens vorkommen. Repräsentationen von System-Sätzen können natürlich in metasprachlichen Diskussionen über die Struktur und Funktionen von Sprache gebraucht werden; es sind gerade solche Repräsentationen, die gewöhnlich in grammatischen Beschreibungen bestimmter Sprachen zitiert werden. Im folgenden werden deshalb Ausdrücke wie ,die Äußerung eines Satzes' so verstanden werden, daß sie sich auf die Produktion eines Text-Satzes beziehen; daraus ergibt sich also nicht, daß irgendeine Identifikation von System-Sätzen mit Äußerungen impliziert wird.

Wir fügen nun noch eine Schlußbemerkung über Notation an. Bisher wurde keine klare notationelle Unterscheidung zwischen System-Sätzen und Äußerungen (Text-Sätze mit eingeschlossen) gemacht: einfache Anführungszeichen wurden für beide verwendet. Künftig werden einfache Anführungszeichen für System-Sätze, Ausdrücke und Lexeme reserviert sein (vereinbarungsgemäß werden wir sie jedoch nicht verwenden, wenn irgendeine dieser Einheiten numeriert und auf einer getrennten Zeile gedruckt wird).[18] Kursivdruck wird für Äußerungen, für Wortformen, Wortverbindungen usw. verwendet werden. So ist z. B. *Ich sah ihn gestern* der Text-Satz, der dem System-Satz ,Ich sah ihn gestern' entspricht; *Hans Schmid – ich sah ihn gestern – sagte mir, daß er heiraten wird* ist eine Äußerung, deren grammatische Struktur durch die parenthetische Einbettung von ,ich sah ihn gestern' in ,Hans Schmid sagte mir, daß er heiraten wird' beschrieben werden kann; *am kommenden Freitag* ist eine Äußerung, die aus einem Satzfragment besteht und die, entsprechend dem Kontext, in dem ein Exemplar davon vorkommt, sich auf unbestimmt viele System-Sätze beziehen kann. Es sollte natürlich klar sein, daß der Gebrauch von einfachen Anführungszeichen für System-Sätze und von Kursivdruck für Äußerungen nicht impliziert, daß die ersteren Ausdrücke und die letzteren Formen sind.[19]

2. Kommunikation und Information

2.1. Was ist Kommunikation?

Wenn wir feststellen, daß Sprache als Instrument der Kommunikation dient, so ist dies eine Binsenweisheit. Tatsächlich ist es schwierig, sich irgendeine befriedigende Definition des Terminus ‚Sprache' vorzustellen, die nicht irgendeinen Bezug auf den Begriff der Kommunikation enthält. Darüber hinaus ist es offensichtlich, oder es erschien wenigstens vielen Semantikern so, daß es eine innere Verbindung zwischen Bedeutung und Kommunikation gibt, dergestalt, daß wir erstere nur unter Rückgriff auf letztere bestimmen können. Aber was ist Kommunikation? In ihrem alltäglichen vortheoretischen Sinn werden die Wörter ‚kommunizieren' und ‚Kommunikation' in einem ziemlich weiten Bereich von Kontexten gebraucht. Wir sprechen genauso bereitwillig von der Kommunikation von Gefühlen, Stimmungen und Haltungen, wie wir dies von der Kommunikation von Information über Tatsachen tun. Es kann kein Zweifel daran bestehen, daß diese verschiedenen Bedeutungen des Wortes – wenn sie überhaupt wirklich verschieden voneinander sind – miteinander verbunden sind; es sind verschiedene Definitionen vorgeschlagen worden, in denen versucht worden ist, sie unter einem sehr allgemeinen, aber theoretischen Begriff zusammenzufassen, der seinerseits wieder mit Begriffen der sozialen Interaktion oder der Reaktion eines Organismus auf einen Stimulus definiert wird.[1] Wir werden hier den alternativen Ansatz verfolgen und den Terminus ‚Kommunikation' und die verwandten Termini ‚kommunizieren' und ‚kommunikativ' im Vergleich zu ihrem alltäglichen Gebrauch etwas enger interpretieren. Diese Einengung besteht in der Beschränkung des Terminus auf intentionale Informationsübertragung mittels eines eingeführten Signalsystems*; weiterhin werden wir, zumindest vorläufig, den Terminus noch weiter einschränken, nämlich auf die intentionale Übertragung faktischer oder propositionaler Information.

Die hauptsächlichen, wenn auch nicht die einzigen Signalsysteme, die von Menschen für die Übertragung von Information verwendet werden, sind Sprachen. Wir werden die Ähnlichkeiten und Unterschiede, die zwischen sprachlichen und nichtsprachlichen Signalsystemen bestehen, im nächsten Kapitel erörtern. Von den hier eingeführten Begriffen und Termini nehmen wir an, daß sie auf beide Arten von Systemen anwendbar sind. Angenommen wird auch, daß der Sinn, in dem die Termini ‚Signal', ‚Sender', ‚Empfänger' und ‚Übertragung' in diesem Abschnitt verwendet werden, aus dem Kontext klar genug hervorgeht. Im nächsten Abschnitt werden sie in einem einfachen

Modell eines Signalsystems eingeführt und eingebaut werden, in späteren Kapiteln werden sie mit besonderer Berücksichtigung der Sprache diskutiert werden.

Wir wollen sagen, daß ein Signal dann kommunikative* Qualität hat, wenn es vom Sender in der Absicht gebraucht wird, den Empfänger auf etwas aufmerksam zu machen, was diesem vorher noch nicht bewußt war. Ob ein Signal nun kommunikativ ist oder nicht, hängt dann von der Wahlmöglichkeit auf der Seite des Senders ab. Wenn der Sender sich nur in einer ganz bestimmten Weise verhalten kann (d. h., wenn er nicht zwischen alternativen Verhaltensweisen wählen kann), dann kann er offensichtlich durch diese Verhaltensweise nichts kommunizieren. Auf dieser Einsicht beruht eines der fundamentalsten Prinzipien der Semantik – das Prinzip nämlich, daß Auswahl oder die Möglichkeit der Wahl zwischen Alternativen eine notwendige, wenn auch nicht hinreichende Bedingung des Sinnvollseins von Äußerungen darstellt. Dieses Prinzip wird häufig in dem Slogan zusammengefaßt: Bedeutung oder Sinnvollsein impliziert Auswahl.

‚Kommunikativ‘ bedeutet „bedeutungsvoll für den Sender“. Es gibt aber noch eine andere Bedeutung von ‚sinnvoll‘; für diese werden wir den Terminus ‚informativ‘ und die damit verwandten Ausdrücke ‚Information‘ und ‚informieren‘ reservieren. Ein Signal ist dann informativ*, wenn es (unabhängig von den Intentionen des Senders) den Empfänger auf etwas aufmerksam macht, das diesem vorher noch nicht bewußt gewesen war. ‚Informativ‘ bedeutet deshalb „bedeutungsvoll oder sinnvoll für den Empfänger“. Wenn ihm das Signal etwas mitteilt, was er schon gewußt hat, dann sagt es ihm eigentlich nichts: es ist uninformativ. Der allgemein akzeptierte Slogan, daß Sinnvollsein Auswahl impliziert, kann also sowohl vom Standpunkt des Senders als auch von jenem des Empfängers her interpretiert werden. Es sollte an diesem Punkt festgehalten werden, daß Sinn für den Sender den Begriff der Intention einschließt, für den Empfänger ist Sinn dagegen mit dem Begriff des Wertes oder der Relevanz verbunden. Auf diese beiden Begriffe sind wir schon in unserer vorläufigen Diskussion der Bedeutungen von ‚Bedeutung‘ eingegangen (cf. 1.1).

Bei einer einigermaßen standardisierten Idealisierung des Kommunikationsprozesses wird angenommen, daß das, was der Sender kommuniziert (die Information, die sozusagen durch die Auswahlmöglichkeiten des Senders in das Signal gelegt werden) und die vom Empfänger aus dem Signal gewonnene Information (die gedacht werden kann als Auswahl des Empfängers aus der gleichen Menge von Alternativen) als identisch angesehen würden. In der Praxis gibt es jedoch häufig Fälle von Mißverstehen, und wir müssen dies in unserem theoretischen Ansatz berücksichtigen.

Die kommunikative Komponente im Gebrauch der Sprache, so wichtig sie auch ist, sollte nicht auf Kosten der nichtkommunikativen, aber trotzdem informativen Komponente, die in der sozialen Interaktion von großer Bedeutung ist, vernachlässigt werden. Alle Äußerungen enthalten einen gewissen Betrag an Information, der, obwohl er durch den Sprecher eingebracht wird, von ihm für die Übertragung nicht absichtlich ausgewählt wurde; der Hörer wird jedoch normalerweise auf die eine oder andere Art auf Information dieser Art reagieren. Wir werden auf diesen Punkt in dem folgenden Kapitel (3.1) zurückkommen.

Wir sollten hier zwei weitere Punkte, die mit dem Begriff der Kommunikation zu tun haben, erwähnen, obwohl sie hier nicht im einzelnen erörtert werden können. Beim ersten handelt es sich um die Unterscheidung zwischen dem tatsächlichen und dem beabsichtigten Empfänger eines Signals. Es ist nicht ungewöhnlich, daß es mehr als einen Empfänger gibt, der mit dem Sender durch einen Kommunikationskanal verbunden ist, wobei der Sender annimmt, daß er nur mit einem (oder mit einer Untermenge) dieser Empfänger kommuniziert. Der Sender kann als Teil des Signals ein Merkmal beifügen, welches den beabsichtigten Empfänger oder Adressaten* identifiziert und ihn so auffordert, dem Signal seine Aufmerksamkeit zuzuwenden oder auf es zu reagieren. Der offensichtlichste Fall dieser Art von Kommunikation durch Sprache besteht darin, daß der Sender einen Namen oder einen anderen Terminus für die Anrede gebraucht – wir werden diesen Fall später als die vokative* Funktion kennzeichnen (7.5). Die Unterscheidung zwischen Empfänger und Adressat ist jedoch in einem viel weiteren Bereich der Kommunikation relevant, da, wie wir später sehen werden, der Sender, das, was er sagen möchte, oft darauf einrichten wird, was er über die Kenntnisse, den sozialen Status usw. des beabsichtigten Empfängers weiß (14.2).

Der zweite Punkt ist von allgemeinerer theoretischer Bedeutung: erfolgreiche Kommunikation hängt nicht nur ab von der Aufnahme des Signals durch den Empfänger und seinem Wissen darum, daß es für ihn und keinen anderen bestimmt ist; ein Kommunikationserfolg hängt auch ab von seinem Erkennen der kommunikativen Absicht des Senders und davon, daß er in seinem Verhalten oder kognitiv in angemessener Weise darauf reagiert. Dies war in nicht-philosophischen Abhandlungen über Bedeutung und Kommunikation schon lange bekannt (z. B. Gardiner 1932); neuerdings wird diese Position von einem philosophischen Standpunkt aus pointiert vertreten, besonders von Autoren wie Grice (1957) und Strawson (1964).

Soweit es sich um Tatsachenaussagen handelt (oder darum, was Tatsachenaussagen sein sollen), ist es im allgemeinen der Fall, daß der Sender beabsichtigt, daß der Empfänger glauben soll, was ihm gesagt wird: er soll annehmen, daß es wahr ist, und er soll es in seinem Gedächtnis als eine Tatsache aufbewahren. Darüber hinaus hängt der Wunsch des Senders, den Empfänger davon zu überzeugen, daß eine Aussage wahr ist, normalerweise noch von einem anderen Zweck ab – oder ist zumindest mit einem solchen verbunden. Es mag z. B. alle Arten von Gründen geben, warum wir jemandes Aufmerksamkeit auf die Tatsache lenken möchten, daß es regnet: wir kön-

nen annehmen, daß er dies gerne hört, weil er dann den Garten nicht zu
gießen braucht; wir können damit unsere Besorgnis ausdrücken, daß er nicht
vergessen soll, seinen Regenmantel oder seinen Regenschirm mitzunehmen;
wir können damit den Wunsch ausdrücken, daß er das Fenster schließen oder
die Wäsche hereinbringen möge. Der jeweils besondere Zweck, den wir verfolgen, wenn wir jemandem mitteilen, daß es regnet, kann variieren, normalerweise wird es aber immer irgendeinen Zweck geben, der über unseren
Wunsch hinausgeht, ihn über eine Tatsache zu unterrichten, die ihm vorher
noch nicht bekannt gewesen ist. Es kann auch durchaus der Fall sein – und
gewöhnlich ist dem so –, daß das, was wir tatsächlich sagen, in sich selbst
nicht informativ ist, insofern dem Empfänger irgendeine Tatsache, auf die
wir seine Aufmerksamkeit lenken wollen, bekannt ist (und wir können wissen, daß sie ihm bekannt ist). Dies beeinträchtigt in keiner Weise die Begriffe
von Kommunikation und Information, derer wir uns hier bedienen. In der
Überlegung, daß eine nicht-informative Äußerung mit der Absicht hervorgebracht werden sollte, daß der Empfänger daraus und aus der Tatsache, daß
sie trotz ihrer Banalität hervorgebracht wurde, etwas daraus schließen sollte,
das nicht gesagt wurde und in dem Zusammenhang auch nicht gesagt zu
werden brauchte, steckt nichts Paradoxes. Es kann jedoch angenommen werden, daß die Interpretation von nichtinformativen Äußerungen sich auf unsere Fähigkeit verläßt, dieselben Äußerungen in Kontexten zu interpretieren,
in denen sie sich als informativ erweisen würden; dies gilt auch für unsere
Fähigkeit, die ganz besonderen und kontextgebundenen Zwecke zu erschließen, die der Sender mit der Produktion eines bestimmten Äußerungsexem-
plars zu einer bestimmten Gelegenheit verfolgt haben könnte. Der Satz ,es
regnet' weist eine gewisse Bedeutungskonstanz auf, die unabhängig ist von
den besonderen Zwecken, die jemand durch die Äußerung dieses Satzes verfolgen könnte. Die Frage ist, ob diese konstante Bedeutung von ,es regnet'
und von jedem anderen beliebigen Satz, der zum Zwecke einer Tatsachen-
feststellung geäußert werden könnte, wesentlich von einem allgemeinen
Begriff der kommunikativen Intention abhängt.

Wir werden diese Frage hier nicht weiter verfolgen. Bestimmte Aspekte
dieser Frage werden jedoch bei unserer Diskussion der Sprechakte* in einem
späteren Kapitel (16.1) wieder aufgenommen werden. In der Zwischenzeit
soll deutlich gemacht werden, daß es zwar für den Begriff einer kommunikativen und informativen Feststellung einsichtigerweise nicht wesentlich ist,
daß die Person, die die Feststellung trifft, auch das, was sie sagt, für wahr
hält, oder daß sie beabsichtigt, daß der Adressat glaubt, was ihm gesagt wird;
entscheidend ist zunächst, daß es sich hier um gut vertretbare Bedingungen
handelt, die normalerweise für die Kommunikation von Information über
Tatsachen als gültig angenommen werden. Stillschweigend gilt diese Annahme auch für die folgenden Teile des Buches[2].

2.2. Ein einfaches Kommunikationsmodell

Das hier eingeführte Modell ist in seiner Anwendung nicht auf Kommunikation mittels Sprache beschränkt. Es ist auch nicht beabsichtigt, daß es alle Aspekte oder alle Arten sprachlicher Kommunikation abdeckt. Die Bedeutung, in der der Terminus ,Kommunikation' gebraucht wird, fällt in den Bereich der Restriktionen, die in dem vorausgehenden Abschnitt erklärt wurden; wir beschäftigen uns aber hier mit einer noch eingeschränkteren Art von Kommunikation, nämlich mit derjenigen Kommunikation, die wir Information über Tatsachen genannt haben.

Unser einfaches Kommunikationsmodell wird in der Terminologie der Kommunikationstechnik beschrieben; es gründet sich auf das Modell, das in der mittlerweile klassisch gewordenen Arbeit von Shannon und Weaver (1949) beschrieben wurde. Ähnliche Blockdiagramme, wie sie hier in der Abbildung 1 dargestellt sind, sind in den letzten zwanzig Jahren in einer Anzahl von Veröffentlichungen erschienen; die Terminologie wurde, mit gewissen kleineren Veränderungen, weithin von Psychologen und in einem geringeren Ausmaß auch von Linguisten in allgemeinen Erörterungen über Kommunikation gebraucht. Es ist wichtig festzuhalten, daß die hier verwendeten Termini einen weitaus größeren Anwendungsbereich haben, als ihr Ursprung im Bereich der Kommunikationstechnik vermuten ließe; es sollte nicht angenommen werden, daß sie sich ausschließlich auf irgendein elektrisches, mechanisches oder elektronisches System der Signalübermittlung beziehen. Um nur ein Beispiel aus der Linguistik zu geben: Jakobson (1960) hat eine Beschreibung wesentlich dieser Art verwendet, um verschiedene Aspekte oder Funktionen der Sprache und verschiedene Arten von Information, die in sprachlichen Äußerungen übertragen werden, zu klassifizieren (cf. 2.4). In den ausgehenden 50er Jahren spielte sich ein Großteil der allgemeinen Diskussion über Sprache in dieser Terminologie ab.

Wir wollen nun das Diagramm interpretieren (cf. Abbildung 1).

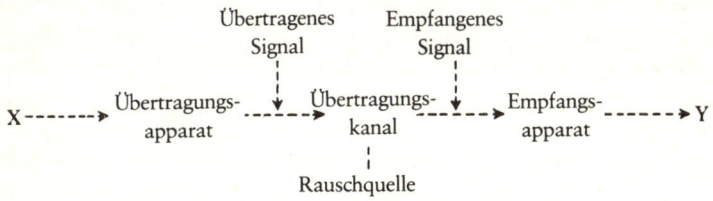

Abb. 1. Ein Kommunikationsmodell

X ist die Quelle* und Y ist der Zielpunkt*. Wir können dies beschreiben, indem wir wie bisher sagen, daß X eine Information an Y sendet. Aber ,senden' ist doppeldeutig, soweit das hier vorgeführte Modell betroffen ist:

wir müssen unterscheiden zwischen dem Ursprung dessen, was in der Kommunikationstechnik gewöhnlich die Botschaft* [message] genannt wird und der tatsächlichen Übertragung; wir müssen weiterhin unterscheiden, wenigstens grundsätzlich, zwischen dem Ursprung der Botschaft und dem Übertragungsapparat. Wir können jedoch fortfahren, das Wort ‚Sender‘ zu gebrauchen, wenn, was gewöhnlich der Fall ist, dieselbe Maschine oder derselbe Organismus sowohl Quelle als auch Übertragungsapparat ist oder beide Mechanismen in sich vereinigt oder wenn es nicht wichtig ist, zwischen Ursprung und Übertragung zu unterscheiden. Die Botschaft, die durch X hervorgebracht wird, wird von dem Übertragungsapparat* in ein Signal* kodiert*. Das Signal wird über einen besonderen Kommunikationskanal* zum Empfänger* gesendet. Der Empfangsapparat dekodiert* das Signal in eine Botschaft und übermittelt die Botschaft an Y. (Es wäre bequem, einen bestimmten Terminus zu haben, unter dem ‚Empfänger‘ und ‚Zielpunkt‘ subsumiert werden könnten, wie unter ‚Sender‘ ‚Quelle‘ und ‚Übertragungsapparat‘ subsumiert werden. Wir haben früher ‚Empfänger‘ in diesem weiteren Sinn gebraucht und werden dies auch weiterhin tun, sofern kein Konflikt zwischen der allgemeineren Bedeutung und der mehr technischen Bedeutung, wie sie gerade eingeführt wurde, entstehen kann. Die Unterscheidung zwischen ‚Empfänger‘ und ‚Adressat‘ wurde im vorausgehenden Abschnitt erklärt.) Es darf festgestellt werden, daß das übertragene Signal sich aufgrund von durch Rauschen* im Kanal entstehenden Verzerrungen vom empfangenen Signal unterscheiden kann. Dies kann, muß jedoch nicht notwendigerweise zu einem Zusammenbruch des Kommunikationsprozesses führen. Wir werden auf diesen Punkt später zurückkommen; in der Zwischenzeit können wir jedoch die Quelle des Rauschens und den Unterschied zwischen dem übertragenen und dem empfangenen Signal vernachlässigen.

Wie schon vorher festgestellt wurde, müssen wir darauf achten, alle die hier eingeführten theoretischen Termini in einem genügend allgemeinen Sinn zu interpretieren. Telefonsignale werden über einen Draht als schwankende elektrische Ströme übertragen; im Sprechen gebrauchte stimmliche Signale werden als akustische Wellen durch die Luft übertragen. Andere Signalsysteme machen Gebrauch von Gerüchen, Gesten usw.; entsprechend können verschiedene Kanäle unterschieden werden, je nach der Art und Weise der Kodierungs- oder Dekodierungssysteme, die gebraucht werden, und den Operationen, die ausgeführt werden. Einige Autoren haben die Kanäle nach dem vom Empfänger verwendeten Wahrnehmungssinn unterschieden und haben von dem visuellen, auralen oder taktilen Kanal gesprochen; damit wird jedoch der Terminus vermutlich in einer von in der Kommunikationstechnik leicht verschiedenen Bedeutung gebraucht. Später wird eine Unterscheidung zwischen Kanal und Medium* getroffen werden (3.3).

Es trifft nicht nur zu, daß die Quelle und der Übertragungsapparat wie auch der Empfänger und der Zielpunkt Teile derselben Maschine oder desselben Organismus sein können, sie können vielmehr auch dadurch miteinander verbunden sein, daß sie die gleichen Verarbeitungsverfahren benützen. Dies ist typischerweise der Fall in menschlicher und tierischer Kommunikation, bei der das Gehirn sowohl beim Hervorbringen als auch beim Enkodieren von Information beteiligt ist. Der Sachverhalt wird weiter dadurch kompliziert, daß der Sender das Signal, während er es überträgt, überwachen und aus diesem Prozeß resultierende rückgekoppelte Information verwenden kann, um, bewußt oder unbewußt, das Signal und sogar den Inhalt der Botschaft während der Übertragung selbst zu verändern. Alle diese Komplexitäten wollen wir im Augenblick unberücksichtigt lassen.

Einige Botschaften oder Typen von Botschaften können kanalabhängig sein in der Weise, daß sie nur über einen bestimmten Kommunikationskanal übertragen werden können. Wir nehmen jedoch an, daß die meisten Botschaften, die wir als Information über Tatsachen bezeichnen würden, kanalunabhängig sind: sie können über einen von mehreren alternativen Kanälen übertragen werden, sie können gleichzeitig über mehrere, oder über teils einen, teils einen anderen Kanal übertragen werden.

Es gibt nicht nur die Möglichkeit der 1:1-Kommunikation (wo X und Y individuelle Organismen oder Maschinen sind), wir haben auch den Fall der 1:Vielen- und, im Grundsatz, den Fall der Vielen:1-Kommunikation. Der erstgenannte Kommunikationstyp, bei dem eine Quelle X dieselbe Botschaft gleichzeitig an mehrere Bestimmungspunkte, Y, Y', Y'' usw. sendet, ist ganz gewöhnlich: X kann einer Gruppe eine Vorlesung halten oder zu einer Anzahl Freunde sprechen. Viele Arten von Lebewesen machen Gebrauch von Kommunikationskanälen, die durch die Eigenschaften der Rundfunkübertragung und des gerichteten Empfangs charakterisiert sind; d. h., die Signale werden wie gewöhnliche Radiosignale in alle Richtungen übertragen, sie sind nicht auf bestimmte Punkte hin ausgerichtet. Der Empfänger muß sich jedoch dem Übertragungsapparat in irgend einer Weise zuwenden, um die Signale empfangen zu können. Radioübertragung und gerichteter Empfang sind für den Typ der 1:Vielen-Kommunikation besonders geeignet.

Für eine semantische Theorie sind die folgenden Möglichkeiten wichtiger als Eigentümlichkeiten des Kommunikationskanals: 1. daß ein oder zwei Signale einander äquivalent sein können, jedes enkodiert dieselbe Botschaft; und 2. daß ein bestimmtes Signal mehrdeutig sein kann, es enkodiert dann mehr als eine Botschaft. Sowohl Äquivalenz als auch Mehrdeutigkeit von Äußerungen sind ganz gewöhnliche sprachliche Erscheinungen.

Sowohl die Quelle X als auch der Zielpunkt Y befinden sich in einem bestimmten Zustand des Wissens oder Glaubens: beide werden in ihrem jeweiligen Gedächtnis oder Gehirn eine bestimmte Anzahl von Propositionen* gespeichert haben. Was genau mit diesem Terminus ‚Proposition' gemeint ist, braucht uns zu diesem Zeitpunkt noch nicht zu kümmern. (cf. 6.2). Es mag genügen festzustellen, daß Propositionen durch Sätze ausgedrückt werden (und in Äußerungen enthalten sind) und daß Propositionen entweder wahr oder falsch sein können.

Die Kommunikation von faktischer und propositionaler Information kann nun mit den Mitteln unseres einfachen Modells wie folgt beschrieben werden. X hat Zugang zu einer Menge von Propositionen $\{p_1, p_2, p_3, \ldots, p_n\}$. Er wählt eine aus der Menge aus, p_i, enkodiert sie oder läßt sie als ein Signal enkodieren und überträgt sie oder läßt sie über den Kommunikationskanal übertragen; das Signal wird dekodiert und erreicht Y als eine Botschaft, von der wir annehmen, daß sie nicht verzerrt oder verstümmelt worden ist. Vorausgesetzt, daß die Proposition p_i noch nicht in dem Wissensvorrat von Y enthalten ist und auch nicht zu irgend einer der anderen Y bekannten Propositionen in Widerspruch steht (oder von Y für wahr gehalten wird), wird sie von ihm akzeptiert und gespeichert werden; auf diese Weise wird Ys Vorrat an Tatsachenwissen (oder an Glaubensinhalten) vermehrt werden. Für den Bereich normaler sprachlicher Kommunikation können wir sagen, daß X eine Feststellung trifft, die das, was er für eine wahre Proposition hält, ausdrückt, und daß, wenn die Kommunikation erfolgreich ist, Y die Proposition glaubt und sich an sie erinnern wird. Wenn Y schon über p_i verfügt, ist, wie wir in dem vorausgehenden Abschnitt gesehen haben, das Signal, in dem p_i enkodiert ist, uninformativ und Ys Wissenzustand bleibt unbeeinträchtigt. Wenn jedoch p_i im Widerspruch mit irgend einer anderen Proposition p_j, über die Y verfügt, steht, kann Y verschiedene Dinge tun: er kann p_i als unwahr zurückweisen, er kann p_i an der Stelle von p_j, das mit ihm im Widerspruch steht, speichern, er kann sein Urteil aufschieben und die Information speichern, daß entweder p_i oder p_j (aber nicht beide) wahr sind.

Zugegebenermaßen ist die Darstellung, wie sie gerade von der Kommunikation propositionalen Wissens gegeben worden ist, sehr schematisch und stark idealisiert; sie ist jedoch nicht ohne Wert. Einer der Vorteile unserer Darstellungsweise – wobei wir durchaus auf die Mängel unseres einfachen Modells aufmerksam machen – besteht darin, daß sie uns erlaubt, die verschiedenen Faktoren, die in dem Prozeß der Kommunikation und in ihrem Zusammenwirken enthalten sind, klarer zu sehen. Wir wollen nur einige der offensichtlicheren Mängel unseres Modells angeben.

1. Bisher haben wir nichts über die Möglichkeit gesagt, daß einige Propositionen besser zugänglich sein können als andere, und daß ihre Zugänglichkeit sich von Zeit zu Zeit verändern kann; es wurde auch bisher nicht die Möglichkeit erwogen, daß Tatsachen zeitweilig oder ganz vergessen werden können. Wir haben bisher angenommen, daß alle Propositionen entweder gespeichert sind und sofort zugänglich sind, oder daß sie sich überhaupt nicht im Gedächtnisspeicher befinden. Diese Position ist eindeutig unrealistisch. Wollten wir versuchen, unser Kommunikationsmodell auf einem Allzweck-Computer nachzuspielen, so müßten diese Fragen der Zugänglichkeit und der Speicherung von allem Anfang an gelöst sein.

2. Nicht unterschieden wurde bisher zwischen Propositionen, die a priori*
(d. h. unabhängig von der Erfahrung) bekannt sind, und Propositionen, die a
posteriori* (d. h. auf der Basis von Erfahrung) bekannt sind. Der Status der
Unterscheidung zwischen Vernunftwahrheiten und Tatsachenwahrheiten,
wie Leibniz sie genannt hat (cf. Russell 1949: 207), war in der Philosophie
schon von frühesten Zeiten an ein zentrales Problem; in der einen oder
anderen Form wird es uns auch durch dieses Buch hindurch beschäftigen.
Seine Relevanz im gegenwärtigen Kontext besteht darin, daß, wenn zwei
Propositionen miteinander im Widerspruch stehen, es offenbar einen Unterschied macht, daß eine von ihnen als zufällig wahr angesehen werden kann
und die andere als eine unwiderlegbare Vernunftwahrheit gelten würde.
Selbst wenn wir die Unterscheidung zwischen Vernunftwahrheiten und Tatsachenwahrheiten (zwischen dem Notwendigen und dem Zufälligen, zwischen dem Analytischen* und dem Synthetischen*: cf. 6.5) verwerfen würden, müßten wir doch zugeben, daß eine der Propositionen, die wir für wahr
halten, in unserer Sicht der Welt einen zentraleren Platz einnähme als andere.
Dies gilt nicht nur im Hinblick auf Propositionen, die das Interesse der
Philosophen erregen, dies gilt auch im Hinblick auf die ganz gewöhnlichen
Propositionen, in denen unser Alltagsleben beschrieben wird. Nicht alle Propositionen, denen wir begegnen, fordern unsere Aufmerksamkeit und unsere
Bereitschaft, sie zu akzeptieren, gleichermaßen heraus.

3. Es wurde bisher auch keine Unterscheidung getroffen innerhalb der
Menge der Propositionen, die als empirische Tatsachen für wahr gehalten
werden: nämlich zwischen solchen, die sich aus unserer eigenen Beobachtung
und unmittelbaren Erfahrung ergeben, und jenen, die von anderen gelernt
wurden oder die über ein Argumentationsverfahren gewonnen wurden. Dabei wird aber die Quelle der von uns geglaubten Propositionen ganz sicherlich in bezug auf den Überzeugungsgrad, mit dem wir ihnen anhängen, einen
Unterschied machen, es mag auch sehr wohl in bezug auf die Art und Weise,
in der sie gespeichert werden, ein Unterschied festzustellen sein.

4. Nicht berücksichtigt wurde die Tatsache, daß die Teilnehmer an einem
Kommunikationsprozeß immer irgendeine Art von Wissen und Glauben
übereinander haben werden, sie werden auch im Verlaufe ihrer kommunikativen Interaktion ihre jeweiligen Ansichten übereinander (insbesondere was
die jeweilige Glaubwürdigkeit und Verläßlichkeit betrifft) einem ständigen
Anpassungsprozeß unterwerfen. Wenn X Y über p_i informiert, so wird Y p_i
nicht nur einfach akzeptieren oder verwerfen, sondern er wird auch (es sei
denn, daß er Grund hat, an der Glaubwürdigkeit von X zu zweifeln) die
Tatsache speichern, daß X p_i für wahr hält; daß X p_i für wahr hält, wird
seinerseits eine Proposition sein, deren Wahrheit Y in jedem weiteren Um-
gang, den er mit X hat, annehmen kann. Unter der Voraussetzung, daß X
keinen Grund zum Zweifel hat, daß es ihm gelungen ist, p_i Y zu kommunizieren und er p_i auch glaubt, kann X gleichermaßen künftig nicht nur von der

Voraussetzung ausgehen, daß Y jetzt p_i für wahr hält, sondern auch davon, daß Y weiß, daß X weiß, daß Y p_i für wahr hält. Offensichtlich wird Ys Einschätzung der Glaubwürdigkeit und der Verläßlichkeit seines Informanten ein wichtiger Faktor bei dem Entschluß sein, ob Y p_i als wahr annimmt oder nicht. Es ist nicht nur die inhärente Plausibilität von p_i oder dessen Beziehung zu anderen solchen Propositionen, die in Ys Speicher von Tatsachenwissen vorhanden sind, die hier relevant ist. Es kann sein, daß dieselbe Proposition dem Y von zwei verschiedenen Informanten unter sonst gleichen Umständen mitgeteilt wird, Y nimmt sie in einem Fall als wahr an, verwirft sie aber im anderen Fall als falsch.

Dies sind vielleicht die ernstesten Mängel des in diesem Abschnitt vorgeführten bewußt vereinfachten Kommunikationsmodells. Da wir nicht mit der Konstruktion eines realistischen Kommunikationsmodells als solchem befaßt sind, sondern nur mit der Art und Weise, in der die Struktur der Sprache durch die kommunikativen Funktionen, deren Erfüllung von ihr erwartet werden, determiniert ist, werden wir die Fragen, die hier aufgeworfen worden sind, nicht im einzelnen zu beantworten suchen. Die Probleme, auf die hier aufmerksam gemacht worden ist, sind jedoch wichtig, sie sollten im weiteren Verlauf dieses Kapitels deshalb unserem Gedächtnis auch nicht entschwinden. Dasselbe gilt für die allgemeinere Überlegung, daß nicht unser ganzes Wissen korrekt als propositionales Wissen beschrieben werden kann.

2.3. Die Quantifizierung der Information

Bis hierher haben wir den Terminus ‚Information‘ mehr oder weniger in seiner Alltagsbedeutung gebraucht. Es gibt jedoch eine andere Bedeutung, die für den Terminus in der Erforschung der Kommunikation in Gebrauch gekommen ist. Um Verwirrungen zu vermeiden, werden wir eine terminologische Unterscheidung zwischen diesen beiden Bedeutungen von ‚Information‘ treffen. Die erste Art werden wir Signal-Information*, die zweite semantische Information* nennen.

Die Unterscheidung zwischen diesen beiden Bedeutungen von ‚Information‘ (sie werden in der Literatur nicht immer klar voneinander geschieden) hat mit dem Unterschied zu tun zwischen dem Identifizieren eines Signals (als s_i und nicht als s_j) und seiner Interpretation hinsichtlich der Mitteilung (p_i oder p_j), die das Signal enkodiert. Wenn z. B. die Sätze *Er hat ein Buch* und *Er hat ein Tuch* als gesprochene Äußerungen hervorgebracht werden (d. h., als Signale in dem Stimm-Hörkanal: cf. 3.1), so werden sie sich akustisch darin unterscheiden, daß an der Stelle, an der die eine Äußerung einen *b*-Laut, die andere einen *t*-Laut hat. Irgendwelche physikalischen Eigenschaften des Signals, die es dem Empfänger ermöglichen, einen bestimmten Laut als *b* und nicht als *t* (oder irgendeinen anderen möglicherweise vorkommenden Laut) zu identifizieren, und es ihm deshalb ermöglichen, eine bestimmte

Form als *Buch* und nicht als *Tuch* (oder irgendeine andere mögliche vorkommende Form) zu identifizieren, können als Signalinformation beschrieben werden; darunter wird im Falle gesprochener Äußerungen akustische Information und im Falle geschriebener Äußerungen visuelle Information verstanden. ‚Semantische Information' steht andererseits dem nicht-technisch oder im alltäglichen Sinne gebrauchten Ausdruck ‚Information' näher und kann diesen, wenn er als theoretischer Terminus definiert wird, erklären. Es wird mittlerweile deutlich geworden sein, daß ‚Information' im ersten Abschnitt dieses Kapitels im Sinne von „Semantischer Information" gebraucht wurde. Wenn wir sagen, daß ein Signal informativ ist, so implizieren wir damit, daß es irgendeine semantische Information an den Empfänger überträgt (daß es ihm also etwas mitteilt). Signalinformation und semantische Information, obwohl sie unterschieden werden müssen, stehen miteinander, wie wir sehen werden, in dem Prozeß des Dekodierens und des Interpretierens von Äußerungen in gegenseitiger enger Beziehung.

In dem Bereich der mathematischen Kommunikationstheorie oder, wie sie auch oft genannt wird, Informationstheorie* wurde nun gerade der Begriff der Signalinformation Quantifizierungsprozessen unterworfen. Die Informationstheorie, die ursprünglich zur Lösung des sehr praktischen Problems der Maximierung der Effizienz von Signalübertragung im Sinne von Kosten und Zuverlässigkeit entwickelt worden war, hat bisher nicht alle Ansprüche, die von einigen ihrer frühen enthusiastischen Vertreter gestellt worden waren, erfüllen können. In den letzten zwanzig Jahren ist jedoch dieser Ansatz die Quelle für zahlreiche Spekulationen und Experimente gewesen; ihre Grundbegriffe sind für jede Diskussion der Kommunikationsvorgänge von der größten Wichtigkeit. Wir brauchen deshalb hier nur einen sehr kurzen Überblick zu geben.[3]

Wir gehen von der Annahme aus, daß es eine bestimmte endliche Menge von möglichen Mitteilungen gibt und daß X irgendein Element aus dieser Menge an Y übermitteln möchte. Wir nehmen weiter an, daß jede Mitteilung durch ein und nur ein Signal enkodiert werden kann. Y weiß, daß X gerade dabei ist, ihm ein Signal zu übermitteln, aber er weiß nicht, welches Element aus der Signalmenge es sein wird. Wir definieren nun den Inhalt der Signalinformation als eine Funktion von Ys Erwartung und interpretieren ‚Erwartung' durch den Begriff der Vorkommenswahrscheinlichkeit. Wir werden zuerst annehmen, daß Y alle Signale gleichermaßen erwartet, d. h. daß er irgendein Signal erwartet und dabei keines vor den anderen bevorzugt. Wenn wir nun Erwartung mit Wahrscheinlichkeit identifizieren, können wir sagen, daß Y alle Signale als gleich wahrscheinlich betrachtet. Im Prinzip kann das Wissen von Y um die Wahrscheinlichkeiten oder deren Berechnung von verschiedenen Faktoren abhängen. Es ist jedoch in diesem Zusammenhang üblich, ‚Wahrscheinlichkeit' als der ‚statistischen Wahrscheinlichkeit' äquivalent zu definieren, d. h. als Häufigkeit des Vorkommens in einem statistisch stabilen System. Das heißt nun, daß angenommen wird, daß Ys Erwartung ausschließlich durch die relative Häufigkeit bestimmt wird, mit der er solche Signale in der Vergangenheit empfangen hat. Wenn also die Signale gleichwahrscheinlich sind, können wir sagen, daß sie alle denselben Betrag an Signalinformation enthalten.

Wie der Signalinformationsinhalt nach Bit* quantifiziert wird, ist für unsere gegenwärtigen Zwecke nicht von Bedeutung. Wichtig ist, daß der Signalinformationsinhalt zu der Vorkommenswahrscheinlichkeit umgekehrt proportional ist: je größer die Vorkommenswahrscheinlichkeit eines Signals ist, desto weniger Signalinformation enthält es, und wenn das Vorkommen eines bestimmten Signals vollständig vorhersagbar ist (d. h. wenn es die Wahrscheinlichkeit 1 hat), übermittelt es überhaupt keine Signalinformation. Wenn wir nun über ein Maß der Signalinformation verfügen, das auf diesen Prinzipien beruht, können wir sowohl die Kapazität des Kanals als auch den Signalinformationsgehalt irgend eines Signals berechnen. Wenn ein Signal mehr an Kanalkapazität benötigt als notwendig ist, so können wir sagen, daß es in eben diesem Maße redundant* ist. Redundanz wird in einem Signalsystem gemessen als der Unterschied zwischen seiner maximal möglichen und seiner tatsächlichen Kapazität. Indem wir die Redundanz in einem System verringern, verringern wir auch die Übertragungskosten, verringern wir, wie wir sehen werden, aber auch seine Zuverlässigkeit. Zusammenfassend kann gesagt werden: es gibt zwei allgemein wichtige Prinzipien, die sich aus der Informationstheorie ableiten lassen. Das erste besteht darin, daß der Informationsgehalt zur Vorkommenswahrscheinlichkeit umgekehrt proportional ist; das zweite Prinzip – auf das wir noch zurückkommen werden – besteht darin, daß ein gewisses Maß an Redundanz nicht nur nicht vermeidbar, sondern auch wünschbar ist.

Bis hierher haben wir Mitteilungen als unanalysierbare Ganze betrachtet und angenommen, daß sie ganzheitlich als Signale enkodiert seien. Sprachliche Signale sind jedoch, zumindest im wesentlichen, nicht ganzheitlich. Äußerungen haben eine innere Struktur. Sie haben sogar zwei Ebenen* in bezug auf ihre innere Struktur: die Ebene der Formen und die Ebene der Laute (cf. 3.4). Auf beiden Ebenen sind statistische Überlegungen relevant.

Wir werden zunächst die niedere oder sekundäre Ebene betrachten und aus Einfachheitsgründen ihre statistische Struktur mit Beispielen aus dem geschriebenen Englisch illustrieren. Es ist wohl bekannt, daß verschiedene Buchstaben des Alphabets in ihrer gesamten Vorkommenshäufigkeit in jedem genügend großen und repräsentativen englischen Beispieltext variieren: *e* kommt öfter vor als *t*, *t* öfter als *a*, *a* öfter als *i* usw. Wir können diese relativen Vorkommenshäufigkeiten berechnen und jedem Buchstaben eine Gesamtvorkommenswahrscheinlichkeit zuweisen: im Unterschied zu der Gesamtvorkommenswahrscheinlichkeit gibt es jedoch verschiedene Arten von bedingten* Wahrscheinlichkeiten, die wir unter zwei Gesichtspunkten gliedern können: positionelle* und kontextuelle*. Mit positioneller Vorkommenshäufigkcit meinen wir die relative Häufigkeit, mit der ein bestimmter Buchstabe in einer bestimmten Position in der Struktur cincr Wortform vorkommt: in Anfangsposition, in Endposition usw. So hat z. B. im Englischen *b* eine hohe Vorkommenswahrscheinlichkeit in der Wortanfangsstellung, aber eine niedrige Wahrscheinlichkeit in der Endstellung in einem Wort. Unter kontextueller Vorkommenswahrscheinlichkeit wird verstanden die relative Häufigkeit, mit der ein bestimmter Buchstabe in dem Kontext eines oder mehrerer anderer Buchstaben vorkommt. Wichtig zu wissen ist hier, daß ‚Kontext' nicht Kontiguität (Aufeinanderfolge) impliziert. In dem Fall, in welchem der Kontext mit dem Buchstaben, dessen kontextuelle Wahrscheinlichkeit wir kalkulieren wollen, in einer Aufeinanderfolge- oder Übergangsbeziehung steht, können wir den genaueren Terminus Übergangswahrscheinlichkeit* benutzen. So ist z. B. die Übergangswahrscheinlichkeit des Vorkommens von *r* in dem Kontext eines unmittelbar vorhergehenden *t* relativ hoch, aber in dem Kontext eines unmittelbar vorausgehenden *s* (in der gleichen Wortform) ist sie sehr niedrig.

Wenn wir das allgemeine Prinzip anwenden, daß Signalinformationsinhalt umgekehrt proportional zur statistischen Wahrscheinlichkeit ist und dieselbe Formel wie vorher verwenden, so können wir den Signalinformationsinhalt eines jeden Buchstaben für besondere strukturelle Positionen und besondere Kontexte berechnen. Im Grenzfall wird die bedingte Wahrscheinlichkeit eines Buchstabens eins sein (d. h. sein Vorkommen wird vollständig entweder durch die strukturelle Position oder durch den Kontext bestimmt sein). Dies gilt z. B. im Englischen (wenn wir von einer kleinen Anzahl Lehnwörter und transliterierten Eigennamen absehen) für den Buchstaben *u* nach einem unmittelbar vorhergehenden *q*. In diesem Kontext hat deshalb *u* keinen Signalinformationsinhalt: es ist vollständig redundant.

Genau dieselben Prinzipien lassen sich auf der Ebene von Wortformen anwenden. Die Gesamtwahrscheinlichkeiten bestimmter englischer Wortformen sind für verschiedene Arten von Texten berechnet worden und in verschiedenen sogenannten Wortzählungen veröffentlicht worden. Es ist langwieriger, positionelle und kontextuelle Wahrscheinlichkeiten zu berechnen; auf dieser Ebene haben wir sehr wenig nützliche Information über bedingte Wahrscheinlichkeiten zu unserer Verfügung. Es ist jedoch klar, daß unsere Fähigkeit zu erraten, welches Wort in einem Text weggelassen wurde, dadurch vermehrt wird, wenn wir uns auf unser Wissen von seiner strukturellen Position und seinem Kontext beziehen können; diese Fähigkeit ist bei vielen Gelegenheiten experimentell verifiziert worden. Genauso wie der Buchstabe *u* nach *q* redundant ist, genauso ist die Wortform *to* in einem Kontext wie *want ... come* redundant (unabhängig davon, welche Wörter *want* vorhergehen oder *come* nachfolgen), vorausgesetzt, daß es bekannt ist, daß nur eine einzige Wortform (oder alternativ eine Form einer bestimmten Länge gemessen an der Übertragungszeit oder der Anzahl von Einheiten einer niedrigeren Ebene, die es enthält) vorgekommen ist: in solchen Kontexten hat *to* keinen Signalinformationsinhalt. Es könnte weggelassen werden, ohne die übertragene Mitteilung zu beeinträchtigen.

Wir kommen nun zu dem zweiten Hauptpunkt in unserer Diskussion der Informationstheorie: dieser besteht darin, daß ein gewisser Grad an Redundanz* nicht nur in der Sprache, sondern in jedem Kommunikationssystem wesentlich ist, um den verzerrenden Wirkungen des Rauschens* entgegen zu wirken. Der Terminus ‚Rauschen‘, der hier in seiner technischen Bedeutung, die er in der Kommunikationstechnik hat, verwendet wird, bezieht sich auf irgendwelche Störungen oder Defekte in dem System, die einer richtigen und vollständigen Übermittlung von Signalen im Wege stehen können. Jeder Kommunikationskanal, unabhängig von seinen physikalischen Eigenschaften, ist in einem größeren oder kleineren Ausmaß dem Zufallsrauschen unterworfen; dieses Rauschen wird einen Teil der über den Kanal übertragenen Signalinformation beeinträchtigen. Daraus ergibt sich, daß der Informationsinhalt des empfangenen Signals in kleinerem oder größerem Ausmaß von jenem des gesendeten Signals sich unterscheiden wird (vgl. Abbildung 1). Wenn das gesendete Signal redundanzfrei wäre, könnte die im Verlaufe der Übertragung verlorene Information vom Empfänger nicht ergänzt werden, und das Signal würde unrichtig dekodiert werden. Im Bereich der geschriebenen Sprache fallen Druckfehler unter den Begriff des Rauschens: sie werden oft vom Leser nicht bemerkt, weil die Redundanz in sogar ziemlich kleinen Textabschnitten hoch genug ist, um den Informationsverlust auszugleichen. Was die gesprochene Sprache angeht, so kann unter Rauschen jede Art von Verzerrung der Äußerung verstanden werden, mag dies nun an Performanzschwächen auf Sprecher- oder Hörerseite liegen oder an den akustischen Bedingungen der physischen Umgebung, in der die Äußerung hervorgebracht wird.

Das ideale System erlaubt es, gerade so viel redundante Information in Signalen zu enkodieren, daß es den Empfänger befähigt, jede Information, die als Ergebnis des Rauschens verlorengegangen ist, zu ergänzen. Wenn die Übertragungsbedingungen relativ konstant sind und wenn der erwartete Verläßlichkeitsgrad ebenfalls relativ konstant ist und von der Art der übertragenen Mitteilung unabhängig ist, ist es möglich, ein System zu konstruieren, welches diesem Ideal nahe kommt. Es sollte jedoch klar sein, daß die Bedingungen, unter denen sprachliche Signale übermittelt werden, von einer Situation zur anderen erheblich variieren und daß die Wahrnehmung dessen, was gesagt wird, durch das Gehör in einigen Situationen wichtiger ist als in anderen. Man würde deshalb vielleicht nicht erwarten, daß Sprachen dem Ideal der Signalübertragungseffizienz sehr nahe kommen. Daß ein solches allgemeines Prinzip in der historischen Entwicklung von Sprachen wirksam ist, wurde schon oft vorgeschlagen, obwohl niemals überzeugend nachgewiesen worden ist, daß Signalübertragungseffizienz in diesem Sinne bei der Sprachveränderung eine wesentliche Rolle spielt. Ein Ausdruck dieses Effizienzprinzips zeigt sich in der Tendenz, die am häufigsten gebrauchten Formen zu verkürzen; die Wirksamkeit dieses Faktors in der historischen Entwicklung von Sprachen ist, zumindest in kleinem Maßstab, gut bezeugt.

Signalinformationsinhalt, so wie er durch die mathematische Kommunikationstheorie gemessen wird, wurde häufig auch als Überraschungswert aufgefaßt; wenn es irgendeinen Aspekt dieser Theorie gibt, der die beiden Bedeutungen von ‚Information' miteinander verbindet, so ist es gerade dieser Aspekt des Überraschungswertes, den wir durch die beiden Ausdrücke ‚Signalinformation' und ‚semantische Information' unterscheiden. Es scheint nämlich in einem allgemeineren Sinne vernünftig zu sein zu sagen, daß, je größer der Überraschungswert einer bestimmten Nachricht ist, desto bedeutungsvoller (in einem bestimmten Sinn von ‚bedeutungsvoll') sie ist. „Mann beißt Hund" ist sozusagen eine bedeutungsvollere Nachricht als „Hund beißt Mann". Wir haben ja gesehen, daß, wenn ein Signal (oder ein Teil eines Signals) die Wahrscheinlichkeit 1 hat (d. h. wenn sein Vorkommen vollständig vorhersagbar ist), es definitionsgemäß keine Signalinformation übermittelt. Dies scheint, soweit seine semantische Information betroffen ist, intuitiv akzeptabel zu sein. Wenn dem Empfänger bewußt ist, daß eine bestimmte Mitteilung notwendigerweise übermittelt werden wird, so wird der Empfang des Signals, in dem diese Botschaft, wenn sie übermittelt wird, enkodiert ist, seinen Vorrat an Wissen nicht vermehren. Das informationstheoretische Prinzip, daß das, was vollständig durch seinen Kontext determiniert ist, keine Information übermittelt, steht deshalb in Übereinstimmung mit dem in dem vorhergehenden Abschnitt eingeführten Prinzip, daß ‚Bedeutung haben' eine Art von Auswahl impliziert.

Die vorher gegebene Darstellung der Prinzipien der Informationstheorie war künstlich vereinfacht. Es war angenommen worden, daß es eine bestimmte und endliche Menge von Mitteilungen geben würde und daß jede dieser Mitteilungen ganzheitlich in ein und nur ein Signal enkodiert werden könnte. Es gibt bestimmte Situationen, in denen ein eingeschränkter Teil einer Sprache auf diese Art und Weise gebraucht wird. Diese Situationen können aber für den tatsächlichen Gebrauch der Sprache kaum als typisch angesehen werden. Es gibt alternative Arten des Enkodierens derselben Mitteilung (d. h. verschiedene Äußerungen können dieselbe Bedeutung haben), und ein Signal kann mehr als eine Mitteilung enkodieren (d. h. Äußerungen können mehrdeutig sein); im übrigen ist es sicherlich nicht der Fall, daß Sprecher und Hörer in ihren Gehirnen eine Tabelle gespeichert haben, die alle möglichen Mitteilungen zusammen mit den entsprechenden Signalen für ihre Enkodierung enthält. Darüber hinaus kann der Empfang von Äußerungen nicht scharf in zwei wohlunterschiedene Prozesse aufgeteilt werden: zuerst die Identifikation des Signals und dann seine Interpretation. Beim Dekodieren des akustischen Signals verläßt sich der Hörer auf sein Wissen um die positionellen und kontextuellen Wahrscheinlichkeiten von Wörtern – dies gilt sogar für die Identifikation von Lauten. Seine Berechnung dieser bedingten Wahrscheinlichkeiten von Wörtern ist nicht ausschließlich durch sein Wissen um die statistische Struktur der Sprache determiniert, wenn man überhaupt sinnvoll davon sprechen kann, daß er etwas über die statistische Struktur seiner Sprache weiß. Er wird auch beeinflußt durch seine allgemeineren Erwartungen darüber, was der Sprecher in der besonderen Situation zu sagen wünscht, d. h. er dekodiert das Signal zumindest teilweise, im Hinblick auf seine Annahmen, wie die Mitteilung beschaffen sein wird. Das heißt also, daß Signalinformation und semantische Information bei der Verarbeitung sprachlicher Äußerungen in einer sehr komplexen Weise zusammenhängen; jedes theoretische Modell der Sprachproduktion und Sprachrezeption muß diesem Sachverhalt Rechnung tragen. Wegen diesem komplexen Verhältnis zwischen Signalinformation und semantischer Information – aber auch aus anderen Gründen – bestehen immense, vielleicht unüberwindbare Probleme, die mit jeder präzisen Anwendung der Informationstheorie auf die Verarbeitung von sprachlichen Äußerungen verbunden sind. Daraus folgt aber nicht, daß die allgemeinen Prinzipien nicht anwendbar sind – dies gilt im besonderen für das Prinzip, daß der Signalinformationsinhalt in umgekehrt proportionalem Verhältnis zu den Erwartungen des Empfängers steht. Die Hauptschwierigkeit besteht darin, daß die Erwartungen des Empfängers nicht ausschließlich eine Funktion der statistischen Laut-, Buchstaben- und Wortwahrscheinlichkeiten ist. Relevant sind hier ebenfalls Wahrscheinlichkeiten einer anderen und vielleicht subjektiveren Art.

Wir können nun die Frage aufwerfen, ob semantischer Informationsgehalt in der gleichen Weise wie Signalinformationsinhalt quantifizierbar ist. In bezug auf die Quantifizierung semantischer Information wurden bisher einige Vorschläge gemacht. Obwohl sie bisher noch nicht soweit entwickelt worden sind, daß sie mit einigem Nutzen auf den alltäglichen Sprachgebrauch angewendet werden können (es ist auch nicht klar, ob sie im Prinzip jemals bis zu einem solchen Punkt entwickelt werden können), sind sie es trotzdem wert, wenigstens kurz diskutiert zu werden. Dies gilt vor allem in Hinblick auf ihren Erklärungswert wenigstens einiger Aspekte dessen, was es heißt, jemanden über eine Tatsache, die ihm vorher noch nicht bekannt war, zu informieren. Wir werden uns auf eine sehr informelle Darstellung der Theorie semantischer Information beschränken, so wie sie vor einigen Jahren von Bar-Hillel und Carnap (1952) gegeben wurde.

Betrachten wir eine Situation, in der X einen Sachverhalt Y beschreibt; wir nehmen an, daß dieser Sachverhalt vollständig durch die Behauptung von genau vier Propositionen: p_1, p_2, p_3 und p_4 beschreibbar ist. Wir könnten z. B. mit der Frage beschäftigt sein, ob jede von vier Personen (*a, b, c* und *d*) verheiratet ist oder nicht. Wir nehmen auch an, daß Ys anfänglicher Wissensstand in bezug auf diese Frage minimal ist. Es gibt 16 mögliche Sachverhalte, von denen jeder einem tatsächlichen Sachverhalt entsprechen kann. Betrachten wir nun die Wirkung einer Kommunikation von irgend einer der vier Propositionen an Y: z. B. die Proposition p_1, daß *a* verheiratet ist. Wenn er dies als wahr annimmt, wird er es in seinen Speicher des tatsächlichen Wissens übernehmen; er wird auch aus der Menge der 16 möglichen Sachverhalte jeden der 8, der mit der Tatsache, daß *a* verheiratet ist, nicht verträglich ist, aussondern. Sein ursprüngliches Nichtwissen über die tatsächlichen Sachverhalte ist halbiert. Nehmen wir nun an, daß danach von Y eine andere Proposition, p_2, nämlich, daß *b* verheiratet ist, mitgeteilt und als wahr akzeptiert wird. Die Menge der Sachverhalte, die er als möglicherweise bestehend annehmen wird, ist wiederum um den Faktor 2 (von 8 auf 4) vermindert. Wenn nun p_1 und p_2 in Kombination zusammen mitgeteilt worden wären, würde die Wirkung, wie ersichtlich ist, dieselbe gewesen sein.

Auf der Basis derartiger Überlegungen haben Carnap und Bar-Hillel ihre Theorie der semantischen Information entwickelt. Sie definieren zuerst eine Zustandsbeschreibung* als eine vollständige Menge von Propositionen, die mögliche Sachverhalte beschreiben; sie definieren dann den semantischen Inhalt einer Proposition als die Menge von Zustandsbeschreibungen, die er ausschließt. Aus dem eben gegebenen einfachen Beispiel sollte klar sein, was damit gemeint ist. Es sollte auch klar sein, daß, obwohl wir normalerweise nicht in dieser Art und Weise darüber reden, was es heißt, über eine Tatsache informiert zu sein, dieser Begriff von semantischem Inhalt in ausreichender Weise mit unserer vortheoretischen Auffassung übereinstimmt, was den semantisch-informativen Aspekt einer Proposition ausmacht. Eine Tautologie wie die Proposition, daß *a* entweder verheiratet ist oder nicht, sagt dem Empfänger eines Signals, das ihm eine solche Proposition übermittelt, nichts, was ihm nicht schon vorher bewußt gewesen wäre; durch eine solche Proposition könnte auch keiner der 16 Zustände des Universums, die Y anfänglich als zutreffend in Betracht ziehen würde, als möglich ausgesondert werden. Ein Widerspruch, wie er in der Behauptung, daß *a* sowohl verheiratet als auch nicht verheiratet ist, enthalten ist, ist uninformativ, uninformativ jedoch in dem verschiedenen und etwas paradoxen Sinn, daß sie zu viel Inhalt hat: „Sie schließt zu viel aus und ist mit jedem Zustand des Universums unverträglich" (Bar-Hillel 1964: 301). In psychologischen Termini ausgedrückt, setzt ihn eine solche Behauptung in Verwirrung, weil damit mehr ausgedrückt ist, als er in seinem Begriffschema unterbringen kann. Wenn schließlich die Klasse der Zustandsbeschreibungen, die von der Proposition *p* ausgeschlossen werden, die Klasse von Zustandsbeschreibungen, die von einer anderen Proposition *q* ausgeschlossen werden, einschließt und in ihr nicht enthalten ist, dann ist *p* semantisch informativer als *q*. Deshalb ist *p*-und-*q* semantisch informativer als entweder-*p*-oder-*q*. Carnap und Bar-Hillel nehmen bewußt davon Abstand, ihren Begriff des semantischen Inhalts auf den Wissenzustand eines Empfängers zu beziehen. Es scheint jedoch klar zu sein, daß man, zumindest innerhalb gewisser Grenzen, diesen Ansatz auch so interpretieren kann. Man kann z. B. annehmen, daß, nachdem Y informiert worden ist, daß p wahr ist, ihm die darauffolgende Übermittlung, daß sowohl p als auch q wahr sind, keine größere Information übermittelt, als wenn ihm nur q mitgeteilt worden wäre.

An dieser Stelle sollte eine warnende Bemerkung eingeschoben werden, die das Prinzip betrifft, daß Tautologien semantisch uninformativ seien. Während dies im Hinblick auf viele Tautologien intuitiv annehmbar zu sein scheint, gibt es doch gewisse Propositionen, die tautologisch oder notwendigerweise wahr sind, soweit sie logisch aus anderen Propositionen, die axiomatisch für gültig angesehen werden, folgen und die nichtsdestoweniger normalerweise als informativ betrachtet werden würden. Die augenfälligsten Beispiele dafür sind mathematische Propositionen. Es ist z. B. beweisbar, daß „$(x^2 - y^2) = (x + y)(x - y)$" notwendigerweise für alle Werte von x und y wahr ist; obwohl dem so ist, wird die Mitteilung dieser Proposition an jemanden, dem ihre Wahrheit vorher noch nicht bekannt gewesen ist, allgemein als eine Vermehrung seines Wissens angesehen werden. Dem Status solcher tautologischen, aber offenbar informativer Propositionen wurde in der modernen philosophischen Semantik zentrale Bedeutung beigemessen (cf. 6.5 und 7.3).

Carnap und Bar-Hillel definieren dann den Betrag an semantischer Information, die durch eine Proposition übermittelt wird, mittels Carnaps (1950) Begriff der logischen Wahrscheinlichkeit. Wie wir gesehen haben, wird der Begriff der Wahrscheinlichkeit, auf dem das Shannon-Weaver-Maß an Signalinformationsinhalt gegründet ist, mittels der relativen Häufigkeit definiert: wir haben dies statistische Wahrscheinlichkeit genannt. Viele moderne Abhandlungen der Wahrscheinlichkeitstheorie legen nahe oder implizieren, daß es keine objektive Definition der Wahrscheinlichkeit geben könne, es sei denn mittels des Begriffs der relativen Häufigkeit des Vorkommens. Carnap stimmt dem nicht zu und behauptet, daß zwei fundamental verschiedene Bedeutungen des vortheoretischen Ausdrucks ‚wahrscheinlich' miteinander vermengt werden und daß jeder seinen eigenen Anwendungsbereich habe. Wenn wir sagen, *Die Wahrscheinlichkeit, eine 6 mit diesem Würfel zu würfeln, ist 1/6*, beziehen wir uns vermutlich auf den Begriff der statistischen Wahrscheinlichkeit. Aber wenn wir sagen *Die Wahrscheinlichkeit, daß es regnet (gegründet auf bestimmte meteorologische Beobachtungen), ist 1/6*, schreiben wir zwei Propositionen eine bestimmte logische Beziehung (einer induktiven Art) zu: die erste Proposition ist die Hypothese „es wird regnen"; die zweite ist die Bezugnahme auf einschlägige meteorologische Beobachtungen (dies wird normalerweise eine komplexe Proposition sein, die sich aus vielen einfachen Propositionen zusammensetzt). Diese Art der Wahrscheinlichkeit, die Carnap logisch nennt und die nach seiner Ansicht die Basis für induktives Schließen bildet, wird oft als subjektiv beschrieben und durch Gradunterschiede des Glaubens oder der Sicherheit erklärt. Carnap aber definiert sie durch den Begriff des Bestätigungsgrades einer Hypothese in bezug auf eine gegebene Menge von Daten. Es wäre eine andere Frage, ob der Grad, in dem jemand eine Hypothese glaubt, wie immer das auch gemessen werden würde, dem Bestätigungsgrad tatsächlich gleich ist. Der entscheidende Punkt besteht darin, daß logische Wahrscheinlichkeit definiert und gemessen werden kann als eine Eigenschaft eines Systems von Propositionen, bei dem von den Glaubenshaltungen der Benützer des Systems abstrahiert wird; Carnaps Theorie beabsichtigt, logische oder induktive Wahrscheinlichkeit genau in diesem Sinn zu messen. Wir werden in einem späteren Kapitel auf diesen Begriff der logischen Wahrscheinlichkeit im Zusammenhang mit der Diskussion der Modalität Bezug nehmen (cf. 17.1).

Dies ist der allgemeine Rahmen, innerhalb dessen Carnap und Bar-Hillel ihren Begriff der semantischen Information definieren. Die grundlegende Idee ist die, daß semantische Information, wie Signalinformation, der Elimination von Ungewißheit äquivalent ist. Der Unterschied zwischen den beiden Arten von Information kann auch dadurch ausgedrückt werden, daß die eine Unsicherheit eliminiert in bezug auf das, was das Signal ist, und die andere Unsicherheit beseitigt in bezug auf das, was die Mitteilung ist. In beiden Fällen haben wir jedoch die gleiche Art von umgekehrtem Verhältnis zwischen Wahrscheinlichkeit und Informationsgehalt; je größer die statistische Wahrscheinlichkeit eines bestimmten Signals ist, desto kleiner wird sein Signalinformationsinhalt sein; je größer die logische Wahrscheinlichkeit einer Proposition ist (gleichgültig, ob sie als Mitteilung übermittelt wird oder nicht), desto kleiner wird ihr semantischer Informationsgehalt sein. Es zeigt sich jedoch, daß es verschiedene Wege des Interpretierens und des Messens der in einer Proposition enthaltenen semantischen Information gibt, je nachdem, ob wir die absolute Zahl von Zustandsbeschreibungen in Betracht ziehen, die uns eine Proposition gestattet zu eliminieren, oder die relative Zahl von Zustandsbeschreibungen in bezug auf die Zahl der durch vorher gegebene Propositionen noch nicht eliminierten Zustandsbeschreibungen. Ohne auf die numerische Beziehung, die zwischen diesen beiden Maßen der semantischen Information im Rahmen der von Carnap und Bar-Hillel vorgeschlagenen Theorie besteht, näher einzugehen, können wir vielleicht doch sehen, daß es vernünftig wäre, in diesem Zusammenhang zwei Bedeutungen von ‚informativ' zu unterscheiden und auf diese Weise (auf vielleicht verschiedenen Wegen) jene besondere Bedeutung von ‚informativ' (oder ‚bedeutungsvoll') zu präzisieren, die wir verwenden, wenn wir sagen, daß einige Tatsachen informativer (oder bedeutungsvoller) sind als andere. In dieser Hinsicht ist also semantischer Informationsgehalt analog zum Signalinformationsgehalt. Ob ersterer mittels des Begriffs der logischen Wahrscheinlichkeit gemessen werden sollte oder unter Bezugnahme auf einen anderen Begriff der Erwartung, ist jedoch ein anderes Problem; wir werden diese Frage hier nicht weiter verfolgen. Der Begriff der Zustandsbeschreibung als eine Menge von Propositionen, die aktuale oder mögliche Sachverhalte beschreiben, wird später noch einmal aufgenommen werden (cf. 6.5).

2.4. Deskriptive, soziale und expressive Information

Bisher haben wir in diesem Kapitel unsere Aufmerksamkeit bewußt auf eine Betrachtung der Zusammenhänge bei der Übertragung von tatsächlicher bzw. propositionaler Information beschränkt. Es ist schwierig, und bei diesem Stand der Diskussion wäre es sogar unmöglich, den Ausdruck ‚tatsächliche faktische Information‘ über das bisher Gesagte hinaus zu präzisieren. Für den Augenblick werden wir uns mit der Feststellung bescheiden, daß ein Stück Information dann tatsächlich ist, wenn es beabsichtigt, Sachverhalte zu beschreiben.

Viele Semantiker haben sich so geäußert, als ob Sprache ausschließlich oder überwiegend zur Kommunikation tatsächlicher Information benutzt würde. Andere haben behauptet, daß das Hervorbringen sachverhaltsbeschreibender Behauptungen nur *eine* der Funktionen der Sprache sei, daß sie ebenso, wie unsere anderen Gebräuche und Verhaltensmuster dazu dient, soziale Beziehungen zu errichten und aufrecht zu erhalten, daß sie weiterhin dem Ausdruck unserer Anschauungen und unserer Persönlichkeit diene. Wir werden hier diese Frage nicht im Detail verfolgen. Wir nehmen einfach an, daß die folgenden drei mehr oder weniger voneinander unterscheidbaren Funktionen existieren: die deskriptive*, die soziale* und die expressive*. Entsprechend diesen drei verschiedenen Funktionen können wir drei verschiedene Arten von semantischer Information, die in sprachliche Äußerungen enkodierbar ist, erkennen. Deskriptive Information (oder deskriptive Bedeutung) ist in dem oben erklärten Sinne tatsächlich: sie kann explizit behauptet oder verneint werden und sie kann, zumindest unter den günstigsten Umständen, auch objektiv verifiziert werden. Ein Beispiel für eine Äußerung mit deskriptiver Bedeutung ist die Behauptung *Hier in Regensburg regnet es in diesem Augenblick*. Ob diese Äußerung notwendigerweise oder normalerweise irgendeine zusätzliche nicht-deskriptive Information enthält, ist eine Frage, die wir für den Augenblick beiseite lassen können. Wie wir später sehen werden, war es gerade die deskriptive Bedeutung, die das Hauptanliegen der philosophischen Semantik gewesen ist. Andere Ausdrücke, die in der Literatur für diesen Aspekt der Bedeutung benutzt worden sind, sind ‚referentiell‘, ‚kognitiv‘, ‚propositional‘, ‚begrifflich‘ und ‚designativ‘.

Die Unterscheidung zwischen expressiver und sozialer Bedeutung ist keineswegs klar, und viele Autoren haben beide unter einem einzigen Ausdruck zusammengefaßt (‚emotiv‘, ‚einstellungsmäßig‘, ‚interpersonal‘, ‚expressiv‘

usw.). Wenn wir expressive Bedeutung (in einem engeren Sinne, als oft verwendet) als jenen Aspekt der Bedeutung definieren, der „mit den charakteristischen Merkmalen des Sprechers in engem Zusammenhang steht" (Brown 1958: 307), und soziale Bedeutung als jenen Aspekt auffassen, der dazu dient, soziale Beziehungen zu errichten und aufrecht zu erhalten, dann ist es klar, daß die beiden miteinander zusammenhängen. Es ist uns nämlich nur aufgrund unserer Mitgliedschaft in sozialen Gruppen möglich, mit anderen in Beziehungen zu treten und auf diese Weise unsere individuelle Identität und Persönlichkeit zu gewinnen (cf. Argyle, 1969). Der geeignetste Ausdruck für das, was den sozialen und expressiven Funktionen der Sprache (und anderen menschlichen Signalsystemen) gemeinsam ist, ist interpersonal* (cf. Halliday, 1970: 143). Es ist jedoch bequem, eine terminologische Unterscheidung der beiden Funktionen vorzusehen, da eine der Kontroversen in der Sprachtheorie darum geht, bis zu welchem Grad das Individuum durch soziale Konventionen im Gebrauch der Sprache beschränkt ist. Autoren wie Croce (1902) und Vossler (1932) haben vielleicht die Rolle der individuell-schöpferischen Ausdruckskraft in der Sprache übertrieben, während andere, wie Malinowski (1935) und in einem geringeren Ausmaß Firth (1950), die Kraft sozialer Zwänge vielleicht etwas übertrieben haben.[4]

Eine etwas von der hier angenommenen Unterscheidung verschiedene dreigeteilte Klassifikation der Funktionen der Sprache ist vor Jahren von Bühler (1934) vorgeschlagen worden; sie nimmt in vielen einflußreichen Abhandlungen über Sprachen eine wichtige Stellung ein. Zwei der Bühlerschen Funktionen, für die er die Termini ‚Darstellung' und ‚Ausdruck' verwendet, entsprechen ziemlich genau dem, was wir die deskriptive bzw. die expressive Funktion genannt haben. Die dritte Funktion, für die Bühler den Ausdruck ‚Appell' gebraucht hat, wird von uns die vokative* Funktion genannt. Bühlers Klassifikation gründet sich auf seine Analyse des typischen Sprechakts in dessen drei wesentliche Komponenten: der Sprecher, der Angesprochene und die äußere Situation, auf die in der Äußerung Bezug genommen sein kann.[5] Je nachdem, ob hauptsächlich auf eine oder auf die anderen zwei dieser drei Komponenten Bezug genommen wird, wird die Funktion der Äußerung hauptsächlich expressiv, vokativ oder deskriptiv sein. Es gibt eine offensichtliche Verbindung zwischen Bühlers Analyse und der traditionellen Analyse der typischen Situation einer Äußerung als einem Drama, in dem drei grammatische Rollen unter Bezugnahme auf die Kategorie der Person* (cf. 15.1) anerkannt werden; Bühler und seine Nachfolger haben übrigens diese Verbindung ausdrücklich erwähnt. Sie haben aber auch betont, daß nicht nur Äußerungen mit der 1. Person als Subjekt expressiv sind und daß nicht nur Äußerungen, deren Subjekt ein Pronomen der 2. Person ist, eine vokative Funktion haben. Sie haben auch wie wir auf die Tatsache hingewiesen, daß wenige, wenn überhaupt irgendwelche, Äußerungen nur eine Funktion unter Ausschluß der anderen aufweisen. Wie wir später sehen werden, ist Bühlers dreigeteilte Klassifikation ebenfalls relevant für seine Unterscheidung von Symptomen, Symbolen und Signalen: jede Äußerung ist im allgemeinen und unabhängig von ihrer speziellen Funktion ein expressives Symptom dessen, was der Sprecher sich vorstellt. Sie ist ein deskriptives Symbol dessen, was bedeutet wird und sie ist ein vokatives Signal, das an den Empfänger gerichtet ist (cf. 4.1).

Bühlers Schema ist von Jakobson (1960) modifiziert und erweitert worden. Die hauptsächliche Modifikation besteht in der Ersetzung von ‚vokativ‘ (d. h. ‚Appell‘) durch ‚konativ‘. Dies ist keine rein terminologische Ersetzung wie es vielleicht mit Jakobsons Ersetzung von ‚darstellend‘ durch ‚referentiell‘ und ‚expressiv‘ durch ‚emotiv‘ der Fall gewesen ist. Indem er den Terminus ‚konativ‘ gebraucht und ihn ausdrücklich mit Bühlers Begriff der Orientierung zum Angesprochenen hin assoziiert, impliziert Jakobson vermutlich (wie andere es schon getan haben), daß es bei der Bezugnahme auf den Angesprochenen hauptsächlich um ein Instrument der Befriedigung der Wünsche und Bedürfnisse des Sprechers geht. Die konative* Funktion der Sprache ist deshalb mit der, wie sie normalerweise genannt wird, instrumentellen* Funktion eng verbunden: d. h. Sprache wird gebraucht, um eine praktische Wirkung hervorzurufen. Darüber hinaus werden wir später bei unserer Diskussion von Modus und Modalität sehen, daß es nicht immer möglich ist, eine scharfe Unterscheidungslinie zu ziehen zwischen Äußerungen, die Wünsche des Sprechers ausdrücken, und Äußerungen, die als Aufforderungen dienen, indem sie dem Angesprochenen eine Verpflichtung auferlegen (cf. 15.1). Wir werden jedoch diesen besonderen Punkt im Augenblick auf sich beruhen lassen und nur festhalten, daß das, was Jakobson und andere die konative Funktion der Sprache genannt haben, auf der einen Seite in die expressive Funktion übergeht und auf der anderen Seite in die instrumentelle Funktion.

Bühlers Schema ist von Jakobson auch dadurch erweitert worden, daß er drei weitere Komponenten des kommunikativen Prozesses in Betracht gezogen und erkannt hat, daß jede von diesen sozusagen der Zentralpunkt einer Äußerung sein kann. Die erste dieser zusätzlichen Komponenten ist die Sprache, die gebraucht wird (oder in Jakobsons Terminologie, der Code*). Von jeder Äußerung, deren hauptsächliche Funktion darin besteht, sich zu vergewissern, daß die Gesprächsteilnehmer dieselbe Sprache oder denselben Dialekt oder Ausdrücke der Sprache in derselben Weise gebrauchen, können wir sagen, daß sie metasprachlich* ist. Über diese Sprachfunktion ist im vorausgegangenen Kapitel genügend gesprochen worden (1.2; 1.3).

Der zweite zusätzliche Faktor ist der Kommunikationskanal (cf. 2.2). Die primäre kommunikative Funktion vieler Äußerungen in der alltäglichen Unterhaltung besteht darin, daß der Kommunikationskanal entweder eröffnet wird oder offengehalten wird. Wir haben z. B. viele Arten von konventionellen Grüßen (*Guten Morgen!* usw.) oder ritualisierte Wendungen (*Schönes

Wetter heute! usw.), mit denen wir eine Unterhaltung eröffnen. Mit anderen Äußerungen können wir eine Unterhaltung zu einem beiderseitig annehmbaren Abschluß bringen (*Es war nett, Sie wiederzusehen!, Grüßen Sie Ihre Frau!* usw.); andere Arten von Äußerungen dienen dazu, die Unterhaltung zu verlängern oder dem Sprecher anzuzeigen, daß der Angesprochene noch mit ihm in Kontakt ist und dem, was er sagt, folgt. Ein großer Teil dieser interaktionssteuernden Information, wie sie genannt worden ist (d. h. „jene Information, welche die Teilnehmer austauschen, um miteinander bei der Ordnung des zeitlichen Fortschritts der Interaktion zusammenzuarbeiten": Laver und Hutcheson, 1972: 12) wird durch parasprachliche Signale übermittelt (Augenbewegungen, Gesten, Haltung usw.: cf. 3.2). Einiges davon ist aber in der sprachlichen Komponente von Äußerungen enkodiert. Malinowski (1926) hat dafür den Ausdruck ‚phatische Kommunion' geprägt, „in der durch den bloßen Austausch von Wörtern Verbindungen geschaffen werden" – eine Art von Rede, die, wie er sagt, „dazu dient, persönliche Verbindungen zwischen Menschen zu schaffen, die durch das bloße Bedürfnis nach Gemeinsamkeit zusammengekommen sind und die nicht dem Zweck dient, Begriffe zu kommunizieren". Jakobson hat den Ausdruck phatisch* entlehnt, um damit im besonderen jene Funktion der Sprache zu bezeichnen, die insoweit kanalorientiert ist, als sie zu der Herstellung und Aufrechterhaltung des kommunikativen Kontakts beiträgt. So interpretiert, kommt die phatische Funktion dem sehr nahe – oder ist zumindest ein sehr wichtiger Teil dessen, was wir die soziale Funktion der Sprache genannt haben.[6]

Schließlich gibt es das, was Jakobson die poetische* Funktion genannt hat (‚poetisch' wird hier in einem sehr weiten Sinne gebraucht, der sich nicht nur auf Poesie, sondern auch auf den künstlerischen oder schöpferischen Gebrauch von Sprache im allgemeinen bezieht). Die poetische Funktion wird durch ihre Orientierung auf die – wie Jakobson es nennt – Mitteilung [message] definiert; wir tun aber vielleicht besser daran, sie als die in einem Signal enkodierte Mitteilung zu bezeichnen. Es ist nämlich für den poetischen Gebrauch von Sprache charakteristisch, daß er dazu neigt, die einfache Unterscheidung von Form und Bedeutung, nach der die Struktur der Sprache gemeinhin analysiert wird, unscharf werden zu lassen oder sie gar ganz aufzuheben. Viele poetische Ausdrucksmittel – Rhythmus, Reim, Assonanz, Alliteration, Metrum, Chiasmus usw. – nutzen die Eigenschaften des Mediums* aus (cf. 3.3), und es gilt als ein Gemeinplatz in der Literaturwissenschaft, daß eine Zeile wie Tennysons *And murmuring of innumerable bees* viel von ihrer Bedeutung (in einem einschlägigen Sinn von ‚Bedeutung': cf. 1.1) verlieren würde, wenn *murmuring* oder *innumerable* durch Wortformen ersetzt würden, die nicht dasselbe Lautmuster aufweisen würden; dies gilt auch dann, wenn die dafür eingesetzten Formen Wortformen wären, die im allgemeinen dieselbe Bedeutung hätten wie ‚murmur' und ‚innumerable'. Wir brauchen diesem Gemeinplatz jetzt nur noch hinzuzufügen, daß wir in

derselben Weise wie Molières Monsieur Jourdain während seines ganzen
Lebens, ohne es zu wissen, Prosa gesprochen hat, wir in unserem Leben
manchmal poetische Ausdrücke gebrauchen, ob wir dies überlegt tun oder
nicht und ob wir uns dessen bewußt sind oder nicht: wir alle nützen bis zu
einem gewissen Grad jene Möglichkeiten unserer Muttersprache aus, welche
auf den Eigenschaften des Mediums beruhen, in dem sich Sprache manifestiert. Im poetischen Gebrauch von Sprache neigen semantische Information
und Signalinformation dazu, ineinander in einer Art und Weise überzugehen,
die in unserem einfachen Kommunikationsmodell nicht beschrieben werden
kann (cf. 2.3).

Bühlers Analyse der Funktionen der Sprache und Jakobsons Modifikation
und Erweiterung derselben sind hier hauptsächlich deshalb kurz zusammengefaßt dargestellt worden, weil sie sehr einflußreich gewesen sind und weil
von späteren Autoren die Kenntnis der Termini, in denen ihre eigenen Analysen formuliert sind, einfach vorausgesetzt wurde. Ein anderer Grund besteht
noch darin, daß unsere Diskussion dieser beiden Ansätze, mag er auch kurz
gewesen sein, uns gezeigt hat, daß es mehrere Arten der Klassifikation gibt,
nach denen Äußerungen und die verschiedenen in Äußerungen enkodierten
Arten von Informationen mittels einer Analyse der notwendigen, oder zumindest typischen, Komponenten eines Kommunikationsaktes beschrieben
werden können. Es gibt wahrscheinlich kein einziges Klassifikationsschema,
von dem man sagen könnte, daß es das einzig richtige wäre. Es bedarf auch
kaum des Nachdenkens, um zu erkennen, daß die metasprachliche und die
poetische Funktion in engem Zusammenhang stehen: es ist bei dem alltäglichen Gebrauch von Sprache nicht immer möglich, eine scharfe Unterscheidungslinie zwischen Objektsprache und Metasprache zu ziehen; es kann ein
wichtiger Aspekt der poetischen Verwendung einer bestimmten Form sein,
daß die Aufmerksamkeit eher auf die Form als auf das gelenkt werden soll,
was man normalerweise als die Bedeutung des Ausdruckes, die durch diese
Form dargestellt wird, auffassen würde. In ähnlicher Weise ist es schwierig,
eine genaue Unterscheidung zwischen der metasprachlichen und der phatischen Funktion oder zwischen der phatischen und der konativen Funktion zu
treffen. Wenn X das Wort ‚rhinolalisch' gebraucht und Y ihn fragt, was es
bedeutet, dann macht Y klarerweise von der metasprachlichen oder reflexiven Funktion der Sprache Gebrauch (cf. 1.2). Er kann damit aber auch versuchen, den Zusammenbruch der Kommunikation zu verhindern, indem er an
den Angesprochenen eine Aufforderung richtet.

Die Tatsache, daß es vielleicht kein einziges und ganz offensichtlich kor-
rektes Klassifikationsschema gibt, macht jedoch die verschiedenen hier vor-
getragenen Schemata keineswegs wertlos. Viele der Ausdrücke, die hier für
verschiedene Arten von Äußerungen und für verschiedene in derselben Äußerung enkodierte Informationsarten eingeführt sind, werden in späteren Kapiteln noch gebraucht werden. In der Zwischenzeit werden wir jedoch mit der

groben dreigeteilten Unterscheidung nach expressiver, sozialer und deskriptiver Information arbeiten; wir werden den Terminus ,interpersonal' (soweit Sprache betroffen ist) benützen, um darunter sowohl ,expressiv' als auch ,sozial' zusammenzufassen.

Wenn man zugibt, daß Sprache sowohl eine deskriptive als auch eine interpersonale Funktion hat, ergeben sich verschiedene Fragen. Gibt es irgendein von der Sprache verschiedenes semiotisches System (oder Systeme, die von Sprachen abgeleitet oder in bezug auf sie parasitär sind), die eine Funktion, aber nicht die andere aufweisen? Mit dieser Frage werden wir uns im folgenden Kapitel beschäftigen. Eine andere und komplexere Frage betrifft die Art und Weise, in welcher sich die deskriptiven und interpersonalen Funktionen der Sprache aufeinander beziehen. Äußerungen können, zum Teil unter Benutzung von Ausdrücken für die grammatische Struktur der Sätze, die ihnen zugrunde liegen, klassifiziert werden als Behauptungen, Fragen, Befehle, Aufforderungen, Wünsche, Ausrufe usw. Von diesen kann nur von Behauptungen angenommen werden, daß sie Sachverhalte beschreiben. Es erscheint nicht recht vernünftig zu sein, zu überlegen, ob eine Frage, ein Befehl, ein Wunsch oder ein Ausruf wahr ist oder nicht; es ist deshalb auch nicht sinnvoll zu fragen, welche Propositionen in anderen als Behauptungsäußerungen ausdrücklich behauptet werden. Wir können jedoch, wie wir später sehen werden, Überlegungen darüber anstellen, welche Propositionen in bestimmten Äußerungen, die keine Behauptungen sind, impliziert oder präsupponiert sind (das gilt auch für implizierte oder präsupponierte Propositionen, die in Behauptungsaussagen zusätzlich zu den behaupteten Propositionen enthalten sind). Wir können uns auch fragen, ob es einen dem logischen Wahrheitsbegriff analogen Begriff gibt, mittels dessen Fragen, Befehle usw. als gültig oder erfolgreich beurteilt werden können. Intuitiv gesehen scheint die Weigerung, einem Befehl zu folgen, dem Widersprechen einer Behauptung analog zu sein. Mit diesen Fragen werden wir uns in einem späteren Kapitel beschäftigen (cf. 16.2). Es ist aber schon jetzt offensichtlich, daß Fragen und Antworten wie auch das Erteilen von Befehlen notwendigerweise die soziale Funktion der Sprache betreffen und daß jede Diskussion von Äußerungen, die Wünsche und Ausrufe ausdrücken, auf die expressive Funktion Bezug nehmen muß.

Hier kann auch, in Vorwegnahme dessen, was später im einzelnen diskutiert werden wird, erwähnt werden, daß ein Teil der interessantesten jüngsten Semantikforschung von Austins (1962) These beeinflußt ist, derzufolge das Äußern einer sachverhaltsbeschreibenden Behauptung darin besteht, sich in einer bestimmten Art sozialen Handelns zu engagieren, das durch Konventionen bestimmt ist, die jenen ähneln und zum Teil sogar mit ihnen identisch sind, die solche andere Handlungen bestimmen wie das Versprechen, Fragen oder Befehlen. Wenn wir diesen Standpunkt akzeptieren – wie eng wir auch immer die deskriptive Funktion der Sprache fassen wollen –, dann müssen wir zugeben, daß letztere von der sozialen und expressiven Funktion abhängig und in soweit auch weniger fundamental ist; diese Ansicht wird wahrscheinlich von der Mehrheit der Linguisten, der Anthropologen und der Sozialpsychologen, die sich mit Semantik beschäftigt haben, geteilt. Man kann dafür eintreten – und darum wird es in dem folgenden Kapitel gehen –, daß die deskriptive Funktion der Sprache für natürliche Sprachen in höherem Ausmaß kennzeichnend ist als die interpersonale Funktion, die wir auch in anderen menschlichen und nichtmenschlichen Signalsystemen vorfinden. Dies bedeutet jedoch nicht, daß die deskriptive Funktion fundamentaler ist als die anderen Funktionen. Diese Überlegung sollte berücksichtigt werden, wenn wir uns im Kapitel 6 mit der logischen Semantik beschäftigen.

3. Sprache als ein semiotisches System

3.1. Sprachliches und nichtsprachliches Signalisieren

Die Ausdrücke ‚verbale Kommunikation' und ‚nichtverbale Kommunikation' werden häufig dazu verwendet, um Sprache von anderen semiotischen* Systemen, d. h. von Systemen des Sprachverhaltens, zu unterscheiden. Dies sind Ausdrücke, die von dem in diesem Buch eingenommenen Standpunkt aus in zweifacher Hinsicht unglücklich gewählt sind: (I) ‚nichtverbale Kommunikation' wird allgemein auf Signalverhalten bei Mensch und Tier angewendet, das zwar vielleicht Informationen übermittelt, aber nicht notwendigerweise kommunikativ ist (cf. 2.1); (II) insoweit sich der Ausdruck auf Kommunikation mittels Sprache bezieht, könnte ‚verbale Kommunikation' so aufgefaßt werden, daß er impliziert, daß Sprachäußerungen ausschließlich aus Wörtern bestehen, während es, wie wir in diesem Abschnitt sehen werden, in der gesprochenen Sprache eine wichtige und sogar wesentliche nichtverbale Komponente gibt. Der Gebrauch von solchen Ausdrücken wie ‚verbale Kommunikation' oder ‚sprachliches Verhalten', wenn damit auf Sprachverhalten referiert wird, ist, zumindest potentiell, irreführend.[1]

Wir können unsere Diskussion der gesprochenen Sprache damit beginnen, daß wir, abhängig davon, ob die Signale im vokal-auditiven Kanal übermittelt werden oder nicht, zwischen stimmlichen* und nichtstimmlichen* Signalen unterscheiden. Man wird feststellen, daß der vokal-auditive Kanal* hier in bezug auf seine beiden Endpunkte und in bezug auf die Art und die Mechanismen definiert wird, mittels derer die Signale am Ausgangspunkt produziert und am Endpunkt empfangen werden, und nicht in bezug auf die Eigenschaften des Kanals selbst, der die Endpunkte miteinander verbindet und in dem das Signal läuft. Dieser Punkt für sich genommen ist es wert, erwähnt zu werden, da man in der Literatur Alternativdefinitionen finden kann. Indem wir unsere primäre Klassifikation zu einer solchen zwischen stimmlichen und nicht-stimmlichen Signalen machen (anstatt z. B. zwischen akustischen und nicht-akustischen oder auditiven und nicht-auditiven Signalen), nehmen wir absichtlich den Standpunkt ein, daß die sogenannten Sprechorgane unter den signalübermittelnden Systemen, die von Menschen verwendet werden, eine Vorrangstellung genießen. Wir beginnen deshalb mit der Unterscheidung zwischen den stimmlichen und den nichtstimmlichen Signalen, weil der vokal-auditive Kanal zur Übermittlung von Sprache dient und weil allgemeine Übereinstimmung darüber herrscht, daß Sprachen die wichtigsten und am höchsten entwickelten semiotischen Systeme sind, die von Menschen verwendet werden. Für den Augenblick beschäftigen wir uns

nur mit dem Sprechen, von dem wir annehmen werden, daß es (in einem
Sinne, der später erklärt werden soll: cf. 3.3) grundlegender und natürlicher
ist als die geschriebene Sprache.

Nicht alle stimmlichen Signale sind sprachlicher Natur: zuerst müssen wir
solche stimmlichen Reflexe* wie Niesen, Gähnen, Husten und Schnarchen
ausschließen. Normalerweise sind sie physiologisch bestimmt und, obwohl
sie in dem Sinne, daß sie (größtenteils unfreiwillig) übermittelt werden und
von einem Empfänger interpretiert werden können, Signale sind, würde sie
niemand anders als außerhalb der Sprache liegend betrachten wollen. Wenn
sie als physiologische Reflexe während des Sprechens auftreten, führen sie
nur Rauschen in den Kanal ein (cf. 2.3), und wenn sie, aufgrund einer vorgängigen individuellen oder kulturellen Konvention, absichtlich zum Zwecke
der Kommunikation produziert werden (wenn wir z. B. husten, um einen
Sprecher zu warnen, daß er von jemandem, der sich nähert, belauscht werden
könnte), fungieren sie außerhalb und unabhängig von der Sprache.

Von einem linguistischen Standpunkt aus ist der Begriff der Stimmqualität* (auch Stimmführung* genannt) viel diskussionsbedürftiger; was dadurch gemeint ist, ist „die permanente stimmliche Hintergrundinvariante, die
für die Redeweise eines Individuums kennzeichnend ist" (Crystal, 1969:
103). Anders als die stimmlichen Reflexe ist die Stimmqualität eine notwendige Begleiterscheinung des Sprechens. Darüber hinaus spielt sie eine wichtige expressive und soziale Rolle, indem sie die Identität des Sprechers und
Informationen über ihn signalisiert, was für die zwischenmenschlichen Beziehungen von großer Bedeutung ist. Die Stimmqualität, die sowohl eine physiologische wie auch eine kulturelle Komponente haben kann, ist für die
Erscheinung, die als Selbstdarstellung* bekannt ist und von Sozialpsychologen (cf. Argyle, 1967) diskutiert wird, sehr wichtig. Wir folgen hier der
Mehrheit der Linguisten, wenn wir die Stimmqualität als außersprachlich
bezeichnen. Es muß jedoch betont werden, daß wir damit nicht vorschlagen,
daß sie für die Untersuchung der Sprache an und für sich als unwichtig
betrachtet werden sollte (cf. Laver, 1977).

Wir kommen nun zur Unterscheidung von verbalen*, prosodischen* und
parasprachlichen* Merkmalen oder Komponenten. Jede normale deutsche
Äußerung wird mit einem besonderen Intonationsmuster oder einer Intonationskontur hervorgebracht, die zum Teil von der grammatischen Struktur
der Äußerung und zum Teil von der Einstellung des Sprechers (als zweifelnd,
ironisch, überrascht usw.) bestimmt wird. Darüber hinaus wird jedes Wort
mit einem bestimmten Maß an Betonung* oder Emphase ausgesprochen, je
nach dem, welche grammatische Funktion es hat und abhängig von einer
Reihe von Faktoren, die die kontextspezifischen Präsuppositionen der Äußerung, der Einstellung des Sprechers usw. einschließen. Wenn ich z. B. die
Form *gesehen* in *Ich habe sie nicht gesehen* betone (z. B. als Antwort auf *Hast
du Mary gesehen?),* könnte sie so aufgefaßt werden, daß sie impliziert, daß

ich eine Nachricht von ihr habe, obwohl ich sie nicht gesehen habe. Wenn ich im Gegensatz dazu *Mary* herausstelle, so wird dies implizieren, daß ich jemanden gesehen habe, aber eben nicht Mary. Intonation und Betonung sind die prosodischen* Hauptmerkmale, die im Deutschen wirksam sind, und sie sind die einzigen, die hier zu erwähnen sind. Sie werden sozusagen über die Kette von Formen gelegt, die die verbale Komponente der Äußerung konstituieren. Sie sind vielleicht nicht verbal in dem Sinne, daß sie nicht dazu dienen, die Wortformen, aus denen die Äußerung besteht, zu identifizieren. Dennoch sind sie ein wesentlicher Teil dessen, was allgemein als sprachliche Signale bezeichnet wird.

Die akustischen Entsprechungen von Intonation und Betonung sind sowohl im Deutschen als auch in anderen Sprachen recht komplex; wir werden uns mit ihnen hier nicht beschäftigen. Ein Punkt, auf den jedoch hingewiesen werden sollte, ist, daß nicht nur Intonation, sondern auch Betonung Veränderungen in der Stimmhöhe mit sich bringen, und daß in jedem Fall sowohl Stimmhöhe wie auch andere Faktoren beteiligt sind. Für unseren Zweck genügt es, daß muttersprachliche Sprecher einer bestimmten Sprache (z. B. Deutsch) in der Lage sein sollten, ein Intonationsmuster von einem anderen zu unterscheiden; sie sollten auch in der Lage sein, zu sagen, ob ein bestimmtes Wort oder eine Wortverbindung in einer Äußerung betont oder unbetont ist; dies können sie sicherlich auch tun, selbst dann, wenn sie die akustischen Merkmale in dem Äußerungssignal nicht identifizieren können, die sie instand setzen, die akustischen Merkmale in dem Äußerungssignal einerseits und verschiedene Arten von Intonation und verschiedene Grade der Betonung andererseits zu unterscheiden.

In einigen Sprachen, das Deutsche eingeschlossen, kann Betonung dazu dienen, eine Wortform von einer anderen zu unterscheiden. So unterscheidet sich z. B. die Zitierform (und die Grundform) des Verbs ‚übersétzen‘ von der Zitierform des Verbs ‚übersetzen‘ darin, daß die erstere auf der dritten Silbe und die letztere auf der ersten Silbe betont ist: *übersétzen* vs. *übersetzen* (wobei der Akzent die Position der Betonung innerhalb des Wortes anzeigt). Im Englischen gibt es mehrere Paare von derivationell* verwandten Verben und Substantiven, die sich auf diese Weise durch Betonung (in der gesprochenen Sprache) unterscheiden. In diesem Fall spielt die Wortbetonung dieselbe Rolle wie die Anwesenheit oder Abwesenheit eines Suffixes wie *-ment* oder *-al,* welche die Formen von Substantiven wie ‚amazement‘ oder ‚refusal‘ von den Formen des Verbs, von dem sie abgeleitet* sind, unterscheiden (cf. 13.2). In anderen Fällen dient die Wortbetonung dazu, flexivisch* und nicht derivationell miteinander verwandte Formen zu unterscheiden: d. h. verschiedene Formen desselben Lexems (cf. 1.5). Im Englischen gibt es keine Beispiele für flexivische Wortbetonung. Beispiele können jedoch aus dem Spanischen gebracht werden: *cómo* („ich esse") vs. *comó* („er/sie aß"). Oder aus dem Russischen: *góroda* („von der Stadt") vs. *gorodá* („die Städte"). In einer dritten Klasse von Fällen dient schließlich Wortbetonung dazu, die Formen morphologisch nicht verwandter Lexeme voneinander zu unterscheiden: z. B. Englisch *differ* vs. *defer*. Die Wortbetonung ist in allen drei Klassen von Fällen, die in diesem Abschnitt illustriert wurden, funktionell verschieden von sowohl normaler als auch emphatischer Satzbetonung; sie ist auch ein wichtiger Teil der sprachlichen Komponente des Stimmsignals, genauso wie die Konsonanten und Vokale, aus denen Wortformen zusammengesetzt sind.

In bestimmten Sprachen (die gewöhnlich als Tonsprachen* bezeichnet werden) werden Wortformen durch Tonhöhendifferenzen unterschieden: eine Form wird mit einem steigenden Ton ausgesprochen und eine sonst identische Form mit einem fallenden Ton, oder eine Form wird mit einem hohen Ton und eine andere Form mit einem tiefen Ton ausgesprochen.[2] Im Chinesischen ist es z. B. genauso üblich, verschiedene Lexeme durch den Ton zu unterscheiden, wie im Deutschen Lexeme durch kontrastierende Vokale und Konsonanten unterschieden werden; in der Twi- oder Ewe-Sprache (und in vielen anderen westafrikanischen Sprachen) werden verschiedene flexivische Formen desselben Lexems (z. B. verschiedene Tempusstufen desselben Verbs) durch Töne genauso regelmäßig unterschieden, wie im Deutschen flexivisch unterschiedene Formen desselben Lexems durch die Anwesenheit oder Abwesenheit bestimmter Suffixe unterschieden werden. In der Linguistik ist es üblich, den Terminus ‚Intonation' für das Tonmuster oder die Kontur zu verwenden, die über die verbale Komponente gelegt wird, aber diese Bezeichnung nicht für Tonunterschiede der Art zu verwenden, die eben in diesem Abschnitt erwähnt worden sind und die dazu dienen, eine Wortform von einer anderen zu unterscheiden und auf diese Weise einen integrierenden Bestandteil der verbalen Komponente selbst darstellen (cf. Bolinger, 1972).

Soviel also zur Unterscheidung von Betonung und Tonhöhe, die, wie wir gesehen haben, bei der Beschreibung der sprachlichen Komponente von Äußerungen in Betracht gezogen werden kann oder auch nicht. In dieser Hinsicht unterscheiden sich Sprachen beträchtlich. Wir sind jedoch wohl berechtigt anzunehmen, daß in allen Sprachen solche prosodischen Merkmale wie Betonung und Intonation einen wichtigen Teil der nichtverbalen Komponente von Äußerungen darstellen.

Der Ausdruck parasprachlich* ist in der Literatur mit recht verschiedenen Bedeutungen gebraucht worden. Hier wird er dazu verwendet werden, um nicht nur bestimmte Merkmale stimmlicher Signale (z. B. Lautstärke und das, was ungefähr als Stimmton beschrieben werden kann) aufzudecken, sondern zusätzlich auch jene Gesten, Gesichtsausdrücke, Augenbewegungen usw., die in der normalen Kommunikation mittels gesprochener Sprache eine unterstützende Rolle spielen. Die parasprachliche Komponente des Sprachverhaltens wird in dem folgenden Abschnitt kurz diskutiert werden. Hier ist es wichtig festzustellen, daß es unmöglich ist, zwischen prosodischen und parasprachlichen Merkmalen auf einer allgemeinen phonetischen Basis zu unterscheiden. Es müssen funktionale Gesichtspunkte mit in Betracht gezogen werden.[3]

Aufgrund dessen, was bisher gesagt worden ist, wird es klar sein, daß es ein beträchtliches Maß an Nichtübereinstimmung in bezug darauf gibt, wo die Grenze zwischen Sprache und Nicht-Sprache gezogen werden sollte; dementsprechend ist auch nicht klar, was der Linguist in seinem Modell des Sprachsystems berücksichtigen sollte. Wir können natürlich aufgrund einer rein methodologischen Entscheidung festlegen, daß die Grenze zwischen dem Prosodischen und dem Parasprachlichen gezogen werden sollte; tatsächlich ist dies der Punkt, an dem die meisten Linguisten die Grenzziehung vornehmen. Diese scheinbare Übereinstimmung verbirgt aber ein beträchtliches Maß an Nichtübereinstimmung. Denn die Linguisten unterscheiden sich in bezug darauf, welche stimmlichen Merkmale – abgesehen von Intonation und Betonung – als prosodische und welche als parasprachliche zu zählen sind. Die Tatsache, daß es eine derart vollständige und enge gegenseitige Durchdringung des Sprachlichen, des Prosodischen und des Parasprachlichen gibt, sollte in bezug auf die Beziehung zwischen sprachlichem und nichtsprachlichem Signalisieren immer berücksichtigt werden. Berücksichtigt werden sollte auch, daß die parasprachlichen und die nichtverbalen prosodischen Komponenten einer Äußerung immer ein wesentlicher Teil von ihr sind.

Wir können nun bestimmte Generalisierungen über Sprache auf der Basis dieser Klassifikation der verschiedenen Komponenten von Äußerungen machen. Erstens würden die Linguisten wahrscheinlich darin übereinstimmen, daß, obwohl alle die Komponenten, die wir festgestellt haben, wesentlich sind, die verbale Komponente zentraler ist als die nichtverbale Komponente, und daß prosodische Merkmale zentraler sind als parasprachliche Merkmale, daß, innerhalb der Menge von prosodischen Merkmalen einige, wie Betonung und Intonation, zentraler sind als andere und daß parasprachliche Merkmale zentraler sind (oder, so sollte man vielleicht sagen, weniger peripher) als Stimmqualität. Der Grund, warum der Linguist die Zentralität auf diese Art bewertet, könnte darin liegen, daß, je zentraler eine bestimmte Komponente ist, desto höher strukturiert sie in grammatischer Hinsicht ist und desto spezifischer sie für menschliche Sprache im Gegensatz zu den Signalsystemen anderer Arten und anderen menschlichen Signalsystemen, die keine Sprachen sind, ist. In diesem Sinn kann deshalb die verbale Komponente als der entscheidenste Teil des Sprachverhaltens betrachtet werden, obwohl sie nicht der einzige oder gar der wesentlichste Teil ist.

Die zweite Generalisierung hat in einer besonderen Weise mit den semiotischen Funktionen der verschiedenen Sprachkomponenten zu tun. Es wird manchmal vorgeschlagen, daß sprachliche und nichtsprachliche Signale typischerweise zwei verschiedene Arten von semantischer Information übertragen würden. Die erstere deskriptiver Art, die letztere expressiver oder sozialer Art. Wir haben schon gesehen (in 2.4), daß es unmöglich ist, eine sehr scharfe Unterscheidung zwischen diesen drei Arten von Information oder Bedeutung zu treffen. Sie durchdringen sich gegenseitig genauso eng, wie es bei den verbalen und nichtverbalen Komponenten von Äußerungen der Fall ist, und sie sind eher als komplementär, denn als gegensätzlich zu betrachten. Ob eine gesprochene deutsche Äußerung als Aussage interpretiert wird, die einen Sachverhalt beschreibt, wird zumindest teilweise und in bestimmten Fällen völlig davon abhängen, ob sie das angemessene Betonungsmuster und die angemessene Intonationskontur hat. Der Unterschied zwischen einer Aussage und einer Ja-Nein-Frage kann durch die Anwesenheit oder Abwesenheit bestimmter Formen oder durch die Anordnung der Formen in einer oder einer anderen Abfolge angezeigt sein (cf. *Sie gehen jetzt zur Schule* vs. *Gehen sie jetzt zur Schule?*); dieser Unterschied kann aber auch in den meisten Fällen durch die Intonation angezeigt werden. Dasselbe gilt für den Unterschied zwischen einer Aussage und einer Aufforderung oder einem Befehl. Wenn der Satz *Er wird es bis Dienstag getan haben* mit den angemessenen prosodischen und parasprachlichen Merkmalen geäußert wird, wird er als eine Aussage gelten (obwohl sie eher eine Voraussage oder ein Versprechen als eine reine Beschreibung sein wird); wenn der Satz mit einer anderen Menge prosodischer und parasprachlicher Merkmale geäußert wird, kann er als ein Befehl oder als eine Aufforderung interpretiert werden. Die nichtverbale Komponente ist deshalb für die beschreibende Funktion der Sprache zumindest in dem Ausmaß relevant, in dem sie Aussagen von Äußerungen unterscheidet, die keine Aussagen sind. Darüber hinaus kann, wie wir weiter unten sehen werden, das, was als die prosodische oder parasprachliche Modulation* einer Äußerung bezeichnet werden kann, die Wirkung haben, daß der deskriptiven Bedeutung dessen, was ausgedrückt ist oder was in der verbalen Komponente ausgedrückt zu sein scheint, widersprochen wird. Was dadurch jedoch nicht eintreten kann, ist eine vollständige Veränderung der deskriptiven Bedeutung einer Aussage in dem Sinn, wie die Ersetzung eines Wortes durch ein anderes es zustande bringen kann (cf. *Er ist groß* vs. *Er ist zornig*). In diesem Sinn können wir deshalb sagen, daß die verbale Komponente mit der deskriptiven Funktion enger verbunden ist und die nichtverbale Komponente mit der sozialen und expressiven Funktion der Sprache in einer engeren Beziehung steht. Diese Generalisierung sollte jedoch, wie wir gesehen haben, nicht so verstanden werden, daß sie impliziert, daß die nichtverbale Komponente bei irgendeiner Diskussion darüber, wie gesprochene Sprache gebraucht wird, um deskriptive Aussagen zu machen, vernachlässigt werden kann. Es sollte auch nicht angenommen werden, daß die verbale Komponente deskriptiver Aussagen immer nur rein deskriptive Information enthält. Alle Autoren im Bereich der Semantik betonen die Tatsache, daß viele Wörter eben nicht rein deskriptiv sind. Sie können expressive (oder, enger gefaßt, emotive) Konnotationen über ihre deskriptive Bedeutung hinaus haben. Daß der Sprecher ein Wort und nicht ein anderes wählt, zeigt oft seine Haltung gegenüber demjenigen an, was er gerade beschreibt, und kann die Wirkung hervorbringen, ob beabsichtigt oder nicht, daß er seinem Zuhörer gefällt oder ihn verärgert.

Es ist häufig beobachtet worden, daß die semantische Information, die in einem Äußerungsakt nichtverbal signalisiert wird, manchmal mit der in der verbalen Komponente übermittelten Information in Konflikt steht oder ihr gar widerspricht.

Dies wird häufig gesagt in bezug auf die Unterschiede in der Information, die in verschiedenen Kanälen oder verschiedenen Modalitäten signalisiert wird, aber weder ‚Kanal' noch ‚Modalität' ist hier der angemessene Terminus. Hier braucht nicht notwendigerweise irgendein Unterschied in bezug auf den Kanal zu bestehen: hier kann vielmehr ein Widerspruch bestehen zwischen verschiedenen Komponenten des zusammengesetzten Signals, das im vokal-auditiven Kanal übermittelt wird. (‚Modalität' wird am besten sowohl in der Linguistik als auch in der Logik reserviert für Unterscheidungen der Möglichkeit, Notwendigkeit, Verpflichtung usw.: cf. 17.1). Ein semiotischer Konflikt kann nicht nur – und das sollte festgestellt werden – zwischen stimmlichen und nichtstimmlichen Signalen oder zwischen den sprachlichen und parasprachlichen Komponenten einer Äußerung auftreten, sondern auch zwischen der verbalen und der prosodischen Komponente. Eine Äußerung kann die grammatische Struktur eines Deklarativsatzes haben (soweit seine verbale Komponente betroffen ist) und dennoch die für eine Frage charakteristische Intonation mit sich führen. Wenn dem nun so ist, so können wir eine weitere Generalisierung wagen; immer wenn es einen Widerspruch zwischen der semantischen Information, die durch den verbalen Teil einer Äußerung übertragen wird, und der Information, die durch die mit ihr assoziierten prosodischen oder parasprachlichen Merkmale gibt, ist es die letztere, welche die Äußerung als eine Frage und nicht als eine Aussage, als eine versuchsweise Empfehlung und nicht als eine Frage qualifiziert usw.

3.2. Parasprachliche Erscheinungen

Die typischste Form des Sprachverhaltens ist jene, die in einer Unterhaltung mit Augenkontakt zwischen Mitgliedern derselben Kultur vorkommt; dies ist dasjenige, was mit dem Ausdruck ‚normales Sprachverhalten' gemeint ist. Alle anderen Verwendungsweisen und Manifestationen von Sprache, sowohl geschrieben als auch gesprochen, sind auf die eine oder andere Weise vom in diesem Sinne verstandenen normalen Sprachverhalten abgeleitet.

Normales Sprachverhalten hat, wie wir gesehen haben, sowohl eine nichtverbale wie auch eine verbale Komponente; die nichtverbale Komponente besteht aus nichtstimmlichen wie auch stimmlichen Erscheinungen, und der stimmliche Teil der nichtverbalen Komponente umfaßt einen prosodischen und einen parasprachlichen Teil. Es ist schon gezeigt worden, daß der Terminus ‚parasprachlich' (zusammen mit ‚Parasprache' und ‚Paralinguistik') in der Literatur verschieden verwendet wird. Es ist sogar gesagt worden, daß „die Tendenz besteht, seine Bedeutung derart zu erweitern, daß er beinahe nutzlos wird" (Crystal, 1969: 40). In diesem Buch wird jedoch der Terminus in einem ziemlich weiten Sinn gebraucht werden (obwohl nicht in einem so weiten Sinn, wie er von bestimmten anderen Autoren bevorzugt gebraucht wird). Der Ausdruck wird sowohl nichtprosodische stimmliche Phänomene (Variationen der Tonhöhe, Lautstärke, Dauer usw.) als auch nichtstimmliche Phänomene (Augenbewegungen, Kopfnicken, Gesichtsausdrücke, Gesten, Körperhaltung usw.) umfassen. Nichtstimmliche Phänomene werden jedoch nur dann als parasprachlich aufgefaßt, insoweit sie in der Struktur oder der Bedeutung von Äußerungen integriert sind oder diese weiter determinieren und weiterhin dazu dienen, die Entwicklung einer Unterhaltung und die zwischenmenschlichen Beziehungen der Teilnehmer zu regeln. So definiert, sind parasprachliche Erscheinungen in bezug auf Sprache parasitär und setzen diese voraus. Wir werden deshalb in einem technischen Sinne die Termini ‚Paralinguistik' oder ‚Parasprache' nicht verwenden; der erstere könnte vermuten lassen, daß die Untersuchung parasprachlicher Erscheinungen in den Bereich einer Disziplin fällt, die unabhängig von der Linguistik ist; der letztere könnte nahelegen, daß derartige Erscheinungen ein unabhängiges, obwohl sprachähnliches Signalsystem darstellen. Dieser Standpunkt wird hier nicht eingenommen.

Es ist wichtig, sich darüber klar zu sein – und darauf wurde in dem vorhergehenden Abschnitt hingewiesen –, daß sowohl stimmliche wie nichtstimmliche parasprachliche Signale ein wesentlicher Teil jeder Art von normalem Sprachverhalten darstellen. Abercrombie drückt dies auf folgende Weise aus: „Wir sprechen mit unseren Stimmwerkzeugen, aber wir unterhalten uns mit unserem ganzen Körper … Parasprachliche Erscheinungen … kommen zusammen mit gesprochener Sprache vor, stehen mit ihr in wechselseitiger Beziehung und stellen mit ihr zusammen ein ganzes Kommunikationssystem dar… Das Studium des parasprachlichen Verhaltens ist ein Teil des Studiums der Konversation: der konversationelle Gebrauch gesprochener Sprache kann nicht in angemessener Weise verstanden werden, wenn nicht parasprachliche Elemente in Betracht gezogen werden" (1968: 55). Wenn die angemessenen parasprachlichen Elemente weggelassen werden, werden die Teilnehmer an einer Konversation verwirrt, nervös oder zornig; sie können den Faden dessen, was sie gerade sagen, verlieren und ihr Sprechen wird mehr oder weniger unzusammenhängend, sie können auch mit dem Sprechen ganz aufhören; kurz, die Konversation wird durch die Abwesenheit der angemessenen parasprachlichen Fingerzeige gehemmt, wenn sie nicht sogar unmöglich gemacht wird (cf. Argyle, 1967: 37–9).

Die Funktionen der paralinguistischen Erscheinungen im normalen Sprachverhalten können unter zwei Stichwörtern klassifiziert werden (obwohl, wie aus dem vorhergehenden Abschnitt klar geworden sein sollte, keine dieser Funktionen der parasprachlichen Komponente exklusiv angehört): Modulation* und Punktierung*.

Mit der Modulation* einer Äußerung ist gemeint, daß einer Äußerung eine bestimmte einstellungsmäßige Färbung beigelegt wird, die das Beteiligtsein des Sprechers an dem, was er gerade sagt, anzeigt, sowie seinen Wunsch, den Hörer zu beeindrucken oder zu überzeugen. Wie wir schon gesehen haben (cf. 3.1), können die parasprachlichen Merkmale einer Äußerung manchmal der Information, die in den verbalen und prosodischen Komponenten enthalten ist, sogar widersprechen und diese nicht nur ergänzen: für beide Fälle ist der Terminus ‚Modulation' gleichermaßen geeignet. Was gewöhnlich als Stimmfärbung bezeichnet wird, faßt die wichtigsten der stimmlichen Merkmale mit einer Modulationsfunktion zusammen, und die Häufigkeit, mit der man die Bemerkung hört *Es geht nicht darum, was er gesagt hat, sondern wie er es gesagt hat* bezeugt, daß Zuhörer die Wichtigkeit dieser Erscheinung erkannt haben.

Unter Punktierung* einer Äußerung versteht man das Markieren von Grenzen am Beginn und am Ende einer Äußerung und an verschiedenen Punkten innerhalb der Äußerung, um bestimmte Ausdrücke zu betonen, die Äußerung in übersichtliche Informationseinheiten zu gliedern, die Erlaubnis des Hörers für die Fortsetzung der Äußerung zu bekommen usw.

Eine mehr technische Diskussion dessen, was ungefähr als Stimmfärbung beschrieben werden kann, betrifft das Erkennen einer ganzen Menge von Variationen in den Merkmalen der Stimmdynamik: Lautstärke, Tempo, Stimmhöhenveränderungen, Kontinuität usw. (cf. Abercrombie, 1967: 95–110). Es ist eine alltägliche Beobachtung, daß ein Sprecher dazu tendieren wird, lauter und mit einer ungewöhnlich hohen Stimmlage zu sprechen, wenn er aufgeregt oder zornig ist (oder, in bestimmten Situationen, wenn er lediglich Zorn simuliert und auf diese Weise, für welchen Zweck auch immer, bewußt falsche Information abgibt). Andere Variationen in den Merkmalen der Stimmdynamik können durch den ungeübten Beobachter weniger leicht beschrieben werden. Sie sind aber nichtsdestoweniger vorhanden, und die Teilnehmer reagieren in ihrem gesamten normalen Sprachverhalten auf sie. Es wurden einige Fortschritte bei der phonetischen Analyse dieser Erscheinungen gemacht, und sie wurden mit Variationen der Einstellung und Emphase korreliert. Zu den offensichtlichsten stimmlichen Erscheinungen, die als parasprachlich klassifizierbar sind und sowohl eine modulierende wie auch eine punktierende Funktion haben, gehört das Kopfnicken (in bestimmten Kulturen), wobei es der Fall sein kann – oder auch nicht –, daß es von einer Äußerung begleitet ist, die Zustimmung oder Bejahung ausdrückt. Es gibt viele andere Bewegungen des Kopfes und der Hände sowie Veränderungen im Gesichtsausdruck, die sprachliche Äußerungen modulieren und punktieren; auch diese sind in den vergangenen Jahren ziemlich ausführlich untersucht worden. Ein allgemeiner Punkt, der in der Literatur immer wieder betont worden ist, bezieht sich darauf, daß sowohl die stimmlichen als auch die nichtstimmlichen Erscheinungen in einem beträchtlichen Ausmaß erlernt werden und nicht instinktiv sind; sie unterscheiden sich auch von Sprache zu Sprache (oder vielleicht sollte man sagen, von Kultur zu Kultur). So ist es z. B. wohlbekannt, daß ein Sprecher des Griechischen oder des Türkischen seinen Kopf zurückwerfen wird und ihn nicht von einer zur anderen Seite drehen wird, um Nichteinverständnis oder Ablehnung auszudrücken. Wenn man eine Sprache korrekt und flüssig im vollsten Sinne sprechen möchte und vermeiden möchte, daß man mißverstanden wird, dann muß man in der Lage sein, nicht nur die sprachlichen, sondern auch die parasprachlichen Elemente zu beherrschen.

Parasprachliche Merkmale der Art, wie sie in dem vorhergehenden Abschnitt erwähnt wurden, können auch aufgrund der allgemeineren Rolle diskutiert werden, die sie in der gesellschaftlichen Interaktion spielen, und sie sind auch von diesem Standpunkt aus von Sozialpsychologen untersucht worden. Es ist z. B. nachgewiesen worden, daß während einer Unterhaltung der Sprecher von seinem Zuhörer eine ständige Rückkopplung fordert, die ihm versichert, daß der Zuhörer ihm folgt, an dem, was er sagt, interessiert ist, wünscht, daß er fortfährt usw. Ein Großteil dieser Rückkopplung besteht in Kopfnicken, Grunzen und Augenbewegungen. Sprecher und Zuhörer müssen auch das Problem der Rederechtzuweisung* lösen, bei dem es darum geht, das Rederecht wechselseitig wahrzunehmen oder zu geben. Von diesem Standpunkt aus betrachtet, ist eine Unterhaltung ein Stück gesellschaftlicher Interaktion wie jede andere, und das, was tatsächlich durch Worte ausgedrückt wird, kann verhältnismäßig unwichtig sein. Die Hauptfunktion besteht darin, soziale Beziehungen zu etablieren und aufrechtzuerhalten; anzuzeigen, daß man zu einer bestimmten Gruppe innerhalb der Gesellschaft gehört, seine Identität und Personalität zu behaupten, anderen ein bestimmtes Bild von sich selbst zu geben (cf. Goffman, 1956). Wir haben alle diese Funktionen unter dem Terminus ‚interpersonal‘ zusammengefaßt, in der Unterscheidung zwischen interpersonaler und deskriptiver Bedeutung, und wir haben betont, daß beide Arten von Bedeutung in der Sprache unlöslich miteinander verwoben sind (cf. 2.4).

Natürlich kann nichtsprachliches Signalisieren unabhängig von seinen Beziehungen mit Äußerungen im Sprachverhalten erforscht werden; es ist von diesem Standpunkt aus durch eine Anzahl von Gelehrten auch untersucht worden. Dabei handelt es sich um das, was gewöhnlich gemeint wird, wenn ‚nichtverbale Kommunikation‘ und ‚Parasprache‘ verwendet werden. Die semiotischen Funktionen, die durch nichtsprachliche Signale außerhalb des Sprachverhaltens ausgefüllt werden, sind fast ausschließlich sozialer und expressiver und nicht deskriptiver Natur; sie scheinen sich nicht signifikant von den Funktionen zu unterscheiden, die sie gleichzeitig mit ihrer parasprachlichen Funktion ausfüllen, wenn sie als Teil des Sprachverhaltens auftreten. Da wir uns hauptsächlich mit linguistischer Semantik beschäftigen, werden wir uns nicht weiter um die Rolle des nichtsprachlichen Signalisierens in der sozialen Interaktion kümmern (cf. Laver & Hutcheson, 1972). Wir werden auch nicht im einzelnen die Vorschläge diskutieren, die für die Analyse der nichtsprachlichen Signalsysteme, die vom Menschen gebraucht werden, gemacht wurden. Zwei termini technici, die in diesem Zusammenhang geprägt worden sind, sollten jedoch erwähnt werden. Der erste ist Kinesik* [kinesics] (cf. Birdwhistell, 1970), der nun allgemein verwendet wird, um die Untersuchung von Signalsystemen zu bezeichnen, bei denen Gesten und Körperbewegungen gebraucht werden; der zweite ist Proxemik* (cf. Hall, 1959), der für die Erforschung der Art und Weise verwendet wird, in der die Teilnehmer in einer sozialen Interaktion ihre Haltung und relative Entfernung zueinander, entsprechend dem Grad an Intimität, der zwischen ihnen besteht, ihrer Geschlechtszugehörigkeit, der sozialen Rollen, die sie ausfüllen usw. regelt. Die räumliche Entfernung zwischen Gesprächsteilnehmern bei sozialer Interaktion variiert wie Gesten und andere Körperbewegungen von einer Kultur zur anderen und auch innerhalb einer Kultur gemäß einer Anzahl von feststellbaren sozio-personalen Dimensionen.

3.3. Sprache und Medium

Sprachen, wie wir sie heute aus den meisten Teilen der Welt kennen, können geschrieben oder gesprochen werden. Die westliche traditionelle Grammatik, die in Griechenland ihren Ursprung hatte und von römischen und mittelalterlichen Gelehrten übernommen und weiter entwickelt wurde, beschäftigte sich fast ausschließlich mit der Sprache der Literatur; der Analyse von alltäglichen Unterhaltungen wurde vergleichsweise wenig Aufmerksamkeit geschenkt. Während des 19. Jahrhunderts wurde bei der Erforschung der historischen Entwicklung der Sprachen ein ungeheurer Fortschritt gemacht; Gelehrte erkannten schließlich immer deutlicher, als dies vorher der Fall gewesen war, daß Veränderungen in der Sprache geschriebener Texte verschiedener Perioden – Veränderungen der Art, die über die Jahrhunderte hinweg das Latein in das Französische, Italienische oder Spanische verwandelten – nur aufgrund von Veränderungen erklärt werden konnten, die in der entsprechenden gesprochenen Sprache vor sich gegangen waren. Alle großen literarischen Sprachen der Welt leiten sich letzten Endes aus der gesprochenen Sprache bestimmter Gesellschaften ab. Darüber hinaus ist es, von einem linguistischen Standpunkt aus betrachtet, ein historischer Zufall, daß die Sprache einer Gegend oder die Sprache einer sozialen Gruppe als Grundlage für die Entwicklung einer literarischen Standardsprache in bestimmten

Sprachgemeinschaften gedient haben sollte und daß die sich davon unterscheidenden Dialekte anderer Gegenden oder die Dialekte anderer sozialer Gruppen nun als minderwertige oder unterhalb des Standards liegende Varianten der Sprache betrachtet werden sollten, wie dies oft von gebildeten Mitgliedern der betreffenden Sprachgemeinschaft getan wird (cf. 14.5). Es ist wichtig, sich darüber klar zu werden, daß Nicht-Standard-Dialekte im allgemeinen nicht weniger regelmäßig oder systematisch sind als literarische Standardsprachen. Es liegt nur daran, daß vielen Menschen die Grammatik der geschriebenen Standardsprache in der Schule gelehrt worden ist, sie aber niemals die Grammatik eines Nicht-Standard-Dialekts studiert haben (obwohl sie sogar zu Hause einen solchen sprechen mögen), daß sie glauben, daß Nicht-Standard-Dialekte ihrem Wesen nach unsystematisch seien.

Es ist eines der Kardinalprinzipien moderner Linguistik, daß sie die gesprochene Sprache als fundamental betrachtet. Das heißt jedoch nicht, daß Sprache mit dem Sprechen identifiziert werden kann. Wir müssen nämlich zwischen der Sprache und dem Medium*, in dem sich die Sprache manifestiert, unterscheiden. Dieser Begriff des Mediums läßt sich zu dem Begriff des Kommunikationskanals*, der in einem früheren Kapitel (2.2) eingeführt wurde, in Beziehung setzen; er muß jedoch, wie wir sehen werden, von ihm unterschieden werden. Entsprechend der allgemeinen Formulierung der Beziehung zwischen gesprochener und geschriebener Sprache – und wir werden diese hier übernehmen – ist die gesprochene Sprache in bezug auf die geschriebene in dem Sinn vorgängig, daß die letztere aus der Übertragung der ersteren von einem primären in eine sekundäres Medium resultiert (cf. Abercrombie, 1967: 1–19).[4] Dies impliziert, daß der Laut, genauer gesagt, der phonische* Laut (d. h., der Bereich hörbarer Laute, die von menschlichen Sprechorganen hervorgebracht werden können), das natürliche oder grundlegende Medium ist, in dem sich das Sprachsystem realisiert und daß geschriebene Äußerungen aus der Übertragung der Sprache aus diesem primären phonischen* Medium in ein sekundäres graphisches* Medium resultieren.

Es sollte festgehalten werden, daß wir den Terminus ‚phonisch‘ für das Medium der gesprochenen Sprache verwendet haben, jedoch ‚vokal-auditiv‘ für den Kanal, in dem diese normalerweise übertragen wird (3.1). Der Grund dafür, warum es wichtig ist, zwischen dem Kanal und dem Medium zu unterscheiden, besteht darin, daß sowohl gesprochene wie auch geschriebene Sprache in einer Anzahl verschiedener Kanäle übertragen werden kann. Zum Beispiel wird ein Text, der in Braille-Schrift geschrieben ist, durch den Tastsinn und nicht durch den Gesichtssinn dekodiert. Dieser Text besteht aber aus Konfigurationen von Punkten, die in einer eins-zu-eins-Entsprechung zu den Buchstaben der geschriebenen Sprache stehen, ebenso stehen die Wortformen in einem Braille-Text in einer eins-zu-eins-Entsprechung zu den Wortformen der geschriebenen Sprache. Kurz gesagt, ein in Braille geschriebener Text und ein in normaler Orthographie geschriebener Text sind strukturell isomorph; dies ist der entscheidende Punkt. Wenn wir den Terminus ‚Medium' statt ‚Kanal' gebrauchen, so geht es uns nicht um die tatsächliche Übertragung von Signalen, sondern um die systematischen funktionellen und strukturellen Unterschiede zwischen geschriebener und gesprochener Sprache. Es ist wahr, daß viele diese Unterschiede, zumindest ihrem Ursprung nach, den physischen Unterschieden in den charakteristischerweise unterschiedlichen Übertragungskanälen, wie sie für gesprochene und geschriebene Sprache verwendet werden, zugeschrieben werden können. Sie bestimmen sich aber nicht notwendigerweise aus dem tatsächlichen Übertragungskanal, der für eine Äußerung bei einer bestimmten Gelegenheit gewählt wird. Gesprochenes Deutsch kann durch geschriebenes Deutsch übertragen werden, obwohl die normale orthographische Schrift nicht sehr zufriedenstellend ist; geschriebene Sprache kann und wird heute üblicherweise in vielen verschiedenen Kanälen übertragen. Es bedarf nur eines kurzen Nachdenkens, um gewahr zu werden, daß es viele komplexe Zusammenhänge gibt, die beachtet werden müssen, wenn man das Medium mit dem Kanal in Beziehung setzt. So sind z. B. viele formelle Vorlesungen, obwohl sie mündlich vorgetragen werden und die phonologische Struktur der gesprochenen Sprache haben, soweit Grammatik und Wortschatz betroffen sind, im geschriebenen Medium verfertigt. Wortwörtliche Übertragungen spontaner Unterhaltungen illustrieren die umgekehrte Möglichkeit: Auf der Ebene der orthographischen Struktur befinden sie sich in dem geschriebenen Medium, aber in bezug auf Grammatik und Wortschatz sind sie gemäß den Prinzipien, die die Auswahl und Kombination von Wörtern in dem gesprochenen Medium bestimmen, konstruiert. Auf der anderen Seite sind Dialogpassagen in Romanen, obwohl sie vorgeben, Übertragungen von Unterhaltungen zu sein, häufig ziemlich unrealistisch, und vieles von dem, was in Zeitungen oder in Anzeigen geschrieben wird (und gelesen werden soll), ist stark von der gesprochenen Sprache beeinflußt. Trotz dieser schwierigen Zusammenhänge ist die Tatsache, daß die gesprochene Sprache geschrieben werden kann und die geschriebene Sprache gesprochen werden kann, wichtig; sie hängt von dem Prinzip der Dualität* und der relativen Unabhängigkeit der beiden Strukturebenen ab (cf. 3.4). Ein Hinweis auf diese Beziehung und auf die Tatsache, daß normale muttersprachliche Sprecher sich dessen bewußt sind, liefert die alltägliche Verwendung der Ausdrücke ‚papieren' [‚bookish'] einerseits und ‚umgangssprachlich' andererseits.

Nachdem wir die Tatsache, daß Sprachen in einem beträchtlichen Ausmaß von dem Medium, in dem sie sich manifestieren, unabhängig sind, betont haben, müssen wir nun die funktionalen und strukturellen Unterschiede zwischen gesprochenen und geschriebenen Sprachen gebührend berücksichtigen. Zwischen beiden gibt es in der Tat wichtige grammatische und lexikalische Unterschiede; die prosodischen und parasprachlichen Merkmale gesprochener Sprache werden in der geschriebenen Sprache nur grob und sehr unvollständig durch Satzzeichen und die Verwendung von Kursivdruck usw. dargestellt. Geschriebene Texte können sorgfältig aufgebaut sein, es kann über sie nachgedacht werden, und sie können korrigiert werden, bevor irgendein Teil von ihnen übertragen wird; die Tatsache, daß sie dauerhafter sind als gesprochene Äußerungen (oder es zumindest waren, bis Mittel für die Tonkonservierung entwickelt wurden) und deshalb in der Geschichte schriftkundiger Gesellschaften zur Kodifikation, Aufbewahrung und Zitierung wichtiger gesetzlicher, kultureller und religiöser Dokumente verwendet worden sind, hat zu der größeren Formalität und dem Prestige der geschriebenen Sprache beigetragen. Dies hat Menschen dazu gebracht, von geschriebenen Wörtern, um Firths glücklichen Ausdruck zu verwenden, als „eingegrabenen Bildern" (1937: Kap. 4) zu denken; dies hat auch zu der Entwicklung der Begriffe von Literatur und Schrift geführt. Jede Beschreibung der Sprache und die Rolle, die sie in einer modernen Gesellschaft spielt, muß anerkennen, daß geschriebene Sprachen, trotz der Tatsache, daß sie in allen Fällen von gesprochenen Sprachen sich ableiten, heute einen beträchtlichen Grad an struktureller und funktioneller Unabhängigkeit haben.[5]

3.4. Die Konstruktionsmerkmale der Sprache

Der Terminus ‚Konstruktionsmerkmale' [design features] wird von Hockett übernommen und bezieht sich auf eine Anzahl allgemeiner Eigenschaften, mittels derer Sprachen mit anderen von Mensch und Tier verwendeten semiotischen Systemen verglichen werden können. Die ursprüngliche Liste von Merkmalen oder Schlüsseleigenschaften ist in aufeinanderfolgenden Veröffentlichungen von sieben auf sechzehn erweitert worden (cf. Hockett, 1958, 1960; Hockett & Altmann 1968). Einige dieser Konstruktionsmerkmale betreffen ausschließlich den Kommunikationskanal und die physikalischen Eigenschaften stimmlicher Signale (cf. Householder, 1971: 24–42); wir werden sie hier nicht berücksichtigen. Von den anderen sind vier von besonderer Wichtigkeit, um zu verstehen, wie Sprachen als Signalsysteme funktionieren; diese werden eingehender diskutiert werden: Arbitrarität, Dualität, Produktivität und Diskretheit. Auf die übrigen Konstruktionsmerkmale wird nur kurz eingegangen werden.

(I) Arbitrarität. Der Terminus Arbitrarität* wird von Hockett in einem einigermaßen engen Sinn verwendet und mit Ikonizität* kontrastiert (cf. 4.2). Jedes Signal oder jeder Teil eines Signals, der in irgendeiner Weise dem „geometrisch ähnlich" ist, was es bedeutet oder für das es steht, ist ikonisch. Im anderen Fall wird gesagt, daß es arbiträr ist (Hockett, 1958: 577). Es ist jedoch legitim, den Terminus ‚arbiträr' zu verwenden, um jedes Merkmal zu beschreiben, von dem nicht gesagt werden kann, daß es sich von den Eigenschaften des Kanals, in dem Sprache normalerweise übertragen wird, von den physiologischen und psychologischen Mechanismen, die bei der Produktion oder Rezeption der Sprache wirksam sind oder von den Funktionen, die mit der Sprache sonst ausgeführt werden, ableiten läßt. Die Wichtigkeit der Arbitrarität in dem engeren Sinne, in dem Hockett diesen Terminus gebraucht (d. h. um auf die Abwesenheit von Ikonizität hinzuweisen), ist schon lange erkannt worden (besonders durch Saussure, 1916), dies nicht nur in Verbindung mit dem Problem, den Sprachursprung zu erklären, sondern auch in bezug auf die semiotische Vielfältigkeit und Adaptierbarkeit des Systems; dies werden wir in Einzelheiten später diskutieren (cf. 4.2). Für den gegenwärtigen Zusammenhang ist es ausreichend, auf die Schwierigkeit zu verweisen, die entsteht, wenn eine geeignete piktographische Repräsentation der Bedeutung eines jeden deutschen Wortes gefunden werden soll. Für Wörter, die physikalische Gegenstände und räumliche Beziehungen bezeichnen, ist es vielleicht leicht genug, geeignete Zeichen zu finden. Für andere Wörter würde es aber schwierig sein und für manche Wörter sogar unmöglich. Wenn die Bedeutungen, die in einem System signalisiert werden können, auf jene beschränkt werden, bei denen eine Art von geometrischer Ähnlichkeit zwischen einem Signal und einer Bedeutung besteht, dann wird das System nicht in der Lage sein, viel von der Information zu signalisieren, die wir ohne weiteres in Sprachen, wie wir sie kennen, signalisieren können. Arbitrarität trägt deshalb zur Vielseitigkeit und Flexibilität der Sprache bei.

Symptomatische* Signale (cf. 4.2) sind besonders interessant, wenn sie von dem Standpunkt der Ikonizität aus betrachtet werden. Man würde wohl z. B. allgemein darin übereinstimmen, daß die Korrelation zwischen zunehmender Lautstärke der Stimme und Erhöhung der Stimmlage mit zunehmendem Zorn oder Erregung ikonisch ist; man würde auch darin übereinstimmen, daß es natürlich und nicht konventionell ist – d. h. daß diese Entsprechung biologisch und nicht kulturell determiniert ist. Was natürliche Ikonizität genannt werden kann, ist zweifellos ein wesentliches und wichtiges Merkmal des Sprachverhaltens (obwohl es als parasprachlich und weniger als rein sprachlich beschrieben werden kann); dies ist auch für andere Arten von Signalverhalten bei Mensch und Tier sehr charakteristisch.

(II) Dualität. Was Hockett Dualität* nennt (oder genauer ‚Dualität der Struktur‘), wird in der Literatur auch durch den Ausdruck ‚double articulation‘ (cf. Martinet, 1949) bezeichnet; dies wird auch allgemein als eines der universellen Merkmale der Sprache anerkannt. Einige Gelehrte (besonders Hjelmslev, 1953) haben sogar vorgeschlagen, daß dieses Merkmal aufgrund von a priori-Überlegungen zu einer wesentlichen und definierenden Eigenschaft der Sprache gemacht werden sollte.

Es ist wichtig, Dualität nicht mit der Eigenschaft des Bedeutung-Habens zu verwechseln: das Prinzip der Dualität kann aufgestellt werden, ohne den Begriff der Bedeutung überhaupt zu erwähnen. Zu sagen, daß Sprachen die

Eigenschaft der Dualität haben, heißt so viel, daß sie zwei Ebenen* der strukturellen Organisation haben, phonologische* und grammatische*, und daß die zwei Ebenen derart aufeinander bezogen sind, daß Segmente, Formen der höheren Ebene, aus Segmenten, Phonemen, der niedereren Ebene zusammengesetzt sind.[6]

Die Beziehung zwischen den phonologischen und den grammatischen Analyseebenen ist, zumindest in vielen Sprachen, von der Art, daß wir nicht einfach sagen können, daß Kombinationen aus (phonologischen) Einheiten der niederen Ebene (grammatische) Einheiten der höheren Ebene aufbauen und daß die Einheiten der höheren Ebene bedeutungstragend sind, Einheiten der niederen Ebene dagegen nicht. Dies würde uns nämlich, wie wir in einem vorhergehenden Kapitel (1.5) gesehen haben, der Gefahr einer Verwechslung einer Form mit dem Lexem, dessen Form sie ist, aussetzen. In einer Analyse von Sprachen, die dem sogenannten isolierenden* Typ angehören, wie das klassische Chinesisch oder das Vietnamesische, in denen – um dies nur ungenau anzudeuten – alle Wörter unveränderlich sind (d. h. in denen jedes Lexem mit einer und nur einer Form verbunden ist), müßte die Unterscheidung zwischen Formen und Lexemen nicht getroffen werden, wenn es nicht die Tatsache gäbe, daß es sogar in isolierenden Sprachen Beispiele für Homonymie* gibt (cf. 13.4). Auch in Sprachen, die dem sogenannten agglutinierenden Typ angehören, wie Türkisch und Japanisch (und möglicherweise die Mehrheit der Sprachen der Welt), kann dafür argumentiert werden, daß die Unterscheidung zwischen Formen und Lexemen unnötig wäre, wenn es wiederum nicht die Erscheinung der Homonymie gäbe. In einer agglutinierenden Sprache können nämlich die Wortformen als Folgen von Morphemen* analysiert werden, von denen jedes unveränderlich ist (in demselben Sinn, in dem die Wörter einer isolierenden Sprache unveränderlich sind); in diesem Fall sind es die Morpheme und nicht die Wörter, die die grundlegenden grammatischen Einheiten darstellen. Bei flektierenden* Sprachen wie Latein und Griechisch, mit denen die westliche traditionelle Grammatik hauptsächlich sich beschäftigt hat (und von denen einige ihrer Begriffe in unangemessener Weise auf Sprachen eines anderen Typs übertragen wurden), scheint die Unterscheidung von Wortformen und Lexemen wesentlich zu sein. In solchen Sprachen ergibt die Analyse von Wortformen in kleinere grammatische Segmente (in den Fällen, in denen diese Analyse möglich ist) keine Folgen von Morphemen, von denen jedes unveränderlich ist.[7]

Das Englische, soweit es die meisten seiner regelmäßigen Wortformen betrifft, ist entweder isolierend oder agglutinierend. Adjektive wie ‚beautiful‘ haben nur eine Form, *beautiful;* diese Form wird in Komparativ- und Superlativkonstruktionen durch *more* und *most* modifiziert. Aber Adjektive wie ‚rich‘ sind mit drei Wortformen *rich, richer,* und *richest* verbunden; *rich-er* und *rich-est* sind ihrem Charakter nach agglutinierend. Das -*s*-Suffix, das am Ende der Verben in der dritten Person Singular im einfachen Präsens vorkommt (wie in *come-s*), ist grammatisch komplex (lateinische oder griechische Suffixe haben dieselbe Tendenz): es markiert die Form zugleich als dritte Person Singular und als Präsens. Wenn dieses Suffix jedoch den Plural regelmäßiger Substantive markiert (wie in *boy-s*), ist es nicht in derselben Weise grammatisch komplex; dies ist wiederum typisch für den agglutinierenden Charakter der regelmäßigen Flexionsmuster des Englischen.

Wir haben schon gesehen, daß es zwei Bedeutungen von ‚Wort' gibt (cf. 1.5). Es gibt noch eine dritte Bedeutung von ‚Wort', die in bezug auf das Englische nützlicherweise unterschieden werden kann. Ist *loved* in *I loved* dasselbe Wort wie *loved* in *I have loved?* Daß es dieselbe Wortform ist, die in beiden Fällen vorkommt, ist klar genug, denn dieselben einfachen Formen sind auf dieselbe Weise kombiniert: *love-ed*. Es ist ebenfalls offensichtlich, daß das *loved* in *I loved* und das *loved* in *I have loved* Formen desselben Lexems ‚love' sind. Aber es gibt noch einen anderen Gesichtspunkt, von dem man aus sagen können möchte, daß die zwei Formen (obwohl Exemplare desselben Typs: cf. 1.4) verschiedene Wörter sind oder, genauer gesagt, daß sie verschiedene Wörter darstellen. In *I loved* stellt die Form *loved* das Präteritum von ‚love' dar, aber in *I have loved* stellt sie das Partizipium Perfekt (desselben Verbs) dar. Wir werden das Präteritum von ‚love' und das Partizip Perfekt von ‚love' als zwei verschiedene morphosyntaktische* Wörter bezeichnen; wir werden sagen, daß morphosyntaktischen Wörtern Wortformen zugrundeliegen oder sie durch jene dargestellt werden. Wie wir eben gesehen haben, können zwei verschiedene morphosyntaktische Wörter durch eine Wortform dargestellt werden: dies ist traditionellerweise unter der Bezeichnung Synkretismus* bekannt. Das Umgekehrte kann auch gelten, diesen Fall wollen wir Alternation* nennen: z. B. sind *dreamed* und *dreamt* alternative Realisierungen desselben zugrundeliegenden morphosyntaktischen Worts.[8]

Diese Unterscheidungen zwischen Lexemen, morphosyntaktischen Wörtern und Wortformen sind hauptsächlich deshalb gemacht worden, um zu betonen, daß die Beziehung zwischen der phonologischen und der grammatischen Ebene der Analyse ziemlich komplex sein kann. Sie erweisen sich als nützlich, wenn man über Sprache einigermaßen informell sprechen möchte, selbst dann, wenn die formalere grammatische Beschreibung irgendeiner bestimmten Sprache Lexeme, morphosyntaktische Komplexe und Formen als voneinander verschiedene Einheiten theoretisch nicht anerkennt. Wir beabsichtigen, unsere Diskussion über Sprache in diesem Buch in bezug auf alternative Grammatiktheorien so neutral wie möglich zu halten (cf. 10.1).

Von einem semiotischen Standpunkt aus betrachtet, liegt der Vorteil der Dualität in der Tatsache, daß sie es ermöglicht, eine sehr große Zahl von Formen (und deshalb indirekt eine sehr große Zahl von Lexemen und Ausdrücken) dadurch zu unterscheiden, daß eine relativ kleine Zahl von Einheiten der niederen Ebene auf verschiedene Arten und Weisen kombiniert werden können. Betrachtet man Dualität zusammen mit der Eigenschaft der grammatischen Produktivität (die wir unten diskutieren werden), so stellt die Dualität den Grund für die Tatsache dar, daß unbestimmt viele formal unterschiedliche Äußerungen in irgendeiner natürlichen Sprache aus einer relativ kleinen Menge von phonologischen Einheiten konstruiert werden können.

So wie Dualität in der Sprache funktioniert, steht sie in Zusammenhang mit der Arbitrarität. Wenn jedes phonologische Element in einer gegebenen Form eine identifizierbare ikonische Beziehung zu einem Aspekt seiner Bedeutung, ob konventionell oder natürlich, aufweisen müßte, so ist es offensichtlich, daß der Möglichkeit der Kombination phonologischer Elemente miteinander dadurch schwere Beschränkungen auferlegt würde. Dies würde auch dann zutreffen, wenn es eine konstante, aber nicht ikonische Beziehung zwischen einem bestimmten phonologischen Element und der Bedeutung der Formen, in denen es vorkommt, gäbe; dies ist der Fall in den Systemen der Art, die von Dalgarno (1661) und Wilkins (1668) konstruiert wurden.[9] Die scheinbare Überlegenheit einer Sprache, gemessen an ihrer Konsistenz und Logizität, in der z. B. alle Formen, die sich auf Befindlichkeit im Raum beziehen, mit demselben Phonem beginnen würden, in der alle Formen, die mit Heirat zu tun haben, mit demselben Phonem enden würden usw., würde durch ihren Mangel an Flexibilität und die begrenzte Anzahl von Wortformen einer bestimmten Länge, die aus einer kleinen Menge von Elementen zusammengesetzt werden könnten, ausgeglichen werden.

Die Nichtverbundenheit von Dualität und Arbitrarität kommt in natürlichen Sprachen nur in kleinem Umfang vor: besonders hervorzuheben sind hier Fälle von Lautsymbolismus und Onomatopoesie (cf. 4.2). Es ist jedoch für bestimmte phonologische Elemente oder bestimmte Typen von phonologischer Struktur nicht ungewöhnlich, mit einer spezifischen grammatischen Funktion versehen zu sein; dies reduziert die Arbitrarität des Sprachsystems, obwohl dies seine Ikonizität nicht zu erhöhen braucht. Es gibt z. B. Sprachen, in denen sich die phonologische Struktur der Formen von Substantiven von jener der Verbformen unterscheidet; es gibt Sprachen, in denen sich Pronomina, Präpositionen oder Konjunktionen in ihrer phonologischen Struktur in charakteristischer Weise von den Formen von Substantiven, Verben oder Adjektiven usw. unterscheiden. In diesem Zusammenhang sollte auch das erwähnt werden, was Trubetzkoy (1939) Grenzsignale genannt hat: d. h. Phoneme oder prosodische Merkmale, deren Funktion darin besteht, die Grenzen von Formen zu markieren und sie so in dem Redefluß besser herauszuheben (cf. Martinet, 1960). Auf diese Weise fungiert Betonung in vielen Sprachen, wie z. B. im Tschechischen, in dem die erste Silbe jeder Wortform in einer Äußerung betont ist, oder im Türkischen, in dem (mit einigen Ausnahmen) die letzte Silbe betont wird. Der Vokalharmonie, die in solchen Sprachen wie Türkisch oder Ungarisch wirksam ist, kann ebenfalls diese Funktion zugeschrieben werden. In anderen Sprachen kann sie jedoch dazu dienen, um Wortformen als Elemente von bestimmten grammatischen Klassen zu kennzeichnen oder grammatisch verwandte Formen miteinander zu verbinden.[10]

Die Unverbundenheit von Dualität und Arbitrarität begrenzt also in gewisser Weise die Kombinierbarkeit phonologischer Elemente in bestimmten Sprachen. Außerhalb solcher Beschränkungen über die erlaubten Kombinationen phonologischer Elemente, wie sie eben erwähnt wurden, gibt es andere, sowohl systematische als auch zufällige, die unabhängig von grammatischer Funktion und Bedeutung sind. So gibt es z. B. im Deutschen (mit der Ausnahme der Formen einiger Eigennamen) keine Wortformen, die mit *tv*- oder *sr*- beginnen. Solche Konsonantenkombinationen sind nicht inhärenterweise schwierig auszusprechen, sie kommen sogar am Anfang von Wortformen in vielen Sprachen (z. B. Russisch) häufig vor. Weil alle Sprachen derartige Beschränkungen oder Begrenzungen haben, sagen wir, daß sie eine Ebene der phonologischen Struktur haben und nicht einfach ein Inventar oder ein Repertoire phonologischer Elemente. Was damit gemeint ist, wenn wir sagen, daß bestimmte Beschränkungen über die Kombination von Phonemen zufällig und nicht systematisch sind, kann durch den Hinweis auf solche nicht existierenden Wortformen wie *gred* oder *brick* illustriert werden. Die Tatsache, daß es im Deutschen keine Form wie *brick* gibt, hat nichts mit seiner phonologischen Struktur zu tun. Anders als im Fall von *bnick* verletzt es keine der systematischen Prinzipien der deutschen Phonologie (cf. Chomsky & Halle, 1968). Es ist sozusagen eine mögliche Wortform, die jedoch im Sprachsystem nicht verwirklicht worden ist. Es ist klar, daß je größer die Beschränkungen über die Kombination phonologischer Elemente sind, gleichgültig ob systematisch oder zufällig, desto größer die Redundanz in den Signalen sein wird; wir haben gesehen, daß Redundanz ein wesentliches Mittel ist, um dem Kanalrauschen (2.3) entgegenzuwirken.

(III) Produktivität. Unter Produktivität*, so wie wir den Terminus verwenden werden, wird die Eigenschaft des Sprachsystems verstanden, die muttersprachliche Sprecher befähigt, eine unbestimmt große Zahl von Äußerungen, auch solche Äußerungen, die sie nie zuvor angetroffen haben, zu konstruieren und zu verstehen. Die Bedeutung dieser Eigenschaft ist in der neueren linguistischen Literatur mit besonderer Berücksichtigung des Problems der Erklärung des Spracherwerbs durch Kinder betont worden (cf. Chomsky, 1957, 1965). Die Tatsache, daß Kinder in einem recht frühen Alter in der Lage sind, Äußerungen hervorzubringen, die sie noch nicht zuvor gehört haben, ist ein ausreichender Beweis dafür, wenn überhaupt ein Beweis gebraucht wird, daß Sprache nicht allein durch das Auswendiglernen und die Nachahmung ganzer Äußerungen gelernt werden kann. Ein Großteil früherer Spekulationen über den Ursprung und den Erwerb der Sprache hat versäumt, der Produktivität ihren gebührenden Rang einzuräumen; er hat sich ausschließlich auf das Problem konzentriert, wie isolierte Wörter und Äußerungen zu ihrer Bedeutung kamen. Dies ist keineswegs eine triviale Frage, aber selbst wenn sie nicht zu unserer vollen Zufriedenheit beantwortet werden kann, würde die Antwort nicht genügen, um entweder den Ursprung der Sprachen oder ihren Erwerb im Kindesalter durch muttersprachliche Sprecher zu erklären.

Bei der Bewertung semiotischer Systeme im Hinblick auf die Eigenschaft der Produktivität ist es wichtig, die formale Komplexität der Prinzipien nicht zu übersehen, durch die neue Äußerungen konstruiert werden können. Das Verhältnis der Anzahl neuer Äußerungen, die hervorgebracht werden, zu der Anzahl von vorher schon vollendeten Äußerungen wird nicht notwendigerweise diese Komplexität widerspiegeln. Der Hinweis, daß z. B. der Bienentanz die Eigenschaft der Produktivität hat, weil die Biene unbestimmt viele verschiedene Signale hervorbringen kann (wobei sie die Richtung und die Entfernung einer Honigquelle anzeigt), indem sie systematisch sowohl ihre Position in Beziehung zur Sonne als auch die Intensität ihrer Körperbewegungen während des Tanzes verändert (cf. Hockett, 1958; Thorpe, 1972), ist deshalb ziemlich irreführend. Die formale Einfachheit des Prinzips, das die Produktivität des Bienentanzes bestimmt, steht in auffallendem Kontrast zu der Komplexität und Heterogenität der formalen Prinzipien der Syntax, die die Produktivität der Sprache bestimmen.

Produktivität wurde hier ausschließlich im Hinblick auf die grammatische Struktur der Sprache interpretiert, und es sollte festgestellt werden, daß diese Art von Produktivität zumindest zu einem beträchtlichen Anteil durch das Merkmal der Arbitrarität charakterisiert ist. Zum Beispiel geht das einfache attributive Adjektiv dem Substantiv, das es modifiziert, im Englischen und Deutschen voran, aber es folgt dem Substantiv normalerweise im Französischen nach; im Irischen steht das Verb normalerweise am Anfang des Satzes, im Türkischen aber am Ende. Die Wortfolge ist, wie auch vieles andere in der grammatischen Struktur der Sprachen, in diesem Ausmaß arbiträr. Nachdem wir diese allgemeine Feststellung getroffen haben, müssen wir sie jedoch sofort einschränken, indem wir sagen, daß nicht alles in der Grammatik arbiträr ist. So ist z. B. die Tatsache, daß in *Hans kam herein und er setzte sich* aber nicht in *Er kam herein und Hans setzte sich* ‚er‘ auf ‚Hans‘ referieren kann, eben nicht eine arbiträre und unerklärliche Tatsache des Deutschen ist. Sie kann aufgrund des Prinzips erklärt werden, daß (es sei denn, sie kommen in untergeordneten Nebensätzen vor) Pronomen entweder auf Entitäten referieren, die in der Umgebung vorhanden sind, oder sich auf vorher erwähnte Entitäten beziehen (cf. 15.3), und dies hängt wiederum teilweise von der Tatsache ab, daß sprachliche Äußerungen, in ihrem natürlichen Medium und in dem normalen vokal-auditiven Kanal übertragen (cf. 3.3), in der Realzeit vorgebracht und verarbeitet werden; teilweise hängt dies auch von der Tatsache ab, daß das, was früher gesagt worden ist, dazu dient, den

Kontext für das, was später gesagt wird, zu erweitern oder zu modifizieren. Wir könnten weitere Beispiele für die Nichtarbitrarität in der grammatischen Struktur geben; es ist also wichtig, daß sie bei jeder Diskussion über das Wesen der Sprache berücksichtigt werden sollten.

Es gibt natürlich Äußerungen, deren Neuheit nicht ausschließlich in der Tatsache besteht, daß sie noch nie in der früheren Erfahrung des Sprechers oder Schreibers vorgekommen sind, sondern deren Neuheit in der anerkannten Originalität des Stils besteht; für diese Art von Neuheit oder Orginalität ist der Ausdruck ‚Kreativität' am angemessensten (obwohl dieser nicht selten von Linguisten für das, was wir Produktivität nennen, gebraucht wird). Ob Kreativität eine Eigenschaft von Sprachen oder ein charakteristisches Merkmal des Gebrauchs von Sprachen ist, wie sie von bestimmten Sprechern und Schreibern bei bestimmten Gelegentheiten verwendet werden, ist umstritten. Wie man auch immer diese Frage entscheiden mag, so hängt doch Kreativität, wie sie sich selbst in dem metaphorischen Gebrauch von Lexemen oder in ihrer ungewöhnlichen, aber stilistisch wirksamen Kombination manifestiert, klar von der semantischen Struktur des Sprachsystems ab; traditionellerweise hat sich der Semantiker stark um die Beschreibung dieser Erscheinung bemüht. Ob Kreativität wie Produktivität regelgeleitet ist oder in welchem Grad sie arbiträr und nicht motiviert ist, sind Fragen, zu denen in diesem Buch kein fester Standpunkt bezogen werden wird.

(IV) Diskretheit. Der Terminus Diskretheit* bezieht sich auf die Signalelemente eines semiotisches Systems. Wenn die Elemente diskret* sind, in dem Sinn, daß der Unterschied zwischen ihnen absolut ist und keine Gradierung in bezug auf ein Mehr oder Weniger zuläßt, so wird von dem System gesagt, daß es diskret ist; im anderen Fall ist es kontinuierlich*.

Die verbale Komponente der Sprache ist in dem Sinn diskret, daß zwei Wortformen, die ausschließlich im Hinblick auf ihre Form betrachtet werden, entweder absolut gleich sind (als Exemplare desselben Typs) oder absolut verschieden. Es könnte einigen Zweifel darüber geben, welche der beiden verschiedenen Wortformen in gesprochener oder geschriebener Sprache geäußert worden ist, und das Signal selbst könnte in bezug auf die physischen Eigenschaften, die normalerweise die zwei Formen unterscheiden würden, ganz unbestimmt sein, aber das Signal muß geäußert und muß als das eine oder andere interpretiert worden sein; es kann nicht als eine dritte Form betrachtet werden, die halbwegs zwischen den beiden liegt und die Bedeutung beider kombiniert.[11]

Es wird klar sein, daß Diskretheit logisch nicht von der Arbitrarität abhängt; sie hängt jedoch mit dieser zusammen, um die semiotische Flexibilität des Systems zu vergrößern. Es kann der Fall sein, daß zwei Wortformen sich nur minimal unterscheiden (d. h. durch genau ein diskretes Element) und Formen von Lexemen sind, die in Bezug auf ihre Bedeutung überhaupt nicht ähnlich sind: cf. *Fisch: Tisch*. Die Tatsache, daß minimal unterschiedene Formen Formen von Lexemen sein können, die sich beträchtlich in ihrer Bedeutung unterscheiden und zu verschiedenen grammatischen Klassen gehören, hat auch noch die Wirkung, ihre Diskretheit zu verstärken und zu bewahren, wenn das Kanalrauschen dazu führen sollte, die physischen Unterschiede in dem Signal zu verwischen oder zu zerstören, durch das sie normalerweise voneinander unterschieden werden. Sehr oft wird das Vorkommen des einen viel wahrscheinlicher sein als das Vorkommen des anderen (gemessen an der Erwartung des Empfängers: cf. 2.3), so daß es in der Praxis keine Möglichkeit des Mißverstehens gibt.

Im Unterschied zu der verbalen Komponente einer Sprache ist ein semiotisches System, wie es der oben erwähnte Bienentanz darstellt, kontinuierlich und nicht diskret; seine Produktivität hängt von dieser Tatsache ab. Die Körperbewegungen der Biene variieren in ihrer Intensität, sowohl direkt als auch kontinuierlich in bezug auf eine entsprechend kontinuierliche Variation in der Entfernung der Nektarquelle. Es sollte auch festgehalten werden, daß der Bienentanz insoweit nicht arbiträr ist, als die Entfernung durch die Intensität der Bewegungen des Bienenleibes und durch die Orientierung des Bienenkörpers in bezug auf die Sonne dargestellt wird.

Die vier Konstruktionsmerkmale der Sprache, die wir in diesem Abschnitt einer genaueren Diskussion unterworfen haben – Arbitrarität, Dualität, Produktivität und Diskretheit –, sind, wie wir gesehen haben, auf verschiedene Weise miteinander verbunden. Sie sind in allen Sprachen gegenwärtig und sie sind sowohl vom Kanal als auch vom Medium unabhängig. Ob sie in irgendeinem anderen semiotischen System als der Sprache gefunden werden können, ist fraglich. Wenn dies aber der Fall ist, dann scheinen sie nicht auf derselben Ebene gegenwärtig oder in derselben Weise miteinander verbunden zu sein. Erwähnenswert ist auch, daß diese vier Konstruktionsmerkmale, obwohl sie unbestrittenerweise für die verbale Komponente der Sprache charakteristisch sind, für die nichtverbale Komponente nicht derart offensichtlich charakteristisch sind. Unter Linguisten gibt es eine Diskussion darüber, ob solche prosodischen Merkmale wie Intonation und Betonung die Eigenschaft der Dualität manifestieren; dies betrifft auch den Grad, in dem sie arbiträr und diskret sind. Deshalb ähneln in dieser Beziehung, wie auch im Hinblick auf ihre charakteristische Funktion (cf. 3.1), die prosodischen und parasprachlichen Merkmale des Sprachverhaltens viel mehr anderen Arten des nichtsprachlichen Signalisierens, als dies bei der verbalen Komponente der Fall ist.

(V) Semantizität. Es scheint beinahe eine Tautologie zu sein, von irgendeinem semiotischen System zu sagen, daß es Semantizität* hat: d. h. die Eigenschaft, in der Lage zu sein, Bedeutung zu übertragen. Ob es nützlich ist, verschiedene Systeme im Hinblick auf Semantizität zu diskutieren oder nicht, hängt von einer genaueren Definition oder Erklärung von ‚Bedeutung' ab. Von Hockett wird Semantizität definiert aufgrund der assoziativen Bindungen, die zwischen Signalen und Merkmalen der äußeren Umgebung bestehen. Diese Definition ist jedoch weitaus zu allgemein, um für die Subklassifikation semiotischer Systeme nützlich zu sein. Sie sagt nichts über die Art der Assoziation; sie sagt auch nicht, ob die äußeren Merkmale ein notwendiger oder hinreichender Grund für das Signal sind. Wenn wir das Wesen dieser angeblichen Assoziation genauer definieren, finden wir, wie wir in unserer Diskussion des Behaviorismus weiter unten (Kapitel 5) noch sehen werden, daß sehr viele sprachliche Äußerungen keine feststellbare Assoziation mit irgendeinem unabhängig identifizierbaren äußeren Merkmal haben. Es gibt also wenig Grund dafür, eine Definition von Semantizität zu übernehmen, die die unglückliche Konsequenz hat, daß sie gestattet, eine enorm große Varianzbreite des Verhaltens, sowohl menschlichen Verhaltens als auch des nichtmenschlichen Verhaltens, als bedeutungsvoll zu betrachten; dabei schließt sie noch eine beträchtliche Menge von offensichtlich bedeutungsvollem Sprachverhalten aus.

Wie wir gesehen haben, gibt es viele verschiedene Arten oder Aspekte von Bedeutung, die bei der Beschreibung des Sprachverhaltens berücksichtigt werden müssen; es kann von keiner einzigen Erklärung oder Definition erwartet werden, daß sie all dies umfaßt. Wir haben eine grobe Unterscheidung zwischen kommunikativen und informativen Signalen (2.1) getroffen und, da diese Unterscheidung auf dem Begriff der Intensionalität beruht, ist es zweifelhaft, ob von irgendwelchen nichtmenschlichen Signalen gezeigt werden kann, daß sie in bezug auf diese Unterscheidung kommunikativ und nicht bloß informativ sind. Wir haben eine andere grobe Unterscheidung getroffen zwischen deskriptiver, sozialer und expressiver Bedeutung (2.4), und wir haben gesehen, daß die nichtsprachliche Komponente dazu neigt, eher die letztgenannte Art von Bedeutung zu übertragen als die zuerst genannte (3.1). Wiederum ist es sehr zweifelhaft, ob irgendwelche nichtmenschlichen Signale angemessen dadurch beschrieben werden können, daß man annimmt, sie seien deskriptiv und nicht expressiv oder unter sozialem Gesichtspunkt informativ. Die Diskussion dieser Frage wird durch die Tatsache kompliziert, daß es in dem Fall nichtsprachlicher semiotischer Systeme oft schwierig ist, zu entscheiden, ob ein bestimmtes Signal Information über die Sender oder über die Umgebung (oder über beide) übermittelt. Hinde (1972: 93) äußert sich dazu wie folgt: „Wenn man die Frage genau betrachtet, ist es beinahe arbiträr, irgendwo in der Reihe eine scharfe Trennungslinie zu ziehen: „Es gibt ein Raubtier hinter jenem Baum"; „Ich weiß, daß hinter jenem Baum ein Raubtier ist"; „Ich fürchte mich, weil hinter jenem Baum ein Raubtier ist"; „Ich fürchte mich". „Aber man kann zumindest dafür argumentieren, daß jede Art nichtmenschlichen Signalisierens expressiv ist. Es würde schwierig sein, nichtmenschliches Signalisieren in bezug auf alle die verschiedenen Ar-

ten von Bedeutung, die wir im Verlaufe unserer Erkundung des Feldes der
Semantik erkennen werden, zu diskutieren, und es würde uns von unserem
zentralen Ziel zu weit wegführen. Der Hauptpunkt, auf den es hier ankommt, besteht darin, daß es bestimmte Arten von Bedeutung gibt, die in
bezug auf die Sprache einzigartig zu sein scheinen – dies gilt in besonderer
Weise für ihre verbale Komponente – und daß es andere Punkte gibt, die die
Sprache mit nichtmenschlichen semiotischen Systemen teilt.

(VI) Versetzung [displacement]. Dies ist die Eigenschaft der Sprache, die es
uns ermöglicht, auf Gegenstände und Ereignisse zu referieren, die von dem
Äußerungsakt selbst in Raum und Zeit weit entfernt sind. Der Terminus
Versetzung* kann bis zu der behavioristischen Auffassung von Sprache und
Bedeutung zurückverfolgt werden, nach der die primäre Funktion von Wörtern und Äußerungen darin besteht, auf Merkmale der unmittelbaren Situation, mit der sie als Stimuli auf Responses assoziiert sind (siehe Kapitel 5), zu
referieren; die Korrelation sprachlicher Ausdrücke mit Gegenständen und
Ereignissen, die sich außerhalb der Äußerungssituation befinden, ist dem-
nach eine sekundäre Entwicklung.

Hocketts Formulierung des Begriffs der Versetzung lautete in seiner früheren Diskussion der Konstruktionsmerkmale der Sprache wie folgt: „Eine
Botschaft ist in dem Maße versetzt, wie die entscheidenden Merkmale in
ihren vorgängigen Bedingungen und in ihren Konsequenzen von der Zeit und
dem Raum der Übertragung sich entfernt befinden" (1958: 579). An einer
anderen Stelle in demselben Buch behauptet er, daß die frühesten sprachlichen Äußerungen von Kindern, wie auch ihre nichtsprachlichen Signale,
nicht versetzt sind, und er fährt fort zu sagen, „sprachliche Signale werden
oft versetzt gebraucht: wir referieren auf Gegenstände, wenn sie nicht anwesend sind" (pp. 354–5). Daß Sprache die Eigenschaft der Versetzung in
diesem Sinn hat, ist nicht bestreitbar, und die Forschung im Bereich des
Spracherwerbs durch Kinder unterstützt die Ansicht, daß Versetzung tatsächlich etwas ist, das in diesem Prozeß später und nicht früher kommt. Ob
wir jedoch sagen, daß irgendein nichtmenschliches Signalsystem (oder auch
irgendein menschliches nichtverbales System) durch die Eigenschaft der Versetzung charakterisiert ist, wird von unserer Definition der raumzeitlichen
Entfernung und Referenz abhängen.

Es ist nicht sehr sinnvoll, den Begriff der Versetzung so zu definieren, daß
eine Äußerung wie *Der Krieg wurde 1939 erklärt* und der Warnruf eines
Vogels, der sich auf ein Raubtier bezieht, das sich noch in einer beträchtlichen Entfernung befindet, oder der Verweis einer Honigbiene auf eine ent-
fernte Nektarquelle unter dieser Bezeichnung zusammenfallen. Neuere For-
schungen über Schimpansen haben jedoch gezeigt, daß sie in der Lage sind,
Signale, die sich auf Gegenstände beziehen, die sich nicht in der unmittelbaren Umgebung befinden, hervorzubringen und zu interpretieren (cf. 3.5).

(VII) Gegenseitige Austauschbarkeit [interchangeability]. Unter gegenseitiger Austauschbarkeit* verstehen wir, daß „jeder Organismus, der für die Übermittlung von Botschaften in dem System ausgerüstet ist, auch dafür ausgerüstet ist, Botschaften in demselben System zu empfangen" (Hockett, 1958: 589). In Hocketts weiterer Feststellung ist bis zu einem gewissen Grad eine Idealisierung enthalten, wenn er sagt, daß „jeder Sprecher einer Sprache … theoretisch fähig ist, alles zu sagen, was er auch verstehen kann, wenn jemand anders es sagt". Wir können nämlich oft Äußerungen verstehen, die Ausdrücke enthalten, die wir nie zuvor gehört haben und die wir selbst nicht in angemessener Weise gebraucht haben könnten. Die theoretische Idealisierung jedoch, die in der Identifikation der Sprecherkompetenz mit der Hörerkompetenz liegt – vorausgesetzt, daß es als eine Idealisierung der Tatsachen anerkannt wird –, ist völlig legitim; es ist eine wichtige Eigenschaft der Sprache, daß wir sowohl Sender als auch Empfänger sein können, die im wesentlichen dasselbe System benützen. In vielen Arten des tierischen Signalverhaltens ist dem nicht so. So ist es z. B. nicht ungewöhnlich, daß Angehörige eines Geschlechts Balzsignale hervorbringen, auf die nur Angehörige des anderen Geschlechts reagieren werden.

(VIII) Vollständige Rückkopplung. Diese Eigenschaft, die von der gegenseitigen Austauschbarkeit abhängig ist, hat mit der Tatsache zu tun, daß ein Sprecher seinen eigenen Äußerungsakt hört und in der Lage ist, diesen zu überprüfen. Dies betrifft nicht ausschließlich die Überprüfung des Signals hinsichtlich seiner Hörbarkeit in bezug auf die besonderen physischen Bedingungen, unter denen es vorgebracht wird. Es betrifft auch die Überprüfung der Äußerungen des Sprechers hinsichtlich der Verstehbarkeit und Wohlgeformtheit, so wie sie hervorgebracht werden, und die Tatsache, daß, wenn nötig, Anpassungen vorgenommen werden können. Ob von irgendeiner anderen Tierart gesagt werden kann, daß sie ihre Signale durch Rückkopplung in diesem Sinn kontrolliert, ist unbekannt, aber die Tatsache, daß menschliche Lebewesen ihre sprachlichen Äußerungen im Verlauf der Produktion durch Rückkopplung kontrollieren können und dies auch tun, ist äußerst wichtig.

(IX) Spezialisierung. Dieser Ausdruck wird aufgrund des behavioristischen Begriffs der Auslösung definiert, der sich auf den indirekten Einfluß bezieht, den ein Organismus auf das Verhalten eines anderen ausübt. Von einem Signal wird gesagt, daß es hochspezialisiert sei, wenn die direkten physischen Konsequenzen des Signals und seine Wirkung auf das Verhalten des Empfängerorganismus nicht funktional miteinander in Beziehung stehen. So könnte z. B. das Tischdecken in der Sichtweite von anderen Familienmitgliedern denselben Effekt haben, nämlich daß diese veranlaßt werden, zu Tisch zu kommen, wie es die Äußerung haben würde: *Das Mittagessen ist beinahe fertig.* Aber vom Tischdecken kann gesagt werden, daß es funktional mit seiner Wirkung auf eine Art in Beziehung steht, die für eine sprachliche Äußerung nicht zutrifft. Hockett behauptet, daß Spezialisierung eine Angelegenheit des Grades ist und daß das, was man über Sprache in dieser Hinsicht überhaupt sagen kann, darin besteht, daß „sie eine viel ausgedehntere Spezialisierung zeigt als bekannte Beispiele von tierischer Kommunikation" (1958: 579). Man sollte lieber sagen – dies werden wir in unserer Behandlung der behavioristischen Semantik in Kapitel 5 tun –, daß der ganze Begriff der Auslösung auf einen Großteil unseres sprachlichen Verhaltens nicht anwendbar ist. Und die Tatsache, daß er nicht anwendbar ist, stellt ein stärker hervortretendes Merkmal der Sprache dar, als der Grad an Spezialisierung in jenen Fällen, in denen überhaupt von Auslösung gesprochen werden kann.

(X) Kulturelle Übertragung. Dieser Ausdruck ist der genetischen Übertragung entgegengesetzt und hat mit der Tatsache zu tun, daß die Fähigkeit, eine bestimmte Sprache zu sprechen, von einer Generation zur nächsten durch Lehren und Lernen weitergegeben wird und nicht durch den Instinkt. Wir brauchen hier nicht die Frage zu diskutieren, ob eine Kenntnis der allgemeineren Aspekte der grammatischen Struktur von Sprachen genetisch und weniger durch kulturelle Institutionen übertragen wird (cf. 3.5). Sogar die stärkste Form der Hypothese, daß Kinder mit der Kenntnis bestimmter universeller Prinzipien, die die Struktur der Sprache determinieren, geboren werden (cf. Chomsky, 1965), muß einräumen, daß ein sehr beträchtlicher Teil der Struktur bestimmter Sprachen durch das Lernen erworben wird. Zu gleicher Zeit muß erkannt werden, daß von einem Großteil des Signalverhaltens anderer Arten, von dem einmal angenommen worden war, daß es ausschließlich instinktiv sei, jetzt bekannt ist, daß es durch eine Kombination von Instinkt und Lernen erworben wird. Es ist z. B. gezeigt worden, daß das allgemeine Muster des Gesangs eines Buchfinken vom Instinkt determiniert sein kann, daß aber seine feinere Entwicklung und Verbesserung von der Fähigkeit des Vogels abhängt, andere erwachsene Buchfinken singen zu hören. Der Unterschied zwischen Sprache und nichtmenschlichen semiotischen Systemen ist deshalb in bezug auf kulturelle Übertragung nicht sehr eindeutig.

(XI) Lernfähigkeit. Dies ist die Eigenschaft, die es jedem menschlichen Wesen, gleich welcher Rasse oder Herkunft, möglich macht, in seiner Kindheit irgendeine Sprache gleich gut zu lernen (vorausgesetzt, daß er nicht physisch oder psychisch in einer Weise gestört ist, die den Prozeß des Spracherwerbs beeinträchtigen würde; vorausgesetzt wird auch, daß er unter den angemessenen Umgebungsbedingungen mit Beispielmengen der betreffenden Sprache in Kontakt kommt). Wie bei der kulturellen Übertragung ist es auch hier schwierig zu entscheiden, in welchem Grad sich der Begriff der Lernfähigkeit, wie er hier verwendet wird, auf nichtmenschliche semiotische Systeme anwenden läßt. Einige Vögel können die Lieder, die für andere Arten charakteristisch sind, imitieren; wir wissen heute, daß der Gesang, der für bestimmte Arten charakteristisch ist, sich dadurch unterscheidet, was man Dialektunterschiede nennen könnte, die wiederum von der besonderen Gemeinschaft abhängen, in der die Vögel ausschlüpfen und aufwachsen. Es scheint deshalb klar zu sein, daß der Vogelgesang zumindest bis zu einem bestimmten Grad die Eigenschaft der Lernbarkeit aufweist (cf. Thorpe, 1972).

(XII) Reflexivität (von Hockett als ‚reflectiveness‘ bezeichnet). Diese Eigenschaft ist schon diskutiert worden (cf. 1.2). Was hier noch gesagt werden kann ist, daß, soweit wir wissen, kein von der Sprache unterschiedenes nichtmenschliches System diese Eigenschaft hat. Es ist auf jeden Fall schwierig, sich vorzustellen, daß irgendein System gebraucht werden könnte, um auf sich selbst zu referieren in der Art, wie Sprachen verwendet werden können, es sei denn, das betreffende System hat eine deskriptive und nicht nur eine expressive oder soziale Funktion.

(XIII) Tatsachenverdrehung [prevarication]. Unter Tatsachenverdrehung* wird die Möglichkeit verstanden, ein semiotisches System zu verwenden, um irrezuführen oder falsch zu informieren. Viele Autoren meinen, daß Tatsachenverdrehung die Eigenschaft ist, die zusammen mit der Reflexivität eine Sprache als semiotisches System am deutlichsten von allen anderen Signalsystemen unterscheidet. Es hat jedoch eine gewisse Diskussion über das Vorkommen von Tatsachenverdrehung in dem Verhalten bestimmter Säugetiere und Vögel gegeben. Zählt das in-eine-Falle-locken einer Art durch eine andere durch das Hervorbringen beruhigender Signale als eine Irreführung oder nicht? Rechtfertigt das Verhalten eines Vogels, der vorgibt, verletzt zu sein und ein Raubtier dazu verführt, es vom Nest weg zu verfolgen, den Gebrauch des Ausdrucks ‚Tatsachenverdrehung‘? Die Tatsache, daß wir solche Fragen stellen können, erinnert uns noch einmal daran, daß wir in der Erforschung des tierischen Signalisierens gezwungen sind, eine äußere Beschreibung der Phänomene zu geben, aufgrund des beobachtbaren Verhaltens des Senders und des beobachtbaren Verhaltens des Empfängers. Bei der Erforschung menschlichen Signalisierens andererseits wäre es dumm, sich selbst solche zufälligen und unnötigen Beschränkungen aufzuerlegen und jede Verwendung von Glaubenshaltungen und Absichten prinzipiell zu vermeiden.
 Es könnte weiterhin dafür argumentiert werden, daß Tatsachenverdrehung nicht als eine Eigenschaft des semiotischen Systems als solchem betrachtet werden sollte, sondern als ein Merkmal des Verhaltens und der Absichten jener, die das System verwenden. In seiner ursprünglichen Darstellung der wesentlichen Eigenschaften der Sprache hat Hockett diejenigen Phänomene, von denen später angenommen wurde, daß sie in den Bereich der Tatsachenverdrehung fallen würden, unter dem Begriff der Versetzung berücksichtigt. Er stellt z. B. fest, daß ein Kind nur dann vor Hunger schreit,

wenn es tatsächlich hungrig ist, daß aber das sprachliche Signal *Ich bin hungrig* geäußert werden kann, gleichgültig, ob die Person, die es äußert, hungrig ist oder nicht (1958: 354–5). So wie er in bezug auf dieses Beispiel gebraucht wird, sieht der Ausdruck ‚Versetzung‘ verdächtig wie ein behavioristischer Ausdruck aus, der eingeführt wird, um ein charakteristisches Merkmal des Sprachverhaltens zu beschreiben, das genauer als unabhängig von Stimuluskontrolle beschrieben werden kann (cf. 5.3). Die Unabhängigkeit von Stimuluskontrolle ist vermutlich eine Vorbedingung für die Fähigkeit zu lügen und zu täuschen im strengen Sinn dieser Ausdrücke; es ist deshalb auch eine Vorbedingung für Tatsachenverdrehung.

Wir haben nun mit größerer oder geringerer Genauigkeit alle die Konstruktionsmerkmale abgehandelt (bis auf jene, die sich auf den Übertragungskanal beziehen), die von Hockett für die Klassifikation von semiotischen Systemen vorgeschlagen wurden. Die offensichtlichste Schlußfolgerung, die aus unserer Diskussion gezogen werden kann, besteht darin, daß von keiner Klassifikation, die sich einfach auf die Anzahl der Eigenschaften gründet, die bestimmte Systeme aufweisen, erwartet werden kann, daß sie von größerem theoretischen Interesse ist. Viele der Eigenschaften sind so allgemein – um nicht zu sagen ungenau – ausgedrückt, daß sie die entscheidenden Unterschiede zwischen Sprachen und menschlichen Signalsystemen eher verdecken als offenbaren; wie wir gesehen haben, ist es auch oft unsicher, ob ein bestimmtes System eine bestimmte Eigenschaft hat oder nicht. Diese Probleme sind nicht übersehen worden, aber ihnen wurde von Gelehrten, die dieses Klassifikationsschema angewandt haben, keine genügende Bedeutung zugemessen. Dies ist zweifellos zum Teil der Grund dafür, daß eine Klassifikation von tierischen Signalsystemen, die sich ausschließlich auf die Anwesenheit oder Abwesenheit dieser Konstruktionsmerkmale gründet, überhaupt nicht mit einer biologischen Klassifikation der Arten entsprechend ihrer evolutionären Entwicklung (cf. Hinde, 1972: 93) korreliert. Daraus folgt natürlich nicht, daß eine verfeinertere Klassifikation semiotischer Systeme aufgrund ihrer Konstruktionsmerkmale notwendigerweise in derselben Weise ungenügend sein müßte. Es könnte sogar der Fall sein, daß ein geeignetes Maß für grammatische Komplexität und für die verschiedenen Arten von Bedeutung, die verschiedene semiotische Systeme ausdrücken können, selbst dazu dienen könnte, jene Systeme befriedigender zu klassifizieren, als es die ziemlich disparate Liste, die wir in diesem Abschnitt betrachtet haben, tun kann.

3.5. Der Ursprung der Sprache

Eine Frage, die bei jeder Diskussion über Sprache von einem semiotischen Standpunkt aus unvermeidlich auftaucht, ist diejenige, ob von der Sprache, so wie wir sie kennen, gezeigt werden oder plausibel angenommen werden kann, daß sie sich aus einem nichtsprachlichen Signalsystem entwickelt hat. Diese Frage kann hier nur sehr kurz behandelt werden (cf. Hewes, 1973; Liebermann, 1973).

Schon von den frühesten Zeiten an haben Menschen über den Ursprung der Sprache diskutiert. Lange vor der Veröffentlichung von Darwins *Ursprung der Arten (Origin of Species,* 1859) haben Gelehrte Theorien vorgelegt, die dazu dienen sollten, die Entwicklung der Sprache aus solchen Systemen nichtverbaler Kommunikation wie instinktive Gefühlsschreie, Gesten, gemeinsamer rhythmischer Gesang usw. zu erklären. Es war aber das Werk Darwins – unter Einschluß seiner eigenen Spekulationen über den Sprachursprung –, das dem Versuch, eine evolutionäre Theorie des Ursprungs der Sprache im späten 19. Jahrhundert zu geben, einen besonderen Anstoß gab. Zu dieser Zeit war die Sprachwissenschaft sehr stark von der Theorie der Evolution beeinflußt. Während der letzten fünf Jahrzehnte haben jedoch die meisten Linguisten für die Frage des Sprachursprungs ein nur geringes Interesse aufgebracht. Der Grund dafür ist einfach der, daß kein Anzeichen für die Evolution von einem einfacheren zu einem komplexeren Entwicklungsstand in irgendeiner der Tausenden von Sprachen, die existieren oder in der Vergangenheit existiert haben, gefunden werden kann. Wenn wir interpretierbare Daten über die Kommunikationsformen hätten, die von früheren menschenähnlichen Arten gebraucht wurden, so wären wir in einer besseren Position, um den Sprachursprung zu diskutieren. So wie die Dinge aber liegen, würden die meisten Linguisten sagen, daß die Frage nicht beantwortbar und jedenfalls für die Konstruktion einer allgemeinen Theorie der Sprachstruktur und der Beschreibung bestimmter Sprachen innerhalb des Rahmens dieser allgemeinen Theorie völlig irrelevant ist. Die Haltung der meisten Linguisten in bezug auf evolutionäre Theorien des Sprachursprungs neigt deshalb dazu, agnostisch zu sein. Psychologen, Biologen, Ethnologen und andere könnten sagen, wenn sie wollen, daß Sprache aus einem nichtlinguistischen Sprachsystem sich entwickelt haben muß; der Linguist könnte antworten, daß die Tatsache bestehen bleibt, daß die Sprache für diese Annahme keine tatsächliche Evidenz liefert.

Obwohl es keine Nachweise für die Entwicklung von einer primitiveren zu einer fortgeschritteneren Form der Struktur in existierenden Sprachen gibt, kann doch gezeigt werden, daß es zwei andere Arten von Evidenz gibt, auf die bei der Diskussion des Sprachursprungs zurückgegangen werden kann. Einerseits Evidenz, die sich aus der Erforschung der Kindersprache ableitet, und andererseits Evidenz, die sich aus einem Vergleich der Struktur und Funktionen der Sprache mit nichtsprachlichen Signalprozessen gewinnen läßt. Der Spracherwerb von Kindern ist ein Gegenstand, auf den wir gleich noch zurückkommen werden. Evidenz der zweiten Art ist schon in früheren Abschnitten dieses Kapitels erwähnt worden. Das Problem besteht darin, wie sie zu bewerten ist. Es ist einer der Punkte, die in diesem Kapitel durchgehend

betont worden sind, daß es nämlich keine klare Unterscheidung im Sprachverhalten zwischen dem gibt, was rein sprachlich ist, und dem, was nicht-
sprachlich ist; weiterhin, daß viele der semiotischen Funktionen, die sich im
Sprachverhalten zeigen (insbesondere jene, die als expressiv und sozial und
nicht-deskriptiv klassifiziert wurden), sowohl in menschlichen als auch tierischen nichtsprachlichen Signalprozessen identifiziert werden können. Folgt
es aus der engen gegenseitigen Durchdringung der sprachlichen und nichtsprachlichen Merkmale der Sprache und aus der Tatsache, daß einige
Aspekte der Bedeutung oder Semantizität der Sprache und Nicht-Sprache
gemeinsam sind, daß erstere sich aus letzterer entwickelt hat? Dies ist klarer
Weise nicht der Fall. Da keine Erklärung dessen vorhanden ist, was mit
‚entwickeln‘ und mit dem Mechanismus, von dem angenommen wird, daß er
bei der Entwicklung der Sprache aus Nicht-Sprache wirksam war, gemeint
ist, ist die Evidenz, die sich auf der strukturellen und funktionellen Kontinuität sprachlicher und nichtsprachlicher Kommunikation gründet, rein zufällig; sie ist zwar mit der Annahme der evolutionären Entwicklung der einen
aus der anderen Art kompatibel, aber sie beweist dies nicht zwingend. Die
verbale Komponente der Sprache könnte einen völlig verschiedenen Ursprung haben, und ihre gegenseitige Durchdringung mit der nichtverbalen
Komponente könnte als spätere und schrittweise Entwicklung angesehen
werden. A priori gesehen, ist die eine Hypothese so plausibel wie die andere.

In diesem Zusammenhang ist die Frage der stimmlichen Realisierung der
Sprache von Wichtigkeit. Nehmen wir an, daß wir plötzlich eine Gesellschaft
menschlicher Wesen entdecken, die von der stimmlichen Realisierung (ausge-
nommen für das Ausstoßen von stimmlichen Reflexen und einer begrenzten
Menge expressiver Signale, die für solche emotionalen Zustände wie Zorn,
Furcht, sexuelle Erregung usw. symptomatisch sind) Gebrauch machen, dafür aber mittels eines komplexen Systems von Gesten kommunizieren. Nehmen wir weiter an, daß nach einer Analyse diese Gesten zeigen, daß sie
dieselbe Art von grammatischer Struktur (oder eine grammatische Struktur
von ähnlichem Komplexitätsgrad) wie unsere gesprochenen Sprachen haben,
daß sie für die gleiche oder eine ähnliche Skala von kommunikativen Funktionen gebraucht werden und verschiedene andere Eigenschaften (Arbitrarität, Dualität, Produktivität und Diskretheit) haben, von denen wir glauben,
daß sie für Sprache im Unterschied zu anderen semiotischen Systemen charakteristisch und unterscheidend sind. Dieser hypothetischen Entdeckung
gegenübergestellt, würden wir sicher sagen, daß die betreffende Gesellschaft
über eine Sprache verfügt.

Worauf es hier ankommt, ist, daß Sprachen, oder zumindest die verbale
Komponente von Sprachen, unabhängig von dem Medium, in dem sie sich
primär natürlich manifestieren (3.3), betrachtet werden können; wir haben
auch schon gesehen, daß geschriebene Sprachen als eines der hauptsächlichen
menschlichen Kommunikationsmittel einen gewissen Grad an Unabhängig-

keit aufweisen. Dies gilt auch für die verschiedenen gestischen Zeichensprachen, die von den Taubstummen in verschiedenen Kulturen gebraucht werden, obwohl viele von ihnen, wie das Schreiben, ursprünglich von gesprochenen Sprachen abgeleitet wurden. Bei irgendeinem Vergleich von menschlichen Signalprozessen mit tierischen Signalprozessen oder des verbalen mit nichtverbalem menschlichen Siganlisieren muß gebührend die Tatsache berücksichtigt werden, daß Menschen ziemlich leicht und meistens erfolgreich lernen können, nicht nur von einem Kanal auf einen anderen, sondern auch von einem Medium in das andere überzugehen, und daß dabei viele der verbalen Eigenschaften der Sprache invariant bleiben (cf. 3.3). Was als die Mediumübertragbarkeit* der Sprache bezeichnet werden könnte, ist zumindest ein ebenso wichtiges Konstruktionsmerkmal der Sprache wie das, was Hockett Lernfähigkeit (cf. 3.4) genannt hat. Wie Householder (1971: 34f.) gezeigt hat, hat es wenig Zweck, wenn Sprache so definiert wird, daß sie notwendigerweise – und nicht zufälligerweise – mit gesprochener Sprache assoziiert wird.

Ist es nicht möglich, so könnten wir fragen, sich eine Gruppe vorzustellen, die sich von der Mehrheit unserer eigenen Gesellschaft trennt und den Gebrauch gesprochener Sprache ganz aufgibt? In welchem Sinn würde ihre geschriebene oder gestische Sprache noch von der gesprochenen Sprache, die sonst in der Gesellschaft mit ihr verbunden war, abhängig sein? Könnte sie sich dann nicht unabhängig entwickeln, wie die geschriebene Sprache sich tatsächlich in teilweiser Unabhängigkeit von der gesprochenen Sprache entwickelt hat? Könnte sie nicht Kindern gelehrt werden, ohne daß diese zuerst eine gesprochene Sprache in teilweiser Entsprechung mit ihr lernen müßten? Zum gegenwärtigen Zeitpunkt ist die Antwort auf diese Fragen unklar. Es gibt jedoch eine bestimmte Menge an Evidenz, die dafür einschlägig ist.

Es ist besonders von Lenneberg (1967) gezeigt worden, daß Sprache artenspezifisch ist und von bestimmten biologischen Tendenzen abhängig ist, die in nichtmenschlichen Lebewesen nicht vorgefunden werden. Es gibt eine beträchtliche Menge an anatomischer und physiologischer Evidenz, die nahelegt, daß menschliche Wesen sozusagen für das Hervorbringen und das Empfangen gesprochener Sprache konstruiert sind. Es ist beobachtet worden, daß der Stimmapparat der anderen Primaten, die den Menschen am nächsten stehen, für die Produktion von Sprachlauten besonders schlecht geeignet ist und daß sie (in überraschendem Kontrast mit einigen Vogelarten) normalerweise von einer nur begrenzten Anzahl stimmlicher Signale Gebrauch machen. Alle normalen Kinder gehen durch eine festgelegte Entwicklungsfolge beim Erwerb der gesprochenen Sprache. Die erste Stufe dieser Abfolge ist das Lallen, das durch das Hervorbringen einer verhältnismäßig reichen Menge verschiedener Laute charakterisiert ist; genau auf dieser Stufe beginnt das Kind die prosodischen Muster seiner Muttersprache zu erwerben. Deshalb scheint es klar zu sein, daß das Kind bei seiner Geburt physiologisch für die stimmliche Realisierung von Sprache adaptiert ist und daß es genetisch prädisponiert ist, sozusagen einen weiten Bereich von Sprachlauten zu erproben und anschließend seine Beherrschung der Lautmuster der Sprache, die es um sich herum hört, zu entwickeln und zu verfeinern.

Es ist ebenfalls gut bezeugt, daß Kinder sogar dann eine Sprache erwerben können, wenn sie von Geburt an durch Taubheit, Blindheit und verschiedene andere körperliche Mängel beeinträchtigt sind. Diese Tatsache spricht sehr stark für die Hypothese, daß alle Kinder sehr stark für den Spracherwerb motiviert sind, so wie sie auch nicht weniger stark motiviert sind, um andere Verhaltenssysteme, die in der Gesellschaft verwendet werden, in der sie aufgezogen werden, zu erwerben. Die weitere Tatsache, wenn es eine Tatsache ist, daß es einen kritischen Zeitraum in der Kindheit gibt, während dessen das Gehirn sozusagen auf Sprache eingestellt ist und daß, wenn Sprache während dieses Zeitraums nicht erworben wird, sie überhaupt nicht angemessen erworben werden kann, legt nahe, daß die Motivation und Fähigkeit des Kindes, das hauptsächliche Kommunikationssystem der Gesellschaft zu lernen, angeboren sind.

Die eben zusammengefaßten Feststellungen weisen darauf hin, daß menschliche Wesen biologisch disponiert sind, erstens ihre Stimme zu gebrauchen und zweitens zu kommunizieren. Was dies nicht beweist – obwohl es oft so interpretiert wird – ist, daß sie genetisch dazu programmiert seien, gesprochene Sprache als solche zu lernen. Es ist nämlich im Prinzip möglich, daß die Prädisposition, die Stimme zu verwenden und die Prädisposition zu kommunizieren, genetisch nicht miteinander verbunden sind. Kürzlich ist auch gezeigt worden, daß es viel wahrscheinlicher ist, daß die Sprache sich aus einem System manueller Gesten entwickelt hat und nur im Anschluß daran mit stimmlicher Realisierung verbunden worden ist, als daß sie sich direkt aus der einigermaßen begrenzten Menge stimmlicher Signale, die in Säugetieren gefunden werden, entwickelt hätte (cf. Hewes, 1973). Die biologischen Vorteile des lautlichen Mediums unter den Bedingungen, von denen man weiß, daß der frühe Mensch unter ihnen gelebt hat, sind offensichtlich und sind oft erwähnt worden: stimmliche Signale, aber nicht visuelle Signale, können in der Nacht als auch bei Tag übermittelt werden, sie werden von Bäumen, Felsstücken usw. zwischen dem Sender und dem Empfänger nicht behindert; sie können gleichzeitig zu einer Gruppe von weitverstreuten Empfängern übertragen werden und ihre Produktion beeinträchtigt andere Aktivitäten nicht.

Die bislang verfügbaren neurophysiologischen Evidenzen sind nicht eindeutig. Es ist schon lange bekannt gewesen, daß das menschliche Gehirn sich von jenem der höheren Arten durch seine Größe und die stärkere Entwicklung der parietalen Regionen, besonders in der linken Gehirnhälfte, unterscheidet; deshalb wurde auch die Hypothese vorgebracht, daß die Entwicklung der linken Gehirnhälfte kausal mit der Sprachentwicklung verbunden ist. Was dem Empfang gesprochener Sprache betrifft, so scheint es, daß die verbale Komponente gewöhnlich in der linken Gehirnhälfte verarbeitet wird, daß aber die prosodischen Merkmale stimmlicher Signale von beiden Gehirnhälften gleich gut interpretiert werden können. Visuelle Eindrücke werden jedoch in der rechten Gehirnhälfte verarbeitet. Darüber hinaus scheint es so zu sein, daß beide Gehirnhälften bei der grammatischen und semantischen Verarbeitung von Sprache beteiligt sind, jedoch wieder einmal in einem bestimmten Spezialisierungsgrad, da die rechte Gehirnhälfte in der Lage ist, Ausdrücke zu interpretieren, die sich auf konkrete Gegenstände beziehen, und die linke Gehirnhälfte allein in der Lage ist, abstraktere Ausdrücke zu interpretieren. Wenn dem so ist, so scheint dies sicherlich die Hypothese zu bestätigen, daß die Sprachentwicklung mit der Erscheinung der zerebralen Dominanz verbunden ist. Sie impliziert aber auch, daß die Sprachverarbeitung nicht ausschließlich in dem Bereich ausgeführt wird, der oft als das Sprachzentrum in der linken Gehirnhälfte bezeichnet worden ist. Es ist interessant, daß die zerebrale Dominanz besonders im Hinblick darauf relevant zu sein scheint, was wir aus anderen Gründen als den sprachlicheren Teil der Sprache beschrieben haben: der Teil, der durch die Konstruktionsmerkmale Arbitrarität, Diskretheit, Produktivität und Dualität gekennzeichnet ist, die zusammenwirken, um ein komplexes und flexibles semiotisches System hervorzubringen; es handelt sich um denjenigen Teil, der ohne weiteres von einem Medium in ein anderes übertragen werden kann, und um den Teil, der eine deskriptive Funktion hat. Die zerebrale Dominanz scheint aber auch für die Entwicklung der allgemeinen kognitiven Fähigkeiten des Menschen relevant zu sein. Wenn wir sagen, daß es zwischen der zerebralen Dominanz und der Sprachentwicklung eine Verbindung gibt, sagen wir eigentlich nichts weiter, als daß die Sprachentwicklung von der Entwicklung der kognitiven Fähigkeiten des Menschen abhing; und dies ist kaum eine sehr originelle These![12]

Weiter oben wurde auf die relativ konstante Entwicklungsfolge hingewiesen, durch die das Kind während seines Spracherwerbs hindurchgeht; erwähnt wurde auch die Tatsache, daß die erste Stufe in dieser Abfolge, die ungefähr drei Monate nach der Geburt beginnt, durch das Lallen charakterisiert ist. Die zweite Stufe, die gegen das Ende des ersten Jahres beginnt, ist die Stufe des holophrastischen* Sprechens, das aus grammatisch unstrukturierten Einwort-Äußerungen besteht. Dieser Stufe folgt im Verlauf des zweiten Jahres die Produktion von einfachen Zwei- und Dreiwort-Äußerungen – der sogenannte Telegrammstil –, denen explizite Kennzeichnungen solcher grammatischen Unterscheidungen im Deutschen wie Präsens *vs.* Präteritum, Singular *vs.* Plural oder der Gebrauch des bestimmten und unbestimmten Artikels fehlt. Wenn es durch die zweite und dritte Stufe des Spracherwerbs geht, verbessert das Kind gradweise seine Behrrschung des Systems segmentaler phonologischer Unterscheidungen, von denen in der gesprochenen Sprache

Gebrauch gemacht wird. Erst wenn das Kind die dritte Entwicklungsstufe erreicht, können wir sagen, daß es, soweit die Sprachproduktion betroffen ist, eine Art Sprache erworben hat. Es ist jedoch möglich, daß das Kind in der Lage ist, Laute zu identifizieren und bestimmte grammatische Unterscheidungen sprechender Erwachsener zu interpretieren, lange bevor es in seiner eigenen Sprachproduktion die Fähigkeit zeigt, diese phonologischen und grammatischen Unterscheidungen selbst zu machen. Wenn dem so ist (aufgrund der Merkmale der gegenseitigen Austauschbarkeit und der vollständigen Rückkopplung: 3.4), dann sind wir vielleicht berechtigt, daraus zu schließen, daß sein Erwerbungsprozeß des Sprachsystems in den frühen Stadien der Entwicklung des Sprachproduktionsmechanismus etwas voraus ist; es gibt Daten, die nahelegen, daß dies der Fall ist. Wie dem immer auch sei, so scheint es klar zu sein, daß der Spracherwerb über eine Folge von erkennbar verschiedenen Stufen verläuft.[13]

Gegenwärtig ist nicht so klar, ob der Spracherwerb des Kindes unabhängig von seiner allgemeinen kognitiven Entwicklung verläuft und ob die Unfähigkeit anderer Arten, im Spracherwerb über ein bestimmtes Stadium hinauszugelangen, von ihrer Unfähigkeit abhängt, eine bestimmte höhere Kognitionsebene zu erreichen, und nicht davon abhängig ist, daß ihnen eine spezifischere angeborene Sprachfähigkeit fehlt. Chomsky (1968, 1976) hat sich stark dafür eingesetzt, daß die grammatische Struktur aller menschlichen Sprachen von einer sehr spezifischen Menge von Prinzipien bestimmt ist und daß das Kind mit einer Prädisposition geboren wird, die ihm gestattet, diese Prinzipien in irgendeiner Sprache, der es während des kritischen Zeitraums ausgesetzt ist, zu erkennen. Die Kraft dieses Arguments wird jedoch durch die Tatsache verringert, daß die Linguisten weit davon entfernt sind, über die Universalität der Prinzipien der grammatischen Struktur einig zu sein. Daß die Grammatik aller Sprachen besonders komplex ist, ist unumstritten; es kann auch wahr sein, daß, auf einer sehr allgemeinen Ebene, alle Ähnlichkeiten zwischen den Sprachen vielleicht gleich gut durch die Ähnlichkeit in den semiotischen Funktionen, die alle Sprachen erfüllen, und durch die Tatsache, daß alle menschlichen Wesen dieselben kognitiven Fähigkeiten haben, erklärt werden kann. In diesem Zusammenhang ist es erwähnenswert, daß viele Gelehrte eine Korrelation zwischen der Entwicklungsabfolge für den Spracherwerb und den Stufen der kognitiven Entwicklung, wie sie von solchen Psychologen wie Piaget (1923) erkannt wurde, vorgeschlagen haben.

In der Vergangenheit wurden bei mehreren Gelegenheiten Versuche unternommen, Schimpansen zu trainieren, um gesprochene Sprache zu benützen; der Erfolg war aber gering. In einem der am besten bekannten Experimente war ein junger Schimpanse, genannt Vicki, nach sechs Jahren intensiven Trainings in der Lage, nur vier stimmliche Signale zu produzieren, die englischen Wörtern ähnelten (Hayes & Hayes, 1951). Vor kurzem sind zwei weitere Experimente mit wesentlich größerem Erfolg durchgeführt worden, eines mit einem Schimpansen, genannt Washoe (Gardner & Gardner, 1971), und danach mit einer zweiten Generation von Schimpansen, die mit Washoe interagierten, und das andere mit einem Schimpansen, der Sarah genannt wurde (Premack, 1971). In keinem der Fälle wurde jedoch den Tieren eine gesprochene Sprache gelehrt, denn, wie oben ausgeführt wurde, ist es jetzt anerkannt, daß die Stimmwerkzeuge der höheren nichtmenschlichen Primaten für die Produktion von Sprachlauten nicht gut adaptiert sind, und es wurde angenommen, daß diese Tatsache allein die vergangenen Fehlschläge, ihnen eine gesprochene Sprache zu lehren, erklären könne. Washoe wurde ein gestisches System gelehrt, das in den Vereinigten Staaten von den Taubstummen unter dem Namen American Sign Language verwendet wird. Es gründet sich nicht wie andere Systeme, die von den Taubstummen verwendet werden, auf das Fingerbuchstabieren, und die Prinzipien, die die Kombination von Handgesten, aus denen Äußerungen zusammengesetzt werden, leiten, unterscheiden sich von jenen, die die grammatische Kombination von Wörtern im Englischen bestimmen. Nach ungefähr drei Jahren verfügte Washoe über einen Wortschatz von 87 Zeichen und war in der Lage, diese angemessen in beinahe 300 verschiedenen Zwei-Zeichen-Kombinationen zu verwenden, von denen sie, wie es scheint, viele vorher nicht angetroffen hatte. Sie brachte auch eine Anzahl längerer Äußerungen zustande. Die zweite Generation von Schimpansen machte sogar noch auffallendere Fortschritte.

Der andere Schimpanse, Sarah, wurde trainiert, einen Wortschatz zu lernen, der aus über 100 Plastikstücken bestand, die sich in Größe, Form und Farbe unterschieden; ihr wurde beigebracht, sie mit bestimmten Bedeutungen zu assoziieren, die als die Bedeutungen von bestimmten Eigennamen, Gattungsnamen, Verben, Adjektiven und Adverbien im Englischen identifizierbar waren, und diese Plastik-Wortformen in einer bestimmten linearen Ordnung zu kombinieren, entsprechend der syntaktischen Struktur des von den Experimentatoren entworfenen Systems. Wie Washoe war Sarah imstande, korrekte Kombinationen, die sie vorher noch nicht angetroffen hatte, hervorzubringen. Deshalb haben beide Schimpansen die Fähigkeit bewiesen, ein semiotisches System mit einem gewissen Grad an syntaktischer Struktur und Produktivität zu erwerben. Ob wir nun sagen, daß ihre Fähigkeit von der menschlichen Sprachfähigkeit sich im Grad oder in der Art unterscheidet, ist vielleicht weitgehend eine Frage, wie wir ‚Sprache‘ definieren. Keines der beiden Systeme, die die Schimpansen gelernt haben, hat die grammatische Komplexität der Sprachsysteme, wie sie von erwachsenen Menschen verwendet werden. Im Hinblick auf formale Komplexität scheinen sie sich aber nicht wesentlich von den Sprachsystemen junger Kinder oder der American Sign Language, wie sie von kompetenten Erwachsenen gebraucht wird, zu unterscheiden; dies gilt in besonderer Weise von Sarahs Signalverhalten.

Besonders interessant ist, daß die Äußerungen des Schimpansen gramma-

tisch und semantisch mit den Äußerungen von Kindern auf der oben beschriebenen dritten Stufe des Spracherwerbs vergleichbar sind. Es ist schon
oft gesagt worden, daß die Äußerungen von Kindern während dieses Zeitraums teilweise aufgrund von expressiver und sozialer Bedeutung und teilweise aufgrund einer kleinen Menge spezifischerer struktureller Bedeutungen
(vokativ, desiderativ, attributiv, lokativ, agentiv usw.) erklärt werden können; dies heißt, daß die gleiche Wortkombination mit verschiedenen strukturellen Bedeutungen in verschiedenen Kontexten assoziiert werden kann (cf.
Bloom, 1973). Es ist behauptet worden, daß die Äußerungen der Schimpansen aufgrund der gleichen strukturellen Bedeutungen analysiert werden können und, wenn sie unabhängig von dem Kontext, in dem sie vorkommen,
betrachtet werden, sie dieselbe Art von Ambiguität oder Unbestimmtheit
haben. Brown (1970) setzt die Menge struktureller Bedeutungen, die für die
Analyse von kindlichen Zwei- und Drei-Wort-Äußerungen benötigt werden,
insbesondere mit der sensorisch-motorischen Intelligenz, wie sie von Piaget
(cf. Sinclair, 1971, 1973) postuliert wird, in Verbindung. Diese Art von
Intelligenz, die nicht nur in menschlichen, sondern auch in tierischen Lebewesen wirksam ist, entwickelt sich beim Kind über viele Monate hinweg auf
der Basis seiner Interaktion mit belebten und unbelebten Gegenständen in
seiner Umgebung. Dies impliziert, daß die frühesten, aber nicht die späteren
Sprachentwicklungsstufen von der sensorisch-motorischen Intelligenz kontrolliert werden und daß, als Folge davon, wir erwarten können, daß bestimmte Tierarten diese frühesten Stufen zwar erreichen, aber nicht über sie
hinausgehen. In Anbetracht der strukturellen und funktionellen Parallelen,
die zwischen menschlicher nichtverbaler Kommunikation (unter Einschluß
der nichtverbalen Sprachkomponente) und tierischen Signalsystemen gezogen worden sind, könnte man vielleicht weitergehen und die Hypothese aufstellen, daß nichtverbale Kommunikation im allgemeinen von der sensorisch-
motorischen Intelligenz kontrolliert wird, wohingegen Sprache in ihrer voll
entwickelten Form (obwohl sie weiterhin von der sensorisch-motorischen
Basis Gebrauch macht) eine höhere Art kognitiver Fähigkeit benötigt. Diese
Hypothese würde auch mit der Annahme der zerebralen Dominanz vereinbar
erscheinen und mit dem, was wir gegenwärtig über die Rolle wissen, die von
der linken und rechten Gehirnhälfte beim Sprachverhalten gespielt wird. Wie
dem auch immer sein mag, die Tatsache, daß Parallelen zwischen dem Signalverhalten von Kindern und dem von Schimpansen gezogen werden können,
läßt Zweifel an den Ansichten derjenigen aufkommen, die sagen würden, daß
es eine unüberbrückbare Kluft zwischen menschlichem und nichtmenschlichem Signalisieren gebe.[14]

Aus unserer Diskussion der Sprachentwicklung und aus unserem früheren
Vergleich der verbalen und nichtverbalen Komponenten der Sprache muß
noch eine wichtigere Schlußfolgerung gezogen werden. Diese besteht darin,
daß die Frage, ob Sprache sich aus einem nichtverbalen Signalsystem entwik

kelt hat, nicht genau genug formuliert ist, um positiv oder negativ beantwortet werden zu können; es liegt also nicht nur daran, daß uns Daten fehlen, die uns die Antwort ermöglichen würden. Obwohl es vielleicht keine scharfe Unterscheidung zwischen menschlichem und nichtmenschlichem Signalisieren und zwischen Sprache und Nicht-Sprache gibt, gibt es doch mindestens bestimmte Eigenschaften der Sprache von Erwachsenen, die mit der grammatischen Komplexität und der deskriptiven Funktion der Sprache zu tun haben, die, wie wir gesehen haben, der Sprache allein zuzugehören und insbesondere mit ihrer verbalen Komponente assoziiert zu sein scheinen. Wenn wir entscheiden, den Besitz dieser Eigenschaften zu einem definierenden Charakteristikum dessen zu machen, was wir Sprache nennen wollen, so können wir dann korrekterweise sagen, daß Sprachen sich fundamental oder qualitativ von allen anderen Signalsystemen unterscheiden. Wir hätten gleichermaßen eine Definition von ‚Sprache‘ aufstellen können, nach der man geneigt wäre zu sagen, daß der Unterschied zwischen Sprache und Nicht-Sprache eine Angelegenheit des Grades und nicht der Art ist. Dieser rein definitorische Aspekt der Frage sollte berücksichtigt werden, wenn man die Frage betrachtet, ob Sprache in bezug auf die menschliche Art einzigartig ist oder nicht. Dies gilt auch für die Tatsache, daß – ob wir Sprache auf eine solche Weise definieren, daß es sich herausstellt, daß sie in bezug auf die menschliche Art einzigartig ist oder nicht – es gleichwohl vieles in dem alltäglichen Gebrauch der Sprache gibt, was sie mit anderen Arten des Signalverhaltens sowohl bei Menschen als auch bei Tieren verbindet. Das rationalistische Herangehen an die Semantik, die sich tatsächlich auf die deskriptive Funktion der Sprache beschränkt und dazu neigt, alles außer der verbalen Komponente zu vernachlässigen, gibt von der Sprache als einem semiotischen System eine sehr inadäquate Darstellung. Dies festzuhalten, ohne zur gleichen Zeit abzuleugnen, daß die deskriptive Funktion der Sprache ihre charakteristischste, wenn nicht ihre fundamentalste semiotische Funktion ist, war das Hauptanliegen dieses Kapitels.

4. Semiotik

4.1. Bezeichnung

Die Bedeutung sprachlicher Ausdrücke wird oft unter Rückgriff auf den Begriff der Bezeichnung* beschrieben: d. h., man nimmt an, daß Wörter und andere Ausdrücke Zeichen* sind, die in gewisser Weise andere Dinge bezeichnen* oder für sie stehen. Was diese anderen Dinge sind, ist, wie wir sehen werden, schon lange ein umstrittener Gegenstand gewesen. Es ist praktisch, einen neutralen Terminus technicus für dasjenige zu haben, wofür ein Zeichen steht, was auch immer dies sein mag: wir werden den Terminus das Bezeichnete* für diesen Zweck verwenden, ebenso wie es viele andere Autoren getan haben.

Viele Autoren haben bei der Diskussion des Begriffs der Bezeichnung eine Unterscheidung zwischen Zeichen und Symbolen oder Signalen und Symbolen oder zwischen Symbolen und Symptomen gemacht. Bedauerlicherweise haben jedoch verschiedene Autoren diese Termini nicht einheitlich definiert. Ogden und Richards (1923: 23) unterscheiden z. B. Symbole als „jene Zeichen, die die Menschen verwenden, um miteinander zu kommunizieren", wohingegen Peirce (1940: 104), der auch Symbole als eine Teilklasse der Zeichen behandelt, sie, wie wir sehen werden, auf der Grundlage der konventionellen Natur der Beziehung, die zwischen dem Zeichen und dem Bezeichneten besteht, definiert. Dies gilt auch für Miller (1951: 5). Aber Morris (1946: 23–7), der sich in bestimmten Hinsichten eng an Peirce anlehnt, sagt, daß „ein Symbol ein Zeichen ist …, das als Ersatz für irgendein anderes Zeichen, mit dem es synonym ist, fungiert" und daß „alle Zeichen, die keine Symbole sind, Signale sind". Bühler (1934: 24–33) beschreibt die Äußerung als ein Symptom dessen, was im Geist des Sprechers gegenwärtig ist, als ein Symbol dessen, was gemeint oder bezeichnet ist, und als ein Signal für den Hörer (cf. Ullmann, 1957: 68; 1962: 12), während Cherry (1957: 7) das Wort ‚Zeichen' für „jedes physische Ereignis, das in der Kommunikation hervorgebracht wird", verwendet und ‚Symbol' nur für „religiöse und kulturelle Symbole, die nur in bestimmten historischen Kontexten interpretierbar sind", verwendet wie z. B. die Krone, das Kreuz oder Onkel Sam.[1]

Diese verschiedenen Definitionen von ‚Zeichen', ‚Signal', ‚Symbol' und ‚Symptom' machen deutlich, daß es keine einzelne Standardinterpretation für irgendeinen dieser Ausdrücke in der Literatur gibt. Der Terminus Signal* wurde bereits als Bezeichnung für dasjenige, das in einem Kommunikationskanal übertragen wird und vom Empfänger so interpretiert werden kann, daß es eine Nachricht enkodiert (Kap. 2), eingeführt; wir werden ihn auch weiterhin in diesem Sinne verwenden. Wie wir gesehen haben, sind sprachliche Äußerungen (d. h. die Produkte von Äußerungsakten) Signale, die als Exemplare desselben Typs (1.4, 1.6) angesehen werden können. Wenn wir zunächst die Auffassung akzeptieren, daß jegliche Kommunikation durch Zeichen zustande kommt, dann können wir sagen, daß Nachrichten Zeichen sind, die aus einfacheren Zeichen zusammengesetzt sein können oder nicht. Signale enkodieren daher Zeichen.

Bezeichnung wird oft als eine triadische Beziehung beschrieben, die weiter in drei dyadische Beziehungen analysiert werden kann: zwei grundlegende und eine abgeleitete. Diese Art der Analyse läßt sich einfach durch die diagrammatische Darstellung in der Form eines Dreiecks abbilden, wie es von Ogden und Richards (1923: 11) und später von vielen anderen, die über Semantik oder Kommunikation geschrieben haben, gemacht wurde. In Abbildung 2 haben wir Buchstaben verwendet, um die Ecken dieses Dreiecks zu benennen. Verschiedene Termini werden dafür in der Literatur verwendet: zunächst einmal wollen wir Zeichen* für A, Begriff* für B und das Bezeichnete* für C verwenden. Dies entspricht zumindest einer traditionellen Analyse der Bezeichnung – derjenigen, die z. B. in dem scholastischen Diktum: „vox significat [rem] mediantibus conceptibus" (cf. Ullamnn 1957: 71) ausgedrückt wird. Dies kann wie folgt übersetzt werden: „das Wort bezeichnet [das Ding] vermittels Begriffen". Das lateinische Wort ‚vox' ist der Terminus technicus, der normalerweise für den phonischen Laut verwendet wird, und es wurde häufig für Wörter verwendet, die ausschließlich unter dem Gesichtspunkt ihrer Form (insbesondere ihrer gesprochenen Form) betrachtet wurden; aber es wurde in ziemlich inkonsistenter Weise verwendet, um manchmal auf Wortformen und manchmal entweder auf Lexeme oder auf Ausdrücke zu referieren. Wie wir bereits hervorgehoben haben, wird die Unterscheidung zwischen diesen verschiedenen Bedeutungen des Ausdrucks ‚Wort' selten gemacht, viele der modernen Standardanalysen der Bezeichnung werden dadurch, daß sie dies nicht in Betracht ziehen (1.5), unbrauchbar: wir werden ‚vox' im vorliegenden Kontext so interpretieren, daß es sich auf Lexeme bezieht, und wir werden zunächst die Unterscheidung zwischen Lexemen und Ausdrücken außer acht lassen (wie dies auch in der Arbeit, die wir jetzt zusammenfassen, getan wird). Es sollte auch hervorgehoben werden, daß es bei der Interpretation von ‚dem Bezeichneten' eine gewisse Diskrepanz bei denjenigen Autoren gibt, die diesen Terminus verwenden. Morris (1946) würde z. B. behaupten, daß B und nicht C das Bezeichnete von A ist und daß C sein Denotatum* ist. Wir werden weder auf diese terminologischen Unterschiede, noch auf die etwas andere Vorstellung vom Begriff des Bezeichneten, von dem sie abhängen, eingehen. Wir werden uns auch nicht mit den Ausweitungen der triadischen Analyse der Bezeichnung befassen, die auch den Benutzer des Zeichens oder den Kontext, in dem es verwendet wird, als selbständige Komponenten hinzufügen.

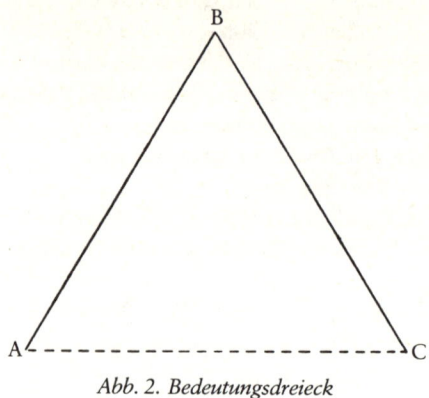

Abb. 2. Bedeutungsdreieck

Die Tatsache, daß das Verhältnis zwischen einem Lexem (A) und seinem Bezeichneten (C) indirekt ist, da sie durch einen Begriff (B) vermittelt ist, wird in dem Diagramm dadurch angedeutet, daß AC als gestrichelte Linie dargestellt wird, im Gegensatz zu AB und BC, die, da sie kontinuierlich sind, zwei grundlegendere Beziehungen abbilden. Dieses graphische Mittel ist an Ogden und Richards angelehnt. Bevor wir ihre Analyse im einzelnen betrachten, soll erwähnt werden, daß nach bestimmten traditionellen Darstellungen sowohl AB als auch BC Beziehungen der Bezeichnung darstellen, wobei das Lexem den Begriff bezeichnet und der Begriff den Gegenstand.

Es wurde bereits erwähnt, daß Ogden und Richards eine Vielzahl von Bedeutungen von ,Bedeutung' unterschieden (1.1). Es ging ihnen insbesondere um Probleme des Mißverständnisses und der Fehlinterpretation; sie glaubten, daß viele von ihnen bedingt waren durch die Neigung, anzunehmen, daß es irgendeine inhärente und unauflösliche Verbindung zwischen Zeichen und dem, wofür sie stehen, gibt. Sie behaupteten, daß die Kommunikation verbessert und die Klarheit des Denkens erleichtert würde, wenn man erkennen würde, daß die Beziehung zwischen Wörtern und Dingen nur eine abgeleitete Beziehung ist – eine bloß zugeschriebene, nicht kausale Beziehung, die sich aus der Assoziation von Wörtern und Dingen im Geist des Sprechers und des Hörers (oder Schreibers und Lesers) während des Kommunikationsprozesses ergibt. (Die Richtung der sogenannten allgemeinen Semantik, die durch die Arbeiten von Korzybski (1933) in den Vereinigten Staaten entstand, und von Autoren wie Chase (1938) und Hayakawa (1949) weiter entwickelt wurde, ist durch einen ähnlichen Wunsch inspiriert, den Menschen die angeblichen Gefahren bewußt zu machen, die entstehen, wenn man Wörter als etwas mehr denn als konventionelle und ziemlich inadäquate Symbole für Gegenstände behandelt. Es wäre vielleicht angemessener, dies als therapeutische Semantik zu beschreiben.) Es wurde jedoch von den AB-

und BC-Beziehungen behauptet, daß sie echte kausale Beziehungen seien; ihre von Ogden und Richards gegebene Darstellung kann in einem sehr allgemeinen Sinn als behavioristisch beschrieben werden. Ein Objekt (C) in der äußeren Welt ruft im Geist des Sprechers einen Gedanken (B) hervor, und dieser Gedanke seinerseits veranlaßt ihn, dazu ein Zeichen A zu produzieren. Ogden und Richards machen die Unterscheidung, die wir zwischen Zeichen und Signal gemacht haben, nicht; sie betrachten daher das Zeichen als etwas, das sozusagen ohne weitere Verarbeitung dem Hörer übermittelt wird. Wir können jedoch leicht eine enkodierende und dekodierende Stufe in den Kommunikationsprozeß einfügen, ohne ihr Modell sonst zu beeinträchtigen. Das Zeichen ruft in dem Geist des Hörers einen Gedanken hervor, und der Gedanke lenkt seine Aufmerksamkeit auf C. Worauf es hier ankommt, ist, daß man annimmt, daß die Entstehung der Gedanken im Geist des Sprechers durch kausale Faktoren oder Stimuli in der äußeren Umgebung determiniert ist. Dies ist der Grund dafür, daß ich gesagt habe, daß die Theorie von Ogden und Richards in einem allgemeinen Sinn dieses Terminus eine behavioristische ist; die Tatsache, daß sie mentalistische Ausdrücke wie ‚Gedanken‘ verwenden, die der Behaviorist verabscheut (5.1), ist irrelevant. Es gibt keinen Grund dafür, daß Gedanken oder Begriffe nicht als theoretische Konstrukte im Rahmen einer mechanistischen Theorie des Wissens und der Kommunikation angenommen werden sollten. Wir werden im nächsten Kapitel Bedeutungstheorien, die eindeutiger behavioristisch sind, behandeln.

Der Terminus, den Ogden und Richards für C verwenden, ist Referent* [englisch: referent]; dieser Terminus wird jetzt von vielen Semantikern verwendet. Es sollte jedoch beachtet werden, daß nach Ogden und Richards die Referenzbeziehung zwischen B und C und nicht zwischen A und C besteht. Wie wir später sehen werden, ist es weitaus üblicher zu sagen, daß Wörter oder Ausdrücke, und nicht Begriffe, auf Gegenstände referieren (oder für sie stehen) (7.2).

Es wurde oft versucht, B oder C zu eliminieren und dabei noch die Auffassung beizubehalten, daß die Bedeutung eines Wortes dasjenige ist, was es bezeichnet. Ullmann (1957: 72) behauptet, daß C für den Semantiker nicht von unmittelbarem Interesse ist und daß diejenigen Eigenschaften von Dingen, die für die Bestimmung der Bedeutung von Wörtern relevant sind, aus den Gegenständen abstrahiert und in B abgebildet sind. Saussures (1916) Analyse folgend (dergemäß das Zeichen nicht A, sondern die zusammengesetzte Einheit A + B ist), beschreibt er nicht nur B, sondern auch A als eine mentale Einheit, indem er sagt, daß sie im Geist dynamisch und reziprok verbunden sind: „Wenn ich den Namen ‚Tisch‘ höre, dann werde ich mir einen Tisch vorstellen; wenn ich mir einen Tisch vorstelle, dann werde ich den Namen, falls erforderlich, aussprechen" (1957: 69–70). Die Bedeutung ist daher eine reziproke Relation zwischen A und B, die „es ihnen ermöglicht, sich gegenseitig hervorzurufen". Andere Gelehrte haben, da ihnen die mentalistische Form dieser Darstellung der Bedeutung verdächtig erschien, die Notwendigkeit von B, nämlich von Gedanken oder Begriffen, die zwischen Wörtern und Dingen vermitteln, in Frage gestellt. Für sie ist die Bedeutung eines Wortes einfach das Objekt oder die Klasse von Objekten, für die bzw. für das es steht. Wir werden an dieser Stelle keinen Exkurs einschieben, um diese beiden Auffassungen der Bedeutung zu diskutieren, da sie der allgemeineren Kritik der Definition der Bedeutung aufgrund von Bezeichnung, die wir später in diesem Kapitel vorbringen werden, unterliegen.

Es gibt sogar unter jenen, die die Auffassung akzeptieren, daß alle drei Komponenten, A, B und C in Betracht gezogen werden müssen, viele Meinungsverschiedenheiten über die Einzelheiten der triadischen Analyse der Bezeichnung. Soll A als eine physische oder als eine mentale Einheit definiert werden? Welches ist der psychologische oder ontologische Status von B? Ist C etwas, auf das in einer bestimmten Situation referiert wird? Oder stellt es die Gesamtheit der Gegenstände dar, auf die durch die Äußerung des Zeichens (oder eines Signals, das das Zeichen enkodiert) referiert werden kann? Oder besteht noch die dritte Möglichkeit, daß es ein typischer oder idealer Vertreter dieser Klasse ist? Auf diese Fragen brauchen wir an dieser Stelle nicht einzugehen: aber wir sollten sie im Auge behalten. Sie sind wichtig und sie werden später, allerdings in einer etwas anderen Form, wieder auftreten.

4.2. Symbole, ikonische Zeichen, Anzeichen und Symptome

Viele der neueren Arbeiten auf dem Gebiet der Zeichentheorie sind durch die Werke von C. S. Peirce stark beeinflußt worden; in diesem Abschnitt werden wir einige der Termini, die er für verschiedene Arten von Zeichen verwendet, betrachten. Bedauerlicherweise ist Peirce nicht nur einer der subtilsten und originellsten Autoren auf diesem Gebiet, sondern auch einer der schwierigsten; in seinen gesammelten Werken gibt es keine einzelne Stelle, an der man eine integrierte und eindeutige Darstellung seiner Theorie finden könnte. Da es uns nicht um die Einzelheiten seiner Theorie geht, sondern nur um die allgemeinsten Unterscheidungen, die er macht, ist dies allerdings kaum von Belang. Der Einfluß Peirces war ohnehin größtenteils nur indirekt. Der Terminus, den Peirce verwendet, um sich auf die Zeichentheorie zu beziehen, ist ,Semiotik' [semiotic]. Es handelt sich hierbei um denselben Terminus, den Locke in seinem *Essay on Human Understanding* (1690) verwendete. Er leitet sich her aus dem griechischen Wort, das „bezeichnen" bedeutet; es wurde in der griechischen Medizin ursprünglich für die Diagnose aufgrund körperlicher Symptome benutzt und von den stoischen Philosophen als umfassender Terminus für die Logik und die Erkenntnistheorie verwendet. Die meisten englischen Autoren verwenden heute jedoch ,semiotics' als das Substantiv und ,semiotic' als das entsprechende Adjektiv; [die entsprechenden deutschen Termini sind: Semiotik* und semiotisch*]. Zunächst wollen wir

Semiotik als den Terminus für die Theorie der Zeichen oder der Bezeichnung ansehen; später werden wir zeigen, daß man den Terminus ‚Semiotik', wie er jetzt von den meisten repräsentativen Autoren verwendet wird, besser so verstehen sollte, daß er sich auf die Analyse von Signalsystemen bezieht; der Leser wird sich daran erinnern, daß er in diesem Sinne bereits in dem vorangegangenen Kapitel verwendet wurde. Die Frage, wie die Semiotik sich von der Semantik unterscheidet, werden wir ebenfalls später behandeln. Ein alternativer (und mehr oder weniger äquivalenter) Terminus für ‚Semiotik' ist Semiologie, den Saussure (1916) für die allgemeinere Wissenschaft (die selbst ein Zweig der Sozialpsychologie ist), von der die Linguistik Teil sein würde, eingeführt hat. Der Terminus ‚Semiologie' wird wohl vor allem von Gelehrten verwendet, die einen typisch Saussureschen Standpunkt (cf. 8.1) vertreten.

Peirce unterschied bis zu zehn verschiedene Klassen von Zeichen mit weiteren Unterteilungen. Diese beruhten jedoch auf sich überschneidenden Kriterien. Wir werden uns nur mit einer der Dimensionen seiner Klassifikation, die eine Unterscheidung zwischen drei Arten von Zeichen ergibt, befassen: Symbolen, ikonischen Zeichen und Anzeichen.

(I) Symbol. Peirces Definition des Symbols* beruht auf der Konventionalität oder Arbitrarität der Beziehung zwischen dem Zeichen und seiner Bezeichnung. Die Bedeutung der Arbitrarität als eines der Konstruktionsmerkmale der Sprache wurde bereits erwähnt (3.4). Eine der philosophischen Kontroversen, die die traditionelle Grammatik entstehen ließen und ihre weitere Entwicklung bestimmten, bezog sich auf genau diese Frage: Ist die Beziehung zwischen der Form eines Wortes und seiner Bedeutung natürlich oder konventionell? Heutzutage würden nur wenige Linguisten die Frage in einer so allgemeinen Form stellen. Saussure (1916) sah das, was er „die Arbitrarität des sprachlichen Zeichens" (d. h. die Konventionalität der Beziehung zwischen Form und Bedeutung) nannte, als eines der grundlegenden Prinzipien seiner ganzen Theorie an; die meisten Linguisten folgten ihm in dieser Hinsicht (obgleich sie den Saussureschen Begriff des sprachlichen Zeichens nicht immer akzeptiert haben). Sie sind sich darüber einig, daß, gleichgültig was in einem früheren Stadium der Evolution des Menschen der Fall gewesen sein mag, der Zusammenhang zwischen einem Wort und dem, wofür es steht, mit verhältnismäßig wenig Ausnahmen arbiträr ist. Was mit dem Terminus ‚arbiträr' in diesem Kontext gemeint ist, kann, wie es häufig getan wird, an einem Beispiel erläutert werden. Im Deutschen gibt es ein Wort ‚Baum', im Englischen ein Wort ‚tree' und im Französischen ein Wort ‚arbre'; wir wollen annehmen, daß jedes dieser Wörter die gleiche Bezeichnung hat: es kann verwendet werden, um auf dieselbe Klasse von Objekten zu referieren. Diese drei Wörter sind ihrer Form nach ganz verschieden; keines ist in irgendeiner natürlichen Weise angemessener, um Bäume zu bezeichnen, als die beiden

anderen. Um dies etwas genauer zu sagen, keine der Formen von ‚Baum'
(nämlich *Baum, Bäume*) oder von ‚tree' (nämlich *tree, trees*) oder von ‚arbre'
(nämlich *arbre, arbres*), gleichgültig, ob sie geschrieben oder gesprochen
wird, repräsentiert Bäume oder ihre charakteristischen Eigenschaften in natürlicher Weise. Im Gegensatz hierzu repräsentieren die Wörter ‚Kuckuck' im
Deutschen, ‚cuckoo' im Englischen und ‚coucou' im Französischen in ihrer
gesprochenen Form in natürlicher Weise den charakteristischen Schrei der
Art der Vögel, die sie bezeichnen (cf. Ullmann, 1957: 88). Was man traditionell als Onomatopoesie*, wie sie hier gezeigt wird, betrachtet, ist eine universell anerkannte Ausnahme von der Allgemeingültigkeit des Saussureschen
Prinzips der Arbitrarität des sprachlichen Zeichens; onomatopoetische Formen stellen auch nur eine kleine Minderheit der Wortformen in einem
Sprachsystem dar. Darüber hinaus gibt es sogar in onomatopoetischen Formen eine gewisse Arbitrarität oder Konventionalität, da sie den phonologischen Systemen bestimmter Sprachen angepaßt sind und nicht unmittelbar
das, wofür sie (oder genauer, die Lexeme, die sie enkodieren) stehen, nach-
ahmen.

Wir haben soeben das Prinzip der Arbitrarität in der Weise interpretiert, in
der es gewöhnlich von Linguisten interpretiert wird. Es sollte jedoch beachtet
werden, daß bei der Saussureschen Analsyse des sprachlichen Zeichens dasjenige, das bezeichnet wird (das *signifié*), mit B und nicht mit C im Bedeutungsdreieck zu identifizieren ist (cf. 4.1). Man könnte daher behaupten, was auch
einige Gelehrte getan haben, daß das Prinzip der Arbitrarität innerhalb eines
Saussureschen Rahmens nicht auf die Beziehung zwischen A und B, sondern
auf die Beziehung, die zwischen A und C besteht, angewendet werden sollte
(von der Ogden und Richards sagten, daß sie indirekt und nicht echt kausal
sei). Diese Frage wurde in linguistischen Zeitschriften ausführlich diskutiert
ebenso wie andere Themen, die mit Saussures Theorie der Bezeichnung im
Zusammenhang stehen (cf. Ullmann, 1962: 81). Wir werden hier weder auf
die Einzelheiten der Saussureschen Analyse der Bezeichnung noch auf die
Diskussion, die sich daraus ergab, eingehen. Im vorliegenden Kontext reicht
es aus zu sagen, daß jetzt anerkannt wird, daß der Begriff der Arbitrarität
etwas komplizierter ist, als er es auf den ersten Blick zu sein scheint. Insbesondere ist deutlich geworden, daß ‚arbiträr' und ‚konventionell' nicht äquivalent sind.

Wenn wir annehmen, daß es keinen inhärenten Grund (keinen natürlichen
Grund, um eine traditionelle Formulierung zu nehmen) dafür gibt, daß das
deutsche Lexem ‚Baum' mit den Formen *Baum* und *Bäume* (und nicht z. B.
mit *Straut* und *Sträute*) assoziiert wird, dann stellen sich einige interessante
Fragen im Zusammenhang mit dem Prinzip der Arbitrarität; und bei diesen
werden wir unter Gelehrten viele Meinungsverschiedenheiten finden. Muß es
unbedingt ein Lexem ‚Baum' im Deutschen geben, unabhängig von den Formen, mit denen es assoziiert ist? Was heißt es überhaupt, wenn man sagt, daß

eine Sprache ein Lexem haben muß oder nicht haben muß, das semantisch mit dem Deutschen ‚Baum' äquivalent ist? Wir werden später sehen, daß Saussure und andere strukturelle Semantiker darauf bestanden haben, daß jede Sprache nicht nur ihr eigenes Inventar an Formen, sondern auch ihr eigenes System von Bedeutungen oder Begriffen hat (cf. 8.1).

(II) Ikonisches Zeichen. Der Peircesche Terminus für nichtarbiträre Zeichen ist ikonisches Zeichen* [icon]. An einer Stelle unterscheidet er ikonische Zeichen von Symbolen wie folgt: „Ein ikonisches Zeichen ist ein Zeichen, das die Eigenschaften, die es zu einem bezeichnenden Zeichen machen, auch dann besitzen würde, wenn sein Gegenstand nicht existierte; wie z. B. ein Bleistiftstrich, der eine geometrische Linie darstellt ... Ein Symbol ist ein Zeichen, das die Eigenschaften, die es zu einem Zeichen machen, verlieren würde, wenn es kein Interpretat [interpretant] gäbe. Jede sprachliche Äußerung, die das, was sie bezeichnet, nur dadurch bezeichnet, daß sie so verstanden wird, daß sie dies bezeichnet, ist von dieser Art" (1940: 104). In der Peirceschen Definition, dies sollte beachtet werden, wird der Terminus ‚Interpretat' verwendet. In Peirces Theorie ist dies die geistige Wirkung, die durch das Zeichen hervorgerufen wird: wir können sie uns als den Begriff, der mit dem Zeichen im Bedeutungsdreieck assoziiert ist, vorstellen. Die Konventionalität oder Arbitrarität von Symbolen im Unterschied zu dem, was man die Natürlichkeit von ikonischen* Zeichen nennen könnte, beruht auf der Tatsache, daß der Benutzer die Konvention kennt oder sich ihrer bewußt ist. Wie wir gesehen haben, hat die Sprache neben der Onomatopoesie viele ikonische Züge, die sie mit nicht-verbalen Signalsystemen (3.4) in Zusammenhang bringen.

Die Unterscheidung zwischen ikonischen Zeichen und Symbolen ist, wie Peirce sie beschreibt, keineswegs deutlich. Er sagt, daß die Ikonizität von einer natürlichen Ähnlichkeit, sei sie geometrisch oder funktional, zwischen dem Zeichen und seinem Gegenstand abhänge. Der Begriff der Ähnlichkeit, der unabhängig von unserer Erkenntnis der relevanten Merkmale, aufgrund derer zwei Dinge ähnlich sind, besteht, ist zumindest verdächtig. Unsere Erkenntnis der Ähnlichkeit zwischen einem Zeichen und seinem Gegenstand (um in der Peirceschen Redeweise zu sprechen) beruht häufig auf unserem Wissen um bestimmte kulturelle Interpretationskonventionen. Daraus folgt, daß ‚ikonisch' nicht mit ‚natürlich' gleichgesetzt werden kann. Wenn wir annehmen, daß einerseits eine Unterscheidung zwischen dem, was natürlich (d. h. nicht gelernt) und dem, was kulturell bedingt ist, gemacht werden kann, und andererseits zwischen dem, was arbiträr, und dem, was nicht arbiträr ist, dann scheint es der Fall zu sein, daß ikonische Zeichen eine Unterklasse der nichtarbiträren Zeichen sind, bei denen die Ähnlichkeit entweder natürlich oder kulturell bedingt sein kann. Darüber hinaus ist die Ikonizität, da die Ähnlichkeit von verschiedener Art sein kann, allenfalls eine komplizierte und heterogene Eigenschaft von Sprachen und anderen semiotischen Systemen (cf. Eco, 1972). Viele der onomatopoetischen Formen der gesprochenen Sprache und der Charaktere und Hieroglyphen sogenannter ideographischer Schriftsysteme sind nur schwach ikonisch in dem Sinne, daß wir, wenn wir ihre Bedeutung kennen, sehen können, daß es eine Ähnlichkeit zwischen der Form und der Bedeutung gibt, aber nicht ihre Bedeutung ausschließlich auf der Grundlage ihrer Form ableiten könnten. Es ist auch erwähnenswert, daß der Terminus ‚Ideogramm' in bezug auf Schriftsysteme der Art, wie sie von den Ägyptern und den Mayas verwendet wurden und noch von den Chinesen verwendet werden, irreführend ist. Diese sogenannten Ideogramme stehen für oder entsprechen den Formen oder Lexemen der gesprochenen Sprache; sie stellen nicht unmittelbar Bedeutungen oder Ideen dar, und verhältnismäßig wenige von ihnen stellen Klassen von Gegenständen bildlich dar. Während darüber hinaus die sogenannten Ideogramme fortschreitend weniger ikonisch wurden (cf. Gelb, 1963), sind alle solchen Systeme flexibler und semantisch effizienter geworden. Allgemein gesagt, kann in der Sprache nur eine verhältnismäßig schwache Form der Ikonizität gefunden werden; wenn wir dennoch in den parasprachlichen Gesten, die beispielsweise die Sprache begleiten, oder in der Mimik Signale verwenden, die stärker ikonisch sind, dann sind diese im allgemeinen nur aufgrund der Redundanz in der Situation und aufgrund der Fähigkeit des Empfängers, unsere Absichten zu erkennen, interpretierbar.

Ikonizität wurde bisher unter Rückgriff auf die Ähnlichkeit (verschiedener Art) zwischen Form und Bedeutung diskutiert. Diese kann als primäre Ikonizität* beschrieben werden; dieser Typ von Ikonizität ist eindeutig mediumabhängig. Die deutsche Wortform *Kuckuck* ist z. B. im phonischen, aber nicht im graphischen Medium ikonisch. Viel wichtiger für die Analyse des Wortschatzes natürlicher Sprachen ist der Begriff der Ähnlichkeit oder Verwandtschaft zwischen verschiedenen Bedeutungen, die mit einer Form (oder einer Menge von Formen) assoziiert ist; dies werden wir später ausführlicher diskutieren (13.4). An dieser Stelle kann darauf hingewiesen werden, daß ein komplexerer Typ von Ikonizität zwischen Form und Bedeutung bestehen kann; diese besteht in dem, was von einem historischen Standpunkt aus als eine Erweiterung der Bedeutung aus einer grundlegenden zu einer übertragenen oder metaphorischen* Bedeutung beschrieben werden kann. Nehmen wir beispielsweise an, daß es im Deutschen ein onomatopoetisches Wort gäbe, das, wenn es ausgesprochen würde, dem Schrei eines Adlers ähneln würde (wie die Aussprache der Zitierform von ‚Kuckuck' dem Schrei des Kuckucks ähnelt). Wenn das Wort „Adler" bedeuten würde, dann wäre das ein Fall von Ikonizität. (Zwar würde das Wort ebenso wie ‚Kuckuck' sich auf die Quelle des Lautes und nicht auf den Laut selbst beziehen, aber die charakteristischen Laute, die von Vögeln und anderen Tieren hervorgebracht werden, sind ebenso ein charakteristischer Teil von ihnen wie ihr Aussehen.

Im phonischen Medium werden ihre charakteristischen Laute ikonisch dargestellt, aber ihr charakteristisches Aussehen im graphischen Medium wie z. B. bei den ägyptischen Hieroglyphen.) Nehmen wir jedoch an, daß das Wort nicht mehr „Adler" bedeuten würde (obgleich dies ursprünglich einmal der Fall gewesen sein kann), sondern „überdurchschnittlich gut sehend". Dies wäre ein Fall dessen, was man sekundäre Ikonizität* nennen könnte, die, was die Formen des Wortes angeht, auf der primären ikonischen Assoziation mit dem charakteristischen Laut des Vogels und, was die Bedeutung des Wortes angeht, auf einer allgemein akzeptierten Assoziation von Adlern mit sehr guter Sehfähigkeit beruht. Diese beiden Assoziationen wurden früher normalerweise als natürlich und nicht als konventionell angesehen; die traditionellen Stilfiguren (Metapher, Metonymie, Synekdoche usw.) wurden von den Stoikern und ihren Nachfolgern verwendet, um der angenommenerweise natürlichen Erweiterung der Bedeutung von einer ursprünglichen oder grundlegenden zu einer sekundären verwandten Bedeutung Rechnung zu tragen. Neuerdings wurden sie verwendet, um historisch belegte Bedeutungsveränderungen zu kodifizieren (Bréal, 1897; Stern, 1931). Sekundäre Ikonizität wurde oft, allerdings nicht in dieser Weise, als einer der Faktoren, die bei dem Ursprung und der Entwicklung der Sprache wirksam waren, ins Spiel gebracht.

Was sekundäre Onomatopoesie genannt wurde, ist ein Sonderfall der sekundären Ikonizität. Beispiele, die von Ullmann gegeben wurden, der sie auf diese Weise klassifiziert, sind Formen wie *dither, dodder, quiver, slink,* die mit verschiedenen Arten von Bewegung zu tun haben, und *gloom, grumpy, mawkish, slatternly,* die Formen von Lexemen sind, die „eine phyische oder moralische Eigenschaft [denotieren], die in der Regel negativ ist" (Ullmann, 1962: 84) [Deutsche Beispiele wären: *bibbern, schlottern, zittern, schlängeln; düster, dumpf brummig, schmuddelig.*] Alle diese Beispiele für sekundäre Onomatopoesie, bei denen der Laut der gesprochenen Wortform als angemessen für die Bedeutung der Lexeme, von denen sie Formen sind, angesehen wird, obgleich die Wörter nicht eigentlich Laute oder Lautquellen denotieren, machen das Phänomen, das als Lautsymbolismus* (oder Phonästhesie*) bekannt ist, deutlich. Dies wurde in der Literatur über Phonetik, Semantik und Stilistik ausführlich behandelt (cf. Ullmann, 1962: 84ff.). Obgleich in bestimmten Sprachen zweifellos bestimmte Laute oder Lautkombinationen mit Aspekten der Bedeutung assoziiert sind (und von diesen Assoziationen wird in der Dichtung oft Gebrauch gemacht), ist es unklar, bis zu welchem Grad die Prinzipien des Lautsymbolismus verschiedenen Sprachen gemeinsam sind. Insoweit er überhaupt existiert, scheint der Lautsymbolismus auf einen verhältnismäßig kleinen Teil des Wortschatzes der Sprachen beschränkt zu sein.

Als Hauptpunkt aus unserer Diskussion der Beziehung zwischen dem Ikonischen und dem Konventionellen ergab sich, daß sie einander nicht so sehr entgegengesetzt sind, wie es nicht nur das Klassifikationsschema von Peirce, sondern auch die Schemata von vielen anderen nahelegen würden. Die kulturell anerkannte Beziehung beispielsweise zwischen Adlern und sehr guter Sehfähigkeit kann auf einer Naturtatsache beruhen oder auch nicht. In der Kultur, in der wir leben, ist jedoch die Beziehung, da sie durch die Konvention unterstützt ist, sicherlich nicht arbiträr. Jedenfalls ist es bei diesem Gegenstand ebenso wie bei vielen anderen letztlich unmöglich, eine Trennungslinie zwischen dem, was biologisch, und dem, was kulturell determiniert ist, zwischen der Natur und der Erziehung, zu ziehen.

Der Terminus ‚ikonisch' ist jetzt in der Literatur gut eingeführt, und er ist, obgleich er nur ein Etikett für eine ziemlich verschiedenartige Menge nichtarbiträrer Beziehungen zwischen Form und Bedeutung ist, doch ein brauchbarer terminus technicus. Es ist jedoch wichtig, ihn nicht als synonym mit ‚natürlich' zu interpretieren. Gegenüber ‚symbolisch' hat ‚ikonisch' den Vorteil, keine andere nichttechnische Bedeutung außerhalb der Semiotik zu haben. Obgleich sich jeder, der die Literatur über Semiotik und Semantik liest, des technischen Gebrauchs der Termini ‚Symbol' und ‚symbolisch' von Peirce und seinen Nachfolgern bewußt sein sollte, gibt es keinen vernünftigen Grund dafür, diesem Gebrauch weiterhin zu folgen. Es wäre wohl vorzuziehen, den Terminus symbolisch* für die Art von Beziehungen, die zwischen Adlern und guter Sehfähigkeit besteht, zu verwenden, wobei man beispielsweise sagt, daß der Adler ein Symbol* für gute Sehfähigkeit ist oder diese symbolisiert.* Neben anderen Vorteilen dieses Gebrauches entspricht er eher dem nichttechnischen Gebrauch der Alltagssprache.

Der beste Terminus technicus für jede nicht-arbiträre Beziehung zwischen Form und Bedeutung oder Bedeutung und Bedeutung, von dem man zeigen kann, daß er auf einem allgemeinen Prinzip beruht, ist wohl der Saussuresche Terminus motiviert*, der bereits weitgehend von den Linguisten verwendet wird (cf. Ullmann, 1973: 352ff.). Wenn es sich um eine Beziehung zwischen der Form und der Bedeutung handelt und das allgemeine Prinzip ein Prinzip der Ähnlichkeit irgendeiner Art ist, dann kann die Form als ikonisch beschrieben werden. Ikonizität, verstanden in diesem Sinn, ist eine besondere Art von Motivation; sie kann entweder primär oder sekundär sein, aber sie hängt immer von den Eigenschaften des Mediums ab, in dem sich die Form zeigt. Es ist nicht sehr sinnvoll, den Terminus ‚Ikonizität' auf Beziehungen zwischen Bedeutung und Bedeutung, wie z. B. die Metapher, anzuwenden (obgleich die Metapher, wie wir gesehen haben, ein konstituierender Faktor für die sekundäre Ikonizität sein kann).

(III) Anzeichen. Peirces dritte Hauptkategorie der Zeichen ist noch heterogener als die beiden anderen. Er gibt folgende explizite Definition für den Terminus Anzeichen* [index]: „Ein Anzeichen ist ein Zeichen, das sofort die Eigenschaft, die es zu einem Zeichen macht, verlieren würde, wenn sein

Gegenstand entfernt würde, aber diese Eigenschaft nicht verlieren würde, wenn es kein Interpretat gäbe" (1940: 104). Diese Definition, so sieht man, ist so formuliert, daß sie Symbole, ikonische Zeichen und Anzeichen zumindest theoretisch als Kategorien, die sich nicht überschneiden, darstellt. Als Erläuterung sagt Peirce weiter, daß ein Stück Erde mit einem Einschußloch ein Anzeichen ist: „denn ohne den Schuß gäbe es kein Loch; aber es ist ein Loch da, gleichgültig, ob jemand so klug ist, es auf einen Schuß zurückzuführen oder nicht". Wie seine Definition sich genau auf andere Beispiele, die er anführt, anwenden läßt, ist jedoch unklar: der wiegende Gang eines Mannes ist „wahrscheinlich ein Anzeichen dafür, daß er ein Seemann ist"; „eine Sonnenuhr oder eine Uhr zeigt die Tageszeit an"; „ein Klopfen an der Türe ist ein Anzeichen", und im allgemeinen ist alles, was „unsere Aufmerksamkeit erregt und auf einen Punkt konzentriert" oder „uns erschreckt", ein Anzeichen (1940: 108). Dies gilt auch für die Demonstrativpronomina, da „sie den Hörer dazu aufrufen, seine Beobachtungsfähigkeiten zu benutzen, und sie somit eine echte Verbindung zwischen seinem Geist und dem Gegenstand herstellen" (1940: 110).

Keiner von Peirces Nachfolgern hat offenbar die Termini Anzeichen*, anzeigend* und anzeigen* in einem so allgemeinen Sinn verwendet, wie er es tat. Morris (1946: 76) verwendet die Termini ‚Identifikator' für Zeichen, die „das Sich-an-einem-Ort-im-Raum-und-in-der-Zeit-befinden bezeichnen", die „das Verhalten auf einen bestimmten Bereich der Umgebung lenken", und ‚Indikatoren' für nichtsprachliche Signale wie z. B. Zeigegesten, die als Identifikatoren fungieren. Sein Terminus ‚Indikator' ist daher enger als, wenn auch verwandt mit, Peirces Ausdruck ‚Anzeichen'. Was ‚Anzeichen' und ‚anzeigend' angeht, so scheint es gegenwärtig dafür zwei ganz verschiedenen Bedeutungen in der Literatur zu geben. Abercrombie (1967) verwendet den Terminus ‚Anzeichen' [indices], um „Zeichen, die persönliche Eigenschaften des Schreibers oder Sprechers zeigen", zu bezeichnen; diese Definition würde eindeutig das Peircesche Beispiel des wiegenden Seemannsganges und einige, allerdings wahrscheinlich nicht alle, Zeichen oder Signale, die unsere Aufmerksamkeit erregen und auf einen Punkt konzentrieren oder uns erschrecken, abdecken. Andererseits verwenden bestimmte Philosophen den englischen Terminus ‚indexical' [in dieser Verwendungsweise wird neuerdings auch im Deutschen der Terminus ‚indexikalisch' gebraucht] für Sätze (z. B. „Ich bin hungrig"), die in dem Sinne kontextabhängig sind, daß der Wahrheitswert der Propositionen, die in Behauptungen ausgedrückt werden, die gemacht werden, wenn man sie äußert, von einem Äußerungsvorkommnis zum anderen variieren kann (cf. Bar-Hillel, 1954 b). Dieser philosophische Gebrauch von ‚indexical' scheint sich aus der Tatsache abzuleiten, daß Peirce ihn auf Demonstrativpronomen und andere Wörter, die die Aufmerksamkeit des Hörers auf Aspekte der unmittelbaren Situation lenken, anwandte. Die Definition von ‚Anzeichen', ‚anzeigend' und ‚anzeigen', die

wir übernehmen werden, wird sich enger an die von Abercrombie an-
lehnen.

Wir werden es als ausschlaggebend für die Anwendung des Terminus anzeigend* ansehen, daß es irgendeinen bekannten oder angenommenen Zusammenhang zwischen einem Zeichen A und seinem Bezeichneten C derart
gibt, daß man annehmen kann, daß das Vorkommen von A die Gegenwart
oder Existenz von C impliziert. Dies ist jedoch noch nicht ausreichend spezifisch für unsere Zwecke: damit ist nur beabsichtigt, den wesentlichen Gehalt
der allgemeinen Definition von Peirce wiederzugeben (ohne die Bedingung
einzuführen, daß es zwischen A und C Berührungspunkte geben muß oder
daß der Zusammenhang zwischen ihnen unabhängig von der Existenz eines
Interpretats sein sollte). Wenn wir sagen, daß Rauch Feuer bedeutet oder daß
lallende Sprache ein Zeichen für Trunkenheit ist, dann implizieren wir aufgrund der soeben gegebenen allgemeinen Definition, daß Rauch und lallende
Sprache Anzeichen sind: wir implizieren das Vorhandensein von Feuer oder
Trunkenheit (indem sie sozusagen darauf zeigen). Aber es gibt eine speziellere Bedingung, die auch in diesen zwei Beispielen erfüllt ist, und diese wollen
wir als eine definierende Bedingung für Anzeichen ansehen. Rauch impliziert
nicht nur, daß es irgendwo Feuer gibt, er zeigt auch das Feuer als die Quelle
des Rauches an.* Lallende Sprache impliziert nicht nur, daß jemand betrun-
ken ist; sie zeigt auch den betrunkenen Zustand des Sprechers an. Wir wollen
es als das wesentliche Merkmal aller Anzeichen ansehen, daß sie in dieser
Weise Information über ihre Quelle übermitteln.

Ein alternativer Terminus für ‚anzeigend‘, der in der linguistischen, psychologischen und ethologischen Literatur sehr gebräuchlich ist, ist express-
siv;* wir haben letzteren Ausdruck bereits in dieser Weise verwendet, um
verschiedene Arten von Bedeutung zu unterscheiden (2.4). ‚Expressiv‘ hat
jedoch den Nachteil, daß es normalerweise auch in anderen Bedeutungen in
der Stilistik verwendet wird: wir sagen von einem Ausdruck, daß er expressiver ist als ein anderer z. B. dann, wenn er lebendiger ist oder in anderer Weise
wirksamer, und zwar unabhängig davon, ob er etwas über den Geisteszu-
stand oder die Persönlichkeit des Autors zeigt. Der Leser sollte beachten, daß
‚expressiv‘ ein Schlüsselbegriff in Bühlers (1934) Theorie ist und im wesentlichen die gleiche Bedeutung hat wie ‚anzeigend‘; er wird auch in dem Sinne in
den Arbeiten von Jakobson und anderen Linguisten der Prager Schule, die
sehr stark von Bühler beeinflußt waren, verwendet. Da wir jetzt aber einen
angemesseneren allgemeinen Ausdruck eingeführt haben für die Information
in Äußerungen, die mit Eigenschaften des Senders (cf. 3.1) kovariiert und sie
daher zeigt, können wir den Terminus ‚expressiv‘ auf jene anzeigenden
Merkmale einer Äußerung, aufgrund derer ein Sprecher oder Schreiber seine
Individualität in einer besonders originellen Weise darstellt oder zeigt, beschränken. Expressivität in diesem Sinne ist daher ein Teil der Kreativität*
(cf. 3.4); sie fällt eher in den Bereich der Stilistik als in den Bereich der

Semantik (insoweit, als diese zwei Zweige der Semiotik oder Linguistik voneinander unterschieden werden können: cf. 14.5).

Anzeigende Zeichen und Signale können auf verschiedene Weise subklassifiziert werden. Abercrombie (1967: 7) unterscheidet zwischen jenen, die „Mitgliedschaft in einer Gruppe anzeigen", jenen, die „das Individuum charakterisieren" und jenen, die „wechselnde Zustände des Sprechers zeigen". Laver (1968) nimmt eine etwas andere dreiteilige Klassifikation vor: in biologische, psychologische und soziale Zeichen. Sowohl Abercrombie als auch Laver geht es primär um das Sprechen und insbesondere um die Stimmqualität* und parasprachliche Merkmale (3.1). Aber ‚anzeigend‘ kann auch gut auf andere Merkmale von Äußerungen angewendet werden, sowohl auf geschriebene als auch auf gesprochene Äußerungen. Nicht nur die Aussprache oder Schrift einer Person kann ihre Zugehörigkeit zu einer bestimmten regionalen oder soziokulturellen Gruppe, ihr Geschlecht und Alter, wer sie ist, was ihr emotioneller Zustand oder ihre Haltung ist usw. zeigen, sondern auch ihre Verwendung einer bestimmten Form oder eines Lexems oder einer bestimmten grammatischen Konstruktion. Tatsächlich ist viel von dem, was oft als individueller Stil eines Autors beschrieben wird, in diesem Sinn des Terminus anzeigend.

Die Subklassifizierung, die hier übernommen werden soll, ist im wesentlichen die gleiche wie die Abercrombies. Anzeichen und anzeigende Merkmale, die als Quelle des Signals ein bestimmtes Individuum charakterisieren, können individualidentifizierend* (oder idiosynkratisch*) genannt werden; Anzeichen und anzeigende Merkmale, die mit ihrer Zugehörigkeit zu bestimmten sozialen Gruppen innerhalb der Gemeinschaft korrelieren (ein bestimmtes Alter haben, einem bestimmten Geschlecht angehören, einen bestimmten Körperbau und eine bestimmte Persönlichkeit haben usw.) können gruppenidentifizierend* genannt werden. Letztere können, wenn notwendig, unterteilt werden in regionalidentifizierende* (oder regionale*) Anzeichen, die auf der geographischen Herkunft des Individuums beruhen, statusidentifizierende* (oder Status*-)Anzeichen, die auf seinem sozialen Stand beruhen, berufsidentifizierende* (oder berufliche*) Anzeichen usw. Merkmale dieser Art sind schon lange von Linguisten untersucht worden; sie werden innerhalb einer Sprachgemeinschaft auch häufig erkannt, da sie in den Bereich von Ausdrücken wie ‚Akzent‘, ‚Dialekt‘, ‚Jargon‘ in ihrem alltagssprachlichen vortheoretischen Sinne gehören.

In der Klasse der Anzeichen gibt es eine besondere Subklasse, die eigens erwähnt werden soll. Dies ist der dritte von Abercrombies Untertypen („diejenigen [Zeichen], die wechselnde Zustände des Sprechers zeigen"), den er (in Übereinstimmung mit vielen anderen Autoren) mit dem Etikett ‚affektiv‘ beschreibt. Anzeigende Merkmale dieser Art werden oft als eine Haltung betreffend [attitudinal] bezeichnet. Es erscheint jedoch wünschenswert, eine etwas weitere Definition von ‚Zustand des Sprechers‘ zu übernehmen als die,

die durch „affektiv' oder ‚eine Haltung betreffend' nahegelegt wird; für die entsprechend weitere Subklasse von Anzeichen, die so definiert werden, werden wir den Terminus Symptom* verwenden. Jede Information in einem Zeichen oder Signal, die dem Empfänger anzeigt, daß der Sender in einem bestimmten Zustand ist, gleichgültig, ob dies ein emotionaler Zustand ist (Furcht, Wut, sexuelle Erregung oder Bereitschaft usw.), ein Gesundheitszustand (an Kehlkopfentzündung leidend usw.), ein Zustand des Betrunkenseins oder was auch immer, wird als symptomatisch* für diesen Zustand beschrieben. In vielen Fällen, allerdings nicht in allen, kann der jeweilige Zustand vernünftigerweise als die Ursache für das Symptom interpretiert werden. Dieser Gebrauch des Terminus ‚Symptom', dies soll beachtet werden, lehnt sich eng an die Bedeutung an, die er in der Medizin hat; wie bereits oben erwähnt, wurde das Wort ‚Semiotik' zuerst im Griechischen für die Kunst der Diagnose verwendet, wobei Symptome als Zeichen interpretiert wurden (cf. Morris, 1946: 285). Der Terminus ‚Symptom' wird tatsächlich in der Literatur in der Bedeutung, die ihm soeben gegeben wurde, sehr oft verwendet; er unterliegt nicht dem gleichen Grad an Veränderung von einem Autor zum anderen wie ‚Symbol' oder ‚Signal'.

Man sieht, daß unsere Definition von ‚Symptom' auch mit Bühlers Gebrauch des Terminus, auf den oben hingewiesen wurde (4.1), vereinbar ist; nach Bühler ist jede Äußerung für den Empfänger ein Symptom dessen, was im Geist des Senders gegenwärtig ist. Es ist jedoch zweifelhaft, ob es vernünftig ist, dem Ausdruck ‚Zustand des Sprechers' eine so allgemeine Interpretation wie diese beizulegen. Aber man könnte behaupten wollen, daß jede Äußerung für den internen Zustand des Senders in einem etwas anderen Sinn symptomatisch ist: nämlich, indem sie durch ein bestimmtes neurophysiologisches Programm determiniert ist und Information, die verwendet werden kann, um die Natur des Programms zu erschließen, mit sich trägt. Dies könnte zutreffen, allerdings wäre es beim gegenwärtigen Forschungsstand vorschnell, in bezug auf die Produktion von gesprochenen Äußerungen zu folgern, daß jedes Exemplar für das, was Hörer als denselben Äußerungstyp ansehen würden, das Produkt eines distinktiven und charakteristischen neurophysiologischen Programms ist. Selbst wenn dies der Fall ist, wären Äußerungen für den neurophysiologischen Zustand des Sprechers nur im Falle von geübten Beobachtern und nicht im Falle von gewöhnlichen Empfängern des Signals symptomatisch.

Es sollte beachtet werden, daß ‚anzeigend' (einschließlich ‚symptomatisch') hier in einer Weise definiert wurde, die weder mit ‚arbiträr' noch mit ‚ikonisch' inkompatibel ist. Viele Symptome und idiosynkratische Anzeichen sind entweder natürlich oder konventionell motiviert; andere sind arbiträr. Es sollte auch betont werden, daß Sprachsignale, wie wir gesehen haben (3.1), ziemlich komplex sind: einige Komponenten eines Äußerungssignals können anzeigend sein und andere nicht-anzeigend. Nach der Subklassifizierung der anzeigenden Merkmale, die wir in diesem Abschnitt vorgeschlagen haben, deckt der Terminus ‚anzeigend' viele Aspekte der sozialen Bedeutung ab. Wir haben bereits darauf hingewiesen, daß wir nur aufgrund der interpersonalen Beziehungen, die innerhalb sozialer Gruppen bestehen, unsere eigene charakteristische Persönlichkeit als Individuum behaupten können (2.4).

4.3. Nominalismus, Realismus und Konzeptualismus

Wir müssen nun die Rolle, die Begriffe in vielen traditionellen und modernen Bedeutungstheorien spielen, etwas näher betrachten. Wie wir sehen werden, ist dies ein philosophisch und psychologisch umstrittenes Thema. Es ist wichtig, daß alle Semantiker sich der Tatsache bewußt sein sollten, daß es diese Kontroversen gibt, auch wenn sie selbst keine Philosophen oder Psychologen sind. Die Fragen, die damit zusammenhängen, sind für jede Theorie der Semantik entscheidend, die den Anspruch erhebt, eine Darstellung der Beziehung, die zwischen der Sprache und der Welt besteht, zu geben. Im Verlauf unserer Diskussion wird ein bestimmtes Inventar an mehr oder weniger standardisierter Terminologie eingeführt, auf die wir später zurückgreifen können. Nehmen wir an, daß es in der äußeren Welt eine Vielzahl von Entitäten verschiedener Art gibt (Personen, Tiere, Pflanzen, usw.), daß eine jede solche Entität ein Individuum* ist und daß sie durch bestimmte beobachtbare oder auf andere Weise erkennbare Eigenschaften* charakterisiert ist oder diese besitzt. Indem wir dies sagen, übernehmen wir die Metaphysik des Alltags.

Unter einem Begriff* ist eine Idee, ein Gedanke oder ein mentales Konstrukt zu verstehen, durch das der Geist Dinge aufnimmt oder sie kennenlernt. Wie wir bereits gesehen haben, vermitteln in einer traditionellen Analyse der Bezeichnung Begriffe zwischen Wörtern und Gegenständen. Dies kann, wie wir wissen, in dem Slogan „Wörter bezeichnen [Gegenstände] mittels Begriffen" zusammengefaßt werden (4.1); wir haben den Gegenstand, der durch ein Wort bezeichnet wird, sein Bezeichnetes* genannt. Wir wollen jetzt den Terminus Bezeichnung* für den vermittelnden Begriff einführen, so daß wir sagen können, daß das, was ein Wort direkt bezeichnet, seine Bezeichnung ist, und daß das, was es indirekt bezeichnet, sein Bezeichnetes ist. In vielen modernen Semantiktheorien wird diese Unterscheidung dadurch gemacht, daß man den Begriff die ‚Bedeutung' eines Wortes und den Gegenstand ‚das gemeinte Ding' nennt (cf. Gardiner, 1932; Ullmann, 1957: 70).

Begriffe sind oft aufgrund einer Anzahl von Dichotomien klassifiziert worden: als einfache oder komplexe, als konkrete oder abstrakte, als singuläre oder allgemeine, als universale oder partikuläre. An dieser Stelle brauchen wir auf die Einzelheiten dieses Schemas nicht einzugehen; es sollte jedoch beachtet werden, daß von ihm solche traditionellen grammatischen Unterscheidungen abhängen wie die, die zwischen konkreten und abstrakten Substantiven sowie zwischen Eigennamen und Allgemeinnamen gemacht werden, teilweise aufgrund der engen Assoziation zwischen grammatischer und logischer Theorie in der westlichen Tradition (cf. 11.3). Hier geht es uns insbesondere um die Unterscheidung zwischen Universalien und einzelnen Gegenständen [particulars]; denn dies war zumindest terminologisch gesehen die Quelle des sogenannten Universalienproblems, das von der Zeit Platons bis heute Gegenstand intensiver philosophischer Kontroversen gewesen ist und in der Form des Konflikts zwischen Nominalismus* und Realismus* die spätmittelalterliche Logik und Metaphysik dominierte. Das Problem ist insbesondere mit dem Namen des englischen Philosophen William von Ockham im 14. Jahrhundert verbunden.

Mit einem Universale ist die Art von Begriff gemeint, die mit Wörtern wie ‚Mann‘ oder ‚schön‘ assoziiert ist, wenn diese prädikativ verwendet werden, um Individuen die Eigenschaft, ein Mann zu sein oder schön zu sein, zuzuschreiben. Das traditionelle Problem der Universalien hat mit ihrem ontologischen, nicht mit ihrem psychologischen Status zu tun. Haben Universalien überhaupt eine eigene Existenz außerhalb des Geistes eines erkennenden oder wahrnehmenden Subjekts? Das heißt, haben sie eine außergeistige oder objektive Existenz? Nach dem, was man als orthodoxen Standpunkt beschreiben könnte, dieser wurde später von den Nominalisten angegriffen, war diese Frage zu bejahen. Der Terminus ‚Begriff‘ konnte daher in zwei Bedeutungen verwendet werden; nicht nur für das, was wir jetzt mentale Begriffe* nennen wollen (und in diesem Sinne haben wir den Terminus zuvor in diesen Abschnitt eingeführt), sondern auch für die postulierten außergeistigen Entitäten, die vom Geist durch die Erkenntnis und Wahrnehmung der äußeren Welt erfaßt wurden. Diese wollen wir objektive Begriffe* nennen. In der Antike gab es zwei Hauptversionen des Realismus, die eine leitet sich von Platon her, diese könnte man transzendentalen oder extremen Realismus nennen, die andere von Aristoteles, diese könnte man im Unterschied dazu immanenten* oder gemäßigten Realismus nennen. Nach Platon existierte der objektive Begriff (oder die Idee im platonischen Sinn dieses Terminus) außerhalb und unabhängig von den Individuen, von denen man sagen kann, daß er sich in ihnen in der einen oder anderen Weise zeigt. Es war jedoch die alternative, gemäßigtere Version des Realismus, die von Aristoteles stammt, die beim Aufbau der scholastischen Synthese von Logik, Erkenntnistheorie und Metaphysik vorherrschte; es war diese Version, die die Nominalisten in erster Linie angriffen. Einige einflußreiche moderne Gelehrte, wie z. B. Frege und Russell, haben jedoch einen Standpunkt vertreten, der sich enger an den Platons anlehnt, und spätere Nominalisten haben sie deswegen kritisiert.

Nach dem aristotelischen Standpunkt bestand jedes Individuum (oder Substanz*) aus zwei verschiedenen, aber untrennbaren Prinzipien, Materie und Form. Die Materie war das Rohmaterial, aus dem etwas gemacht wurde: sie war das individuierende Prinzip, das ein Individuum einzigartig und verschieden von allen anderen Individuen machte. Form (in einem anderen Sinn dieses Terminus als dem, in dem wir ihn als Terminus technicus in diesem Buch gebrauchen: cf. 1.5) war das verstehbare und erkennbare Wesen oder die Natur der Dinge, die ihnen immanent war und keine unabhängige Existenz hatte; sie war in dem Sinne universal, daß verschiedene Individuen die gleiche Form haben konnten. Der objektive Universalbegriff Mann (der durchaus in einfachere Begriffe zerlegt werden könnte) war beispielsweise als Form in allen Individuen, denen man korrekterweise die Eigenschaft, ein Mann zu sein, zuschreiben konnte, immanent.

Die Nominalisten lehnten diese Auffassung über die Beziehung zwischen Wörtern und Dingen ab. Sie glaubten, daß Universalien Namen wären (daher die Bezeichnung ‚Nominalist‘), die Individuen bezeichneten und in Propositionen auf sie in der einen oder anderen Weise referierten. Nur Individuen existierten, und es gab keine objektiven außergeistigen Universalien. Es ist wichtig, an dieser Stelle zu betonen, daß die mittelalterlichen Nominalisten nicht die Objektivität unseres Wissens über die äußere Welt leugneten und auch nicht, daß Individuen Eigenschaften hatten. Sie sagten, daß es keine Entitäten wie Röte gäbe, sondern nur rote Dinge: d. h. individuelle Objekte, auf die wir aufgrund ihrer Farbähnlichkeit den Namen ‚rot‘ anwenden. Universalien fielen daher dem, was allgemein als Ockhams Rasiermesser* bekannt ist, zum Opfer – dem Prinzip der ontologischen Sparsamkeit oder Ökonomie, nach dem „Einheiten nicht über die Notwendigkeit hinaus vermehrt werden sollten", oder in einer offensichtlich authentischeren, aber weniger gebräuchlichen Form: „Pluralität sollte nicht angenommen werden, wenn dies nicht notwendig ist." Was der mittelalterliche Nominalist als unnötig ablehnte, waren objektive nicht-mentale Begriffe.

Der Nominalismus impliziert, wie wir gesehen haben, nicht notwendigerweise Subjektivismus oder Skeptizismus in bezug auf die Möglichkeit, Wissen über die äußere Welt zu erwerben. Ockham zumindest schien der Meinung gewesen zu sein, daß unser Wissen über die Individuen unmittelbar und intuitiv ist und durch die Individuen selbst verursacht ist. Was er über dieses Thema zu sagen hat, ist von großem Interesse. Die intuitive Wahrnehmung eines Objekts bewirkt, daß ein Begriff dieses Objekts auf natürliche Weise im Geist entsteht. Dieser individuelle Begriff ist ein natürliches Zeichen für das Objekt; er kann als die Bedeutung des geschriebenen oder gesprochenen Wortes angesehen werden, das es aufgrund von Konventionen in bestimmten Sprachen bezeichnet. „Die Wahrnehmung einer Kuh führt zur Bildung der gleichen Idee oder „des natürlichen Zeichens" *(Terminus conceptus)* im Geist des Deutschen und des Engländers, obgleich der erstere diesen Begriff in Wörtern oder in der Schrift durch ein konventionelles Zeichen ‚Kuh‘ ausdrücken wird, während letzterer ihn durch ein anderes konventionelles Zeichen ‚cow‘ ausdrücken wird" (Copleston 1953: 54).[2] Nach dieser Interpretation von Ockham glaubte er also, daß die Assoziation zwischen einem Wort und einem Begriff eine Frage der Konvention war: aber für die Existenz eines solchen Begriffs galt dies nicht, und alle Sprachen werden Wörter für die Begriffe haben, die durch die unmittelbare Wahrnehmung von Objekten in der Welt geformt wurden.

Wir werden jetzt den Terminus Konzeptualismus* einführen, mit dem wir uns auf jede Semantiktheorie beziehen wollen, die die Bedeutung eines Wortes oder eines anderen Ausdrucks als den Begriff definiert, der mit ihm im Geiste des Sprechers und des Hörers assoziiert ist. In dieser ziemlich weiten Bedeutung des Terminus können nicht nur der traditionelle Realismus und der Nominalismus als konzeptualistisch beschrieben werden, sondern auch viele alternative Theorien einschließlich der, auf die der Terminus manchmal in einem mehr technischen und eingeschränkteren Sinn von den Philosophen angewendet wird: nämlich auf die Theorie, daß Universalbegriffe eine psychologische, aber keine ontologische Gültigkeit haben und vom Geist erschaffen und nicht unmittelbar wahrgenommen werden.[3]

Der Konzeptualismus in der Semantik, gleichgültig von welcher Form, läßt zwei wichtige Kritikmöglichkeiten zu.[4] Erstens, wenn wir auch annehmen, daß es Begriffe gibt, die mit Wörtern so assoziiert sind, daß (um das Zitat von Ullmann, das oben angeführt wurde, zu erwähnen: 4.1), wenn ich das Wort ‚Tisch‘ höre, mir der Begriff eines Tisches einfallen wird, und wenn ich an einen Tisch denke, das Wort ‚Tisch‘ zur Verwendung, wie erforderlich, abgerufen wird, gibt es keinen Beweis dafür, daß Begriffe dieser Art im alltäglichen Sprachverhalten irgendeine Rolle spielen. Die Introspektion ist bekanntlich unzuverlässig, aber es gibt keine andere Methoden, um zu bestimmen, ob eine Abfolge von Begriffen die Produktion und das Verständnis von Äußerungen begleitet, und die Introspektion unterstützt die Auffassung, daß dies der Fall ist, nicht eindeutig. Natürlich kann man in der Lage sein, ein mentales Bild eines Tisches zu formen, wenn man gebeten wird, dies zu tun (in einem Kontext des Erwähnens und nicht des Gebrauchs); und man könnte durchaus gelegentlich das gleiche tun, wenn man bestimmte Äußerungen entweder in der Produktion oder in der Rezeption verarbeitet. Dies beweist aber nicht, daß wir dies normalerweise bei allen Wörtern tun oder tun müssen. Es sollte auch nicht an dieser Stelle eingewendet werden, daß, wenn wir keinen Begriff für einen Tisch hätten, wir nicht in der Lage wären, Tische zu identifizieren, und daher das Wort ‚Tisch‘ auch nicht korrekt verwenden könnten. Dies könnte nicht nur wahr, sondern sogar tautologisch sein. Denn man könnte behaupten, daß mit Einen-Begriff-für-einen-Tisch-haben gemeint ist, in der Lage zu sein, Elemente der Klasse von Objekten, auf die das Wort ‚Tisch‘ korrekt angewendet werden kann, zu identifizieren, wenn dies erforderlich ist; nur dies ist mit dem Terminus Begriffsbildung*, wie er von vielen Psychologen verwendet wird, impliziert. Aus der Tatsache, daß wir den Begriff eines Tisches erworben haben müssen, bevor man sagen kann, daß wir die Bedeutung von ‚Tisch' kennen, folgt jedoch nicht, daß dieser Begriff bei der Produktion und dem Verstehen der meisten Äußerungen, die das Wort ‚Tisch' enthalten, eine Rolle spielt. So wie der Terminus ‚Begriff' von vielen Autoren über Semantik verwendet wird, ist einfach nicht klar, was damit gemeint ist; dies allein ist vielleicht eine ausreichende Kritik an ihrem Gebrauch dieses Terminus. Er ist schließlich ein Terminus mit einer langen und umstrittenen Geschichte; jeder, der die Bedeutung eines Wortes so definiert, daß sie ein Begriff ist, der mit dem Wort korreliert, ist verpflichtet, seinen Lesern irgendeine Erklärung darüber zu geben, was für eine Art Ding dieser Begriff sein könnte.

Der zweite Kritikpunkt kann nicht nur gegen den Konzeptualismus, sondern gegen jede Semantiktheorie gerichtet werden, die die Bedeutung eines Wortes aufgrund dessen definiert, was es bezeichnet, unabhängig davon, ob man sagt, daß die Bedeutung die Bezeichnung oder das Bezeichnete des Wortes ist. Solange wir unsere Aufmerksamkeit auf Objekte wie Tische beschränken, scheint es vernünftig zu sein zu sagen, daß die Wörter, die verwendet werden, um auf sie zu referieren, Zeichen sind. Zumindest in Fällen wie diesen können wir eine ziemlich klare Darstellung der Beziehung zwischen dem Wort und dem Objekt geben. Wenn wir den Begriff der Bezeichnung jedoch auf alle Lexeme ausweiten, dann laufen wir Gefahr, ihn vollständig zu trivialisieren. Denn wenn man sagt, daß ein Wort das bedeutet, was es bezeichnet – es sei denn, wir fahren fort, verschiedene Arten von Bezeichnung anzuerkennen –, dann sagen wir nicht mehr, als daß ein Wort das bedeutet, was es bedeutet. Es wäre daher vorzuziehen, den Begriff des Bezeichnens oder des Stehens-für auf diejenige Subklasse von Lexemen oder Ausdrücken in einer Sprache einzuschränken, die in einem klar interpretierbaren Sinne von ‚bezeichnen' tatsächlich für Gegenstände stehen. Auf diese Frage kommen wir in Kapitel 7 zurück. Inzwischen sollte der Leser beachten, daß wir in diesem Kapitel die Diskussion der Bezeichnung auf die Bezeichnung von Lexemen eingeschränkt haben; wir haben absichtlich nicht auf unsere Unterscheidung zwischen Formen, Lexemen und Ausdrücken (cf. 1.5) zurückgegriffen. Später wird deutlich werden, daß es, wenn wir erst einmal diese Unterscheidung machen, möglich ist, die Vorstellung, daß eine sprachliche Einheit für etwas anderes steht, mit größerer Konsistenz anzuwenden.[5]

4.4. Syntaktik, Semantik und Pragmatik

Es ist heutzutage üblich, innerhalb der Semiotik drei Bereiche zu unterscheiden: Syntaktik (oder Syntax), Semantik und Pragmatik. Diese dreifache Klassifikation geht letztlich auf Peirce zurück, aber sie wurde in eindeutiger Weise zuerst von Morris gemacht, und sie ist durch ihn allgemein bekannt geworden (1938: 6). Sie wurde von Carnap (1942: 9) aufgegriffen, der ebenso wie Morris (und Bloomfield) ein Mitarbeiter der *International Encyclopaedia of*

Unified Science (Neurath *et al.*, 1939) war, die stark reduktionistisch und physikalistisch gefärbt war; die Klassifikation wurde später von Morris (1946) im Rahmen seiner behavioristischen Zeichentheorie neu formuliert. Zu diesem Zeitpunkt fühlte Morris sich verpflichtet, darauf hinzuweisen, daß die Termini ,Pragmatik‘, ,Semantik‘ und ,Syntaktik‘ „bereits eine Ambiguität erworben hatten, die das Problem dieses Bereichs zu verdunkeln statt zu erhellen drohte, da sie von einigen Autoren verwendet wurden, um Unterteilungen der Semiotik selbst zu bezeichnen, und von anderen, um Arten von Zeichen in der Objektsprache, mit der sich die Semiotik beschäftigt, zu bezeichnen“ (1946: 217).

Es gibt kleine Unterschiede in der Art, in der diese Klassifikation selbst bei Autoren vorgenommen wird, die sie verwenden, um auf die drei Unterteilungen der Semiotik zu referieren, (im Englischen: ,semiotics‘ oder ,semiotic‘, wie Morris und Carnap dies nennen). In seinen früheren Arbeiten definierte Morris die Pragmatik als die Untersuchung „der Beziehung zwischen Zeichen und dem Interpretierenden“, Semantik als die Untersuchung der „Beziehungen zwischen Zeichen und den Gegenständen, auf die die Zeichen anwendbar sind“, und Syntaktik als die Untersuchung der „formalen Beziehungen der Zeichen untereinander“ (1938: 6). Später schlug er eine verbesserte Analyse vor, die „die Merkmale der bestehenden Klassifizierung beibehalten [sollte], während sie bestimmte Beschränkungen und Ambiguitäten beseitigte“ und die drei Termini „innerhalb einer behavioristisch orientierten Semiotik interpretierbar“ machen sollte (1976: 218–19). Die revidierten Definitionen lauten wie folgt: „Die Pragmatik ist jener Teil der Semiotik, der sich mit dem Ursprung, den Verwendungen und den Wirkungen der Zeichen innerhalb des Verhaltens, in dem sie auftreten, befaßt; die Semantik behandelt die Bezeichnung der Zeichen bei allen Bezeichnungsarten; die Syntaktik beschäftigt sich mit den Kombinationen der Zeichen ohne Rücksicht auf ihre spezifischen Bezeichnungen oder ihre Beziehung zum Verhalten, in dem sie auftreten.“

Carnaps Unterscheidung der drei Bereiche der Semiotik lehnt sich eng an Morris’ frühere Formulierung an, abgesehen davon, daß sie auf natürliche Sprachen und logische Kalküle beschränkt ist: „Wenn in einer Untersuchung explizit der Sprecher mit einbezogen wird, oder, um es allgemeiner zu formulieren, der Benutzer der Sprache, dann schreiben wir sie dem Bereich der Pragmatik zu … Wenn wir vom Benutzer der Sprache abstrahieren und nur die Ausdrücke und ihre Designata analysieren, dann sind wir im Bereich der Semantik. Und schließlich, wenn wir auch von den Designata abstrahieren und nur die Beziehung zwischen den Ausdrücken analysieren, dann sind wir in der (logischen) Syntax“ (1942: 9). Der Leser wird feststellen, daß ,Benutzer‘ als allgemeinerer Terminus für ,Sprecher‘ eingesetzt wurde; aber es wird nicht klar gemacht, ob die größere Allgemeinheit dieses Terminus daher kommt, daß die Schreiber der geschriebenen Sprache ebenso wie die Sprecher der gesprochenen Sprachen mit einbezogen werden (so daß „Sender' oder ‚Produzent' immer noch ausreichend allgemein wären), oder ob damit beabsichtigt ist, auch Hörer und Leser als Benutzer mit einzubeziehen. Es scheint aber doch klar zu sein, daß Carnap in der Pragmatik offenbar den Standpunkt des Zeichenproduzenten in natürlicherer Weise vertritt als den des Empfängers (selbst dann, wenn er sich auf „die gesamte Situation – die den Sprecher, den Hörer und die Umgebung einschließt" (1958: 79), bezieht), wohingegen Morris in seiner früheren Formulierung die Pragmatik aufgrund der Wirkungen definiert, die Zeichen auf ihre Interpretierenden haben (allerdings schließt er später die Untersuchung des Ursprungs und der Verwendungen der Zeichen neben der Untersuchung ihrer Wirkung in die Pragmatik ein). Auch bekanntere Formulierungen der Unterscheidung der drei Bereiche der Semiotik sind keineswegs präzise. Typisch für diese ist die Formulierung, die in der Einleitung des Herausgebers zu einer Sammlung von Artikeln von einer großen Zahl von Autoren gegeben wird, die die Unterscheidung zu einem wichtigen Organisationsprinzip beim Aufbau des Buches macht: „Die Syntaktik untersucht, wie Zeichen zueinander in Beziehung stehen. Die Semantik untersucht, wie diese Zeichen zu Gegenständen in Beziehung stehen. Und die Pragmatik untersucht, wie sie zu Personen in Beziehung stehen" (Smith 1966: 4–5). Später wird in diesem Buch ‚Pragmatik' aufgrund der Wirkungen der Signale (oder Zeichen) auf Personen definiert (519).

Für Carnap entspricht die Unterscheidung zwischen Semantik (oder zumindest reiner Semantik) und Pragmatik der Unterscheidung zwischen Sprachen und logischen Kalkülen (die Carnap ‚konstruierte Sprachsysteme' nennt), oder sie ist zumindest damit verwandt: Die Semantik und die Pragmatik sind „grundlegend verschiedene Formen" der „Analyse der Bedeutungen von Ausdrücken"; die eine, die Pragmatik, hat mit „der empirischen Untersuchung von historisch existierenden natürlichen Sprachen" zu tun, die andere, die reine Semantik, mit „der Untersuchung konstruierter Sprachsysteme". Die deskriptive Semantik (d. h., die Untersuchung der Bedeutung von Ausdrücken in „historisch existierenden natürlichen Sprachen"), so sagt er, „kann als Teil der Pragmatik angesehen werden" (1956: 233). Der Grund dafür, daß Carnap die deskriptive Semantik in den Bereich der Pragmatik aufnehmen wollte, scheint in der Tatsache zu liegen, daß er glaubte, daß Unterschiede in der Verwendung bestimmter Ausdrücke nicht nur im Sprachverhalten unvermeidbar seien, sondern daß ihnen auch bei der Beschreibung Rechnung getragen werden muß. Trotz der Tatsache, daß er die reine Semantik und die deskriptive Semantik als „grundlegend verschiedene Formen der Analyse" betrachtete, machte er jedoch in einigen seiner späteren Werke deutlich, daß er glaubte, die reine Semantik diene als Modell für die deskriptive Semantik; Bar-Hillel (1954 a) vertrat den gleichen Standpunkt, indem er für die Anwendung der Arbeiten Carnaps und anderer logischer Semantiker auf die Analyse der natürlichen Sprachen eintrat.

In seinem Beitrag zu einem Sammelwerk, das der Philosophie Carnaps gewidmet ist (Schilpp, 1963), wies Morris darauf hin, daß, obgleich Carnap dazu neigte, „die Pragmatik als eine empirische Disziplin zu betrachten und die Möglichkeit einer reinen Pragmatik neben einer reinen Semantik und reinen Syntaktik nicht anzuerkennen" (88), es keinen Grund dafür gebe, daß sowohl reine als auch deskriptive Termini in die Diskussion der Beziehungen, die zwischen Zeichen und ihren Benutzern bestehen, nicht eingeführt werden sollten. Der Terminus ‚Logik' könnte dann ausgeweitet werden (wie Peirce es vorschlug), um den ganzen Bereich der reinen Semiotik abzudecken. Carnap konzedierte in seiner Antwort diese Punkte (Schilpp, 1963: 861); damals hatte er schon seinen Aufsatz „Über einige Begriffe der Pragmatik" (1956: 248–50), in dem er die gleiche Ansicht vertrat, veröffentlicht. Morris, Carnap und Bar-Hillel stimmten jedoch darin überein, daß, unabhängig davon, welche Unterscheidung zwischen reiner Semantik und reiner Pragmatik gemacht werden könnte, bei der Analyse der Bedeutung in natürlichen Sprachen notwendigerweise pragmatische Überlegungen eine Rolle spielen werden; insbesondere, daß die Unterscheidung zwischen analytischen* und synthetischen* Aussagen auf einer Entscheidung darüber beruht, welche Bedeutungen von den Benützern der Sprache, die beschrieben wird, akzeptiert werden (cf. 6.5). Der „wesentlich pragmatische Charakter" der alltäglichen Sprache wird besonders stark von Bar-Hillel in einem seiner neuesten Aufsätze betont (1970: 206–21).

Die Zusammenfassung, die soeben über die Entwicklung der Unterscheidung zwischen Syntaktik, Semantik und Pragmatik von Morris, Carnap und Bar-Hillel gegeben wurde, macht deutlich, daß die Frage ihrer Anwendbarkeit auf die Beschreibung von Sprachen im Unterschied zur Beschreibung oder Konstruktion logischer Kalküle zumindest unklar ist; bis vor kurzem haben auch nur wenige Linguisten die Unterscheidung in dieser Weise gemacht. Wenn die Linguistik in den Bereich der Semiotik, wie Morris und andere dies vorschlugen, mit einbezogen würde, dann ist es klar, daß sowohl der gesamte Bereich als auch seine Unterteilungen mit größerer Sorgfalt und Genauigkeit umschrieben und beschrieben werden müßten, als es bisher getan wurde. Die Unterscheidung zwischen Pragmatik und Semantik in bezug auf die Analyse der Bedeutung in natürlicher Sprache wird, wie die soeben gegebene Zusammenfassung deutlich macht, allgemein als umstritten angesehen. An dieser Stelle wollen wir statt dessen auf die Unterscheidung zwischen Syntax (oder Syntaktik) und Semantik, wie diese in Zitaten von Morris und Carnap gemacht wird, eingehen. Als erstes fällt die Vagheit der Definition der Syntax auf. Carnaps Definition schränkt die Syntax nicht explizit auf kombinatorische Beziehungen zwischen Wörtern ein (obgleich an seiner späteren Formalisierung eines Systems der reinen Semantik deutlich wird, daß es diese sind, die er im Auge hat); eine der Definitionen macht deutlich, was die Bedingungen für syntaktische Wohlgeformtheit sind. Traditionellerweise haben Linguisten und Philosophen zwischen zwei Prinzipien der Wohlgeformtheit bei der Konstruktion von Sätzen und Ausdrücken unterschieden: nach dem einen Prinzip wird gesagt, daß sie grammatisch sind (*vs.* ungrammatisch); nach dem anderen wird gesagt, daß sie Bedeutung haben (*vs.* keine Bedeutung haben). Wenn die Semantik die Untersuchung der Bedeutung ist, dann gibt es vermutlich einen kombinatorischen Aspekt, bei der Semantik ebenso wie bei der Syntax: aber dies wird in der von Carnap und Morris gegebenen Definition der Syntax nicht berücksichtigt. Eine weitere Kritik an der Definition der Syntax (oder Syntaktik) besteht darin, daß sie nicht zwischen Formen, Lexemen und Ausdrücken unterscheidet (cf. 1.5); daher ist es unsicher, wie oder wo bei der Beschreibung einer Sprache die Morphologie oder Flexion von der Syntax unterschieden werden würde.

Soweit die Semantik definiert ist, beruht diese Definition stark auf dem Begriff der Bezeichnung, der im vorangegangenen Abschnitt kritisiert wurde. Wie wir gesehen haben, reicht es nicht aus, Bedeutung als eine Beziehung zwischen Wörtern und Gegenständen zu definieren; die Annahme theoretischer Entitäten wie Carnaps Designata oder Morris' Dispositionen zu reagieren, muß gerechtfertigt werden, und zwar nicht dadurch, daß ihre ontologische oder psychologische Gültigkeit gezeigt wird, sondern durch ihre Brauchbarkeit für die Beschreibung der alltäglichen Sprachverwendung. Das Aufstellen einer Vielzahl von Bezeichnungsarten (wie Morris dies tut) ist allenfalls eine unbefriedigende Möglichkeit, der Tatsache, daß die meisten sprachlichen Ausdrücke einfach überhaupt nicht als Zeichen verwendet werden, Rechnung zu tragen (außer vielleicht dann, wenn sie reflexiv verwendet werden: cf. 1.2). Bezeichnung ist nur eine von vielen verschiedenen semiotischen Funktionen.

Schließlich wollen wir zum Terminus Semiotik* selbst kommen. Die beste Art, diesen zu definieren, besteht darin, ihn nicht mit der Zeichentheorie, sondern mit der Theorie von Signalsystemen zu identifizieren: d. h., mit Systemen zur Übertragung von Information mittels eines Kanals (cf. 2.1). Bei Signalsystemen (d. h. semiotischen Systemen) können wir diejenigen, die natürlich* sind, von denjenigen, die künstlich* sind, unterscheiden: ‚natürlich‘ heißt hier nicht, daß die Signale ikonisch (d. h. nicht symbolisch) sind (in Peirces Sinn: 4.2); und auch nicht, daß sie teilweise oder gänzlich instinktiv sind (und nicht durch das Lernen erworben); sondern sie sind natürlich in dem Sinne, daß sie „historisch existierend" (wie Carnap dies vielleicht sagen würde) sind und nicht absichtlich konstruiert worden sind. Es ist eine offene Frage, ob es möglich oder sinnvoll ist, die Linguistik in eine allumfassende allgemeine Theorie der Semiotik, die auf alle natürlichen und künstlichen menschlichen oder nicht-menschlichen Signalsysteme anwendbar ist, einzubeziehen. In diesem und dem vorangegangenen Kapitel habe ich versucht, die Ähnlichkeiten und Unterschiede zwischen sprachlichen und nichtsprachlichen Systemen, die auftreten, wenn diese von einem semiotischen Standpunkt aus betrachtet werden, herauszustellen. Im folgenden werden wir uns mehr oder weniger ausschließlich mit der Sprache befassen; wir werden dabei auf die semiotischen Begriffe, die oben eingeführt wurden, insoweit zurückgreifen, als sie für diesen Zweck brauchbar sind, ohne uns damit auf die Möglichkeit, die linguistische Semantik in eine allgemeine Theorie der Semiotik einzubeziehen, festzulegen.

Es wurde oben erwähnt, daß bis vor kurzem die dreifache Unterscheidung zwischen Syntax, Semantik und Pragmatik, deren Entwicklung wir in den Arbeiten von Morris, Carnap und Bar-Hillel verfolgt haben, eine Unterscheidung war, von der nur wenige Linguisten Gebrauch gemacht haben. An dieser Stelle sollte vielleicht hinzugefügt werden, daß, obgleich eine zunehmende Zahl von Linguisten jetzt beginnt, den Terminus ‚Pragmatik' im Unterschied zu ‚Semantik' zu verwenden, die meisten von ihnen dies tun, ohne sich auf die Auffassung, daß die Linguistik ein Zweig der Semiotik sei oder sein sollte, festzulegen. Dies gilt auch für die Mehrheit der Logiker und Philosophen, die eine Unterscheidung zwischen Semantik und Pragmatik machen. Man kann in der Tat behaupten, daß die Ursprünge der dreiteiligen Unterscheidung in der Peirceschen Vorstellung einer umfassenden Wissenschaft der Semiotik jetzt mehr oder weniger irrelevant sind, im Hinblick auf diese Unterscheidung, wie sie heutzutage von Linguisten und Philosophen gemacht wird. Noch weniger wichtig (und darüber haben wir nichts gesagt) ist die Verbindung, die in Peirces Arbeiten zwischen der Pragmatik als Teil der Semiotik und der philosophischen Richtung, die als Pragmatismus bekannt ist, gemacht wird; diese hat, obgleich sie historisch vom Positivismus und Behaviorismus unabhängig war, vieles mit ihnen gemeinsam (cf. 5.1).[6] Es ist seltsam, daß viele der Logiker und Philosophen, die sich jetzt auf die dreiteilige Unterscheidung zwischen Syntax, Semantik und Pragmatik berufen, dies deshalb tun, um ganz traditionelle metaphysische Lehren zu unterstützen. Derartige Lehren wollten logische Positivisten wie Carnap und überhaupt all jene, die zur *Encyclopedia of Unified Science* beitrugen, bekämpfen. Die Verbindung dieser Unterscheidung mit der Richtung zur Vereinheitlichung der Wissenschaft war aber wohl nur eine kurzlebige historische Zufälligkeit; und es gibt in der Tat sehr wenig, was Morris, Carnap und Bloomfield gemeinsam ist, abgesehen von einigen ganz allgemeinen Einstellungen gegenüber der Wissenschaft.

5. Behavioristische Semantik

5.1. Allgemeine Auffassungen

In diesem Kapitel werden wir uns mit behavioristischen Bedeutungstheorien befassen. Obwohl der Behaviorismus heutzutage weniger weitgehend akzeptiert wird, als vor ungefähr einem Jahrzehnt, war er für lange Zeit in der amerikanischen Psychologie dominierend, und er übte einen beträchtlichen Einfluß auf die Formulierung und Diskussion einiger grundlegender semantischer Fragen aus, die nicht nur von Psychologen, sondern auch von bestimmten Linguisten und Philosophen geführt wurde.[1]

Es ist vielleicht hilfreich, mit der Unterscheidung zwischen Behaviorismus als allgemeiner Haltung einerseits und Behaviorismus als voll entwickelter psychologischer Theorie andererseits zu beginnen. In diesem Abschnitt werden wir den Behaviorismus im allgemeineren Sinne diskutieren, wobei wir vier charakteristische Prinzipien oder Richtungen unterscheiden, die seine besondere Stärke oder Bedeutung ausmachen.

Zuerst sollte ein Mißtrauen gegenüber allen mentalistischen Termini wie ,Geist', ,Begriff', ,Idee' usw. beachtet werden und die Ablehnung der Introspektion als eines Mittels, um in der Psychologie gültige Daten zu gewinnen. Der Grund für die Ablehnung der Introspektion ist leicht verständlich. Jedermanns persönliche Gedanken und Erfahrungen sind nur ihm eigen, und was er anderen darüber mitteilt, ist bekanntermaßen unzuverlässig. Es ist in der Tat genauso wahrscheinlich, daß jemand sich selbst unabsichtlich täuscht, wie, daß er andere über das, was er glaubt, und die Motive, die sein Verhalten anregen, täuscht. Da dies so ist, ist die Tatsache, daß es eine weitgehende Übereinstimmung zwischen ziemlich vielen Personen, die über die Ergebnisse ihrer Introspektion berichten, geben kann, keine ausreichende Garantie dafür, daß diese Berichte vertrauenswürdig sind. Wenn diese introspektive Evidenz mit der Evidenz, die sich aus der Untersuchung ihrer Handlungen herleitet, nicht zusammenttrifft, so argumentiert der Behaviorist, dann ist sie nutzlos (oder zumindest potentiell irreführend); und wenn sie mit der verläßlicheren öffentlich zugänglichen Evidenz der Beobachtung zusammentrifft, dann ist sie überflüssig. Die Psychologie sollte sich daher auf das, was direkt beobachtbar ist, beschränken; sie sollte sich mit beobachtbarem Verhalten und nicht mit unbeobachtbaren mentalen Zuständen und Prozessen beschäftigen.

Die Ablehnung des Mentalismus* (in diesem Sinne des Terminus) ist der Zentralpunkt der als Behaviorismus bekannten Richtung, die von J. B.

Watson begründet wurde. Seine klassische Abhandlung wurde 1924 veröffentlicht, aber er hatte die Hauptprinzipien seiner Lehre in Artikeln und Vorlesungen bereits einige Jahre zuvor dargelegt. Auf das Studium der Sprache angewandt führte die Ablehnung der Introspektion zu einer Konzentration auf beobachtbare und reproduzierbare Äußerungen und auf ihr Verhältnis zur unmittelbaren Situation, in der sie produziert wurden. (Man sollte in diesem Zusammenhang beachten, daß viele Psychologen den Terminus ‚verbales Verhalten‘ als Äquivalent für ‚Sprache‘ verwenden und ihn diesem gegenüber häufig vorziehen. Wir haben oben Gründe dafür angegeben, warum man den Terminus ‚Sprachverhalten‘ dem Terminus ‚verbales Verhalten‘ vorziehen könnte, und wir haben eine Unterscheidung zwischen Sprachverhalten und dem zugrundeliegenden Sprachsystem gemacht: 3.1, 1.6.) Für den Psychologen galt es, die Sprache als eine besonders wichtige Form des Verhaltens zu untersuchen; denn sie ermöglichte es ihm, zumindest theoretisch, sogar Denken als Verhalten zu behandeln und somit ohne den Begriff des Bewußtseins auszukommen. Denn alles Denken, so wurde angenommen, könnte als nicht hörbares Sprechen betrachtet werden, das aus geringen und nicht wahrnehmbaren Bewegungen der Sprechorgane besteht. Da das, was unhörbar war, falls notwendig sozusagen verstärkt und allgemein beobachtbar gemacht werden könnte, war Denken als eine Form des Verhaltens der wissenschaftlichen Untersuchung genauso zugänglich wie jede andere.

Das zweite allgemeine Merkmal des Behaviorismus, das hier angeführt werden soll, ist der Glaube, daß es keinen wesentlichen Unterschied zwischen menschlichem und tierischem Verhalten gibt. Und wie wir soeben gesehen haben, konnte Denken oder das, was häufig als Bewußtsein beschrieben wird, grundsätzlich als subvokales Sprachverhalten behandelt werden, und dem Sprachverhalten mußte in gleicher Weise Rechnung getragen werden wie anderen Arten von Verhalten bei Menschen und Tieren. Der Glaube, daß es keinen wesentlichen Unterschied gibt zwischen den Prinzipien, die tierisches und menschliches Verhalten determinieren, verbindet die behavioristische Psychologie mit der Evolutionsbiologie und Zoologie. Wie wir im vorangegangenen Kapitel gesehen haben, unterstützt dieser Glaube die Versuche von Gelehrten wie Morris (1946), eine allgemeine semiotische Theorie zu konstruieren, die auf alle natürlichen Signalsysteme anwendbar ist. In Anbetracht der angeblichen Kontinuität von menschlichem und tierischem Verhalten ist es interessant und angemessen, Fragen wie die folgenden in bezug auf die Semantik zu stellen. Ist tierisches Verhalten im gleichen Sinne bedeutungsvoll, in dem man vom menschlichen Verhalten und insbesondere vom Sprachverhalten sagt, daß es bedeutungsvoll ist? Was sind die Merkmale – wenn es solche gibt – die Sprachen von den Signalsystemen anderer Arten unterscheiden, und was sind die Merkmale – wenn es welche gibt –, die sie gemeinsam haben? Diese Fragen wurden bereits ausreichend detailliert (in

Kapitel 3) diskutiert, und wir werden sie bei unserer Behandlung des Behaviorismus nur kurz noch einmal berühren.

Der dritte Aspekt des Behaviorismus ist seine Tendenz, die Rolle des Instinkts und anderer angeborener Triebe oder Fähigkeiten zu minimalisieren und die Rolle hervorzuheben, die das Lernen nach behavioristischer Auffassung für die Art, wie Tiere und Menschen ihre Verhaltensmuster erwerben, spielt; die Erziehung wird stärker als die Natur betont, und der Umgebung wird mehr Gewicht zugeschrieben und der Vererbung entsprechend weniger. In dieser Hinsicht ist der Behaviorismus natürlich eng mit dem Empirismus verbündet; beide stehen im Gegensatz zum Rationalismus. Denn der Empirismus behauptet, daß die Erfahrung (und genauer die Erfahrung, die durch die Sinne geleitet ist) die hauptsächliche Quelle des Wissens ist, wohingegen der Rationalismus die Rolle betont, die der Geist beim Erwerb des Wissens spielt, und die Fähigkeit des Geistes, von apriorischen Prinzipien aus zu argumentieren, hervorhebt. Der Konflikt zwischen Rationalismus und Empirismus begegnet uns fast auf Schritt und Tritt bei jeder Diskussion der semantischen Prinzipien. Wie wir später sehen werden (6.1), wurde die logische Semantik eng mit dem Empirismus in Verbindung gebracht und vor allem mit dem Positivismus: der Doktrin, daß wissenschaftliche Erkenntnis von der Art, wie sie in den physikalischen Wissenschaften gesucht und erlangt wird, die einzig wahre Form der Erkenntnis ist, daß sie ausschließlich auf Sinneserfahrung basiert und daß es zwecklos ist, sich mit metaphysischen Spekulationen über letzte Gründe oder das Wesen der Wirklichkeit zu befassen. Traditionellere Bedeutungstheorien wurden, wie wir gesehen haben (4.3), im Rahmen des Rationalismus (oder des Konzeptualismus) formuliert.

Das vierte und letzte allgemeine Merkmal des Behaviorismus, das an dieser Stelle erwähnt werden soll, ist seine mechanistische oder deterministische Grundposition. Diese Termini (die wir hier als äquivalent behandeln wollen, obgleich sie manchmal unterschieden werden) sind so zu verstehen, daß sie sich auf die Auffassung beziehen, daß alles, was im Universum geschieht, kausal durch die gleichen physikalischen Gesetze determiniert ist und daß dies für menschliche Handlungen nicht weniger gilt als für die Bewegungen und Veränderungen der unbelebten Materie. Wenn man dieser Ansicht ist, dann ist nur zu erwarten, daß der Behaviorist die Vorhersagbarkeit als Hauptkriterium für die Bewertung jeder Theorie des menschlichen Verhaltens, die er entwickeln könnte, betont; es ist auch vielleicht natürlich, daß er in seiner Darstellung der Weise, wie Sprachverhalten beginnt, in der äußeren Umgebung nach dem kausalen Element bei der Produktion von Äußerungen suchen wird, wo immer dies möglich ist.

Bevor wir weitergehen, sollte betont werden, daß die vier allgemeinen Merkmale des Behaviorismus, die oben aufgezählt wurden, nicht untrennbar zusammengehören, in dem Sinne, daß irgendeines von ihnen irgendein anderes voraussetzt oder impliziert. Man kann ein Gegner der Introspektion sein, ohne ein Mechanist zu sein; man kann leugnen, daß es irgendeine Kluft zwischen dem Menschen und dem Reich der Tiere gibt, ohne damit verpflichtet zu sein, die Existenz des Geistes zu leugnen usw. Noch weniger ist ein Wissenschaftler, wenn er eine oder sogar alle vier Haltungen, die hier aufgezählt wurden, akzeptiert, verpflichtet, auch den Behaviorismus als eine psychologische Theorie zu akzeptieren. Es ist einfach nicht wahr und es galt auch nie für irgendeine zuvor anerkannte Bedeutung des Terminus ‚Mentalismus‘, daß man entweder ein Mentalist oder ein Behaviorist sein muß.

5.2. Speziellere Merkmale des Behaviorismus

Das Verhalten eines jeden Organismus kann, so sagt der Behaviorist, unter Rückgriff auf die Responses*, die der Organismus auf die durch die Umwelt vorgegebenen Stimuli* macht, beschrieben werden. Von diesem Standpunkt aus betrachtet, können andere Organismen als Teil der Umgebung angesehen werden. Die Formel, die häufig verwendet wird, um dieses Verhältnis zwischen Stimulus und Response zu symbolisieren ist:

$$S \rightarrow R$$

Der Pfeil repräsentiert hier eine kausale Beziehung: der Stimulus ist eine Ursache und der Response seine Wirkung. Die Verbindung der beiden ist ein Stimulus-Response-Reflex.

Wenn der Response, den der Organismus auf einen gegebenen Stimulus macht, in der Befriedigung eines Bedürfnisses oder Wunsches resultiert (oder technischer: wenn er einen Zustand der Deprivation beseitigt), dann wird er dadurch verstärkt und als Response wahrscheinlicher, wenn der gleiche Stimulus wiederum auftritt. Es ist wichtig zu beachten, daß der Response ursprünglich zufällig gemacht worden sein kann. Wir brauchen uns auf den Begriff der Absicht oder der Intention nicht zu berufen; und genaugenommen sollten wir das Verhalten, das verstärkt wird, nicht als erfolgreich beschreiben (da Erfolg Intention voraussetzt). Wenn ein Response nicht verstärkt wird, dann wird er allmählich weniger wahrscheinlich und schließlich ausgelöscht; durch aversive Stimulation oder Bestrafung wird er schnell ausgelöscht. Einfacher ausgedrückt können wir sagen, daß ein Organismus allmählich lernen wird, sich davon zurückzuhalten, bestimmte Dinge zu tun, weil sie zu Schmerz oder Bestrafung führen, und er wird lernen, andere Dinge zu tun, weil sie Vergnügen bringen oder eine Beseitigung seines Schmerzes oder seiner Trauer. Die behavioristische Lerntheorie beruht auf diesen grundlegenden Prinzipien.

Ein Verhaltensmuster wird als eine Kette von Stimulus-Response-Reflexen gelernt, was auf folgende Weise gezeigt werden kann:

$$(S_1 \rightarrow R_1) \rightarrow (S_2 \rightarrow R_2) \rightarrow (S_3 \rightarrow R_3) \rightarrow \ldots$$

Man nimmt z. B. an, daß die Grammatik einer Sprache auf diese Weise gelernt wird. Das erste Wort einer Äußerung wird als der Response (R_1) auf einen externen Stimulus (S_1) produziert; die Produktion von R_1 dient dann als ein Stimulus (S_2), auf den das zweite Wort ein Response (R_2) ist; usw. Die kausalen Beziehungen zwischen S-R-Reflexen sind auf der Basis ihrer vorangegangenen Assoziation aufgebaut. Im allgemeinen wird es natürlich mehr als einen möglichen Übergang von einem Wort zum nächsten in einer grammatisch akzeptablen Äußerung geben, und die Stärke der assoziativen Bindung zwischen einem bestimmten Wort und seinen möglichen Nachfolgern wird entsprechend der Häufung, mit der die Wörter in der Vergangenheit assoziiert wurden, variieren, und ihre Assoziation wird verstärkt. Es dürfte deutlich sein, daß diese Auffassung von der grammatischen Struktur von Äußerungen sich ganz natürlich für eine Weiterentwicklung im Sinne der Informationstheorie (siehe 2.3) anbietet, denn jeder Menge von möglichen Nachfolgern an jeder Stelle des Übergangs von einem S-R-Reflex zum nächsten können statistische Wahrscheinlichkeiten zugeordnet werden.

In den früheren Versionen des Behaviorismus – das, was heute oft als klassischer Behaviorismus beschrieben wird – ist der Begriff des konditionierten Reflexes besonders wichtig. In der Tat entstand der Behaviorismus als eigene psychologische Lehre, als Watson aus Pavlovs Arbeit über die Konditionierung physiologischer Reflexe die Schlußfolgerung zog, daß dieser Begriff verwendet werden könnte, um der Entwicklung einer Assoziation zwischen einem Stimulus und seinem Response Rechnung zu tragen. Pavlov hatte gezeigt, daß die Speichelansammlung bei Hunden, die natürlich oder instinktiv als unkonditionierter physiologischer Response in Anwesenheit von Futter auftrat, als Reaktion auf das Läuten einer Klingel hervorgerufen werden konnte, wenn die Klingel mehrmals in Verbindung mit der Bereitstellung von Futter geläutet worden war. Das Futter war ein unkonditionierter Stimulus, das Läuten der Klingel ein konditionierter Stimulus, und die Speichelansammlung ein unkonditionierter Response auf das Futter, aber ein konditionierter Response auf die Klingel. In ähnlicher Weise konnten Reaktionen von Furcht oder Liebe, die in bezug auf eine kleine Menge von Stimuli unkonditioniert (oder instinktiv) waren, in bezug auf andere Ersatzstimuli durch die zufällige oder experimentell hergestellte Assoziation des Ersatzstimulus mit dem ursprünglichen Stimulus konditioniert werden. Verstärkung konnte einen ursprünglich instinktiven Response in einen gelernten Response verwandeln so, wie das Schreien eines Babys durch die Aufmerksamkeit der Eltern in verschiedenen Situationen der Deprivation oder aversiven Stimulation verstärkt wird. Schließlich konnte ein Response auf alle Stimuli, die dem Stimulus, mit dem der Response ursprünglich assoziiert war, ähnelten, generalisiert werden, und je größer die Ähnlichkeit der Stimuli, desto stärker war die assoziative S-R-Bindung, die sich entwickelte.

Soviel zu den grundlegenden Begriffen des Behaviorismus. Auf einen allgemeineren Punkt sollte noch hingewiesen werden, bevor wir dazu übergehen, behavioristische Bedeutungstheorien zu betrachten. Man nahm an, daß der Mechanismus der Verstärkung in ganz ähnlicher Weise operiert wie der Mechanismus der natürlichen Selektion in der Evolutionsbiologie: wie wir gesehen haben, glaubte man, daß eine kleine Anzahl von Reflexen angeboren sei, aber daß die meisten Responses zunächst willkürlich gemacht wurden; ihre Assoziation mit bestimmten Stimuli wurde durch Verstärkung etabliert.

5.3. Behavioristische Bedeutungstheorien

Eine frühe Formulierung des behavioristischen Bedeutungsbegriffs war die von Watson: „Wörter fungieren bei dem Hervorrufen von Responses genauso wie die Objekte, für die die Wörter als Ersatz dienen."[2] Hier wird die Vorstellung des konditionierten Reflexes hervorgerufen: das Wort (d. h. die Wortform) tritt häufig in Anwesenheit eines bestimmten Objektes auf, und das Objekt ruft einen bestimmten Response hervor; eine assoziative Verbindung zwischen dem Wort und dem Objekt wird etabliert (wie zwischen dem Futter und dem Läuten der Klingel in Pavlovs Experimenten); und in Abwesenheit des Objekts fungiert das Wort als Ersatzstimulus. Watsons Ansicht in bezug auf diesen und andere Punkte wurde von A. P. Weiss (1928) weiterentwickelt.

Bloomfields behavioristische Analyse eines imaginären Sprechereignisses basiert auf der gleichen Vorstellung, nämlich daß Wörter oder Äußerungen als Ersatzstimuli und Ersatzresponses fungieren. Sie verdient es, in Einzelheiten diskutiert zu werden: teilweise deshalb, weil sie für die Art der Analyse, die jeder frühe Behaviorist geben würde, typisch ist; aber auch deshalb – und dies ist der wichtigere Grund dafür, daß ihr hier besondere Aufmerksamkeit geschenkt wird –, weil Bloomfield bei der Entwicklung der wissenschaftlichen Untersuchung der Sprache in der ersten Hälfte des Jahrhunderts einer der einflußreichsten Wissenschaftler war und weil er mehr als jeder andere für die Einführung des behavioristischen Standpunktes in der Linguistik verantwortlich war.

In einem seiner früheren Werke hatte Bloomfield (1914) erklärt, daß er der Theorie anhinge, die er später als den mentalistischen Zugang zur Sprachpsychologie, den Wundt (1912) vertrat, verdammen sollte. 1926 hatte er jedoch diesen Ansatz aufgegeben; und in seinem Aufsatz „A set of postulates for the science of language" (Bloomfield, 1926), der explizit entsprechend der Weissschen behavioristischen Postulate für die Psychologie aufgebaut war, vertrat er die Ansicht, Bedeutung bestehe in den beobachtbaren Stimulus-Reaktions-Merkmalen von Äußerungen. Dies ist die Ansicht, die er in allen späteren Publikationen vertrat. In seiner klassischen linguistischen Abhandlung, die zuerst 1933 erschien, machte er einen Unterschied zwischen dem, was er als traditionelle mentalistische Sprachtheorie beschrieb, und „der materialistischen (oder besser mechanistischen) Theorie", dergemäß „menschliche Handlungen... Teil von Ursache-Wirkungs-Folgen sind, genau wie diejenigen, die wir z. B. beim Studium der Physik oder Chemie beobachten" (1935: 33).[3] Er schlug weiterhin vor, daß wir, obgleich wir grundsätzlich vorhersagen könnten, ob ein bestimmter Stimulus jemanden dazu veranlassen könnte zu sprechen, und wenn ja, was er genau sagen würde, in der Praxis die Vorhersage machen könnten „nur, wenn wir die genaue Struktur seines Körpers zu dem Zeitpunkt kennen würden" (1935: 33). Bloomfield teilte also zumindest zwei der allgemeinen Auffassungen, die wir als charakteristisch für den Behaviorismus im ersten Abschnitt dieses Kapitels ansahen: ein Mißtrauen gegenüber dem Mentalismus und einen Glauben an den Determinismus. Darüber hinaus akzeptierte er, wie die Zitate zeigen, jene besonders strenge Form des Determinismus, auf die die Etiketten „Positivismus" und „Physikalismus" oft angewandt werden: d. h. er glaubte, daß alle Wissenschaften den sogenannten exakten Wissenschaften nachgebildet sein sollten und daß alle wissenschaftliche Erkenntnis letztlich reduzierbar sein müßte auf Aussagen über die Eigenschaften der physikalischen Welt, wie sie in der Physik und Chemie beschrieben werden. Es ist in diesem Zusammenhang zu beachten, daß Bloomfield zusammen mit Carnap und Morris ein Mitarbeiter der *Encyclopedia of Unified Science* (Neurath *et al.*, 1939) war, die durch die These des Physikalismus inspiriert war (cf. 4.4).

Bloomfield führte folgendes Beispiel für ein Sprechereignis an (1935: 23 ff.): Jack und Jill gehen einen Weg entlang; Jill sieht einen Apfel auf einem Baum, und da sie hungrig ist, bittet sie Jack, ihn für sie zu holen; er klettert auf den Baum, gibt ihr den Apfel, und sie ißt ihn. In dieser Situation macht die Tatsache, daß Jill hungrig ist und den Apfel sieht, den Stimulus (S) aus. Statt den direkteren Response (R), nämlich auf den Baum zu klettern und den Apfel selbst zu holen, zu machen, macht sie einen Ersatzresponse (r) in der Form einer bestimmten Äußerung, und dieser fungiert als Ersatzstimulus (s) für Jack und veranlaßt ihn, den Response (R) zu machen, so wie er es getan hätte, wenn er selbst hungrig gewesen wäre und den Apfel gesehen hätte. Die ganze Situation wird von Bloomfield wie folgt symbolisiert:

$$S \rightarrow r \ldots s \rightarrow R$$

Der Unterschied zwischen Klein- und Großbuchstaben repräsentiert den Unterschied zwischen einem direkten und einem Ersatzstimulus oder -response. Die Bedeutung der Äußerung ($r \ldots s$) ist „die Situation, in der der Sprecher sie äußert, und der Response, die sie beim Hörer hervorruft" ($S \rightarrow R$) (1935: 26).[4] Später im gleichen Buch spricht Bloomfield vom Stimulusteil des S-R-Komplexes als der Bedeutung der Äußerung (p. 139), und letztlich identifiziert er Bedeutung mit den wiederkehrenden Merkmalen der Situation, in der Formen verwendet werden (p. 158; cf. auch Bloomfield, 1943). Ein Punkt, der bei der Bloomfieldschen Bedeutungsanalyse nicht klar ist – dies sollte beachtet werden –, ist das Verhältnis zwischen der Bedeutung von Äußerungen und der Bedeutung von Lexemen. Jills Ersatzresponse (*r*) ist kein Lexem, sondern eine Äußerung, die entweder eine einfache Wortform sein kann (was Bloomfield anderswo eine minimale freie Form genannt hat) oder eine Sequenz von Wortformen, und sie wird in beiden Fällen zusätzlich eine angemessene prosodische und paralinguistische Modulation (cf. 3.1) haben.

Die Bedeutungsanalyse ist nach Bloomfields Meinung „der schwache Punkt bei der Untersuchung der Sprache", und dies wird auch notwendigerweise so bleiben, „bis menschliches Wissen sehr weit über seinen jetzigen Stand hinausgeht" (1935: 140). Und dies ist deshalb so, weil man annahm, daß eine genaue Darstellung der Bedeutung von Wörtern von einer vollständigen und wissenschaftlichen Beschreibung der Objekte, Zustände und Situationen, für die die Wörter als Ersatz fungieren, abhängt. Für eine kleine Anzahl von Wörtern waren wir bereits in der Lage, eine einigermaßen genaue wissenschaftliche Beschreibung zu liefern. Jills Hunger konnte in bezug auf die Kontraktion ihrer Muskeln und die Sekretion von Flüssigkeiten in ihrem Magen beschrieben werden; ihr Sehen des Apfels konnte in bezug auf die Lichtwellen, die vom Apfel reflektiert wurden und ihre Augen erreichten, analysiert werden; und dem Apfel selbst konnte eine botanische Klassifikation gegeben werden (letztlich zweifellos reduzierbar auf eine rein physikalische Beschreibung). Für die Bedeutung der meisten Wörter konnte jedoch keine solche wissenschaftliche Analyse geliefert werden. Liebe und Haß konnten nicht so einfach durch physikalische Begriffe identifiziert werden wie Hunger. Die Bedeutung von Wörtern wie ‚gut" oder ‚schön‘ konnte noch weniger einfach auf diese Weise charakterisiert werden.

Bloomfields Positivismus oder Physikalismus ist von seinem Behaviorismus zu unterscheiden und kann aus praktischen Gründen der Darstellung und Diskussion, wenn schon nicht aus einem anderen Grund, getrennt behandelt werden. Viele Philosophen haben Bedeutungstheorien vorgeschlagen, die auf dem Positivismus basierten, ohne Behavioristen zu sein; und es ist durchaus vorstellbar, daß jemand Bedeutung in bezug auf ein Stimulus-Response-Modell des Verhaltens beschreiben möchte, ohne dadurch der Auffassung verpflichtet zu sein, daß die einzige wissenschaftliche Beschreibung der Stimuli in einer reduktiven Analyse auf die theoretischen Konstrukte der physikalischen Wissenschaften besteht. Wir wollen daher zunächst jegliche Diskussion der Physikalismusthese aufschieben.

Was können wir dann über das spezifischere behavioristische Element in Bloomfields Bedeutungsanalyse sagen? Die erste und offensichtlichste Bemerkung ist, daß eine Theorie, die angeblich auf der soliden Basis von beobachtbaren Daten konstruiert ist, eine Menge von unbeobachteter und sogar unbeobachtbarer Evidenz als selbstverständlich voraussetzt. Wir wollen als plausibel einräumen, daß es eine hinreichende, allerdings vermutlich nicht notwendige Bedingung für Jills Äußerung des Satzes *Ich habe Hunger* ist, daß sie in der Tat hungrig ist und etwas Eßbares, z. B. einen Apfel, in der Umgebung sieht. Wenn Jills Äußerung als Ersatzstimulus dient, der Jack veranlaßt, sich so zu verhalten, wie er es getan hätte, wenn er hungrig gewesen wäre und den Apfel gesehen hätte, warum hat er dann nicht, nachdem er auf den Baum geklettert war, den Apfel selbst gegessen? Offensichtlich muß etwas anderes eingeführt werden, um der Tatsache, daß Jack Jills Äußerung als Bitte, ihr den Apfel zu geben, interpretiert und akzeptiert, Rechnung zu tragen. Darüber hinaus legt gelegentliche Beobachtung und Erfahrung nahe, daß die Situationen, in denen Vorkommnisse des Äußerungstyps *Ich habe Hunger* produziert werden, außerordentlich verschiedenartig sind und daß die Art des Verhaltens, die solchen Äußerungen folgt, nicht nur verschiedenartig, sondern in vielen Fällen unvorhersagbar ist. Auch gibt es keinen Grund auf der Basis von gelegentlicher Beobachtung und Erfahrung zu glauben, daß es etwas gibt, das unabhängig identifizierbar ist, und das allen Situationen, in denen Vorkommnisse eines gegebenen Äußerungstyps produziert werden, gemeinsam ist.

Man könnte einwenden, daß gelegentliche Beobachtung und Erfahrung kaum als eine verläßliche Grundlage, auf der eine wissenschaftliche Bedeutungstheorie aufgebaut werden kann, akzeptiert werden können; und dies ist durchaus zutreffend. Aber an ihrer Stelle wurde nichts Verläßlicheres vorgeschlagen. Man kann aufgrund einer vorgängigen Überzeugung von einer bestimmten philosophischen Auffassung leicht sagen, daß bestimmte Äußerungen durch die Situation (oder einen Faktor in der Situation) vollständig determiniert sein müssen und daß sie selbst mit der Situation zusammenspielen müssen, um die Reaktion des Hörers zu determinieren; es ist etwas ganz anderes zu zeigen, daß dies angesichts gegenteiliger Evidenz so ist, auch wenn diese nur gelegentlich und anekdotisch ist. Jacks Reaktion hätte sein können, zu sagen *Du kannst nicht hungrig sein; wir haben gerade erst zu Mittag gessen* oder *Bist du sicher, daß du den Apfel möchtest? Du weißt, daß du davon Magenschmerzen bekommst.* Sagen wir dann, daß die Situation, die Jills Äußerung und Jacks Reaktion auslöste, in allen drei Fällen verschieden gewesen sein muß aufgrund der Tatsache, daß Jacks Reaktion anders war? Und wollen wir jetzt darauf bestehen, daß Jills Äußerung in allen drei Fällen eine verschiedene Bedeutung hat? Denn die Bedeutung einer Äußerung, so erinnern wir uns, wird sowohl in bezug auf die Reaktion, die sie hervorruft, als auch in bezug auf den Stimulus, durch den sie hervorgerufen wird, definiert. An anderer Stelle sagt Bloomfield: „Ein bedürftiger Fremder sagt an der Tür *Ich habe Hunger*. Ein Kind, das gerade gegessen hat und nur das Zubettgehen hinauszögern will, sagt *Ich habe Hunger*. Die Linguistik betrachtet nur jene lautlichen Merkmale, die in den beiden Äußerungen gleich sind, und nur jene Stimulus-Reaktions-Merkmale, die in den beiden Äußerungen gleich sind" (1926: 153). Aber was sind die Stimulus-Reaktions-Merkmale, die diese Äußerungen gemeinsam haben? Wie würde man sie identifizieren? Neigen wir nicht dazu zu sagen, daß des Hörers Verständnis der Bedeutung von *Ich habe Hunger* von seiner Reaktion darauf unabhängig und ihr vorgängig ist? Dies wäre sicherlich eine normalere Art, Dinge zu betrachten; gibt man sie zugunsten einer behavoristischen Bedeutungsdefinition auf, dann sind die Vorteile keineswegs deutlich. Wir werden diesen Punkt im nächsten Abschnitt aufgreifen.

Bloomfields Bedeutungsbegriff war, wie wir gesehen haben, mit dem von Watson und Weiss eng verwandt. Skinner, der einer späteren Generation von Behavioristen angehört und eine viel elaboriertere Theorie konstruiert hat, ist in dieser Hinsicht sehr kritisch: „Nur wenn die Begriffe Stimulus und Response sehr vage verwendet werden, dann kann das Prinzip der Konditionierung als ein biologischer Prototyp der Symbolisierung fungieren" (1957: 87).[5] Er weist darauf hin, daß der verbale Stimulus nur in einer sehr begrenzten Zahl von Fällen den gleichen Effekt auf den Organismus haben wird wie das Objekt, mit dem er assoziiert ist; und er verwirft die Termini ‚Zeichen' und ‚Symbol' als Bezeichnungen für die Assoziationsbeziehung. Er baut seine Analyse auf dem Begriff der Stimuluskontrolle* auf. Damit kommen die drei Faktoren Stimulus, Response und Verstärkung ins Spiel; es ist jedoch nicht möglich, zwei von ihnen als Symbol und als das, was symbolisiert wird, zu identifizieren. Wichtig ist, daß Verstärkung allein von den Zufälligkeiten der Umgebung, in der der Stimulus auftritt, abhängt. Wenn das, was zunächst ein zufälliger Response auf einen gegebenen Stimulus ist, verstärkt wird, dann wird der Organismus den Response mit dem vorangegangenen Stimulus assoziieren und in zukünftigen Situationen den gleichen Response auf den gleichen Stimulus eher hervorbringen. Die Wortform *Fuchs* ist z. B. kein Ersatzstimulus, der für eine bestimmte Art von Tier steht; sie ist eine Wortform, deren Assoziation mit den entsprechenden Tieren durch ihr Vorkommen in Äußerungen, die „durch das Sehen eines Fuchses verstärkt wurden und wahrscheinlich verstärkt werden" (Skinner, 1957: 88), etabliert wurde.

Für Skinner sind Äußerungen verbale Operanten.* (Mit dem Terminus ‚Operant' ist beabsichtigt anzudeuten, daß es sich um „Aktivitäten, die auf der Umgebung operieren", im Unterschied zu „Aktivitäten, die primär mit der internen Ökonomie des Organismus zu tun haben" (Seite 20), handelt. Sie zerfallen in zwei Hauptklassen, je nachdem, ob die vorangegangenen Stimuli, die sie kontrollieren, (a) nicht-verbal oder (b) verbal sind; und die erste dieser zwei Klassen ist in zwei Subklassen, mands und tacts, unterteilt.

Der Terminus mand* ist im Englischen mnemotechnisch mit ‚command', ‚demand', ‚countermand' usw, verwandt und bezieht sich auf einen verbalen Operanten, in dem der Response durch eine charakteristische Folge verstärkt wird und daher der funktionalen Kontrolle der relevanten Bedingungen der Deprivation oder aversiven Stimulation unterliegt „(S. 35–6). Äußerungen wie *Reich mir das Buch* oder *Gib mir einen Apfel* wären daher in ihrer charakteristischsten Verwendung mands. Wenn wir vorübergehend die behavioristische Ablehnung der Begriffe Absicht und Intention außer acht lassen, dann können wir sagen, daß mands Äußerungen sind, durch die der Sprecher erreicht, daß der Hörer etwas für ihn tut. Viele Autoren bezeichnen dies als die instrumentale* Funktion der Sprache und halten sie für besonders grundlegend oder primitiv (cf. 2.4). Es sollte beachtet werden, daß mands für Skinner nicht nur Befehle, Aufforderungen und Bitten einschließen, sondern auch Fragen: denn eine Frage wird charakteristischerweise verstärkt durch einen verbalen Response, der den Zustand der Deprivation oder aversiven Stimulation, der die Frage veranlaßte, beseitigt. Skinner erweiterte den Terminus noch, um das abzudecken, was er ‚magische‘ und ‚abergläubische‘ mands nennt wie z. B. Wünsche und Eide.

Die zweite Subklasse von verbalen Operanten unter der funktionalen Kontrolle von vorangehenden nicht-verbalen Stimuli sind tacts*. (Im Englischen hat „der erfundene Terminus ‚tact‘ … die mnemotechnische Konnotation eines Verhaltens, das mit der physischen Welt ‚Kontakt aufnimmt‘ [‚makes contact‘]" (S. 81).) Welche Äußerungen genau als tacts zählen, ist jedoch ziemlich unklar. Ein tact wird definiert als „ein verbaler Operant, bei dem ein Response auf eine gegebene Form hervorgerufen (oder zumindest verstärkt) wird durch ein bestimmtes Objekt oder Ereignis oder durch eine Eigenschaft eines Objekts oder Ereignisses" (1957: 81–2). Aber diese Definition würde vermutlich mands als eine Subklasse von tacts zulassen. In seiner Diskussion der tacts beschäftigte sich Skinner hauptsächlich damit, wie linguistische Ausdrücke allmählich mit Objekten und Ereignissen in der unmittelbaren Situation assoziiert werden. Er sagt, daß „die Gegenwart eines bestimmten Stimulus die Wahrscheinlichkeit des Vorkommens einer bestimmten Form von Response erhöht" (S. 82). Aber damit meint er nicht, daß es wahrscheinlicher ist, daß z. B. Behauptungen eher als Fragen, Befehle oder Aufforderungen auftreten (obgleich er an dieser Stelle seine Aufmerksamkeit auf Behauptungen und besonders Behauptungen, die die unmittelbare physische Umgebung beschreiben, beschränkt): es scheint ihm viel eher darum zu gehen, daß die Gegenwart eines bestimmten Objektes oder das Vorkommen eines bestimmten Ereignisses in der unmittelbaren Umgebung die Wahrscheinlichkeit erhöht, daß der Sprecher eine Äußerung produzieren wird, die einen Ausdruck, der auf das Objekt oder das Ereignis referiert, enthält. Wir haben soeben den Terminus ‚referieren‘ verwendet, obgleich Skinner uns ausdrücklich davor warnt, den Begriff der Stimuluskontrolle zu verwenden, „um Begriffe wie Zeichen, Signal oder Symbol oder eine Relation wie Referenz oder Entitäten wie Ideen, Bedeutungen oder Information, die in einer Sprechepisode mitgeteilt werden, neu zu definieren" (S. 115). Andere Autoren, insbesondere Quine (1960), haben jedoch sowohl Bezeichnung als auch Referenz in behavioristischen Termini neu definiert; und zumindest Quine hat explizit seine Auffassung über den Erwerb der linguistischen Mittel für Referenz durch das Kind auf Skinners Theorie der Operantenkonditionierung bezogen. Auch wir haben den Terminus ‚Ausdruck' und nicht ‚Form' verwendet; und dies deshalb, weil es innerhalb des terminologischen Rahmens, den wir in diesem Buch übernommen haben, Ausdrücke und nicht Formen sind, von denen man sagt, daß sie Referenz haben (cf. 1.5, 7.1).

Skinners eigene Diskussion der Abstraktion und Referenz ist, abgesehen von seiner Einführung des spezifisch behavioristischen Begriffs der Verstärkung (unter Bedingungen der Deprivation oder aversiven Stimulation), derjenigen außerordentlich ähnlich, die in Arbeiten wie Ogden und Richards (1923) gefunden werden kann, die wir oben als selbst behavioristisch in einem weiten Sinne (cf. 2.1) beschrieben haben. Seine Verwendung des Terminus Abstraktion* ist in der Tat ziemlich traditionell: jedes Objekt, das als Stimulus fungiert, hat eine Menge von Eigenschaften, und der Response kann sich ursprünglich auf das gleiche Objekt oder eine Klasse von Objekten beziehen, die alle die gleichen Eigenschaften oder eine Subklasse von diesen haben. Dadurch, daß der Response in der Gegenwart eines Stimulus mit der Eigenschaft, die die Gemeinschaft mit dem Response assoziiert, durch die Gemeinschaft verstärkt wird, und aufgrund der Tatsache, daß die Gemeinschaft den Response in der Gegenwart von Objekten, die die zutreffende Eigenschaft nicht aufweisen, nicht verstärkt, wird der Response schließlich jedoch angemessen spezialisiert*, und die Eigenschaft wird korrekt aus den Objekten, die sie aufweisen, abstrahiert*. Auf diese Weise lernen wir allmählich die Bedeutung von Wörtern wie ‚rot' oder ‚rund'. Abgesehen von der Postulierung des Mechanismus der Verstärkung durch die Gemeinschaft ist das, was hier über Abstraktion gesagt wird, identisch mit dem, was viele Philosophen über die Art, in der sogenannte universale Begriffe gebildet werden (cf. 4.3) identisch. Es ist am offensichtlichsten vielleicht mit den empiristischen Theorien von Locke und Hume verwandt; aber rationalistische Theorien der Abstraktion sind nicht in besonderer Weise andersartig, außer insoweit, als sie die Rolle des angeborenen Wissens oder der Prädispositionen betonen.

Bei Skinner gibt es keinen speziellen Terminus für die Klasse von verbalen Operanten unter der funktionalen Kontrolle von vorgängigen verbalen Stimuli. Diese schließt einen sehr substantiellen Teil der Äußerungen, die wir in der alltäglichen Konversation produzieren, ein. Es gibt aber eine Anzahl von Subklassen, die Skinner unterscheidet und die getrennt erwähnt werden sollten: echoartige Responses, textuelle Responses und intraverbale Responses. Echoartige Responses sind diejenigen, bei denen der Hörer einen Teil dessen oder alles, was der Sprecher soeben gesagt hat, wiederholt. Sie sollen besonders häufig bei Kindern auftreten; außerdem wird betont, daß echoartiges Verhalten weder von irgendeinem Instinkt oder einer Fähigkeit zur Nachahmung abhängt noch darauf hinweist (S. 59). Textuelle Responses sind diejenigen, bei denen der vorgängige verbale Stimulus ein geschriebener Text ist und der Response diejenige Operation, die wir Lesen nennen. Von diesen

Responses sind die intraverbalen am wichtigsten. Zu diesen gehören nicht nur die relativ trivialen Fälle von sozialen Formeln wie *danke gut* (geäußert als Response auf den Stimulus *Wie geht es Ihnen?*), sondern auch ein großer Teil dessen, was wir Wissen nennen. Denn faktisches Wissen, so nimmt man an, wird in Ketten von intraverbalen Assoziationen gespeichert und wird fast so gelernt, wie man ein Gedicht oder ein Gebet auswendig lernen würde, wobei die erste Zeile oder der erste Ausdruck der Stimulus ist, mit dem der zweite assoziativ als Response verbunden ist usw. bis zum Ende des Gedichtes oder Gebetes.

Wir wollen die Einzelheiten dieser Subklassifizierung von verbalen Operanten, die durch vorgängige verbale Stimuli kontrolliert werden, oder überhaupt irgendeine der Unterscheidungen, die Skinner in seinem Buch macht, nicht diskutieren; und wir werden eine generelle Kritik seines Ansatzes bis zum nächsten Abschnitt aufschieben. An dieser Stelle wollen wir nur sagen, daß der wertvollste Aspekt dieses Buches, und das sollte nicht unterbewertet werden, darin besteht, sehr detailliert die Implikationen, die sich zeigen, wenn man eine behavioristische Haltung der Sprache und dem Denken gegenüber einnimmt, herausarbeitet. Einige Merkmale der Skinnerschen Klassifikation von Äußerungen sind, wie wir gesehen haben, ziemlich traditionell (sein Aufstellen einer Klasse von instrumentalen Äußerungen, sein Begriff der Abstraktion); andere sind sowohl neu als auch herausfordernd (seine Unterscheidung zwischen textuellen und intraverbalen Responses, sein kompromißloses Akzeptieren der Konsequenzen des behavioristischen Standpunktes, daß Denken nur unterdrückte Sprache sei, und die Tatsache, daß er außer dem Mechanismus der Verstärkung alles aus seiner Sprachlerntheorie ausschließt). Für die Semantiktheorie ist es von Vorteil, daß sie verpflichtet ist, sich mit den letztgenannten Faktoren auseinanderzusetzen.

5.4. Bewertung der behavioristischen Semantik

Das auffälligste Merkmal jeder bisher vorgeschlagenen behavioristischen Bedeutungstheorie ist, daß sie inadäquat ist, um mehr als nur einen sehr kleinen Teil der Äußerungen des alltäglichen Lebens vernünftig zu behandeln. Dies gilt nicht nur für die früheren Theorien von Watson, Weiss oder Bloomfield, sondern auch für die elaboriertere und weiter entwickelte Skinnersche Theorie. Eine enorme Glaubensakrobatik ist notwendig, bevor man akzeptieren kann, daß der Apparat, der ausreichend ist, um illustrativen Äußerungen wie *Ich habe Hunger, Es regnet, Wasser!* oder *Reich mir das Salz, bitte* Rechnung zu tragen, grundsätzlich in der Lage ist, ohne weitere theoretische Ausweitung der vollen Komplexität des Sprachverhaltens Rechnung zu tragen. Es gibt keine Evidenz für die Unterstützung der Auffassung, daß mehr als nur eine sehr kleine Anzahl der Skinnerschen mands und tacts der funktionalen Kontrolle eines bestimmten und wiederkehrenden Stimulus in der Umgebung unterliegen. Unter diesen Umständen ist der Anspruch des Behavioristen, er habe die Beziehungen zwischen Wörtern und Dingen „im Bereich der Methoden der Naturwissenschaften" (Skinner, 1957: 115) untergebracht, zumindest vorschnell. Was die Klasse der verbalen Operanten unter der funktionalen Kontrolle von vorgängigen verbalen Stimuli angeht, ist ihr Status vielleicht noch weniger zufriedenstellend. In diesen Fällen hat der Begriff der Stimuluskontrolle prima facie nur bei stark ritualisierten Konversationen oder Monologen irgendeine Plausibilität.

Als Rahmen, innerhalb dessen die Bedeutung von Sprachäußerungen oder der in ihnen enthaltenen Wörter und Ausdrücke dargestellt werden kann, ist der Behaviorismus zumindest im Augenblick von sehr geringem Wert. Sein Verdienst besteht in dem Versuch, der Bedeutung unter Rückgriff auf Beobachtbares (das im Unterschied zu rein introspektiver Evidenz von anderen verifiziert werden kann) Rechnung zu tragen. Wir können zugeben, daß ein wichtiger Aspekt der Bedeutung von Wörtern wie ‚Stuhl' oder ‚Buch' im Bereich eines Stimulus-Response-Modells untergebracht werden kann, indem man zeigt, wie sie (oder Ausdrücke, die sie enthalten) allmählich mit bestimmten Klassen von beobachtbaren Dingen, nämlich Stühlen oder Büchern in der Umgebung assoziiert werden. Der Bedeutung von Wörtern, die die beobachtbaren Eigenschaften von Dingen wie z. B. ihre Form, ihre Farbe, ihr Gewicht und ihre Struktur bezeichnen, kann auch auf diese Weise zufriedenstellend Rechnung getragen werden. Aber viele Wörter denotieren keine beobachtbaren Dinge und Eigenschaften, und der Behaviorismus kann nichts Nützliches über die Art, in der solche Wörter ihre Bedeutung erhalten, sagen.

Es ist auch nicht der Fall, daß die Stimulus-Response-Auffassung von der Assoziation zwischen Wörtern und Beobachtbarem genauso einfach ist, wie es zunächst erscheinen könnte. Man hat oft darauf hingewiesen, daß wir auf Wörter normalerweise nicht in der gleichen Weise reagieren, wie wir auf die Dinge, Situationen oder Eigenschaften, mit denen sie assoziiert sind, reagieren würden. Wie Brown dies formuliert: „Jemand, der weiß, daß *Regen* auf Regen referiert, reagiert nicht immer so auf das Wort, wie er auf die Sache selbst reagieren würde, genausowenig wie er immer dann *Regen* sagt, wenn er ihn sieht, hört oder fühlt" (1958: 96). Es ist mehrmals versucht worden, diese Schwierigkeiten zu lösen oder sie zu umgehen. Einige Autoren haben behauptet, daß es selbst dann, wenn es keinen offensichtlichen Verhaltensresponse gibt, immer einen verdeckten Response geben wird: nach einer Theorie, die von Watson stammt, wird dieser die Form nicht-wahrnehmbarer Muskelaktivität haben; nach einer anderen Theorie wird er in einer charakteristischen vermittelnden Reaktion des Nervensystems bestehen. Es braucht nicht eigens gesagt zu werden, daß keine dieser postulierten Reaktionen in irgendeiner Weise direkter beobachtbar ist als die mentalen Begriffe oder Vorstellungen der traditionellen Semantiktheorie; bisher ist noch nicht bewiesen worden, daß solche Reaktionen tatsächlich auftreten. Andere Autoren haben vorgeschlagen, daß die Assoziation zwischen einem Stimulus und ihrem charakteristischen Response dispositional ist: d. h. wir werden nicht notwendigerweise in der Gegenwart eines Stimulus reagieren, auch nicht verdeckt, aber wenn die Assoziation einmal etabliert ist, dann werden wir eine Disposition, angemessen darauf zu respondieren, haben, und diese Disposition wird sich in einem offensichtlichen Response zeigen, vorausgesetzt, daß alle determinierenden Bedingungen dafür erfüllt sind. Wir werden dies als dispositionale* Bedeutungstheorie bezeichnen: zwei ihrer einflußreichsten Vertreter waren Stevenson (1944) und Morris (1946).

Die erste Frage, die in bezug auf diese Bedeutungstheorie gestellt werden muß, ist die Frage, was mit einer Disposition zu respondieren gemeint ist. Es ist grundsätzlich nichts gegen die Vorstellung von dispositionalen Begriffen einzuwenden, und der Behaviorist ist nicht notwendigerweise aufgrund seiner Anerkennung von Dispositionen zu respondieren und der tatsächlichen Responses auf Stimuli auf den Glauben an die Existenz irgendwelcher mentaler Zustände oder Entitäten verpflichtet. Wie oft hervorgehoben wurde, können schließlich viele der Eigenschaften, die wir unbelebten Objekten zuschreiben, wie z. B. Löslichkeit oder Brüchigkeit, als dispositional beschrieben werden. Wenn wir von der Löslichkeit gewöhnlichen Salzes als von einer Disposition, sich in Wasser aufzulösen, spechen würden, dann würde uns niemand des Animismus beschuldigen und sagen, daß wir uns explizit oder implizit verpflichteten, den natürlichen Substanzen einen bestimmten mentalen Zustand zuzuschreiben. Den Erwerb einer Disposition, seitens des Organismus, auf ein bestimmtes Signal zu respondieren, kann man sich als teilweises Neuverdrahten des Nervensystems vorstellen (Brown, 1958: 103); und ein großer Teil des nicht-verbalen Kommunizierens, sowohl bei Menschen als auch bei Tieren, kann vielleicht auf diese Weise erklärt werden. Die Einwände, die man gegen die dispositionale Bedeutungstheorie an dieser Stelle machen wird, hängen daher nicht von diesem grundsätzlichen Punkt ab.

Wenn wir sagen, daß Salz wasserlöslich ist, dann können wir diese Aussage rechtfertigen, indem wir sowohl die Bedingungen, unter denen eine bestimmte Reaktion stattfinden wird, als auch die Art der Reaktion spezifizieren. Aber dies gilt nur für einen geringen Teil des Sprachverhaltens. Bisher zumindest ist es denjenigen Psychologen, die eine dispositionale Bedeutungstheorie vertreten, nicht gelungen zu beweisen, daß es irgendeine spezifische Disposition gibt, die mit den meisten Wörtern und Äußerungen unseres alltäglichen Sprachverhaltens assoziiert ist. Man kann natürlich behaupten, daß, wenn jemand allmählich die Bedeutung eines Wortes lernt, er eine Disposition erwirbt, auf dieses Wort zu respondieren, allerdings nicht in einer spezifischen und charakteristischen Art bei jeder Gelegenheit seiner Verwendung, sondern in unbegrenzt vielen verschiedenen Weisen, je nach seinem Kontext. Das Problem hier ist, daß der Terminus ,Disposition zu respondieren' nun so allgemein, um nicht zu sagen, vage verwendet wird, daß er jegliche Brauchbarkeit verliert. Er vermittelt uns die Illusion, daß wir eine zufriedenstellende theoretische Darstellung der Bedeutung geliefert hätten, wobei wir eigentlich damit nicht mehr sagen, als im folgenden (und vielleicht weniger irreführend) gesagt wird: Wenn man die Bedeutung eines Wortes kennt, dann impliziert dies, daß man in der Lage ist, es zu verstehen, wenn andere Leute es verwenden, und daß man in der Lage ist, es selbst angemessen zu verwenden. Es ist daher vorzuziehen, daß der Semantiker den vortheoretischen Terminus ,Verstehen' für das beibehält, was zugegebenermaßen ein zu erklärender psychologischer Zustand oder Prozeß ist, anstatt daß er dafür einen Terminus einsetzt, der nicht genauer definiert ist als das, was er erklären soll.

Das Resultat unserer allgemeinen Diskussion des Behaviorismus ist, daß es ihm bisher nicht gelungen ist, eine zufriedenstellende allgemeine Bedeutungstheorie zu liefern. Daraus folgt jedoch nicht, und dieser Punkt sollte betont werden, daß das Stimulus-Response Modell des Sprachverhaltens keinerlei Verdienste oder keine Brauchbarkeit aufweist, sondern nur, daß seine Grenzen anerkannt werden sollten und daß die Termini ,Response' und ,Disposition zu respondieren' auf spezifische Reaktionen unter spezifizierbaren Bedingungen restringiert werden sollten. Viele Situationen des alltäglichen Lebens kehren immer wieder, und sie sind leicht identifizierbar sowohl durch die Teilnehmer selbst als auch durch den Sozialpsychologen oder Soziologen, der ihr Verhalten beschreibt; und in vielen dieser Situationen sind bestimmte Äußerungen (des Typs, der oft als Stereotyp oder ritualistisch beschrieben wird) mehr oder weniger vorgeschrieben. Es gibt eine begrenzte Menge von Äußerungen, von denen wir eine auswählen, wenn wir zum ersten Mal jemandem vorgestellt werden (*Angenehm Sie kennenzulernen, Ich bin erfreut, Sie kennenzulernen* usw.), wenn wir an das Telefon gehen, wenn wir jemandem zu seiner Verlobung gratulieren, wenn wir unsere Freunde und Kollegen zum ersten Mal morgens begrüßen usw. Es ist vernünftig, einen Großteil dieses Sprachverhaltens (der in die Kategorie fällt, die Malinowski phatisch*: (cf. 2.4) genannt hat) zu beschreiben als der Kontrolle vorangegangener verhaltensmäßiger oder umgebungsbedingter Stimuli unterliegend. Die weitaus größte Anzahl unserer Äußerungen unterliegt nicht der funktionalen Kontrolle bestimmter Stimuli in den Situationen, in denen sie auftreten, oder dies scheint zumindest nicht so zu sein. Aber dies sollte uns nicht daran hindern zuzugeben, daß das Sprachverhalten neben solchen stimulusfreien* Äußerungen auch eine Menge von stimulus-gebundenen* Äußerungen erschließt, deren Bedeutung adäquat beschrieben wird, wenn man sagt, daß sie Responses auf vorgängige Stimuli sind. Es ist wichtig, beide Typen von Äußerungen bei der Sprachbeschreibung ausreichend zu berücksichtigen; wenn wir die Plausibilität einer behavioristischen Darstellung der Bedeutung von stimulusgebundenen Äußerungen akzeptieren, dann können wir die Frage offenlassen, ob S-R-Reflexe auf der Basis des Instinkts oder eines anderen angeborenen Mechanismus entwickelt werden und ob sie durch Operanten-Konditionierung oder auf andere Weise geformt werden.

Wir können auch zugestehen, daß Äußerungen nicht notwendigerweise total stimulusfrei oder total stimulusgebunden sind. Wenn jemandem z. B. eine Frage gestellt wird, dann wird er normalerweise darauf reagieren, indem er eine Antwort gibt. Die Form, die seine Äußerung hat, kann in dem Sinne undeterminiert oder stimulusfrei sein, daß die Wörter, die er wählt, und die Art, in der sie kombiniert sind, nicht aus der Form der Frage oder dem Kontext, in dem sie gestellt wird, vorhergesagt werden kann; aber sie kann dadurch determiniert oder stimulusgebunden sein, daß sie eine bestimmte grammatische Struktur hat, die charakteristisch ist für die Äußerungen, die in angemessener Weise als Antworten auf Fragen einer bestimmten Form fungieren; sie kann mit einem bestimmten Tonfall oder in einem bestimmten Stil geäußert werden, der nicht nur der Situation, den Rollen und dem Status der Teilnehmer angemessen ist, sondern auch durch diese Faktoren determiniert ist. Um es kurz zu sagen, was wir als interpersonale Funktion von Äußerungen unterschieden haben, könnte durch vorgängige verhaltensmäßige und umgebungsbedingte Stimuli stärker determiniert sein als ihr propositionaler oder rein deskriptiver Aspekt (cf. 2.4). Die meisten Semantiker neigten in der Vergangenheit dazu, sich auf die deskriptive Funktion der Sprache zu konzentrieren. Die behavioristische Sprachtheorie kann durchaus als allgemeine Theorie des Spracherwerbs und des Sprachgebrauchs inadäquat sein, aber sie hat das Verdienst, daß sie die Tatsache betont, daß wir, wenn wir eine Sprache sprechen, uns in bestimmter Weise sozial verhalten und daß dieses Verhalten in beträchtlichem Maße durch seinen Erfolg oder Mißerfolg bei der Bewirkung von Veränderungen in der Umgebung, einschließlich der Aktivität oder Haltungen derjenigen, mit denen wir interagieren, kontrolliert wird. Zumindest kann sie uns helfen, uns von der traditionellen Neigung, Sprache zu behandeln, als sei sie nichts anderes als ein Instrument für die Kommunikation von Gedanken, zu befreien (cf. 4.3). Es sollte auch nicht vergessen werden, daß sogar die deskriptive Funktion der Sprache in diesen allgemeineren Rahmen der sozialen Interaktion eingebettet ist. Wenn wir jemandem faktische Information durch Sprache liefern, dann tun wir dies normalerweise, um das, was er glaubt, und sein Verhalten zu beeinflussen (cf. 2.4). Die Wichtigkeit dieses Punktes wird noch deutlicher, wenn wir die Theorie der Sprechakte (cf. 16.1) diskutieren.

Es ist auch möglich, daß die Verstärkung oder Konditionierung von Responses in Gegenwart bestimmter Stimuli, wie Skinner und andere Psychologen sich dies vorstellten, nicht nur ein normales, sondern sogar ein notwendiges Element beim Prozeß des Spracherwerbs ist. Es könnte durchaus der Fall sein, daß Kinder anfangen, die Sprache zu verwenden, indem sie bestimmte Wörter oder Äußerungen mit spezifischen Objekten und Situationen als konditionierte oder verstärkte Responses auf Stimuli assoziieren (cf. Quine, 1960). Wenn dies so ist, dann werden Kinder jedoch sehr bald über das Stadium, in dem alle Aspekte ihrer Sprachverwendung und ihres Sprachverstehens in S-R-Begriffen beschrieben werden können, hinausgehen. Wie sie dies tun, wird von den Behavioristen nicht zufriedenstellend erklärt. Es kann daher sein, daß die Konditionierung von Responses nur eine Komponente eines komplexen Prozesses ist; und obgleich sie essentiell ist, ist sie eine Komponente, deren Operation andere kognitive Mechanismen ganz anderer Art voraussetzt. Um es kurz zu sagen, die behavioristische Sprachtheorie kann sich durchaus noch als brauchbar erweisen, wenn mit ihr die Akzeptierung einer größeren Menge von angeborenen und speziesspezifischen Neigungen für die kognitive Entwicklung einhergeht, die in der Interaktion des Organismus mit seiner Umgebung immer weiter ausreifen. In diesem Zusammenhang soll noch einmal auf die Meinungen von Psychologen wie Piaget verwiesen werden, der annimmt, daß es verschiedene Ebenen der kognitiven Fähigkeit bei verschiedenen Spezies gibt und daß Fortschritt von der niedrigsten zur höchsten Ebene durch angeborene Entwicklungsprinzipien determiniert ist (3.5).[6]

6. Logische Semantik

6.1. Die Formalisierung der Semantik

Mit ‚logischer Semantik' ist hier die Untersuchung der Bedeutung mit Hilfe der mathematischen Logik gemeint. Dieser Ausdruck wird häufig von Logikern in einem engeren Sinne gebraucht: nämlich zur Bezeichnung von Bedeutungsanalysen oder Interpretationen von Ausdrücken in eigens konstruierten logischen Systemen. (Der Terminus ‚Ausdruck' wird in diesem Kapitel in dem Sinne gebraucht, in welchem er normalerweise von den Logikern verwendet wird: cf. 1.5). Logische Semantik in diesem engeren und mehr technischen Sinn kann in Anlehnung an Carnap (1942, 1956) als reine* Semantik bezeichnet werden. Es handelt sich dabei um einen hochspezialisierten Zweig der modernen Logik, mit dem wir uns nur insoweit beschäftigen werden, als er uns Begriffe und eine symbolische Notation zur Verfügung stellt, die für die Sprachanalyse nützlich sind. Das vorliegende Kapitel ist also nicht als Einführung in die reine Semantik gedacht; und es sollte auch nicht vom Leser so verstanden werden. Fragen wie Konsistenz und Vollständigkeit werden wir nicht diskutieren; und es wird weder Bezug genommen auf Axiomatisierung noch auf Beweismethoden.

Konstruierte logische Systeme werden häufig als ‚Sprachen' bezeichnet. Aber wir wollen diesem Sprachgebrauch nicht folgen. Statt dessen werden wir sie als Kalküle* bezeichnen. Der Terminus ‚Sprache' wird nur für natürliche Sprachen verwendet. Dadurch wird uns ermöglicht, die linguistische Semantik* (einen Zweig der Linguistik) der reinen Semantik* (einem Zweig der Logik oder Mathematik) gegenüberzustellen. Die linguistische Semantik hat wie andere Zweige der Linguistik einen theoretischen und einen deskriptiven Teil. In der theoretischen linguistischen Semantik, im folgenden abgekürzt als theoretische Semantik*, geht es um die Konstruktion einer allgemeinen Bedeutungstheorie für Sprache, oder, alternativ und weniger ehrgeizig (wie in diesem Buch), um die theoretische Diskussion verschiedener Aspekte von Bedeutung in der Sprache: denn es ist bisher noch unsicher, ob alle Aspekte der Bedeutung im Bereich einer vollständigen und einheitlichen Theorie erfaßt werden können. Der Bereich der deskriptiven linguistischen Semantik, im folgenden abgekürzt als deskriptive Semantik*, wird in der Beschreibung oder Untersuchung der Bedeutung von Sätzen und Äußerungen in bestimmten Sprachen bestehen. (In einem späteren Kapitel werden wir eine weitere Unterscheidung zwischen mikrolinguistischer* und makrolinguistischer* Semantik machen: cf. 11.1.) Die Termini reine Syntax*, theoretische Syntax* und deskriptive Syntax* können in ähnlicher Weise unter-

schieden werden. Ein Kalkül, dessen Formationsregeln oder syntaktische Regeln angegeben sind, aber für dessen Ausdrücke keine semantische Interpretation gegeben ist, ist ein uninterpretierter* Kalkül; ein Kalkül, für den sowohl syntaktische als auch semantische Regeln angegeben sind, ist ein inter-
pretierter* Kalkül. Da wir uns ausschließlich mit der Logik als Hilfsmittel für
eine präzisere Behandlung der linguistischen Semantik beschäftigen, war ich
in diesem Kapitel bei der Unterscheidung zwischen einem uninterpretierten
und einem interpretierten Kalkül nicht so vorsichtig, wie ein Logiker sich
verpflichtet fühlen würde es zu sein.

Die mathematische Logik (oder symbolische Logik, wie sie auch genannt
wird) hat fast die gleichen Vorteile gegenüber der traditionellen Logik, wie
sie die Darstellung eines numerischen Problems in mathematischer Notation
gegenüber der Darstellung des gleichen numerischen Problems in natürlicher
Sprache hat. Die mathematische Formulierung des Problems ist normalerweise sowohl kürzer als auch deutlicher und weniger offen für Fehlinterpre-
tationen. Wichtiger als dies ist jedoch die Tatsache, daß man, wenn man
natürlich-sprachliche Aussagen in ein angenommenerweise äquivalentes
symbolisches Repräsentationssystem umsetzt, gezwungen ist, die Aussagen
in natürlicher Sprache mit mehr Sorgfalt zu untersuchen, als man es sonst
vielleicht getan hätte; folglich können Beispiele von Ambiguität oder Ungenauigkeit entdeckt werden, die sonst möglicherweise nicht aufgefallen
wären.

Das Verhältnis von Logik und Sprache ist schon immer kontrovers gewesen. Einerseits gibt es den Standpunkt, daß Sprachen ihrer Natur nach un-
vollkommen und unlogisch sind und daher völlig ungeeignet für eine systematische Argumentation und wissenschaftliche Diskussion: daß es hoffnungslos und gedanklich falsch wäre zu versuchen, ihre Unvollständigkeiten
zu korrigieren, und daß sie ersetzt werden sollten durch logische Kalküle, die
speziell zu diesem Zweck konstruiert wurden. Andererseits gibt es den Standpunkt, daß Sprachen ihre eigene interne Logik haben, die für die vielfältigen
Funktionen, welche sie erfüllen, geeignet ist; daß die Kritik, die gegen die
Sprache gerichtet ist, statt dessen gegen jene Philosophen und Logiker gerichtet werden sollte, denen es nicht gelungen ist, zu verstehen, daß dies so ist,
und die selbst Sprache mit dem Gebrauch oder Mißbrauch von Sprache
verwechselt haben. Die logischen Kalküle wurden von Mathematikern und
Logikern konstruiert, sie sind auf jeden Fall durch die grammatische Struktur
bestimmter Sprachen stark beeinflußt worden; sie können daher nicht als
unabhängige ideale Systeme betrachtet werden, als Systeme, mit deren Hilfe
Sprache beurteilt und als defizient befunden werden könnte.

Einige der wichtigsten Beiträge zur Entwicklung der mathematischen Logik wurden von Gelehrten geliefert, die in besonderer Weise an der Erkenntnistheorie interessiert und vom Empirismus überzeugt waren (cf. 4.3). Ihrer
Ansicht nach würde eine ideale Sprache (welcher sich existierende Sprachen

in verschiedenen Graden annähern könnten, aber welche sie sicherlich nicht realisierten) unmittelbar die Struktur der Wirklichkeit widerspiegeln. Jeder einfache Ausdruck der Sprache hätte eine einzige Bedeutung, und diese könnte beschrieben werden, entweder direkt oder durch Reduktion, in bezug auf das Verhältnis zwischen dem Ausdruck und dem Objekt oder der Klasse von Objekten, für die der Ausdruck stünde oder die er in der äußeren Welt benennen würde. Sätze stünden für Tatsachen oder Sachverhalte, und in einer idealen Sprache würden sie ihnen strukturell entsprechen. Aus verschiedenen Gründen ist die besonders strenge Form des Empirismus, die als logischer Atomismus* und mit bestimmten zusätzlichen Merkmalen als logischer Positivismus* bekannt ist, nicht mehr so einflußreich, wie sie es noch vor einer Generation gewesen ist. Eines der Hauptprobleme, auf das der logische Atomismus stieß, bestand darin, solche seltsamen Entitäten wie negative Fakten und Glaubenstatsachen als Teil der realen Welt mit in die Analyse einzubeziehen. Was ihn letztlich am meisten zerstörte, war die zunehmende Erkenntnis der Philosophen, daß die Sprache nicht nur für viele andere Zwecke verwendet wurde – außer für die Beschreibung der Welt (was immer man auch mit ‚der Welt‘ meinen könnte) –, sondern auch, daß viele andere Verwendungen von Sprache philosophisch und sogar logisch von Interesse waren. So entstand die Bewegung, die allgemein als Philosophie der normalen Sprache (oder in einem sehr speziellen Sinn dieses Terminus, als linguistische Analyse) bekannt ist. Gleichzeitig hatte die weitere Forschung im Bereich der mathematischen Logik deutlich gemacht, daß unbegrenzt viele verschiedene Kalküle konstruiert werden könnten, von denen jeder Vorteile oder Nachteile relativ zu einer bestimmten Anwendung haben würde. Daher sollte jenen Kalkülen keine Priorität oder Vorrangigkeit zugesprochen werden, von denen die logischen Atomisten und logischen Positivisten glaubten, sie seien für philosophische Zwecke ideal: dies gilt insbesondere für die Aussagen- und die Prädikatenlogik.[1]

Obwohl sie für epistemologische Analysen als nicht mehr ausschließlich privilegiert gelten, sind die Aussagen- und die Prädikatenlogik brauchbare Instrumente für die Beschreibung einiger Bedeutungsaspekte von Sprache; und ein großer Teil der neueren Literatur der philosophischen und linguistischen Semantik setzt eine Vertrautheit mit ihnen voraus. Aus diesen Gründen wird an dieser Stelle eine kurze Darstellung der beiden Systeme (mit ihren Standardinterpretationen) eingefügt. Der Leser sei noch einmal daran erinnert, daß unsere Behandlung der beiden Systeme verhältnismäßig informell sein wird und in vielerlei Hinsicht sogar oberflächlich. Es ist lediglich meine Absicht, die Termini und notationellen Konventionen, deren Verständnis heute oft in der theoretischen und in der deskriptiven Semantik vorausgesetzt wird, einzuführen und zu erklären.[2]

6.2. Aussagenlogik

In diesem Abschnitt geht es uns nur um die zweiwertige (oder nicht-modale) Aussagenlogik. Diese wird auch als deduktives System von Wahrheitsfunktionen bezeichnet. Was diese verschiedenen Termini bedeuten, wird unten erklärt werden.

Der Terminus ‚Proposition' war ebenso wie ‚Tatsache' Gegenstand beträchtlicher philosophischer Kontroversen. Einige Autoren betrachten Propositionen als rein abstrakte, aber in einem gewissen Sinn als objektive Entitäten; andere halten sie für subjektive oder psychologische Gegenstände; bestimmte Logiker vermeiden den Terminus völlig, weil sie keine der beiden Alternativen übernehmen wollen. Weitere Schwierigkeiten werden durch den Gebrauch von ‚Proposition' im Verhältnis zu ‚Satz' und ‚Aussage' verursacht: einige Autoren identifizieren Propositionen mit (deklarativen) Sätzen, andere mit Aussagen und wieder andere mit den Bedeutungen von (deklarativen) Sätzen; außerdem besteht kaum Einigkeit darüber, wie Aussage zu definieren ist. Folgende Redeweise soll hier übernommen werden (ohne eine bestimmte Festlegung auf den ontologischen oder psychologischen Status der hier postulierten Entitäten): eine Proposition* ist dasjenige, was durch einen deklarativen Satz ausgedrückt* wird, wenn dieser Satz geäußert wird, um eine Aussage zu machen.[3] Was mit ‚Aussage' [statement] gemeint ist, wird in einem späteren Kapitel (cf. 16.1) deutlich gemacht. Hier besteht nun ein Problem, das schon in unserer früheren Diskussion des Verhältnisses von Sätzen und Äußerungen deutlich geworden ist, nämlich, ob ‚Satz' als sich auf Textsätze oder auf Systemsätze beziehend verstanden werden sollte: auf diesen Punkt werden wir ebenfalls zurückkommen (cf. 14.6). Unsere Formulierung des Verhältnisses zwischen Sätzen und Propositionen läßt folgende Möglichkeiten zu: daß verschiedene Sätze der gleichen Sprache die gleiche Proposition ausdrücken können; daß ein Satz zwei oder mehrere Propositionen ausdrücken kann (so daß er vom Sprecher oder Schreiber in einem Sinn intendiert sein kann und vom Hörer oder Leser in einem anderen verstanden werden kann); und schließlich, daß nicht alle deklarativen Sätze einer Sprache Propositionen ausdrücken. Allgemeiner gesagt postulieren wir als theoretische Entität etwas, das bei Veränderungen des Sprachsystems, des Mediums, des Kanals und sogar der grammatischen Struktur invariant ist oder invariant sein kann. An dieser Stelle dürfen wir noch ‚die gleiche Proposition ausdrücken' mit ‚die gleiche Bedeutung haben' ungefähr gleichsetzen. Doppelte Anführungszeichen, die einen entsprechenden Satz einschließen, werden daher verwendet, um auf Propositionen zu referieren.

Propositionen können wahr oder falsch sein; wir werden W für ‚wahr' und F für ‚falsch' verwenden. Dieses sind die beiden möglichen Wahrheitswerte*, die eine Proposition in der Standardinterpretation der Aussagenlogik haben kann: sie ist ein zweiwertiges* System. Darüber hinaus ist es nicht-modal in dem Sinne, daß keine Operatoren der Notwendigkeit und Möglichkeit verwendet werden. Verschiedene mehrwertige* modallogische Systeme sind entwickelt worden, und wir werden auf einige von diesen unten kurz Bezug nehmen (6.5).

Symbole, die propositionale* Variablen genannt werden, werden in ganz ähnlicher Weise für Propositionen verwendet wie die Symbole x, y und z in der elementaren Algebra für Zahlen. Der Logiker interessiert sich primär dafür, Theoreme zu beweisen (oder Axiome aufzustellen), die unabhängig davon, welche jeweiligen Propositionen für die propositionalen Variablen eingesetzt werden, wahr sind. Es ist üblich, die Buchstaben p, q, r ... als propositionale Variablen zu verwenden.

Nehmen wir an, p, q, r, ... seien elementare propositionale Formeln*, die für einfache Propositionen stehen (mit deren interner Struktur wir uns in diesem Abschnitt nicht beschäftigen); dann können wir mit ihnen komplexe propositionale Formeln* konstruieren (die für komplexe Propositionen stehen) unter Anwendung der logischen Konnektoren* (die auch als logische Konstanten* bezeichnet werden). Wir werden sie nacheinander besprechen. Eine Formel wird als wohlgeformt* bezeichnet, wenn sie in Übereinstimmung mit den syntaktischen Formationsregeln konstruiert ist.

(I) Negation. Der negative Konnektor ist derjenige, durch dessen Anwendung wir aus irgendeiner Proposition p ihre Negation* nicht-p oder $\sim p$ konstruieren können. Wenn p eine Proposition ist, dann ist auch $\sim p$ eine Proposition; und wenn p den Wahrheitswert W hat, dann hat $\sim p$ den Wahrheitswert F; umgekehrt, wenn p F ist (wir werden im folgenden ‚W/F sein' für ‚den Wahrheitswert W/F haben' gebrauchen), dann ist $\sim p$ W. Wir wollen annehmen, daß diese Beziehung intuitiv klar und unbestritten ist: die Negation einer wahren Proposition resultiert in einer falschen Proposition; und umge-

Negation	
p	$\sim p$
T	F
F	T

Abb. 3. Wahrheitswerttabelle für den einstelligen negativen Konnektor

kehrt, die Negation einer falschen Proposition resultiert in einer wahren Proposition. Sie kann dargestellt und sogar formal definiert werden anhand einer Wahrheitswerttabelle* (siehe Abbildung 3), in der die linke Spalte die möglichen Wahrheitswerte einer einfachen Proposition p angibt und die rechte die entsprechenden Wahrheitswerte für $\sim p$ auflistet. Die beste Annäherung an den negativen Konnektor in mehr oder weniger normalem Deutsch ist: ‚es ist nicht der Fall, daß …‘; auf diese Weise wird „Antonius liebte Cleopatra" in „Es ist nicht der Fall, daß Antonius Kleopatra liebte" umgewandelt.

(II) Konjunktion. In logischer Terminologie ist es nicht der Konnektor selbst, sondern die Operation des Verknüpfens und die resultierende komplexe Proposition, für welche der Terminus Konjunktion* verwendet wird. Die Konjunktion von p und q unter Anwendung des konjunktiven* (oder verknüpfenden*) Konnektors ist die Konjunktion p-und-q oder $p \,\&\, q$. (Andere häufig verwendete Symbole für den konjunktiven Konnektor sind $\wedge$ und ein Punkt oder ein fettgedruckter Punkt: $p \,\wedge\, q$ und $p \,\&\, q$ sind äquivalent.) Eine Konjunktion ist dann (und nur dann) wahr, wenn die darin enthaltenen Propositionen, die Konjunkte*, beide wahr sind: andernfalls ist sie falsch (vgl. Abbildung 4). Es sollte beachtet werden, daß in normalem Deutsch Sätze, die durch ‚und‘ verbunden sind, häufig Sätze ergeben, in welchen eine spezifischere Verbindung zwischen den verknüpften Propositionen wie „und folglich" oder „und anschließend" verstanden wird: cf. „Er stolperte und brach sich das Bein."

p q	Konjunktion $p \,\&\, q$	Inklusive Disjunktion $p \vee q$	Exklusive Disjunktion $p \veebar q$	Implikation $p \to q$	Äquivalenz $p \equiv q$
W W	W	W	F	W	W
W F	F	W	W	F	F
F W	F	W	W	W	F
F F	F	F	F	W	W

Abb. 4. Wahrheitswerttabellen für die zweistelligen Konnektoren

(III) Disjunktion. Wir müssen unterscheiden zwischen zwei Arten von Disjunktion (d. h. zwischen zwei Interpretationen von Propositionen wie „(Entweder) haben sie den Bus verpaßt oder sie mußten in der Schule nachsitzen"): inklusive* Disjunktion und exklusive* Disjunktion. Erstere wird symbolisiert als $p \vee q$. Es gibt kein in gleicher Weise häufig verwendetes Symbol für die exklusive Disjunktion: wir werden $\veebar$ verwenden. Die Operation des Disjungierens zweier einfacher Propositionen und die resultierende komplexe

Proposition wird als Disjunktion* beschrieben und der Konnektor als disjunktiv* (oder disjungierend*). Eine inklusive Disjunktion wird als wahr definiert, wenn p wahr ist oder q wahr ist oder beide wahr sind; anderenfalls ist sie falsch. Eine exklusive Disjunktion ist wahr entweder, wenn p (aber nicht q) oder q (aber nicht p) wahr ist; anderenfalls ist sie falsch. Zum Beispiel ist „(entweder) haben sie den Bus verpaßt oder sie mußten in der Schule nachsitzen" wahr unter der Interpretation der inklusiven Disjunktion, aber falsch unter der Interpretation der exklusiven Disjunktion, wenn sie sowohl den Bus verpaßt haben als auch in der Schule nachsitzen mußten. Wenn die exklusive Disjunktion nicht explizit indiziert ist, dann werden wir ‚Disjunktion' als sich auf die inklusive Disjunktion beziehend verstehen.

(IV) Implikation (auch Konditional* genannt). Der Konnektor ist → ($\supset$ wird ebenfalls häufig verwendet, aber wir werden dieses Zeichen auf Klasseninklusion einschränken). In der Implikation* $p \rightarrow q$ (was gelesen werden kann als „p impliziert q" oder „wenn p, dann q") ist p das Antezedens* und q das Konsequens* (bei der Implikation von q durch p).

Die Termini ‚implizieren' und ‚Implikation' werden in einer Vielzahl verschiedener Bedeutungen sowohl in der Alltagssprache als auch im philosophischen Sprachgebrauch verwendet. In der Standardinterpretation der Aussagenlogik werden sie in dem sogenannten materialen* Sinne verwendet, in dem es nicht notwendigerweise eine Bedeutungsverknüpfung zwischen dem Antezedens und dem Konsequens gibt. Die Bedeutung des Konnektors bei materialer Implikation wird (in einer Weise, die oft als paradox angesehen wird) folgendermaßen definiert: wenn das Antezedens wahr ist und das Konsequens falsch, dann ist die Implikation falsch; in allen übrigen Fällen ist die Implikation wahr. Die auf diese Weise definierte materiale Implikation sollte nicht mit der strengen Implikation oder dem Entailment* (cf. 6.5) verwechselt werden.

(V) Äquivalenz (oder Bikonditional*). Eine Äquivalenz ist eine bilaterale Implikation: der Konnektor ist $\equiv$ (oder $\leftrightarrow$). Sie ist definiert als Konjunktion zweier Implikationen: d. h. $p \equiv q$ ist per definitionem selbst äquivalent mit $((p \rightarrow q) \mathbin{\&} (q \rightarrow p))$.

Die Definition der materialen Äquivalenz, die soeben gegeben wurde, macht zwei Punkte deutlich. Erstens zeigt sie uns, daß Propositionen von beliebiger Komplexität unter Anwendung der Konnektoren aufgebaut werden können: denn eine komplexe Proposition kann eine Teilproposition in einer anderen komplexen Proposition sein. Zweitens macht sie die Art und Weise, in der andere Konnektoren eingeführt und mit Hilfe von grundlegenderen Konnektoren definiert werden können, deutlich. Der Leser mag sich davon überzeugen (indem er Wahrheitswerttabellen konstruiert), daß sowohl Konjunktion als auch materiale Implikation mit Hilfe von Negation und Disjunktion definiert werden können:

$$(p \,\&\, q) \equiv (\sim (\sim p \vee \sim q))$$
$$(p \to q) \equiv (\sim p \vee q).$$

Diese Äquivalenzen sind mit anderen Worten Theoreme über das System, die auf der Basis der Definitionen der primitiven Konnektoren Disjunktion und Negation bewiesen werden können. Dies bedeutet nicht, daß die als Primitiva ausgewählten Konnektoren in irgendeiner Weise als erkenntnistheoretisch grundlegender anzusehen sind. Negation und Konjunktion oder Negation und Implikation hätten ebensogut als primitive Konnektoren gewählt und die anderen mit ihrer Hilfe definiert werden können. Als wichtiger Punkt bleibt festzuhalten (was die Standardinterpretation der Aussagenlogik betrifft), daß die Operationen Negation, Konjunktion, Disjunktion und Implikation bis zu einem gewissen Grad wechselseitig definierbar sind.

So viel zum System selbst. Es muß nun etwas über den Begriff einer Wahrheitsfunktion, auf dem die Standardinterpretation der Aussagenlogik basiert und der von so großer Bedeutung in philosophischen Diskussionen über Bedeutung gewesen ist, gesagt werden. Wenn die Wahrheit oder Falschheit einer komplexen Proposition allein auf der Basis der Wahrheit oder Falschheit der Teilpropositionen und der Definition der Konnektoren bestimmt wird, dann heißt die komplexe Proposition eine Wahrheitsfunktion* ihrer Teilpropositionen; und die Konnektoren heißen wahrheitsfunktional*. Dieser Gebrauch von ‚Funktion‘ ist in mathematischer Terminologie eine Standardverwendung: einen komplexen Ausdruck wie $x + y - z$ nennt man eine Funktion* seiner Argumente* x, y und z, wobei das Pluszeichen und das Minuszeichen für die Operatoren* Addition und Subtraktion stehen. In ähnlicher Weise sind die logischen Konnektoren Operatoren, und ihre Argumente, auf welchen sie operieren, sind Propositionen.

Ein alternativer Terminus für ‚wahrheitsfunktional‘ ist extensional*: und das Gegenteil von ‚extensional‘ ist ‚intensional‘*. (Der Leser wird auf die Schreibweise von ‚intensional‘ aufmerksam gemacht: es sollte nicht verwechselt werden mit ‚intentional‘.) Es gibt in der normalen Sprache nun viele Sätze, die etwas ausdrücken, was komplexe intensionale Propositionen zu sein scheinen. Beispiele sind Sätze, die Propositionen über den Glauben von jemandem, daß eine Proposition p wahr oder falsch ist, ausdrücken. Die Wahrheit oder Falschheit von „Romeo glaubt, daß Julia tot ist" ist beispielsweise unabhängig von der Wahrheit oder Falschheit von „Julia ist tot". „Romeo glaubt, daß Julia tot ist" kann daher nicht als Wahrheitsfunktion von „Julia ist tot" angesehen werden; und der Satz würde normalerweise als eine intensionale Proposition beschrieben. Einige Logiker haben jedoch behauptet, daß alle sogenannten intensionalen Propositionen als extensional angesehen werden könnten und sollten. „Romeo glaubt, daß Julia tot ist" ist ihrer Meinung nach keine Wahrheitsfunktion von „Julia ist tot", weil es überhaupt keine Funktion der Proposition „Julia ist tot" ist. Es ist eine Funktion des Ausdrucks „daß Julia tot ist", der sich auf etwas in Romeos Gedankenwelt bezieht – auf etwas, das er glaubt –, und das ist keine Proposition. Dies mag wie Wortklauberei erscheinen; aber es ist damit ein sehr wichtiger Punkt verbunden. Unabhängig davon, ob die These von der Extensionalität* als gültig oder nicht gültig beurteilt wird, kann nicht einfach angenommen werden, daß, weil ein Satz, der als Teilsatz innerhalb eines anderen komplexeren Satzes operiert, manchmal eine Proposition ausdrückt (und darüber hinaus die gleiche Proposition, die er als unabhängiger Satz ausdrücken würde), er immer eine Proposition ausdrückt, wenn er als Teilsatz in einem komplexeren Satz operiert. Nicht nur Sätze, die als Glaubenssätze* bezeichnet werden können, sondern auch viele der zusammengesetzten und komplexen Sätze der normalen Sprache, die ‚und' oder ‚wenn' enthalten, sind zumindest *prima facie* nicht-extensional, weil sie so verstanden werden, als implizierten sie, daß eine Art von kausalem, temporalem oder anderem Zusammenhang zwischen den Propositionen, die durch die Konstituentensätze ausgedrückt werden, besteht: „Er nahm eine Dosis Schlaftabletten und starb"; „Er badete sich und ging zu Bett"; „Wenn er das getan hat, dann ist er sehr tapfer", usw.

Da wir uns mit Wahrheit beschäftigt haben, ist es angebracht, an dieser Stelle den Unterschied zwischen analytischen und synthetischen Wahrheiten und den Begriff der Tautologie und Kontradiktion einzuführen. Eine Proposition ist analytisch*, wenn ihre Wahrheit allein durch ihre logische Form und die Bedeutung der in ihr enthaltenen Elemente determiniert ist; d. h., wenn sie nicht anders als wahr sein kann, oder, um es in den Worten von Leibniz zu formulieren, wenn sie in allen möglichen Welten gültig ist (cf. 2.2). Eine Proposition ist synthetisch*, wenn ihre Wahrheit oder Falschheit mit kontingenten Fakten zu tun hat und nicht durch rein logische Analyse bestimmt werden kann. Es wird beispielsweise allgemein angenommen, daß „Alle Junggesellen sind unverheiratet" analytisch ist, aber daß „Alle Menschen sind weniger als neun Fuß groß", gleichgültig ob der Satz wahr oder falsch ist, synthetisch ist. Der Unterschied zwischen dem Analytischen und dem Synthetischen geht auf Kant zurück, der, anders als viele Philosophen, annahm, daß er von dem Unterschied zwischen dem a priori und dem a posteriori unabhängig sei. Es sollte beachtet werden, daß synthetische Propositionen wahr oder falsch sein können, wohingegen analytische Propositionen (in der normalen Verwendung des Terminus ‚analytisch') notwendig wahr sind.

Komplexe propositionale Formeln, die unabhängig davon, welche besonderen Propositionen für die propositionalen Variabeln eingesetzt werden, wahr sind, sind Tautologien*; und diejenigen, die unter denselben Bedingungen falsch sind, sind Kontradiktionen*. Um die einfachsten Fälle zu nehmen: $p \lor \sim p$ ist eine Tautologie und $p \,\&\, \sim p$ ist eine Kontradiktion. Die Termini ‚Tautologie' und ‚Kontradiktion' werden auch für bestimmte Propositionen, gleichgültig ob sie einfach oder komplex sind, verwendet, wenn ihre Wahrheit oder Falschheit allein durch ihre logische Form und die Bedeutung ihrer konstituierenden Ausdrücke determiniert ist. Tautologien sind natürlich analytisch.

6.3. Prädikatenkalkül

Dies ist der Terminus, den wir für das System verwenden werden: andere sind „Funktionenkalkül", „funktionaler Kalkül" und, expliziter, „Kalkül von prädikativen Funktionen". Der Ursprung und die Bedeutung dieser verschiedenen Termini wird im folgenden deutlich werden. Bisher haben wir Propositionen als unanalysierte Einheiten betrachtet. Der Prädikatenkalkül ist ein System zur Repräsentation der internen Struktur von einfachen Propositionen.

Es gibt zwei Gründe, warum zumindest ein allgemeines Verständnis der grundlegenden Begriffe und der Notation des Prädikatenkalküls für den Semantiker von Interesse sein sollte. Erstens ist er das am meisten verwendete System zur Repräsentation der logischen Struktur von einfachen Propositionen. Zweitens wurde von bestimmten Philosophen in der Vergangenheit (und besonders von den logischen Atomisten und anderen logischen Empiristen, auf die wir vorher hingewiesen haben) behauptet, daß er die zugrundeliegende Form von Sätzen der Sprachen korrekt und präzise darstellt, indem er sie in Übereinstimmung mit der Struktur der Tatsachen oder Sachverhalte in der äußeren Welt bringt.

Propositionen sind aus Termen* zusammengesetzt. Es sollte nebenbei erwähnt werden, daß dies das traditionelle Wort ist: ein Term (lateinisch ‚terminus'), in diesem technischen Sinne, ist einer der terminalen Elemente der Analyse. Es gibt zwei Arten von Termen: Namen und Prädikate. Namen* sind Terme, die sich auf Individuen* beziehen. Was mit ‚Individuum' gemeint ist, ist abhängig von der Weltauffassung. Wenn wir das übernehmen, was als Metaphysik des Alltags bezeichnet werden kann, dann werden wir sagen, daß bestimmte Personen, Tiere und diskrete Objekte Individuen sind und daß Orte (gleichgültig ob sie als Punkte oder zweidimensionale oder dreidimensionale Räume verstanden werden) auch als Individuen anzusehen sind, vorausgesetzt, daß sie relativ abgegrenzt sind (cf. 4.3). Wir könnten zögern, wenn es um abstraktere Entitäten wie Schönheit geht. Ist dies *ein* Ding, das diskontinuierlich in der Welt verstreut ist? Ist es eigentlich überhaupt ein Ding? Wir könnten auch Zweifel an dem Status von solchen Dingen wie Gedanken, Fakten, psychologischen Zuständen usw. haben. Dies sind Fragen, auf die wir zurückkommen werden (cf. 11.3). Der Punkt, der hier betont werden soll, ist, daß der Prädikatenkalkül selbst neutral ist in bezug darauf, welche Entitäten als Individuen gelten sollten. Zum Zwecke der Illustration werden wir annehmen, daß Personen, Dinge und Orte des täglichen Lebens, die wir als distinkt und identifizierbar erkennen würden, Individuen sind, nicht aber Gruppen oder Sammlungen von Dingen oder Abstraktionen oder psychologische Zustände etc.

Mit einem Prädikat* ist ein Term gemeint, der in Kombination mit einem Namen verwendet wird, um Information über das Individuum, auf das sich der Name bezieht, zu geben: d. h., um ihm eine Eigenschaft* zuzuschreiben* (cf. 4.3). Wir beschäftigen uns natürlich mit Propositionen und nicht mit der grammatischen Struktur von Sätzen; aber wenn wir die logische Unterscheidung zwischen Namen und Prädikaten auf einfache deutsche Sätze anwenden wollen, dann können wir sagen, daß Eigennamen wie ‚John‘ oder ‚London‘ mit logischen Namen zu identifizieren sind und daß nicht nur Verben wie ‚essen‘ und Adjektive wie ‚groß‘, sondern auch Gattungsnamen wie ‚Mensch‘ oder ‚Stadt‘ mit logischen Prädikaten zu identifizieren sind.

Ebenso wie die logischen Konnektoren des Aussagenkalküls als Operatoren*, mit Hilfe derer aus weniger komplexen Propositionen komplexere Propositionen konstruiert werden können, zu betrachten sind, so können Prädikate als Operatoren betrachtet werden, mittels derer einfache Propositionen aus Namen konstruiert werden. Eine einfache Proposition ist eine Funktion* des in ihr enthaltenen Namens (oder der Namen): der Name ist ein Argument*. (Sowohl ‚Funktion‘ als auch ‚Argument‘ werden hier in dem Sinne, in dem sie normalerweise in der Mathematik gebraucht werden, verwendet: cf. 6.2). Wenn wir die Buchstaben x, y, z als Variable für Namen und f, g, h als Variable für Prädikate verwenden, können wir die logische Struktur einer einfachen Proposition als $f(x)$, $g(x)$, $f(y)$, usw. ausdrücken.

Entsprechend einer allgemeinen, aber keineswegs universalen Konvention werden wir Anfangsbuchstaben des Alphabets, Kleinbuchstaben, als Konstanten für Namen $\{a, b, c, ...\}$ und Großbuchstaben von einem beliebigen Teil des Alphabets und in mnemotechnischer Funktion als Konstanten für Prädikate verwenden. Nehmen wir an, a stünde für eine bestimmte Person John: b steht für London; D steht für ein Prädikat mit der Bedeutung „dick" und G für ein Prädikat mit der Bedeutung „groß". Dann würde $D(a)$ die Proposition „John ist dick" symbolisieren; $G(b)$ die Proposition „London ist groß" usw. Man wird feststellen, daß es keine Möglichkeit gibt, Präsens oder Vergangenheit innerhalb der Konventionen, die wir bisher eingeführt haben, zu repräsentieren. Propositionen können zunächst als zeitlos betrachtet werden (cf. 6.5).

Je nach der Zahl der Argumente, auf welchen ein Prädikat operiert, wird es als ein einstelliges, ein zweistelliges, ein dreistelliges Prädikat usw. beschrieben werden. Alternative Termini sind ‚monadisch‘, ‚dyadisch‘, ‚triadisch'. Als allgemeines Epitheton für Prädikate, welche verlangen, daß zwei oder mehr Stellen mit Namen (oder Namenvariablen) ausgefüllt werden, werden wir ‚mehrstellig' (alternativ ‚polyadisch') verwenden. Es ist wichtig zu erkennen, daß die Argumente geordnet* sind. Das bedeutet, daß $f(x, y)$ im allgemeinen nicht äquivalent ist mit $f(y, x)$; noch ist $g(x, y, z)$ äquivalent mit $g(y, x, z)$ oder $g(z, x, y)$. Um dies informell am Deutschen zu zeigen: von $L(x, y)$, „x liebt y", kann man nicht legitimerweise auf $L(y, x)$ schließen, „y liebt x"; von $G(x, y, z)$, „x gibt z y", kann man nicht $G(z, x, y)$, „z gibt y x", deduzieren oder $G(y, z, x)$, „y gibt x z". Wir können uns transitive Verben wie ‚lieben' als zweistellige Prädikate, und Verben wie ‚geben' als dreistellige Prädikate vorstellen. Es kann natürlich für ein bestimmtes Paar von Individuen der Fall sein, daß jeder den anderen liebt, $L(a, b)$ und $L(b, a)$: wenn dies wahr ist, dann ist es, so wollen wir annehmen, synthetisch wahr: es handelt sich dabei um ein kontingentes* Faktum (cf. 6.2). Es kann auch der Fall sein, daß für ein bestimmtes Prädikat f, $f(x, y) \equiv f(y, x)$. Wir könnten beispielsweise sagen wollen (für zumindest einige Verwendungen des Verbs ‚ähneln' im Deutschen) $R(x, y) \equiv R(y, x)$; daß „x ähnelt y" und „y ähnelt x" äquivalent sind; und daß dies so ist, ist analytisch*. Wenn dies so ist, dann wird es eine wichtige Eigenschaft von diesem bestimmten Prädikat sein; und wir werden es bei der Beschreibung seiner Bedeutung in Betracht ziehen müssen. Im allgemeinen sind jedoch die Argumente, die eine Funktion erfüllen*, als geordnet zu betrachten.

Wir gehen jetzt zu dem wichtigen Thema der Quantifikation* über. Quantoren* sind Operatoren, deren Effekt in bezug auf die Variablen, die sie binden* (d. h., auf denen sie operieren), ähnlich ist dem von solchen Wörtern wie ‚einige', ‚alle' und dem indefiniten Artikel (in einigen seiner Verwendungsweisen) im Deutschen. Es ist möglich, sowohl Namenvariablen als auch Prädikatenvariablen zu binden. Indem wir jedoch Quantifikation auf Namenvariablen beschränken, bleiben wir innerhalb der Grenzen dessen, was als einfacher* Prädikatenkalkül (oder Kalkül erster Stufe*) bekannt ist.

Der Allquantor* wird symbolisiert, indem man einen umgedrehten Buchstaben A der Variable, die sie bindet, voranstellt und beide in Parenthese setzt: also $(\forall x)$, das gelesen werden kann als „für alle x (ist es der Fall, daß …)". Nicht weniger häufig wird der umgedrehte Buchstabe A weggelassen; und wir werden diese Konvention übernehmen, entsprechend wird ‚(x)' die universale Quantifikation von x symbolisieren. In einer Proposition wie (x) (fx) sind die inneren Klammern der propositionalen Funktion $f(x)$ weggelassen worden, und wir werden im folgenden diesem Gebrauch immer dann folgen, wenn es unwahrscheinlich ist, daß dadurch eine Ambiguität verursacht wird – x ist durch den universalen Quantor gebunden; und die Proposition kann interpretiert werden als „für alle x ist es der Fall, daß x die Eigenschaft, die durch das Prädikat f bezeichnet wird, hat". Es sollte beachtet werden, daß ‚für alle x' nicht kollektiv interpretiert werden darf, sondern als „für jedes x einzeln genommen": d. h. es muß distributiv* interpretiert werden.

Der Existenzquantor* wird symbolisiert, indem ein umgekehrtes E der Variable, die sie bindet, vorangestellt wird. Also: $(\exists x)$, das gelesen werden kann als „für einige x (ist es der Fall, daß …)".[3a] Die Bedeutung, in welcher ‚$(\exists x)$' in der Proposition $(\exists x)$ (fx) zu interpretieren ist, wird durch die Paraphrase „für zumindest ein Individuum (innerhalb des Bereiches von x) ist es der Fall, daß das jeweilige Individuum die Eigenschaft hat, die durch das Prädikat f denotiert wird, gegeben. Die Frage, ob es nur ein oder mehr als ein solches Individuum gibt, ist irrelevant. Es ist jedoch wichtig zu beachten, daß mit dem Existenzquantor, im Unterschied zum Allquantor, die Implikation der Existenz verbunden ist: $(\exists x)$ (fx) wird präziser mit „mindestens ein x hat die Eigenschaft f" wiedergegeben; oder „es gibt mindestens ein x mit der Eigenschaft f".

Die Interpretation des All- und des Existenzquantors kann anhand der folgenden Propositionen gezeigt werden:

(1) (x) $(Mx \rightarrow Rx)$ (2) $(\exists x)$ $(Mx \,\&\, Rx)$.

Die erste könnte eine Repräsentation von ‚Alle Menschen sind rational' sein (d. h. „für alle x ist es der Fall, daß, wenn x ein Mensch ist, x rational ist"); die zweite als Repräsentation von ‚Einige Menschen sind rational' (d. h., „für mindestens ein x ist es der Fall, daß x ein Mensch ist und x rational ist"). Drei wichtige Punkte können jetzt unter Bezugnahme auf diese Beispiele angeführt werden.

(I) Die Ambiguität von ‚Menschen sind rational', die zwischen der universalen und der existentialen Interpretation von ‚Menschen' besteht (wenn es in dieser Hinsicht im normalen Deutschen überhaupt ambig ist), wird in der symbolischen Repräsentation eliminiert. Weder $(Mx \rightarrow Rx)$ noch $(Mx \,\&\, Rx)$ mit ungebundener* (d. h. unquantifizierter) Variable ist eine wohlgeformte Proposition.

(II) Man kann sich darüber streiten, ob ‚Einige Menschen sind rational' eine wahre Proposition ausdrückt, wenn ein, und nur ein, Mensch rational ist. $(\exists x)$ $(Mx \,\&\, Rx)$ ist nicht in dieser Weise kontrovers.

(III) In der hier gegebenen Interpretation wird die Eigenschaft, ein Mensch zu sein, durch ein Prädikat denotiert; die Namenvariable x spielt daher nicht die gleiche Art von Rolle in der Proposition wie das Substantiv ‚Menschen' in dem, was wir als den entsprechenden deutschen Satz betrachten können.

Die Wirkung der Negation sollte beachtet werden. Der negative Konnektor kann auf der ganzen Proposition wie in (3) operieren oder auf einer oder mehrerer der Teilpropositionen wie in (4):

(3) $\sim ((x)\,(Mx \rightarrow Rx))$ „Es ist nicht der Fall, daß alle Menschen rational sind".

(4) $(\exists x)$ $(Mx \,\&\, \sim Rx)$ „Einige Menschen sind nicht rational".

Es gibt alternative Interpretationen von „Einige Menschen sind nicht rational": die symbolische Repräsentation in (4) macht eine von ihnen deutlich.
Verschiedene Thesen können als Theoreme bewiesen werden (oder als axiomatisch genommen werden), die die Wechselbeziehungen der Quantoren bei
Negation deutlich machen. Wir werden auf diese nicht eingehen, aber es
lohnt sich, die Analogie zu beachten, die zwischen der existentialen Quantifikation und der Disjunktion einerseits und zwischen universaler Quantifikation und Konjunktion andererseits besteht. Es wurde in der Tat versucht, die
Quantoren in dieser Weise zu definieren:

(5) $(x) (fx) \equiv fa \,\&\, fb \,\&\, \dots \,\&\, fe$
(6) $(\exists x) (fx) \equiv fa \lor fb \lor \dots \lor fe.$

Von einem logischen Gesichtspunkt aus besteht die Schwierigkeit darin, daß
diese Methode der Definition nur für eine finite Menge von Individuen gilt,
z. B. $\{a, b, c, d, e\}$, von denen wir alle identifizieren können; und wir müssen
wissen, daß dies alle Individuen sind, die es gibt. Für bestimmte Anwendungen können wir uns jedoch damit zufriedengeben $(x) (fx)$ und $(\exists x) (fx)$ in
dieser Weise zu interpretieren.

An dieser Stelle kann der Begriff des Skopus* eingeführt werden. Mit dem
Skopus eines Operators, gleichgültig ob es ein Konnektor oder ein Quantor
ist, ist der Teil einer Formel gemeint, der innerhalb seines Operationsberei-
ches liegt; und dies wird normalerweise durch Klammern indiziert. Es ist z. B.
leicht zu sehen, daß (7) und (8) nicht äquivalent sind.

(7) $((p \,\&\, q) \lor r)$ „Entweder kamen John und Bill oder Henry kam"
(8) $(p \,\&\, (q \lor r))$ „Sowohl John kam als auch entweder Bill oder
      Henry".

Der Satz „John kam, und Bill kam, oder Henry kam" kann wie (7) oder wie
(8) interpretiert werden; und außerdem kann ihm eine Anzahl von anderen
Interpretationen zugeordnet werden, von denen nicht alle wahrheitsfunktional sind. Auf Klammern kann verzichtet werden, wenn daraus keine Ambiguität resultiert. (7) kann also geschrieben werden als $(p \,\&\, q) \lor r$; und (8) als
$p \,\&\, (q \lor r)$. Und wir können uns entschließen, die Konvention zu übernehmen, daß mangels jeder Indikation des Gegenteils durch explizite Klammerung der Skopus eines Operators weitreichender ist als der eines anderen.
Wenn wir z. B. die Konvention etablieren, daß Disjunktion weitreichender ist
als Konjunktion und Konjunktion weitreichender als Negation (in diesem
Sinne von „weitreichend"), dann wird $p \,\&\, q \lor r$ eindeutig als $((p \,\&\, q) \lor r)$
interpretiert, d. h. als eine Disjunktion, deren erstes Disjunkt eine Konjunktion ist. Vergleichbar wäre die Standardkonvention in einfacher Algebra und
Arithmetik, dergemäß die Addition als weitreichender definiert wird als die
Multiplikation: so daß $x \cdot y + z$ als $(x \cdot y) + z$ und nicht als $x \cdot (y + z)$
verstanden wird.

In mehrstelligen (oder polyadischen) prädikativen Funktionen müssen alle Variablen durch einen Quantor gebunden sein. Dies werden wir mehrfache Quantifikation* nennen. Wenn alle Quantoren entweder All- oder Existenzquantoren sind, dann ist die Interpretation ganz einfach:

(9) (x) (y) $((Kx \& By) \to M(x, y))$ „Alle Kinder mögen alle Bücher"
(10) $(\exists x)$ $(\exists y)$ $((Kx \& By) \& M(x, y))$ „Mindestens ein Kind mag mindestens ein Buch".

Formeln können abgekürzt werden, indem man ein einziges Paar von Klammern für beide Quantoren verwendet: d. h. indem man (x, y) für (x) (y) in (9) verwendet und $(\exists x, y)$, wobei das umgedrehte E nur einmal vorkommt, in (10). Wenn die Quantoren unterschiedlich sind – wir werden dies gemischte Quantifikation nennen –, dann ist die relative Ordnung der Quantoren von Bedeutung. Denn durch die Definition des Skopus für Quantoren fällt ein folgender Quantor in den Skopus eines vorangehenden Quantors (und in seinen eigenen Skopus), aber nicht umgekehrt, d. h. eine Formel $(\exists x)$ (y) $f((x, y)$ ist als $((\exists x)$ $((y)f(x, y)))$ zu verstehen. Die folgenden zwei Propositionen sind daher nicht logisch äquivalent.

(11) $(\exists y)(x)$ $(By \& (Kx \to M(x, y)))$
(12) $(x)(\exists y)$ $(Kx \to (By \& M(x, y)))$.

Die erste, (11), ist zu verstehen als „Es ist von mindestens einem Buch wahr, daß alle Kinder es mögen", aber (12) als „Es ist von allen Kindern wahr, daß sie mindestens ein Buch mögen". Deutlichere, aber äquivalente Versionen von (11) und (12) sind:

(11a) $(\exists y)$ $(By \& (x)$ $(Kx \to M(x, y)))$
(12a) (x) $(Kx \to (\exists y)(By \& M(x, y)))$.

Es wird manchmal behauptet, daß der gleiche Unterschied im Alltagsdeutschen zum Ausdruck gebracht werden kann, indem man entweder einen aktiven oder einen passiven Satz verwendet:

(11b) Eines von den Büchern wird von allen Kindern gemocht
(12b) Alle Kinder mögen eines der Bücher.

Aber mit der logischen Repräsentation von deutschen Sätzen, in welchen Wörter wie ,ein', ,einige' usw. vorkommen, sind viele Komplexitäten und Unbestimmtheiten verbunden.

An dieser Stelle können wir eine kurze Behandlung der Relationen* einfügen. Mehrstellige Prädikate können als Relationen betrachtet werden, und die Terminiologie, die von Logikern für verschiedene Arten von Relationen entwickelt wurde, wird sich als nützlich erweisen. Der Einfachheit halber werden wir nur zweistellige Relationen behandeln. Die Notation, die wir verwenden werden, ist ähnlich der, die wir für den Prädikatenkalkül gebraucht haben. R (*x*, *y*) besagt, daß eine bestimmte Relation R zwischen *x* und *y* besteht. (Eine alternative Notation dafür ist *x*R*y*.) Man sagt, daß die Relation in einer bestimmten Richtung besteht: sie kann oder sie kann nicht in der umgekehrten Richtung bestehen. Aber es gibt immer eine konverse* Relation, die wir als R′ symbolisieren werden. (Eine häufige Alternative ist R^{-1}.) R′ (*x*, *y*) ist also die Konverse von R (x, y). Wenn wir gleichzeitig die Terme* der Relation permutieren und R′ für R substituieren, dann erhalten wir eine Äquivalenz. Also: R(*x*, *y*) ≡ R′ (*y*, *x*). Dies können wir mit der Äquivalenz vergleichen, die im allgemeinen zwischen korrespondierenden aktiven und passiven Sätzen im Deutschen besteht. Wenn R für die Relation, die durch das Verb ‚respektieren‘ denotiert wird, steht, dann ist es nicht generell der Fall, daß, wenn R(*x*, *y*), dann R′(*x*, *y*) („*x* respektiert *y*“ ist nicht logisch äquivalent mit „*x* wird von *y* respektiert“). Aber es ist der Fall, daß R(*x*, *y*) ≡ R′(*y*, *x*): „*x* respektiert *y*“ ist logisch äquivalent mit „*y* wird von *x* respektiert“.

Unter den verschiedenen Arten von Relationen, die von Logikern anerkannt werden, sind die folgenden von besonderer Bedeutung

(I) Symmetrische* Relationen, wobei R(*x y*) ≡ R′(*x*, *y*) für alle Werte von *x* und *y*. Ein Beispiel ist die Relation, die im Deutschen durch ‚verheiratet sein mit‘ denotiert wird. Eine asymmetrische* Relation ist eine Relation, bei der für alle Werte von *x* und *y* R(*x*, *y*) die Negation von R(*y*, *x*) impliziert. Ein Beispiel ist die Relation des Vaterseins von: wenn *x* der Vater von *y* ist, dann kann *y* nicht der Vater von *x* sein.

(II) Transitive* Relationen, bei denen für alle Werte von *x*, *y* und *z* gilt: wenn R(*x*, *y*) und R(*y*, *z*), dann R(*x*, *z*). Wenn z. B. *x* größer ist als *y* und *y* größer als *z*, dann ist *x* größer als *z*. Ein Beispiel für eine intransitive* Relation ist wiederum die des Vaterseins von.

(III) Reflexive* Relationen, bei denen für alle Werte von *x*, R(*x*, *x*) gilt. Beispiele sind ‚von der gleichen Größe sein wie‘ oder ‚Kind von den gleichen Eltern sein wie‘. ‚Vater sein von‘ oder ‚Bruder sein von‘ ist jedoch irreflexiv*, weil man nicht sein eigener Vater oder sein eigener Bruder sein kann.

Von asymmetrischen, intransitiven und irreflexiven Relationen sind nichtsymmetrische*, nicht-transitive* und nicht-reflexive* Relationen zu unterscheiden. Eine Relation R ist nicht-symmetrisch dann, und nur dann, wenn sie nicht symmetrisch ist: d. h., wenn für einige (jedoch nicht notwendigerweise für alle) Werte von *x* und *y* R(*x*, *y*) gilt, aber nicht R(*y*, *x*). Daraus folgt (außer für die leere Relation, die sowohl symmetrisch als auch asymmetrisch ist), daß alle asymmetrischen Relationen nicht-symmetrisch sind, aber nicht umgekehrt. Die Termini ‚nicht-transitiv‘ und ‚nicht-reflexiv‘ sind in ähnlicher Weise von ‚intransitiv‘ und ‚irreflexiv‘ unterschieden. Lieben ist z. B. nichtsymmetrisch und nicht-transitiv (und möglicherweise nicht-reflexiv). Relationen, die symmetrisch, transitiv und reflexiv sind, heißen Äquivalenzrelationen*.

Wir werden von diesen Begriffen häufigen Gebrauch in unseren Diskussionen über die Struktur des Wortschatzes der Sprache machen.

6.4. *Klassenlogik*

Mit einer Klasse* ist in diesem Kontext irgendeine Ansammlung von Individuen* gemeint, unabhängig von dem Prinzip, aufgrund dessen sie für die Betrachtung als Elemente dieser Klasse zusammengefaßt wurden. (Wir werden zwischen einer Klasse und einer Menge keinen Unterschied machen. Ein Teil der Notation, die eingeführt werden soll, wird häufig als der Mengentheorie in der Mathematik zugehörig beschrieben.) Die Elemente einer Klasse können sowohl abstrakt als auch konkret sein: wir können z. B. genausogut über die Klasse der reellen Zahlen sprechen wie über die Klasse der menschlichen Lebewesen, die zur Zeit an einem bestimmten Ort leben. Es gibt in der Tat nichts, was uns davon abhält, Klassen von Entitäten zu betrachten, deren Elemente zum Teil konkret und zum Teil abstrakt sind. Wir werden jedoch, gemäß unserer früheren Entscheidung, die Bedeutung des Terminus ,Individuum' (cf, 6.3) zu restringieren, primär Klassen von physischen Objekten und relativ genau begrenzten Orten betrachten.

Wie im Vorangegangenen werden wir die kleinen Anfangsbuchstaben des Alphabets verwenden, um die einzelnen Elemente einer Klasse zu symbolisieren, und aufgrund des Parallelismus, der, wie wir sehen werden, zwischen logischen Prädikaten und Klassen besteht, werden wir Großbuchstaben verwenden, um Klassen zu symbolisieren. X kann also eine Klasse sein, deren Elemente a, b und c sind. Wenn wir die Elemente einer Klasse aufzählen, dann trennen wir die Symbole, die sie denotieren, mit Kommata ab und schließen sie in geschweifte Klammern ein. $\{a, b, c\}$ ist also die Klasse, deren Elemente a, b und c sind. Klassenzugehörigkeit wird durch den griechischen Buchstaben epsilon symbolisiert, so daß ,$a \in$ X' bedeutet „a ist ein Element von (der Klasse) X".

Wir werden drei signifikant verschiedene Arten für das partielle* Aufzählen der Elemente einer Klasse zulassen. Erstens werden wir grundsätzlich zwischen offenen und geschlossenen Klassen unterscheiden: eine geschlossene* (oder finite*) Klasse ist eine Klasse, deren Elemente aufgezählt werden könnten, wenn wir die Zeit, den Platz, die Energie, das Wissen und einen Grund dafür hätten, sie alle aufzuzählen; eine offene* (oder infinite*) Klasse (z. B. die Klasse der natürlichen Zahlen) ist eine Klasse, deren Elemente nicht in dieser Weise aufgezählt werden könnten, weil ihre Anzahl keine feststellbare Grenze hat. Unsere Notationskonventionen werden diese wie folgt unterscheiden: $\{a, b, \ldots, c\}$ ist eine partiell aufgezählte geschlossene Klasse, aber $\{a, b, c, \ldots\}$ ist eine partiell aufgezählte offene Klasse. Man wird feststellen, daß wir sowohl hier als auch in dem vorangegangenen Abschnitt angenommen haben, daß es einen unbegrenzten Vorrat an Buchstaben des Alphabets gibt, der für verschiedene Zwecke verwendet werden kann: wir haben sogar angenommen, daß es unbegrenzt viele Anfangsbuchstaben des Alphabets gibt, von welchen wir freien Gebrauch machen können, um jedes individuelle Objekt und jeden Ort im Universum zu denotieren. Wir betrachten mit anderen Worten das Alphabet, und sogar jeden verschiedenen Abschnitt davon – $\{a, b, c, ...\}$, $\{f, g, h, ...\}$, $\{p, q, r, ...\}$ und $\{x, y, z, ...\}$ – als eine infinite Klasse: und wir können sie in der Tat, wenn nötig, durch die Verwendung von Subskripten oder anderen Mitteln indefinit ausdehnen. Eine dritte Art von partieller Aufzählung wird verwendet, wenn wir nicht wissen, ob eine Klasse offen oder geschlossen ist (oder wenn wir uns bezüglich dieses Punktes nicht festlegen wollen). Solche Klassen werden wir unbestimmt* nennen; und sie werden notationell durch den Gebrauch von ‚etc.' statt der drei Punkte, die für offene Klassen gebraucht werden, unterschieden. $\{a, b, c,$ etc.$\}$ ist also eine unbestimmte Klasse.

Die Unterscheidung, die wir hier zwischen offenen und unbestimmten Klassen gemacht haben, ist für unsere Zwecke wichtig. Man betrachte z. B. die Klasse der Lexeme, die den Wortschatz des Deutschen ausmacht, oder selbst denjenigen eines einzelnen deutschen Sprechers. Ist dies eine offene oder eine geschlossene Klasse? Die Frage ist wahrscheinlich nicht zu beantworten: mit Sicherheit nicht in der Form, in der sie soeben gestellt wurde. Aus methodologischen Gründen können wir uns dafür entscheiden, den Wortschatz des Deutschen in unserem Modell des Systems, das dem Sprachverhalten von Sprechern des Deutschen zugrundeliegt, als geschlossen zu repräsentieren (allerdings ist dieser aus praktischen Gründen nicht aufzählbar). Es ist jedoch nicht schwierig, sich ein Modell vorzustellen, in dem der Wortschatz als offen angesehen wird. Bei vielen philosophischen Fragen, die wir in unserer Diskussion der Semantik anschneiden werden, werden wir uns wiederum nicht darauf festlegen wollen, ob eine bestimmte Klasse von Entitäten geschlossen oder offen ist (z. B. die Klasse der Objekte im Universum, die Klasse der tatsächlichen oder vorstellbaren Sachverhalte in einer aktualen oder möglichen Welt, die Klasse der Entitäten, die ein bestimmtes Lexem denotiert).

Zwei Klassen sind als identisch* definiert (genauer, wie wir sehen werden, extensional identisch*) dann, und nur dann, wenn beide genau die gleichen Elemente enthalten. Gegeben sei, daß X $\{a, b, c\}$ ist und Y $\{b, a, c\}$, dann folgt aus der Definition der Klassenidentität, daß X $=$ Y (wobei das Gleichheitszeichen die Identität symbolisiert). Nebenbei sei angemerkt, daß die Elemente von X und Y absichtlich in verschiedener Reihenfolge aufgezählt wurden: dies geschah, um den wichtigen Punkt zu betonen, daß die Reihenfolge der Aufzählung von Elementen einer Klasse irrelevant ist.

Von Klassenzugehörigkeit ist Klasseninklusion* zu unterscheiden. Diese wird durch ein nach rechts gerichtetes Hufeisen symbolisiert ‚⊃' für „inkludiert" und ein nach links gerichtetes Hufeisen ‚⊂' für die umgekehrte Relation, die „ist enthalten in" bedeutet. Inklusion wird wie folgt definiert: X ⊃ Y (X inkludiert Y) und Y ⊂ X (Y ist in X enthalten; Y ist eine Subklasse* von X) bedeuten beide, daß jedes Element von Y ein Element von X ist. Es sollte beachtet werden, daß die Definition der Inklusion Identität als einen Spezialfall der Inklusion zuläßt. Klassenidentität kann in der Tat als symmetrische Inklusion definiert werden: wenn X ⊃ Y und Y ⊂ X, dann X = Y. Asymmetrische Inklusion wird als echte Inklusion* bezeichnet: wenn X Y inkludiert, aber Y nicht X, dann sagen wir, daß X Y echt* inkludiert. Die Klassenlogik läßt die Möglichkeit zu, daß Klassen entweder Elemente oder Subklassen anderer Klassen sein können; und diese beiden Situationen sollten nicht miteinander verwechselt werden. Y ⊂ X (Y ist in X inkludiert) bedeutet, wie wir gesehen haben, daß jedes Element von Y ein Element von X ist; es bedeutet nicht, daß die Klasse Y ein Element der Klasse X ist. Andererseits bedeutet Y∈X, daß die Klasse Y (aber nicht notwendigerweise ihre Elemente) ein Element von X ist. Es ist besonders wichtig, die folgenden zwei Aussagen nicht zu verwechseln: (I) x ∈ X und (II) $\{x\}$ ∈ X. Mit der ersten wird behauptet, daß x ein Element von X ist; mit der zweiten, in der ‚$\{x\}$' zu lesen ist als „die Klasse, deren (einziges) Element x ist", daß die Klasse mit nur einem Element, die x enthält, ein Element von X ist. Ein Komitee kann z. B. als seine Mitglieder eine Menge von Subkomitees haben (von verschiedener Größe, aber jedes mit einer einzigen Stimme), und eines dieser Subkomitees kann die Klasse $\{x\}$ mit diesem einzigen Element sein. Wenn x die Sitzungen des Hauptkomitees besucht und seine Stimme abgibt oder seine Meinung kund tut, dann fungiert er konstitutionell als $\{x\}$. Eine Klasse enthält* ihre Elemente, aber inkludiert* ihre Subklassen.

Es ist zweckmäßig, eine Menge von Symbolen für „ist kein Element von", „ist nicht inkludiert in", „ist nicht identisch mit", etc. zu haben. Diese Symbole werden normalerweise dadurch geformt, daß man einen Schrägstrich durch das entsprechende positive Symbol zieht. ‚a ∉ X' bedeutet also „a ist kein Element von X"; ‚X ⊅ Y' bedeutet „X inkludiert Y nicht"; ‚X ≠ Y' bedeutet „X ist nicht identisch mit Y"; usw. Man kann an dieser Stelle auch hinzufügen, daß die Symbole ‚⊇' und ‚⊆' häufig verwendet werden, um deutlich zu machen, daß Identität als Sonderfall von Inklusion zugelassen wird: ‚X ⊇ Y' bedeutet „X inkludiert oder ist identisch mit Y", und ‚Y ⊆ X' bedeutet „Y ist in X inkludiert oder identisch mit X".

Mit der Vereinigung* (oder Summe*) zweier Klassen X und Y ist diejenige Klasse X + Y gemeint, von der alle Elemente Elemente von X oder Y sind (oder beiden). Mit dem Durchschnitt* (oder Produkt*) zweier Klassen X und Y ist diejenige Klasse X.Y gemeint, von der alle Elemente Elemente von sowohl X als auch Y sind. Angenommen, daß X $\{a, b, c\}$ und Y $\{b, c, d\}$ ist, dann ist X + Y $\{a, b, c, d\}$ und X.Y $\{b, c\}$.

Alternative und in gleicher Weise oft verwendete Symbole für das Pluszeichen und den Punkt, die hier gemacht wurden, sind ‚∪' und ‚∩'. X ∪ Y symbolisiert also die Vereinigung und X ∩ Y den Durchschnitt von X und Y. Diese Begriffe werden oft durch das Venn-Diagramm, wie in Abbildung 5, dargestellt.

Zwei Klassen sind einmalig und haben einen besonderen Status in der Formalisierung und Standardinterpretation der Klassenlogik. Dieses sind die universale* Klasse, die wir als ‚U', und die leere* Klasse (oder Nullklasse*), die wir als ‚∅' symbolisieren werden. U ist die Klasse, die alle die Individuen enthält, die es im Universum gibt; ∅ ist die Klasse, die keine Elemente hat (d. h. die keines der Individuen im Universum enthält). Was mit ‚Universum' gemeint ist, ist von der Interpretation, die man dem System gibt, und der Absicht, mit der man es verwendet, unabhängig. Wir wollen annehmen, daß wir mit ‚Universum' einen universe of discourse* meinen, welcher, je nach Bedarf, mehr oder weniger restringiert sein kann (cf. 6.5). Das universe-of-discourse, das in Abbildung 5 dargestellt ist, ist durch vier gerade Linien begrenzt und enthält nur sechs Individuen: für dieses Universum ist U {a, b, c, d, e, f}.

Wir können jetzt das Komplement* einer Klasse als diejenige Klasse definieren, die alle (und nur) die Individuen im Universum enthält, die nicht in der in Frage kommenden Klasse enthalten sind. Wir werden das Komplement einer Klasse durch einen gehobenen Querstrich symbolisieren: X̄ ist das Komplement von X. In dem Universum, das in Abbildung 5 dargestellt ist, ist X̄ {d, e, f}; Ȳ ist {a, e, f}; $\overline{X+Y}$ ist die Klasse, die all diejenigen Individuen enthält, die nicht Elemente der Vereinigungsmenge von X + Y sind, d. h. {e, f}; und $\overline{X \cdot Y}$ ist das Komplement des Durchschnittes von X und Y, d. h. {a, d, e, f}.

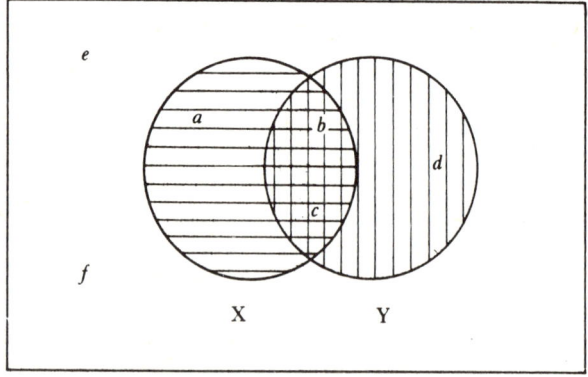

Abb. 5. Vennsche Diagramme, die die Vereinigung und den Durchschnitt von Klassen darstellen

Wir haben jetzt all die Termini eingeführt, die wir, wenn wir uns im folgenden auf Klassenlogik beziehen, gebrauchen. Noch wichtiger ist es, daß wir eine besondere Art, Dinge zu betrachten, eingeführt haben, die in der philosophischen Semantik des 20. Jahrhunderts sehr einflußreich gewesen ist (abgesehen von ihrer Wichtigkeit für die Grundlagen der Mathematik). Wir können jetzt fortfahren, in allgemeiner Weise einige der semantisch relevanten Aspekte der Klassenlogik zu betrachten.

Erstens, wie definieren wir oder wie legen wir Klassenelementschaft fest? Eine Art dies zu tun, zumindest für geschlossene Klassen, besteht in der Aufzählung ihrer Elemente. Dies ist bekannt als extensionale* Definition. Denn mit der Extension* eines Ausdrucks ist die Klasse von Dingen gemeint, auf die er korrekt angewendet wird. Alternativ und vielleicht häufiger können wir eine Klasse auf der Basis einer bestimmten Eigenschaft (oder Menge von Eigenschaften) definieren, die den Elementen gemeinsam zukommt. Nehmen wir z. B. an, daß wir die Menge von Eigenschaften, von denen wir glauben, daß sie essentiell sind, damit etwas als Hund qualifizierbar ist, in dem Wort ‚hündisch' zusammenfassen. Dann können wir sagen, daß die Klasse von Hunden all diejenigen Objekte im Universum umfaßt, die diese zweifellos sehr komplexe, aber – so wollen wir annehmen – identifizierbare Menge von Eigenschaften hat. Dies wäre eine intensionale* Definition: die Intension* eines Ausdrucks ist die Menge von essentiellen Eigenschaften, die die Anwendbarkeit des Ausdrucks determiniert. (Die Schreibweise von ‚Intension' und ‚intensional' sollte wiederum beachtet werden.) Wenn wir die Klassennotation mit der Notation des Prädikatenkalküls kombinieren, dann können wir sagen, wenn wir h für die Eigenschaften verwenden, bezüglich derer wir uns geeinigt haben, sie als hündisch zusammenzufassen, und H, um die Klasse von Hunden zu symbolisieren

(x) $(hx \equiv x \in \mathrm{H})$ „Alles was hündisch ist, ist ein Hund".

Dies wäre eine intensionale Definition der Klasse der Hunde.

Ein, und man kann sagen, ein ständig wiederkehrender kontroverser Punkt in der philosophischen Semantik hat, wie wir sehen werden, mit solchen Fragen wie der folgenden zu tun: ist das, was wir die Eigenschaft h oder ‚hündisch' nennen, in irgendeiner Weise davon unterscheidbar, ein Element der Klasse H zu sein, die Klasse, auf deren Elemente wir das Wort Hund anzuwenden gelernt haben? Viele Logiker haben zwischen der extensionalen und intensionalen Identität von Klassen unterschieden, weil zwei Klassen genau die gleichen Elemente haben können und trotzdem aufgrund ihrer intensionalen Definition verschiedene Klassen sein können.[4] Um ein traditionelles Beispiel zu nehmen (und zwar eines, das oft von Carnap benutzt wurde): nehmen wir an, daß es zwei Klassen X und Y gibt. Die intensionale Definition von X ist

(x) $((\mathrm{F}x \,\&\, \mathrm{Z}x) \equiv x \in \mathrm{X})$

wobei F „federlos" bedeutet und Z „Zweifüßler", so daß X die Klasse der federlosen Zweifüßler ist. Die intensionale Definition von Y ist

$$(x) \, ((Rx \, \& \, Tx) \equiv x \in Y)$$

wobei R „rational" bedeutet und T „Tier". Setzen wir nun voraus, daß, obwohl wir nicht alle Elemente von X und Y untersucht haben, X = Y (d. h. daß die zwei Klassen extensional identisch sind). Haben „rationales Tier" und „federloser Zweifüßler" die gleiche Bedeutung? Ferner, wenn zwei Ausdrücke, sagen wir ‚Centaur' und ‚Einhorn', beide als ihre Extension die leere Klasse haben (denn wir wollen annehmen, daß es keine Einhörner und Centauren im Universum gibt), dann kann man sagen, daß sie die gleiche Extension haben. Wenn sie aber die gleiche Extension haben, warum sagen wir dann nicht, daß sie die gleiche Bedeutung haben? Irgendwie spielt der Unterschied zwischen Intension und Extension in der Diskussion einer Vielzahl von Fragen eine Rolle.

Der Sinn, in dem der Terminus ‚Extension' hier verwendet wird, hängt auch mit dem Sinn, in dem ‚extensional' und ‚wahrheitsfunktional' äquivalent sind, zusammen (cf. 6.2). Frege (1892), und nach ihm viele Logiker, nahmen an, daß die Extension einer Proposition ihr Wahrheitswert sei (und die Intension einer Proposition ihr Sinn [bzw. ihre Bedeutung]). Der Grund für diese eher kontraintuitive und kontroverse Ansicht ist, daß der Wahrheitswert einer komplexen Proposition ihrer Meinung nach determiniert sei durch den Wahrheitswert ihrer Teilpropositionen in ähnlicher Weise, wie der Wahrheitswert einer einfachen Proposition durch die Extensionen ihrer Terme determiniert ist.[5] Ebenso wie der Wahrheitswert von $(p \, \& \, q)$ bei Substitution einer Proposition für p oder q, die den gleichen Wahrheitswert hat, gleich bleibt, so wird auch der Wahrheitswert von $f(x)$ nicht beeinflußt durch die Substitution irgendeines Ausdrucks für x, der die gleiche Extension wie x hat. Auf dieser Basis kann man einen extensionalen Kalkül als einen Kalkül definieren, in dem keine der Propositionen ihren Wahrheitswert verändert, wenn ein Ausdruck in der Proposition durch einen anderen Ausdruck ersetzt wird, der die gleiche Extension hat. Die Möglichkeit der Ersetzung ohne Änderung des Wahrheitswertes der Proposition wird häufig in der philosophischen Semantik in Zusammenhang mit dem Leibnizschen Prinzip von der Identität des Ununterscheidbaren* diskutiert oder erwähnt; *Eadem sunt quorum unum potest substitui alteri salva veritate* („[Zwei Dinge] sind das gleiche, wenn eines durch das andere ersetzt werden kann, ohne daß die Wahrheit beeinträchtigt wird"). Die genaue Interpretation des Leibnizschen Diktums ist kontrovers; aber der lateinische Ausdruck *salva veritate,* der in ihr enthalten ist, wird allgemein so verstanden, wie ich es angedeutet habe („ohne Änderung des Wahrheitswertes"), und er wird in der philosophischen Literatur ohne begleitende Paraphrase oder Übersetzung so häufig angewendet, daß der Leser damit vertraut sein dürfte.[6]

Wenn wir prädikative Terme als Namen von Klassen interpretieren, dann können wir die Proposition „Alfred ist ein Junggeselle" symbolisieren als

$a \in J$

und „Alfred ist glücklich" als

$a \in G$

Es könnte den Anschein haben, daß die klassenlogische Repräsentation für das erste dieser Beispiele, bei dem wir im Deutschen einen Gattungsnamen verwenden, angemessener ist; und die prädikatenlogische Repräsentation für das zweite, bei dem wir ein Adjektiv verwenden. Wir werden später auf die Frage zurückkommen, ob eine Unterscheidung zwischen der Prädikation von Klassenzugehörigkeit und der Prädikation von Eigenschaften gemacht werden kann und soll. Dies wurde von vielen Logikern verneint (cf. 11.3).

6.5. Zeit, Modalität und mögliche Welten

Nehmen wir an, daß wir mit der Beschreibung eines Universums, das aus einer begrenzten Anzahl von Individuen besteht, befaßt sind und daß wir für die Beschreibung eine Menge von Prädikaten zur Verfügung haben, von denen jedes entweder von jedem Individuum prädizierbar* ist oder nicht und, wenn es prädizierbar ist, daß es auf das Individuum zutrifft oder nicht. Was mit ‚prädizierbar' gemeint ist, kann anhand eines Beispiels erklärt werden. Nehmen wir das Prädikat V, das, so wollen wir sagen, die Eigenschaft des Verheiratetseins denotiert. V kann nun in seinem normalen nicht-metaphorischen Sinn, so wollen wir annehmen, nicht von unbelebten Objekten (oder überhaupt von nicht-menschlichen Tieren) und noch weniger von Orten prädiziert werden. In der Beschreibung unseres Universums werden wir daher sagen, daß, wenn *a* sich auf ein unbelebtes Individuum bezieht, V(*a*) keine wohlgeformte Proposition ist; und ob sie wahr oder falsch ist, ist eine Frage, die sich nicht stellt. Es gibt bestimmte philosophische Probleme, die mit der Unterscheidung zwischen semantisch wohlgeformten und falschen Propositionen, die hier angesprochen ist, verbunden sind. Aber wir wollen annehmen, daß der Begriff der Prädikabilität nicht nur ausreichend klar verständlich ist für unsere gegenwärtige Absicht, sondern auch, daß er genau festgelegt ist und keine Abstufung zuläßt. Wir nehmen mit anderen Worten an, daß die Frage, ob ein bestimmtes Prädikat von einem gegebenen Individuum prädizierbar ist, eine Frage ist, auf die immer eine definite, affirmative oder negative Antwort gegeben werden kann; und daß es niemals einen Grund geben wird, diese Antwort mit Ausdrücken, die mit ‚mehr oder weniger' zu tun haben, zu qualifizieren.

Ein wichtiger terminologischer Punkt, der hier beachtet werden sollte, ist, daß es Prädikate und nicht Eigenschaften sind, von denen man sagt, daß sie von Individuen prädizierbar sind (und in besonderen Propositionen von Individuen prädiziert werden); Eigenschaften werden Individuen, auf die durch den Namen oder die Namen in der Proposition referiert wird, zugeschrieben*. Dadurch, daß wir z. B. von einer bestimmten Blume sagen, daß sie rot ist, schreiben wir ihr die Eigenschaft des Rotseins zu, aber wir prädizieren von ihr das Prädikat ‚rot'.

Wir wollen nun auf das Universum von Individuen, dessen Beschreibung wir betrachten, zurückkommen. Für jedes Individuum x und für jedes einstellige Prädikat f, das von dem Individuum prädizierbar ist, wollen wir eine Proposition $f(x)$ konstruieren; für jedes geordnete Paar von Individuen (x, y) und jedes zweistellige Prädikat g eine Proposition $g(x, y)$; und allgemein wollen wir für jedes geordnete n-Tupel von Individuen von $(x, y, \ldots, z)$ und jedes n-stellige Prädikat h eine Proposition $h(x, y, \ldots z)$ konstruieren. Jede der resultierenden Propositionen wird als atomar* beschrieben; und jede Proposition, die entweder eine atomare Proposition oder die Negation einer atomaren Proposition ist, wird einfach* [‚basic'] genannt. Ferner werden wir jedes Paar von Propositionen, das aus einer atomaren Proposition und ihrer Negation besteht, ein Grundpaar* [‚basic pair'] nennen.

Wir können jetzt eine Zustandsbeschreibung* (genauer als in unserer früheren Verwendung dieses Terminus: 2.3) als eine Konjunktion von einfachen Propositionen definieren. Diese Definition, das sollte man beachten, erlaubt es uns, zwischen vollständiger und partieller Beschreibung zu unterscheiden und ebenso zwischen konsistenten und inkonsistenten Beschreibungen. Eine vollständige Zustandsbeschreibung* ist eine Beschreibung, die mindestens einen Teil von jedem Grundpaar enthält; eine konsistente Zustandsbeschreibung* ist eine Beschreibung, die weder eine Kontradiktion enthält noch ihre Ableitung zuläßt (d. h. beide Teile eines Grundpaares enthält). Jede einzelne vollständige und konsistente Zustandsbeschreibung wird einen möglichen Zustand des Universums beschreiben, und in dieser Klasse von Zustandsbeschreibungen wird es eine geben, die den aktualen Zustand des Universums beschreibt, nämlich diejenige, in der alle enthaltenen einfachen Propositionen wahr sind.

Ein einfaches Beispiel wird diesen Punkt deutlich machen: wir werden nur zwei einstellige Prädikate F und G verwenden, und zwei Namen, a und b, von denen jeder ein einzelnes Individuum denotiert, von dem F und G prädizierbar sind. Wenn dieses sehr einfache universe of discourse gegeben ist, dann können wir sagen, daß es genau sechzehn mögliche Zustände des Universums gibt, wie in (1)–(16) angedeutet:

(1) ZB_1: (Fa & Fb & Ga & Gb)
(2) ZB_2: ($\sim$ Fa & Fb & Fb & Ga & Gb)
(3) ZB_3: (Fa & $\sim$ Fb & Ga & Gb)

.

.

.

(16) ZB_{16}: ($\sim$ Fa & $\sim$ Fb & $\sim$ Ga & $\sim$ Gb)

Jede dieser vollständigen und konsistenten Zustandsbeschreibungen beschreibt einen möglichen Zustand des Universums. Und eine von diesen, so wollen wir annehmen, beschreibt den aktuellen Zustand des Universums. Wie wir bereits gesehen haben (2.3), kann der semantische Inhalt einer Proposition als die Klasse von Zustandsbeschreibungen, die sie eliminiert, definiert werden. Obwohl wir ein sehr eingeschränktes Universum in diesem Beispiel benutzt haben, sollte klar sein, daß die allgemeinen Prinzipien nicht beeinträchtigt werden, wenn man die Anzahl der Individuen in dem Universum oder die Anzahl von Prädikaten vergrößert und wenn man mehrstellige Prädikate einführt.

Statt zu sagen, daß jede vollständige und konsistente Zustandsbeschreibung einen möglichen Zustand des Universums beschreibt oder definiert und daß eine der Menge von Zustandsbeschreibungen den aktualen Zustand des Universums definiert, können wir genauso gut sagen, daß die Menge von Zustandsbeschreibungen eine Menge von möglichen Universen definiert und nicht eine Menge von möglichen Zuständen desselben Universums. Es ist von einem rein logischen Standpunkt aus irrelevant, ob wir von möglichen Zuständen oder möglichen Universen sprechen. Aber es wird wahrscheinlich eher der eine als der andere Ausdruck gewählt werden, abhängig von der jeweiligen Anwendung des logischen Systems. In unserer alltäglichen Vorstellung von der physischen Welt neigen wir dazu, uns die Welt so vorzustellen, als bestehe sie aus einer relativ konstanten Menge von Individuen mit variablen Eigenschaften. Zwischen zwei Zeitpunkten t_1 und t_2, die wir wählen, wird eine bestimmte Zahl von Individuen entstehen, und eine bestimmte Zahl von vorher existierenden Individuen wird vergehen. Aber es wird eine ausreichende Zahl von Individuen geben, die sowohl zum Zeitpunkt t_1 als auch zum Zeitpunkt t_2 als dieselben identifizierbar sind und eine ausreichende Zahl von Eigenschaften, die auch als die gleichen identifizierbar sind, obgleich sie vielleicht in verschiedener Weise in bezug auf die Individuen verteilt sein können, so daß wir es für angemessen halten, von einem Universum so zu sprechen, als ginge es durch eine Abfolge von verschiedenen Zuständen. Es gibt natürlich andere Arten, die physische Welt zu betrachten; der Physiker kann anderswo nach dem Prinzip des Konstanten, in bezug auf das er Veränderung messen kann, suchen; und einige Philosophen mögen vielleicht bestreiten, daß es überhaupt etwas Konstantes gibt. Aber für unsere gegenwärtigen Zwecke reicht die alltägliche Auffassung von der Welt aus. Wir wollen uns daher ein Universum vorstellen, das mehr oder weniger aus denselben Individuen besteht, die durch eine Folge von Zuständen gehen.

Wie wir bereits gesehen haben, werden Propositionen im allgemeinen für tempuslos gehalten. Aber was bedeutet diese Aussage? Es gibt verschiedene Möglichkeiten, sie zu interpretieren. Wir könnten sagen, daß Propositionen nicht bloß tempuslos, sondern auch zeitlos sind; daß es nicht nur keine Referenz innerhalb der Proposition selbst auf den Zeitpunkt gibt, an welchem sie wahr oder falsch ist, sondern auch, daß der Begriff der Zeit einfach irrelevant in bezug auf Propositionen ist; daß sie selbst ewig sind, aber daß sie geglaubt oder behauptet werden können in bezug auf ein Universum oder den Zustand des Universums und daß sie eher wahr oder falsch sind von als in diesem Universum. Wenn wir diese Ansicht übernehmen, dann könnten wir sagen, daß z. B. die Proposition Fa wahr ist von dem Universum zum Zeitpunkt t_1, aber falsch von dem Universum zum Zeitpunkt t_2 (das Universum wird zum Zeitpunkt t_1 durch die Zustandsbeschreibung ZB$_1$ und zum Zeitpunkt t_2 durch ZB$_2$ beschrieben). In dieser Weise haben viele Logiker und Erkenntnistheoretiker die Tempuslosigkeit von Propositionen verstanden. Andere haben ‚tempuslos‘ nicht als „zeitlos", sondern als „mit unmittelbarer temporaler Referenz" verstanden. Bei dieser Interpretation könnte man Propositionen über die sich verändernde physische Welt, wie sie durch aufeinanderfolgende Zustände geht, glauben oder behaupten, aber eine jede solche Proposition hätte eine implizite temporale Referenz zur unmittelbar beobachteten Situation. Alle Propositionen würden bei normalen Äußerungsbedingungen wie der deutsche Satz ‚Es regnet‘ interpretiert; d. h., als bedeute er „Es regnet zum gegenwärtigen Zeitpunkt". Dies wäre nicht Tempus, wie wir später sehen werden (cf. 15.4); denn Tempus beruht auf der Möglichkeit, einen temporalen Referenzpunkt einem anderen gegenüberzustellen (gleichgültig, ob das Präsens der Vergangenheit und dem Futur oder diese Tempora in anderer Weise einander gegenübergestellt werden). Bei dieser Interpretation des Status von Propositionen in bezug auf Zeit könnten wir sagen, daß Fa, wenn sie zum Zeitpunkt t_1 geäußert würde, wahr wäre (nicht nur von, sondern auch in dem Universum, das durch ZB$_1$ beschrieben ist), aber falsch, wenn sie zum Zeitpunkt t_2 geäußert würde. Dies ist auch eine Ansicht, die in der philosophischen Literatur oft vertreten wird.

Propositionen können auch so verstanden werden, daß sie Tempus enthalten. Um dies formal zu repräsentieren, müssen wir über die Grenzen des Prädikatenkalküls erster Stufe oder des zweiwertigen propositionalen Kalküls hinausgehen; es sind verschiedene Systeme entwickelt worden, die wir ganz vage als Zeitlogik bezeichnen können. Hierüber werden wir in unserer Diskussion über Tempus von einem linguistischen Standpunkt aus in einem späteren Kapitel etwas sagen (cf. 15.4).

Wir wenden uns jetzt kurz dem Thema der Modalität* zu. Dies ist auch ein Gegenstand, auf den wir später zurückkommen müssen; und wir werden dann sehen, daß verschiedene Arten von Modalität unterschieden werden können. Hier werden wir uns nur mit den Modalitäten der logischen Notwendigkeit und Möglichkeit beschäftigen. Logiker machen, wie wir gesehen haben, normalerweise eine Unterscheidung (6.2) zwischen analytischen* Propositionen, von denen man sagt, daß sie notwendig wahr sind, und synthetischen* Propositionen, von denen man, wenn sie wahr sind, sagt, daß sie nur kontingent wahr sind. Die Art, in der sich die Begriffe der logischen

Notwendigkeit* und logischen Möglichkeit* auf diese Unterscheidungen beziehen (und in bezug auf die Negation untereinander verwandt sind), kann anhand der folgenden Aussagen gesehen werden: wenn p notwendigerweise W ist, dann ist es nicht möglich, daß p F ist; wenn p möglicherweise W ist, dann ist es nicht notwendig, daß p F ist. (Es sollte darauf geachtet werden, daß bei dieser Interpretation der Möglichkeit die Notwendigkeit als ein besonderer Fall eingeschlossen ist.)

Wie können wir die Begriffe der logischen Notwendigkeit und Möglichkeit formalisieren? Zum einen könnten wir eine Unterscheidung treffen zwischen Objektsprache und Metasprache (siehe 1.3). Wenn wir diese Methode verwenden, dann können wir eine Proposition „es ist notwendigerweise der Fall, daß p" analysieren als „die Proposition ‚p' ist notwendigerweise wahr", wobei p eine Proposition der Objektsprache ist; ‚p' ist der metasprachliche Name für p, und notwendige Wahrheit wird nicht von p prädiziert (noch weniger innerhalb von p), sondern von ‚p'. Dies ist die Methode, die von Logikern bevorzugt wird, die die These von der Extensionalität vertreten (cf. Carnap, 1958: 42). Die Alternative ist, die Begriffe der logischen Notwendigkeit und logischen Möglichkeit innerhalb irgendeines Systems der intensionalen (d. h., nicht-extensionalen) oder modalen Logik zu formalisieren. Es stehen jetzt viele verschiedene Systeme zur Verfügung (cf. Hughes & Cresswell, 1968). Diejenigen Systeme, die als Standardsysteme betrachtet werden können, basieren auf dem zweiwertigen propositionalen Kalkül, aber weiten ihn über die wahrheitsfunktionalen Konnektoren hinaus aus, indem sie einen oder mehrere modale Operatoren einführen. Wir werden hier die Symbole ‚nec' und ‚poss' verwenden, um die propositionsbildenden Operatoren der logischen Notwendigkeit bzw. logischen Möglichkeit zu bezeichnen. Aufgrund des Zusammenhangs zwischen der logischen Notwendigkeit und Möglichkeit, auf den oben hingewiesen wurde, können die folgenden Äquivalenzen als gültig angesehen werden.

$$(17) \ \text{nec } p \equiv \sim \text{poss} \sim p \qquad (18) \ \text{poss } p \equiv \sim \text{nec} \sim p.$$

‚nec' und ‚poss' können wechselseitig definiert werden, was zu einer Unterscheidung (wie immer wir diese auch interpretieren mögen) zwischen einem notwendigkeitsbasierten* und einem möglichkeitsbasierten* System der logischen Modalität führt (cf. Hughes & Cresswell, 1968: 26).

Ein semantisch wichtiger Begriff, den wir später noch ausführlicher diskutieren müssen, ist der der strengen Implikation* oder des Entailment*. Wir werden einen doppelten Pfeil verwenden, um dies zu symbolisieren (im Unterschied zum einfachen Pfeil, der für die materiale Implikation verwendet wird): $p \Rightarrow q$ ist daher zu verstehen als „p entails q" (oder „q folgt logisch aus p"). Entailment kann mittels poss und der materialen Implikation wie folgt definiert werden

$$(19) \ (p \Rightarrow q) \equiv \sim \text{poss } (p \ \& \sim q).$$

Das heißt, wenn p q entails, dann ist es logisch nicht möglich, daß sowohl p als auch nicht-q wahr ist und umgekehrt. Wenn wir sagen, daß p q entails, dann werden wir dies so verstehen, daß es bedeutet, es wäre beispielsweise inkonsistent, p zu behaupten und q zu negieren. Man könnte sagen, daß es inkonsistent wäre, z. B. p zu behaupten und q zu negieren, wenn p „John ist ein Junggeselle" wäre und q „John ist nicht verheiratet".

Wir haben bereits den Gedanken erwähnt, der normalerweise Leibniz zugeschrieben wird, daß eine Proposition nur dann notwendigerweise wahr ist, wenn sie in allen möglichen Welten wahr ist. Was meinen wir mit dem Ausdruck ‚mögliche Welt'? Eine Möglichkeit, ihn zu interpretieren, ist die Anwendung des Begriffs der Zustandsbeschreibung.[7] Denn wie wir gesehen haben, kann eine Zustandsbeschreibung, vorausgesetzt sie ist vollständig und konsistent, so verstanden werden, als definiere sie entweder einen bestimmten Zustand eines Universums oder ein bestimmtes Universum, je nachdem, auf welchem Standpunkt man steht. Wie wir die Ausdrücke ‚Universum' oder ‚Welt' in diesem Kontext verwenden, ist wohl von geringer Bedeutung. Ersterer ist mit dem Terminus technicus ‚universe of discourse' verbunden; letzterer mit dem Leibnizschen Ausdruck ‚mögliche Welt'. Man könnte jedoch argumentieren, daß sich zumindest im alltäglichen Sprachgebrauch für die Ansicht eine Unterstützung findet, daß das Universum (mit dem definiten Artikel) umfassender, beständiger und sogar objektiver ist, als das, was wir Welt nennen. Wir wollen daher eine Welt mit einer Zustandsbeschreibung des Universums oder eines Teils des Universums identifizieren. Eine Proposition ist in einer möglichen Welt dann wahr, wenn sie den Wert W in einer Zustandsbeschreibung hat.

Wir wollen nun annehmen, daß einem allwissenden externen Beobachter eine Menge von Zustandsbeschreibungen, die alle möglichen Zustände des Universums beschreibt, zugänglich ist und ihm zur Überprüfung zur Verfügung steht. Wenn er gefragt würde, ob eine bestimmte Proposition logisch möglich ist, dann kann er die Zustandsbeschreibungen durchgehen, und wenn er die Proposition in mindestens einer findet, dann kann er antworten, daß sie es ist: denn Inklusion in mindestens einer Zustandsbeschreibung ist sicherlich eine hinreichende Bedingung dafür, daß die Proposition logisch möglich ist; und bei den Annahmen, die wir machen, kann sie auch als eine notwendige Bedingung angesehen werden, so daß Exklusion von einer Zustandsbeschreibung als ausreichender Grund angesehen werden kann, um zu sagen, daß die Proposition logisch unmöglich ist. Ähnliches gilt für die logische Notwendigkeit: wenn eine Proposition in allen Zustandsbeschreibungen vorkommt, dann können wir sagen, daß sie in allen möglichen Welten wahr ist.

Wir haben zwei Annahmen über unseren Beobachter aller möglichen Welten gemacht, die ihn, wie natürlich bei Leibniz Gott, in eine außerordentlich bevorzugte Lage zur Bewertung dessen, was notwendig und was kontingent ist, versetzt haben: wir haben erstens angenommen, daß er allwissend ist, und zweitens, daß er außerhalb der Welten ist, die er betrachtet. Über die erste dieser Annahmen brauchen wir nur wenig zu sagen. Unsere Fähigkeit, andere Welten zu beobachten, ist natürlich sehr stark durch unsere eigene Erfahrung und die angesammelte Erfahrung unserer Vorfahren limitiert. Wir müssen daher erwarten, daß es einige Zweifel geben wird in bezug auf die Beantwortung der Frage, ob etwas analytisch oder nur kontingent ist, da nämlich in vielen Fällen die Frage im Zusammenhang mit dem alltäglichen Wortschatz einer Sprache auftritt.

Die zweite Annahme ist gleich wichtig. Denn man könnte sagen, daß wir keine externen Beobachter der Welt, in der wir leben, sind und auch nicht sein können. Auf den ersten Blick könnte es scheinen, daß hier nichts anderes zur Debatte steht, als eine ziemlich äquivoke Verwendung des Terminus ‚Welt‘, der jetzt in einem Sinne verwendet wird, der anders ist, als der, in dem wir ihn verwendet haben, als wir sagten, er beziehe sich auf eine Zustandsbeschreibung. Wichtig ist, daß diese zwei Sinne vielleicht untrennbar miteinander verbunden sind. Denn wir sind selbst Teil dessen, was wir in unserer Zustandsbeschreibung beschreiben, und unsere Beobachtungs- und Konzeptualisierungsfähigkeiten sind vielleicht bedeutend eingeschränkt durch die Bedingungen, die in dem Zustand des Universums in dem Bereich, den wir bewohnen, herrschen: durch die physischen Gegebenheiten unserer Körper, durch unsere biologisch determinierten Triebe und Anlagen, durch die besondere Kultur, in der wir erzogen worden sind, und vielleicht auch durch die Sprache, die wir sprechen und die wir verwenden, um unsere Zustandsbeschreibung, die unsere Welt ausmacht, zu konstruieren.

Wir haben bereits auf die Metaphysik und auf den Alltagsgebrauch hingewiesen (6.3). Es ist jedoch als wichtiges Faktum in bezug auf unseren Alltagsgebrauch der Sprache festzuhalten, daß es nicht nur ein einziges metaphysisches oder konzeptuelles System gibt, das jeder Art von menschlicher Kommunikation zugrundeliegt. Aussagen oder Propositionen, die man in einer mehr oder weniger wissenschaftlichen Diskussion der physikalischen Welt für kontradiktorisch oder absurd halten könnte, können in einem mythologischen oder religiösen Kontext, in der Dichtung, in der Erzählung eines Traumes oder in der Science-fiction als völlig akzeptabel angesehen werden. Es wurde bereits gezeigt, daß ein großer Teil der früheren Arbeiten in der logischen Semantik von Philosophen ausgeführt wurde, deren primäres Anliegen in der Formalisierung der Sprache des wissenschaftlichen Diskurses bestand, und viele von ihnen vertraten die Doktrin des Physikalismus in der einen oder anderen Form. Es war vielleicht nur natürlich, daß sie glaubten, es sei möglich, ein ideales logisches System zu konstruieren, innerhalb dessen die Menge der analytischen Propositionen und Kontradiktionen in allen möglichen Welten konstant bleiben würde und durch die Gesetze der Physik endgültig determiniert wäre. Heutzutage wird es im allgemeinen eher akzeptiert, daß der Begriff der möglichen Welten in Relation zu variablen Glaubens- oder Annahmensystemen definiert werden sollte; und darüberhinaus, daß ziemlich verschiedene Systeme der Logik angemessen seien für verschiedene Arten des Diskurses. Diese flexiblere und mehr relativistische Annäherung an die Formalisierung der Logik scheint weitaus vielversprechender für die Analyse des Alltagsgebrauchs der Sprache zu sein.

6.6. Modelltheoretische und wahrheitsfunktionale Semantik

Ein großer Teil der neuesten Arbeiten in der logischen Semantik und besonders auf dem Gebiet, das wir modelltheoretische* Semantik nennen, hat Tarskis (1935) Definition des Begriffs Wahrheit zum Ausgangspunkt und bezieht diesen auf aktuale oder mögliche Zustände des Universums.[8] Es gibt mehrere unterscheidbare Wahrheitstheorien, die von Philosophen vorgeschlagen wurden; sie sind alle mehr oder weniger kontrovers. Tarskis Definition soll denjenigen Wahrheitsbegriff aufnehmen und präzisieren, der in der sogenannten Korrespondenztheorie* verkörpert ist, dergemäß eine Proposition dann (und nur dann) wahr ist, wenn sie einen Sachverhalt denotiert oder sich auf einen Sachverhalt bezieht, der tatsächlich in der Welt, die die Proposition zu beschreiben vorgibt, existiert. Eine alternative Möglichkeit, dies zu sagen, ist, daß eine wahre Proposition mit der Realität übereinstimmt und eine falsche nicht. Man wird sehen, daß bei dieser Interpretation des Terminus ,Wahrheit' die Wahrheit einer Proposition abhängt von der Existenz oder Realität von etwas außerhalb der Sprache oder des Systems, in dem bzw. in der die Proposition formuliert ist. Wenn die Proposition $f(x)$ sich auf eine Entität x bezieht und x eine bestimmte Eigenschaft f zuschreibt, dann ist die Proposition dann, und nur dann, wahr, wenn x existiert und die Eigenschaft f hat. Wie Tarski es in seinem Standardbeispiel formuliert:

> (1) ,Schnee ist weiß' ist dann, und nur dann, wahr, wenn Schnee weiß ist.

Auf den ersten Blick scheint dieses Beispiel als Grundlage, auf der man eine formale Wahrheitstheorie aufbauen könnte, äußerst unbrauchbar zu sein.

Der erste Punkt, der im Zusammenhang mit Tarskis Formalisierung des Wahrheitsbegriffs hervorgehoben werden sollte, ist, daß er auf der Unterscheidung zwischen Metasprache* und Objektsprache* (cf. 1.3) basiert. Es ist Tarskis Verdienst, diese Unterscheidung gemacht und ihre Konsequenzen herausgearbeitet zu haben. Das Prädikat ,wahr' gehört zum Vokabular der Metasprache, wohingegen die Proposition, von welcher es prädiziert ist, Teil der Objektsprache ist (oder alternativ: in der Objektsprache formuliert ist). Was wir in (1) dargestellt finden, ist daher eine komplexe metasprachliche Proposition, $p \equiv q$, in welcher p einen Ausdruck enthält, der sich auf eine objektsprachliche Proposition „Schnee ist weiß", bezieht, und $p \equiv q$ sagt von dieser Proposition, daß sie dann, und nur dann, wahr ist, wenn ein bestimmter Sachverhalt besteht. Sie verkörpert einen rein formalen Wahrheitsbegriff, da sie von der empirischen oder epistemologischen Frage, zu entscheiden, ob Schnee weiß ist oder nicht, abstrahiert. Der Ausdruck „Schnee ist weiß" bezieht sich auf eine Proposition, die durch einen Satz der Objektsprache ausgedrückt ist, aber er tut dies, indem er als ein Ausdruck in der Metasprache fungiert, und seine Funktion wird durch die Anführungszeichen angedeutet (cf. 1.2). Die Tatsache, daß der Satz in Anführungszeichen in Tarskis Beispiel in der Wortwahl und der grammatischen Struktur identisch ist mit dem metasprachlichen Satz, der eine Proposition ausdrückt, die einen Sachverhalt beschreibt, der sowohl außerhalb der Objektsprache als auch der Metasprache liegt, ist grundsätzlich irrelevant. Wir könnten genausogut Deutsch verwenden, um den Wahrheitsbegriff für das Französische zu formalisieren:

(2) ‚La neige est blanche' ist dann, und nur dann, wahr, wenn Schnee weiß ist.

Oder umgekehrt,

(3) ‚Schnee ist weiß' est vrai si, et seulement si, la neige est blanche.

Es wäre noch interessanter, wenn wir einen speziell konstruierten logischen Kalkül verwenden würden, mit dem der Wahrheitsbegriff für alle natürlichen Sprachen formalisiert werden könnte; und dies versucht eine Anzahl von Logikern und Linguisten jetzt in der modelltheoretischen Semantik zu tun.[9] Aber wenn wir dies tun, dann müssen wir sicherstellen, daß die logische Metasprache reich genug ist, um es uns zu ermöglichen, auf alle Sätze von allen natürlichen Sprachen zu referieren. Da die Menge der grammatisch und semantisch wohlgeformten Sätze in einer natürlichen Sprache vermutlich unbegrenzt ist, können wir grundsätzlich nicht so vorgehen, daß wir alle Sätze in einer natürlichen Sprache aufzählen und jedem einen metalinguistischen Namen zuweisen. Die Möglichkeit, die Tarskische Formalisierung der Wahrheit auf die semantische Analyse natürlicher Sprachen auszudehnen, hängt natürlich von der Möglichkeit ab, den Wahrheitswert der Propositionen, die durch komplexe deklarative Sätze ausgedrückt werden, in bezug auf die Wahrheitswerte von Propositionen, die durch einfache deklarative Sätze ausgedrückt werden, zu spezifizieren. Dies führt uns zum Begriff der Wahrheitsbedingungen* eines Satzes: die Bedingungen, die gelten müssen in jeder möglichen Welt, in der oder von der ein Satz, aber nicht eine Proposition, wahr ist.

Bisher haben wir uns in der Anwendung der Prädikate ‚wahr' und ‚falsch' auf Propositionen beschränkt; und wir haben Tarskis Formulierung der Korrespondenztheorie der Wahrheit übernommen, dergemäß wir sagen können, daß eine Proposition dann, und nur dann, wahr ist, wenn ein bestimmter

Sachverhalt in der Welt, die beschrieben wird, besteht. Aber Tarski und seine Nachfolger wenden die Termini ‚wahr' und ‚falsch' auf Sätze an; und sie definieren den Terminus ‚Proposition', wenn sie ihn überhaupt verwenden, auf der Grundlage ihrer Theorie der Bedeutung von Sätzen. Das erste Problem, auf das wir stoßen, wenn wir die Termini ‚wahr' und ‚falsch' auf deklarative Sätze natürlicher Sprachen anwenden, ist, daß viele Sätze ambig sind. Wir befassen uns daher mit der Wahrheit oder Falschheit von Sätzen unter einer gegebenen Interpretation. Es ist in der Tat der Begriff der Wahrheit-unter-einer-gegebenen-Interpretation, der es uns ermöglicht, Ambiguität zu definieren. Denn wir können sagen daß ein doppeldeutiger deklarativer Satz unter einer Interpretation wahr sein kann und falsch unter einer anderen in einem möglichen Zustand des Universums: z. B. in einer möglichen Welt. Wenn es eine mögliche Welt gibt, in der ein Satz sowohl wahr als auch falsch ist, dann können wir sagen, daß der Satz zwei oder mehrere verschiedene Propositionen ausdrückt und daß es bei dem Linguisten liegt, dieses zu erklären, indem er die Ambiguität entweder an den Ausdrücken, aus welchen der Satz zusammengesetzt ist, oder an seiner grammatischen Struktur festmacht.

Ein zweites und ernsteres Problem hat mit der Tatsache zu tun, daß die überwiegende Mehrheit von Ausdrücken, die in natürlichen Sprachen verwendet werden, um auf Individuen zu referieren, in ihrer Referenz nicht eindeutig ist. Wir können von einem Satz wie ‚Der Mann dort drüben ist mein Vater' nicht sagen, daß er eine wahre oder falsche Proposition ausdrückt, es sei denn, wir wissen, wer ihn geäußert hat und wer die Person ist, auf die durch den Ausdruck ‚der Mann dort drüben' referiert wird. Und dennoch wäre es paradox, solche Sätze als ambig oder semantisch indeterminiert zu beschreiben. Wenn wir der Tatsache Rechnung tragen wollen, daß der Wahrheitswert der ausgedrückten Proposition je nach Zeit und Ort der Äußerung verschieden sein kann, dann brauchen wir ein Mittel, um Objekte in der Welt zu indizieren und um diese Indizes mit den Ausdrücken, die in den Sätzen vorkommen, zu assoziieren. Was dies eigentlich impliziert, ist, daß die Interpretation eines Satzes bei jedem Äußerungsvorkommen durch seine Bedeutung und das, was man jetzt Referenzpunkt* (oder Index*) nennt, determiniert wird. Wir werden den Begriff der Referenz* später im Einzelnen diskutieren (cf. 7.2). Wir müssen hier zunächst mit einer sehr vagen und informellen Darstellung dessen, was mit dem Terminus ‚Referenzpunkt' in der modelltheoretischen Semantik gemeint ist, zufrieden sein.

Wir werden damit anfangen, eine Unterscheidung zwischen zwei Arten von Welten zu machen: einer extensionalen und einer intensionalen Welt. Eine extensionale Welt ist einfach eine Menge von Individuen, die bestimmte Eigenschaften haben, sich mit bestimmten Aktivitäten beschäftigen und miteinander auf verschiedene Weise verbunden sind und von denen jedes sich an einem bestimmten Platz befindet. Eine intensionale Welt ist das, was wir als eine Zustandsbeschreibung bezeichnet haben. Wir können jetzt eine Unterscheidung machen zwischen wahr sein in einer Welt und wahr sein von einer Welt.[10] Wenn eine Proposition wahr ist, dann ist sie in einer intensionalen Welt wahr und auch von einer (aktualen oder möglichen) extensionalen Welt. Wenn man sagt, daß eine Proposition in einer intensionalen Welt wahr ist, dann impliziert dies, daß sie in jener Welt existiert. Wenn man sagt, daß sie von einer extensionalen Welt wahr ist, dann impliziert dies, daß die Sachverhalte (Prozesse, Aktivitäten usw.), welche sie beschreibt, in jener Welt existieren. Es ist offensichtlich, daß diese Art, über Wahrheit zu sprechen, den Zusammenhang zwischen Wahrheit und Existenz, der in der Korrespondenztheorie und Tarskis Darstellung derselben impliziert ist, deutlich macht; und wir werden diese Unterscheidung zwischen zwei Arten von Welten in unserer Diskussion des Tempus* und der Modalität* in einem späteren Kapitel (17.3) verwenden.

Wir haben eine intensionale Welt als eine Zustandsbeschreibung definiert: d. h. als eine Menge von Propositionen. Man kann leicht sehen, daß wir eine psychologische Interpretation dieses Begriffs geben könnten, indem wir eine bestimmte Menge von Propositionen mit dem, was eine bestimmte Person zu einem bestimmten Zeitpunkt glaubt, identifizieren. Aber wir beschäftigen uns an dieser Stelle nicht mit der psychologischen Interpretation von intensionalen Welten; wir behandeln sie als rein abstrakte logische Konstrukte.[11]

Verschiedene logische Relationen können mit Hilfe der intensionalen Welten definiert werden. Eine logisch notwendige Proposition, ist eine Proposition, die in allen möglichen intensionalen Welten wahr ist; eine logisch unmögliche Proposition ist in keiner wahr. Eine Proposition p entails* eine andere Proposition q (d. h. $p \Rightarrow q$), wenn alle möglichen intensionalen Welten, die p enthalten, auch q enthalten. Wenn der logische Kalkül, der verwendet wird, um die Struktur oder die Propositionen zu formalisieren, wahrheitsfunktional ist, dann ist der Wahrheitswert einer komplexen Proposition durch den Wahrheitswert seiner einfachen Teilpropositionen determiniert und durch die Definition von Operationen wie Negation, Konjunktion, Disjunktion, Implikation und Quantifikation. Das Problem, die Wahrheitsbedingungen von komplexen Propositionen zu spezifizieren, wird daher grundsätzlich reduziert auf die Spezifikation der Wahrheitsbedingungen von einfachen, atomaren Propositionen. Um dies zu tun, müssen wir mit jedem Individuum in einer extensionalen Welt, die wir beschreiben wollen, einen Namen assoziieren, der dieses Individuum eindeutig identifiziert: das Individuum dient dann als Interpretation für Namen. Wir müssen auch für die einstelligen und mehrstelligen Prädikate in dem Vokabular des logischen Kalküls, den wir verwenden, eine Interpretation bereitstellen, um unsere Menge von extensionalen Welten zu beschreiben. Ein einstelliges Prädikat kann für jede beliebige extensionale Welt als die Menge aller Individuen, die eine bestimmte Eigenschaft in jener Welt haben, interpretiert werden. Ein n-stelliges Prädikat kann als Menge aller n-Tupel von Individuen, die in einer besonderen Weise in einer extensionalen Welt zueinander in Beziehung stehen, interpretiert werden. Wenn man dies tut, dann können wir sagen, daß eine atomare Proposition von jeder beliebigen extensionalen Welt dann, und nur dann, wahr ist, wenn das *n*-Tupel von Individuen, die die Interpretation der in der Proposition enthaltenen Namen sind, ein Element der Menge von *n*-Tupeln ist, als die man das Prädikat der Proposition interpretiert. Die atomare Proposition „Alfred ist mit Beatrice verheiratet" – V (*a, b*) – ist z. B. wahr in einer Welt, in der ,Alfred' und ,Beatrice' interpretiert werden als ein geordnetes Paar von Individuen in der Menge aller geordneter Paare, die als die Interpretation für das zweistellige Prädikat ,verheiratet mit' dient. Was wir getan haben, so sehen wir, ist, im Prinzip, eine extensionale Interpretation für Namen und für mindestens einige der Prädikate in der Objektsprache bereitzustellen.

Aber in der modelltheoretischen Semantik wird im allgemeinen die Ansicht vertreten, daß die Extension von Namen und Prädikaten in natürlichen Sprachen nicht ein für allemal in Relation zu einem unveränderlichen Universum festgelegt ist, sondern durch einen bestimmten Referenzpunkt* determiniert ist: die Zeit und der Ort der Äußerung, eine Vielzahl von bekannten und angenommenen Fakten über die extensionale Welt, die beschrieben wird, und verschiedene andere Faktoren, die man vage als kontextuell beschreiben kann. Zum Beispiel kann der Satz ,Alfred ist mit Beatrice verheiratet' bei einer Gelegenheit in bezug auf ein Paar von Individuen geäußert werden und bei einer anderen Gelegenheit in bezug auf ein ganz anderes Paar von Individuen. Darüber hinaus kann die Proposition, die durch den Satz ausgedrückt ist, zu einem Zeitpunkt von der Welt wahr sein, aber zu einem früheren oder späteren Zeitpunkt falsch sein: es kann sein, daß die Individuen noch nicht verheiratet sind oder daß sie gerade geschieden wurden. Was können wir dann über die Wahrheitsbedingungen* eines Satzes sagen (d. h. über die Bedingungen, unter denen er verwendet werden kann, um eine wahre Aussage zu machen)? Allgemein können wir sagen, daß die in ihm enthaltenen Ausdrücke nicht als Individuen oder Mengen von Individuen in der aktualen Welt interpretiert werden dürfen, sondern als ihre intensionalen Korrelate in einem Modell* der aktualen Welt. Wahrheit wird dann zu einem Sonderfall des allgemeineren Begriffs der Wahrheit-in-einem-Modell. Mit einem Modell ist, so wie dieser Terminus verwendet wird, eine formale (aber nicht notwendigerweise vollständige) Repräsentation einer möglichen Welt gemeint. Ein wahrer Satz ist ein Satz, der in dem Modell, das die aktuale Welt (teilweise) repräsentiert oder beschreibt, zu einem bestimmten Zeitpunkt wahr ist. Für unsere Zwecke können wir die Termini ,Modell', ,intensionale Welt' und ,Zustandsbeschreibung' als äquivalent behandeln.

Um auf unser Beispiel zurückzukommen. Wir können den Satz ,Alfred ist mit Beatrice verheiratet' verstehen, ohne den tatsächlichen Wahrheitswert der Propositionen (welche er auch immer ausdrücken mag) zu kennen oder bestimmen zu können. Aber wir können ihn nicht verstehen (und daher kann man nicht sagen, daß wir wissen, was er bedeutet), es sei denn, wir wissen, unter welchen Bedingungen die Proposition, die er ausdrückt, wahr wäre; und wir können diese Bedingungen in bezug auf eine intensionale Welt formulieren, in der ,Alfred' als ein Individualbegriff* interpretiert wird, ,Beatrice' als ein anderer Individualbegriff und das Prädikat ,verheiratet mit' als eine Menge von geordneten Paaren, die dieses bestimmte Paar enthält. Bei dieser intensionalen Interpretation der Namen und Prädikate drückt der Satz eine Proposition aus, die in dem Modell wahr ist; und sie ist von mindestens einer möglichen extensionalen Welt wahr. Sie ist von jeder beliebigen Welt wahr, in der die Objekte *a* und *b,* die durch das Modell mit den Individualbegriffen, die ,Alfred' und ,Beatrice' zugeschrieben werden, korreliert werden, tatsächlich existieren und in der das geordnete Paar *a, b* zu einer Zeit in der Extension von ,verheiratet mit' liegt, die durch den Referenzpunkt so determiniert ist, daß sie mit dem Äußerungszeitpunkt des Satzes als gleichzeitig zu verstehen ist oder so zu verstehen ist, daß sie ihn enthält. Dies bedeutet im Grunde, daß das Modell sagt, daß der Satz dann, und nur dann, wahr ist, wenn *a* und *b,* wie sie in dem Modell interpretiert sind, zum Äußerungszeitpunkt des Satzes miteinander verheiratet sind. Es ist der Referenzpunkt, der ,Alfred' und ,Beatrice' bestimmte Individuen und der extensionalen Welt, die beschrieben wird, eine temporale Spezifikation zuschreibt.

Es mag wohl scheinen, daß der modelltheoretische Ansatz, die Bedeutung von Sätzen zu definieren, unnötig komplex ist. Aber er ist nichts anderes als ein Versuch, den Faktoren, die unsere Interpretation von ganz gewöhnlichen Äußerungen determinieren, Rechnung zu tragen. Es ist oft ganz einfach, die relevanten Bedingungen informell darzustellen, was wir auch im Verlauf dieses Buches größtenteils tun werden, aber es ist außerordentlich schwierig, sie präzise darzulegen, und die modelltheoretische Semantik hat in ihren verschiedenen Versionen bisher nicht mehr als einen kleinen Teil der Komplexität von natürlichen Sprachen zufriedenstellend behandelt. Man kann jedoch sagen, daß die modelltheoretische Semantik erfolgreich war in der Formalisierung eines Begriffs der zugrundeliegenden logischen Struktur von Sätzen, der prinzipiell verwendet werden kann, um die Wahrheitsbedingungen und daher die Bedeutung von jedem beliebigen deklarativen Satz in jeder beliebigen natürlichen Sprache zu definieren. Das Problem der Anwendung dieses Ansatzes in der semantischen Analyse von bestimmten Sprachen liegt in der Konstruktion der angemessensten logischen Metasprache für diesen Zweck und darin, im Detail zu zeigen, wie bestimmte Sätze einer beliebigen natürlichen Sprache in bezug auf die logischen Interpretationen, die ihnen in der Metasprache zugeschrieben werden, interpretiert werden können.

In diesem Kapitel haben wir uns mit formalen, von Logikern konstruierten Systemen beschäftigt, die dazu verwendet werden können, zumindest bestimmte Aspekte der Darstellungsfunktion der Sprache zu formalisieren oder genauer zu diskutieren. Wir haben gesagt, daß eine Proposition dasjenige ist, das durch einen deklarativen Satz ausgedrückt wird, wenn der Satz geäußert wird, um eine Aussage zu machen (cf. 6.2). Es ist jedoch wichtig zu erkennen, daß es im alltäglichen Sprachgebrauch keine einfache eins-zu-eins-Entsprechung gibt zwischen der grammatischen Struktur eines Satzes und der Art von kommunikativem Akt, der in bestimmten Situationen durch die Äußerung des Satzes vollzogen wird (1.6). Wir werden auf diesen Punkt später bei unserer Diskussion von Austins (1962) Begriff der illokutionären Kraft* zurückkommen. Aber dieser Punkt sollte immer im Auge behalten werden, wenn man die Anwendung von logischen Systemen auf die Analyse von Sprache betrachtet.

7. Referenz, Sinn und Denotation

7.1. Einleitende Bemerkungen

Im ersten Kapitel dieses Buches wurde darauf hingewiesen, daß das Wort ‚Bedeutung‘ eine Anzahl unterscheidbarer, aber vielleicht verwandter Bedeutungen hat. Folglich machten wir eine grobe Unterscheidung zwischen drei Arten von Bedeutung, die durch Sprache signalisiert werden: deskriptive, soziale und expressive Bedeutung (2.4). In Kapitel 3 haben wir gesehen, daß Sprachen unter natürlichen semiotischen Systemen dadurch ausgezeichnet sein könnten, daß sie die Fähigkeit haben, sowohl deskriptive als auch soziale und expressive Information zu übermitteln. In diesem Kapitel werden wir uns ausschließlich, ebenso wie in dem vorangegangenen Kapitel, mit deskriptiver Bedeutung beschäftigen.

Unterscheidungen derart, wie wir sie diskutieren werden, wurden von vielen Philosophen gemacht, allerdings auf verschiedene Weisen. Wie wir sehen werden, ist es jetzt üblich, eine zweifache Unterscheidung zwischen dem, was wir Sinn*, und dem, was wir Referenz* nennen werden, zu machen. Andere Termini, die für den gleichen oder zumindest einen ähnlichen Kontrast verwendet werden, sind: ‚Bedeutung‘ und ‚Referenz‘ (wobei ‚Bedeutung‘ eine engere Interpretation erhält als diejenige, die sie als alltäglicher vortheoretischer Ausdruck hat); ‚Konnotation‘ und ‚Denotation‘; ‚Intension‘ und ‚Extension‘.

Wir werden nicht versuchen, systematisch den Gebrauch von verschiedenen Autoren zu vergleichen. Aber es kann hilfreich sein für diejenigen Leser, die nicht schon mit den verschiedenen Bedeutungen, in denen die oben erwähnten Termini in der Literatur verwendet werden, vertraut sind, auf eine oder zwei terminologische Fallen hinzuweisen. Der Terminus ‚Referenz‘, wie wir ihn unten definieren werden, hat mit dem Verhältnis zu tun, das zwischen einem Ausdruck und demjenigen, wofür der Ausdruck in bestimmten Äußerungssituationen steht, gilt. Was gemeint ist, wenn man sagt, daß ein Ausdruck für etwas anderes steht, haben wir bereits im Zusammenhang mit dem Begriff der Bezeichnung diskutiert (4.1); wir werden im nächsten Abschnitt darauf zurückkommen. Es sollte hier jedoch darauf hingewiesen werden, daß viele Autoren ‚Referenz‘ und wohl besonders ‚referentiell‘ in einer Weise verwenden, die zur Verwirrung führen kann – es sei denn, man ist sich der Tatsache bewußt, daß damit zwei verschiedene Bedeutungen zusammenhängen.

Wie wir gesehen haben, haben Ogden und Richards (1923) den Terminus ‚Referenz‘ für ein Objekt oder einen Sachverhalt in der äußeren Welt verwendet, das bzw. der durch ein Wort oder einen Ausdruck identifiziert wird (sie haben jedoch nicht zwischen Formen, Lexemen und Ausdrücken unterschieden), und sie haben ‚Referenz' für den Begriff, der zwischen dem Wort oder Ausdruck und dem Referenten vermittelt, verwendet. Dieser Begriff der Referenz stimmt mit dem philosophischen Referenzbegriff, den wir im nächsten Abschnitt diskutieren werden, überein, abgesehen davon, daß Philosophen im allgemeinen den Terminus ‚Referenz' nicht für den postulierten vermittelnden Begriff verwenden, sondern für das Verhältnis, das zwischen dem Ausdruck und dem Referenten besteht. Ogden und Richards unterschieden jedoch weiterhin die Referenz von Wörtern und Ausdrücken von demjenigen, was sie ihre emotive* Bedeutung nannten – ihre Fähigkeit, einen bestimmten emotionalen Effekt beim Hörer oder Zuhörer zu erreichen. Zwei Wörter, so sagten sie, könnten die gleiche referentielle Bedeutung haben, aber sich in ihrer emotiven Bedeutung unterscheiden: z. B. ‚Pferd' und ‚Roß'. Diese Unterscheidung zwischen referentieller und emotiver Bedeutung (oder zwischen kognitiver* und affektiver* Bedeutung, um die Termini, die von anderen Autoren bevorzugt werden, zu verwenden) ist eine ganz andere, dies sollte beachtet werden, als die, die von Philosophen zwischen Referenz und Sinn gemacht wird. Die Opposition zwischen einer zentraleren oder stilistisch neutralen Bedeutungskomponente und einer mehr peripheren oder subjektiven ist in Diskussionen über Synonymie gang und gäbe; man läßt sie häufig mit der Unterscheidung, die wir zwischen deskriptiver, sozialer oder expressiver Bedeutung gemacht haben, zusammenfallen (cf. 2.4). Der Leser sollte sich der Tatsache bewußt sein, daß die Termini ‚Referenz' oder ‚referentielle Bedeutung' jetzt in der Literatur der linguistischen Semantik und Stilistik im Sinne von ‚kognitiver Bedeutung' oder ‚deskriptiver Bedeutung' ziemlich gut etabliert sind. Aber ‚Referenz' wird jetzt nicht nur von Philosophen, sondern auch von Linguisten weitgehend in dem Sinne verwendet, den wir dem Ausdruck in dem folgenden Abschnitt geben werden.

Der Terminus ‚Konnotation' kann auch zu Verwirrungen führen. In philosophischer Verwendung wird er im allgemeinen der ‚Denotation' gegenübergestellt; aber die Weise, in der die zwei Termini kontrastiert werden, ist in der philosophischen Literatur keineswegs einheitlich. Es war J. S. Mill (1843), der diese terminologische Opposition einführte, und ein kurzes Zitat soll zeigen, welche Unterscheidung er im Sinne hatte: „Das Wort ‚weiß' denotiert alle weißen Dinge wie Schnee, Papier, Meeresschaum usw. und impliziert, oder, wie dies von den Schulmeistern genannt wurde, konnotiert das Attribut des Weißseins". Nach Mill denotiert ein Ausdruck eine Klasse von Individuen, von welcher er der Name ist (so daß Denotation unter Benennung subsumiert ist); aber wenn er das wäre, was Mill einen konkreten allgemeinen Ausdruck genannt hat wie ‚weiß' oder ‚Mann', dann denotiere er die Klasse oder eines ihrer Elemente und impliziere darüber hinaus auch die Eigenschaft oder Eigenschaften, aufgrund derer die Individuen als Elemente der jeweiligen Klasse erkannt würden. Der Leser kann hier den Zusammenhang einerseits zwischen der ‚Denotation‘ und der Extension* eines Ausdrucks und andererseits zwischen der ‚Konnotation‘ und der Intension* eines Ausdrucks sehen (cf. 6.3). In neueren philosophischen Arbeiten werden Mills Termini ‚Denotation‘ und ‚Konnotation‘ oft für die etwas andersartige Unterscheidung zwischen Referenz und Sinn, die von Frege (1892) stammt, verwendet.

Der Grund, warum Mill den Terminus ‚konnotieren‘ wählte, ist hinreichend deutlich. Wie er selbst sagt, soll damit angedeutet werden, daß das, was er die Bezeichnung der Attribute eines Subjekts nennt, neben der Bezeichnung der Denotation aller Subjekte, die diese Attribute besitzen, etwas Zusätzliches ist. Ähnlich ist der Begriff, der dem nicht-philosophischen Gebrauch des Terminus ‚Konnotation‘ unterliegt, demgemäß wir sagen könnten, daß z. B. ein bestimmtes Wort eine angenehme oder wünschenswerte Konnotation hat. In diesem Sprachgebrauch wird die Konnotation eines Wortes als eine emotive oder affektive Komponente neben ihrer zentralen Bedeutung betrachtet. Der Leser sollte aufpassen, wenn ihm der Terminus ‚Konnotation‘ in der Semantik begegnet. Wenn er explizit der ‚Denotation‘ gegenübergestellt ist, dann wird er normalerweise seine philosophische Bedeutung haben; aber die Autoren machen nicht immer deutlich, in welcher der zwei Bedeutungen er zu verstehen ist.

Eine weitere terminologische Schwierigkeit kommt daher, daß es vielen Autoren nicht gelingt, klar zwischen Sätzen und Äußerungen zu unterscheiden, und daher, daß Termini wie ‚Wort‘ und ‚Ausdruck‘ häufig ungenau verwendet werden. Dies ist wahrscheinlich der Grund dafür, daß, obgleich eine zweifache Unterscheidung zwischen Sinn und Referenz ziemlich häufig gemacht wird (in welcher Weise auch immer), die ganz andere Unterscheidung, die wir zwischen Referenz und Denotation machen werden, nur selten in der Literatur zu finden ist. Wie wir sehen werden, ist Referenz (wie sie unten definiert wird) ein äußerungsabhängiger Begriff. Darüber hinaus ist er im Unterschied zu Sinn und Denotation im allgemeinen im Deutschen nicht auf einzelne Wortformen anwendbar; und er ist nie auf Lexeme anwendbar. Dies unterscheidet Referenz deutlich von dem, was Mill mit ‚Denotation‘ gemeint hat; denn, wie wir gesehen haben, war dies eine Relation, die nicht zwischen Ausdrücken und dem, wofür sie in bestimmten Äußerungsvorkommnissen standen, bestand, sondern zwischen Lexemen und der ganzen Klasse von Individuen, die durch diese Lexeme benannt wurde.

7.2. *Referenz*

Wenn wir eine einfache deskriptive Aussage machen, dann ist es häufig, wenn auch nicht immer, angemessen zu behaupten, daß es sich bei dem, was wir tun, um folgendes handelt: etwas über jemanden oder über etwas sagen oder behaupten*; wir tun dies charakteristischerweise, wenn auch nicht notwendigerweise (cf. 1.6), indem wir einen deklarativen Satz äußern. Wir können natürlich Aussagen machen, die normalerweise nicht so verstanden würden, als behaupteten sie etwas über ein bestimmtes Individuum oder eine Klasse von Individuen. Wenn z. B. der Satz ‚Es regnet' geäußert wird, um eine deskriptive Aussage zu machen, dann wird nicht von einer Entität behauptet, daß sie eine bestimmte Eigenschaft besitze oder daß sie an einem Vorgang oder einer Aktivität beteiligt sei. Es stimmt wohl, daß wir vielleicht sagen möchten, daß er verwendet wird, um eine deskriptive Aussage über das Wetter zu machen, aber nicht, daß er dem Wetter, das als Individuum angesehen wird, eine bestimmte Eigenschaft oder ein Charakteristikum zuschreibt*. Wir wollen daher unsere Aufmerksamkeit auf solche Äußerungen beschränken, von denen es, ohne den normalen Sprachgebrauch unnötig zu strapazieren, vernünftig ist zu sagen, daß sie uns etwas über eine bestimmte Entität (oder Entitäten) oder Gruppe (oder Gruppen von Entitäten) sagen sollen.

Wenn ein Satz wie ‚Napoleon ist ein Korse' geäußert wird, um eine Aussage zu machen, dann wollen wir sagen, daß der Sprecher auf ein bestimmtes Individuum (Napoleon) mit dem referierenden Ausdruck* referiert*. Wenn die Referenz erfolgreich ist, dann wird der referierende Ausdruck für den Hörer das jeweilige Individuum, den Referenten*, korrekt identifizieren. Es sollte beachtet werden, daß es nach dieser Konzeption der Referenzrelation der Sprecher ist, der referiert (indem er einen angemessenen Ausdruck verwendet): er verleiht dem Ausdruck durch den Akt des Referierens Referenz. Es ist jedoch terminologisch vorteilhaft, sagen zu können, daß ein Ausdruck auf seinen Referenten referiert (wenn der Ausdruck bei einer bestimmten Gelegenheit verwendet wird und die relevanten Bedingungen erfüllt); und wir werden dieser Praxis folgen.[1] Es sollte jedoch deutlich verstanden werden, daß wir gemäß der Auffassung von Referenz, die wir hier übernommen haben, wenn wir fragen „Worauf referiert der Ausdruck ‚x'?", die gleiche Frage stellen, als wenn wir fragen würden „Worauf referiert der Sprecher mittels ‚x' (wenn er einen bestimmten Satz äußert)?". Es gibt andere Möglichkeiten, den Begriff der Referenz zu definieren, so daß es sinnvoll wäre, zwischen diesen zwei Fragen zu unterscheiden und damit die Möglichkeit zugelassen würde, daß ein Ausdruck Referenz haben kann unabhängig von der Verwendung des Ausdrucks, mit dem der Sprecher auf eine bestimmte Entität referiert.

Bei Sätzen, die nur einen referierenden Ausdruck enthalten, ist der Ausdruck, den wir verwenden, um auf dasjenige, worüber wir sprechen, zu referieren, typischerweise das Subjekt des Satzes, und dieses ist mit einem prädikativen Ausdruck* (der typischerweise das grammatische Prädikat darstellt) verbunden.[2] Zum Beispiel ist ‚ein Korse (sein)' in ‚Napoleon war ein Korse' ein prädikativer Ausdruck. Aber Sätze können zwei oder mehrere referierende Ausdrücke enthalten. Wenn z. B. der Satz ‚Alfred tötete Bill' in seiner charakteristischen Rolle, nämlich eine Aussage zu machen, geäußert wird, dann wären sowohl ‚Alfred' als auch ‚Bill' referierende Ausdrücke, ihre Referenten wären Individuen, die durch Alfred und Bill namentlich identifizierbar sind. Ob wir behaupten, daß wir, wenn wir diese Aussage machen, etwas über Alfred behaupten (nämlich daß er Bill tötete) oder daß wir etwas über beide, Alfred und Bill behaupten (nämlich daß sie in einer bestimmten Weise in einem Ereignis des Tötens miteinander verbunden sind), ist eine Frage, die wir ausklammern können. Die erstere dieser Interpretationen wurde im allgemeinen in der traditionellen Logik gewählt; die letztere wird vielleicht in natürlicherer Weise durch die prädikatenlogische Notation, T (*a, b*) wiedergegeben.

(I) Singulär definite Referenz. Unter referierenden Ausdrücken können wir diejenigen, die auf Individuen referieren, von denjenigen, die auf Klassen von Individuen referieren, unterscheiden: wir nennen diese singuläre* bzw. allgemeine* Ausdrücke. Wir können auch diejenigen, die auf ein spezifisches Individuum oder eine Klasse von Individuen referieren, von denjenigen, die (vorausgesetzt sie haben Referenz) nicht auf ein spezifisches Individuum oder eine Klasse referieren, unterscheiden; und diese werden wir definite* bzw. indefinite* Ausdrücke nennen. Es gibt Probleme, die mit der Interpretation der allgemein referierenden Ausdrücke zusammenhängen. Manchmal referieren wir auf eine Klasse von Individuen distributiv*, um jedem ihrer Elemente eine bestimmte Eigenschaft zuzuschreiben; bei anderen Gelegenheiten tun wir dies kollektiv*, um der Klasse als Ganzes eine Eigenschaft zuzuschreiben oder etwas von ihr zu behaupten; und es gibt verschiedene Weisen, auf die wir einen Ausdruck von einer Klasse, im Unterschied zu ihren Elementen, prädizieren können. Indefinite Referenz ist noch komplexer, und sie ist in der Philosophie weitaus umstrittener. Wir werden uns zunächst mit singulär definiter Referenz beschäftigen. Diese ist relativ wenig kontrovers und kann als grundlegend angesehen werden.

Von einem grammatischen Standpunkt aus können wir annehmen, daß es drei Hauptarten von singulär definit referierenden Ausdrücken im Deutschen gibt: (a) definite Nominalphrasen, (b) Eigennamen, (c) Personalpronomina.

Definite Nominalphrasen wurden von Russell (1905) als definite Deskriptionen* klassifiziert. Der Terminus ‚definite Deskription' geht auf die Auffassung zurück, daß wir einen Referenten identifizieren können nicht nur, indem wir ihn benennen, sondern auch, indem wir dem Hörer oder Leser eine Beschreibung von ihm geben, die ausreichend detailliert ist, um ihn in dem bestimmten Äußerungskontext von allen anderen Individuen im universe of discourse zu unterscheiden. Zum Beispiel könnte ‚der große Mann dort drüben' in einem gegebenen Kontext als eine definite Deskription verwendet werden, die einen Referenten eindeutig identifiziert. Wir verwenden den Terminus ‚definite Deskription‘ absichtlich, das sollte beachtet werden, in einer etwas weiteren Bedeutung, als der, in welcher er von Russell eingeführt wurde: und wir binden ihn grundsätzlich an den Äußerungskontext. Russell rechnete Personalpronomina und Demonstrativpronomina zur Klasse der Namen; und seine Auffassung von definiten Deskriptionen war durch seine ziemlich idiosynkratische Unterscheidung zwischen Benennen und Beschreiben eingeschränkt. Aber der Terminus ‚definite Deskription‘ wird jetzt weitgehend verwendet, ohne daß damit unbedingt die Russellsche Theorie übernommen wird.

Obwohl die drei Arten von singulär definiten Ausdrücken, die in dem vorangegangenen Abschnitt aufgezählt wurden, grammatisch ziemlich streng voneinander im Deutschen unterschieden sind und jede von ihnen mit einem charakteristischen Mittel zur Identifikation der Person oder des Objekts, auf die oder auf das der Sprecher in einer bestimmten Äußerungssituation referiert, assoziiert ist, gibt es Grenzfälle; und in der historischen Entwicklung des Deutschen sind Ausdrücke oft von einer Kategorie in die andere übergewechselt. Viele Ortsnamen und Familiennamen entstanden als definite Deskriptionen oder Titel; und Eigennamen können häufig in deskriptive Lexeme umgewandelt werden und als solche in referierenden oder prädikativen Ausdrücken gebraucht werden. In anderen Sprachen gibt es sogar Fälle von Ehrentiteln, die früher selbst als definite Deskriptionen verwendet worden sein können und die sich zu Personalpronomina entwickelten: ein Beispiel ist das spanische Wort ‚Usted‘. Die Tatsache, daß ein Überwechseln von einer Kategorie in eine andere im Verlauf der historischen Entwicklung einer Sprache stattfinden kann, legt es nahe, daß die funktionale Unterscheidung zwischen den drei Arten von singulär definit referierenden Ausdrücken nicht absolut scharf umrissen ist.

Die grammatischen Unterschiede zwischen den Arten von Ausdrücken, die für jede der drei Identifizierungsmöglichkeiten eines singulär definiten Referenten benutzt werden, sind nicht in allen Sprachen so auffällig wie im Deutschen. Nichtsdestoweniger kann es wahr sein (wenn den Grenzfällen angemessen Rechnung getragen wird), daß alle Sprachen in systematischer Weise die Mittel für diese drei Arten von singulär definiter Referenz bereitstellen. Wird dies als empirisches Faktum angenommen, dann ist es eine Frage eines bestimmten theoretischen Interesses, darüber zu spekulieren, ob irgendeine dieser drei Arten von referierenden Ausdrücken grundlegender oder wesentlicher ist als die anderen. Viele Philosophen haben Referenz durch Benennung als wesentlich für die Sprache angesehen und haben sogar versucht, den gesamten Bereich der Referenz unter Benennung zu subsumieren (cf. 7.5). Aber dies ist sicherlich eine falsche Sehweise. Es gibt Fälle, bei denen wir den Namen einer Person oder eines Ortes nicht kennen und trotzdem ganz natürlich und zufriedenstellend durch eine definite Deskription auf diese Person oder den Ort referieren können. Wenn Sprache verwendet werden soll, was ja auch der Fall ist, um auf einen unbegrenzt großen Bereich von Individuen zu referieren, dann muß sie die Mittel zur Identifikation dieser Individuen auf andere Weise als durch Benennung bereitstellen. Es ist in der Tat einfacher, sich eine Sprache ohne Eigennamen vorzustellen, als sich eine Sprache vorzustellen, die ohne irgendwelche systematischen Mittel des Referierens durch definite Deskriptionen funktioniert. Die Kombination von Benennung und Deskription macht jedoch zweifellos aus der Sprache ein effizienteres und flexibleres semiotisches System. Ob auf Personalpronomina grundsätzlich verzichtet werden kann, ist eine ganz andere Frage; sie kann zurückgestellt werden, bis wir den Begriff der Deixis* eingeführt haben (15.2). Wir werden uns in diesem Abschnitt nicht weiter mit pronominaler Referenz beschäftigen.

Es wurde betont, daß Referenz ein äußerungsabhängiger Begriff ist; und daß wir, wenn immer wir von einem Ausdruck in einem gegebenen Satz sagen, daß er Referenz hat, annehmen, daß der jeweilige Satz mit einer bestimmten kommunikativen Kraft in einem angemessenen Gebrauchskontext verwendet wurde oder werden könnte. Mit anderen Worten, wenn wir sagen, daß ein Ausdruck in einem bestimmten Satz auf eine bestimmte Entität oder Gruppe von Entitäten referiert, dann wird der Terminus ,Satz' im Sinne von ,Text-Satz' verwendet und nicht im Sinne von ,System-Satz' (14.6).

Es ist eine Bedingung für erfolgreiche Referenz, daß der Sprecher einen referierenden Ausdruck wählen muß – typischerweise einen Eigennamen, eine definite Nominalphrase oder ein Pronomen –, der es dem Hörer in dem Kontext, in dem die Äußerung gemacht wurde, ermöglicht, den tatsächlichen Referenten aus der Klasse der möglichen Referenten auszuwählen. Wenn der Ausdruck eine definite Nominalphrase ist, die als definite Deskription fungiert, dann ist sein deskriptiver Inhalt, je nach den Äußerungsumständen, mehr oder weniger detailliert; und die Art der Deskription hängt oft von der Annahme des Sprechers ab, daß der Hörer ganz spezifische Informationen über den Referenten besitzt. Es kann z. B. unter bestimmten Umständen für den Sprecher notwendig sein, innerhalb der Nominalphrase ein Adjektiv oder einen Relativsatz einzufügen, dessen Funktion es ist, ein bestimmtes Element aus der Klasse von Individuen zu spezifizieren. Der Relativsatz ,der gestern hier war' könnte für diesen Zweck ausreichend sein, wenn er in die Nominalphrase ,der Mann, der gestern hier war' eingefügt wäre: seine Verwendung durch den Sprecher innerhalb dieser definiten Deskription des Referenten wäre unabhängig von seiner Annahme, der Hörer wisse, daß der Mann am vorangegangenen Tag an dem Ort, auf den durch ,hier' referiert wird, gewesen ist. Wenn sie schon über diese Person gesprochen hätten, dann könnte ,der Mann' (oder das Pronomen ,er') wohl ausreichend spezifisch sein.

In vielen Fällen kann die Verwendung eines Gattungsnamens mit vorangehendem definiten Artikel ohne weitere Deskription ausreichen, selbst dann,

wenn der Referent nicht schon vorher erwähnt wurde, weil der Sprecher in
der gegebenen Situation oder dem universe of discourse zu Recht annehmen
kann, daß der Hörer weiß, auf welchen der potentiellen Referenten, die die
Deskription erfüllen*, er referiert. Wenn ich z. B. zu meiner Frau oder den
Kindern sage, *Die Katze war den ganzen Tag noch nicht da* in einem Kontext, in welchem nicht bereits irgendeine Katze erwähnt wurde, dann kann
ich sicher sein, daß die Referenz erfolgreich sein wird. Wenn ein Engländer
den Ausdruck ‚die Königin' und ein Amerikaner den Ausdruck ‚der Präsident' in einem Kontext, in dem noch nicht auf eine Königin oder einen
Präsidenten Bezug genommen wurde, referentiell verwenden, dann werden
sie normalerweise erwarten, daß man versteht, daß sie auf die Königin von
England bzw. den Präsidenten der Vereinigten Staaten referieren. Ausdrücke
letzterer Art haben in einem angemessenen Kontext beinahe den Status von
eindeutig referierenden Titeln (wie ‚Der Papst') erlangt; eindeutig referierende Titel haben eine Tendenz, wie Strawson (1950) sagt, mit Großbuchstaben geschrieben zu werden und orthographisch im geschriebenen Englischen
wie Eigennamen behandelt zu werden. Titel konstituieren allgemein gesagt,
eine Klasse von Ausdrücken, die „an einem Ende allmählich in definite Deskriptionen übergehen und am anderen in Eigennamen" (Searle, 1969: 81).

(II) Referenz, Wahrheit und Existenz. Die Bedingung, daß der Referent die
Deskription erfüllen* muß, wurde häufig von Philosophen so interpretiert,
daß sie impliziert, eine Deskription müsse auf den Referenten zutreffen.
Wenn zwischen korrekter und erfolgreicher Referenz eine Unterscheidung
gemacht wird, dann könnte man vielleicht das allgemeine Prinzip aufrechterhalten, daß wir auf ein Individuum durch eine definite Deskription nur dann
korrekt referieren können, wenn die Deskription auf das jeweilige Individuum zutrifft. Aber erfolgreiche Referenz hängt nicht von dem Zutreffen der
Deskription, die in dem referierenden Ausdruck enthalten ist, ab. Der Sprecher (und vielleicht auch der Hörer) kann irrtümlicherweise glauben, daß
eine bestimmte Person der Postbote ist, wenn er in Wirklichkeit der Professor
für Linguistik ist, und er kann inkorrekt, wenn auch erfolgreich, durch den
Ausdruck ‚der Postbote' auf ihn referieren. Es ist nicht einmal notwendig,
daß der Sprecher glauben muß, daß die Deskription auf den Referenten
zutrifft. Er kann ironisch eine Deskription verwenden, von der er weiß, daß
sie nicht zutreffend ist, oder diplomatisch eine unzutreffende Deskription,
von der sein Hörer glaubt, daß sie auf den Referenten zutreffe, als korrekt
akzeptieren; darüber hinaus gibt es noch andere Möglichkeiten. ‚Erfüllung'
in dem Sinne, in dem es von Philosophen verwendet wird, ist ein Terminus
technicus, der den Begriff des ‚Zutreffens auf' präsupponiert oder impliziert.
Man kann jedoch behaupten, daß es die grundlegendere und allgemeinere
Vorstellung, die den Gebrauch von definiten Deskriptionen regelt, ist, daß
man vom Hörer annimmt, daß er in der Lage ist, den Referenten auf der

Basis der Eigenschaften, die ihm in der Deskription, gleichgültig ob korrekterweise oder nicht, zugeschrieben werden, zu identifizieren.

Ein klassisches philosophisches Beispiel kann an dieser Stelle angeführt werden. Der folgende Satz

(I) Der gegenwärtige König von Frankreich ist kahlköpfig,

wurde von Russell (1905) so analysiert, daß er assertiert, daß es ein und nur ein Individuum gibt, das derzeit König von Frankreich ist, und daß dieses Individuum kahlköpfig ist. Russells Analyse dieses Satzes, oder genauer der Proposition, die durch diesen Satz ausgedrückt wird (von dem wir annehmen wollen, daß er geäußert wird, um eine Behauptung zu machen), ist abhängig von seiner Theorie der Deskriptionen und seinem Begriff der Eigennamen im logischen Sinn. Wir brauchen hier nicht in Einzelheiten zu gehen. Es genügt zu sagen, daß nach Russell die Proposition, die durch den Satz ausgedrückt wird, nicht eine einzige einfache Proposition ist, sondern eine Konjunktion von drei Propositionen: (a) daß es einen König von Frankreich gibt; (b) daß es nicht mehr als einen König von Frankreich gibt; und (c) daß es nichts gibt, das die Eigenschaft hat, König von Frankreich zu sein, und nicht auch die Eigenschaft, kahlköpfig zu sein. Von allen drei Propositionen wird gesagt, daß sie assertiert sind. Da das erste der Konjunkte – die Existenzproposition (a) – falsch ist, ist die Konjunktion, von welcher es einen Teil darstellt, falsch (wegen der wahrheitsfunktionalen Definition der Konjunktion in der Aussagenlogik: 6.2).

Russells Analyse wurde von mehreren Gelehrten in Frage gestellt, insbesondere von Strawson (1950). Strawson leugnete nicht, daß Russells Satz Bedeutung hat. Er leugnete auch nicht, daß es eine Bedingung für die Wahrheit des Satzes ist (d. h. damit es möglich ist, daß irgend jemand den Satz äußert, um eine wahre Behauptung zu machen), daß jede der drei Teilpropositionen, die oben als Konjunkte aufgezählt wurden, wahr sein muß. Was er bestritt, war Russells Anspruch, daß der Satz falsch sei, wenn die in ihm enthaltene Existenzproposition (a) falsch ist. Denn nach Strawsons Auffassung wird diese Proposition (ebenso wie die Einzigartigkeitsproposition, die oben als (b) aufgezählt wurde) nicht assertiert, sondern durch den Gebrauch der definiten Deskription ,der (gegenwärtige) König von Frankreich' präsupponiert*. Wenn die Proposition (oder irgendeine der Propositionen), die durch den Gebrauch der definiten Deskription präsupponiert wird, tatsächlich falsch ist, dann kann die definite Deskription nach Strawson nicht referieren; der Satz, der sie als Teilausdruck enthält, kann nicht verwendet werden, um eine Behauptung zu machen. Der Satz hat eine Bedeutung; aber die Frage, ob er wahr oder falsch ist, stellt sich überhaupt nicht.

Strawsons Kritik an Russell hat eine heftige philosophische Kontroverse hervorgerufen; sein Begriff der Präsupposition* wurde auf verschiedene Weisen von Linguisten und Logikern entwickelt und weitergeführt (cf. 14.3).

Hier genügt es, lediglich zu erwähnen, daß Strawson selbst neuerlich die Ansicht vertreten hat, daß die Frage nicht so scharf umrissen ist, wie er dies zuvor behauptet hatte; daß seine eigene Analyse und die von Russell „zugeschnitten sind …, um verschiedene Arten von Interesse an Aussagen zu betonen; jede hat ihre eigenen Vorzüge" (Strawson 1964). Viele Philosophen vermeiden es, sich in bezug auf diese Frage festzulegen und sagen, daß Existenzpropositionen durch den Gebrauch eines referierenden Ausdrucks entweder präsupponiert oder impliziert sind; wir können es dabei belassen.

Es gibt jedoch noch ein anderes Problem. Man kann sowohl an Russell als auch an Strawson kritisieren, daß sie sagen, die Wahrheit der zugehörigen Existenz- und Einzigartigkeitspropositionen, die durch (die Verwendung einer) definiten Deskription mit referentieller Funktion präsupponiert oder impliziert sind, sei eine notwendige Bedingung, um eine wahre Behauptung über einen Referenten machen zu können. Es ist nun tatsächlich der Fall, daß der Sprecher (normalerweise) fest an die Existenz eines Referenten glaubt, nämlich aufgrund seiner Verwendung einer definiten Deskription; aber wie wir gesehen haben, impliziert dies nicht notwendigerweise, daß die Deskription auf den Referenten zutrifft oder daß der Sprecher von ihr glaubt, daß sie zutrifft. Existenz ist auf jeden Fall ein schwieriger Begriff, und wir müssen verschiedene Arten von Existenz zulassen, die sich auf fiktionale und abstrakte Referenten beziehen (oder alternativ zeigen, wie diese offenbar verschiedenen Arten von Existenz sich auf die physische Existenz von spatiotemporalen kontinuierlichen und diskreten Objekten beziehen). Wenn wir darüber hinaus eine umfangreiche Darstellung der Art, in der referierende Ausdrücke in der Alltagssprache verwendet werden, geben wollen, dann müssen wir zugeben, daß es möglich ist, daß der Sprecher gelegentlich über Dinge sprechen kann, deren Existenz (in irgendeinem Sinne von ‚Existenz') ihm nicht sicher zu sein scheint. Das Äußerste, das vielleicht gesagt werden kann, ist, daß der Sprecher, wenn er einen singulär definit referierenden Ausdruck verwendet, sich selbst zumindest vorübergehend und vorläufig auf die Existenz eines Referenten, der seine Deskription erfüllt, festlegt und den Hörer auffordert, das gleiche zu tun.

Was die Einzigartigkeitsbedingung betrifft, von der häufig gesagt wird, daß sie für erfolgreiche Referenz durch einen singulär definit referierenden Ausdruck notwendig ist: so ist es natürlich nicht der Fall, daß diese in irgendeiner absoluten Weise gelten muß. Wenn ich sage *Die Katze war den ganzen Tag noch nicht da*, dann muß ich keinesfalls unbedingt glauben, daß es nur ein Individuum gibt, auf das ich mit dem Ausdruck ‚die Katze' referieren kann. Was ich vermutlich annehme, ist, daß es verstanden wird, daß ich auf ein definites Individuum referiere und daß die Deskription, die ich anbiete, im gegebenen Kontext ausreichend spezifisch ist, damit der Referent, den ich meine, eindeutig für den Hörer identifizierbar ist. In diesem sehr restringierten, kontextabhängigen Sinn muß die Einzigartigkeitsbedingung in der linguistischen Semantik interpretiert werden. Es gilt darüber hinaus nicht nur für definite Deskriptionen, daß deren referentielle Einzigartigkeit kontextrelativ ist. Die meisten Eigennamen sind von der Art, daß mehrere Individuen sie tragen können; ihre kontextabhängige referentielle Einzigartigkeit, wie z. B. die von ‚der Papst‘, ist grundsätzlich nicht von derjenigen der Mehrzahl von definiten Deskriptionen verschieden.

Die Philosophen haben verständlicherweise viel Aufmerksamkeit darauf verwandt, die Bedingungen zu diskutieren, unter denen man von uns sagen kann, daß wir von der Wahrheit der Existenzpropositionen überzeugt seien, die durch die referierenden Ausdrücke, die wir verwenden, wenn wir Aussagen machen, präsupponiert oder impliziert sind. Aber Philosophen sind professionell mit der Explikation der Begriffe Wahrheit, Wissen, Glauben und Existenz befaßt. Was die Referenz betrifft, so ist es das fundamentale Problem für den Linguisten, die Art, in der wir die Sprache verwenden, um die Aufmerksamkeit auf das, worüber wir sprechen, zu lenken, zu erhellen und zu beschreiben. In vielen Situationen kann es unklar und wenig konsequenzenreich sein, ob ein Sprecher durch die Worte, die er äußert, implizit von der Wahrheit bestimmter Existenzpropositionen überzeugt ist; es ist selten der Fall, daß ein Sprecher einen referierenden Ausdruck mit der Absicht verwendet, sich auf eine bestimmte Ontologie festzulegen. Philosophie und Linguistik konvergieren zweifellos in der Untersuchung der Referenz, und jede der beiden Wissenschaften kann von der gemeinsamen Diskussion der einschlägigen Begriffe profitieren. Aber ihre primären Interessen bleiben verschieden; es ist nur zu erwarten, daß dasjenige, was die eine Disziplin als entscheidend betrachtet, von der anderen für sekundär gehalten wird und umgekehrt.

Was soeben gesagt wurde, ist zugegebenermaßen eine in gewisser Weise persönliche Beurteilung des Verhältnisses zwischen der linguistischen und der philosophischen Behandlung der Referenz; es würde zweifellos von denjenigen Linguisten und Philosophen bestritten, die den Begriff der Wahrheit als zentral für die gesamte Semantik betrachten. Es sollte jedoch darauf hingewiesen werden, daß es zumindest eine Gruppe von Gelehrten gibt, deren Auffassung über die Zentralität der Wahrheit so beschaffen ist, daß es zwischen ihrer Annäherung an die Formalisierung der Bedingungen für angemessene Referenz unter Rückgriff auf Wahrheit und dem Begriff der erfolgreichen Referenz, der oben skizziert wurde, keinen echten Konflikt gibt. Wenn der Begriff der Wahrheit auf den Begriff der Wahrheit-unter-*einer*-Interpretation relativiert wird, wie in der modelltheoretischen* Semantik, dann kann eine definite Deskription wie ‚der Postbote‘ in irgendeiner möglichen Welt, die nicht die aktuale Welt ist, erfüllt sein (cf. 6.5); die modelltheoretische Semantik ist allerdings selbst umstritten.

(III) Nicht-referierende definite Nominalphrasen. Es sollte nicht angenommen werden, daß es die einzige Funktion von definiten Nominalphrasen im

Deutschen ist, auf spezifische Individuen (oder Klassen von Individuen) zu referieren. Eine definite Nominalphrase kann als Komplement des Verbs ‚sein‘ auftreten, und es ist dann möglich, daß sie eine prädikative und keine referentielle Funktion hat. Dies kann anhand des folgenden Satzes gezeigt werden:

(2) Giscard d’Estaing ist der Präsident von Frankreich.

Satz (2) kann nun auf verschiedene Weise verstanden werden. Insbesondere kann er so verstanden werden, als drücke er eine Proposition aus, die mit Propositionen wie den folgenden vergleichbar ist: daß Giscard d’Estaing aus der Auvergne stammt, daß er gern Tennis spielt usw. Bei dieser Interpretation von (2) wird der Ausdruck ‚der Präsident von Frankreich‘ nicht verwendet, um auf ein Individuum zu referieren; er wird in prädikativer Funktion verwendet, um etwas über das Individuum, auf das durch den Subjektausdruck ‚Giscard d’Estaing‘ referiert wird, zu sagen.

Es gibt jedoch noch eine andere Interpretation von (2), dies muß hinzugefügt werden, nach der sowohl ‚Giscard d’Estaing‘ als auch ‚der Präsident von Frankreich‘ als referierende Ausdrücke fungieren und die Kopula eine Identität zwischen den zwei Referenten assertiert. Im Deutschen ist, wie in vielen, aber nicht allen Sprachen, die prädikative Kopula zufällig mit der identifizierenden identisch: das Verb ‚sein‘ wird in beiden Fällen verwendet. Es gibt nichtsdestoweniger wichtige Unterschiede zwischen prädikativen und identifizierenden* Sätzen, die im Deutschen als Verb ‚sein‘ enthalten: wenn (2) als identifizierender Satz verstanden wird, dann sind die zwei referierenden Ausdrücke austauschbar (wie die zwei Terme in einer Gleichung wie $3^2 = 9$), und der definite Artikel ist ein obligatorischer Teil von ‚der Präsident von Frankreich‘; wenn (2) als prädikativer Satz verstanden wird, dann sind die zwei Nominalphrasen nicht austauschbar, und der Artikel ist in der prädikativen Nominalphrase optional (cf. 12.2).

Donnellan (1966) hat darauf hingewiesen, daß eine definite Nominalphrase auch als Subjekt eines Satzes nicht-referentiell verwendet werden kann. Eines seiner Beispiele ist

(3) Der Mörder von Schmid ist verrückt.

Es gibt natürlich eine Interpretation dieses Satzes, bei der ‚der Mörder von Schmid‘, was eine definite Nominalphrase ist, obgleich sie den definiten Artikel nicht enthält (zumindest in der Oberflächenstruktur*: cf. 10.5), so zu verstehen ist, daß der Ausdruck sich auf ein spezifisches Individuum bezieht. Aber es gibt auch eine andere Interpretation, die deutlicher zum Ausdruck gebracht werden kann, wenn man (3) als (4) paraphrasiert.

(4) Wer auch immer Schmid getötet hat, ist verrückt.

In bestimmten Fällen kann sogar ‚wer auch immer Schmid tötete' als referierender Ausdruck verstanden werden (allerdings natürlich nicht als ein Ausdruck mit singulär definiter Referenz). Normalerweise könnten wir jedoch erwarten, daß (4) in Situationen geäußert wird, in denen der Sprecher nicht einfach von einem bestimmten Individuum (auf das in allen möglichen anderen Arten, bei denen kein Verbrechen erwähnt wird, referiert worden sein könnte) behauptet, daß es verrückt ist, sondern in denen die Tatsache, daß der Mord begangen wurde, als Grund für die gemachte Behauptung angeführt wird. Wenn (3) auch in diesem Sinn verstanden wird, dann wird der Ausdruck ‚der Mörder von Schmid' nach Donellan (1966) attributiv verwendet: „bei dem attributiven Gebrauch ist das Attribut, der Soundso zu sein, ausschlaggebend, wohingegen dies bei dem referentiellen Gebrauch nicht der Fall ist".

Es ist wichtig zu erkennen, daß Sätze, die wie (2) und (3) in der geschriebenen Sprache auf verschiedene Weise ambig sind, nicht notwendigerweise auch in der gesprochenen Sprache ambig sein müssen. Linguisten haben neuerlich viel Aufmerksamkeit darauf verwandt, die Rolle von prosodischen* Merkmalen wie Betonung und Intonation in bezug auf Präsupposition* und das, was Austin (1962) illokutionäre Kraft* genannt hat, zu bestimmen (cf. 16.1). Es ist noch immer eine offene Frage, ob diese prosodischen Merkmale, insbesondere die Betonung, als grammatisch determinierte Eigenschaften von Systemsätzen angesehen werden sollten. Nach einer alternativen Auffassung könnten sie als Merkmale beschrieben werden, die den Sätzen vom Sprecher im aktualen Gebrauchskontext hinzugefügt werden (wenn die jeweiligen Sätze als gesprochene Textsätze geäußert werden). Ob sie von den Linguisten in der einen oder anderen Weise behandelt werden sollten, ist wohl eher eine Frage der Methodologie als der Fakten. Unabhängig davon, wie man sie beschreibt, sind sie zweifellos für die Interpretation von gesprochenen Äußerungen relevant. Wenn es wahr ist, daß „im allgemeinen die Frage, ob nun eine definite Deskription referentiell oder attributiv gebraucht ist, eine Funktion bestimmter Sprecherintentionen ist" (Donnellan, 1966), so muß auch gesehen werden, daß sich die Sprecherintentionen oft in den prosodischen Merkmalen der Äußerungen widerspiegeln. Diese Tatsache sollte nicht vergessen werden, wenn Sätze unter der Annahme, daß sie von einem Sprecher in einem bestimmten Kontext geäußert wurden oder geäußert werden könnten, diskutiert werden.

(IV) Distributive und kollektive allgemeine Referenz. Bisher haben wir nur die definite Referenz behandelt, und wir haben uns hauptsächlich mit singulär referierenden Ausdrücken beschäftigt. Es ist nicht notwendig, daß wir auf die Probleme der allgemeinen Referenz eingehen. Die Unterscheidung zwischen distributiver* und kollektiver* Referenz sollte jedoch erläutert werden. Der folgende Satz ist unter diesem Gesichtspunkt ambig:

(5) Jene Bücher kosten 5 DM.

Wenn der Ausdruck ‚jene Bücher' so zu verstehen ist, als bedeute er „jedes jener Bücher", dann wird er distributiv verwendet; wenn er bedeutet „jene Menge von Büchern", dann wird er kollektiv verwendet. In einem Fall wie (5) ist es gerechtfertigt, von Ambiguität anstatt von Indeterminiertheit zu sprechen, weil die zwei Interpretationen so deutlich unterscheidbar sind. Aber in anderen Fällen, und sehr häufig im alltagssprachlichen Deutsch, handelt es sich vielleicht eher um Indeterminiertheit als um Ambiguität. Es sollte auch beachtet werden, daß es verschiedene Arten von kollektiver Referenz gibt. Ebenso wie z. B. (5) ambig ist, je nachdem ob der Subjektsausdruck eine distributive oder kollektive Referenz hat, so gilt dies auch für (6).

(6) Die Studenten haben das Recht, in den Vorlesungen zu rauchen.

Die distributive Interpretation, dergemäß jeder Student das Recht hat, selbst zu entscheiden, ob er raucht oder nicht, ist relativ problemlos. Aber mit der kollektiven Interpretation kann durchaus Referenz auf die Studenten als einer institutionalisierten Gruppe verbunden sein; die Rechte und Eigenschaften solcher Gruppen leiten sich nicht von den Rechten und Eigenschaften der Individuen ab, aus denen sie zusammengesetzt sind. Ferner, sogar dann, wenn es klar ist, daß die Studenten als Kollektivität das Recht haben zu rauchen (wenn sie sich z. B. so mehrheitlich per Abstimmung entscheiden), so wird dieses Recht von ihnen als Individuen ausgeübt. Dies bedeutet, daß in der Proposition, die durch (6) ausgedrückt ist, bei kollektiver Interpretation dem Ausdruck ‚die Studenten' auch eine distributive Interpretation zugeordnet werden muß, insoweit er als das zugrundeliegende Subjekt von ‚rauchen' verstanden wird.

(V) Spezifische und nicht-spezifische indefinite Referenz. Wenn wir nun dazu übergehen, Ausdrücke zu behandeln, deren Referenz in der einen oder anderen Weise indefinit ist (wenn diese überhaupt zu Recht als referierende Ausdrücke zu betrachten sind), dann stoßen wir auf eine Fülle zusätzlicher Komplexitäten; wir werden an dieser Stelle nichts anderes versuchen, als lediglich einen oder zwei der wichtigeren Punkte zu erwähnen. Beginnen wir damit, für das Deutsche eine terminologische Unterscheidung zwischen nicht-definiten* und indefiniten* Nominalphrasen einzuführen. Eine nicht-definite Nominalphrase ist jede beliebige Nominalphrase, die keine definite Nominalphrase ist; eine indefinite Nominalphrase ist entweder ein indefinites Pronomen oder eine mit dem unbestimmten Artikel eingeleitete Nominalphrase (‚ein Mann' und auch Ausdrücke wie ‚ein solcher Mann'). Alle indefiniten Nominalphrasen sind nicht-definit, aber umgekehrt gilt dies nicht.

Betrachten wir nun den folgenden Satz (von dem wir annehmen wollen, daß er geäußert wird, um eine Behauptung zu machen):

(7) Jeden Abend um 6 Uhr fliegt ein Reiher über das Chalet.

Er enthält eine indefinite Nominalphrase, ‚ein Reiher‘, die bei einer Interpretation des Satzes so verstanden werden kann, als referiere sie auf ein spezifisches, allerdings nicht identifiziertes Individuum; diese Interpretation würde unterstützt, wenn auf den Satz im gleichen Kontext unmittelbar folgen würde

(8) Er nistet im Park des Schlosses.

Das Pronomen ‚er‘ in (8) hat die gleiche Referenz wie – ist koreferent* mit – ‚ein Reiher‘ in (7).[3] Wir wollen sagen, daß die indefinite Nominalphrase bei dieser Interpretation von (7) mit indefiniter, aber spezifischer* Referenz verwendet wird. Aber (7) kann auch so interpretiert werden, daß der Sprecher nicht so verstanden wird, als referiere er auf ein bestimmtes spezifisches Individuum. Bei der ersten Interpretation ist die indefinite Nominalphrase durch den Ausdruck ‚ein bestimmter Reiher‘ paraphrasierbar; bei der zweiten kann sie, wenn auch vielleicht nicht sehr idiomatisch oder präzise, mit dem Ausdruck ‚irgendein Reiher‘ paraphrasiert werden. Bei letzterer Interpretation wollen wir sagen, daß die indefinite Nominalphrase in nicht-spezifischer* Weise verwendet wird. Wir wollen jedoch nicht sagen, daß sie eine nicht-spezifische Referenz hat, weil es durchaus nicht klar ist, ob sie korrekterweise als ein referierender Ausdruck betrachtet werden kann. Sehr oft können wir natürlich nicht feststellen, ob eine indefinite Nominalphrase mit spezifischer Referenz verwendet wird oder nicht; es könnte dem Sprecher selbst schwerfallen, dies zu entscheiden. Es ist ein charakteristisches Merkmal der Grammatik des Deutschen, daß Gattungsnamen im Singular (außer wenn sie als Kontinuativa verwendet werden) mit einem Artikel eingeführt werden müssen (gleichgültig ob definit oder indefinit), oder mit einem Demonstrativum oder irgendeinem anderen Determinator* (cf. 11.4). Nicht alle Sprachen, die das aufweisen, was als definiter oder indefiniter Artikel beschrieben werden kann, verhalten sich in dieser Hinsicht wie das Deutsche.

Unabhängig davon, ob eine indefinite Nominalphrase im Deutschen mit spezifischer Referenz verwendet wird oder nicht, kann der Sprecher fortfahren, etwas mehr über den Referenten zu sagen, und indem er dies tut, kann er im weiteren auf ihn durch ein Demonstrativ- oder Personalpronomen oder eine definite Nominalphrase referieren. Jegliche Information, die der Sprecher dem Hörer über den Referenten gibt, wenn er zum ersten Mal auf ihn durch eine indefinite Nominalphrase referiert, steht beiden Teilnehmern der Konversation zur Verwendung in weiteren Referenzakten zur Verfügung. Wenn X z. B. zu Y sagt

(9) Eine Freundin hat mir gerade eine schöne Valentinskarte geschickt,

dann kann er im weiteren auf das gleiche Individuum durch den Ausdruck ‚meine Freundin' referieren, unabhängig davon, ob er ursprünglich eine spezifische Person meinte oder nicht. Und Y kann auf die gleiche Person durch den Ausdruck ‚deine Freundin' referieren. Dies bedeutet, daß, wenn einmal überhaupt irgendeine Information über einen indefiniten Referenten gegeben wurde, dieser von den Teilnehmern als Individuum behandelt werden kann, das ihnen bekannt ist und innerhalb des universe of discourse durch einen definit referierenden Ausdruck identifizierbar ist. Es ist keine notwendige Bedingung für erfolgreiche Referenz, daß der Sprecher oder der Hörer in der Lage sein muß, das Individuum, auf das referiert wird, in irgendeinem anderen Sinn von ‚Identifikation' als dem hier vorgestellten zu identifizieren.

Wie im Deutschen die Indefinitpronomina ‚jemand' und ‚etwas', können auch im Englischen die Indefinitpronomina ‚someone' und ‚something' spezifisch oder nicht-spezifisch verwendet werden. Daher die angebliche Ambiguität von solchen Sätzen wie

(10) Everyone loves someone,

die von Logikern im Zusammenhang mit dem Skopus* des Universal- und Existenzquantors (cf. 6.3) oft diskutiert wurde. Unter bestimmten grammatisch determinierten Bedingungen, insbesondere in interrogativen und negativen Sätzen, treten im Englischen in nicht-spezifischer Verwendung der Indefinitpronomina anstelle von ‚someone' und ‚something' ‚anyone' und ‚anything' auf. Aber die Bedingungen sind komplex; und unter den Linguisten ist es gegenwärtig heftig umstritten, ob die Alternation von ‚someone'/‚something' mit ‚anyone'/‚anything' lediglich eine Sache der grammatischen Struktur ist (cf. 11.4). Die Frage wird ferner durch die Notwendigkeit, die Wirkung der Betonung im gesprochenen Englisch in Betracht zu ziehen, kompliziert; die Indefinitpronomina können betont oder unbetont sein, gleichgültig, ob sie spezifisch oder nicht-spezifisch verwendet werden; die Betonung hat hier, wie auch anderswo, eine Vielzahl von Funktionen. Ebenso wie Indefinitpronomina können Nominalphrasen, die mit ‚some' eingeleitet werden (das mit ‚any' in seinem nicht-spezifischen Gebrauch alterniert), auch spezifisch oder nicht-spezifisch verwendet werden. Daher besteht die gleiche angebliche Ambiguität von (10) oben auch für den folgenden Satz:

(11) Every boy loves some girl.

Wir wollen auf die Frage der Quantifikation (im logischen Sinn dieses Terminus) und der indefiniten Referenz nicht eingehen.

Eine Klasse von Sätzen mit indefiniten Nominalphrasen, die ebenfalls neuerlich viel diskutiert wurde, wird exemplifiziert durch

(12) John möchte ein Mädchen mit grünen Augen heiraten.

Der Ausdruck ‚ein Mädchen mit grünen Augen' in (12) kann als spezifisch oder nicht-spezifisch verstanden werden. Wenn er als referierender Ausdruck verstanden wird (d. h. als ein Ausdruck mit spezifischer indefiniter Referenz), dann präsupponiert oder impliziert er die Existenz eines Individuums, das die Deskription in ganz ähnlicher Weise erfüllt, wie dies für die definite Nominalphrase ‚das Mädchen mit den grünen Augen‘ gelten würde, wenn sie als ein referierender Ausdruck im gleichen Kontext verwendet wäre. Es liegt jedoch keine Präsupposition oder Implikation der Einzigartigkeit vor; die indefinite Nominalphrase identifiziert den Referenten für den Hörer nicht in der gleichen Weise wie eine definite Nominalphrase, die referentiell verwendet wird. Wenn die indefinite Nominalphrase ‚ein Mädchen mit grünen Augen‘ als nicht-spezifisch verstanden wird, dann besteht überhaupt keine Präsupposition oder Implikation von Existenz; dies ist charakteristisch für deskriptive Nominalphrasen (gleichgültig, ob sie definit oder nicht-definit sind), die nach Verben auftreten, die das, was Russell (1940), Quine (1960) und andere als propositionale Einstellungen* bezeichnet haben, bezeichnen (d. h. Verben, die Glauben, Zweifel, Intention usw. denotieren).

Es ist vorgeschlagen worden, die zwei Interpretationen von (12) logisch voneinander zu unterscheiden aufgrund eines Unterschiedes im Skopus des zugrundeliegenden Existenzquantors:

(12 a) $(\exists x)$ (x ist ein Mädchen mit grünen Augen, und John möchte x heiraten)“

(12 b) „John möchte $(\exists x)$ (x ein Mädchen mit grünen Augen sein, und John heiraten $x)$“.

Aber diese Analyse, die auf einer vorschnellen Anwendung der prädikatenlogischen Theorie der Quantifikation basiert, ist sicher als Repräsentation der Ambiguität von (12) unbefriedigend. (12 b) impliziert, daß die Person, auf die durch ‚John‘ referiert wird, zwei Dinge möchte: daß ein Individuum mit bestimmten Eigenschaften existiere und daß er dieses Individuum heirate. Es ist nun offensichtlich eine Bedingung dafür, daß man ein bestimmtes Individuum heiraten kann, daß dieses Individuum existiert. Aber es geht sicherlich gegen alle unsere Intuitionen über die Bedeutung von (12) zu sagen, daß der Satz, wenn er geäußert wird, um eine Behauptung zu machen, verwendet wird, um zu behaupten, daß John möchte, daß jemand mit bestimmten Eigenschaften existiere. Unter anderem kann John, wie die meisten von uns, gelegentlich irrationale und kontradiktorische Wünsche haben: er könnte fest behaupten, daß er eine Person heiraten möchte, von der er nicht möchte, daß sie existiert.[4] In diesem Fall wäre (12 b) falsch. Auch ist die Unterscheidung zwischen Assertion und Präsupposition in diesem Fall nicht sehr hilfreich. Weder der Sprecher noch John müssen von der gegenwärtigen oder zukünftigen Existenz von Mädchen mit grünen Augen überzeugt sein. Donnellans (1966) Unterscheidung zwischen dem referentiellen und attributiven Gebrauch von deskriptiven Nominalphrasen scheint hier angemessen zu sein, obgleich Donnellan selbst die Unterscheidung nur im Zusammenhang mit definiten Nominalphrasen einführte. Aber der auffälligste Unterschied zwischen den beiden Interpretationen von (12) scheint in dem Kontrast zwischen dem spezifischen und nicht-spezifischen Gebrauch der indefiniten Nominalphrase zu liegen.[5]

Einem weiteren Punkt bezüglich indefiniter Nominalphrasen in nicht-spezifischer Verwendung sollte Beachtung geschenkt werden. Wie wir bereits gesehen haben, können durch diese im universe of discourse Entitäten etabliert werden, auf die im weiteren durch definite Nominalphrasen referiert werden kann, und sie können als Antezedentia bezüglich Personalpronomina fungieren. Zum Beispiel kann in dem folgenden Satz

(13) John möchte ein Mädchen mit grünen Augen heiraten und es mit nach Irland zurücknehmen,

‚ein Mädchen mit grünen Augen‘ entweder spezifisch oder nicht-spezifisch verstanden werden, und bei beiden Interpretationen ist das Pronomen ‚es‘ ein referierender Ausdruck. Die Tatsache, daß ein Pronomen in bestimmten Fällen ein Antezedens haben kann, das nicht referentiell verwendet wird, ist für jede einfache Theorie der Pronominalisierung problematisch, die auf dem Begriff der Koreferenz basiert. Zwei Ausdrücke können nicht die gleiche Referenz haben, wenn einer von ihnen gar kein referierender Ausdruck ist. Man könnte vielleicht sagen, daß das Pronomen im zweiten Teilsatz von (13) auf „die einmalige, allerdings hypothetische Entität [referiert], die eine entscheidende Rolle bei der Aktualisierung der möglichen Welt, die im ersten Teil des Satzes charakterisiert ist", spielen würde (cf. Partee, 1972: 426), aber man kann nicht sagen, daß es mit dieser hypothetischen Entität koreferent ist, da diese kein Ausdruck, sondern ein Referent ist; und da die indefinite Nominalphrase im ersten Teilsatz nicht-spezifisch ist, referiert sie nicht auf die hypothetische Entität, die sie im universe of discourse etabliert. Wenn der Begriff der Koreferenz für Fälle wie diese gerettet werden soll, dann muß folglich irgendein anderer referierender Ausdruck in der Tiefenstruktur* oder semantischen Repräsentation* des Satzes eingeführt werden (cf. 10.5).

(VI) Referentielle Opakheit. An dieser Stelle sollte nun das, was Quine referentielle Opakheit* genannt hat, erwähnt werden. Nach Quine (1960: 141 ff.) sind Konstruktionen oder Kontexte opak* (im Gegensatz zu transparent*), wenn sie bei Substitution von koreferenten singulären Ausdrücken und bei bestimmten anderen Substitutionen, die uns hier nicht interessieren, die Extensionalität (d. h. Wahrheitsfunktionalität: cf. 6.2) nicht bewahren.

Die jeweiligen koreferenten Ausdrücke, dies sollte beachtet werden, können entweder definit oder nicht-definit sein. Betrachten wir zunächst den folgenden Satz, der von X geäußert wird, um Y über eine Tatsache zu informieren:

(14) Herr Schmid sucht den Dekan.

(14) kann nun zwei Interpretationen haben, je nach dem, ob ‚der Dekan'
referentiell oder attributiv verstanden wird (im Donnellanschen Sinn); bei
beiden Interpretationen kann Herr Schmid wissen oder auch nicht wissen,
wer der Dekan ist. Wenn ‚der Dekan' referentiell verwendet wird, dann gibt
er die Beschreibung des Sprechers, nicht notwendigerweise die Beschreibung
Herrn Schmids über den Referenten wieder. Nehmen wir nun an, daß Professor Braun der Dekan ist und daß X und Y dies wissen, obgleich Herr Schmid
glaubt, daß Professor Grün der Dekan ist. Herr Schmid kann vorher X
darüber informiert haben, daß er Professor Braun suchte; in diesem Fall ist
die in (14) ausgedrückte Proposition wahr, vorausgesetzt daß ‚der Dekan' als
ein rein referentieller Ausdruck verstanden wird. (14) ist jedoch nicht wahr,
wenn dieser attributiv verstanden wird. Denn Herr Schmid sucht nicht die
Person, die der Dekan ist, wer auch immer sie sein mag. Er sucht ein bestimmtes Individuum, auf das durch X in allen möglichen referentiell äquivalenten Weisen referiert worden sein könnte. Aber nehmen wir nun an, daß
Herr Schmid X mit dem folgenden Satz gesagt hätte, nach wem er suche:

(15) Ich suche den Dekan.

Er könnte beabsichtigen, daß ‚der Dekan' referentiell (auf Professor Grün
referierend) oder attributiv zu verstehen ist. (Und es sollte nebenbei bemerkt
werden, daß in Situationen wie dieser der referentielle Gebrauch den attributiven nicht streng ausschließt. Denn Herr Schmid kann Professor Braun als
den Dekan suchen. Dies ist häufig der Fall, wenn Titel als definite Deskriptionen verwendet werden.) Wenn X den Ausdruck ‚der Dekan' in (15) referentiell versteht, dann (14) äußert und dabei beabsichtigt, daß ‚der Dekan' so
verstanden wird, daß er auf Professor Braun referiert, dann ist die Behauptung, die er macht, wenn er (14) äußert, falsch, was auch für die Behauptung
gelten würde, die durch die Äußerung von

(16) Herr Schmid sucht Professor Braun,

gemacht würde, in der er den (für ihn) koreferenten Ausdruck ‚Professor
Braun' ersetzt hat.

Wir wollen nicht alle Möglichkeiten von Mißverständnissen durchgehen,
die durch das Vorkommen von definiten und indefiniten Ausdrücken in
opaken Kontexten entstehen können. Logiker haben die Frage primär in
bezug auf Extensionalität und den Skopus von Quantoren in der logischen
Struktur von bestimmten zugrundeliegenden Propositionen diskutiert; einige
Linguisten haben die Tiefenstruktur von Sätzen wie (14) auf ähnliche Weise
analysiert.[6] Es muß jedoch ein allgemeineres Problem betont werden, das die
philosophische Diskussion von Referenz in opaken Kontexten explizit gemacht hat, das aber unabhängig von jeder bestimmten Formalisierung der
Struktur der Sprache besteht. Wenn wir die von anderen Menschen gemach-
ten Behauptungen wiedergeben oder das, was sie glauben, oder ihre Intentio-

nen beschreiben, dann verwenden wir nicht notwendigerweise die gleichen referierenden Ausdrücke, die sie verwendet haben oder verwenden würden. Es steht uns frei, unsere eigenen referierenden Ausdrücke zu wählen, und die Möglichkeiten von Mißverständnissen und falschen Wiedergaben, die entstehen, wenn wir Sätze wie (14) äußern, leiten sich aus dieser Tatsache her. (Sie setzen sich zusammen aus der Möglichkeit, einen attributiven Ausdruck als referentiell mißzuverstehen oder umgekehrt, aber sie hängen nicht allein davon ab.) Die Tatsache, daß es dem Sprecher freisteht, seine eigenen referierenden Ausdrücke zu wählen, wenn er das äußert, was traditionell als Sätze in indirekter Rede (oder wiedergegebener Sprache) beschrieben wird, sollte in keiner Diskussion des Verhältnisses zwischen der grammatischen Struktur solcher Sätze und ihrer Bedeutung bei bestimmten Äußerungsvorkommnissen vergessen werden.

(VII) Generische Referenz. Ein anderes Problem, das neuerlich die Aufmerksamkeit von Logikern und Linguisten erregt hat, ist die generische* Referenz. Was mit ‚generisch' (was nicht zu verwechseln ist mit ‚allgemein') gemeint ist, kann man sehen, wenn man eine Satzmenge wie die folgende betrachtet:

(17) Der Löwe ist ein freundliches Tier
(18) Ein Löwe ist ein freundliches Tier
(19) Löwen sind freundliche Tiere.

Jeder dieser Sätze kann verwendet werden, um eine generische Proposition zu behaupten: d. h. eine Proposition, die nichts über diese oder jene Gruppe von Löwen sagt oder über irgendeinen bestimmten individuellen Löwen, sondern über die Klasse von Löwen als solche.

Generische Propositionen, dies ist wichtig zu erkennen, sind nicht nur tempuslos, sondern auch zeitlos (cf. 15.4). Auf den ersten Blick wird diese Behauptung unmittelbar widerlegt, wenn man auf die Möglichkeit hinweist, Sätze wie

(20) Der Dinosaurier war ein freundliches Tier,

zu äußern, um das zu behaupten, was zumindest intuitiv eine generische Proposition ist. Aber das Vergangenheitstempus, das in (20) auftritt, ist nicht Teil der Proposition, die ausgedrückt wird, wenn (20) verwendet wird, um eine generische Proposition zu behaupten. In solchen Fällen ist es unangemessen zu fragen, wann es der Fall war, daß Dinosaurier freundlich waren: das Vergangenheitstempus wird verwendet, weil der Sprecher glaubt, daß Dinosaurier ausgestorben sind, nicht weil er glaubt, daß sie ihre Eigenschaften verändert haben. Da generische Propositionen zeitlos sind, sind sie nicht nur tempuslos, sondern auch aspektlos* (cf. 15.6). Noch einmal: es gibt bestimmte scheinbare Ausnahmen von dieser Behauptung; aber wir brauchen hier nicht auf sie einzugehen. Aus dem, was bisher gesagt wurde, wird daher deutlich, daß es zwischen allgemeiner Referenz (die zuvor in diesem Abschnitt von singulärer Referenz unterschieden wurde) und generischer Referenz einen Unterschied gibt. Allgemein referierende Ausdrücke, sowohl distributive als auch kollektive, können in Sätzen, die zeitgebundene Propositionen verschiedener Art ausdrücken, frei vorkommen.

Der Status generische Propositionen ist in der Philosophie umstritten: dies gilt auch für den entsprechenden Begriff der generischen, im Unterschied zur allgemeinen, Referenz. Die Proposition, die in (17)–(19) unter ihrer intendierten Interpretation ausgedrückt ist (und wir wollen im Augenblick annehmen, daß alle drei Sätze die gleiche generische Proposition ausdrücken), würde normalerweise im Rahmen der Prädikatenlogik (cf. 6.3) formalisiert werden als

(21) (x) $(Lx \rightarrow Fx)$

„Für alle Werte von x gilt, wenn x ein Löwe ist, dann ist x freundlich". Es wurde jedoch oft darauf hingewiesen, daß Formeln wie (21) mit universaler Quantifikation offenbar nicht die Bedeutung von generischen Propositionen genau wiedergeben. Von einem Standpunkt aus ist (21) zu stark und von einem anderen Standpunkt aus zu schwach. Sie ist zu stark, da sie falsifizierbar ist, wenn auch nur ein einziger unfreundlicher Löwe entdeckt würde, und dies ist sicher nicht das, was von irgend jemandem intendiert wäre, der (17)–(19) äußert. Sie ist zu schwach, da die Proposition, die in (17)–(19) ausgedrückt ist, als wahr repräsentiert wird, wenn es zufällig ein kontingentes Faktum wäre, daß alle noch existierenden Löwen freundlich sind; noch einmal: es scheint klar zu sein, daß dies nicht das ist, was intendiert ist. Es besteht ein Unterschied zwischen den Wahrheitsbedingungen von (17)–(19) unter der intendierten Interpretation und den Wahrheitsbedingungen von

(22) Alle Löwen (was zufällig der Fall ist) sind freundliche Tiere.

Man könnte durchaus vernünftigerweise die Proposition, die in (22) ausgedrückt ist, für wahr halten, während man sich weigert, die Wahrheit der Proposition, die in (17)–(19) ausgedrückt ist, anzuerkennen, und man könnte in der Tat glauben, daß jeder Löwe, der jemals existierte, ein freundliches Wesen hatte und daß jeder Löwe, der in der Zukunft existieren wird, gleichermaßen freundlich sein wird, ohne daß man dadurch von der Wahrheit der Proposition, die in (17)–(19) ausgedrückt ist, fest überzeugt ist. Universale Quantifikation scheint, kurz gesagt, für die Formalisierung der Bedeutung von (17)–(19) irrelevant zu sein.

Bisher haben wir stillschweigend angenommen, daß es nur eine Art von generischen Propositionen gibt. Man kann jedoch behaupten, daß es mehrere verschiedene Arten gibt; und daß sie so ineinander übergehen, daß es in bestimmten Fällen unmöglich ist, die eine von der anderen zu unterscheiden. Es gibt eine Klasse von generischen Propositionen – wir wollen sie essentielle* Propositionen nennen –, die so zu interpretieren sind, daß man sagt, daß die und die Eigenschaft ein notwendiges Attribut der Elemente der Klasse, auf die referiert wird, ist. Wenn (17)–(19) in dieser Weise verstanden werden, dann sind ihre Wahrheitsbedingungen derart, daß die Proposition, die sie ausdrücken, dann und nur dann für wahr gehalten würde, wenn es ein essentielles Attribut von Löwen wäre, freundliche Tiere zu sein. Es ist nicht notwendig, eigens darauf hinzuweisen, daß die Anerkennung von Propositionen dieser Art verschiedene epistemologische und metaphysische Probleme aufwirft. Was jedoch auch immer der philosophische Status des Essentialismus sein mag, so kann kein Zweifel daran bestehen, daß die Unterscheidung zwischen dem, was essentiell und dem, was kontingent ist, in der semantischen Analyse des Deutschen und anderer Sprachen von großer Wichtigkeit ist. Sie ist untrennbar mit dem Begriff der Analytizität* (cf. 6.5) verbunden.

Essentielle Propositionen stellen vielleicht die am einfachsten definierbare Subklasse von generischen Propositionen dar. Nicht alle generischen Propositionen sind jedoch essentielle Propositionen. Es ist tatsächlich ziemlich unwahrscheinlich, daß irgend jemand (17)–(19) so verstehen möchte, als drückten sie eine essentielle Proposition aus. Der jeweilige adverbiale Modifikator, der sich für die Einfügung in (17)–(19) (entweder in Anfangsposition oder unmittelbar nach dem Verb) anbietet, ist einer, der sich bedeutungsmäßig an ‚allgemein‘, ‚typischerweise‘, ‚charakteristischerweise‘ oder ‚normalerweise‘ annähert, und nicht an ‚im wesentlichen‘ oder ‚notwendigerweise‘; es ist bekanntermaßen schwierig, die Wahrheitsbedingungen für Propositionen, die Adverbien dieses Typs enthalten, zu spezifizieren (cf. Lewis, 1975). Sie können sicher weder unter Rückgriff auf universale noch auf existentiale Quantifikation auf irgendeine einfache Weise formalisiert werden; bisher scheint keine befriedigende Formalisierung der Wahrheitsbedingungen für die überwiegende Mehrheit der generischen Propositionen, die wir in unserem Alltagsgebrauch der Sprache behaupten, zur Verfügung zu stehen. Dieser Punkt sollte angesichts der Ungenauigkeit, mit der man sich auf den Begriff der generischen Propositionen oder generischen Referenz in vielen neueren Diskussionen dieses Themas beruft, beachtet werden.

Ebenso wie es verschiedene Arten von generischen Propositionen gibt, so gibt es auch verschiedene Arten von generischer Referenz. Definite Nominalphrasen wie ‚der Löwe‘ und indefinite Nominalphrasen wie ‚ein Löwe‘ sind keineswegs in allen Arten von Sätzen, die generische Propositionen ausdrükken, austauschbar. Während z. B.

(23) Der Löwe ist ausgestorben,

oder

(24) Man kann nicht mehr den Löwen die Berge von Schottland durchstreifen sehen,

vollkommen normale Sätze sind, die man verwenden kann, um eine generische Proposition zu behaupten, kann weder

(25) Ein Löwe ist ausgestorben,

noch

(26) Man kann nicht mehr einen Löwen die Berge von Schottland durchstreifen sehen,

verwendet werden, um eine generische Proposition auszudrücken. Ein offensichtlicher Unterschied zwischen definiten und indefiniten Nominalphrasen in generischer Verwendung besteht darin, daß für definite Nominalphrasen sowohl eine kollektive als auch eine distributive Interpretation möglich ist, wohingegen bei indefiniten Nominalphrasen (im Singular) die kollektive Interpretation ausgeschlossen ist. Die Tatsache, daß dies so ist, trägt der Unakzeptabilität von (25) und (26) bei generischer Interpretation des Ausdrucks ‚ein Löwe' Rechnung.

Es wurde gelegentlich vorgeschlagen, daß Sätze wie (18) so verstanden werden sollten (bei generischer Interpretation), als drückten sie eine konditionale Proposition aus, in der ‚ein Löwe' überhaupt kein referierender Ausdruck ist (z. B. „Wenn etwas ein Löwe ist, dann ist es – typischerweise, normalerweise, charakteristischerweise, usw. – ein freundliches Tier"). Angesichts der Unklarheit oder Indeterminiertheit der Wahrheitsbedingungen von nichtessentiellen generischen Propositionen kann man jedoch kaum sicher sein, daß es einen konstanten Unterschied zwischen dem referentiellen Potential von definiten und indefiniten Nominalphrasen gibt in Sätzen, die offenbar sehr ähnliche, wenn nicht sogar identische generische Propositionen ausdrücken. Generische Propositionen werfen in der Tat ein sehr ernsthaftes und bisher ungelöstes Problem für die wahrheitsfunktionale Semantik auf (cf. 6.6); und das Problem wird durch die Einführung eines speziellen generischen Quantors, der sich vom Universal- und Existenzquantor unterscheidet, weder gelöst noch auch nur einer Lösung zugänglicher gemacht. Generische Propositionen und generisch referierende Nominalphrasen sind zu heterogen, um auf diese Weise behandelt zu werden.

An dem in diesem Abschnitt Gesagten sollte deutlich geworden sein, daß ein gewisses Verständnis davon, wie Referenz im Sprachverhalten funktioniert, für die Analyse von aktualen Texten (sowohl von geschriebenen als auch von gesprochenen) wesentlich ist; und daß darüber hinaus die Analyse von Sätzen unter Anwendung der Aussagenlogik und des Prädikatenkalküls keineswegs so einfach ist, wie es aufgrund unserer Annahmen im vorangegangenen Kapitel scheinen könnte. Der Linguist kann zur Erforschung der Referenz beitragen durch die Beschreibung der grammatischen Strukturen und Prozesse, die bestimmte Sprachsysteme zur Verfügung stellen, um auf

Individuen und Gruppen von Individuen zu referieren. Daraus folgt jedoch nicht, daß der Linguist sich mit der aktualen Referenz von Ausdrücken in seiner Analyse der grammatischen Struktur von Systemsätzen befassen muß.

7.3. Sinn

Bisher haben wir über Sinn lediglich gesagt, daß es mittlerweile üblich ist, Sinn* von Referenz* zu unterscheiden. Es ist vielleicht hilfreich hinzuzufügen, daß ,Sinn' ein Terminus ist, der von einer Anzahl von Philosophen für das gebraucht wird, was andere einfach als Bedeutung beschreiben würden oder vielleicht noch enger als kognitive* oder deskriptive* Bedeutung. Aus diesem Grund wird die Unterscheidung zwischen Referenz und Sinn manchmal als Unterscheidung zwischen Referenz und Bedeutung formuliert. Wie bereits vorher erwähnt, wurde sie auch mit der Millschen Unterscheidung zwischen Denotation und Konnotation (cf. 7.1) identifiziert.

Freges (1892) klassisches Beispiel, das häufig in Diskussionen über Sinn und Referenz verwendet wird, ist

(1) Der Morgenstern ist der Abendstern.

Wie Frege hervorgehoben hat, haben die zwei Ausdrücke ,der Morgenstern' und ,der Abendstern' die gleiche Referenz (bzw. Bedeutung in der Fregeschen Terminologie), da sie beide auf den gleichen Planeten referieren. Aber man kann nicht sagen, daß sie den gleichen Sinn [wiederum in der Fregeschen Terminologie] haben. Denn, wenn dies so wäre, dann wäre (1) tautologisch oder analytisch, was aber nur für (2) gilt:

(2) Der Morgenstern ist der Morgenstern.

Aber der Satz (1) ist im Unterschied zu (2) (potentiell) informativ: er kann dem Hörer eine Tatsache bewußt machen, der er sich vorher nicht bewußt war und die er nicht einfach aus seinem Verständnis der Bedeutung des Satzes (cf. 2.2) ableiten kann. Daraus folgt, daß ,der Morgenstern' und ,der Abendstern' nicht synonym* sind: d. h., sie haben nicht den gleichen Sinn. Dies ist das Standardargument.

Im Zusammenhang mit (1) und (2) kann gezeigt werden, daß Ausdrücke wie ,der Morgenstern' und ,der Abendstern' so betrachtet werden könnten, als seien sie irgendwo zwischen Eigennamen und definiten Deskriptionen anzusiedeln; wie viele eindeutig referierende Titel werden sie [im Englischen] tatsächlich mit Großbuchstaben geschrieben (Strawson, cf. 7.2). Insofern sie sich Eigennamen annähern, ist es gerechtfertigt, die Behauptung, daß sie Sinn haben, in Frage zu stellen; denn wie wir sehen werden, wird es weitgehend, allerdings nicht universell, akzeptiert, daß Eigennamen keinen Sinn haben (cf. 7.5). Andererseits, wenn ,der Morgenstern' und ,der Abendstern' wie definite Deskriptionen behandelt werden, die sich ihrem Sinn nach in einer

Weise unterscheiden, die jedem Sprecher des Deutschen aufgrund seiner Kenntnis der Sprache klar ist, dann besteht das Problem, daß

(3) Der Morgenstern ist kein Stern (sondern ein Planet)

nicht nur nicht kontradiktorisch, sondern sogar potentiell informativ ist. Es ist natürlich ein historisches Faktum, daß es den Astronomen, lange bevor entdeckt wurde, daß der Morgenstern und der Abendstern identisch sind, bekannt war, daß weder der Morgenstern noch der Abendstern Fixsterne sind, sondern Planeten. Nichtsdestoweniger sind die zwei Ausdrücke ‚der Morgenstern‘ und ‚der Abendstern‘ aufgrund ihres unsicheren Status überhaupt nicht ideal für den Zweck, für den sie von Frege benutzt wurden. Man könnte sogar behaupten, daß sie sich nicht nur in ihrem Sinn, sondern auch in ihrer Referenz unterscheiden, da die Bedingungen, unter denen der Planet Venus von der Erde aus sichtbar ist, in diesem Fall für den Begriff der referentiellen Identität relevanter ist als seine spatio-temporale Kontinuität. Aber wir brauchen diesen Punkt nicht weiter zu verfolgen. Freges Beispiel wurde nur eingeführt, um allgemein das Wesen seiner Unterscheidung zwischen Sinn und Referenz [= ‚Bedeutung‘ in der Fregeschen Terminologie] zu verdeutlichen. Ausdrücke können sich ihrem Sinn nach unterscheiden, aber die gleiche Referenz haben, und ‚synonym‘ bedeutet, „den gleichen Sinn haben“, nicht „die gleiche Referenz haben“. Ein etwas besseres Beispiel als dasjenige von Frege ist das von Husserl: ‚der Sieger von Jena‘ und ‚der Besiegte von Waterloo‘; beide Ausdrücke können verwendet werden, um auf Napoleon zu referieren (cf. Coseriu & Geckeler, 1974: 147).

Es ist nebenbei bemerkt unglücklich, daß Frege ‚Bedeutung‘ als seinen Terminus technicus für das gewählt hat, was nun allgemein Referenz genannt wird [bzw. im Englischen ‚reference‘]. Daß er diesen Ausdruck gewählt hat, der in seinem nicht-technischen Gebrauch viel von dem umfaßt, was im Englischen durch das Wort ‚meaning‘ abgedeckt wird, war zweifellos durch die Tatsache bedingt, daß er, wie viele Philosophen, Referenz als die grundlegende semantische Relation angesehen hat. Es wird jedoch eine alternative technische Unterscheidung gemacht zwischen ‚Bedeutung‘ [im Englischen ‚meaning‘] und ‚Bezeichnung‘ [im Englischen oft wiedergegeben durch ‚designation‘]. Diese Unterscheidung ist zumindest ungefähr mit Freges Unterscheidung zwischen ‚Sinn‘ und ‚Bedeutung‘ vergleichbar: wenn überhaupt irgend etwas, so ist es Freges Ausdruck ‚Bedeutung‘, der mit dem identifizierbar ist, was viele Autoren ‚Bezeichnung‘ nennen, und es ist sein Ausdruck ‚Sinn‘, der mit ihrem Ausdruck ‚Bedeutung‘ identifizierbar ist.[8] In diesem Buch verwenden wir ‚Bedeutung‘ als einen ganz allgemeinen vortheoretischen Terminus (cf. 1.1). Es wird noch deutlich werden, daß unsere Verwendung von ‚Sinn‘ als einem theoretischen Terminus etwas enger ist als in philosophischen Arbeiten üblich.

Daß Ausdrücke mit gleicher Referenz nicht immer in allen Kontexten

„salva veritate" (um den Leibnizschen Ausdruck zu verwenden: cf. 6.4) austauschbar sind, ist schon immer ein Problem für jene Philosophen gewesen, die versucht haben, eine rein extensionale Semantiktheorie zu konstruieren. Wenn die Bedeutung eines Ausdrucks die Klasse von Entitäten ist, auf die er referiert (oder referieren kann), wie kommt es dann, daß sogar eindeutig referierende Ausdrücke (und wir wollen voraussetzen, daß sie auch eindeutig referierende Ausdrücke sind) wie z. B. ‚der Morgenstern' und ‚der Abendstern' oder ‚Tullius' und ‚Cicero' oder ‚Pegasus' und ‚Medusa' (die beide auf die gleiche Klasse referieren, da sie auf die Nullklasse referieren: cf. 6.3) nicht synonym sind und daß für sie das Leibnizsche Prinzip der Austauschbarkeit nicht gilt? Wenn x und y zwei Ausdrücke sind, die auf die gleiche Entität referieren, dann ist es sicher nicht der Fall, daß der eine durch den anderen ersetzt werden kann, ohne daß sich der Wahrheitswert der Proposition, die in Sätzen wie ‚Er glaubt nicht, daß x y ist' ausgedrückt ist, verändert.

Wie Russell in einem seiner Spätwerke (1940: 247) hervorgehoben hat, wird versucht, die Extensionalitätsthese „aus verschiedenen Gründen aufrechtzuerhalten. Sie ist unter technischen Gesichtspunkten in der mathematischen Logik sehr praktisch; sie trifft offensichtlich für die Art von Behauptungen zu, die die Mathematiker machen möchten; sie ist wesentlich für die Aufrechterhaltung des Physikalismus und Behaviorismus nicht nur als metaphysische Systeme, sondern sogar in dem linguistischen Sinn, den Carnap übernommen hat. Keiner dieser Gründe reicht jedoch aus, um anzunehmen, daß die These wahr ist". Es ist nicht notwendig, die Gründe zu diskutieren, die von Russell, Carnap und anderen Philosophen dafür angeführt wurden, daß sie glauben, die Extensionalitätsthese gelte in der Alltagssprache oder zumindest bei Reinterpretation der Aussagen der Alltagssprache in einem formalen System (wie z. B. der Aussagenlogik oder der Prädikatenlogik). Die Tatsache, daß die Extensionalitätsthese philosophisch umstritten ist (und heutzutage noch weniger weitgehend akzeptiert wird, als zur Zeit Russells), liefert uns gute Gründe dafür, daß wir uns nicht verpflichtet fühlen, sie in der linguistischen Semantik zu akzeptieren. Und wenn wir sie nicht akzeptieren, dann brauchen wir uns mit vielen Problemen, über die die Philosophen sich den Kopf zerbrochen haben, nicht zu beschäftigen.

Die Unterscheidung zwischen Referenz und Sinn ist jedoch nicht an irgendeine bestimmte philosophische Bedeutungstheorie gebunden; sie gilt unabhängig von logischen Betrachtungen wie Extensionalität und der Erhaltung der Wahrheit bei Substitution. Auch wenn es sich herausstellen würde, daß es möglich ist, da es auch aus technischen Gründen praktisch ist, die Unterscheidung zwischen Referenz und Sinn in der Formalisierung der logischen Struktur von Propositionen, die in Sätzen ausgedrückt sind, zu eliminieren, ist die Unterscheidung sehr wichtig, wenn wir erst einmal die Äußerung von Sätzen in aktualen Kontexten in Betracht ziehen. Ihre Gültigkeit zeigt sich in der linguistischen Semantik aufgrund der Tatsache, daß es möglich ist, einer-

seits Ausdrücke, die wir vortheoretisch für nicht-synonym halten (wie ‚mein
Vater' und ‚der Mann dort drüben'), zu verwenden, um auf das gleiche
Individuum zu referieren, und andererseits aufgrund der Tatsache, daß es
möglich ist, den gleichen vortheoretisch nicht ambigen Ausdruck (wie ‚mein
Vater' oder ‚der Mann dort drüben') zu verwenden, um auf verschiedene
Individuen zu referieren. Es ist die Aufgabe des theoretischen Semantikers,
diese vortheoretischen Intuitionen zu explizieren und, wenn er es kann, dies
in einer Weise zu tun, die die Analyse der alltagssprachlichen Bedeutung
erleichtert.

Viele der klassischen Beispiele, die von Philosophen verwendet wurden,
um die Unterscheidung zwischen Sinn und Referenz zu verdeutlichen, ähneln
dem Satz ‚Der Morgenstern ist der Abendstern', da sie mit der Identität oder
Nicht-Identität von Individuen zu tun haben, auf die durch die Ausdrücke
auf beiden Seiten des Verbs ‚sein' in identifizierenden* Sätzen referiert wird
(cf. 7.2). Aber die meisten deklarativen Sätze haben im Deutschen nicht die
gleiche Struktur wie ‚Der Morgenstern ist der Abendstern'.

Die Behauptung, daß John ein Narr ist, die durch die Äußerung des Satzes

(4) John ist ein Narr

aufgestellt werden kann, ist nicht identifizierend. Wir sagen nicht von zwei
möglicherweise verschiedenen Individuen, daß sie tatsächlich identisch sind:
wir schreiben einer Person Namens John die Eigenschaft oder das Attribut
der Narrheit zu: oder alternativ, wir sagen, daß er ein Element der Klasse der
Narren ist. (Wir haben soeben den Terminus ‚nicht-identifizierend' in bezug
auf Äußerungen verwendet, dies dürfte bemerkt worden sein, und dieser
Gebrauch ist grundlegender als seine Verwendung von Linguisten in bezug
auf eine Klasse von Sätzen. Sätze eines bestimmten Typs werden identifizierend (oder nicht-identifizierend) genannt, weil sie charakteristischerweise
verwendet werden, um identifizierende (oder nicht-identifizierende) Äußerungen zu machen.) In (4) ist ‚John' ein referierender Ausdruck, aber ‚ein
Narr (sein)' hat rein prädikative Funktion. Wir können nun von diesen Ausdrücken annehmen, daß sie zwei verschiedene Arten von Bedeutung haben.
Statt ‚John' können wir irgendeinen anderen einfachen oder komplexen Ausdruck verwenden. (Einen Namen, ein Pronomen oder eine deskriptive Nominalphrase): Unter der Voraussetzung, daß dieser dazu dient, das gleiche Individuum zu identifizieren wie ‚John' in diesem besonderen Äußerungskontext,
wird die deskriptive Bedeutung der Behauptung unverändert bleiben (einschließlich der Proposition, die ausgedrückt wird). Und wenn wir für ‚ein
Narr sein' einen anderen Ausdruck einsetzen, der den gleichen Sinn hat
(wenn es einen solchen Ausdruck in der Sprache gibt), dann wird die deskriptive Bedeutung der Behauptung wiederum unverändert bleiben. Kurz gesagt:
das Kriterium für Substituierbarkeit in Subjektsposition in dieser Konstruk-

tion ist referentielle Identität; das Kriterium für Substituierbarkeit in prädikativer Position ist Sinnidentität.

Es wurde von vielen Philosophen versucht, das Leibnizsche Prinzip der Substituierbarkeit ohne Änderung des Wahrheitswertes anzuwenden, um sowohl Referenz als auch Sinn zu definieren. Zwei Ausdrücke hätten bei dieser Anwendung des Prinzips die gleiche Referenz, wenn sie in Subjektposition aller Sätze untereinander ausgetauscht werden könnten, ohne den Wahrheitswert von irgendeinem Ausdruck, der durch die Äußerung irgendeines dieser Sätze gemacht werden könnte, zu verändern (d. h. ohne Änderung der Wahrheitsbedingungen der Sätze: cf. 6.5); und sie hätten den gleichen Sinn, wenn die Substitution in Prädikatsposition (in nicht-identifizierenden Sätzen) ohne Änderung der Wahrheitsbedingungen durchgeführt werden könnte. Es wird jetzt allgemein anerkannt, daß solche Versuche, was alltagssprachliche Behauptungen betrifft, zum Scheitern verurteilt sind. Sie scheitern nicht nur im Falle von Glaubensaussagen und anderen derartigen intensionalen Aussagen, sondern auch bei jeder Aussage, in der Sinn und Referenz von Ausdrükken in den Sätzen, die verwendet werden, um diese Aussagen zu machen, teilweise durch den jeweiligen Äußerungskontext determiniert sind; und solche Aussagen machen die Mehrheit der Aussagen aus, die tatsächlich im alltäglichen Sprachgebrauch gemacht werden.

Wir wollen unser Kriterium für Gleichheit und Verschiedenheit des Sinnes in direkterer Weise von der deskriptiven Bedeutung von Äußerungen abhängig machen; es wird definiert, daß zwei oder mehrere Ausdrücke in einem bestimmten Bereich von Äußerungen dann, und nur dann, den gleichen Sinn haben (d. h., synonym* sind), wenn sie in den Äußerungen substituierbar sind, ohne ihre deskriptive Bedeutung zu verändern. Wenn die Äußerungen so sind, daß sie einen feststehenden Wahrheitswert haben, dann wird das Gleichbleiben der deskriptiven Bedeutung das Gleichbleiben des Wahrheitswertes garantieren. Das umgekehrte gilt jedoch nicht; denn die Substitution eines Ausdrucks durch einen anderen kann die deskriptive Bedeutung einer Aussage verändern, ohne daß sich dabei der Wahrheitswert ändert. Wir wollen der Argumentation wegen annehmen, daß John sowohl ein Narr als auch ein Linguist ist. Wenn wir ‚Linguist' für ‚Narr' in (4) einsetzen, dann erhalten wir

(5) John ist ein Linguist

(4) und (5) – oder, um genauer zu sein, die in den Behauptungen ausgedrückten Propositionen, die durch das Äußern dieser Sätze gemacht wurden, – haben nun den gleichen Wahrheitswert. Aber sie haben nicht die gleiche deskriptive Bedeutung.

Woher wissen wir, daß sie sich in ihrer deskriptiven Bedeutung unterscheiden? Wenn der Unterschied so auffällig ist wie dieser, dann ist unsere intuitive oder vortheoretische Antwort auf die Frage „bedeutet (5) das gleiche wie

(4)?" durchaus zuverlässig, und es sollte nicht vergessen werden, daß ein Teil dessen, was wir in der deskriptiven Semantik tun, in der Explikation solcher intuitiven Urteile besteht. Aber wir können es nicht dabei belassen. Wie können wir die Validität unseres intuitiven Urteils, daß (4) und (5) sich in ihrer deskriptiven Bedeutung unterscheiden, überprüfen? Das ist die unter theoretischen Aspekten interessante Frage.

Wir wollen zwei Aussagen als deskriptiv äquivalent bezeichnen (d. h. sie haben die gleiche deskriptive Bedeutung), wenn es nichts gibt, das nicht sowohl aus der einen, als auch aus der anderen logisch folgt* (cf. 6.5). Eine philosophischere Art dies zu sagen, ist Quines Aussage „Sätze sind dann und nur dann synonym, wenn ihr Biconditional (das durch ihre Verknüpfung mit ‚dann und nur dann wenn' gebildet wird) analytisch ist" (1960: 65). Diese Formulierung bringt (obgleich der Terminus ‚Satz' und nicht ‚Äußerung' oder ‚Behauptung' gebraucht wird) wie beabsichtigt die wechselseitige Definierbarkeit von ‚synonym' und ‚analytisch' zum Ausdruck.

Damit stoßen wir auf ein anderes Problem. Quine selbst griff in einem berühmten Artikel (1951) den Begriff der Analytizität als eines der „Dogmen des Empirismus" an (ohne dabei zu beabsichtigen, den Empirismus als solchen in Zweifel zu ziehen). Sein Argument war, daß keine strenge Unterscheidung zwischen logischer und faktischer Wahrheit gemacht werden könne; daß wir nicht nach „einer generellen epistemologischen Dichotomie zwischen analytischen Wahrheiten als Nebenprodukten der Sprache und synthetischen Wahrheiten als Aussagen über die Welt" suchen sollten. Nach Quine sollten wir erwarten, stattdessen einen kontinuierlichen Übergang zwischen jenen Dingen zu finden, die wir für wahr halten und die eine zentralere Position in unserem konzeptuellen Schema und unseren Argumentationsstrukturen einnehmen, und jenen Dingen, die wir für wahr halten und die eine weniger zentrale oder periphere Position einnehmen. Wir sind eher bereit, Angleichungen oder Änderungen an der Peripherie zu machen als im Zentrum. Zu den Wahrheiten, die eine ganz zentrale Position in unserem konzeptuellen System einnehmen, gehören mathematische Propositionen wie z. B. „2 + 2 = 4" und logische Prinzipien wie z. B. das Gesetz des ausgeschlossenen Dritten. Solche Wahrheiten wurden häufig von Philosophen als analytisch und als a priori wahr angesehen (d. h. als der Erfahrung vorgängig oder von ihr unabhängig). Aber Quine schien zu glauben, daß sogar die zentralsten Wahrheiten wie diese in Anbetracht der Erfahrung und unserer Interpretation der Erfahrung in irgendeinem neuen konzeptuellen System grundsätzlich der Revision unterliegen. Schließlich hat das, was man allgemein für wissenschaftlichen Fortschritt hält, häufig zur Aufgabe von Propositionen geführt, von denen man einmal glaubte, sie seien von universaler Gültigkeit.

Es kann kaum bezweifelt werden, daß, wie Quine sagte, keine strenge Grenze zwischen analytischen und synthetischen Wahrheiten in alltagssprachlichen Diskussionen und Argumenten gezogen werden kann. Carnap (1952) wies darauf hin, daß Analytizität im Rahmen eines bestimmten logischen Systems garantiert werden könnte (vorausgesetzt, daß es die notwendigen Inferenzregeln enthält, oder daß diese hinzugefügt werden) durch das, was er Bedeutungspostulate* nannte. Wenn wir zum Beispiel von folgendem Bedeutungspostulat ausgehen

$$(x) \ (Jx \to \ \sim Vx)$$

das gelesen werden kann als „ein x, das ein Junggeselle ist, ist nicht verheiratet", dann können wir folgern

$$Ja \to \ \sim Va:$$

(„Wenn Alfred ein Junggeselle ist, dann ist er nicht verheiratet.") Damit läßt sich natürlich das deskriptive Problem, zu entscheiden, ob $(x) \ (Jx \to \ \sim Vx)$ überhaupt in das System aufgenommen werden sollte, nicht lösen; und Carnap beschäftigte sich, als er diesen Vorschlag machte, nicht mit Problemen der deskriptiven Semantik. Er wollte den Begriff der Analytizität für reine semantische Systeme explizieren. Es ist wichtig zu bemerken, daß ein Bedeutungspostulat wie $(x) \ (Jx \to \ \sim Vx)$ selbst ausreichend ist, um eine Sinnrelation zwischen dem Prädikat J und V zu etablieren, und daß es nicht logisch von einer vorherigen oder alternativen Spezifikation dessen, was jedes von ihnen bedeutet, abhängig ist. Um dies auf die deutschen Wörter ‚Junggeselle' und ‚verheiratet' zu beziehen: es ist prinzipiell möglich zu wissen, daß sie auf diese Weise verwandt sind (und das Bedeutungspostulat macht die Natur ihrer Verwandtschaft präzise), ohne sonst irgendetwas über ihre Bedeutung zu wissen. Daß ‚Junggeselle' semantisch in dieser Weise mit ‚verheiratet' verwandt ist, ist Teil seiner Bedeutung; es ist Teil der Bedeutung von ‚verheiratet', daß es in einer bestimmten Weise mit ‚Junggeselle' verwandt ist. Mit der Analyse oder Beschreibung der Bedeutung eines Wortes ist seine Analyse aufgrund von Sinnrelationen*, die es mit anderen Worten eingeht, zu verstehen; und eine jede solche Sinnrelation kann durch das, was Carnap Bedeutungspostulate nannte, expliziert werden.

Es wurde bereits darauf hingewiesen, daß Carnap, obgleich er sich zunächst nur mit der syntaktischen und semantischen Struktur von logischen Kalkülen beschäftigte, später die Ansicht vertrat, daß seine Arbeit auch erfolgreich auf die Beschreibung natürlicher Sprachen ausgedehnt werden könnte; er stimmte mit Morris darin überein, daß der Begriff der Bedeutungspostulate notwendigerweise ein pragmatischer* Begriff sei, da er von einer Entscheidung darüber abhinge, welche Implikationen und Äquivalenzen für Benützer des semiotischen Systems, das konstruiert oder analysiert wird, akzeptabel sind (cf. 4.4). Wenn dies so ist, dann sollte es dem Linguisten möglich sein, eine philosophisch neutrale Position in bezug auf die epistemologische Unterscheidung zwischen analytischer und synthetischer Wahrheit einzunehmen. Er kann die Bedeutung von Ausdrücken in natürli-

cher Sprache unter Rückgriff auf das, was wir pragmatische Implikation*
nennen werden, definieren. Was mit pragmatischer Implikation gemeint ist,
kann für unsere gegenwärtigen Zwecke ausreichend detailliert wie folgt erklärt werden: wenn wir annehmen, daß U_i und U_j beides Behauptungen sind,
dann impliziert eine Äußerung U_i pragmatisch eine Äußerung U_j, wenn das
Äußern von U_i normalerweise so verstanden würde, daß es den Sprecher
nicht nur auf die Wahrheit der Proposition, die in U_i ausgedrückt wird,
verpflichtet, sondern auch auf die Wahrheit der Proposition, die im U_j ausgedrückt wird. Mit dem Wort ‚normalerweise‘ ist hier beabsichtigt, bestimmte
Bedingungen mit zu umfassen, unter denen wir vernünftigerweise Ernsthaf-
tigkeit und kommunikativen Erfolg annehmen oder voraussetzen können;
d. h. daß der Sprecher nicht nur sagt, was er sagt, sondern auch meint, was er
sagt, und sagt, was er meint (cf. 16.1).

Es sollte beachtet werden, daß der Wahrheitsbegriff, um den es hier geht,
ein pragmatischer Begriff ist: er wird unter Rückgriff darauf, daß der Sprecher glaubt, daß etwas so ist, definiert, nicht aufgrund tatsächlicher Fakten
oder logischer Notwendigkeit. Pragmatische Wahrheit braucht weder unver-
änderbar noch bestimmt festgelegt zu sein: die Sprecher einer Sprache können ihren Glauben ändern oder über das semantische Verhältnis, das zwischen bestimmten Wörtern besteht, mehr oder weniger unsicher sein. Es
könnte z. B. sein, daß wir nicht sicher sind, ob ein Junggeselle ein Mann (im
heiratsfähigen Alter) ist, der nicht verheiratet ist oder einer, der nie verheiratet war; könnte sein, daß wir nicht sicher sind, was als dasjenige Alter gilt,
von dem an Männer (oder Jungen) unabhängig von der gesetzlichen Festlegung in verschiedenen Staaten und Ländern heiratsfähig werden. Es ist auch
nicht schwierig, sich Umstände vorzustellen, unter denen wir durchaus bereit
wären, unseren Glauben, daß alle Männer entweder Junggesellen oder verheiratet sein müßten, aufzugeben, wenn wir vorher mehr oder weniger bewußt diesen Glauben hatten. Ist es angemessen, einen Mönch als Junggesellen zu beschreiben? Ist ein Mann, der mit einer Frau, die nicht seine gesetzli-
che Ehefrau ist, zusammenlebt, mit ihr Kinder hat und sie und die Kinder
unterstützt, auch als Junggeselle zu beschreiben? Die Antworten auf diese
Fragen können, soweit es um Gesetze geht, ganz klar sein, da Heirat eine
soziale Institution ist, die durch das Gesetz geregelt wird, und Wörter wie
‚verheiratet‘ und ‚Junggeselle‘ können in Gesetzen in bezug auf verschiedene
Umstände explizit definiert sein. Aber daraus folgt nicht, daß sie in der
Alltagssprache genauso gut definiert sind.

Verschiedene Sprecher können über die Bedeutung und Anwendbarkeit
von Wörtern teilweise verschiedene Vorstellungen haben, so daß die Menge
der Implikationen, die ein Sprecher als Folgerungen aus einer bestimmten
Äußerung akzeptieren wird, sich mehr oder weniger von der Menge der
Implikationen, die ein anderer Sprecher als Folgerungen aus der gleichen
Äußerung akzeptieren wird, unterscheiden kann. Aber die beiden Mengen

werden sich gewöhnlich beträchtlich überschneiden, und der deskriptive Semantiker kann sich im allgemeinen darauf beschränken, den Durchschnitt dieser Mengen von Implikationen anzugeben, ohne sich über die unklaren Fälle besondere Gedanken zu machen. Unsere Beschreibung der Sprache braucht nicht und sollte auch nicht in dieser Hinsicht stärker festgelegt sein als das Sprachsystem, dessen sie Modell ist (cf. 1.6).

Es sollte beachtet werden, daß wir hier den Begriff der pragmatischen Implikation in bezug auf Äußerungen, nicht auf Sätze, formuliert haben. Wir können ihn im folgenden für Sätze definieren, wenn wir dies wollen, unter der Annahme, daß die referierenden Ausdrücke, die in Sätzen vorkommen, eine feste Referenz in bezug auf eine mögliche Welt haben, und unter der weiteren Annahme, daß die Sätze verwendet werden, um Äußerungen verschiedener Art zu machen. Im Augenblick ist es jedoch ausreichend, daß wir den Begriff des Sinns eingeführt haben und eine allgemeine Darstellung der Art, in der er unter Rückgriff auf pragmatische Implikationen definiert werden kann, gegeben haben.

Der Begriff des Sinns, der in diesem Abschnitt dargestellt wurde, ist etwas enger als der, der zum größten Teil in der philosophischen Semantik definiert oder angenommen wird. Sinn ist hier so definiert, daß er zwischen den Wörtern oder Ausdrücken einer einzigen Sprache besteht, unabhängig von dem Verhältnis, wenn es ein solches gibt, das zwischen jenen Wörtern oder Ausdrücken und ihren Referenten* oder Denotata* besteht (7.4). „Was ist der Sinn von dem und dem Wort oder Ausdruck?" ist deshalb eine eingeschränktere Frage als „Was ist die Bedeutung von dem und dem Wort oder Ausdruck?" Die Art, in der Sinn, Referenz und Denotation miteinander verwandt sind, wird in den verbleibenden Abschnitten dieses Kapitels diskutiert. Hier sollte aber beachtet werden, daß man sowohl von einzelnen Wörtern des Wortschatzes (präziser von Lexemen*: 1.5) und Ausdrücken sagt, daß sie Sinn (und Denotation) haben, wohingegen nur Ausdrücke (und sogar nur eine Subklasse von ihnen) Referenz haben. Der Sinn eines Ausdrucks (z. B. ‚dieser verbitterte alte Junggeselle') ist eine Funktion der Sinne seiner Teillexeme und ihres Vorkommens in einer bestimmten grammatischen Konstruktion.

Es kann an dieser Stelle auch hinzugefügt werden, daß, obgleich Sinn, und im vorangegangenen Abschnitt auch die Referenz von Ausdrücken, nur in bezug auf ihr Vorkommen in Äußerungen, die verwendet werden, um Behauptungen zu machen, diskutiert werden, daraus nicht folgt, daß die Begriffe Sinn und Referenz nur in bezug auf solche Äußerungen anwendbar sind. Der Sinn von ‚das Buch dort drüben' ist sowohl in der Frage *Hast du das Buch dort drüben gelesen?* und in der Bitte oder Aufforderung *Bring mir das Buch dort drüben* als auch in der Behauptung *Ich habe das Buch dort drüben gelesen* derselbe. Ob die Referenz die gleiche ist oder nicht, hängt natürlich vom jeweiligen Äußerungskontext ab.

7.4 Denotation

Es wurde bereits darauf hingewiesen, daß der Terminus ‚Denotation' von vielen Autoren für das verwendet wird, was wir Referenz nennen; umgekehrt wurde ‚Referenz' oft (z. B. in Lyons, 1968) für das verwendet, was wir in diesem Abschnitt mit Denotation bezeichnen wollen. Ein Grund für diese terminologische Verwirrung liegt, wie Geach betont hat, zum Teil darin, daß es vielen Autoren nicht gelungen ist, deutlich „zwischen den Relationen, die zwischen einem Namen und dem Ding, das benannt wird, bestehen, und den Relationen, die zwischen einem Prädikat und demjenigen, auf das es zutrifft, bestehen" (1962), zu unterscheiden. Man könnte behaupten, daß das, was Geach „eine traurige Geschichte der Verwirrung" genannt hat, bereits zu weit gegangen ist und daß, wie er es vorschlägt, „eine so angeschlagene und beschädigte Münze" wie ‚Denotation' „aus der philosophischen Währung aussortiert" (1962: 55) werden sollte. Aber es scheint unmöglich zu sein, eine Alternative zu finden, die nicht gleichermaßen angeschlagen oder beschädigt ist. Der Gebrauch, den wir hier übernehmen, kommt dem von solchen Autoren wie Lewis (1943; cf. Carnap, 1956: 45), Quine (1960: 90n), Martin (1958) und Alston (1964; cf. Lehrer & Lehrer, 1970: 25) sehr nahe, wenn er nicht sogar damit absolut identisch ist. Es sollte jedoch ganz klar sein, daß mit der hier gegebenen Behandlung der Denotation beabsichtigt ist, philosophisch neutral zu sein. Nichts weiteres sollte in den Terminus ‚Denotation' hineingelesen werden, als das, von dem eindeutig gesagt wird, daß er es impliziert. Es gibt auf jeden Fall viele wichtige Unterschiede in der Art, wie ‚Denotation' von den verschiedenen Autoren, die oben erwähnt wurden, definiert wird.

Mit der Denotation* eines Lexems (und zunächst wollen wir den Begriff der Denotation in bezug auf Lexeme diskutieren) ist das Verhältnis gemeint, das zwischen diesem Lexem und Personen, Dingen, Orten, Eigenschaften, Prozessen und Aktivitäten außerhalb des Sprachsystems besteht. Wir werden den Terminus Denotatum* für die Klasse von Objekten, Eigenschaften usw., auf die der Ausdruck korrekt anwendbar ist, verwenden, und weil es unter grammatischen Gesichtspunkten praktisch ist, wollen wir ‚Denotation' undifferenziert als Kontinuativum, Kollektivum oder als zählbares Nomen verstehen, je nach dem, wie es der jeweilige Fall verlangt. Wir wollen z. B. sagen, daß das Denotatum des Ausdrucks ‚Kuh' eine bestimmte Klasse von Tieren ist, und auch, daß die individuellen Tiere seine ‚Denotata' sind; daß das Denotatum von ‚rot' eine bestimmte Eigenschaft ist (nämlich die Farbe rot) und daß die Denotata dieses Ausdrucks rote Objekte sind, oder, um den Plural von ‚Denotatum' nun ganz anders zu verwenden, verschiedene Abstufungen der Eigenschaft (nämlich verschiedene Schattierungen von rot). Es gibt verschiedene wichtige logische und philosophische Unterscheidungen, die hinter dieser liberalen und unter grammatischen Gesichtspunkten angemessenen Verwendung des Singulars und Plurals von ‚Denotatum' stecken.

Der Status des Verhältnisses zwischen Denotation und Referenz einerseits und Denotation und Sinn andererseits wird jedoch nicht dadurch beeinflußt, daß es uns nicht gelingt, diese Unterscheidung zu treffen; wir könnten sie nicht treffen, ohne uns philosophisch festzulegen, es sei denn zu Lasten der Einführung einer weiteren Menge von technischen Termini.

Es gibt nur eine philosophische Unterscheidung, die an dieser Stelle herausgehoben und explizit erwähnt werden kann, und dies ist die Unterscheidung zwischen der Intension und der Extension eines Ausdrucks (die in einem früheren Abschnitt eingeführt wurde: cf. 6.4). Viele Philosophen würden wie Carnap (1956: 233) sagen, daß die Extension von ‚rot' die Klasse aller roten Objekte ist und daß seine Intension die Eigenschaft, rot zu sein, ist. Das Verhältnis zwischen Klassen und Eigenschaften (und die Möglichkeit, das eine unter Rückgriff auf das andere zu definieren) ist, wie wir gesehen haben, umstritten (6.4). Carnap betrachtet seine Unterscheidung zwischen Extension und Intension nur als eine unter verschiedenen möglichen Interpretationen der Fregeschen Unterscheidung zwischen Referenz und Sinn. Unsere Verwendung von ‚Denotation', dies muß betont werden, ist in bezug auf die Unterscheidung zwischen Extension und Intension neutral. Wir werden z. B. normalerweise sagen, daß ‚Hund' die Klasse der Hunde denotiert (oder vielleicht ein typisches Element oder Exemplar der Klasse), daß aber ‚hündisch' die Eigenschaft denotiert, wenn es eine solche Eigenschaft gibt, wobei es eine notwendige Bedingung für die korrekte Anwendung dieses Ausdrucks ist, daß etwas sie besitzt. Diese Verwendung von ‚Denotation', die sowohl Extension als auch Intension umfaßt, erlaubt es, in bezug auf die Frage, ob der Prädikatenkalkül und die Klassenlogik für die Formalisierung der deskriptiven Semantik gleichermaßen angemessen sind, eine neutrale Position einzunehmen. Sie ist kompatibel mit der Ansicht, daß es einen fundamentalen semantischen Unterschied zwischen typischen Adjektiven wie ‚rot' und typischen Gattungsnamen wie ‚Kuh' (cf. Strawson, 1959: 168) gibt, obgleich sie diese Ansicht weder impliziert noch von ihr abhängt.

Wie unterscheidet sich Denotation von Referenz? Im vorangegangenen Abschnitt wurde betont, daß Referenz eine äußerungsgebundene Relation ist und nicht für Lexeme als solche, sondern für Ausdrücke im Kontext gilt. Denotation ist andererseits wie Sinn eine Relation, die zunächst einmal auf Lexeme anwendbar ist und unabhängig von bestimmten Äußerungsvorkommnissen besteht. Betrachten wir z. B. ein Wort wie ‚Kuh' im Deutschen. Ausdrücke wie ‚die Kuh', ‚Johns Kuh', oder ‚diese drei Kühe dort drüben' können verwendet werden, um auf Individuen zu referieren, gleichgültig ob auf einzelne Individuen oder Individuen in Gruppen, aber das Wort ‚Kuh' allein kann dies nicht. Darüber hinaus ist, wie wir gesehen haben, die Referenz von Ausdrücken wie ‚die Kuh' kontextabhängig. Die Referenz von Ausdrücken, die ‚Kuh' enthalten, ist nun teilweise durch die Denotation von ‚Kuh' determiniert. Der Ausdruck ‚diese Kuh' kann z. B. unter bestimmten Umständen vom Hörer so verstanden werden, als bedeute er „das Objekt in unserer Nähe, das der Klasse von Objekten, die das Lexem ‚Kuh' denotiert, angehört". Woher der Hörer weiß, daß das Wort ‚Kuh' eine bestimmte Klasse von Objekten denotiert oder auf sie anwendbar ist, ist ein anderes Problem; es kann eine eindeutige und bestimmte intensionale Definition geben oder auch nicht, der er sich als Sprecher des Deutschen intuitiv bewußt ist. Wir werden hierauf zurückkommen. Was hier hervorgehoben werden muß, ist, daß im Deutschen Gattungsnamen wie ‚Kuh' normalerweise nicht als referierende Ausdrücke gebraucht werden; dies gilt auch für die meisten anderen Lexeme im Wortschatz des Deutschen. Wenn sie Denotation haben, dann wird ihre Denotation ihre Referenz determinieren, wenn sie in referierenden Ausdrücken verwendet werden. Aber als Lexeme haben sie keine Referenz (d. h. als Einheiten des Wortschatzes: 1.5).

Wenn man sagt, daß es eine Unterscheidung zwischen Denotation und Referenz gibt, dann impliziert dies nicht, daß sie nicht miteinander zusammenhängen. Alles, auf das man in einer gegebenen Sprache referieren kann, liegt normalerweise in der Denotation von zumindest einem und normalerweise mehreren Lexemen in dieser Sprache. (Man kann z. B. auf Kühe in verschiedener Weise referieren, und die verschiedenen Klassen, denen sie angehören, werden nicht nur durch ‚Kuh', sondern auch durch ‚Tier', ‚Säugetier' usw. denotiert.) Viele würden behaupten, daß man auf dasjenige, auf das man in einer Sprache referieren kann, auch in jeder anderen referieren kann; und sogar, daß es durch ein oder mehrere Lexeme in allen Sprachen denotiert wird, allerdings in einigen Fällen vielleicht nur auf der allgemeinsten Ebene des Wortschatzes. Wie immer dies auch sein mag, es ist klar, daß sowohl Referenz als auch Denotation in der gleichen Weise abhängen von dem, was das Axiom der Existenz genannt wurde: alles, was durch ein Lexem denotiert wird, muß existieren, genauso wie „alles, worauf man referiert, existieren muß" (Searle, 1969: 77). Es scheint auch evident zu sein, daß Denotation und Referenz im Spracherwerb eng miteinander verbunden sind. Wir werden diesen Punkt im nächsten Abschnitt aufgreifen.

Wie muß die Denotation eines Lexems vom deskriptiven Linguisten spezifiziert werden? Die kurze praktische Antwort ist diese: auf irgendeine Weise, die sich wahrscheinlich als erfolgreich erweisen wird. Man betrachte z. B. die folgende Spezifikation der Denotation von ‚Walroß', die in der Form einer typischen Lexikondefinition gegeben ist: „eines von zwei Spezies (Odolenus rosmarus und Odolenus divergens) von großen seehund-ähnlichen arktischen Säugetieren, mit Flossen und langen Stoßzähnen". Jeder, der diese Definition liest und die Bedeutung der anderen Wörter in ihr kennt, würde wahrscheinlich ein Verständnis der Denotation von ‚Walroß' erwerben, das genauso gut ist, wie das der meisten anderen Sprecher des Deutschen; und er könnte daher das Wort in referierenden und prädikativen Ausdrücken und auch anderen in einer solchen Weise verwenden, daß wir zu recht sagen könnten, er kenne seine Bedeutung. Man betrachte jedoch eine ähnliche Lexikondefinition von ‚Kuh‘: „Ein reifes weibliches Tier aus der Art Bos“. Dem Benutzer des Lexikons wäre wahrscheinlich mit einem solchen Versuch, die Denotation von ‚Kuh‘ zu erklären, sehr wenig geholfen, es sei denn, er wäre zufällig ein ausländischer Zoologe, der die Bedeutung von ‚Tier aus der Art Bos‘, aber nicht von ‚Kuh‘ kennt. Es wäre besser, wenn wir versuchen würden, den meisten nichtdeutschen Sprechern die Denotation von ‚Kuh‘ durch ein denotatives Äquivalent in ihrer eigenen Sprache (wenn es ein solches gibt) zu erklären oder dadurch, daß wir sie mit einigen Exemplaren (oder Bildern von ihnen) konfrontieren und vielleicht ihre Aufmerksamkeit auf ein oder zwei hervorstechende Merkmale lenken (die Hörner, die Euter usw.). Was hier betont werden soll, ist nur dies: es kann durchaus der Fall sein, daß es unter praktischen Gesichtspunkten keine Spezifizierungsmöglichkeiten gibt, die für die Denotation eines Lexems die einzig richtige ist.

Auch ist bei dem gegenwärtigen Stand der theoretischen Semantik nicht klar, ob es prinzipiell eine einheitliche Behandlungsweise der Denotation geben kann. Wir könnten natürlich den positivistischen Ansatz, der von Bloomfield und anderen bevorzugt wurde, übernehmen (cf. 5.3). Aber dies würde bedeuten, daß unnötige und irrelevante Kriterien in die Semantik eingeführt würden. Denn wenn es überhaupt irgendetwas gibt, das in diesem ganzen Bereich klar zu sein scheint, dann ist es dieses: die Denotation von Lexemen wird nicht allgemein durch das, was Bloomfield eine „wissenschaftlich exakte“ Beschreibung von Denotata genannt hat, bestimmt (1935: 139). Auch ist es sicher nicht der Fall, daß die Denotation der meisten Lexeme nur, oder auch nur hauptsächlich, durch die physikalischen Eigenschaften ihrer Denotata determiniert wird. Viel wichtiger erscheint die Rolle oder Funktion von Objekten, Eigenschaften, Aktivitäten, Prozessen und Ereignissen im Leben und in der Kultur der Gesellschaft, die die Sprache verwendet. Bis wir eine zufriedenstellende Theorie der Kultur haben, bei deren Konstruktion nicht nur Soziologie, sondern auch kognitive Psychologie und Sozialpsychologie ihre Rolle spielen werden, ist es müßig, weiter über die Möglichkeit zu spekulieren, etwas konstruieren zu wollen, das über eine praktische Darstellung der Denotation von Lexemen, die ziemlich *ad hoc* ist, hinausgeht.[9]

Wir haben das Verhältnis zwischen Denotation und Referenz soweit behandelt, wie es zum gegenwärtigen Zeitpunkt notwendig ist. Es sollte nun etwas über die Unterscheidung zwischen Denotation und Sinn gesagt werden. Es ist ganz offensichtlich, daß das Verhältnis zwischen zwei Lexemen wie ‚Kuh‘ und ‚Tier‘ von dem Verhältnis zu unterscheiden ist, das zwischen jedem dieser Lexeme und der Klasse von Objekten, die es denotiert, besteht: das Verhältnis zwischen einer linguistischen Einheit und etwas, das außerhalb des Sprachsystems ist. Die Frage ist, ob eine dieser zwei Arten von Beziehungen aus der anderen ableitbar und somit theoretisch entbehrlich ist. Wie wir gesehen haben, ist oft versucht worden, Sinn und Denotation auf der Basis des traditionellen Begriffs der Bezeichnung* oder einer modernen (z. B. behavioristischen) Version davon (4.1) miteinander in Beziehung zu setzen. Aber es gibt ernsthafte Einwände dagegen, Sinn oder Denotation im Sinne des traditionellen Bedeutungsdreiecks als grundlegend anzusehen.

Wenn wir annehmen, daß die Beziehung der Denotation logisch und psychologisch grundlegend ist (so daß wir z. B. wissen, daß ‚Kuh‘ und ‚Tier‘ ihrem Sinn nach in einer bestimmten Weise miteinander verbunden sind aufgrund unseres Vorwissens, daß das Denotatum von ‚Kuh‘ echt im Denotatum von ‚Tier‘ enthalten ist), dann sehen wir uns dem Problem gegenüber, wie wir den Sinn von Wörtern wie z. B. ‚Einhorn‘, die keine Denotation haben, kennen können. Die Tatsache, daß ‚es gibt kein solches Tier wie ein Einhorn‘ ein vollkommen normaler und verständlicher Satz des Deutschen ist (der verwendet werden kann, um eine wahrscheinlich wahre Aussage zu machen), wohingegen ‚es gibt kein solches Buch wie ein Einhorn‘ semantisch abweichend ist, hängt von der Tatsache ab, daß ‚Einhorn‘ und ‚Tier‘ (wie ‚Kuh‘ und ‚Tier‘) ihrem Sinn nach in einer bestimmten Weise miteinander verbunden sind, wohingegen dies für ‚Einhorn‘ und ‚Buch‘ nicht gilt; die Sprecher des Deutschen sind sich dieser Sinnrelation durchaus bewußt. Man kann natürlich behaupten, daß ‚Einhorn‘, obgleich es keine primäre Denotation hat, doch so etwas hat, was eine sekundäre Denotation (cf. Goodman, 1952) genannt werden könnte. Wir können ein Bild malen und, wenn wir auf dieses Bild zeigen, sagen, *dies ist ein Einhorn;* Sprecher des Deutschen können dann, ebenso wie bei einem Bild, das eine Kuh darstellen soll, mit uns darin übereinstimmen, daß das, was wir gesagt haben, wahr ist, oder sie können auch nicht mit uns darin übereinstimmen. Aber ihre Fähigkeit, unser Bild von einem mythischen Tier zu erkennen (wenn sie nicht direkt davon abhängig ist, daß sie schon Bilder von Einhörnern gesehen haben), beruht auf ihrem Verständnis des Sinns von ‚Einhorn‘ und insbesondere auf ihrer Kenntnis seiner Beziehungen zu Wörtern wie ‚Pferd‘, ‚Horn‘ etc. und ihrer Fähigkeit, die Denotata dieser Wörter zu identifizieren. Weil wir den Sinn von ‚Einhorn‘ kennen, wissen wir, auf welche Art von Objekten es angewendet werden könnte, wenn es in der Welt überhaupt irgendetwas gäbe, auf das es anwendbar wäre.

Dies gilt ganz allgemein, das sollte beachtet werden, und nicht nur für Wörter, die keine Denotation haben. Um auf die oben gegebene Definition von ‚Walroß‘ zurückzukommen: wir interpretierten diese als eine Definition der Denotation von ‚Walroß‘. Aber um sie anzuwenden, müssen wir den Sinn von vielen der in der Denotation enthaltenen Lexeme kennen; wir können nämlich den Sinn von ‚Walroß‘ lernen (seine Beziehung zu solchen Wörtern wie ‚Seehund‘ und ‚Säugetier‘), ohne zu wissen, ob er Denotation hat oder nicht. Sinn geht also in einigen Fällen zumindest epistemologisch der Denotation voraus.

Wir können daher die alternative Reduktionsmethode betrachten: nämlich die, Sinn in allen Fällen als grundlegend anzusehen und Denotation als eine abgeleitete Relation zu behandeln. Aber auch dann treten Probleme auf. Wir lernen zunächst die Verwendung von vielen Wörtern in bezug auf Personen und Objekte um uns herum, und wir lernen die Denotation von einigen dieser Wörter, dies scheint klar, bevor wir sie ihrem Sinn nach mit anderen Wörtern des Wortschatzes in Verbindung bringen können. Es scheint genauso wenig korrekt, zu sagen, daß Denotation vollkommen von Sinn abhängig ist, wie zu sagen, daß Sinn vollkommen von Denotation abhängig ist.

Nicht jeder wird mit dem übereinstimmen, was hier über die Notwendigkeit gesagt wurde, Sinn und Denotation als interdependente, aber gleichermaßen grundlegende Relationen aufzufassen. Sollte es sich als möglich erweisen, innerhalb einer philosophischen Bedeutungstheorie das eine zufriedenstellend aus dem anderen abzuleiten, oder beide aus einem grundlegenderen Begriff, dann ist es für den Linguisten zumindest terminologisch praktisch, diese zwei Aspekte der Bedeutung von Lexemen zu unterscheiden. Man kann die zwei Termini verwenden, um zu vermeiden, daß man sich auf die philosophischen und psychologischen Fragen, die in der Kontroverse zwischen Nominalismus und Realismus eine Rolle spielen, festlegt (4.3).

Ein weiterer Gesichtspunkt sollte im Zusammenhang mit Wörtern, die keine Denotation haben, oder möglicherweise keine haben, erwähnt werden. Ein Großteil der philosophischen Diskussion dieser Frage war auf die Analyse der Bedeutung von Wörtern wie ‚Einhorn‘ gerichtet. Die Tatsache, daß ‚Einhorn‘ usw. in der aktualen Welt keine Extension haben, kann innerhalb einer Semantiktheorie, die die Relativierung der Wahrheit und Denotation auf mögliche Welten zuläßt (cf. 6.5), als irrelevant angesehen werden. Aber es ist vielleicht erhellender, ein Wort wie ‚intelligent‘ (oder ‚ehrlich‘ oder ‚schön‘) zu betrachten. Denotiert ‚intelligent‘ eine wirkliche Eigenschaft oder ein Attribut von Personen (und vielleicht von Tieren oder sogar Maschinen) wie, so nehmen wir an, ‚rothaarig‘ es tut? Ist es nicht möglich, daß das Wort ‚intelligent‘ von Sprechern des Deutschen in einer Vielzahl von Fällen verwendet wird, bei denen wir vielleicht bestimmte Familienähnlichkeiten erkennen können (cf. Wittgenstein, 1953; Waismann, 1965: 179 ff.), die aber keine definierende Eigenschaft gemeinsam haben? Es ist sicher der Fall, daß es Sprachen gibt, in denen es keine befriedigende Übersetzung gibt, die dem deutschen Wort ‚intelligent‘ äquivalent ist. Im Griechischen Platons sind z. B. die besten Äquivalente ‚sophos‘ und ‚eumathēs‘; aber ersteres ist in der Anwendung viel weiter und letzteres in gewisser Weise enger (cf. Lyons, 1963).[10] Es gibt auch Adjektive wie z. B. ‚gefährlich‘, von dem, unabhängig davon, ob es leicht in alle Sprachen übersetzbar ist oder nicht, kaum gesagt werden kann, es denotiere eine inhärente Eigenschaft von Objekten oder

Situationen, auf die es angewendet wird. Gleichgültig, ob der Linguist als theoretischer oder deskriptiver Semantiker tätig ist, er braucht sich keine Mühe zu geben, die Frage, ob ,intelligent' (und eine Reihe anderer Lexeme) eine identifizierbare Eigenschaft denotiert oder nicht, zu beantworten. Aber er muß zugeben, daß Probleme auftreten, wenn er annimmt, daß es dies tut.

Es wäre kein geringerer Fehler zu sagen, daß keine Lexeme Denotation haben oder daß Denotation in der linguistischen Semantik irrelevant ist, als zu sagen, daß alle Lexeme Denotation haben müssen. Aber Denotation ist lediglich ein Teil einer weiteren und komplexeren Beziehung, die zwischen der Sprache und der Welt besteht (oder zwischen der Sprache und der Menge von möglichen Welten: cf. 6.5). Wir leben in der Welt, und wir sind selbst Teil von ihr; wir gebrauchen Sprache nicht nur, um Personen, Dinge und Situationen in der physischen Welt und der Welt der sozialen Aktivität, mit der wir in unserem täglichen Leben interagieren, zu beschreiben, sondern auch, um mit diesen Dingen, Personen und Situationen in verschiedener Weise umzugehen und uns ihnen anzupassen. Obwohl die deskriptive Funktion der Sprache sehr wichtig ist, ist sie nicht die einzige oder auch nur die grundlegendste (cf. 2.4). Wenn wir den Terminus Anwendbarkeit* auf die zugegebenermaßen ziemlich schlecht definierte weitere Beziehung anwenden, die zwischen der Sprache und der äußeren Welt besteht, dann können wir sagen, daß ein bestimmtes Lexem (oder ein Ausdruck oder eine ganze Äußerung) in einem bestimmten situationellen oder linguistischen Kontext anwendbar* ist (d. h. korrekt angewendet werden kann) und daß es auf Individuen oder Eigenschaften von Individuen anwendbar ist. Wir können den Terminus ,Anwendbarkeit' in der Tat für jede Relation verwenden, die zwischen Elementen oder Einheiten der Sprache (einschließlich der prosodischen* und paralinguistischen* Merkmale von Äußerungen) und Entitäten in oder Aspekten von der Welt, in der die Sprache verwendet wird, etabliert werden kann. Wenn wir die Anwendbarkeit eines Lexems in bezug auf die Frage, ob es auf die Entität, auf die es angewendet wird, zutrifft, betrachten, dann beschäftigen wir uns mit seiner Denotation. (Wenn wir die Anwendbarkeit eines Ausdrucks in bezug auf die Frage betrachten, ob mit ihm beabsichtigt wird, eine Entität oder eine Gruppe von Entitäten, über die in bestimmten Situationen etwas gesagt wird, bzw. eine Frage gestellt wird usw., zu identifizieren, dann beschäftigen wir uns mit seiner Referenz.) Aber Wörter können aus ganz verschiedenen Gründen korrekt oder inkorrekt auf Personen und Dinge und andere Merkmale der äußeren Welt angewendet werden, von denen einige nichts mit ihrer Denotation zu tun haben.

Bisher haben wir Denotation nur in bezug auf Lexeme diskutiert. Aber der Begriff ist natürlich auch für bestimmte Ausdrücke relevant, die in Sätzen für einzelne Lexeme eingesetzt werden können und die denotativ äquivalent sein können mit Lexemen, für die sie eingesetzt wurden, oder sie können denotativ enger oder weiter als diese sein. Zum Beispiel ist ,dunkelrot' denotativ enger als ‚rot‘, ebenso wie ‚rotes Buch‘ der Denotation nach enger ist als ‚rot‘ oder ‚Buch‘. ‚Federloser Zweifüßler‘ und ‚rationales Tier‘ (um ein traditionelles Beispiel zu verwenden) sind vielleicht denotativ äquivalent, und jedes von ihnen ist vielleicht denotativ mit ‚menschliches Wesen‘ äquivalent (oder ‚Mensch‘ im weiteren Sinn). ‚Laubbaum‘ ist denotativ weiter als ‚Eiche‘, ‚Buche‘ oder ‚Bergahorn‘. Die Denotation von solchen Ausdrücken kann allgemein unter Bezugnahme auf logische Konjunktion oder Disjunktion der Denotation ihrer Teillexeme erklärt und in der Klassenlogik formalisiert werden (cf. 6.4). Wir wollen auf dieses Thema hier nicht weiter eingehen.

Zu Beginn dieses Abschnitts wurde darauf hingewiesen, daß der Terminus ‚Denotation‘ in der Literatur auf verschiedene Weise verwendet wird. Wir haben ihn in bezug auf Lexeme und Ausdrücke, die unabhängig von ihrer Funktion in Sätzen oder Äußerungen betrachtet wurden, verwendet. Es stellt sich nun die Frage, ob es konsistent und nützlich ist, ihn auf prädikative und referierende Ausdrücke auszuweiten. Was prädikative Ausdrücke betrifft, so scheint diese Ausweitung unbedenklich zu sein. Denn Denotation und Prädikation sind eng verwandte Begriffe. Wenn wir einem Individuum (oder einer Gruppe von Individuen) eine Eigenschaft zuschreiben, dann tun wir dies in den einfachsten Fällen dadurch, daß wir von dem Individuum (oder der Gruppe) ein Lexem oder einen Ausdruck prädizieren, das bzw. der die jeweilige Eigenschaft denotiert. Wenn wir z. B. den Satz äußern ‚der Mann, der einen Martini trinkt, ist ein Gauner‘, um eine Aussage über ein bestimmtes Individuum zu machen, dann prädizieren wir von ihm das Lexem ‚Gauner‘; wir können auch mit gleichem Recht fragen, was die Denotation eines Ausdrucks ‚ein Gauner (sein)‘ ist, wie wir fragen können, was ‚Gauner‘ denotiert. Die Antwort ist in beiden Fällen die gleiche; oder, wenn wir es vorziehen, es auf folgende Weise zu sagen, die Denotation von ‚ein Gauner (sein)‘ ist die Intension der Klasse, deren Extension das Denotatum von ‚Gauner‘ ist. Wenn die entsprechende Eigenschaft oder Klasse existiert (unter einer angemessenen Interpretation von ‚Existenz‘), dann kann man sagen, daß komplexe prädikative Ausdrücke wie ‚der erste Mann, der den Mount Everest bestieg (sein)‘, oder ‚die Bank von Monte Carlo sprengen‘ auch Denotation haben.

Es ist weniger klar, daß referierende Ausdrücke in dem Sinne eine Denotation haben, in dem wir den Terminus ‚Denotation‘ verwenden. Wenn Eigennamen als referierende Ausdrücke verwendet werden, identifizieren sie ihre Referenten nicht dadurch, daß sie sie in bezug auf eine relevante Eigenschaft oder Eigenschaften, die der Name denotiert, beschreiben, sondern dadurch, daß sie von der einzigen und arbiträren Assoziation, die zwischen einem Namen und seinem Träger besteht, Gebrauch machen. Wir könnten sagen, daß die Denotation eines Namens die Klasse von Individuen ist, auf die der Name korrekt angewendet wird. Wir könnten auch sagen, daß soundso genannt zu werden bedeutet, eine bestimmte Eigenschaft zu haben, genauso wie von einer bestimmten Größe, Form etc. zu sein oder an bestimmten Prozessen, Handlungen, Sachverhalten usw. beteiligt gewesen zu sein auch bedeutet, eine bestimmte Eigenschaft zu haben (in dem ziemlich liberalen Sinn des Terminus ‚Eigenschaft‘, den wir im Moment verwenden). Dies würde es uns ermöglichen, dem Parallelismus zwischen ‚es gibt zwölf Stühle in diesem Raum‘ und ‚es gibt zwölf Waldemars in diesem Raum‘ in natürlicher Weise Rechnung zu tragen. Aber dies würde auch dazu führen, wichtige Unterschiede zwischen Denotation und anderen Arten von Anwendbarkeit zu verwischen: ein Name trifft nicht auf seinen Träger zu (cf. Geach, 1962: 6). Wir kommen auf diese Frage im nächsten Abschnitt zurück.

Personal- und Demonstrativpronomina werden wie Eigennamen als referierende Ausdrücke verwendet; sie unterscheiden sich von Eigennamen (und Ausdrücken wie ‚der Morgenstern‘ und vielen Titeln) dadurch, daß ihre Referenz, wie wir gesehen haben, in offensichtlicher Weise äußerungsabhängig ist. Aber es wäre ziemlich komisch, im Deutschen von der Denotation von ‚er‘ oder dem Pronomen ‚dieser‘ (und noch komischer von ‚ich‘ oder ‚du‘) als etwas, das sich von ihrer Referenz unterscheidet, zu sprechen, da dann die Bedingungen für korrekte Anwendbarkeit referentielle Bedingungen wären. Die Klasse von Individuen, auf die ‚er‘ korrekt angewendet werden kann, ist die Klasse von Individuen, auf die durch ‚er‘ referiert werden kann (sowohl deiktisch* als auch anaphorisch: cf. 15.3); ‚er‘ trifft also nicht auf diese Individuen zu.

Die dritte Klasse von referierenden Ausdrücken ist die Klasse der deskriptiven Nominalphrasen; Philosophen haben oft gesagt, daß referierende Ausdrücke dieser Art Denotation haben (oder, wenn das Axiom der Existenz gilt, haben können). Nach Russell denotiert eine definite Deskription ein Individuum, wenn das Individuum die Deskription eindeutig erfüllt. Donnellan (1966) übernahm Russells Definition von Denotation (ohne jedoch die Bedingung der Einzigartigkeit zu akzeptieren) und verwendete sie, um eine Unterscheidung zwischen Referenz und Denotation zu machen, die Russell nicht gemacht hatte. Donnellan behauptet, daß ein Ausdruck erfolgreich verwendet werden kann, um auf ein Individuum zu referieren, auch dann, wenn es kein Individuum gibt, das die Deskription erfüllt, und umgekehrt, daß ein Individuum eine definite Deskription erfüllen kann und durch sie denotiert werden kann, wobei es allerdings nicht notwendig ist, daß auf das Individuum durch sie referiert werden kann. Normalerweise wird jedoch ein Ausdruck wie ‚Der Mann, der einen Martini trinkt‘, wenn er überhaupt zum Zwecke der Referenz verwendet wird, auf das Individuum (oder eines der Individuen) referieren, das er denotiert. Wenn die Hauptpunkte, die von Donnellan in bezug auf seine Unterscheidung zwischen Referenz und Denotation betont wurden, gültig sind, dann bleibt doch die Frage, ob man von der definiten Nominalphrase als solcher sagen kann, daß sie Denotation habe. Es wäre vorzuziehen, bei unserer Interpretation von Denotation zu sagen, daß es der komplexe prädikative Ausdruck ‚Ein Mann, der einen Martini trinkt (sein)‘ ist, der Denotation hat (und daß seine Denotation eine Funktion der Denotation der Ausdrücke ‚ein Mann (sein)‘ und ‚einer, der einen Martini trinkt (sein)‘ ist); und daß der Gebrauch der definiten Nominalphrase um auf ein Individuum zu referieren, impliziert oder präsupponiert, daß der komplexe prädikative Ausdruck auf das jeweilige Individuum zutrifft. Wir können zwischen den beiden Möglichkeiten ‚Denotation‘ zu definieren wählen. Aber wenn wir uns entscheiden, den Terminus so zu verwenden, wie wir es in diesem Abschnitt getan haben, dann können wir ihn nicht konsistent auf referierende Ausdrücke anwenden. Es ist jedoch selbstverständlich, daß viele Philosophen, wenn sie überhaupt den Terminus ‚Denotation‘ verwenden, es wahrscheinlich vorziehen würden, ihn enger mit ‚Referenz‘ zu verbinden.

7.5. Benennen

Soweit wir die Geschichte der Spekulation über Sprache zurückverfolgen können, ist die Funktion des Benennens als die grundlegende semantische Funktion von Wörtern angesehen worden. Die Geschichte, in der Adam die Tiere benannte und zwar so, daß „wie auch immer der Mensch jedes Lebewesen benannte, sein Name lautete" (Genesis 2.19), ist typisch für eine Bedeutungskonzeption, die in vielen anderen religiösen oder mythologischen Darstellungen des Ursprungs der Sprache zu finden ist. Die Diskussion von Augustinus über den Spracherwerb bei Kindern in seinen *Confessiones* beruht auf der gleichen Konzeption und wird von Wittgenstein (1953: 1) zitiert und kritisiert: Erwachsene zeigen oft auf Dinge in der Umgebung des Kindes und lenken so seine Aufmerksamkeit auf sie; gleichzeitig benennen sie diese Dinge durch die Wörter, die diese in der Muttersprache des Kindes denotieren; das Kind lernt so allmählich die Assoziation, die zwischen Wörtern und Dingen besteht, so daß es nachher diese Wörter verwenden kann, um die Dinge selbst zu benennen.

Diese Auffassung von Bedeutung, die Ryle (1957) in einer charakteristischen Ausdrucksweise die ‚Fido‘-Fido-Theorie nannte, hat die Jahrhunderte überdauert, und obgleich sie neuerlich oft von Wittgenstein, Ryle, Austin und anderen Philosophen der normalen Sprache kritisiert wurde, kann sie noch immer in sehr vielen Arbeiten über Semantik, in denen sie nicht infrage gestellt wird, gefunden werden. Es dürfte aufgrund unserer Diskussion der Denotation im vorangegangenen Abschnitt deutlich geworden sein, daß die Relation, die zwischen einem Eigennamen und seinem Träger besteht, sich stark von der Relation, die zwischen einem Gattungsnamen und seinen Denotata besteht, unterscheidet: zumindest in solchen klaren Fällen wie ‚Fido‘:Fido einerseits und ‚Hund‘:{Fido, Pfiffi, Waldi, Lumpi usw.} andererseits. Damit soll nicht behauptet werden, daß es keine unklaren Fälle gibt;

noch daß es, was den Spracherwerb betrifft, keinen Zusammenhang gibt zwischen Benennen und Denotation. Wenn es keinen solchen Zusammenhang gäbe, dann wäre es in der Tat überraschend, daß Generationen subtiler Denker dem angeblichen Irrtum der Verwechslung der beiden zum Opfer gefallen sind, und sogar noch überraschender, daß normale Leute es natürlich finden, von Wörtern als Namen für Dinge zu sprechen. Der philosophische Semantiker wird offensichtlich versuchen, mit der geringsten Anzahl von theoretischen Begriffen auszukommen, und er ist seiner Tätigkeit gemäß anfällig für das, was Ryle an anderer Stelle Kategorienfehler nannte (1949: 17). Der normale Sprecher des Deutschen, der über seine Sprache reflektiert und berichtet, ist nicht in ähnlicher Weise an das Diktat der theoretischen oder ontologischen Sparsamkeit gebunden. Wir werden das Verhältnis zwischen Benennen und Denotieren im nächsten Abschnitt betrachten. Aber zunächst müssen wir ein oder zwei wichtige Merkmale von Namen und die Rolle, die sie in der Sprache spielen, kurz diskutieren.

In ihrer Verwendung im alltagssprachlichen Sprachverhalten haben Namen zwei charakteristische Funktionen: referentielle und vokative. Ihre referentielle Funktion wurde schon ausreichend diskutiert. Es lohnt sich jedoch, hier darauf hinzuweisen, daß Namen oft einfach verwendet werden, um die Aufmerksamkeit des Hörers auf die Person, die benannt wird, zu lenken oder um den Hörer an die Existenz oder Relevanz der Person, die benannt wird, zu erinnern. Der Äußerung eines Namens kann eine parasprachliche Modulation gegeben werden, die ausreichend ist, um sie als Warnung, als Erinnerung, als Ausruf des Erstaunens usw. zu charakterisieren. Aber es braucht keine präzise oder explizite Prädikation zu geben. Es ist sicherlich nicht einfach unrealistisch zu glauben, daß es diese Funktion ist, die man als quasi-referentiell* und nicht als voll-referentiell bezeichnen könnte, die als Grundlage für die weitere Entwicklung der echten Referenz in der Sprache dient.

Mit der vokativen* Funktion von Namen ist ihre Verwendung gemeint, um die Aufmerksamkeit der Person, die gerufen oder angerufen wird, zu erregen. Noch einmal: diese Funktion scheint in dem Sinne grundlegend zu sein, daß sie nicht auf irgendeine andere semiotische Funktion reduzierbar ist, obgleich die vokative wie die quasi-referentielle Äußerung eines Namens parasprachlich moduliert sein kann, um zusätzliche, hauptsächlich indexikalische, Information zu geben. Die Unterscheidung zwischen der referentiellen und vokativen Funktion von Namen (und vielleicht häufiger von Titeln) wird in vielen Sprachen als Unterscheidung zwischen den Ausdrücken, die wir Referenzausdrücke und Anredeausdrücke nennen, systematisiert; die gleiche Unterscheidung war in den Kasussystemen der klassischen indoeuropäischen Sprachen grammatikalisiert. Die Verwendung eines Gattungsnamens mit vokativer Funktion (z. B. die Verwendung von ‚Kind‘ in *Komm her, Kind!*) die als solche ihrer Form nach erkennbar sein kann oder auch nicht, nähert sich, nebenbei bemerkt, der Verwendung eines Eigennamens oder Titels an.

Es ist wichtig, bei dem, was wir appellative* Äußerungen nennen (z. B. *dies ist John, er heißt John Smith*), deutlich zwischen der referentiellen und der vokativen Funktion von Namen und ihrer Zuschreibung zu ihren Trägern zu unterscheiden. Der Terminus ‚Benennen' ist oft in bezug auf diese Unterscheidung unklar. Wir werden daher den Terminus technicus Benennung* für die zweite Bedeutung von ‚Benennen' einführen: wenn wir sagen, daß X eine Person mit ‚John' benennt, dann meinen wir, daß X dieser Person den Namen ‚John' zuschreibt. Aber ‚Benennung' ist auch ambig in bezug auf didaktische* und performative* Benennung. Mit didaktischer Benennung meinen wir, jemanden formell oder informell zu lehren, daß ein bestimmter Name gemäß einer bereits existierenden Konvention mit einer bestimmten Person, einem Objekt oder Ort assoziiert ist. Die Rolle der didaktischen Benennung im Spracherwerb wollen wir später diskutieren. Es sollte beachtet werden, daß didaktische Benennung nicht nur im Spracherwerb eine Rolle spielt, sondern auch eine weiterhin wichtige semiotische Funktion der Sprache ist. Wenn wir uns selbst oder andere mit Namen vorstellen (*Dies ist John, Mein Name ist ‚Harry'*), dann führen wir einen Akt der Benennung aus; es ist normalerweise ein Akt der didaktischen Benennung.

Performative Benennung kann anhand eines von Austins (1961) ursprünglichen Beispielen für seine Begriffe von performativen Äußerungen dargestellt werden: „Wenn ich sage, *ich nenne dieses Schiff Königin Elisabeth,* dann beschreibe ich nicht die Taufzeremonie; ich vollziehe tatsächlich die Zeremonie." Die Klasse von performativen Äußerungen schließt viele andere Arten von Äußerungen neben benennenden ein; wir werden später noch darauf zurückkommen (cf. 16.1). Es sollte jedoch an dieser Stelle beachtet werden, daß performative Benennung verschiedene Formen haben kann und nicht nur die Zuschreibung von Personennamen bei der Taufe oder irgendeiner anderen formalen Zeremonie einschließt, sondern auch solche und andere semiotischen Akte wie die Definition von Termini (wobei Benennen und Denotation oft schwer zu unterscheiden sind). Jede Art von performativer Benennung wird durch bestimmte Angemessenheitsbedingungen geregelt: man kann nicht einfach die Rolle des Namengebers annehmen, wann und wie es einem gefällt. Dies ist bei so stark formalisierten Situationen wie der Taufe ganz deutlich; aber es gilt auch für die vielen anderen weniger formalen oder vielleicht weniger offensichtlichen Arten von performativer Benennung (die Zuschreibung von Spitznamen in der Schule oder in der Familie, von Kosenamen für den privaten Gebrauch von Liebenden, usw.). Es sollte auch die Tatsache erwähnt werden, daß in vielen Kulturen Menschen ein anderer Name als derjenige, den sie zuvor hatten, gegeben wird, wenn sie von der Kindheit zum Erwachsensein übergehen oder wenn sie eine neue Rolle in der Gesellschaft annehmen; es sollte auch die Tatsache erwähnt werden, daß der Gebrauch von Namen oft verschiedenartigen Tabus unterliegt. Der Name einer Person ist etwas, das als ein essentieller Teil von ihr angesehen wird. Performative Neubenennung kann als ein wichtiger Teil dessen angesehen werden, was Anthropologen als *rites de passage* bezeichnet haben.[11]

Von besonderem Interesse ist die Art, in der viele Namen offenbar von den Eltern dadurch geschaffen werden, daß sie die Äußerung eines Kindes als einen Namen interpretieren, der von ihm in vokativer oder quasi-referentieller Funktion verwendet wurde, und dadurch, daß diese Äußerung als Name von seiten der Eltern verstärkt wird. Ob dieses Phänomen das Gewicht, das ihm von den behavioristischen Semantikern beigelegt wird, tatsächlich zukommt, ist, wie wir gesehen haben, zweifelhaft (cf. 5.4). Aber es ist plausibel anzunehmen, daß es bei der Spracherlernung eine Rolle spielt, und die meisten Familien können wahrscheinlich, zumindest anekdotisch, seine Wirkung bei der Bildung einiger der Namen, die innerhalb der Familie gebraucht werden, bestätigen. Vom gegenwärtigen Standpunkt aus ist die Tatsache interessant, daß das Kind den Namen bildet (allerdings kann es sein, daß es die Form eines Lexems von Erwachsenen nachahmt), aber die Eltern machen bei der Interpretation, die sie seiner Äußerung beilegen, aus ihr einen Fall von performativer Benennung.

Der linguistische Status von Namen war lange Zeit nicht nur unter Philosophen, sondern auch unter Linguisten ein kontroverser Gegenstand (cf. Ullmann 1962: 71–9). Einer der am stärksten umstrittenen Punkte ist die Frage, ob Namen Bedeutung haben. Die wahrscheinlich am weitesten akzeptierte philosophische Auffassung ist heutzutage, daß sie Referenz haben können, aber keine Bedeutung, und daß sie nicht prädikativ als bloße Namen verwendet werden können; dies ist auch die Auffassung, die wir übernehmen werden. Wie wir sehen werden (cf. 7.6), lassen wir die Möglichkeit zu, daß bei der Spracherlernung die Unterscheidung zwischen Namen und Gattungsnamen nicht immer scharf umrissen sein muß, so daß es eine Zeit geben könnte, in der z. B. ‚Stuhl‘ als Name behandelt wird, der zufällig mit verschiedenen Objekten, zwischen denen sonst keine andere Beziehung besteht, assoziiert wird, und umgekehrt, daß man glaubt, daß alle Leute, die ‚Waldemar‘ heißen, eine oder mehrere andere Eigenschaften haben, aufgrund derer der Name ‚Waldemar‘ in besonderer Weise angemessen ist. Wir werden jedoch annehmen, daß, abgesehen von einer relativ kleinen Anzahl von Grenzfällen, die Unterscheidung zwischen Namen und zählbaren Gattungsnamen im Deutsch der Erwachsenen leicht gemacht werden kann. Äußerungen wie *Es sind zwölf Waldemars in diesem Zimmer* (die man so versteht, daß sie „Es sind zwölf Leute, die Waldemar heißen, in diesem Zimmer" bedeutet) muß, so wollen wir annehmen, durch eine Regel für den Gebrauch von Eigennamen, deren Anwendung von der Erkenntnis, daß sie Eigennamen sind, abhängt, Rechnung getragen werden; darüber hinaus können Regeln wie diese sprachspezifisch sein oder auch nicht. Viel diskutierte Beispiele wie ‚Er ist kein Cicero‘ oder ‚Edinburgh ist das Athen des Nordens‘ sind in diesem Zusammenhang irrelevant: ‚Cicero' und ‚Athen' werden hier prädikativ verwendet, oder genauer, innerhalb prädikativer Ausdrücke (innerhalb solcher Ausdrücke, die in der traditionellen Grammatik und Rhetorik etwas vage als eine Art von Synekdoche* bezeichnet wurden). Es ist eine wichtige Tatsache, daß Namen in einer bestimmten Kultur oder Gesellschaft mehr oder weniger definite Assoziationen bekommen können, so daß man sagen kann, der Name symbolisiere* Beredsamkeit oder architektonische Schönheit; dies erklärt die Leichtigkeit, mit der Namen im Laufe der Zeit zu normalen Gattungsnamen werden können (z. B. das italienische Wort ‚cicerone', das jetzt im Französischen, Englischen und anderen Sprachen für „Museumsführer" wohl etabliert ist (Ullmann, 1962: 78)). Aber damit wird das Prinzip, daß Eigennamen keine Bedeutung haben, nicht ungültig; Jespersens Behauptung (1924: 66), in absichtlichem Widerspruch zu Mill, daß Eigennamen (wie sie tatsächlich verwendet werden) „die größte Anzahl von Attributen konnotieren", ist irreführend, da sie eine Äquivokation zwischen der philosophischen und der mehr alltäglichen Bedeutung von ‚Konnotation' ausnützt (cf. 7.1).

Wenn wir den Terminus ‚Konnotation' im nicht-philosophischen Sinn verwenden, wie Jespersen dies zu tun scheint, dann können wir sicherlich zugeben, daß viele Eigennamen ganz spezifische Konnotationen oder Assoziationen haben. Die Konnotationen, die eine Person mit einem Namen assoziiert, können sich von den Konnotationen, die eine andere Person mit dem gleichen Namen assoziiert, unterscheiden, sogar in Fällen, in denen beide Personen den Namen verwenden würden, um auf das gleiche Individuum (oder Menge von Individuen) zu referieren oder es anzureden. Wenn der Träger des Namens ein Ort oder eine Person ist, die bzw. der historisch, politisch oder kulturell berühmt ist, dann können die Konnotationen des Namens dieses Ortes oder dieser Person relativ konstant für die Mitglieder einer bestimmten Sprachgemeinschaft mit der gleichen Kultur sein (cf. ‚Cicero', ‚Athen', ‚Judas', ‚Napoleon', ‚Shakespeare', ‚Mekka', etc.). Wenn sie gebeten würden, zu sagen, was sie über den Träger des Namens wüßten oder glaubten, dann könnte man erwarten, daß sie eine Menge von identifizierenden Beschreibungen geben: *Cicero war der größte römische Redner, Cicero war der Autor der Verronischen Reden, Cicero denunzierte Catilina im Senat* usw.

Durch diese identifizierenden Beschreibungen, oder eine Disjunktion dieser Beschreibungen, erhalten Namen das, was Searle (1958; 1969: 162 ff.) einen deskriptiven Hintergrund* genannt hat, so daß die jeweiligen Namen (obwohl sie keine Bedeutung haben) „logisch mit den Charakteristika der Objekte, auf die sie referieren, verbunden" sind. Der deskriptive Hintergrund eines Namens kann als Grundlage für die prädikative Verwendung des Namens in Sätzen wie ‚Er ist kein Cicero' dienen (wo ‚Cicero' Beredsamkeit symbolisiert). Die Tatsache, daß Namen einen deskriptiven Hintergrund haben können, erklärt auch ihre Verwendung in bestimmten Arten von Existenzaussagen (z. B. *Cicero hat niemals existiert*) und in gleichsetzenden Aussagen (z. B., *Cicero war Tullius* oder *Cicero und Tullius waren ein und dieselbe Person*). Wenn der Satz ‚Cicero hat nie existiert' verwendet wird, um eine Aussage zu machen, dann kann man annehmen, daß er (im Gegensatz zu dem, was der Hörer für wahr halten könnte) impliziert, daß nie ein großer römischer Redner existierte, der der Autor der Verronischen Reden war und/oder Catilina im Senat denunzierte und/oder, usw. Man kann annehmen, daß die gleichsetzende Aussage *Cicero war Tullius* impliziert, daß der deskriptive Hintergrund sowohl von ‚Cicero' als auch von ‚Tullius' auf dasselbe Individuum zutrifft (cf. Searle, 1969: 171). Mit der Formalisierung dieses Begriffs des deskriptiven Hintergrunds von Namen hängen beträchtliche Probleme zusammen. Insbesondere ist unklar, welche Eigennamen als essentielle Charakteristika des Individuums, auf das der Name referiert, gelten sollen. Auch ist es nicht offensichtlich, daß alle Existenz- und Identitätsaussagen in dieser Weise zufriedenstellend analysiert werden können. Aber in solchen Aussagen gibt es viele Fälle des Gebrauchs von Eigennamen, für die eine Analyse unter Rückgriff auf ihren deskriptiven Hintergrund nicht angemessen zu sein scheint.

Das Prinzip, daß Namen keine Bedeutung haben, wird durch die Tatsache, daß performative Benennung, gleichgültig ob formelle oder informelle, durch bestimmte kulturell vorgeschriebene Bedingungen für semantische Angemessenheit determiniert sein kann, nicht ungültig. In einigen Kulturen gibt es eine mehr oder weniger wohl definierte Menge von institutionalisierten Personennamen (‚Hans', ‚Karin' usw.), die Kindern kurz nach der Geburt entsprechend einer Vielzahl mehr oder weniger strenger Kriterien gegeben werden. Die meisten Deutsch sprechenden Familien werden zweifellos die Konvention respektieren, daß Mädchen nicht der Name ‚Hans' oder Jungen der Name ‚Karin' gegeben werden sollte (obgleich es einige institutionalisierte Namen gibt, z. B. ‚Helge', der durchaus Kindern beiderlei Geschlechts gegeben werden könnte): es ist daher durchaus möglich, aus einer Äußerung wie *Mein Kind Hans besuchte mich am Mittwoch* zu schließen, daß das Kind, das mich besuchte, männlich ist, wobei eine sehr große Chance besteht, daß man recht hat. Aber diese Tatsache allein zwingt uns nicht dazu, zu sagen, daß ‚Hans' und ‚männlich' semantisch in der gleichen Weise miteinander verwandt sind wie ‚Mann' oder ‚Junge' mit ‚männlich'. Wenn ein Mädchen zufällig ‚Hans' hieße, dann würden wir nicht zögern zu sagen, *Hans hat sich ihr Bein gebrochen*. Wir könnten uns fragen, warum ihr überhaupt unter Mißachtung der Konvention der Name ‚Hans' gegeben wurde; aber dies ist ein anderes Problem. Der Satz *Hans hat sich ihr Bein gebrochen* ist nicht nur grammatisch akzeptabel (unter jeder vernünftigen Explikation von grammatischer Akzeptabilität), sondern auch, so könnte man argumentieren, semantisch akzeptabel. Selbst dann, wenn wir zugeben, daß Namen wie ‚Hans' oder ‚Karin' Teil der deutschen Sprache sind wie Wörter wie ‚Junge' oder

‚Mädchen' (und dies ist ein anderes kontroverses Thema), dann sind wir keineswegs verpflichtet zuzugeben, daß sie Sinn haben.

Wir sind auch nicht verpflichtet, dies im Falle von Namen zu konzedieren, die nicht einer mehr oder weniger festen Liste von Personennamen entnommen sind, wie dies meistens in Deutsch sprechenden Ländern der Fall ist, sondern dem normalen Wortschatz einer Sprache entnommen sind und aufgrund der Bedeutung der jeweiligen Ausdrücke vergeben werden. Wenn wir die Etymologie von institutionalisierten Personennamen oder Ortsnamen in verschiedenen Sprachen verfolgen (in dem Zweig der Semantik, der als Onomastik* bekannt ist), dann werden wir normalerweise feststellen, daß sie die gleiche Art von Ursprung hatten. Zum Beispiel kommt ‚Hans' (Johannes) über das Griechische und Lateinische aus einem hebräischen Namen, der im normalen Wortschatz des Hebräischen als „Gott war gnädig" interpretiert werden konnte. Wir werden dies die etymologische Bedeutung* des Namens nennen; es wäre durchaus angemessen, dasjenige, was dieser Terminus abdeckt, so auszuweiten, daß er sowohl die synchronisch motivierte als auch die diachronisch feststellbare Interpretation von Namen einschließt (zur Unterscheidung zwischen synchronischer und diachronischer Deskription, cf. 8.2). Wie die klassische anthropologische Behandlung der Wortmagie und des Tabus gezeigt hat, wird jedoch die symbolische Bedeutung sowohl von Namen als auch von anderen Wörtern sehr häufig durch kulturspezifische Konventionen geregelt.

Eine Frage, die in der Literatur oft diskutiert wurde, ist die Frage, ob Namen einem bestimmten Sprachsystem angehören, wie dies für andere Wörter gilt. Es wurde oft behauptet, daß Namen wie ‚Hans' oder ‚München' keine deutschen Wörter wie ‚Mann' oder ‚Stadt' sind und daß man vom Lexikographen nicht erwarten sollte, daß er sie im Lexikon auflliste. Ryle (1957) sagt z. B.: „Lexika sagen uns nicht, was Namen bedeuten – dies einfach deshalb, weil sie nichts bedeuten." Geach (1962: 27) behauptet gegen diesen Standpunkt, daß „es [...] Teil der Aufgabe des Lexikographen [ist], uns zu sagen, daß ‚Warschau' das deutsche Wort für ‚Warszawa' ist, und ein Grammatiker würde sagen, daß ‚Warszawa' ein polnisches Wort ist – ein weibliches Substantiv, das wie ‚mowa' dekliniert wird". Er fragt weiter: „Was ist an dieser Redeweise falsch?" Die Antwort ist, daß für eine ziemlich begrenzte Klasse von Fällen nichts daran falsch ist. Aber die Situation ist in bezug auf die Übersetzung von Eigennamen von einer Sprache in eine andere im allgemeinen viel komplizierter, als man aufgrund des Geachschen Beispiels annehmen würde. Was Ortsnamen betrifft, so ist es wahrscheinlich der Fall, daß, wenn es ein konventionelles Übersetzungsäquivalent gibt, dieses auch immer benutzt wird. Wenn es keines gibt, dann können Komplikationen auftreten. Wenn ich aus dem Deutschen ins Englische übersetze, würde ich dann ‚Danzig' oder ‚Gdansk' als Namen für die mittlerweile polnische Stadt verwenden? Das würde sicherlich von dem abhängen, was ich übersetze, von meinen politischen Sympathien usw. Die Übersetzung von Personennamen ist noch komplexer. Auch wenn ein wohl etabliertes Übersetzungsäquivalent existiert, ist es nicht immer angemessen, es zu verwenden. Einen Deutschen mit Namen Ludwig wird man normalerweise im Französischen nicht mit Louis anreden oder sich damit auf ihn beziehen, sondern mit Ludwig: die bloße Deutschheit seines Namens ist sozusagen ein essentieller Teil des Namens. Wenn er auf französisch ausgesprochen wird, dann wird er jedoch wahrscheinlich dem phonologischen System des Französischen angepaßt werden und so in dieser Beziehung zu einem französischen Wort werden. Es gibt auch nichts, das einsprachige Deutsch sprechende Eltern davon abhalten könnte, ihren einsprachigen Deutsch sprechenden Sohn Louis statt Ludwig zu nennen. Worauf es ankommt ist, daß es keine klare theoretische Antwort auf die Frage gibt, ob Namen „der Sprache angehören, in die sie eingebettet sind" (Geach 1962: 27). Denn es gibt nicht ein einzelnes Prinzip, das ihre Übersetzung aus einer Sprache in die andere determiniert. Einige institutionalisierte Ortsnamen und Personennamen sind jedoch in bestimmten Ländern so häufig, daß man erwarten würde, daß alle Sprecher der Sprache, die in dem Land verwendet wird, ihren Status als Namen erkennen. Wenn die Frage, ob solche Namen der Sprache angehören und im Lexikon aufgenommen werden sollten, unter rein praktischen Gesichtspunkten betrachtet wird, dann kann man sie mit Geach zustimmend beantworten. Aber man würde nur die wohlbekannten institutionalisierten Namen auflisten: es ist sowieso unmöglich, alle Namen aufzulisten, die man verwenden könnte, wenn man Deutsch spricht, da diese Menge im Prinzip unbegrenzt ist.

Es gibt einen wichtigen Unterschied zwischen bestimmten institutionalisierten Ortsnamen und bestimmten Personennamen, der bisher noch nicht erwähnt wurde. Sehr viele institutionalisierte Ortsnamen sind, wenn sie als referierende Ausdrücke von den meisten Sprechern einer Sprache gebraucht werden, in ihrer Referenz eindeutig, aber Personennamen wie ‚Ludwig' sind dies nicht. Während ferner ‚Ludwig' und ‚Louis' unter dem Vorbehalt, der im vorangegangenen Paragraphen gemacht wurde, Übersetzungsäquivalente sind wie ‚München' und ‚Munich', sind die Bedingungen, die ihre Übersetzungsäquivalenz determinieren, von ganz anderer Art. So wird z. B. ‚Londres' nur dann im Französischen verwendet, um ‚London' zu übersetzen, wenn es sich auf die Hauptstadt von Großbritannien bezieht; und nicht, wenn es sich auf London, Ontario oder irgendeine andere Stadt, die den Namen ‚London' trägt, bezieht.

Es wurde wohl genug gesagt, um zu zeigen, daß die Fragen, ob Namen einer Sprache angehören oder nicht und ob sie eine Bedeutung haben oder nicht, nicht eine einfache und universell gültige Antwort zulassen.[12] Was in diesem Abschnitt betont wurde, ist die Tatsache, daß man zumindest von einigen Namen vernünftigerweise sagen kann, daß sie eine symbolische, etymologische oder eine im Kontext einer Übersetzung relevante Bedeutung haben. Aber sie haben keinen Sinn oder eine eindeutige und spezielle Art von Bedeutung, die sie als Klasse von den Gattungsnamen unterscheidet. Es wurde auch betont, daß Personennamen sowohl eine vokative als auch eine referentielle oder quasi-referentielle Funktion im Sprachverhalten haben können. Es gibt jedoch überhaupt keinen Grund anzunehmen, daß ihre vokative Funktion aus ihrer referentiellen Funktion abgeleitet ist oder in irgendeiner Weise weniger grundlegend ist als diese.[13]

7.6. Referenz, Sinn und Denotation beim Spracherwerb

In den vorangegangenen Abschnitten dieses Kapitels bemühten wir uns, sorgfältig Referenz, Sinn, Denotation und Benennen voneinander zu unterscheiden. Wir müssen nun zeigen, wie diese verschiedenen Bedeutungsarten oder Aspekte im Spracherwerb miteinander verbunden sind oder sein können.[13a]

Zunächst sollte beachtet werden, daß Namen, wie wir gesehen haben, charakteristischerweise verwendet werden, um auf Individuen zu referieren oder sie anzureden. Wir können genauso gut sagen, *wie heißt X?* oder *was ist der Name von X?* Es gibt Fälle, in denen das Substantiv ‚Name‘ und das Verb ‚heißen‘ in dieser Weise auf Klassen von Individuen angewendet werden. Wenn uns ein Tier unbekannter Art begegnet, dann können wir fragen, *was ist der Name dieses Tieres?* oder *wie heißt dieses Tier?* und erwarten, daß uns als Antwort nicht nur der Name des individuellen Tieres (wenn es zufällig einen hat) gegeben wird, sondern auch dasjenige Wort, das alle Mitglieder der Art denotiert. Man könnte behaupten, daß unsere Frage in beiden Versionen ambig ist und daß wir die Ambiguität eliminieren können, indem wir den Plural verwenden (indem wir ‚diese Tiere‘ für ‚dieses Tier‘ einsetzen und die notwendigen grammatischen Veränderungen vornehmen: *Wie heißen diese Tiere?*). Es spricht einiges für dieses Argument; aber der Gesichtspunkt der Ambiguität darf nicht überbetont werden. Denn das Lexem, das die Klasse denotiert, kann auch verwendet werden, um ein individuelles Element der Klasse anzureden. Wir können sagen *Komm her, Hund* oder *Komm her, Fido*. Man kann natürlich darauf bestehen, daß der erstere semantisch oder logisch als „Komm her, der du ein Hund bist" und letzterer als „Komm her, du, der du Fido heißt" zu analysieren ist. Die prädikative Funktion der Behauptung „Es ist ein Hund" muß bei der Analyse des Deutschen sicherlich von der benennenden Funktion der Behauptung „Es ist Fido" unterschieden werden. Daraus folgt jedoch nicht, daß diese Unterscheidung auf vokative Ausdrücke angewendet werden muß. Daraus folgt auch nicht, daß die Unterscheidung beim Spracherwerb von Anfang an klar ist.

Die Unterscheidung zwischen Namen und Gattungsnamen wie ‚Hund‘ oder ‚Junge‘ ist im Deutsch der Erwachsenen ziemlich deutlich, wenn sie im Singular referentiell verlangt, daß jedes singularische zählbare Nomen in einem referierenden Ausdruck zusammen mit einem Determinator*, Quantor* oder einer syntaktisch äquivalenten Form auftreten muß. Man kann sagen *Der Junge kam gestern* oder *Ludwig kam gestern,* aber nicht (als grammatisch akzeptable Äußerung) *Junge kam gestern.* In vielen Sprachen ist die grammatische Unterscheidung zwischen Eigennamen und Gattungsnamen mit referentieller Funktion unscharf; [z. B. ist im Süddeutschen *Der Ludwig ist gestern gekommen* akzeptabel]; diese Unschärfe gilt auch für die Sprache sehr kleiner Kinder. Man könnte daher zumindest behaupten, daß die Unterscheidung zwischen dem Referieren auf ein Individuum durch einen Namen und dem Referieren auf das gleiche Individuum durch eine deskriptive Nominalphrase etwas ist, das das Kind erst allmählich erwirbt.

Man könnte auch den stärkeren Anspruch erheben, daß die Unterscheidung zwischen Benennen und Beschreiben in vokativen Ausdrücken nie absolut deutlich ist und daß sie bei vielen referentiellen Ausdrücken im Deutschen undeutlich wäre, wenn uns nicht rein syntaktische Regeln dazu verleiten würden, zählbare Substantive im Singular, denen Determinatoren oder Quantoren vorangehen, als Gattungsnamen und nicht als Eigennamen zu interpretieren. Nichtsdestoweniger gibt es eine Reihe von Grenzfällen: ist ‚die Sonne' ein Eigenname (wie ‚Den Haag') oder ein Ausdruck, der einen Gattungsnamen enthält? Wenn wir ‚Sonne' im Plural verwenden (wie in dem Satz ‚es könnte andere Sonnen im Universum neben unserer eigenen geben'), dann könnten wir vielleicht sagen wollen, daß es ein Gattungsname ist. Aber ein Nominalist könnte behaupten, daß Fälle, die diesem ähnlich sind, immer noch wie Sätze, die Eigennamen im Plural enthalten (‚es gibt andere Ludwigs im Zimmer'), analysiert werden könnten. Es geht uns jedoch nicht darum, eine nominalistische Analyse bestimmter Beispiele (und noch weniger von allen Ausdrücken, die Gattungsnamen enthalten) zu verteidigen, sondern nur darum zu zeigen, daß ‚Referenz', ‚Denotation' und ‚Benennen', obgleich sie unterschieden werden müssen, auch zusammenfallen können. Dies ist ganz typisch für die Spracherwerbssituation bei Kindern. Die nominalistische Darstellung des Erwerbs der Referenz und der Denotation verdient es, sehr eingehend betrachtet zu werden (cf. Quine, 1960).

Bevor wir weitergehen, muß betont werden, daß es, was das Thema, das wir diskutieren, betrifft, keinen notwendigen Zusammenhang zwischen Nominalismus und Empirismus und noch weniger zwischen Nominalismus und Behaviorismus gibt. Die Art, in der das Kind lernt, Individuen von neuem zu identifizieren und sie in Klassen einzuteilen, kann sehr wohl von einer angeborenen Fähigkeit oder einem angeborenen Mechanismus nicht nur zur Klassifizierung, sondern auch zur Klassifizierung gemäß bestimmter universaler Prinzipien, die sich in der Sprache widerspiegeln, abhängen. Sogar der Behaviorist wird die Notwendigkeit, einige angeborene Mechanismen zu postulieren, zugeben (cf. Quine, 1969); was psychologisch und philosophisch umstritten ist, ist das Wesen dieser Mechanismen. Der Linguist sollte sich nicht verpflichtet fühlen, sich in solchen Fragen festzulegen.

Quine (1960: 80–124) unterscheidet bei dem, was er die Ontogenese der
Referenz und Denotation nennt (wobei er den Terminus ‚Referenz' verwendet, um beides abzudecken), vier Phasen. In der ersten Phase wird angenommen, daß alle Wörter verwendet werden, um eindeutige Denotata zu benennen; in der zweiten Phase erwirbt das Kind die Unterscheidung zwischen
Eigennamen und Wörtern mit mehrfacher Denotation; in der dritten Phase
lernt es, solche Kollokationen wie ‚großer Mann' und ‚blaues Buch' zu konstruieren und zu verwenden; und in der vierten und letzten Phase lernt es, mit
Kollokationen wie ‚größer als Vati' umzugehen. Wir werden uns nur mit dem
Übergang von der ersten zur zweiten dieser vier Phasen beschäftigen.

Es wurde bereits darauf hingewiesen, daß Gattungsnamen wie ‚Hund' im
Deutschen gelegentlich verwendet werden können, um auf Individuen zu
referieren oder sie anzureden; wir können uns sehr gut vorstellen, daß ein
Kind zunächst solche Substantive in der gleichen Weise verwendet und versteht, wie es Eigennamen verwendet und versteht. Neben zählbaren Gattungsnamen müssen wir auch Kontinuativa wie ‚Wasser' und Wörter wie
‚rot', die Eigenschaften denotieren, betrachten. Als erstes muß gesagt werden, daß die Unterscheidung zwischen einfacher und mehrfacher Denotation
hier weit weniger deutlich ist als bei zählbaren Substantiven; daher stammt
die Bequemlichkeit zuzulassen, daß der Terminus ‚Denotatum' selbst zwischen verschiedenen Interpretationen als zählbares Substantiv, als Kontinuativum oder als kollektives Substantiv fluktuiert (siehe 7.4). Man betrachte
Äußerungen wie *Ich mag kein Wasser* oder *Meine Lieblingsfarbe ist rot*.
Worauf wird mit den Ausdrücken ‚Wasser' und ‚rot' referiert? Man könnte
behaupten, daß hier Denotation und Referenz zusammenfallen. Dennoch
möchten wir wahrscheinlich nicht sagen wollen, daß Wasser und rot Individuen sind. Obgleich es möglich ist, sich Wasser als Individuum vorzustellen
(„Ein einzelnes verstreutes Objekt, der wässrige Teil der Welt") und sich das
Denotatum von ‚rot' auch als ein Individuum in ähnlicher Weise vorzustellen
(„Die verstreute Totalität roter Substanz (Quine, 1960: 98)), müssen wir uns
intellektuell erheblich anstrengen, um die Welt in dieser Weise zu sehen.

Es ist an dieser Stelle angebracht, darauf hinzuweisen, daß im Deutschen
der Plural von zählbaren Substantiven normalerweise dem Singular von Kontinuativa in Sätzen der Art, die wir betrachten, entspricht. Eine Äußerung wie
Ich mag Bücher nicht (im Unterschied zu *Ich mag diese Bücher nicht*) ähnelt
stark der Äußerung *Ich mag Wasser nicht*. Man möchte vielleicht sagen, daß
die Referenz von *Bücher* mit der Denotation von ‚Buch' bei der Äußerung
dieses Satzes zusammenfällt (so daß es falsch wäre, darauf zu bestehen, daß
die Form *Bücher* doppeldeutig ist in bezug auf eine Interpretation mit Existenzquantor bzw. Universalquantor: cf. 6.3). Wenn wir uns noch einmal
intellektuell anstrengen, dann können wir uns alle Bücher, die es in der Welt
gibt, als diskontinuierliche Teile eines einzigen verstreuten Objekts vorstellen. Aber wir haben wahrscheinlich das Gefühl, daß es noch weniger natür-

lich ist, sich Bücher in dieser Weise vorzustellen als sich alle Seen, Teiche, Flüsse usw. als Teile eines einzigen Individuums aus Wasser vorzustellen. Und wir sollten zweifellos jeglichem Ansinnen gänzlich widerstehen, daß es vernünftig wäre, sich Menschen oder Tiere (über eine bestimmte phyletische Ebene hinaus) als diskontinuierliche Teile eines einzigen verstreuten Ganzen vorzustellen. Wir haben einige Klassifikationsprinzipien erworben – oder wurden mit ihnen geboren –, die uns einerseits hemmen, ziemlich amorphe und räumlich diskontinuierliche Substanzen wie Wasser als Individuen zu kategorisieren und andererseits uns zur Individuation* von Personen, Tieren und diskreten, aber zeitlich kontinuierlichen physikalischen Objekten positiv anregen.

Es ist wahrscheinlich, daß die Prinzipien der Individuation zumindest bis zu einem gewissen Grade universal und unabhängig sind von der Sprache, die uns als Kindern zu sprechen beigebracht wurde. Außerdem muß berücksichtigt werden, daß weder die grammatische Unterscheidung zwischen zählbaren Substantiven und Kontinuativa noch die grammatische Unterscheidung zwischen Singular und Plural, die im Deutschen unser Verständnis der entsprechenden semantischen Unterscheidungen unterstützen und verstärken, überhaupt in der Sprache universal sind. In sehr vielen Sprachen gibt es sogenannte Klassifikatoren* zum Zwecke expliziter Individuation und Aufzählung, diese Sprachen unterscheiden bei Substantiven nicht zwischen Singular und Plural. Die Klassifikatoren sind ihrer syntaktischen Funktion nach mit Worten wie ‚Tropfen‘ oder ‚Pfund‘ in deutschen Ausdrücken wie ‚zwei Tropfen Wasser‘, ‚jener Tropfen Wasser‘, ‚drei Pfund Butter‘ vergleichbar. Aber sie werden obligatorisch nicht nur mit Substantiven, die amorphe oder verstreute Substanzen wie Wasser oder Butter denotieren, verwendet, sondern auch mit Substantiven, die Klassen von Individuen denotieren, so daß ‚drei Menschen‘ in einer Weise übersetzt werden kann, die eine semantische Analyse wie „drei Personen Menschen" andeutet. In solchen Sprachen ist der Unterschied zwischen einfacher und mehrfacher Denotation weniger deutlich als in den meisten deutschen Äußerungen. Die meisten Gattungsnamen verhalten sich wie das Wort ‚Lachs‘ im Deutschen, das in einer Äußerung wie *Ich mag Lachs* als auf eine Klasse von Individuen (cf. *Ich mag Heringe*) oder auf einen Stoff oder eine Substanz (cf. *Ich mag Fleisch*) referierend verstanden werden kann. Aber wenn man sagt, daß es entweder auf das eine oder das andere referieren muß, dann bedeutet dies wohl, daß man uns zu einer unrealistischen und nicht notwendigen Entscheidung zwingt. Warum können wir es nicht als indeterminiert anstelle von ambig verstehen? Und warum sollten wir uns ein solches Beispiel nicht als repräsentativ für die normale Situation in einem frühen Stadium der Spracherlernung vorstellen?

Wir haben gesehen, daß Ausdrücke, die schließlich zu Lexemen werden, die Klassen von Individuen in der Sprache der Erwachsenen denotieren, zuerst von dem Kind als Namen verwendet und verstanden wurden. In diesem

Stadium ist eine rein nominalistische Interpretation der Bedeutung aller Ausdrücke, so können wir annehmen, akzeptabel. Es ist nicht notwendig, zwischen Referenz und Denotation zu unterscheiden, weil jeder Ausdruck verwendet wird, um auf das, was er denotiert, zu referieren; und worauf er genau referiert, kann gewissermaßen indeterminiert sein.

Wie sieht es nun mit der Unterscheidung zwischen Denotation und Sinn aus? Auch diese ist vielleicht nicht notwendig für die Analyse des Sprachverhaltens im frühesten Stadium, in dem alle Ausdrücke als Namen interpretiert werden (wenn dies tatsächlich der Fall ist). Denn dann, so können wir annehmen, kann der Unterschied zwischen z. B. ‚rot‘ und ‚grün‘ nicht deutlich abgegrenzt sein von dem Unterschied zwischen ‚Junge‘ und ‚Mädchen‘ einerseits und ‚Hans‘ und ‚Peter‘ andererseits. Wenn diese Unterschiede jedoch etabliert sind, dann wird aufgrund unserer früheren Diskussion deutlich, daß der Begriff Sinn zu seinem Recht kommt.

Sinnrelationen determinieren die Grenzen der Denotation bestimmter Lexeme (im Falle von Lexemen, die Denotation haben); und der Sinn und die Denotation von semantisch verwandten Lexemen werden mehr oder weniger gleichzeitig und vermutlich durch einen Prozeß gradueller Verfeinerung (bei dem sowohl Spezialisierung* als auch Generalisierung* eine Rolle spielt: cf. 8.5) während des Erwerbs eines Sprachsystems durch das Kind gelernt. Weder Sinn noch Denotation ist psychologisch oder logisch dem anderen vorgängig. Man kann normalerweise annehmen, daß das Kind die denotationell relevanten Unterschiede zwischen Jungen und Mädchen, zwischen Männern und Frauen zur gleichen Zeit lernt, zu der es den Sinn von ‚Junge‘ und ‚Mädchen‘ und von ‚Männern‘ und ‚Frauen‘ lernt, und zwar als Teil des gleichen Prozesses. Die ostensive Definition* (d. h. die Definition der Bedeutung eines Wortes durch Zeigen auf eines der Denotata oder dadurch, daß auf andere Weise die Aufmerksamkeit des Kindes darauf gelenkt wird) betrifft, soweit sie überhaupt im Spracherwerb eine Rolle spielt, normalerweise sowohl den Sinn als auch die Denotation von Lexemen. Wenn z. B. ein Elternteil zu einem Kind sagt *Das ist ein Junge und dies ist ein Mädchen*, dann zeigt er dem Kind nicht nur typische Denotata der zwei Wörter ‚Junge‘ und ‚Mädchen‘, sondern, wenn das Kind versteht, daß der Elternteil die Wörter kontrastierend verwendet, dann zeigt er dem Kind gleichzeitig oder er verstärkt die Annahme des Kindes, daß es eine Sinnverwandtschaft zwischen ‚Junge‘ und ‚Mädchen‘ der Art gibt, daß (x) (x ein Junge sein → x nicht ein Mädchen sein) und (x) (x ein Mädchen sein → x nicht ein Junge sein). Explizite ostensive Definition dieser Art kommt (trotz der Wichtigkeit, die ihr in vielen empiristischen Bedeutungstheorien zugeschrieben wird) im Spracherwerb natürlich relativ selten vor. Das Kind lernt die Anwendbarkeit von Wörtern, Ausdrücken und Äußerungen in verschiedenen Situationen des Sprachgebrauchs; seine ursprünglichen Annahmen über den Sinn und die Denotation der Wörter, die es in Äußerungen hört, können durch mehr oder weniger spezifische angeborene Kategorisierungsprinzipien geprägt sein. Der Spracherwerb ist ein sehr komplexer Prozeß, und es ist nicht sicher, bis zu welchem Grade Teile des Prozesses durch die Reifung angeborener kognitiver Strukturen und Mechanismen (cf. 5.4) beeinflußt werden. Aber es ist ganz deutlich, daß der Erwerb der Denotation von Wörtern nicht von dem Erwerb ihres Sinnes getrennt werden kann, und daß beides nicht vom Erlernen der Anwendbarkeit von Wörtern und Äußerungen in aktualen Verwendungssituationen getrennt werden kann.[14]

8. Strukturelle Semantik I:
Semantische Felder

8.1. Strukturalismus

In diesem Abschnitt werden wir uns mit den allgemeineren Prinzipien dessen beschäftigen, was zumindest in Europa allgemein als strukturelle Linguistik* bekannt ist.[1] Der Terminus ‚Strukturalismus' hat unglücklicherweise in den USA einen etwas anderen und viel engeren Sinn enthalten; heutzutage ist es dort üblich, ihn in bezug auf die theoretischen und methodologischen Prinzipien der sogenannten nach-Bloomfieldschen Schule zu verwenden, die in der amerikanischen Linguistik in der Zeit unmittelbar nach dem zweiten Weltkrieg dominierend war. Viele der Prinzipien des nach-Bloomfieldschen Strukturalismus waren den Prinzipien dessen, was wir hier (aus Gründen, die unten erklärt werden) als Saussureschen* (einschließlich nach-Saussureschen) Strukturalismus bezeichnen können, nicht nur fremd, sondern standen auch im Gegensatz zu diesen. Wir brauchen nicht auf alle Unterschiede zwischen dem nach-Bloomfieldschen und dem Saussureschen Strukturalismus einzugehen. Die meisten dieser Unterschiede sind im vorliegenden Kontext irrelevant. Es muß jedoch in Anbetracht der polemischen Assoziationen, die mit dem Terminus ‚Strukturalismus' in den Arbeiten von Chomsky und anderen generativen Grammatikern (cf. 10.5) verbunden sind, betont werden, daß es grundsätzlich keine Unvereinbarkeit zwischen generativer Grammatik und dem Saussureschen Strukturalismus gibt, insbesondere dann nicht, wenn das, was wir Saussureschen Strukturalismus nennen, mit dem Funktionalismus* und Universalismus* verbunden wird, was bei bestimmten Interpretationen (wie wir unten sehen werden) gemacht wurde. Insbesondere sollte beachtet werden, daß die Saussureschen Strukturalisten im Unterschied zu vielen Bloomfield-Nachfolgern (für die ‚strukturelle Semantik' beinahe ein Selbstwiderspruch wäre) niemals die Ansicht vertraten, daß die Semantik aus der eigentlichen Linguistik ausgeschlossen werden sollte. Die nach-Bloomfieldsche Version des ‚Strukturalismus' wurde hier erwähnt, um der Möglichkeit des Mißverständnisses und der Verwechslung vorzubeugen. Von jetzt an werden wir unsere Aufmerksamkeit auf den Saussureschen Strukturalismus beschränken, und die Termini ‚Strukturalismus' und ‚strukturelle Linguistik' werden im Verlauf des Buches in diesem Sinne verwendet.

Der schweizerische Gelehrte Ferdinand de Saussure wird allgemein als Begründer der modernen strukturellen Linguistik angesehen: daher erklärt sich unsere Verwendung des Terminus ‚Saussuresch' zur Charakterisierung der ganzen Richtung. Mit diesem Terminus soll nicht impliziert werden, daß die Prinzipien des Strukturalismus tatsächlich mit Saussure entstanden sind. Einige der Begriffe, die wir jetzt charakteristischerweise als strukturalistisch ansehen, können in den Arbeiten von Herder, W. von Humboldt und sogar Leibniz gefunden werden; und es kann durchaus sein, daß sie noch weiter zurückgehen. Die Einzelheiten der vor-Saussureschen Entwicklung des Strukturalismus und Saussures Abhängigkeit davon sind komplex und unklar. Aber es sollte hier erwähnt werden, daß es in der nach-Kantianischen deutschen idealistischen Philosophie eine strukturalistische Linie gab. Diese wurde unabhängig vom Saussureschen Strukturalismus von Gelehrten wie Cassirer (1923, 1945; cf. auch Urban, 1939; Langer, 1942) entwickelt; aber sie übte zusammen mit der spezifischeren Saussureschen Version des Strukturalismus einen großen Einfluß auf die Theorien von Trier und Weisgerber aus, deren Arbeiten wir unten diskutieren werden (8.2).

Saussures früheste linguistische Arbeit, eine revolutionäre Analyse und Rekonstruktion des indoeuropäischen Vokalsystems (1879), deren volle Bedeutung ungefähr fünfzig Jahre lang nicht erkannt wurde, war bereits stark von strukturalistischen Prinzipien durchdrungen, aber es war sein *Cours de Linguistique Générale* (1916), durch den die Richtung, die jetzt als strukturelle Linguistik bekannt ist, einsetzte; und aus dem *Cours* leitet sich ein Großteil der Standardterminologie des Strukturalismus her. Bedingt durch die Umstände der Veröffentlichung ist Saussures *Cours* oft unklar und nicht ganz schlüssig; die Arbeit war von Saussure selbst in der Tat nicht zur Veröffentlichung geschrieben worden, und es kann sein, daß sie die Saussureschen Ideen nicht in jeder Hinsicht genau wiedergibt. Es ist jedoch der *Cours* in der veröffentlichten Fassung, der von historischer Bedeutung gewesen ist. Über die Hauptlinien der Saussureschen Lehre besteht kein Zweifel; wir brauchen uns daher hier nicht mit den genaueren Einzelheiten der Auslegung zu beschäftigen.[2]

Worin besteht nun die zentrale These des Strukturalismus? In ihrer allgemeinsten Form lautet sie zunächst wie folgt: daß jede Sprache eine Struktur* oder ein System* mit einem unverwechselbaren Beziehungsgefüge ist, und daß die Einheiten, die wir als theoretische Konstrukte identifizieren oder postulieren, wenn wir den Satz einer bestimmten Sprache (Laute, Wörter, Bedeutungen usw.) analysieren, sowohl ihr Wesen als auch ihre Existenz von ihren Beziehungen zu anderen Einheiten im gleichen Sprachsystem herleiten. Wir können nicht zunächst die Einheiten identifizieren und dann im darauffolgenden Stadium der Analyse fragen, welche kombinatorischen oder anderen Beziehungen zwischen ihnen bestehen, sondern wir identifizieren gleichzeitig sowohl die Einheiten als auch ihre Beziehungen zueinander. Linguistische Einheiten sind nur Punkte in einem System oder einem Netzwerk von Beziehungen; sie sind die Schnitt- und Endpunkte dieser Beziehungen, und sie haben keine vorgängige und unabhängige Existenz.

Diese allgemeine Vorstellung kann zunächst anhand der Phonologie* bzw.

des Lautsystems des Deutschen illustriert werden. Man würde allgemein akzeptieren, daß die Wortform *dein* in der gesprochenen Sprache aus drei Segmenten und im geschriebenen Medium (cf. 6.2) aus vier Segmenten besteht und daß diese in einer bestimmten Reihenfolge angeordnet sind (*Neid* ist ein anderes Wort als *dein* – es handelt sich dabei nicht um Exemplare desselben Typs – und *dnei* ist überhaupt kein Wort des Deutschen). In der geschriebenen Form sind die Segmente natürlich Buchstaben; in der gesprochenen Form sind die Segmente Laute oder Phoneme*. Viele Linguisten nehmen an, daß die Phoneme einer Sprache nicht die kleinsten Einheiten des Lautsystems sind, sondern aus ungeordneten Mengen von Komponenten (oder distinktiven Merkmalen*) bestehen. Um diese Frage geht es uns hier aber nicht.

Die gesprochene Form *dein* ist nun, wenn sie ausgesprochen wird, ein Lautkontinum, das der Phonetiker als eine ziemlich große Anzahl von sich überlappenden akustischen Komponenten analysieren kann; diese können mit kontinuierlich variierenden Zuständen der Sprechorgane korreliert werden, die die Form des Lautkanals, den freien oder geschlossenen Durchgang der Luft durch den Mund und die Nase, die Vibrationsfrequenz der Stimmbänder usw. bestimmen. Die Korrelation zwischen den verschiedenen Zuständen der Sprechorgane und den verschiedenen Eigenschaften der Lautsignale, die durch die Wahl verschiedener Werte von artikulatorischen Variablen produziert werden, ist ziemlich komplex (und noch nicht gänzlich verstanden). Aber eines ist klar: weder der Äußerungsakt noch das Äußerungssignal sind aus einer Folge von diskreten physikalischen Einheiten zusammengesetzt. Darüber hinaus unterscheidet sich jede Aussprache einer Wortform wie *dein* (als Teil einer vollständigen Äußerung) etwas von jeder anderen Aussprache des gleichen Wortes durch verschiedene Sprecher und durch den gleichen Sprecher in verschiedenen Situationen. Wie identifizieren wir also diese physikalisch verschiedenen Formen als Exemplare desselben Typs? Worin besteht das Wesen der Identität oder Beständigkeit, die dieser Verschiedenheit der physikalischen Manifestation zugrunde liegt? Der Strukturalist sagt, daß eine Identität des Musters oder der Struktur vorliegt.

Jede akzeptable Aussprache von *dein* unterscheidet sich von jeder akzeptablen Aussprache von Formen wie *sein, kein, nein* usw. (im gleichen Dialekt*: cf. 14.5) durch eine Vielzahl akustischer Unterschiede, die am Anfang des Lautkontinuums zusammentreffen oder dort ihren Zentralpunkt haben; von jeder akzeptablen Aussprache von Formen wie *denn, dann* usw. durch Unterschiede in der Mitte der Lautkontinua; und von jeder akzeptablen Aussprache von Formen wie *Deich,* (van) *Dyck* usw. durch Unterschiede am Ende der Kontinua. Wir sagen, daß es ein *s*-Phonem, ein *k*-Phonem, ein *n*-Phonem usw. im Deutschen gibt, weil *sein, kein, nein* usw. und *maß, mag, man* usw. im Deutschen als verschiedene Formen fungieren. Sie realisieren verschiedene morphosyntaktische Wörter. Jedes der morphosyntaktischen

Wörter in den angegebenen Beispielen wird mit einem anderen Lexem assoziiert. Dies ist keine notwendige Bedingung für phonemische Verschiedenheit: *kluger* und *klüger* realisieren verschiedene morphosyntaktische Wörter, die mit demselben Lexem ‚klug' assoziiert sind. Die Laute, die wir in nicht sehr exakten, phonetischen Termini als *s*-Laut, *k*-Laut, *n*-Laut usw. beschreiben, sind im Deutschen funktional* oder linguistisch relevant. Aber es gibt viele Sprachen, in denen dies nicht der Fall ist. Es gibt z. B. Sprachen, in denen ein *p*-Laut und ein *b*-Laut (oder ein *p*-Laut und ein *f*-Laut) in dem Sinne in freier Variation* stehen, daß bei Ersetzung des einen durch den anderen in der gleichen phonetischen Umgebung die Typ-Exemplar-Identität der resultierenden Formen erhalten bleibt. Von solchen Sprachen würden wir nicht sagen, daß es dort ein *p*-Phonem und ein *b*-Phonem gibt, sondern eher, daß es ein Phonem gibt (man kann es benennen wie man will; hier spielen rein praktische Gründe eine Rolle), das entweder als *p*-Laut oder als *b*-Laut realisiert werden kann. Es gibt auch Sprachen, in denen das, was wir phonetisch als einen *p*-Laut in den Lautkontinua identifizieren können, nur am Ende der Form vorkommt, und das, was wir phonetisch als *b*-Laut identifizieren können, nur am Anfang. In diesem Fall werden wir sie nicht als freie Varianten betrachten, sondern als positionsgebundene Varianten (Allophone*, um den Terminus technicus zu verwenden) desselben Phonems: d. h. als Realisierungen desselben Phonems.

Wenn man das Inventar der Phoneme einer Sprache aufstellt, dann ist die Frage entscheidend, ob die Einheiten des phonetischen Komplexes, die mit den Phonemen korreliert sind, in einer Beziehung des funktionalen Kontrastes* stehen oder nicht. Jede Sprache macht eine mehr oder weniger andere und im Prinzip einzigartige Menge von Unterscheidungen im Lautkontinuum und macht diese funktional, indem sie sie benutzt, um die Exemplare verschiedener Worttypen und Äußerungstypen zu unterscheiden. Wir sagten bereits, daß eine linguistische Einheit ein Punkt in einer relationalen Struktur ist, und daß sie sowohl ihr Wesen als auch ihre Existenz aus ihren Beziehungen zu anderen Einheiten im gleichen Sprachsystem herleitet. Was mit dieser zugegebenermaßen ziemlich abstrakten Aussage gemeint ist, sollte jetzt, was die Phonologie betrifft, etwas deutlicher geworden sein. Ein Phonem ist ein abstraktes theoretisches Konstrukt, das als Ort der funktionalen Kontraste und Äquivalenzen, die zwischen Mengen von Formen bestehen, postuliert wird. Jedes Phonem ist mit einer Menge von positionsgebundenen phonetischen Varianten assoziiert (und einem Bereich von zulässiger Variation innerhalb jeder phonetischen Variante). Aber es ist nicht selbst eine physikalisch identifizierbare Einheit. Darüber hinaus können wir die Aufstellung des phonemischen Inventars einer Sprache nicht stückweise vornehmen: z. B. indem wir zuerst entscheiden, daß es ein *p*-Phonem gibt, dann, daß es ein *b*-Phonem gibt usw. Wir sagen, daß es ein *p*-Phonem und ein *b*-Phonem gibt, weil es eine Beziehung des funktionalen Kontrastes zwischen Paaren von

Formen gibt, und wir postulieren zwei verschiedene Phoneme als Terme dieser funktionalen Beziehung. In der Sprachanalyse sind die im Sprachverhalten beobachtbaren Relationen des Kontrastes und der Äquivalenz den Einheiten, die der Linguist als Schnitt- und Endpunkte dieser Relationen in seinem deskriptiven Modell des Sprachsystems postuliert, methodologisch vorgängig. Dies ist eines der Grundprinzipien des Strukturalismus.

Bevor wir mit der Darstellung fortfahren, sollten wir vielleicht einem möglichen Mißverständnis bezüglich eines Punktes vorbeugen. Wenn der Strukturalist sagt, daß jede Sprache eine einzigartige Menge von Unterscheidungen im Lautkontinuum macht und diese funktional macht, dann impliziert dies nicht notwendigerweise, daß es keine allgemeinen oder sogar universalen Selektionsprinzipien gibt, die die phonologische Struktur der Sprachen bestimmen. Es ist wahr, daß viele Strukturalisten die Ansicht vertreten haben, daß die Wahl einer bestimmten Menge von phonologischen Distinktionen in bestimmten Sprachen vollkommen arbiträr ist. Aber diese Ansicht, die als Relativismus* charakterisiert werden kann (im Unterschied zu den stärkeren oder schwächeren Versionen des Universalismus*: siehe unten) ist nicht essentiell für den Strukturalismus. Es ist zweifellos der Fall, daß bestimmte phonetische Unterscheidungen in den Sprachen der Welt häufiger funktional gemacht werden als andere, ebenso wie auch bestimmte grammatische und semantische Unterscheidungen. Worin auch immer der historische Zusammenhang zwischen Relativismus und zumindest bestimmten Versionen des Strukturalismus bestanden haben mag, die Prinzipien der strukturellen Linguistik, wie sie hier dargestellt werden, sind zumindest in gewisser Weise mit dem Universalismus kompatibel, obgleich sie ihn nicht implizieren.

Was für das phonologische System einer Sprache gilt, gilt auch für ihre grammatische Struktur. Jedes Element einer grammatischen Kategorie (z. B. Vergangenheit in der deutschen Kategorie Tempus oder Plural in der Kategorie Numerus) kontrastiert mit anderen Elementen derselben Kategorie. Verschiedene Sprachen treffen sozusagen eine verschiedene Auswahl aus der Menge möglicher Distinktionen, die gemacht werden könnten, und grammatikalisieren sie (d. h. sie machen sie grammatisch funktional) in bezug auf solche Kategorien wie Tempus, Numerus, Genus, Kasus, Person, Proximität, Sichtbarkeit, Form, Belebtheit usw. und gruppieren Wörter in solche Klassen, die wir traditionell als Wortklassen bezeichnen. Diese Kategorien und Wortklassen werden kombiniert, um Sätze nach bestimmten Regeln oder Prinzipien zu bilden, die innerhalb bestimmter Grenzen von einer Sprache zur anderen variieren. Wie wir in einem späteren Kapitel (10.2) sehen werden, gibt es bestimmte Probleme, die mit dem Begriff der Grammatikalisierung*, der hier angesprochen wird, zusammenhängen: Probleme, die durch verschiedene Vorstellungen über die Reichweite der Grammatik entstehen. Aber der Hauptpunkt, um den es in diesem Abschnitt geht, wird von gegenwärtigen Kontroversen über solche Fragen in der Linguistik nicht berührt.

Die Einheiten der grammatischen Beschreibung leiten ihre linguistische Gültigkeit von dem Ort, den sie in einem Netzwerk funktionaler Beziehungen einnehmen, her und können nicht unabhängig von diesen wechselseitigen Beziehungen identifiziert werden.

Das, was bereits in bezug auf das Verhältnis von Phonologie und Grammatik gesagt wurde, gilt auch für die lexikalische* Struktur der Sprachen (d. h. die Struktur ihres Wortschatzes). Der naive monolinguale Sprecher des Deutschen (oder irgendeiner anderen Sprache) könnte geneigt sein zu glauben, daß die Bedeutungen der Lexeme (ihr Sinn und ihre Denotation) von der Sprache, die er zufällig spricht, unabhängig sind und daß es bei der Übersetzung von einer Sprache in eine andere nur darum geht, die Lexeme zu finden, die die gleiche Bedeutung in der anderen Sprache haben, die grammatisch angemessenen Formen auszuwählen und sie in der richtigen Reihenfolge zusammenzusetzen. Aber dies ist nicht der Fall, wie jeder, der irgendeine praktische Erfahrung im Übersetzen hat, sehr wohl weiß.[3] Erstens besteht das offensichtliche Problem, daß zwei oder mehrere Bedeutungen mit homonymen* Lexemen in der einen Sprache verbunden sein können, aber nicht in der anderen (cf. 13.4). Es kann sein, daß wir nicht in der Lage sind, einen bestimmten Satz zu übersetzen, weil wir nicht wissen, welches der Homonyme in dem Signal enkodiert ist und vom Sprecher übermittelt wird. Den französischen Satz ‚Je vais prendre ma serviette‘ kann man z. B. ins Deutsche übersetzen als ‚Ich gehe und hole mein Handtuch‘ oder ‚Ich gehe und hole meine Aktentasche‘ (oder ‚Ich gehe und hole meine Serviette‘ und noch auf verschiedene andere Weisen) und zwar wegen der Homonymie, die zwischen ‚serviette$_1$‘ und ‚serviette$_2$‘ besteht. (Eigentlich ist nicht deutlich, ob dies ein Fall von Homonymie oder Polysemie* ist, da die Kriterien aufgrund derer vortheoretisch zwischen Homonymie und Polysemie unterschieden wird, nicht deutlich sind (cf. 13.4). Aber dies ist für das hier Gesagte irrelevant.) Übersetzungsprobleme, die als Folge von Homonymie (oder Polysemie) auftreten, sprechen weder für noch gegen den Strukturalismus in der Semantik. Wenn die Ambiguität durch den Kontext, in dem der Satz geäußert wird, aufgelöst wird, dann kann er vom Hörer richtig interpretiert und im Prinzip richtig in eine andere Sprache übersetzt werden.

Von größerem theoretischen Interesse ist die Tatsache, daß eine Sprache eine Bedeutung lexikalisieren* kann (d. h. ein Wort für eine Bedeutung bereitstellen kann), die in der anderen Sprache nicht lexikalisiert ist. In den trivialsten Fällen kann dies einfach daran liegen, daß die Sprache, der das Lexem für eine bestimmte Bedeutung fehlt, in einem Teil der Welt gesprochen wird, in dem ein bestimmtes Objekt oder eine Klasse von Objekten nicht existiert. Es wäre z. B. nicht erstaunlich, wenn man feststellen würde, daß es in einer Sprache von Äquatorialafrika kein Wort für „Schnee“ gibt. Weniger trivial als ein Beispiel wie dieses, aber grundsätzlich ähnlich sind Fälle, bei denen eine Sprache Lexeme bereitstellt für einen Artefakt, eine soziale Institution oder einen abstrakten Begriff, für den es aus kulturell erklärbaren Gründen in einer anderen Sprache kein lexikalisches Äquivalent gibt. Es gibt z. B. viele Sprachen, in denen es einem schwerfallen würde, ‚Klavier‘, ‚Sakrament‘, ‚Gerechtigkeit‘ oder sogar ‚Familie‘ zu übersetzen. Auch in solchen Fällen können wir sagen, daß der Sprache ein Wort für eine bestimmte Bedeutung fehlt, weil die Welt, in der die Sprache normalerweise verwendet wird (in einem etwas weiteren Sinn von ‚Welt‘) nichts enthält, auf das das Wort sich beziehen könnte. Im Verlauf der Geschichte und Vorgeschichte haben Sprachen ihre lexikalischen Mängel in dieser Hinsicht ausgeglichen, indem sie, wenn eine Kultur von einer anderen beeinflußt wurde und von ihr Waren verschiedener Art, soziale Institutionen, religiöse und juristische Begriffe usw. übernahm, Wörter aus der anderen Sprache borgte (cf. ‚Restaurant‘, ‚Pommes frites‘, ‚Wodka‘ usw.) oder – seltener –, indem eine neue Bedeutung mit einem bereits existierenden Lexem assoziiert wurde. Die Tatsache, daß eine Sprache eine Bedeutung lexikalisiert, die eine andere aus den Gründen, die in diesem Paragraph erwähnt wurden, nicht lexikalisiert, ist seit Jahrhunderten bekannt und wurde schon immer von Gelehrten diskutiert; diese Tatsache selbst ist, wie die Art der Ambiguität, die durch Homonymie und Polysemie verursacht wird, sowohl mit einer strukturalistischen als auch mit einer nicht-strukturalistischen Bedeutungstheorie kompatibel.

Es gibt jedoch einen unter theoretischen Gesichtspunkten interessanteren Grund dafür, daß das, was vage Wort-für-Wort-Übersetzung genannt wird, im allgemeinen unbefriedigend und häufig unmöglich ist, nämlich den, daß die Grenzen zwischen den Bedeutungen dessen, was auf den ersten Blick semantisch äquivalente Wörter in verschiedenen Sprachen zu sein scheinen, inkongruent* sein können und dies sehr oft auch sind. Die Frage, worin eigentlich die semantische Äquivalenz zwischen Lexemen verschiedener Sprachen besteht, ist komplex und umstritten; sie hängt letztlich von der kulturellen Äquivalenz von Objekten, Institutionen und Situationen ab. Zweisprachige Sprecher, die mit dem kulturellen Kontext, in dem zwei Sprachen gesprochen werden, ausreichend vertraut sind, werden oft, wenn nicht sogar immer, über die semantische Äquivalenz oder Nicht-Äquivalenz von Lexemen einig sein. Ihre Urteile über semantische Äquivalenz sind in den meisten Fällen rein intuitiv; aber insoweit sie intersubjektiv konsistent und zuverlässig sind, können sie als Teil der Daten, denen in der deskriptiven und theoretischen Semantik Rechnung getragen werden muß, angesehen werden (cf. 1.6). Wenn bilinguale Sprecher der zwei Sprachen der Meinung sind, daß ein Lexem der Sprache A (in einer seiner Bedeutungen) (ungefähr) die gleiche Bedeutung hat wie ein Lexem der Sprache B (in einer seiner Bedeutungen), dann können wir sagen, daß die zwei Lexeme (in ihren relevanten Bedeutungen) in bezug auf ihre Anwendbarkeit* (ungefähr) äquivalent sind: sie können auf die gleichen Dinge oder in den gleichen Situationen angewendet werden (cf. 7.4). Da die Denotation in der Anwendbarkeit enthalten ist, können wir die denotationelle Äquivalenz oder Nicht-Äquivalenz von Lexemen zwischen Sprachen als Teil ihrer Äquivalenz oder Nicht-Äquivalenz in der Anwendbarkeit ansehen. Aber die denotationelle Äquivalenz ist relativ unabhängig vom kulturellen Kontext; sie ist daher der experimentellen Überprüfbarkeit zugänglicher als andere Aspekte der Anwendbarkeit, und sie kann für unseren gegenwärtigen Zweck ausreichend diskutiert werden, ohne vorgängige Festlegungen über kontroverse Fragen der kulturellen Äquivalenz von Objekten, Institutionen und Situationen. Wenn wir über die semantische Äquivalenz von Lexemen zwischen Sprachen in diesem Abschnitt sprechen, werden wir unsere Aufmerksamkeit auf die denotationelle Äquivalenz beschränken.

Wir wollen zunächst nur ein Beispiel für die Schwierigkeiten anführen, die bei Übersetzung aus einer Sprache in eine andere aufgrund der denotationellen Nicht-Äquivalenz von Lexemen in den zwei Sprachen entstehen. Nehmen wir an, wir würden gebeten, den englischen Satz ‚The cat sat on the mat' ins Deutsche zu übersetzen. Wir beschäftigen uns nicht mit den Problemen, die sich aus den Unterschieden der grammatischen Strukturen des Englischen und des Deutschen ergeben; noch weniger mit der Schwierigkeit, den Rhythmus und den Binnenreim (zwischen *cat* und *mat*) zu erhalten. Aber es kann nebenbei erwähnt werden, daß das Deutsche die Unterscheidung zwischen Sitzen und Sich-setzen obligatorisch grammatikalisiert (so daß ‚Sitzen' und ‚sich setzen' zwei verschiedene prädikative Ausdrücke wären). Unterschiede in der Kategorie des Tempus in den zwei Sprachen könnten uns veranlassen (für das Standarddeutsch), bei der Wahl zwischen *setzte sich, ist gesessen* und *saß* zu zögern. Aber wie übersetzen wir den Ausdruck ‚the cat'? Als ‚die Katze', weil wir wissen, daß das Tier, auf das wir uns beziehen, weiblich ist oder weil wir über sein Geschlecht nichts wissen oder es uns nicht interessiert? Oder als ‚der Kater', weil wir wissen, daß es männlich ist? (Wir wollen annehmen, daß ‚the cat' in dem englischen Satz sich auf ein Mitglied der Art *felis domestica* bezieht: es gibt natürlich andere mögliche Interpretationen.) Die Tatsache, daß im Deutschen ‚Kater' für eine männliche Katze verwendet wird, von der man weiß, daß sie männlich ist, wohingegen im Englischen nicht notwendigerweise ein Ausdruck wie ‚tomcat' unter den gleichen Umständen verwendet wird, bedeutet, daß ‚cat' und ‚Katze' denotationell nichtäquivalent sind. Dies ist ein relativ triviales Beispiel für denotationelle Nicht-Äquivalenz. Aber es ist typisch für viele derartige Unterschiede zwischen der Denotation von ungefähr äquivalenten Wörtern im Englischen und Deutschen. Die Übersetzung von ‚the mat' ist interessanter. Ist eine Fußmatte gemeint oder ein Bettvorleger oder eine kleine Brücke – um verschiedene andere Möglichkeiten gar nicht zu erwähnen? Es gibt eine Menge von Lexemen im Englischen, ‚mat', ‚rug', ‚carpet' usw., und eine Menge von Lexemen im Deutschen, ‚Matte', ‚Vorleger', ‚Brücke' usw., und keines der deutschen Wörter hat die gleiche Denotation wie irgendeines der englischen Lexeme.

Jede Menge von Lexemen teilt oder kategorisiert auf verschiedene Weise einen bestimmten Teil des Universums der Möblierung, und die zwei Systeme der Kategorisierung sind unvergleichbar. Daraus folgt natürlich nicht, daß wir in der Praxis Wörter wie ‚mat' nicht befriedigend ins Deutsche übersetzen können. Denn wenn wir übersetzen, dann legen wir, so gut, wie wir es aus dem Kontext können, fest, wie die Objekte, auf die wir uns beziehen, unter Rückgriff auf ein mehr oder weniger ähnliches, aber häufig inkongruentes System von Unterscheidungen kategorisiert würden; und es ist sehr häufig unwesentlich, daß wir mangels jeglicher Information im Kontext, die die Frage in der einen oder anderen Weise beantworten würde, gezwungen sind, zwischen Alternativen in arbiträrer Weise zu entscheiden.

Es ist nur zu leicht, sich der Schwierigkeiten beim Übersetzen von einer Sprache in eine andere bewußt zu sein und dennoch die theoretischen Implikationen der Fakten, durch die diese Schwierigkeiten entstehen, zu unterschätzen oder sie vollkommen zu übersehen. Wie wir im vorangegangenen Kapitel gesehen haben, ist die Denotation eines Lexems durch die Sinnrelationen, die zwischen ihm und anderen Lexemen in derselben Sprache bestehen, eingeschränkt (cf. 7.6). Die Denotation von ‚mat' ist im Englischen durch ihren Sinnkontrast mit ‚rug' und ‚carpet' beschränkt; die Denotation von ‚Matte' ist durch ihren Sinnkontrast mit ‚Teppich' und anderen Lexemen beschränkt. Wir könnten nicht vernünftigerweise sagen, daß ‚mat' zwei Bedeutungen hat, weil es mittels zweier nicht-synonymer Lexeme ‚Teppich' und ‚Vorleger' ins Deutsche übesetzbar ist; oder daß ‚Teppich' zwei Bedeutungen hat, weil man es ins Englische mittels dreier nicht synonymer Lexeme ‚rug', ‚carpet' und ‚mat' übersetzen kann. Die Bedeutungen der Wörter (ihr Sinn und ihre Denotation) sind der Sprache, der sie angehören, eigentümlich. Dies ist, was den Wortschatz der Sprachen angeht, gemeint, wenn wir sagen, daß jede Sprache ihre eigene semantische Struktur hat, ebenso wie sie ihre eigene grammatische und phonologische Struktur hat.

8.2. Die Saussureschen Dichotomien

Wir werden auf die strukturalistische Konzeption des Wortschatzes in späteren Abschnitten zurückkommen. An dieser Stelle ist es angemessen, vier Saussuresche Unterscheidungen anzuführen, die bei der Entwicklung des Strukturalismus von großer Bedeutung gewesen sind.

Die erste ist die Unterscheidung zwischen langue* und parole*. Darüber braucht nur wenig gesagt zu werden, da im wesentlichen die gleiche Unterscheidung bereits in bezug auf das Sprachverhalten (parole) und das Sprachsystem (langue) gemacht wurde, das dem Sprachverhalten einer bestimmten Sprachgemeinschaft zugrunde liegt (cf. 1.6). Es gibt keine allgemein akzeptierten Äquivalente für Saussures ‚langue' und ‚parole': wir werden weiterhin

die Termini Sprachsystem* und Sprachverhalten* verwenden. Saussures
Lehre in bezug auf das Sprachsystem ist in gewisser Hinsicht unklar; und das
genaue Wesen der Unterscheidung, die er machen wollte, ist dann auch
Gegenstand vieler Kontroversen gewesen.[4] Er betonte den überindividuellen
und sozialen Charakter des Sprachsystems (wobei er weitgehend auf Durk-
heim zurückgriff); dennoch bestand er auch darauf, daß es eine psychologische Gültigkeit habe, da es im Gehirn eines jeden Mitglieds der Sprachgemeinschaft gespeichert sei. Wir brauchen hier auf diese Einzelheiten nicht
einzugehen. Die Linguisten werden sich über den Grad der Abstraktion und
Idealisierung, die mit dem Postulat eines zugrundeliegenden relativ einheitlichen Sprachsystems verbunden ist, streiten; viele von ihnen werden leugnen,
daß das System, das sie postulieren, als solches in den Gehirnen der muttersprachlichen Sprecher der Sprachen, die sie beschreiben, internalisiert ist.
Aber die meisten Linguisten machen heutzutage irgendeine Unterscheidung
zwischen Sprachverhalten und dem System der Einheiten und Relationen,
das dem Verhalten zugrunde liegt.

Die zweite Saussuresche Unterscheidung ist die zwischen Substanz* und
Form*. In Anbetracht der Tatsache, daß ‚Form' vielfach in der Linguistik in
anderen Bedeutungen verwendet wird (cf. 1.5), werden wir dafür in dieser
Diskussion den alternativen Terminus Struktur* einsetzen. Der Saussuresche
Begriff der Substanz ist dem aristotelischen und scholastischen Begriff der
Materie eng verwandt. (‚Substanz' hat in der philosophischen Tradition, die
von Aristoteles stammt, eine ganz andere Bedeutung, aber der Ausdruck ist
jetzt in der Linguistik im Saussureschen Sinne wohletabliert.) In moderner
wissenschaftlicher und umgangssprachlicher Verwendung denotiert ‚Materie' etwas, das eine raum-zeitliche Ausdehnung hat. Wir müssen von dieser
spezielleren Implikation des Terminus bei unserer Interpretation des Saussureschen Begriffs der Substanz abstrahieren. Um ein traditionelles Beispiel zu
nehmen: wenn ein Bildhauer aus einem Marmorblock eine Statue formt,
dann nimmt er etwas, das wir uns für den gegenwärtigen Zweck als formlos
und in seiner internen Struktur undifferenziert vorstellen können; durch den
Prozeß des Bildhauens gibt er ihm eine bestimmte und einzigartige Form, so
daß der Block z. B. zu einer Statue von Apollo oder Pegasus wird. Als Substanz betrachtet, stellt der Marmor potentiell mehrere Dinge dar, aber in
Wirklichkeit ist er keines; er wird zu einem bestimmten Ding, und nicht zu
einem anderen, dadurch, daß dem undifferenzierten Substrat eine bestimmte
Struktur und nicht eine andere gegeben wird.

Genauso ist es, so sagt Saussure, mit der Sprache. Aber Sprachen sind das
Ergebnis der Strukturgebung von zwei Substanzarten: Laut und Denken. Die
phonologische Zusammensetzung einer Wortform ist ein Komplex von Phonemen, von denen jedes, wie wir gesehen haben, sein Wesen und seine Existenz aus der Struktur herleitet, die dem Lautkontinuum (d. h. der Lautsubstanz) durch das Sprachsystem gegeben wird. Die Bedeutung eines Lexems

entsteht dadurch, daß dem sonst nebulösen und ungeformten Denkkontinuum eine Struktur gegeben wird. Die Unterscheidung zwischen Substanz und Struktur ist für den Saussureschen Strukturalismus essentiell. Nicht alle Strukturalisten haben jedoch die Bedeutungssubstanz so betrachtet wie Saussure. Viele Gelehrte haben sprachliche Bedeutung unter Rückgriff auf die Kategorisierung der Realität oder der externen Welt beschrieben und nicht dadurch, daß einer begrifflichen Substanz eine Struktur gegeben wird. Strukturalismus kann sowohl mit der Phänomenologie als auch mit dem Idealismus assoziiert sein oder aber explizit von beiden dissoziiert sein.[5] Wir wollen auf diese verschiedenen Interpretationen des Bedeutungssubstrats nicht eingehen. An dieser Stelle soll nur erwähnt werden, daß die Gültigkeit der Unterscheidung zwischen Substanz und Struktur in der Semantik viel umstrittener ist als in der Phonologie.

Die dritte der Saussureschen Dichotomien hat mit den Beziehungen zu tun, die zwischen Einheiten im Sprachsystem bestehen. Es gibt zwei Arten dieser Beziehungen: paradigmatische* und syntagmatische*. Die syntagmatischen Beziehungen, die eine Einheit eingeht, sind diejenigen, die sie aufgrund ihrer Kombination (in einem Syntagma* oder einer Konstruktion) mit anderen Einheiten der gleichen Ebene* eingeht. Das Lexem ‚alt‘ steht z. B. mit dem definiten Artikel ‚der‘ und dem Nomen ‚Mann‘ in dem Ausdruck ‚der alte Mann‘ syntagmatisch in Beziehung; der Buchstabe *u* steht mit *h* und *t* in der geschriebenen Wortform *Hut* in syntagmatischer Beziehung. Worauf es ankommt ist, daß syntagmatische Relationen, obgleich sie sozusagen im Sprachverhalten aktualisiert werden, nichtsdestoweniger Teil des Sprachsystems sind. Die Tatsache, daß *der alte Mann* in deutschen Äußerungen als grammatisch korrekter Ausdruck (als Form des Ausdrucks ‚der alte Mann‘) vorkommen kann, ist bedingt durch die Tatsache, daß die Teillexeme solchen Wortklassen angehören, deren kombinatorische Möglichkeiten im zugrundeliegenden Sprachsystem determiniert sind. Die Form *der alte Mann* ist nur eine aus einer ganzen Menge von Formen, *der junge Mann, der große Mann, die junge Frau* usw., die alle als Nominalphrasen mit der internen Struktur Artikel plus Adjektiv plus Substantiv beschrieben werden können. Die Tatsache, daß der Ausdruck ‚der alte Mann‘ eine semantisch akzeptable Kollokation* im Deutschen ist (wohingegen ‚der zylindrische Kubus‘ dies z. B. nicht ist), ist bedingt durch die Bedeutung, die mit den Teillexemen im Sprachsystem assoziiert ist. Über syntagmatische Relationen in der Grammatik und Semantik werden wir später noch mehr zu sagen haben.

Die paradigmatischen* Beziehungen, die Einheiten eingehen, sind diejenigen, die zwischen einer bestimmten Einheit in einem bestimmten Syntagma und anderen Einheiten, die für diese in dem Syntagma einsetzbar sind, bestehen. ‚Alt‘ steht z. B. in paradigmatischer Relation zu ‚jung‘, ‚groß‘ usw. in Ausdrücken wie ‚der alte Mann‘, ‚der junge Mann‘, ‚der große Mann‘ usw. ebenso wie ‚Mann‘ in paradigmatischer Beziehung zu ‚Frau‘, ‚Hund‘ usw. in

Ausdrücken wie ‚der alte Mann‘, ‚die alte Frau‘, ‚der alte Hund‘ usw. steht. In ähnlicher Weise sind die Buchstaben *u, a* und *i* miteinander in den Wortformen *Hut, hat* und *Hit* austauschbar.

Dies ist alles ganz einleuchtend, wenn es erst einmal explizit gemacht wird. Der theoretisch wichtige Aspekt besteht darin, daß die Struktur des Sprachsystems auf jeder Ebene durch die komplementären Prinzipien der Selektion und Kombination bedingt ist. Die Menge von paradigmatisch verwandten oder austauschbaren Einheiten, die in einer Position vorkommen können, unterscheidet sich typischerweise von der Menge der Einheiten, die in einer anderen Position vorkommen können. Wir identifizieren Einheiten aufgrund ihres möglichen Vorkommens in bestimmten Syntagmen; durch die Selektion eines Elementes statt eines anderen ergibt sich nämlich ein anderes Syntagma. Ein Sprachsystem zu beschreiben bedeutet, sowohl die Zugehörigkeit zu paradigmatischen Klassen als auch die Möglichkeiten der Kombination der einen Klasse mit einer anderen in wohlgeformten Syntagmen zu spezifizieren. Von diesem Gesichtspunkt aus betrachtet kann man annehmen, daß Sprachen auf jeder Analyseebene zwei Strukturdimensionen oder Strukturachsen haben; jede Einheit hat ihren Platz an einem oder mehreren Punkten in der zweidimensionalen Struktur.

Die Selektion einer Einheit statt einer anderen aus einer Klasse von paradigmatisch verwandten Einheiten ist für den Begriff der Information* (sowohl der Signalinformation* als auch der semantischen Information*), die in einem vorangegangenen Kapitel (2.3) diskutiert wurde, relevant. Was die semantische Information betrifft, so ist die Möglichkeit der Selektion einer Einheit statt einer anderen (und in den meisten Fällen seine Kombination mit anderen bedeutungsvollen Einheiten entsprechend den Regeln des Signalsystems) eine Voraussetzung für die mögliche Übermittlung verschiedener Nachrichten innerhalb des jeweiligen Signalsystems. Paradigmatisch verwandte Einheiten sind jedoch nicht notwendigerweise bedeutungsverschieden; es kann sein, daß die Selektion eines Lexems statt eines anderen keinen Effekt auf die Nachricht, die übermittelt wird, hat. In diesem Fall können wir sagen, daß die austauschbaren Lexeme vollständig synonym* sind. Die Selektion des einen statt eines anderen kann die soziale oder expressive Bedeutung der Äußerung verändern, aber ihre deskriptive Bedeutung kann erhalten bleiben (wenn sie eine deskriptive Bedeutung hat): in diesem Fall können wir sagen, daß die austauschbaren Lexeme deskriptiv synonym* sind (d. h. daß sie die gleiche Bedeutung haben). Paradigmatisch verwandte Lexeme, die sich in ihrer Bedeutung unterscheiden, brauchen semantisch nicht verwandt zu sein (z. B. ‚alt‘ und ‚groß‘ in Syntagmen wie ‚der alte Mann‘ und ‚der große Mann‘); sie können aber auch semantisch in verschiedener Weise verwandt sein. Ihrer Bedeutung nach können sie inkompatibel* sein (z. B. ‚blau‘ und ‚grün‘) oder nicht nur inkompatibel, sondern auch antonym* (z. B. ‚alt‘ und ‚jung‘ in bestimmten Syntagmen und ‚alt‘ und ‚neu‘ in anderen). Das eine kann ein Hyponym* des anderen sein (z. B. ‚Katze' und ‚Tier') oder die Konverse* des anderen (z. B. ‚Elternteil' und ‚Kind'). Diese und andere paradigmatische Sinnrelationen werden wir in Kapitel 9 im einzelnen diskutieren. Die hier gegebene informelle Exemplifizierung sollte ausreichend sein, um anzudeuten, was mit paradigmatischen Sinnrelationen in der lexikalischen Struktur einer Sprache gemeint ist.

Ein weiterer Punkt sollte hier in bezug auf die lexikalische Struktur betont werden. Wenn wir die Bedeutungsunterschiede, die in bestimmten Sprachsystemen lexikalisiert werden, betrachten, dann sehen wir, daß es häufig der Fall ist, daß eine Sprache in einen einzelnen lexikalischen Ausdruck Information hineinsteckt (d. h. paradigmatisiert), die in einer anderen Sprache, wenn sie überhaupt in dem System übertragen werden kann, durch eine Kollokation übertragen werden muß (d. h. durch syntagmatische Modifikation). Im Türkischen gibt es z. B. kein Wort mit der Bedeutung „Bruder" und kein Wort mit der Bedeutung „Schwester"; das Lexem ‚kardeş' deckt beides ab, und es muß mit anderen Lexemen kombiniert werden, damit die Unterscheidung zwischen „Bruder" und „Schwester" gemacht werden kann (die im Deutschen lexikalisiert ist). Andererseits gibt es Sprachen, in denen die Unterscheidung zwischen „älterer Bruder" und „jüngerer Bruder" lexikalisiert ist. Es ist bekannt, daß es in der Eskimosprache kein Wort für „Schnee" gibt, sondern eine Anzahl verschiedener Lexeme, die verschiedene Arten von Schnee denotieren; ferner daß das Arabische kein Lexem mit der Bedeutung „Kamel" kennt, sondern ebenfalls eine Vielzahl von Wörtern für verschiedene Arten von Kamelen. Unterschiede in der lexikalischen Struktur, wie die genannten, führten gelegentlich zu recht ausgefallenen Spekulationen über Unterschiede in der Mentalität von Sprechern verschiedener Sprachen; sie können ruhig außer acht gelassen werden. Es scheint jedoch der Fall zu sein, daß bestimmte Sprachen dazu neigen, jene Bedeutungsunterschiede zu lexikalisieren, die wichtig sind, und die am häufigsten in den Kulturen, in denen die jeweiligen Sprachen gesprochen werden, gemacht werden; dies ist auch kaum erstaunlich. Worauf es im gegenwärtigen Zusammenhang ankommt, ist, daß die Lexikalisierung den Effekt hat, Information aus der syntagmatischen in die paradigmatische Dimension zu übertragen.

Über die vierte Saussuresche Unterscheidung brauchen wir an dieser Stelle nur wenig zu sagen: der Unterscheidung zwischen der synchronen* und der diachronen* Untersuchung der Sprachen. Mit der synchronen Sprachanalyse ist die Untersuchung einer Sprache, wie sie zu einem bestimmten Zeitpunkt ist oder gewesen ist, gemeint; unter der diachronen Analyse einer Sprache ist die Untersuchung von Veränderungen in der Sprache zwischen zwei bestimmten Zeitpunkten zu verstehen. Wenn wir die Unterscheidung zwischen Diachronie und Synchronie strikt anwenden, dann wollen wir sagen, daß die Vorstellung, eine Sprache (z. B. das Deutsche) existiere über die Jahrhunderte hindurch (etwa von der Zeit Notkers bis zum heutigen Tag), ein Irrtum ist.

Was dem Sprachverhalten von Menschen, die zu verschiedenen Zeiten leben, zugrunde liegt, sind jeweils verschiedene Sprachsysteme; jedes dieser Systeme kann synchron unabhängig von den anderen untersucht werden, und die diachrone Linguistik kann untersuchen, wie ein früheres System sich in ein späteres verwandelt. Wie wir später sehen werden, ist Sprachwandel nur ein Aspekt der Sprachvariation; die Dimensionen der Sprachvariation sind sowohl geographischer und sozialer als auch zeitlicher Art (cf. 14.5). Wenn wir davon sprechen, daß eine Sprachgemeinschaft an einem bestimmten Ort zu einem bestimmten Zeitpunkt existiert, dann verwenden wir den Terminus ‚Zeitpunkt' nicht in wörtlicher Bedeutung. Es wäre absurd, sich vorzustellen, daß Sprachen sich über Nacht veränderten oder auch von einem Jahr zum nächsten (mit Ausnahme des Erwerbs einer kleinen Anzahl von Lexemen, die neu erfundene oder importierte Objekte und Institutionen denotieren). Das synchrone Sprachsystem ist ein theoretisches Konstrukt des Linguisten; und es beruht auf einer mehr oder weniger absichtlichen und bis zu einem gewissen Grade arbiträren Nichtbeachtung der Variationen im Sprachverhalten jener Menschen, von denen man im vortheoretischen Sinne glaubt, daß sie die gleiche Sprache sprechen. Im Grunde müssen wir zugeben, daß dem Sprachverhalten eines jeden Individuums ein etwas anderes Sprachsystem (ein anderer Idiolekt*) zugrunde liegt und daß dieser sich im Laufe der Zeit verändert. Zwei Dialekte (oder das, was wir im allgemeinen als zwei Dialekte derselben Sprache, die zur gleichen Zeit gesprochen werden, ansehen würden) können sich voneinander in signifikanterer Weise unterscheiden als zwei diachronisch verschiedene Zustände dessen, was wir als dieselbe Sprache oder denselben Dialekt ansehen würden. Die Unterscheidung zwischen den synchronen und den diachronen Dimensionen in der Sprachvariation kann vernünftigerweise nur in bezug auf Zeitabschnitte, die zeitlich recht weit auseinanderliegen, angewandt werden. In der Linguistik wie in anderen Wissenschaften müssen wir achtgeben, daß wir nicht durch die Modelle und Metaphern, die wir verwenden, um die Daten zu systematisieren und zu beschreiben, in eine falsche Richtung geleitet werden. Insbesondere sollten wir nicht glauben, daß wir, wenn wir immer kleinere Zeitintervalle zwischen aufeinanderfolgenden synchronen Zuständen einer Sprache betrachten, einer getreuen Darstellung des heraklitischen Verlaufs des Sprachwandels immer näher kommen.

Innerhalb bestimmter Grenzen läßt sich jedoch die Unterscheidung zwischen der diachronen und der synchronen Dimension der Sprache nicht nur verteidigen, sondern sie ist auch methodologisch unentbehrlich. Allzu oft haben Grammatiker und Lexikographen in der Vergangenheit Texte aus weit auseinanderliegenden Zeitabschnitten genommen und sie als Beispiele für dieselbe Sprache verwendet. Ein besonderes Beispiel für die Nichtbeachtung der Unterscheidung zwischen dem Diachronen und dem Synchronen in der Semantik (zusammen mit der Tatsache, daß der deskriptive und präskriptive

Gesichtspunkt bei der Diskussion einer Sprache nicht auseinandergehalten wird) ist das, was man den etymologischen Irrtum* nennen könnte: der allgemeine Glaube, daß die Bedeutungen von Wörtern durch die Untersuchung ihres Ursprungs festgestellt werden können. Die Etymologie eines Lexems ist unter synchronen Aspekten grundsätzlich irrelevant. Die Tatsache, daß z. B. das Wort ‚Elend' auf das Mittelhochdeutsche ‚Elende' mit der Bedeutung „im Ausland, in der Fremde sein" zurückgeführt werden kann, impliziert nicht, daß dies und nicht „Unglück, Jammer" seine wahre oder richtige Bedeutung im heutigen Standarddeutsch ist. Ferner können Puristen etwas gegen die Verwendung des Wortes ‚bedeutsam' mit der Bedeutung „sehr bedeutend" (und nicht „voller heimlicher Bedeutung") durch viele Sprecher des heutigen Deutsch einwenden; und der Linguist kann – als Nicht-Professioneller – ihre Abneigung gegen diese Verwendung teilen. Aber, wenn dies die Bedeutung ist, die mit dem Wort in der Sprachgemeinschaft, deren Sprache er beschreibt, assoziiert ist, dann ist dies die Bedeutung, die er ihm in seinem Modell des Sprachsystems zuschreiben muß.

Wir werden uns nicht mit der diachronen (oder historischen*) Semantik als solcher in diesem Buch befassen, höchstens ganz am Rande. In einem späteren Kapitel werden wir jedoch sehen, daß die diachrone Dimension der Sprache zusammen mit anderen Dimensionen der Sprachvariation (sozialer, geographischer und personaler) von besonderer stilistischer* Bedeutung ist; da die soziale und expressive Bedeutung, wenn nicht sogar auch die deskriptive Bedeutung eng mit Stil* verbunden ist, muß sich die synchrone Semantik mit der diachronen Variation in der Sprache befassen. Wenn wir jedoch dazu kommen, diese Frage zu diskutieren, dann kommt es darauf an, die Untersuchung der synchronen Relevanz vergangener Veränderungen einer Sprache nicht mit dem diachronen Vergleich verschiedener Sprachsysteme zu verwechseln (14.5).

8.3. *Relativismus und Funktionalismus*

Die vier Saussureschen Dichotomien, die wir kurz in dem vorangegangenen Abschnitt diskutiert haben, wurden von vielen sprachwissenschaftlichen Schulen aufgenommen und während der letzten fünfzig Jahre in verschiedener Weise weiter entwickelt und modifiziert. Wir brauchen nicht auf die verschiedenen Punkte, über die Einigkeit oder Uneinigkeit besteht, einzugehen. Aber eine weitere Konzeption sollte eingeführt werden, die, obgleich sie nicht bei Saussure zu finden ist, mit zumindest zwei der größeren europäischen Schulen des nach-Saussureschen Strukturalismus, der Prager Schule und der Kopenhagener Schule, assoziiert wurde. Dies ist die Konzeption, daß die Phoneme und die Bedeutungen von Wörtern in allen Sprachen in noch kleinere Komponenten* (oder distinktive Merkmale*) analysiert werden können, und daß, obgleich die Komplexe der Komponenten (d. h. die Phoneme und Wortbedeutungen) und die paradigmatischen und syntagmatischen Wechselbeziehungen dieser Komplexe bestimmten Sprachen eigentümlich sind, die Lautkomponenten und Bedeutungskomponenten nicht spezifisch für einzelne Sprachen sind. Nach dieser Auffassung ist weder die Lautsubstanz noch die Bedeutungssubstanz ein undifferenziertes Kontinuum, innerhalb dessen Sprachen rein arbiträre Unterscheidungen machen. Was in beiden Fällen vorliegt, so wird behauptet, ist eine Klasse potentieller Unterscheidungen, von denen eine Subklasse in jeder Sprache aktualisiert wird.

So wie diese These gerade dargestellt wurde, ist sie von der Saussureschen These über die Kontinuität der Substanz empirisch nicht unterscheidbar. Wenn man annimmt, daß es ein universelles Inventar möglicher Laut- und Bedeutungsunterscheidungen gibt, dann kann es dennoch sein, daß jede Sprache aus diesem Inventar ihre eigene einzigartige Auswahl trifft, so daß keine einzelne Unterscheidung in jeder Sprache aktualisiert ist. Die These wird jedoch als Alternative zum Saussureschen Begriff der Substanz interessanter, wenn sie mit dem weiteren Ansatz verbunden ist, daß bestimmte Laut- und Bedeutungsunterscheidungen eher aktualisiert werden als andere. Denn dieser Ansatz steht zweifellos im Gegensatz zu dem, was historisch einer der charakteristischen und herausfordernsten Aspekte des Strukturalismus in der Linguistik gewesen ist: nämlich die Tatsache, daß der Strukturalismus darauf besteht, daß die Aktualisierung bestimmter phonologischer, grammatischer und semantischer Unterscheidungen in verschiedenen Sprachsystemen vollkommen arbiträr ist. Dies kann man als die Lehre des linguistischen Relativismus* bezeichnen. Da ihr bekanntester Vertreter in neuerer Zeit Whorf (1956) gewesen ist, ist sie allgemein als Whorfianismus oder als Whorfsche Hypothese (cf. Gipper, 1972) bekannt.

Die Lehre des linguistischen Relativismus ist Gegenstand großer Kontroversen während der letzten fünfzehn oder zwanzig Jahre gewesen. Sie wurde neulich in einer besonders interessanten Weise in bezug auf die Farbwörter von Berlin und Kay (1969) angegriffen; ihre Hypothese wurde seither von anderen Gelehrten auf andere Bereiche des Wortschatzes ausgedehnt.[6] Es ist nun ein wohlbekanntes Faktum, daß eine Wort-für-Wort-Übersetzung der Farbwörter von einer Sprache in eine andere häufig unmöglich ist; einige Sprachen haben nur zwei grundlegende Farbwörter, andere haben drei oder vier, wohingegen andere, einschließlich des Deutschen, sogar elf haben; wobei die denotationellen Grenzen zwischen ungefähr äquivalenten Farbwörtern in verschiedenen Sprachen oft nicht übereinstimmen. Die Situation in bezug auf die Farbwörter ist daher typisch für das, wovon wir bereits in diesem Abschnitt sagten, daß es für den Wortschatz als Ganzen gilt; der Wortschatz der Farbwörter ist folglich oft von den Semantikern verwendet worden, um den Begriff der lexikalischen Struktur zu verdeutlichen.

Berlin und Kay behaupten, daß es elf psychophysisch definierbare Zentralpunkte oder Bereiche im Farbkontinuum gibt und daß es eine natürliche

Hierarchie unter zumindest sechs dieser Zentralbereiche gibt, die ihre Lexikalisierung in jeder Sprache bestimmt: alle Sprachen mit nur zwei grundlegenden Farbwörtern haben Wörter, deren Zentralpunkt im Bereich von schwarz und weiß liegt (und nicht z. B. im Bereich von gelb und purpur); alle Sprachen mit nur drei grundlegenden Farbwörtern haben Wörter für schwarz, weiß und rot; alle Sprachen mit nur vier grundlegenden Farbwörtern haben Wörter für schwarz, weiß, rot und entweder grün oder gelb; alle Sprachen mit nur fünf grundlegenden Farbwörtern haben Wörter für schwarz, weiß, rot, grün und gelb; und alle Sprachen mit nur sechs grundlegenden Farbwörtern haben Wörter für schwarz, weiß, rot, grün, gelb und blau. Es wird auch die Hypothese aufgestellt, allerdings in gewisser Weise rein tentativ, daß Kinder die Denotation von Farbwörtern in einer Reihenfolge lernen, die die gleiche natürliche Hierarchie widerspiegelt, wobei sie zunächst die Unterscheidung zwischen schwarz und weiß meistern, dann rot lernen, danach grün oder gelb usw.

Über die Einzelheiten dieser Hypothese läßt sich streiten.[7] Wir wollen jedoch um der Argumentation willen annehmen, daß sie im wesentlichen richtig ist. Welche Schlüsse können wir daraus ziehen?

Das erste, worauf hingewiesen werden muß – dies ist von größter Wichtigkeit –, ist, daß eine Unterscheidung zwischen der zentralen Denotation eines Lexems und seiner totalen Denotation gemacht werden muß. Zwei Sprachen können sich durchaus in bezug auf die Grenzen, die sie in einem denotationellen Kontinuum machen, unterscheiden und dennoch in bezug auf das übereinstimmen, was in der Denotation von ungefähr äquivalenten Wörtern zentral ist. Es ist nicht zu leugnen, daß die Strukturalisten in der Vergangenheit die Bedeutung der Determination von denotationellen Grenzen zwischen Wörtern überbetont haben. Darüber hinaus sollte nicht vergessen werden, daß der größte Teil der Welt, wie wir sie wahrnehmen, nicht ein undifferenziertes Kontinuum ist; und die Art, in der sie konzeptuell und linguistisch kategorisiert wird, kann sehr wohl von unserer Erkenntnis von bestimmten Zentraltypen der Farbe, der Form, der Struktur, der biologischen und sozialen Funktion usw. abhängen. Der Wortschatz der Farbwörter ist zweifellos deshalb so oft von Strukturalisten verwendet worden, um zu verdeutlichen, was mit der Strukturierung der Bedeutungssubstanz gemeint ist, weil der Begriff eines *a priori* undifferenzierten denotationellen Kontinuums in diesem Bereich des Wortschatzes (im Unterschied zu vielen anderen) leicht interpretierbar ist. Aber die Kontinuität der Farbe ist nichtsdestoweniger eine sehr komplizierte Angelegenheit. Die Welt, die durch die moderne Technologie geschaffen wurde, mit ihrer Vielfalt von Farben aller Schattierungen bei Kleidern, Möbeln, Bildern, Autos, Buchumschlägen und anderen Artefakten, ist sehr untypisch für die Welt, in der der Mensch während des größten Teils seiner Geschichte gelebt hat. Die natürliche Umgebung läßt einen Großteil des Farbraumes leer. Wenn es tatsächlich eine begrenzte Anzahl von universellen psychophysischen zentralen Farbbereichen gibt, dann scheint es plausibel zu sein, daß diese mit den charakteristischen Farben der besonders auffälligen* Objekte in der physikalischen und kulturellen Umgebung des Menschen korrelieren.

Wir können den Begriff der Auffälligkeit*, der soeben eingeführt wurde, verwenden, um die bereits in diesem Abschnitt entwickelte und im wesentlichen auf Saussure zurückgehende Version des Strukturalismus, insbesondere die Lehre der Bedeutungssubstanz, zu modifizieren. Alle Menschen, wo immer sie auch geboren sind und in welcher Kultur sie auch immer aufgewachsen sind, sind, so können wir annehmen, genetisch mit den gleichen perzeptuellen und konzeptuellen Prädispositionen ausgestattet, zumindest bis zu dem Grad, zu dem diese genetischen Prädispositionen den Erwerb der linguistisch relevanten Laut- und Bedeutungsunterscheidungen determinieren. Die bisher verfügbare Evidenz legt es nahe, daß jedes Kind, von welcher Abstammung es auch immer sein mag, fähig ist, überhaupt jede Sprache zu lernen, vorausgesetzt, daß es in einer Umgebung aufgezogen wird, in der die Sprache für alle die mannigfaltigen Aktivitäten des alltäglichen Lebens verwendet wird. Aufgrund seiner perzeptuellen und konzeptuellen Prädispositionen wird das Kind bestimmte Aspekte seiner Umgebung eher als andere wahrnehmen. Diese können als biologisch auffällig* beschrieben werden; es ist die Aufgabe der Neurophysiologie und kognitiven Psychologie zu bestimmen, wie und warum sie auffällig sind. Nach einer Hypothese wurde es für möglich angesehen, daß es eine biologisch feste Entwicklungsabfolge beim Erwerb bestimmter perzeptueller und konzeptueller Unterscheidungen gibt; wenn dies der Fall ist, dann könnte dies zumindest ein Faktor sein, der für die natürliche Hierarchie bei Laut- und Bedeutungsunterscheidungen, von denen man sagt, daß sie in allen Sprachen der Welt gefunden werden können, verantwortlich ist. Die größere Auffälligkeit der Variationen bei der Lichtstärke (zusammen mit der biologischen Bedeutung der Abfolge von Tag und Nacht im menschlichen Leben) könnte z. B. der universellen Lexikalisierung der Unterscheidung zwischen schwarz und weiß Rechnung tragen; die neurophysiologische Basis der Unterscheidung von rötlichen und grünlichen Schattierungen (d. h. die Tatsache, daß es bestimmte Zellen in der Retina gibt, die auf diese Schattierungen reagieren) könnte der beinahe universellen Lexikalisierung dieser Zentralbereiche im Farbwortschatz Rechnung tragen usw. Die Reifung des biologischen determinierten perzeptuellen und konzeptuellen Rahmens ist natürlich bedingt durch die Anwesenheit von Objekten in der Umgebung, die die passenden Eigenschaften haben; wie wir gesehen haben, kann die Assoziation eines Lexems mit seinem Denotatum durch das Kind (oder allgemeiner, mit den Objekten und Situationen, auf die es anwendbar ist) auch von der behavioristischen Verstärkung von Responses auf auffallende umgebungsbedingte Stimuli abhängen (cf. 5.4).

Die biologisch determinierte Hierarchie der perzeptuellen und konzeptuellen Unterscheidungen scheint von einer anderen Art von Auffälligkeit, die von ihr abhängt und sie ausweitet, überlagert zu sein. Diese kann kulturell bedingte Auffälligkeit* genannt werden. Jede Sprache ist in der Kultur, in der sie gesprochen wird, integriert, und ihre lexikalische Struktur (ebenso wie zumindest ein Teil ihrer grammatischen Struktur) spiegelt jene Distinktionen wider, die in der Kultur wichtig sind (oder wichtig gewesen sind). (Die Qualifikation, die durch das parenthetische „oder gewesen sind" im vorangegangenen Satz impliziert ist, soll die Möglichkeit zulassen, daß Sprachen lexikalische und grammatische Unterscheidungen vielleicht sogar über einen längeren Zeitraum beibehalten können, die nicht mehr mit den kulturellen Unterscheidungen korrelieren, auch wenn dies einmal der Fall gewesen war. Der Wortschatz der Verwandtschaftsnamen stellt viele Beispiele dafür zur Verfügung.) Durch das Aufwachsen in einer bestimmten Kultur und als Teil dieses Prozesses der Kulturanpassung werden Kinder sich der kulturell auffälligen Merkmale ihrer Umgebung bewußt; dies kann wiederum in einer hierarchisch determinierten Art geschehen. Viele Anthropologen haben behauptet, daß es kulturell bedingte Universalien gibt, ebenso wie es biologisch determinierte Universalien der Kognition gibt. Es kann sogar in vielen Fällen umöglich sein, eine Unterscheidung zwischen biologischen und kulturellen Universalien zu machen.

Wenn der Einfluß der biologischen und kulturellen Universalien auf die Festlegung der Sprachstruktur in angemessener Weise berücksichtigt ist, dann bleibt noch immer ein großer Teil der Struktur bestimmter Sprachen übrig, der bei der gegenwärtigen Sachlage nicht auf diese Weise determiniert zu sein scheint. Die strukturalistische These, daß jedes Sprachsystem einzigartig ist, wird durch die Möglichkeit, daß jedes Sprachsystem eine universelle Infrastruktur* hat, nicht ungültig. Sie wird auch nicht beeinträchtigt durch die Möglichkeit, daß die Universalien der Sprachstruktur nicht durch allgemeine biologische und kulturelle Faktoren der Art, wie sie oben erwähnt wurden, determiniert sind, sondern durch eine spezies-spezifische menschliche Fähigkeit zum Erwerb der Sprache als solcher. Der Strukturalismus ist also mit verschiedenen Arten von Universalismus* kompatibel; er impliziert nicht notwendigerweise die Annahme der Lehre des linguistischen Relativismus.

Der Strukturalismus wurde in der Linguistik des 20. Jahrhunderts oft mit dem Funktionalismus* assoziiert, besonders in den Arbeiten der Prager Schule. Mit ‚Funktionalismus' ist (im gegenwärtigen Kontext und im Verlauf dieses Buches) die Auffassung gemeint, daß die Struktur eines jeden Sprachsystems durch die besonderen Funktionen, die es zu erfüllen hat, determiniert ist. Da bestimmte menschliche und soziale Bedürfnisse universal sind, gibt es bestimmte Funktionen, die alle Sprachen erfüllen müssen; diese werden sich wohl meistens in ihrer grammatischen und lexikalischen Struktur widerspiegeln. Wir können z. B. annehmen, daß es in allen Gesellschaften Situationen gibt, in denen es notwendig ist, deskriptive Aussagen zu machen, Fragen zu stellen und Befehle zu erteilen; es ist daher nicht erstaunlich, daß die meisten Sprachen, wenn nicht sogar alle, grammatisch zwischen deklarativen, interrogativen und imperativen Sätzen unterscheiden. Alle Sprachen müssen die Mittel bereitstellen, um auf Objekte und Personen in der Äußerungssituation zu referieren; daher erklärt sich, daß in allen Sprachen eine Menge von grammatikalisierten und lexikalisierten deiktischen* Unterscheidungen, die Sätze mit Merkmalen der Äußerungssituation in Verbindung bringen (cf. 14.1), existiert. Dies sind nur zwei Beispiele für das, was mit der Determinierung der Struktur durch die Funktion gemeint ist. Vielem von dem, was der Struktur verschiedener Sprachsysteme gemeinsam ist (ebenso wie den allgemeinen Strukturmerkmalen cf. 3.4), kann in bezug auf die allgemeinen Bedingungen, die das Sprachverhalten und die Funktionen, die Sprachen häufig als Signalsysteme erfüllen müssen, Rechnung getragen werden.

Insoweit die spezifischeren semiotischen Bedürfnisse einer Gesellschaft sich von denen einer anderen unterscheiden, werden Sprachen sich wohl meist voneinander in ihrer grammatischen und lexikalischen Struktur unterscheiden. Ganz trivial gesagt (um auf einen früheren Punkt zurückzukommen) impliziert dies, daß eine Sprache kein Lexem bereitstellen wird, das irgendein Objekt oder eine Klasse von Objekten denotiert, auf das die Gesellschaft, die die Sprache verwendet, niemals Gelegenheit hat, sich zu beziehen. Allgemeiner gesagt bedeutet dies (und dies wurde ebenfalls bereits früher erwähnt), daß die grammatische und die lexikalische Struktur verschiedener Sprachen die spezifischen Interessen und Auffassungen der Kulturen, in denen sie verwendet werden, wohl meist widerspiegeln werden. Dies bedeutet jedoch nicht, daß jeder grammatischen und lexikalischen Unterscheidung irgendeine wichtige Unterscheidung in den Denkmustern der Gesellschaft, die die Sprache verwendet, entsprechen muß. Es ist nicht gerechtfertigt, Schlüsse über Unterschiede in der Weltanschauung allein aufgrund von Unterschieden in der linguistischen Struktur zu ziehen; die kulturellen und linguistischen Unterschiede müssen unabhängig identifizierbar sein, bevor Beziehungen festgestellt werden können.

8.4. Semantische Felder

Was heutzutage als Theorie der semantischen Felder* (oder Feldtheorie*) bekannt ist, wurde zuerst von einer Anzahl von deutschen und schweizerischen Gelehrten in den 20er und 30er Jahren dieses Jahrhunderts entwickelt: insbesondere von Ipsen (1924), Jolles (1934), Porzig (1934), Trier (1934). Ihr Ursprung kann jedoch zumindest bis zur Mitte des 19. Jahrhunderts zurückverfolgt werden (cf. Geckeler, 1971: 86 ff) und ganz allgemein auf die Ideen von Humboldt (1836) und Herder (1772). Es ist hier nicht möglich, eine umfangreiche Behandlung der Feldtheorie zu liefern; es kann auch kein

Überblick über die sehr umfangreiche Menge der deskriptiven, auf dieser Theorie beruhenden Arbeiten gegeben werden, die in den letzten 40 Jahren erschienen sind. Diese Aufgabe wurde bereits mehr als adäquat von anderen ausgeführt (cf. Öhmann, 1951; Ullmann, 1957; Oksaar, 1958; Kühlwein, 1967; Seiffert, 1968; Geckeler, 1971). Wir werden unsere Aufmerksamkeit größtenteils auf Triers Version der Feldtheorie beschränken, über die, trotz der Kritik, die ihr entgegengebracht werden kann, oft gerechtfertigterweise das Urteil gefällt wird, sie habe „eine neue Phase in der Geschichte der Semantik eröffnet" (Ullmann, 1962:7). Es sollte jedoch darauf hingewiesen werden, daß Trier nach 1938 über die Feldtheorie nichts mehr veröffentlichte (cf. Malkiel, 1974). Seine Ideen wurden von seinen Studenten weiterentwikkelt und auch von L. Weisgerber, der sich in den 30er Jahren dieses Jahrhunderts mit Trier zusammentat und fortfuhr, seine eigene Theorie der semantischen Felder nach dem zweiten Weltkrieg auszuarbeiten und zu verbessern. Weisgerber (1954) stellte seine Ideen explizit mit jenen von Trier in seinem Beitrag für eine Sammlung von Artikeln, die Triers Arbeit würdigte, in Zusammenhang. Danach wurde er der anerkannte Führer der Richtung Sprache und Gemeinschaft, die für einige der größeren Publikationen dessen, was man jetzt die Trier-Weisgerber Theorie nennen könnte, verantwortlich war (cf. Coseriu & Geckeler, 1974: 118 ff.).

Aber zunächst ist eine Warnung bezüglich der Terminologie notwendig. Trier selbst verwendet in verschiedenen Werken und in verschiedenen Teilen desselben Werks eine Vielfalt von Termini, und es ist nicht immer klar, in welcher Bedeutung er sie verwendet. Wie Geckeler richtigerweise in seiner kritischen, aber im allgemeinen wohlwollenden Diskussion des Gegenstandes bemerkt: „Die Definition seiner Termini ist nicht gerade Triers Stärke" (1971: 107). Insbesondere ist unklar, ob ‚Bezirk' mit ‚Feld' synonym ist und wie – wenn überhaupt – ‚Wortfeld' von ‚Sinnfeld' zu unterscheiden ist. Trier selbst vermeidet den Terminus ‚Bedeutungsfeld', der von Ipsen, Jolles und Porzig verwendet wurde. Wir werden unsere eigenen Unterscheidungen zwischen diesen verschiedenen Termini in der Darstellung der Feldtheorie, die unten gegeben wird, machen; es sollte beachtet werden, daß es sich dabei um eine etwas andere Menge von Unterscheidungen handelt als die, die Weisgerber machte. Im Augenblick werden wir uns nur mit der lexikalischen Struktur befassen – d. h. der Struktur des Wortschatzes –, was auch Trier und die meisten strukturellen Semantiker getan haben; aber, wie wir später sehen werden, ist die lexikalische Struktur nur ein Teil der semantischen Struktur.

Es besteht ferner die Schwierigkeit, daß Trier nicht erklärt, was er mit ‚Sinn' meint und was er mit ‚Bedeutung' meint und wie sich jeder der beiden Ausdrücke von der offensichtlich auf Saussure zurückgehenden ‚Geltung' unterscheidet. Es ist daher sehr schwierig, Schlüsselpassagen wie die folgende zu interpretieren (1934: 6) „Die Geltung eines Wortes wird erst erkannt, wenn man sie gegen die Geltung der benachbarten und opponierenden Worte abgrenzt. Nur als Teil des Ganzen hat es Sinn; denn nur im Feld gibt es Bedeutung."

Es ist klar, daß die Termini ‚Sinn' und ‚Bedeutung' hier (oder in einer anderen Arbeit, die auf Trier zurückgeht) nicht in dem technischen Sinn, den Frege ihnen gab (d. h. „Sinn" und „Referenz": cf. 7.1) zu verstehen sind. Triers Unterscheidung zwischen ‚Sinn' und ‚Bedeutung', wenn überhaupt eine Unterscheidung beabsichtigt wird, scheint nicht der Unterscheidung, die in deutschen Arbeiten über Semantik oft zwischen ‚Bezeichnung' und ‚Bedeutung' (cf. 7.2) gemacht wird, zu entsprechen. Diese letztere Unterscheidung wird auf verschiedene Weise erklärt (cf. Kronasser, 1952: 60 ff.; Ullmann, 1957: 160 ff.; Geckeler, 1971: 78 ff., 189 ff.; Brekle, 1972: 54 ff.). Aber im allgemeinen wird angenommen, daß sie davon abhängt, ob man die Lexeme einer bestimmten Sprache als Ausgangspunkt nimmt oder die außersprachlichen Objekte, Eigenschaften und Relationen: im ersteren Fall beschäftigt man sich mit der Bedeutung (welche Bedeutung hat das und das Lexem gegenüber anderen Lexemen im gleichen System?); im letzteren Fall mit der Bezeichnung (durch welches Lexem wird die und die Entität oder Klasse von Entitäten in einer gegebenen Sprache bezeichnet?). Diese Unterscheidung zwischen Bedeutung und Bezeichnung spielt eine wichtige Rolle für Weisgerbers Entwicklung der Feldtheorie, die er enger als Trier selbst es getan hat, mit der Humboldtschen Vorstellung verbindet, daß Sprachen die Denkmuster oder die Weltanschauung der Gesellschaften, die sie verwenden, determinieren (cf. Weisgerber, 1939, 1950). Wir werden uns nicht weiter mit dem Begriff der Bezeichnung in unserer Diskussion der Feldtheorie beschäftigen. Es ist nicht klar, wie er mit Denotation und Referenz, wie wir sie definiert haben (s. Kapitel 7), zusammenhängt; darüber hinaus ist es zweifelhaft, ob er irgendetwas abdeckt, auf das nicht befriedigend unter Anwendung der Terminologie, die wir bereits eingeführt haben, Bezug genommen werden kann (wenn wir z. B. Übersetzungsprobleme diskutieren). Wir werden unsere Darstellung und Kritik der Feldtheorie, soweit dies möglich ist, innerhalb des Rahmens, den wir in früheren Abschnitten dieses Buches konstruiert haben, geben. Insbesondere wollen wir annehmen, daß die Feldtheorie sich mit der Sinnanalyse beschäftigt.

Trier betrachtet den Wortschatz einer Sprache als integriertes System sinnverwandter Lexeme. Das System unterliegt ständiger Veränderung. Wir stellen nicht nur fest, daß zuvor existierende Lexeme verschwinden und neue Lexeme im Verlauf der Geschichte einer Sprache entstehen, sondern auch, daß die Sinnrelationen, die zwischen einem gegebenen Lexem und benachbarten Lexemen im System bestehen, sich kontinuierlich im Laufe der Zeit verändern. Mit jeder Bedeutungserweiterung eines Lexems geht eine entsprechende Bedeutungsverengung eines oder mehrere seiner Nachbarlexeme einher. Nach Trier besteht einer der größeren Nachteile der traditionellen diachronen Semantik darin, daß sie versucht, die Geschichte der Bedeutungsveränderungen individueller Lexeme atomistisch oder für jedes Lexem einzeln zu katalogisieren, anstatt die Veränderungen der gesamten Struktur des Wortschatzes, wie er sich im Laufe der Zeit entwickelt hat, zu untersuchen. Sowohl die diachrone als auch die synchrone Linguistik müssen Systeme verwandter Elemente behandeln; und die diachrone Linguistik setzt die synchrone Linguistik voraus und hängt von ihr ab. Denn wenn man die historische Entwicklung einer Sprache beschreibt, dann muß man eine Menge aufeinander folgender synchroner Sprachsysteme vergleichen. Das, was Trier bisher über die Methodologie der diachronen Linguistik zu sagen hatte, ist etwas, was jeder nach-Saussuresche Strukturalist sagen könnte (allerdings vielleicht nicht Saussure selbst); unter den Vorbehalten, die oben über die Anwendung der Synchron-Diachron-Unterscheidung in bezug auf kurz aufeinanderfolgende Zeitabschnitte gemacht wurden (cf. 8.2), kann man es denn auch akzeptieren.

Das Verfahren, das Trier in der diachronen Semantik angewendet hat, besteht nicht darin, daß er aufeinanderfolgende Zustände des gesamten Wortschatzes verglich (was auch kaum praktikabel wäre, selbst dann, wenn es theoretisch möglich wäre). Was er tatsächlich macht, ist, daß er die Struktur eines Wortfeldes* zum Zeitpunkt t_1 mit der Struktur eines Wortfeldes zum Zeitpunkt t_2 vergleicht. Sie sind vergleichbar, weil sie, obgleich sie verschiedene Wortfelder darstellen (und dies notwendigerweise, da sie verschiedenen synchronen Sprachsystemen angehören), das gleiche Sinnfeld* abdecken. (An dieser Stelle führen wir eine Unterscheidung zwischen ‚Wortfeld‘ und ‚Sinnfeld‘ ein, die möglicherweise nicht die von Trier ist. Aber es ist praktisch, die Unterscheidung auf diese Weise zu machen, und sie scheint mit seiner Verwendung der beiden Termini kompatibel zu sein). Die Teil-Ganzes-Beziehung, die zwischen individuellen Lexemen und dem Wortfeld, innerhalb dessen sie interpretiert werden, besteht, ist mit der Teil-Ganzes-Beziehung, die zwischen den Wortfeldern und der Gesamtheit des Wortschatzes besteht, identisch oder zumindest dieser sehr ähnlich. Wie Trier dies in einem oft zitierten Abschnitt sagt (cf. Ullmann, 1957: 157; Oksaar, 1958: 13–14; Geckeler, 1971: 105): „Felder sind die zwischen den Einzelworten und dem Wortschatzganzen lebendigen sprachlichen Wirklichkeiten, die als Teilganze mit dem Wort das Merkmal gemeinsam haben, daß sie sich ergliedern, mit dem Wortschatz hingegen, daß sie sich ausgliedern."

Gliederung ist für Trier ebenso wie für Humboldt und Saussure ein Schlüsselbegriff.

Als unser erstes Beispiel für das, was mit Sinnfeld gemeint ist, können wir noch einmal das Farbkontinuum vor seiner Festlegung durch bestimmte Sprachen nehmen. Es wurde bereits darauf hingewiesen (8.1), daß die Farbterminologie eine besonders gute Illustration der Unterschiede in der lexikalischen Struktur verschiedener Sprachsysteme liefert. Aktuell gibt es Probleme hinsichtlich der Anerkennung eines – in diesem Fall psychophysisch definierbaren – Sinnfeldes der Farben, das in bezug auf verschiedene Kategorisierungssysteme neutral ist. Aber wir wollen im Augenblick annehmen, daß es vernünftig ist, sich das Farbkontinuum oder die Farbsubstanz* auf diese Weise vorzustellen. Wie wir bereits gesehen haben, können verschiedene Sprachen und verschiedene synchrone Zustände dessen, was man diachron als dieselbe Sprache, die sich im Laufe der Zeit entwickelt, ansehen könnte, in bezug darauf verglichen werden, wie sie dem Kontinuum Struktur geben oder es gliedern, indem sie bestimmte begriffliche (oder psychophysische) Unterscheidungen und damit größere oder kleinere Bezirke in ihm lexikalisieren. Als Kontinuum betrachtet, ist die Farbsubstanz (bei unserer Unterscheidung zwischen ‚Bezirk‘ und ‚Feld‘) ein Sinnbezirk; sie wird zu einem Sinnfeld aufgrund ihrer strukturellen Organisation oder Gliederung durch bestimmte Sprachsysteme. Die Menge der Lexeme, die den Sinnbezirk in jedem Sprachsystem abdecken und diesen durch die Sinnrelationen, die zwischen den Lexemen bestehen, strukturieren, ist ein Wortfeld; und jedes Lexem wird einen bestimmten Sinnbezirk abdecken, der seinerseits als Feld durch eine andere Menge von Lexemen strukturiert sein kann (wie der Bezirk, der durch ‚rot‘ im Deutschen abgedeckt wird, durch ‚scharlachrot‘, ‚karminrot‘, ‚zinnoberrot‘ usw. strukturiert ist). Der Sinn eines Lexems ist daher ein Sinnbezirk in einem Sinnfeld; und jeder Sinnbezirk, der mit einem Lexem als seiner Bedeutung assoziiert ist, ist ein Begriff.

Wir wollen jetzt die Anwendung dieses Modells auf die diachrone Semantik betrachten. Das Lexem ‚braun‘ deckte offenbar im Deutschen des 18. Jahrhunderts einen größeren Bezirk des Sinnfeldes der Farben ab als im heutigen Deutsch; es kontrastiert mit ‚violett‘ (cf. Öhmann, 1953: 133). Statt zu sagen, daß ‚braun‘ in früheren Zeiten zwei verschiedene Bedeutungen hatte („braun" und „violett"), von denen es eine an ‚violett‘ abgab, als dieses Lexem aus dem Französischen ins Deutsche kam – wie ein traditioneller Lexikograph oder Semantiker geneigt sein würde zu sagen –, würde der Feldtheoretiker behaupten, daß die interne Struktur des Sinnfeldes (wie es durch die zwei verschiedenen Wortfelder gegliedert ist) sich zwischen den zwei Zeitabschnitten verändert hat. ‚Braun‘ hat nur eine Bedeutung, aber in jedem der beiden Sprachsysteme eine verschiedene.

Aber warum, so könnte man fragen, sagen wir, daß ‚braun‘ zum Zeitpunkt t_1 das gleiche Lexem ist wie ‚braun‘ zum Zeitpunkt t_2, wenn sie verschiedenen Sprachsystemen angehören? Dies ist eine Frage, die nicht nur bei dem diachronen Vergleich von Sprachsystemen auftritt, sondern auch bei dem synchronen Vergleich von Dialekten; die Antwort hängt dabei letztlich von den gleichen Überlegungen ab. Verschiedene Dialekte der gleichen Sprache oder das, was man als solche betrachten könnte) können sich oft ganz erheblich in der Phonologie und Grammatik unterscheiden; in dieser Hinsicht sind sie dann verschiedene Sprachsysteme. Aber es wird einen mehr oder weniger großen Grad an regelmäßiger Übereinstimmung zwischen den Formen eines

Dialektes und den Formen eines anderen geben; und aufgrund des Gewahrwerdens dieser Übereinstimmung können Sprecher verschiedener Dialekte sich untereinander verständigen (bis zu dem Grad, zu dem sie es tatsächlich können), und sie werden sagen, daß sie viele derselben Wörter verwenden, aber sie verschieden aussprechen.

Zum Beispiel ist die Form, die, von einem Sprecher des Bayerischen ausgesprochen, konventionell als *Stoa* geschrieben wird, auf diese Weise leicht als eine Form des Lexems ‚Stein' durch Sprecher anderer Dialekte des Deutschen identifizierbar. Das Vokalsystem des Bayerischen ist von dem Vokalsystem des Standarddeutschen verschieden und auch von demjenigen anderer Dialekte und Aussprechweisen); es ist nicht möglich, die Formen des einen auf die Formen des anderen durch eine phonetische Transformation der Vokale in einer 1:1-Entsprechung abzubilden. Es gibt aber bestimmte regelmäßige phonetische Übereinstimmungen; auf dieser Grundlage können wir Formen und somit Lexeme zwischen Dialekten identifizieren. Aufgrund regelmäßiger Übereinstimmungen der gleichen Art (denen traditionell durch die Lautgesetze Rechnung getragen wird) können wir sagen, daß zwei Formen aus verschiedenen Sprachsystemen, diachron gesehen, als entsprechende Formen desselben Lexems identifizierbar sind. Das Lexem, dessen Zitierform im heutigen Deutsch *braun* ist, kann also diachron nicht nur mit dem Lexem, dessen Zitierform im Deutschen des 18. Jahrhundert auch *braun* war, identifiziert werden, sondern auch mit dem Lexem, dessen Zitierform im Althochdeutschen *brūn* war, wenn man sieben oder acht Jahrhunderte weiter zurückgeht. Es gibt erhebliche Einzelprobleme, wenn man die diachrone lexikalische Identität in bestimmten Fällen zeigen will; denn Veränderungen im grammatischen System (insbesondere in der Morphologie) sowie im phonologischen System müssen in Betracht gezogen werden. Aber grundsätzlich kann die diachrone Identität von Lexemen aus verschiedenen Sprachsystemen etabliert werden (und der Zweig der Linguistik, der als Etymologie* bekannt ist, beruht darauf). Wir wollen also annehmen, daß Lexeme über lange Zeiträume existieren können, obgleich die Sprachsysteme, denen sie angehören, sich ständig verändern und sich folglich sowohl die Formen eines Lexems als auch seine Bedeutung verändern können.

Wenn wir zwei diachron verschiedene Wortfelder vergleichen würden, die das gleiche Sinnfeld abdecken, dann könnten wir feststellen: (I) daß es weder eine Veränderung bei der Menge der Lexeme, die den zwei Feldern angehören, gegeben hat noch bei ihren Sinnrelationen; (II) daß eines der Lexeme durch ein neues Lexem ersetzt wurde (oder jedes aus einer Subklasse der Lexeme ersetzt wurde), allerdings, ohne daß sich die interne Struktur des Sinnfeldes veränderte; (III) daß es keine Veränderung in der Menge der Lexeme gegeben hat, aber eine Veränderung irgendeiner Art in der internen Struktur des Sinnfeldes; (IV) daß eines (oder mehrere) der Lexeme ersetzt wurde und sich die interne Struktur des Sinnfeldes auch veränderte; (V) daß

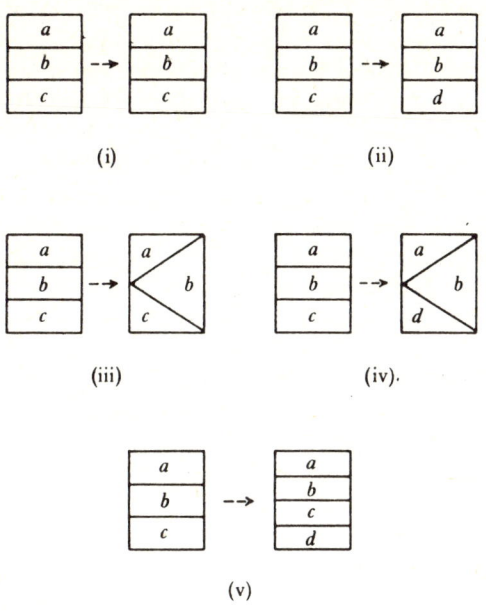

Abb. 6. *Verschiedene Arten des diachronen Wandels*

eines (oder mehrere) der Lexeme hinzugefügt wurde oder verloren ging mit der Folge, daß sich die interne Struktur des Sinnfeldes veränderte (notwendigerweise, wenn wir zunächst die Möglichkeit der Synonymie im früheren oder späteren System außer acht lassen). Diese verschiedenen Möglichkeiten sind in Abbildung 6 dargestellt. Die erste ist kaum interessant; die zwei diachron verschiedenen Systeme sind isomorph und lexikalisch identisch. Die zweite ist für den strukturellen Semantiker auch von geringem Interesse; die zwei Systeme sind immer noch isomorph, allerdings unterscheiden sie sich lexikalisch. Die drei verbleibenden Situationen kann die Feldtheorie in geeigneter Weise behandeln; in traditionellen atomistischen Theorien des Sprachwandels werden sie leicht falsch interpretiert. Die Veränderung in der Struktur des Sinnfeldes, die sich durch die Hinzufügung von ,violett' zum Wortschatz des Deutschen ergibt, so wollen wir annehmen, ist ein Beispiel für (V). Wir wollen uns jetzt kurz einem von Triers eigenen sehr bekannten Beispielen zur Veranschaulichung von (IV) zuwenden.

Nach Trier gab es eine Veränderung im Sinnbezirk des Verstandes, wie er im Wortschatz des Mittelhochdeutschen zwischen dem Anfang und dem Ende des 13. Jahrhunderts strukturiert war. Um 1200 wurde dieser Sinnbezirk durch ein Wortfeld abgedeckt, das die drei Substantive ,wîsheit', ,kunst' und ,list' enthielt; 100 Jahre später wurde es durch ein Wortfeld abgedeckt, das die Substantive ‚wîsheit‘, ‚kunst‘ und ‚wizzen‘ enthielt. (Alle vier Lexeme sind im modernen Deutsch diachron als dieselben identifizierbar: ‚Weisheit‘, ‚Kunst‘, ‚List‘, ‚Wissen‘. Aber keine zwei von ihnen sind in der gleichen Weise sinnverwandt, wie um 1200 oder 1300.) Um 1300 war ‚list‘ in ein Wortfeld gewandert, das ein anderes Sinnfeld abdeckt, und ‚wizzen‘ war in das gleiche Wortfeld gekommen wie ‚wîsheit‘ und ‚kunst‘. Aber es handelte sich nicht einfach darum, daß ‚wizzen‘ den Platz übernahm, den vorher ‚list‘ einnahm und damit den gleichen Sinnbezirk abdeckte. In dem früheren Zeitraum deckte ‚kunst‘ „vage ausgedrückt, den höheren oder höfischen Bereich des Wissens ab, einschließlich Sozialverhalten“; ‚list‘ deckte „den untergeordneten oder technischeren Bereich des Wissen und der Fertigkeiten ohne höfische Würde“ ab, während „wîsheit“ „nicht nur eine Alternative für die anderen zwei in den meisten ihrer Verwendungen war, sondern auch für ihre Synthese, die den Menschen als Ganzen sah, und intellektuelle, moralische, höfische, ästhetische und religiöse Elemente zu einer unauflösbaren Einheit werden ließ“ (Ullmann, 1957: 166). In dem späteren Zeitraum konnte ‚wîsheit‘ nicht als Alternative für ‚Kunst‘ und ‚wizzen‘ verwendet werden (d. h. sie standen nicht in einer Hyponymiebeziehung: cf. 9.4); jedes der drei Lexeme deckte nun einen anderen Sinnbezirk im Bereich des Wissens und des Verstandes ab. Diese drei Bezirke können ungefähr so charakterisiert werden, daß sie sich in bezug auf die Tiefe des Verständnisses und des Wissens, auf dem sie beruhen, unterscheiden; ‚wîsheit‘ deckt die tiefste Art des Wissens ab (es wird typischerweise für religiöses und mystisches Erfassen verwendet) und ‚wizzen‘ die oberflächlichste oder alltäglichste Art des Wissens, während ‚kunst‘ den Bezirk zwischen den beiden anderen abdeckt. Trier assoziiert den Wandel, der im Bereich des Wissens und Verstandes zwischen den zwei Zeiträumen stattfand, mit den sozialen Veränderungen, die zu dieser Zeit auftraten und mit dem Zusammenbruch der mittelalterlichen Synthese dessen, was wir heute als Naturwissenschaft, Philosophie und Theologie unterscheiden würden.

Es gibt nun vieles in Triers Werk über den Wortschatz der früheren Stadien des Deutschen, das man sowohl von einem theoretischen als auch von einem methodologischen Standpunkt aus kritisieren kann (und das auch kritisiert wurde). Die Texte, auf denen seine Analyse der zugrundeliegenden Sprachsysteme beruht, sind stilistisch sehr eingeschränkt: sie können kaum als repräsentativ für die gesamte Sprache angesehen werden. Darüber hinaus sind sie im allgemeinen Übersetzungen oder Kommentare zu lateinischen Texten, und damit kommen zwei weitere methodologische Probleme hinzu. Erstens kann es sein, daß die Auswahl der deutschen Lexeme durch den etwas übertriebenen Versuch bestimmt war, die Bedeutungsunterscheidungen, die mit bestimmten lateinischen Lexemen in den Originalen verbunden waren, dadurch darzustellen, daß die deutschen Lexeme als Übersetzungsäquivalente angesehen wurden. Bekanntermaßen sind wortwörtliche oder wortgetreue

Übersetzungen als Übersetzungen keineswegs zufriedenstellend; das italienische Schlagwort ‚Traduttore, traditore' („Der Übersetzer ist ein Verräter"), das selbst kaum zufriedenstellend ins Deutsche übersetzt werden kann, ist unter sehr vielen Aspekten für die ganze Frage der wortgetreuen Übersetzung relevant (cf. Jakobson, 1959). Der Übersetzer kann seiner eigenen Sprache ebenso wie dem Text, dessen Inhalt und Stil er zu geben versucht, untreu sein. Das zweite Problem besteht darin, daß der Linguist, der über mittelhochdeutsche Texte der Art, wie Trier sie verwendete, arbeitet, notwendigerweise oft das Deutsche relativ zu den jeweiligen lateinischen Texten interpretieren muß. Aus rein methodologischen Gründen wäre es daher gerechtfertigt, wenn wir die Ergebnisse von Triers Analyse infrage stellen würden. Es ist denn auch mit Recht behauptet worden: „Arbeiten, die von Triers Schülern nach seiner Methode ausgeführt wurden, beschäftigen sich fast alle mit den abstrakten Feldern und immer mit Feldern aus älteren Sprachperioden." (Oksaar, 1958: 15)

Wir werden jetzt auf den zusätzlichen Punkt, der in diesem Zitat erwähnt wurde und mit der „Abstraktheit" von Feldern wie dem Feld des Wissens und des Verstandes zu tun hat, eingehen. Aber zunächst sollte beachtet werden, daß mittlerweile einige Arbeiten über moderne Sprachen von einem feldtheoretischen Gesichtspunkt aus gemacht wurden, wobei die Daten reichlicher und leichter nachprüfbar sind. Die Ergebnisse, die allerdings die Theorie nicht in allen Einzelheiten ungültig machen, kann man bestimmt leichter in einigen wenigen groben Verallgemeinerungen zusammenfassen, als die Ergebnisse, die man aus den spärlichen und vielleicht nicht-repräsentativen Texten der früheren Zeiträume erhielt.

Wie wir gesehen haben, wird nach Trier das gleiche Sinnfeld durch verschiedene Wortfelder in verschiedenen Zeiträumen strukturiert. Aber woher wissen wir, daß dies so ist? Noch wichtiger als das methodologische Problem, in bestimmten Fällen zu verifizieren, ob dies der Fall ist oder nicht, ist die theoretische Frage zu entscheiden, was damit gemeint ist – wenn überhaupt etwas damit gemeint ist –, wenn wir sagen, daß es entweder das gleiche Sinnfeld ist oder nicht. Für diese Identität wird keine Erklärung gegeben; und dennoch ist dies das Konstante, in bezug auf das Bedeutungsveränderungen von Lexemen aus diachron verschiedenen Wortfeldern determiniert werden. Für Farbwörter gilt, daß jede Farbe, die in einer bestimmten Sprache lexikalisiert wird, mit einem Bezirk im psychophysischen Farbkontinuum (seinem Denotatum) assoziiert werden kann; die Grenzen dieses Bezirks können in einer neutralen Metasprache festgelegt werden – allerdings nur annäherungsweise, aber für unseren Zweck ausreichend (wenn dem Unterschied zwischen den zentralen und pheripheren Bereichen Rechnung getragen wird: cf. 8.3). Aber für das, was man vage als abstrakte Wörter wie ‚Wissen' und ‚Verstand' beschreiben kann, ist dies offensichtlich nicht möglich. Es ist zweifelhaft, ob ‚Wissen' und ‚Verstand' identifizierbare Denotata haben (cf. 7.4); wenn dies der Fall ist, dann ist die Relation der Denotation viel komplexer als die Relation, die zwischen ‚rot‘ oder ‚blau‘ und ihren jeweiligen Denotata besteht.

Es wurde gelegentlich von Kritikern darauf hingewiesen, daß die Feldtheorie nur für die Analyse von abstrakten Wörtern Gültigkeit hat. Aber es ist keine Evidenz zur Unterstützung dieser Annahme geliefert worden. Insoweit man eine Unterscheidung zwischen abstrakten und konkreten Feldern machen kann (in diesem ziemlich vagen Gebrauch der Termini ‚abstrakt‘ und ‚konkret‘), ist es bei konkreten Sinnfeldern, bei denen die Lexeme identifizierbare Denotata haben, eher einsehbar, daß Triers eigenes Modell tatsächlich auf sie anwendbar ist, als bei abstrakten Feldern, bei denen die Lexeme keine identifizierbaren Denotata haben. Triers Kritiker hatten recht, wenn sie auf die methodologische Gefahr hinwiesen, eine ganze Theorie auf der Grundlage der Analyse von Lexemen, die sich auf „Begriffskomplexe aus der höheren Sphäre des Abstrakten (Klugheit, Verstand, Schönheit)" beziehen, zu entwickeln (Quadri, 1952: 153). Die Gefahr besteht jedoch nicht darin, daß abstrakte Lexeme sich inhärent deutlicher in ihrer Bedeutung von anderen unterscheiden als konkrete, sondern darin, daß es viel leichter ist, nichtverifizierbare Generalisierungen über die Bedeutung von abstrakten Lexemen wie ‚Schönheit‘ oder ‚Intelligenz‘ in einem konzeptualistischen Rahmen zu machen als über konkrete Lexeme wie ‚rot‘ oder ‚Tisch‘ (cf. 4.3). Wenn man diese Generalisierungen ohne weiteres übernimmt, dann kann man durchaus den Eindruck haben, daß der abstrakte Teil des Wortschatzes einer Sprache genauer strukturiert ist und sozusagen ordentlicher ist als der konkrete Teil. Aber dies ist sicherlich eine Illusion, die aufgrund von methodologischer Vagheit und von Subjektivismus entsteht. In Wirklichkeit scheint es der Fall zu sein, daß die determinierenden Prinzipien der lexikalischen Struktur in gleicher Weise sowohl auf abstrakte als auf konkrete Wörter anwendbar sind. Wenn die Feldtheorie innerhalb eines nicht-konzeptualistischen Rahmens neu formuliert wird, dann können wir mit Geckeler darin übereinstimmen, daß „die Feldlehre hinsichtlich ihrer Anwendung keinerlei Einschränkung auf besondere Zonen des Wortschatzes hinzunehmen braucht" (1971: 162). Man kann darüber hinaus argumentieren, daß unser intuitives Verständnis der determinierenden Prinzipien der lexikalischen Struktur, wie sie auf abstrakte Wörter anwendbar sind, in unserem vorgängigen Verständnis und unserer Kontrolle dieser Prinzipien in bezug auf konkretere Lexeme (d. h. Lexeme mit beobachtbaren Denotata) wurzelt.

Triers Theorie der Sinn- und Wortfelder scheint auf der Annahme zu beruhen, daß es eine *a priori* unstrukturierte Bedeutungssubstanz gibt, die dem Wortschatz aller Sprachen zugrunde liegt (wie viele andere strukturelle Semantiker bezieht er sich auf die Bedeutungssubstanz mittels des philosophisch vorbelasteten Terminus ‚Realität‘.): „Jede Sprache gliedert das Sein auf ihre Weise, schafft damit ihr besonderes Seinsbild, setzt damit ihre, dieser einen Sprache eigentümlichen Inhalte." (Trier 1934: 429) Diese Vorstellung der Bedeutungssubstanz (oder Substanz der Inhaltsebene, wie Hjelmslev und seine Nachfolger sagen würden: cf. Hjelmslev, 1953: 29 ff.; Spang-Hanssen, 1954: 129 ff.; Uldall, 1957: 26 ff.) läßt drei verschiedene Arten von Kritik zu. Da auf diese Punkte oben bereits in allgemeinerer Weise hingewiesen wurde, reicht es aus, sie hier nur kurz zu wiederholen. Erstens ist es schwierig, dem Begriff der konzeptuellen Substanz eine deutliche Interpretation zu geben; wenn der Begriff der Substanz auf denotationelle Kontinua in der wahrnehmbaren Welt eingeschränkt wird (in der er in einer verhältnismäßig unumstrittenen Weise verwendet werden kann), dann wird es viele Wortfelder ohne Substanzbezirk, den sie gliedern können, geben. Zweitens ist es offensichtlich falsch zu sagen, daß die Wirklichkeit (in dem genannten Sinne) in der Zeit und in verschiedenen Regionen der Erde invariant ist. Wenn im natürlichen und kulturellen Lebensraum einer bestimmten Gesellschaft bestimmte Arten von Flora und Fauna, bestimmte klimatische Bedingungen, bestimmte soziale Institutionen oder Artefakte usw. nicht vorkommen, dann existieren diese Dinge für diese Gesellschaft einfach nicht. Schließlich müssen wir zugeben, daß die Realität (in dem genannten Sinne) eine Struktur hat, die zu einem erheblichen Grad von der lexikalischen Struktur bestimmter Sprachen unabhängig ist. Die äußere Welt oder Realität ist nicht einfach ein undifferenziertes Kontinuum: einerseits enthält sie viele Objekte, die wahrgenommen werden und ihrem Verhalten nach als Individuen behandelt werden; andererseits enthält sie viele Klassen von Individuen, die insbesondere im Falle von biologischen Arten sich aufgrund ihres Verhaltens und ihres Aussehens als Mitglieder der gleichen natürlichen Arten (um den traditionellen Terminus zu verwenden) auszeichnen (und im Falle von biologischen Arten durch ihre Fähigkeit, sich zu kreuzen und zu reproduzieren). Dies bedeutet natürlich nicht, daß die lexikalische Struktur nur die Struktur der Realität widerspiegelt. Wir haben bereits gesehen, daß dies nicht der Fall ist (8.3). Was hier nur gesagt werden soll, ist, daß es, obgleich es bestimmte perzeptuelle Kontinua in der äußeren Welt gibt, auch bestimmte mehr oder weniger klar unterschiedene Objekte und Klassen von Objekten gibt. Der Begriff eines denotationellen Kontinuums darf nicht zuweit gefaßt werden.

Es wurde vielerlei spezifischere Kritik an Triers Theorie der semantischen Felder geübt, auf die wir hier nicht einzugehen brauchen: die Tatsache, daß sie auf der Metapher oder der Analogie eines zweidimensionalen Mosaiks beruht; daß sie sich weigert, die Möglichkeit zuzulassen, daß es Lücken oder Überschneidungen in einem Wortfeld gibt; daß sie darauf besteht, daß der ganze Wortschatz ein einziges integriertes und voll gegliedertes System ist (cf. Geckeler, 1971: 115–167). Trier wurde auch kritisiert, weil er sich so sehr auf paradigmatische Sinnrelationen konzentrierte, daß er syntagmatische Relationen außer acht ließ; dieser Punkt verdient eine etwas eingehendere Diskussion.[8]

8.5. Syntagmatische lexikalische Relationen

Es wurde bereits erwähnt, daß andere Theorien der semantischen Felder neben Triers (und Weisgerbers) in den 20er und 30er Jahren dieses Jahrhunderts vorgelegt wurden. Im Unterschied zu Trier entwickelte Porzig 1934 etwa zur gleichen Zeit eine Konzeption von Bedeutungsfeldern, die auf den Sinnrelationen, die zwischen Paaren von syntagmatisch verbundenen Lexemen bestehen, beruhte; daraus entstand eine lebhafte Kontroverse über die Frage, welche der beiden Theorien fruchtbarer und erhellender sei. Es kann kein Zweifel mehr bestehen, daß sowohl Triers paradigmatische Beziehungen als auch Porzigs syntagmatische Beziehungen in jede zufriedenstellende Theorie der lexikalischen Struktur aufgenommen werden müssen; Trier und Porzig akzeptierten schließlich, daß ihre ursprünglich scharf entgegengesetzten Ansichten komplementär seien und nicht notwendigerweise inkompatibel (cf. Kühlwein, 1967: 49).

Porzig gründet seine Theorie auf die Beziehungen, die innerhalb zweiteiliger Syntagmen (oder Kollokationen*: cf. 14.4) bestehen, die (typischerweise) aus einem Substantiv und einem Verb oder einem Substantiv und einem Adjektiv zusammengesetzt sind. Die zwei Lexeme in jedem solchen Syntagma sind durch das, was er als wesenhafte Bedeutungsbeziehung bezeichnet, miteinander verbunden. Ein Zitat aus einem seiner neueren Werke soll die allgemeine Natur dieser Beziehungen deutlich machen: „Womit beißt man? Natürlich mit den Zähnen. Womit leckt man? Selbstverständlich mit der Zunge. Wer bellt? Der Hund. Was fällt man? Bäume. Was ist blond? Menschliches Haar. Die hier an ein paar Beispielen aufgezeigte Tatsache ist so alltäglich, daß man geneigt ist, sie zu übersehen und vor allem ihre Wichtigkeit zu unterschätzen." (1950: 120f.).

Man kann nun einige Bemerkungen machen, die sich im Zusammenhang mit syntagmatisch verwandten Paaren von Lexemen wie ‚lecken': ‚Zunge', ‚blond': Haar, ‚Hund': ‚bellen', usw. ergeben. Der erste und vielleicht offensichtlichste Punkt besteht darin, daß Lexeme sich in bezug auf die Freiheit, mit der sie in Syntagmen mit anderen Lexemen kombiniert werden können, sehr stark unterscheiden. Am einen Extrem finden wir Adjektive wie ‚gut' oder ‚schlecht' im Deutschen, die in Kollokation* mit fast jedem Substantiv verwendet werden können; am anderen Extrem finden wir ein Adjektiv wie ‚ranzig', das von Butter und sonst von kaum etwas prädiziert werden kann. Porzig lenkt die Aufmerksamkeit auf diese Tatsache und insbesondere auf die Unmöglichkeit, die Bedeutung von kollokationell restringierten Lexemen zu beschreiben, ohne die Menge von Lexemen zu berücksichtigen, mit denen sie durch eine wesenhafte Bedeutungsbeziehung, gleichgültig ob explizit in Texten oder implizit im Sprachsystem syntagmatisch verbunden sind. Man könnte kaum hoffen, die Bedeutung des Verbs ‚bellen' erklären zu können, ohne Hund zu erwähnen, oder von ‚blond', ohne Haar zu erwähnen.

Was ist aber die theoretische Bedeutung dieser kollokationellen Restriktionen? Erstens sollte beachtet werden (wie oben erwähnt: 8.2), daß es viele Sinnunterscheidungen gibt, die entweder durch syntagmatische Modifizierung eines allgemeineren Lexems gemacht werden können oder durch die Verwendung eines einzelnen spezifischeren Lexems. Wir können z. B. das Syntagma ‚unverheirateter Mann‘ (wobei ‚Mann‘ durch ‚unverheiratet‘ modifiziert ist) oder das einzelne Lexem ‚Junggeselle‘ zumindest in vielen Kontexten als Einheiten verwenden, die den gleichen Sinn haben. In vielen Fällen, in denen eine Sprache ein Syntagma verwenden wird, wird eine andere Sprache ein einzelnes Lexem mit ungefähr der gleichen Bedeutung verwenden. So stehen z. B. im Englischen die Verben ‚kick‘ und ‚punch‘ in paradigmatischem Kontrast; ihre häufigsten Übersetzungsäquivalente im Deutschen sind ‚mit dem Fuß schlagen‘ und ‚mit der Faust schlagen‘ (d. h. im Englischen „to strike with the foot" und „to strike with the fist"). Im Englischen besteht zwischen ‚kick‘ und ‚foot‘ und zwischen ‚punch‘ und ‚fist‘ das, was Porzig eine wesenhafte Bedeutungsbeziehung nennen würde. Wir wollen die Lexikalisierung dieser syntagmatisch modifizierenden Komponente (mangels eines besseren Ausdrucks) als Verkapselung* bezeichnen. Die Bedeutung von ‚with the foot‘ ist in der Bedeutung von ‚kick‘ verkapselt*, ebenso wie die Bedeutung von ‚mit den Zähnen‘ in der Bedeutung von ‚beißen‘ verkapselt ist.

Bisher haben wir Verkapselung als die Schöpfung eines einzelnen spezifischeren Lexems, das sozusagen die Arbeit eines Syntagmas übernimmt, angesehen. Dies würde eine Art von Priorität des Allgemeinen über das Spezifischere implizieren; viele strukturelle Semantiker, einschließlich Trier, haben die lexikalische Struktur in dieser Weise betrachtet. Sie haben darauf hingewiesen, daß der Wortschatz einer Sprache in aufeinanderfolgende spezifischere Unterscheidungen gegliedert ist. Aber Porzig hat es andersherum gesagt. Seiner Auffassung nach erhalten alle Wörter ihre ursprüngliche Bedeutung aufgrund ihrer Anwendung auf Personen, Objekte, Eigenschaften, Aktivitäten, Prozesse und Relationen in ganz spezifischen Situationen. Ihre ursprüngliche Bedeutung ist entsprechend spezifisch und sachlich: „Für jedes Wort gibt es eine eigentliche Verwendung, in der es seine sachliche Bedeutung hat." Einige Wörter behalten ihre ursprüngliche sachliche Bedeutung bei, ohne sie in einem bedeutenden Grade auszuweiten oder zu generalisieren; dies sind die Wörter, die in jedem synchronen Sprachsystem in eine stark restringierte Menge von Kollokationen eingehen. Aber obwohl die meisten Lexeme noch ihre ursprüngliche Bedeutung beibehalten können (als ihre Kern- oder Zentralbedeutung), werden sie allmählich im Laufe der Zeit auf einen größeren Bereich von Dingen und auf einen größeren Bereich von Situationen angewandt. Nach Porzig war z. B. das Verb ‚reiten‘ ursprünglich seiner Denotation oder Anwendbarkeit nach auf das Reiten von Pferden eingeschränkt; dies ist auch noch immer als seine zentrale Bedeutung identifi-

zierbar. Aber jetzt kann es auch verwendet werden, um Aktivitäten zu denotieren wie ‚auf einem Balken reiten'. Die Ähnlichkeit der zwei verschiedenen
Sachverhalte, die durch das Verb ‚reiten' beschreibbar sind, ist selbstevident;
die Bedeutungserweiterung von ‚reiten', die aus seiner Anwendung auf ‚auf
einem Balken reiten' und nicht auf ‚auf einem Pferd reiten', resultiert, kann
als ein Fall dessen klassifiziert werden, was traditionell metaphorische* Ausweitung genannt wird.

Im Zusammenhang mit Porzigs Beispiel ‚reiten' kann erwähnt werden, daß
das englische Verb ‚ride' (das mit ihm diachron verwandt ist) in eine etwas
andere Richtung generalisiert wurde. Ob seine zentrale Bedeutung im modernen Englisch noch durch seine syntagmatische Relation mit dem Ausdruck
‚on a horse' determiniert ist, ist bestreitbar. Im heutigen Englisch kann das
Verb ‚ride' nicht nur auf die Aktivität, ein Pferd zu beherrschen, während
man darauf sitzt und von ihm getragen wird, angewendet werden, sondern
auch auf die Aktivität, ein Fahrrad zu beherrschen, während man darauf sitzt
und von ihm getragen wird. Diese ziemlich ungeschickte und wortreiche
Beschreibung des Wesens der genannten Aktivität soll drei Ähnlichkeitsmerkmale zwischen dem Reiten auf einem Pferd und dem Lenken eines Fahrrades im Englischen zum Ausdruck bringen: (I) daß man es beherrscht,
(II) daß man damit fortgetragen wird und (III) daß man in einer bestimmten Haltung (in bezug auf das Fortbewegungsmittel) ist. Es gibt natürlich
unbegrenzt viele Ähnlichkeitsmerkmale wie auch unbegrenzt viele Unter-
scheidungsmerkmale zwischen jenen zwei Aktivitäten. Aber zumindest diese
drei scheinen relevant zu sein für das, was wir zum Zwecke der Illustration als die zentrale Bedeutung von ‚reiten' und dem Englischen ‚ride' ansehen. Im Deutschen würde man natürlich normalerweise nicht das Verb ‚reiten', sondern ‚fahren' für das Lenken eines Fahrrades verwenden: ‚fahren' vs.
‚gehen' (wie das Russische ‚ezditj' vs. ‚xoditj') lexikalisiert die Unterscheidung zwischen fortgetragen werden und sich zu Fuß fortbewegen. Umgekehrt würde man normalerweise im Englischen das Verb ‚ride' nicht auf das
Reiten auf einem Balken anwenden: die Bedingung, fortgetragen zu werden,
scheint entscheidend zu sein. Das englische Verb ‚ride' wird auch in einer
Anzahl von anderen Situationen verwendet, in denen man im Deutschen
‚fahren' verwenden würde: auf das Fahren in einer Kutsche (wobei alle Bedingungen, außer der Bedingung fortgetragen zu werden, verschwunden
sind) und, im amerikanischen Englisch zumindest, vom Reisen als Passagier
in einem Auto oder einem Zug (allerdings nicht in einem Schiff oder einem
Flugzeug).

Die Hauptabsicht dieses kurzen und informellen Vergleichs einiger der
Anwendungen von ‚reiten' und ‚ride' (die beide noch viele andere Anwendungen haben) war es, zu zeigen, was Porzig mit der Ausweitung von einer
ursprünglich stark spezifischen zu einer im folgenden allgemeineren Bedeutung meint. Die Prinzipien, von denen Ausweitungen dieser Art abhängen –

Generalisierung* und Abstraktion* – sind in der diachronen Semantik (cf. Bréal 1897) und in traditionellen Diskussionen der Metapher* einerseits und in Untersuchungen über den Spracherwerb andererseits anerkannt worden; wir hatten bereits Gelegenheit, sie von letzterem Gesichtspunkt aus bei unserer Darstellung der behavioristischen Semantik zu erwähnen (cf. 5.3). Es ist jedoch das Verdienst Porzigs, daß er die Tatsache betont hat, daß Abstraktion und Generalisierung von der Aufhebung von syntagmatischen Relationen zwischen Lexemen abhängen, und daß er darauf besteht, daß syntagmatische Relationen ebenso wie paradigmatische Sinnrelationen die Struktur eines Wortfeldes determinieren.

Obwohl der Vergleich zwischen ‚ride‘ und ‚reiten‘ skizzenhaft und unsystematisch gewesen ist, kann er auch dazu dienen, zwei zusätzliche Punkte zu verdeutlichen. Erstens ist es offensichtlich, daß die Beziehung zwischen dem, was als die zentrale Bedeutung eines Lexems gilt, und seiner im folgenden erworbenen allgemeineren Bedeutung oder seinen Bedeutungen motiviert* ist (und nicht arbiträr*: cf. 4.2). Daraus folgt jedoch nicht, daß es möglich sein müßte, nicht einmal prinzipiell, die Richtung oder die Richtungen, in der oder in denen die Bedeutung eines Lexems generalisiert werden wird, vorherzusagen: wir haben gesehen, daß ‚ride‘ und ‚reiten‘ aus dem, was vernünftigerweise als die gleiche ursprünglich restringierte Anwendung angesehen wird, in verschiedene Richtungen generalisiert wurden. Wir können hier nicht auf die ganze Frage des Bedeutungswandels, wovon Generalisierung nur ein Aspekt ist, eingehen. Die Literatur der diachronen Semantik ist voller Beispiele, die es nahelegen, daß sowohl externe als auch interne Faktoren relevant sein können: mit externen Faktoren sind hier Veränderungen in der natürlichen oder kulturellen Umgebung gemeint, in der die Sprache verwendet wird; mit internen Faktoren strukturaler Druck im Sprachsystem, der aus der Gesamtheit der syntagmatischen und paradigmatischen Relationen in einem bestimmten Wortfeld herstammt und der bestimmte Bedeutungsveränderungen verhindern kann, während er andere vorantreibt oder zumindest zuläßt. Bisher gibt es jedoch keine überzeugende Evidenz, die irgendeine Art von deterministischer Theorie des Bedeutungswandels unterstützen würde. Die ursächlichen Faktoren können sich von Fall zu Fall unterscheiden; in vielen Fällen können sie schon außerhalb des Bereichs empirischer Untersuchungen liegen (cf. Ullmann 1957: 183 ff.). Es ist genauso unvernünftig zu sagen, daß es grundsätzlich möglich sein muß, die Richtung des Bedeutungswandels vorherzusagen, wie es von Bloomfield unvernünftig war anzunehmen, daß wir grundsätzlich vorhersagen könnten, ob ein bestimmter Stimulus aus der Umgebung einen Sprecher veranlassen würde, eine bestimmte Äußerung zu produzieren (cf. 5.3).

Zweitens soll im Zusammenhang mit dem Beispiel von ‚reiten‘ und ‚ride‘ auf die allgemeine strukturalistische Auffassung hingewiesen werden, daß wir nicht ohne Einschränkung sagen können, daß sie die gleiche Bedeutung haben oder nicht. Es gibt keinen Grund zu leugnen, daß sie die gleiche Bedeutung haben, wenn sie auf die Aktivität, ein Pferd zu reiten, angewandt werden; von ‚ride‘ in ‚ride a bicycle‘ kann man zwar vernünftigerweise sagen, daß es die gleiche Bedeutung hat wie in ‚ride a horse‘; dennoch kann ‚reiten‘ nicht bei der Übersetzung dieses Ausdrucks verwendet werden. Diese Tatsache kann nicht aus irgendeiner allgemeinen Analyse der Vorstellung von Reiten unter Rückgriff auf die drei relevanten Bedingungen oder Komponenten, die oben aufgezählt wurden, erschlossen werden. Als Sprecher einer Sprache müssen wir wissen und als deskriptive Linguisten müssen wir herausfinden, daß es zumindest für viele Lexeme eine Menge von Syntagmen gibt, in denen sie verwendet werden können, und eine andere Menge von Syntagmen, in denen sie nicht verwendet werden können. Gleichzeitig muß erkannt werden, daß der muttersprachliche Sprecher einer Sprache in der Lage ist, die meisten Lexeme in Syntagmen, denen er noch nicht zuvor begegnet ist, zu verwenden und daß andere normalerweise der Meinung sein werden, daß er sie richtig verwendet hat. Insoweit dies eine Sache der Produktivität* und nicht der Kreativität* (cf. 3.4) ist, muß die theoretische und deskriptive Semantik dies berücksichtigen. Wir dürfen nicht von dem einen Extrem zu sagen, daß die Kollokationen eines Lexems durch seine Bedeutung oder Bedeutungen determiniert sind (wobei Bedeutung unabhängig von syntagmatischen Überlegungen definiert ist), zum anderen Extrem übergehen, nämlich die Bedeutung eines Lexems so zu definieren, als sei sie nichts anderes als die Menge seiner Kollokationen.

In unserer Darstellung und Entwicklung des Porzigschen Begriffs der syntagmatischen Relationen zwischen Lexemen (die Linguisten in der nach-Bloomfieldschen Tradition im Rahmen von Selektionsrestriktionen* behandeln) haben wir stillschweigend seine Auffassung akzeptiert, daß alle Lexeme ursprünglich phylogenetisch und ontogenetisch in sehr spezifischen und konkreten Situationen angewendet werden und daß sie syntagmatisch entsprechend eingeschränkt sind. Wir können nichts anderes tun, als über den letztlichen Ursprung der Sprache zu spekulieren (und mit wenig Aussicht auf Erfolg) (cf. 3.5), und die diachrone Semantik wird uns bei der Geschichte einer Sprache oder Familie von Sprachen nicht sehr weit bringen. Aber die diachrone Evidenz, die wir haben, würde es nahelegen, daß der Sprachwandel in allen Zeitabschnitten nicht nur durch Generalisierung und Abstraktion vorangekommen ist, sondern auch durch den umgekehrten Prozeß der Spezialisierung*. Für jedes Beispiel der Generalisierung in den klassischen Arbeiten über diachrone Semantik (z. B. Sturtevant, 1917; Kronasser, 1952; Ullmann, 1957; Hoenigswald, 1960) und in etymologischen Lexika kann ein Beispiel für Spezialisierung gefunden werden: z. B. für das Beispiel der Generalisierung des Lateinischen ‚panarium‘ („Brotkorb“) zum Französischen ‚panier‘ („Korb“) die Spezialisierung des Altenglischen ‚mēte‘ („Lebensmittel“) zu ‚meat‘ im modernen Englisch.

Ergebnisse aus Arbeiten über den Spracherwerb scheinen nahezulegen, daß Kinder normalerweise so vorgehen, daß sie aufgrund von Spezialisierung von einer weiteren zu einer engeren Bedeutung beim Lernen der Bedeutung von Wörtern kommen (cf. E. V. Clark, 1973). Es kann z. B. sein, daß ein Kind das Wort ‚Pappi‘ auf alle Männer, die es trifft, anwendet und erst später sein Verständnis und den Gebrauch des Wortes der restringierteren Bedeutung, die es im Deutsch der Erwachsenen hat, anpaßt. Leider ist es aus methodologischen Gründen schwieriger, Fälle von fortschreitender Generalisierung beim Spracherwerb zu identifizieren. Wenn das Kind das Wort ‚Tier‘ beispielsweise verwendet, um auf Katzen zu referieren, und dies zunächst unter dem Eindruck tut, daß es nur Katzen denotiert, dann wird die Tatsache, daß es die Bedeutung von ‚Tier‘ in dieser Weise restringiert, nicht dazu führen, daß es Äußerungen produziert, die seinen Eltern als semantisch abweichend auffallen. Wir sollten vielleicht zulassen, daß sowohl Spezialisierung als auch Generalisierung im Spracherwerb eine Rolle spielen. Diese Frage wurde bereits im Zusammenhang mit dem Erwerb der Denotation durch das Kind berührt (cf. 7.6).

Hier geht es uns darum, auf die Relevanz syntagmatischer Betrachtungen bei der Diskussion der Spezialisierung hinzuweisen. Wenn ein Lexem oft in Kollokation mit einer eingeschränkten Menge von syntagmatisch modifizierenden Lexemen oder Ausdrücken verwendet wird, dann kann es allmählich dazu kommen, daß es ihre Bedeutung verkapselt. Dies ist. z. B. im Deutschen im Falle von ‚trinken‘ geschehen. Seine häufige Kollokation mit dem Ausdruck ‚Alkohol‘ führte dazu, daß es die Bedeutung dieses Ausdrucks (in Sätzen wie ‚Trinkt er?‘) verkapselte. Das Verb ‚trinken‘ wird natürlich immer noch in einer Vielzahl anderer Kollokationen, in denen es eine allgemeinere Bedeutung hat, verwendet; es hat auch noch einige andere speziellere Bedeutungen, die die Bedeutung anderer Lexeme verkapseln (z. B. kann *Es trinkt schlecht* von einem Baby gesagt werden); auch dies kann als Ergebnis der häufigen Kollokationen von ‚trinken‘ und ‚Milch‘ erklärt werden.

8.6. Allgemeine Bewertung der Theorie der semantischen Felder

Es gibt noch vieles, was bei einer vollständigeren Behandlung der Theorie der semantischen Felder diskutiert werden müßte; einige weitere Punkte werden in späteren Abschnitten dieses Buches erwähnt. Obgleich wir uns in diesem Kapitel auf die scheinbar entgegengesetzten, aber in Wirklichkeit komplementären Auffassungen von Trier und Porzig konzentriert haben, sollte erwähnt werden, daß wichtige Beiträge zu dem, was ganz allgemein als Feldtheorie beschrieben werden kann, auch von vielen anderen Gelehrten geliefert wurden. Unabhängig von Trier und seinen Nachfolgern (allerdings über Boas und Sapir indirekt inspiriert durch Humboldt) hat eine Anzahl amerikanischer Anthropologen Verwandtschafts-, Pflanzen- und Krankheitsnamen und andere kulturell wichtige und variable Systeme der Klassifikation untersucht; sie haben ihre Ergebnisse in ähnlicher Weise wie die Feldtheoretiker beschrieben (cf. Hymes, 1964: 385 ff.). Die strukturelle Semantik in Frankreich entwickelte sich charakteristischerweise in eine andere Richtung. Einerseits hat es mit Matoré (1953) und seinen Nachfolgern eine Tendenz gegeben, sich auf Felder des Wortschatzes einer Sprache zu konzentrieren, die einem schnellen Wandel und einer schnellen Ausdehnung unterliegen und wichtige politische, soziale und ökonomische Entwicklungen widerspiegeln. Andererseits haben Gelehrte wie Greimas (1966) und Barthes (1964) versucht, den Saussureschen Begriff der lexikalischen Struktur, der aufgrund syntagmatischer und paradigmatischer Relationen definiert ist, auf die stilistische Analyse von Texten und auf andere semiotische Systeme als Sprachen auszudehnen. Was Porzigs Betonung der syntagmatischen Relationen angeht, so kann dies, wie wir später sehen werden, mit einer Vielzahl von Themen, die in der neueren Literatur behandelt wurden, in Zusammenhang gebracht werden: mit Kurylowiczs (1936) Vorschlägen zur Analyse abgeleiteter* Lexeme (cf. 13.2); mit Firths kontextueller Bedeutungstheorie (cf. 14.4) und mit den Arbeiten von Gelehrten wie Melčuk (1974) und Apresjan (1974) über den Zusammenhang zwischen Syntax und Semantik (cf. 12.3).

Es gab keinen Mangel an Untersuchungen innerhalb des Rahmens der Feldtheorie, obgleich viele von ihnen, wie bereits erwähnt, der Untersuchung älterer Texte gewidmet waren. Was bisher fehlt, ist, wie die meisten Feldtheoretiker wahrscheinlich zugeben würden, eine Formulierung der Kriterien, die ein Wortfeld definieren, die expliziter ist als die, die bisher geliefert wurde. Die meisten Autoren, die in der neueren Zeit über das Thema der semantischen Felder geschrieben haben, haben zugegeben, daß die Mehrzahl der Wortfelder nicht so ordentlich strukturiert sind oder so klar voneinander getrennt sind, wie Trier dies ursprünglich glaubte; man kann der Auffassung sein, daß die Tatsache, daß dieser eine Punkt, der immer gegen die Feldtheorie von ihren Kritikern angebracht wurde, konzediert wird, ihren Wert als allgemeine Theorie der semantischen Struktur vermindert, da diese Unschärfe notwendigerweise die Theorie schwieriger formalisierbar macht. Andererseits hat die Feldtheorie, vage formuliert wie sie war, ihren Wert als allgemeine Richtschnur für Untersuchungen in der deskriptiven Semantik während der letzten vierzig Jahre erwiesen; sie hat zweifellos auch unser Verständnis der Art, wie Lexeme einer Sprache sinnverwandt sind, vergrößert. Die Tatsache, daß sie nicht formalisiert wurde und vielleicht nicht formalisiert werden kann, wäre eine vernichtendere Kritik, wenn es eine alternative Theorie der Struktur des Wortschatzes gäbe, die formalisiert und anhand einer gleichen Menge empirischer Daten überprüft worden wäre; aber dies ist noch nicht der Fall.

Bevor wir mit einer detaillierteren Diskussion verschiedener Sinnrelationen fortfahren, wollen wir versuchen, den Begriff des Wortfeldes zu präzisieren. Wie wir gesehen haben, vertritt der Saussuresche (und nach-Saussuresche) strukturelle Semantiker die Auffassung, daß die Bedeutung jeder sprachlichen Einheit durch die paradigmatischen* und syntagmatischen* Relationen determiniert ist, die zwischen dieser Einheit und anderen sprachlichen Einheiten in einem Sprachsystem bestehen (cf. 8.2). Von Lexemen und anderen Einheiten, die innerhalb eines gegebenen Sprachsystems semantisch, paradigmatisch oder syntagmatisch verwandt sind, kann man sagen, daß sie demselben (semantischen) Feld* angehören oder Elemente des Feldes sind; ein Feld, dessen Elemente Lexeme sind, ist ein Wortfeld*. Ein Wortfeld ist daher eine paradigmatisch und syntagmatisch strukturierte Subklasse des Wortschatzes (oder Lexikons*: cf. 13.1).

In der Version der Feldtheorie, die als die stärkste beschrieben werden kann, wird angenommen, daß der Wortschatz W einer Sprache ein geschlossene Menge von Lexemen ist, $W = \{l_1, l_2, l_3, \ldots, l_n\}$, die in eine Menge von Wortfeldern aufgeteilt werden kann $\{WF_1, WF_2, WF_3, \ldots, WF_m\}$: d. h. in Subklassen so aufgeteilt werden, daß (I) der Durchschnitt zweier verschiedener Felder leer ist (kein Lexem ist ein Element von mehr als einem Feld), (II) die Vereinigung aller Felder in W gleich W ist (es gibt kein Lexem, das nicht irgendeinem Wortfeld angehört). Angesichts der oben erwähnten Kritik an Triers Theorie scheint es klüger zu sein, nicht zu akzeptieren, daß eine dieser zwei Bedingungen notwendigerweise in jedem oder in überhaupt irgendeinem Sprachsystem gilt. Per definitionem kann man natürlich festlegen, daß beide von ihnen gelten sollen.

Es gibt bei dem, was wir die stärkste Version der Feldtheorie genannt haben, andere explizite oder implizite Annahmen, auf die wir uns nicht festlegen wollen. Die erste besteht darin, daß sowohl der Wortschatz als auch jedes der Felder im Wortschatz geschlossene Mengen von Lexemen sind: wir wollen die Möglichkeiten offenlassen, daß sie entweder offen* oder indeterminiert* sind (d. h. $W = \{l_1, l_2, l_3, \ldots\}$ oder $W = \{l_1, l_2, l_3, \text{etc.}\}$ und $WF_i = \{l_{i1}, l_{i2}, l_{i3}, \ldots\}$ oder $WF_i = \{l_{i1}, l_{i2}, l_{i3}, \ldots\}$: cf. 7.4). Die zweite ist die Annahme, daß der gesamte Wortschatz ein Feld ist, das auf die gleiche Weise strukturiert ist wie die Wortfelder selbst (in bezug auf die Relationen, die zwischen den Wortfeldern, die es einschließt, bestehen). Keine dieser Annahmen scheint theoretisch wesentlich zu sein; die deskriptive Semantik kann durchaus ohne sie auskommen.

Zum Abschluß dieses Abschnittes können zwei weitere theoretische und methodologische Punkte betont werden, die in neueren Arbeiten über feldtheoretische Semantik aufgetreten sind und in bezug auf die es eine ziemlich weitgehende Übereinstimmung gibt. Der erste ist die Notwendigkeit, den Kontext, in dem Wörter auftreten, zu berücksichtigen. Der zweite ist die Unmöglichkeit, den Wortschatz einer Sprache unabhängig von ihrer grammatischen Struktur zu untersuchen. Im nächsten Kapitel werden wir einige der wichtigeren paradigmatischen Sinnrelationen behandeln, die die Struktur der Wortfelder determinieren. Wir wollen auch einiges über die Komponentenanalyse der Bedeutung sagen, die, obgleich sie zunächst unabhängig von der Feldtheorie entwickelt wurde, mit ihr viele Ähnlichkeiten aufweist und in der Tat in einigen der neueren Arbeiten über die Theorie der semantischen Felder übernommen wurde.

9. Strukturelle Semantik II: Sinnrelationen

9.1. Opposition und Kontrast

Der Begriff des Sinns* (im Unterschied zur Denotation* und Referenz*) wurde bereits in Kapitel 7 eingeführt.[1] Unsere Absicht in diesem Kapitel ist es, das, was die grundlegenden Prinzipien der Theorie der semantischen Felder zu sein scheinen, zu entwickeln und unter Rückgriff auf Sinnrelationen* (Sinnrelationen, die innerhalb von Mengen von Lexemen gelten), neu zu formulieren ohne dabei irgendeine zugrundeliegende konzeptuelle oder perzeptuelle Substanz zu postulieren (cf. 8.4). Die Behandlung wird verhältnismäßig informell und manchmal etwas spekulativ sein. Wir beginnen damit, den Begriff der paradigmatischen Opposition zu diskutieren.

Von Anfang an hat die strukturelle Semantik (und sogar die strukturelle Linguistik im allgemeinen) die Wichtigkeit der Relationen der paradigmatischen Oppsition* betont. Trier selbst beginnt sein Hauptwerk (1931) mit der umstrittenen Behauptung, daß jedes Wort, das ausgesprochen wird, sein Gegenteil im Bewußtsein des Sprechers und Hörers hervorruft; diese Aussage entspricht ähnlichen Behauptungen anderer struktureller Semantiker. Trier, so werden wir sehen, behauptet – was auch andere getan haben –, daß das Gegenteil in gewisser Weise im Geist des Sprechers und Hörers während eines Äußerungsaktes gegenwärtig ist. Ob dies wahr ist oder nicht, ist eine psychologische Frage, die für die Konstruktion einer Theorie des Sprachverhaltens relevanter ist als für die Analyse eines Sprachsystems (cf. 1.6). Im folgenden machen wir keine Annahmen darüber, was im Geist des Sprechers und Hörers während einer Äußerung vorgeht. Triers Behauptung scheint auch zu implizieren, daß jedes Wort des Wortschatzes ein Gegenteil und nur ein Gegenteil hat. Ob dies der Fall ist oder nicht, ist eine Frage, mit der wir uns in diesem Abschnitt befassen werden.

Der übliche Terminus technicus für den Bedeutungsgegensatz zwischen Lexemen ist der der Antonymie*. Aber dieser Terminus ist im Gebrauch der meisten Autoren kaum präziser als der Ausdruck ‚entgegengesetzt sein', den er ersetzt; Lexika klassifizieren Paare von Lexemen als Antonyme*, die, wie wir sehen werden, auf verschiedene Weise verwandt sind (‚hoch': ‚tief', ‚kaufen': ‚verkaufen', ‚männlich': ‚weiblich', ‚ankommen': ‚abfahren', ‚links': ‚rechts', ‚vorne': ‚hinten', usw.). Was alle diese Beispiele gemeinsam haben, dies sollte beachtet werden, ist ihre Abhängigkeit von der Dichotomisierung. Wir können es anderen überlassen zu erforschen, ob die Neigung, in Gegenteilen zu denken, bzw. die Erfahrung, aufgrund binärer Kontraste zu kategorisieren, eine universale menschliche Neigung ist, die sich nur sekundär in der Sprache als eine Ursache widerspiegelt, die eine Wirkung hervorruft, oder ob es die a priori Existenz einer großen Anzahl von entgegengesetzten Paaren von Lexemen in unserer Muttersprache ist, die uns dazu veranlaßt, unsere Urteile und Erfahrungen zu dichotomisieren oder zu polarisieren. Es ist jedoch eine Tatsache, die der Linguist berücksichtigen muß, daß binäre Opposition eines der wichtigsten Prinzipien ist, die die Struktur der Sprachen regeln; der offensichtlichste Ausdruck dieses Prinzips ist – was den Wortschatz angeht – die Antonymie.

Aber wie wir bereits gesagt haben, gibt es lexikalische Gegenteile verschiedener Art; es ist daher ein strittiger Punkt, von genau wie vielen dichotomen Relationen man annehmen sollte, daß sie innerhalb des Bereichs der ‚Antonymie‘ liegen. Wir wollen damit beginnen, eine Unterscheidung zwischen gradierbaren* und nicht-gradierbaren* Gegenteilen zu machen (cf. Sapir, 1944). Gradieren* hat mit Vergleichen zu tun. Wenn wir zwei oder mehrere Objekte in bezug auf die Frage vergleichen, ob sie eine bestimmte Eigenschaft haben (diese Eigenschaft wird im Deutschen typischerweise durch ein Adjektiv denotiert), dann ist es normalerweise, allerdings nicht immer, angemessen zu fragen, ob sie diese Eigenschaft im gleichen Grad haben oder nicht. Wir können z. B. fragen: *Ist X so heiß wie Y?* Die Tatsache, daß wir sagen können, *X ist so heiß wie Y* oder *X ist heißer als Y* ist bedingt durch die Gradierbarkeit von ‚heiß‘. Ein Lexem wie ‚verheiratet‘ im Deutschen ist dagegen nicht gradierbar: wir würden normalerweise nicht sagen *X ist so verheiratet wie Y* oder *X ist verheirateter als Y*. Jedes dieser Lexeme ist im Wortschatz mit dem, was man allgemein als sein Gegenteil beschreiben würde, gepaart: ‚kalt‘ bzw. ‚ledig‘. Die Tatsache nun, daß ‚heiß‘ und ‚kalt‘ gradierbare Lexeme sind, wohingegen ‚verheiratet‘ und ‚ledig‘ nicht gradierbar sind, hängt mit einem wichtigen logischen Unterschied zwischen den zwei Paaren zusammen.

Nicht-gradierbare Gegenteile teilen, wenn sie als prädikative Ausdrücke verwendet werden, das ‚universe of discourse‘ (d. h., die Objekte, von denen sie prädizierbar sind: cf. 6.3) in zwei komplementäre* Subklassen. Daraus folgt nicht nur, daß die Prädizierung eines Lexems des Paars die Prädizierung der Negation des anderen impliziert, sondern auch, daß die Prädizierung der Negation des einen die Prädizierung des anderen impliziert. Die Proposition „X ist verheiratet“ impliziert z. B. „X ist nicht ledig“, und „X ist nicht verheiratet“ (vorausgesetzt, daß ‚ledig‘ und ‚verheiratet‘ von X prädizierbar sind [und daß in der betreffenden Gesellschaft die Institution Ehe entsprechend rigide definiert ist]) impliziert „X ist ledig“.

Bei gradierbaren Gegenteilen ist die Lage jedoch anders. Die Prädizierung des einen impliziert die Prädizierung der Negation des anderen: die Proposition „X ist heiß“ impliziert „X ist nicht kalt“; „X ist kalt“ impliziert „X ist nicht heiß“. Aber „X ist nicht heiß“ impliziert normalerweise nicht „X ist kalt" (obgleich es manchmal in dieser Weise interpretiert werden kann; auf diesen Punkt werden wir noch zurückkommen).

Was bisher über den Unterschied zwischen nicht-gradierbaren und gradierbaren Gegenteilen gesagt wurde, könnte, so scheint es, auf den ersten Blick, durchaus befriedigend durch die traditionelle logische Unterscheidung zwischen Kontradiktionen* und Kontraritäten* abgedeckt werden. Eine Proposition *p* ist der kontradiktorische Gegensatz* einer anderen Proposition *q*, wenn *p* und *q* nicht beide wahr oder beide falsch sein können; z. B. „Dieser Mann ist ledig": „Dieser Mann ist verheiratet" (ebenso wie korrespondierende affirmative und negative Propositionen wie „Der Kaffee ist kalt": „Der Kaffee ist nicht kalt"). Eine Proposition *p* ist das konträre Gegenteil* einer anderen Proposition *q*, wenn *p* und *q* nicht beide wahr sein können (obgleich es der Fall sein kann, daß beide falsch sind); z. B. „Der Kaffee ist heiß": „Der Kaffee ist kalt" (ebenso wie Paare wie „Alle Männer sind kahlköpfig": „Kein Mann ist kahlköpfig").[2] Wenn wir diese Unterscheidung zuerst auf die Sätze anwenden, die solche Propositionen ausdrücken und dann in einer offensichtlichen Weise abgeleitet auf die Lexeme, die in ihnen als prädikative Ausdrücke gebraucht werden, dann könnten wir sagen, daß ‚ledig' und ‚verheiratet' kontradiktorische Gegenteile sind [siehe obige Einschränkung] und daß ‚heiß' und ‚kalt' konträr sind; dies ist auch durchaus richtig. Aber es gibt viele konträre Gegenteile, die man normalerweise nicht als Gegenteile ansehen würde (z. B. ‚rot': ‚blau', um unzählbare andere Paare wie ‚Baum': ‚Hund', ‚viereckig': ‚abstrakt', usw. erst gar nicht zu erwähnen): sie sind einander nicht dichotom gegenübergestellt.[3] Die Unterscheidung zwischen kontradiktorischen und konträren Gegenteilen entspricht der Unterscheidung zwischen nicht-gradierbaren und gradierbaren Lexemen innerhalb der Klasse lexikalischer Gegensätze in einer Sprache, aber sie hat ein weiteres Anwendungsgebiet; die Tatsache, daß gradierbare Antonyme normalerweise als konträre und nicht als kontradiktorische Gegensätze angesehen werden, ist eine Folge der Gradierbarkeit, nicht ihre Ursache.

Gradieren wird in Komparativsätzen wie ‚Unser Haus ist so groß wie eures' und ‚Unser Haus ist größer als eures' explizit gemacht. Im Deutschen gibt es alternative, allerdings weniger häufige Arten von Komparativsätzen, in denen die Verben ‚gleichen', ‚sich unterscheiden von' und ‚übersteigen an' verwendet werden (‚Unser Haus gleicht/unterscheidet sich von eurem an Größe; unser Haus übersteigt eures an Größe'), die Adjektive ‚gleich' und ‚anders als' (‚Unser Haus gleicht eurem an Größe/Unser Haus ist in bezug auf seine Größe anders als eures') ebenso wie die korrelativen und antonymen Gradadverbien ‚mehr' und ‚weniger' (‚Unser Haus ist mehr/weniger komfortabel als eures'); es gibt noch verschiedene andere mögliche Konstruktionen, von denen einige in bestimmten Fällen akzeptabler sind als andere. Es gibt aber zwischen Sprachen beträchtliche Unterschiede in bezug auf die Weise, in der Gradieren in Sätzen, die aufgrund ihrer grammatischen Struktur als kom-

parativ identifiziert werden können, grammatikalisiert ist. Es ist keineswegs
der Fall, daß in allen Sprachen, die Adjektive haben, mit den am häufigsten
vorkommenden Arten von Komparativsätzen, nämlich mit Adverbien des
Grades, die ‚mehr' und ‚am meisten' entsprechen (die mit ‚weniger' bezie-
hungsweise ‚am wenigsten' korrelieren), gradiert wird. Im folgenden wollen
wir annehmen, daß die grammatischen Konstruktionen, die für explizites
Gradieren zur Verfügung stehen ebenso wie ihre Entsprechungen in dem,
was man als Paraphrasen bestimmter Sätze ansehen könnte, als Teil der
grammatischen Analyse einer Sprache, deren Wortschatz wir untersuchen,
zufriedenstellend beschrieben werden können; wir wollen das, was hier über
gradierbare Antonyme gesagt wurde, anhand einer begrenzten Menge deutscher Komparativsätze erläutern.

Als erstes muß beachtet werden, daß die Propositionen, die durch Komparativsätze wie ‚Unser Haus ist größer als eures' oder ‚Xs Beweis (des Theo-
rems) ist einfacher als Ys' ausgedrückt werden, die Propositionen, die durch
Sätze wie (a) ‚Euer Haus ist kleiner als unseres', ‚Ys Beweis ist komplexer als
Xs' oder (b) ‚Euer Haus ist weniger groß als unseres', ‚Ys Beweis ist weniger
einfach als Xs' ausgedrückt werden, implizieren und von ihnen impliziert
werden. Die Beziehung zwischen Sätzen wie ‚Unser Haus ist größer als eures'
und ‚Euer Haus ist kleiner als unseres' kann in bezug auf die Konversheit*
ihrer Prädikate (cf. 6.3) erfaßt werden, das gleiche gilt für korrespondierende
Aktiv- und Passivsätze wie ‚John tötete Bill' und ‚Bill wurde von John getötet', hierauf werden wir noch zurückkommen. Was hier beachtet werden
muß, ist, daß die Ersetzung eines Elementes von einem Paar gradierbarer
Antonyme durch das andere und die Umstellung der relevanten nominalen
Ausdrücke innerhalb eines Komparativsatzes zu einem semantisch äquivalenten Satz führt. Dies ist hinreichend deutlich.

Etwas weniger offensichtlich ist die Tatsache, daß bei der Verwendung
eines gradierbaren Antonyms Gradierung immer implizit, wenn nicht sogar
explizit, eine Rolle spielt. Dies wurde von Sapir (1944) betont, der offenbar
der erste Linguist gewesen ist, der den Terminus ‚Gradierung' in diesem
Sinne verwendet hat.[4] Wenn wir z. B. sagen, *Unser Haus ist groß* (d. h. wenn
wir den Satz ‚Unser Haus ist groß' äußern, um die Proposition „Unser Haus
ist groß" zu behaupten), dann schreiben wir dem Referenten von ‚Unser
Haus' nicht die Eigenschaft Größe zu, wie wir dem Referenten von ‚das',
wenn wir sagen, *Das ist ein rotes Buch,* die Eigenschaft Röte zuschreiben.
Wir vergleichen implizit das Haus mit etwas anderem und behaupten, daß es
größer ist. Der Vergleichsstandard kann in dem Kontext, in dem der Satz
geäußert wird, explizit eingeführt worden sein. Er wird jedoch häufig eine
allgemein akzeptierte Norm sein. Der Satz *Unser Haus ist groß* kann daher
so verstanden werden, daß er eine Bedeutung hat wie „Unser Haus ist größer
als das normale Haus" oder „Unser Haus ist groß für ein Haus"; die Norm
wird bei verschiedenen Sprachen (oder Kulturen) und bei verschiedenen

Gruppen innerhalb der gleichen Gesellschaft variabel sein. Die Tatsache, daß die logischen Eigenschaften gradierbarer Antonyme nicht erkannt wurden, hat eine Anzahl von Pseudoproblemen entstehen lassen. Plato war z. B. von der Möglichkeit, daß entgegengesetzte Eigenschaften (z. B. Größe und Kleinheit) im gleichen Objekt koexistieren, verwirrt. Wenn wir sagen können, X *ist größer als Y und kleiner als Z,* dann scheinen wir X sowohl Größe als auch Kleinheit zuzuschreiben. Neuerlich haben Logiker und Linguisten offensichtlich falsche Deduktionen wie „Dies ist ein kleiner Elefant, daher ist er ein kleines Tier" (im Unterschied zu „Dies ist ein rotes Buch, daher ist es ein rotes Objekt") diskutiert.[5] Wie Sapir dies formuliert: „Kontraste wie ‚klein' und ‚groß', ‚wenig' und ‚viel', ‚wenige' und ‚viele' täuschen uns das Gefühl vor, daß es im Bereich der Quantitäten absolute Werte gibt, die qualitativen Unterschieden wie ‚rot' und ‚grün' im Bereich der Farbwahrnehmung vergleichbar sind. Dieses Gefühl ist jedoch eine Illusion, das in erster Linie durch die sprachliche Tatsache bedingt ist, daß Gradierung, die in diesen Ausdrükken implizit ist, formal nicht indiziert ist, wohingegen sie in Urteilen wie „Es gab weniger Leute dort als hier", „Er hat mehr Milch als ich" explizit gemacht ist." (1944: 93)

Gradieren kann auch teil-explizit sein. Mit teil-expliziter Gradierung ist hier die Verwendung einer Komparativkonstruktion ohne explizite Erwähnung des Vergleichsstandards gemeint. ‚Unser Haus ist größer' ist z. B. teilexplizit gradiert, und der Vergleichsstandard wird gewöhnlich vorher in dem Kontext eingeführt worden sein. Das gleiche gilt für ‚Unser Haus ist zu groß' (in bestimmten Sprachen wird das Äquivalent dieses Satzes nicht von dem Äquivalent von ‚Unser Haus ist größer' unterschieden, ebenso wie es der Fall sein kann, daß das Äquivalent von ‚Unser Haus ist das größte' von dem Äquivalent von ‚Unser Haus ist sehr groß' nicht unterschieden wird): Der Vergleichsstandard ist hier komplexer, da mit ihm die Vorstellung des Zwecks und ein ganzer Bereich möglicher Kriterien, die explizit gemacht werden können oder nicht, verbunden ist („... zu groß, um von uns unterhalten zu werden", „... zu groß für seine Lage", usw.). Insoweit eine Proposition einen bestimmten Wahrheitswert haben muß (cf. 6.2), können wir nicht sagen, welche Proposition durch Sätze dieser Art ausgedrückt wird, es sei denn, wir können aus dem Kontext oder auf andere Weise den relevanten Vergleichsstandard erschließen.

In vielen Sprachen, einschließlich des Deutschen, ist es oft der Fall, daß die am häufigsten verwendeten Gegenteile morphologisch nicht verwandt sind (z. B. ‚gut': ‚schlecht', ‚hoch': ‚niedrig', ‚schön': ‚häßlich', ‚groß': ‚klein', ‚alt': ‚jung'). Aber morphologisch verwandte Paare wie ‚verheiratet': ‚unverheiratet', ‚freundlich': ‚unfreundlich', ‚formell': ‚informell', ‚legitim': ‚illegitim', usw. sind im Wortschatz zahlreicher als die erstgenannten. In diesen Fällen ist die Grundform* eines Elementes des Paares aus der Grundform des anderen durch Hinzufügung des negativen Präfixes *un-* oder *in-* (cf. 13.2) abgeleitet*. Aufgrund dieser morphologischen Entsprechung können Wörter wie ‚unfreundlich‘, ‚informell‘ usw. als morphologisch negativ* in bezug auf die entsprechenden morphologisch positiven* Wörter ‚freundlich‘, ‚formal‘ usw. beschrieben werden. Was nun zunächst beachtet werden muß, ist, daß, obgleich die meisten morphologisch nicht-verwandten Gegenteile, im Deutschen zumindest, gradierbar und viele morphologisch verwandte Gegenteile ungradierbar sind, der Unterschied zwischen morphologisch verwandten und nicht-verwandten Gegenteilen unabhängig ist von dem semantischen Unterschied zwischen nicht-gradierbaren und gradierbaren Gegenteilen und mit diesem nicht absolut korreliert: ‚verheiratet‘: ‚ledig‘ ist ebenso wie ‚verheiratet‘: ‚unverheiratet‘ nicht gradierbar, wohingegen ‚freundlich‘: ‚unfreundlich‘ ebenso wie ‚freundlich‘: ‚feindlich‘ gradierbar ist. Diese Beispiele wurden absichtlich gewählt, um den weiteren Punkt zu verdeutlichen, daß das gleiche Lexem sowohl mit einem morphologisch verwandten als auch mit einem morphologisch nicht verwandten Wort im Wortschatz gepaart sein kann.

Noch wichtiger ist vielleicht, daß sogar morphologisch nicht verwandte Gegenteile wie ‚gut‘ oder ‚schlecht‘ syntaktisch und semantisch aufgrund ihrer positiven oder negativen Polarität* unterschieden werden können. Wir neigen dazu zu sagen, daß kleinen Dingen Größe mangelt und daß z. B. weniger Höhe erforderlich ist, und nicht, daß großen Dingen Kleinheit mangelt und daß z. B. mehr Niedrigkeit erforderlich ist. ‚Wie gut ist es?‘ kann verwendet werden, ohne daß präsupponiert oder impliziert wird, daß der Referent von ‚es‘ eher gut als schlecht ist; aber ‚Wie schlecht ist es?‘ führt die Präsupposition mit sich, daß der Referent von ‚es‘ eher schlecht als gut (in bezug auf eine relevante Norm) ist. Das positive Gegenteil geht oft dem negativen voran, wenn Gegenteile, in dem was Malkiel (1959) irreversible Binomiale* nennt, koordiniert sind: cf. ‚gut und schlecht‘, ‚hoch und niedrig‘, ‚groß‘ oder ‚klein‘. Dieses Prinzip der bevorzugten Abfolge hat in der Tat eine viel weitere Anwendung. Es ermöglicht uns, in kontrastierenden Paaren ein positives und ein negatives Element zu unterscheiden wie: ‚Mann‘ und ‚Frau‘, ‚Elternteil‘ und ‚Kind‘, ‚Norden‘ und ‚Süden‘, ‚Himmel‘ und ‚Erde‘, ‚Essen‘ und ‚Trinken‘, ‚kaufen‘ und ‚verkaufen‘, usw. Wie Malkiel hervorhebt, scheint es ganz gut mit dem zu korrelieren, was wir auch aus anderen Gründen als eine Hierarchie der semantischen Präferenz beschreiben können.

Sapir diskutiert die Polarität von Antonymen in bezug auf „die Tendenz, dem Sprechen kinästhetische Implikationen hinzuzufügen, [die] so oft dazu führt, daß eine rein logische Analyse des Sprechens ungenügend oder sogar irreführend ist“ (1944: 104). Lehrer bemerkt, daß „es der negative Fall ist, der sich einer Grenze oder dem Nullpunkt nähert, während dies für die positiven Fälle nicht gilt. Etwas kann so eng, so kurz oder so klein sein, daß es sich in der Ausdehnung Null nähert, es gibt aber keine entsprechende Grenze dafür, wie groß, breit oder hoch etwas sein kann“ (1973: 27; cf. auch H. Clark, 1973). Wenn wir Lehrers Beobachtung die Tatsache hinzufügen, daß die meisten morphologisch negativen gradierbaren Antonyme auch semantisch negativ (oder markiert) sind, dann können wir vielleicht Sapirs Eindruck, daß gradierbare Antonymie voller kinästhetischer Implikationen ist, Rechnung tragen. Die Vorstellung einer Grenze ist nur für eine Subklasse der antonymen Paare in einer Sprache relevant und gilt am offensichtlichsten für Lexeme, die mit räumlicher und zeitlicher Ausdehnung zu tun haben; morphologische Verwandtschaft ist wiederum nur für eine Subklasse von antonymen Paaren relevant; Annäherung an die Grenze oder den Nullpunkt und die Präfigierung eines *un-* oder *in-* sind voneinander unabhängig, aber sie korrelieren mit negativer Polarität, die in allen Fällen von gradierbarer Antonymie relevant ist; aus diesem Grund interpretieren wir vielleicht alle Lexeme, die syntaktisch wie ‚klein‘ oder ‚eng‘ und wie ‚unfreundlich‘ oder ‚informell‘ fungieren, als negativ.

Es ist ohne weiteres einsehbar, daß es keine logische Notwendigkeit dafür gibt, daß Sprachen morphologisch nicht-verwandte Gegenteile aufweisen (gleichgültig, ob die jeweiligen Sprachen eine Ebene der morphologischen Struktur haben oder nicht: cf. 10.1). Das Deutsche wäre ein ebenso effizientes semiotisches System, so könnte man annehmen, wenn wir Paare hätten wie ‚gut‘: ‚ungut‘, ‚breit‘: ‚unbreit‘, ‚fern‘: ‚unfern‘ usw. Es besteht in der Tat keine logische Notwendigkeit dafür, daß Sprachen überhaupt lexikalische Gegenteile haben. Nehmen wir an, wir würden die grammatische Struktur des Deutschen leicht verändern, so daß „X ist nicht gut“, „X ist schlecht“, „X ist sehr schlecht“ durch Sätze wie ‚X nicht ist gut‘, ‚X ist nicht gut‘, X ist sehr nicht gut‘ ausgedrückt würden. Die Sprache würde genauso gut dazu dienen, Unterscheidungen in der deskriptiven Bedeutung zu machen, wie sie es zum gegenwärtigen Zeitpunkt mit einem größeren Wortschatz macht.[6] Was ist dann der Grund für die Existenz lexikalischer Gegenteile und insbesondere für morphologisch nicht-verwandte gradierbare Gegenteile?

Wir haben bereits gesehen, daß die Antonymie das, was eine allgemein menschliche Tendenz zur Kategorisierung der Erfahrung mit dichotomen Kontrasten zu sein scheint, widerspiegelt oder determiniert. Es scheint nun klar zu sein, daß die Lexikalisierung der Polarität mit zwei morphologisch nicht verwandten gradierbaren Antonymen (die die Arbitrarität und Diskretheit des Systems vergrößert: cf. 3.4) in gewisser Weise die Verschiedenheit oder Trennung der zwei Pole hervorhebt, so daß, wie Sapir dies formuliert „kontrastierende Eigenschaften so empfunden [werden], als seien sie sozusagen von einer relativ absoluten Natur und [als seien] ‚gut‘ und ‚schlecht‘ und sogar ‚fern‘ und ‚nah‘ [...] psychologisch ebenso spezifisch wie ‚grün‘ und ‚gelb‘. Daher wird die logische Norm zwischen ihnen nicht als echte Norm empfunden, sondern eher als Übergangsbereich, in dem Eigenschaften, die in entgegengesetzter Richtung gradiert sind, zusammentreffen. Für den Naiven ist jeder Mensch entweder gut oder schlecht; wenn er nicht leicht eingeordnet werden kann, dann ist er eher teils gut und teils schlecht, als nur normal menschlich oder weder gut noch schlecht." (1944: 101) Dies ist vielleicht der Grund dafür, daß die meisten der am häufigsten vorkommenden gradierbaren Antonyme im Deutschen und anderen Sprachen morphologisch nicht verwandt sind: dann spiegelt sich eine vollständigere Lexikalisierung der polarisierten Kontraste wider. Man kann in der Tat behaupten, daß vollständige Lexikalisierung notwendigerweise morphologische Nicht-Verwandtschaft impliziert. Traditionellerweise wird morphologische Verwandtschaft zwischen Lexemen (oder Ableitung*) von Linguisten so betrachtet, als liege sie in der Mitte zwischen Grammatikalisierung und Lexikalisierung: es ist bei ‚gut' und ‚schlecht' offensichtlicher, daß sie verschiedene Lexeme sind, als bei ‚freundlich' und ‚unfreundlich'. Aber dies ist ein allgemeinerer Punkt; wir werden auf ihn in einem späteren Kapitel noch zurückkommen: 13.2.

Obgleich gradierbare und nicht-gradierbare Gegenteile aufgrund ihrer logischen Eigenschaften unterschieden werden können, darf nicht vergessen werden, daß gradierbare Antonyme oft im alltäglichen Sprachverhalten eher als kontradiktorische statt als konträre Gegensätze verwendet werden. Wenn wir gefragt werden, *Ist X ein guter Schachspieler?*, und wir antworten *nein*, dann kann der Fragende durchaus annehmen, daß wir uns implizit auf die Proposition, daß X ein schlechter Schachspieler ist, festgelegt haben. Diese Tatsache läßt sich vielleicht, wie viele andere, am besten durch die Berücksichtigung einer bestimmten Anzahl allgemeiner semiotischer Prinzipien erfassen, die den normalen Gebrauch der Sprache regeln. (Einige dieser Prinzipien sind neuerlich von Grice kodifiziert und diskutiert worden; er nennt sie konversationelle Implikaturen*: cf. 14.3.) Für die meisten praktischen Zwecke reicht es normalerweise wohl aus, daß wir die Dinge sozusagen in einer ersten Annäherung aufgrund einer ja/nein-Klassifizierung beschreiben, gemäß derer die Dinge entweder gut oder schlecht, groß oder klein usw. sind (relativ zu einer relevanten Norm). Wenn wir leugnen, daß etwas gut ist, oder behaupten, daß es nicht gut ist, ohne unsere Aussagen in irgendeiner Weise einzuschränken oder irgendwelche weiteren Informationen, die für diese dichotome ja/nein-Klassifizierung relevant sind, zu liefern, dann ist es vernünftig, daß die anderen Teilnehmer annehmen, daß wir mit einer ersten Annäherung, aufgrund derer gradierbare Antonyme als kontradiktorische Gegensätze interpretierbar sind, zufrieden sind. Die Proposition „X ist nicht gut" impliziert offensichtlich an sich nicht „X ist schlecht", aber bei dem Wirksamwerden dieses Prinzips kann man annehmen, daß dies bei bestimmten Äußerungsvorkommnissen eines Satzes, der die Proposition ausdrückt, doch der Fall ist. Wenn der Sprecher sich auf die Implikation nicht festlegen möchte, dann könnte man von ihm erwarten, daß er deutlich gemacht hätte, daß eine erste Annäherung nicht präzise genug gewesen war, indem er z. B. gesagt hätte, *X ist nicht gut, aber er ist auch nicht schlecht: er ist mittelmäßig/ziemlich gut/mehr oder weniger durchschnittlich*.

Auch für das normale Sprachverhalten gilt, daß nicht-gradierbare Gegenteile gelegentlich explizit gradiert sein können. Aber die Erklärung dieser Tatsache ist gewöhnlich anderer Art. Wenn jemand zu uns sagt *Lebt X denn noch?* und wir antworten *Ja sicher, sehr* oder *und wie!*, dann ziehen wir damit nicht die Nichtgradierbarkeit von ‚tot‘: ‚lebendig‘ im Sprachsystem in Zweifel. Was wir vermutlich gradieren, sind verschiedene sekundäre Implikationen oder Konnotationen* (cf. 7.1) von ‚lebendig‘. Ebenso wenn wir sagen *X ist mehr Junggeselle als Y,* dann vergleichen wir wahrscheinlich X und Y in bezug auf bestimmte mehr oder weniger allgemein akzeptierte Konnotationen von ‚Junggeselle‘. Aber es gibt andere Situationen, in denen wir ein Paar von Antonymen, das normalerweise nicht gradierbar ist, gradieren, weil wir in der Tat ihre Interpretation als kontradiktorische Gegensätze ablehnen. ‚Ledig‘ und ‚verheiratet‘ sind gute Beispiele. Wir gehen normalerweise von der Annahme aus, daß jeder beliebige Erwachsene entweder ledig oder verheiratet ist (und nicht weder ledig noch verheiratet oder sowohl ledig als auch verheiratet), aber wir können durchaus erkennen, daß bestimmte Erwachsene nicht befriedigend in bezug auf diese ja/nein-Opposition von ‚ledig‘ und ‚verheiratet‘ klassifziert werden können. Wir können z. B. sagen *X ist nicht vollkommen ledig* oder *X ist mehr ledig als verheiratet.* Aber in Fällen wie diesen modifizieren wir das Sprachsystem, wenn auch nur zeitweilig. Wenn man die Möglichkeit zuläßt, daß Antonyme, die normalerweise nicht gradierbar sind, auf eine der zwei erwähnten Weisen gradierbar sind, dann impliziert dies nicht, daß es in einem Sprachsystem keine strenge Unterscheidung zwischen gradierbaren und nicht-gradierbaren Antonymen gibt.

Bisher haben wir die Termini ‚Antonymie‘ und ‚Opposition‘ mehr oder weniger äquivalent für verschiedene Arten von Kontrasten zwischen Lexemen verwendet; wir haben dabei nicht explizit zwischen Oppositionen und Kontrasten unterschieden. Man wird verschiedener Meinung darüber sein können, ob es ratsam ist, eine terminologische Unterscheidung eher in der einen als in der anderen Weise zu machen. Aber die folgende Klassifizierung scheint brauchbar und angemessen zu sein; wir werden uns also im folgenden daran halten. Kontrast* wird als allgemeinster Terminus verwendet, der keine Implikationen in bezug auf die Anzahl der Elemente in der Menge von paradigmatisch kontrastierenden Elementen hat. Opposition* wird auf dichotome oder binäre Kontraste eingeschränkt, und Antonymie* wird noch weiter auf gradierbare Gegenteile wie ‚groß‘: ‚klein‘, ‚hoch‘: ‚niedrig‘, usw. eingeschränkt. Der Grund für diese absichtliche Einschränkung des Bereichs der Termini ‚Antonymie‘ und ‚antonym‘ liegt in der Tatsache, daß bei gradierbaren Gegenteilen, wie wir gesehen haben, die Eigenschaft der Polarität in auffallenderer Weise als bei anderen Gegenteilen deutlich wird. Nicht gradierbare Gegenteile wie ‚ledig‘ und ‚verheiratet‘ werden aus Gründen, die jetzt klar sein sollten, komplementäre Gegensätze* genannt. Damit stehen die Termini ‚kontradiktorisch‘ und ‚konträr‘ für die Verwendung in dem Sinne, in dem sie von den Logikern definiert wurden, zur Verfügung. Viele strukturelle Semantiker machen, Trubetzkoy folgend (1939), eine Unterscheidung zwischen privativen* und äquipollenten* Gegenteilen, die sich mit der Unterscheidung zwischen antonymen und komplementären Gegensätzen überschneidet. Diese Unterscheidung (die oben bei unserer Diskussion der Polarität exemplifiziert wurde) wurde in vielen allgemeinen Behandlungen der Opposition und des Kontrastes gemacht, allerdings nicht notwendigerweise auf dieselbe Weise (z. B. Ogden, 1932). Eine privative Opposition ist eine kontrastive Relation zwischen zwei Lexemen, von denen eines eine positive Eigenschaft denotiert und das andere das Fehlen dieser Eigenschaft: z. B. ‚belebt‘: ‚unbelebt‘. Eine äquipollente Opposition (oder allgemeiner ein äquipollenter Kontrast) ist eine Relation, in der jedes der kontrastierenden Lexeme eine positive Eigenschaft denotiert: z. B. ‚ledig‘: ‚verheiratet‘.

Von Antonymie und Komplementarität ist die Konversheit* zu unterscheiden, die durch Paare wie ‚Mann‘: ‚Frau‘ (die als zweistellige Prädikate betrachtet werden können) exemplifiziert wird. Der Satz ‚X ist der Mann von Y‘ drückt eine Proposition aus, deren Konverse durch ‚X ist die Frau von Y‘ (cf. 6.3) ausgedrückt wird. Wie oben erwähnt, operieren die Komparativformen explizit gradierter Antonyme (*größer: kleiner* usw.) und korrespondierende Aktiv- und Passivformen transitiver Verben (*tötete: wurde getötet*) auch innerhalb von Sätzen wie lexikalische Konversen: ‚X tötete Y‘ drückt eine Proposition aus, die die Konverse der Proposition, die durch ‚X wurde von Y getötet‘ ausgedrückt ist, darstellt. Aufgrund der Definition der logischen Relation der Konversheit können wir nun, wenn R eine zweistellige Relation und R' ihre Konverse ist, R' für R einsetzen und gleichzeitig die Terme in der Relation vertauschen, um eine Äquivalenz zu erhalten: $R(x, y) = R'(y, x)$. Vorausgesetzt, daß die entsprechenden grammatischen Veränderungen bei der Transposition nominaler Ausdrücke durchgeführt werden, können wir das gleiche bei Paaren von Sätzen tun, die konverse Lexeme oder Ausdrücke enthalten; die Propositionen, die durch die zwei Elemente eines jeden Paares von Sätzen ausgedrückt werden, werden dann äquivalent sein: „X ist größer als Y" ≡ „Y ist kleiner als X", „X geht Y voran" ≡ „Y folgt X", „X tötete Y" ≡ „Y wurde von X getötet". Konverse Relationen zwischen Lexemen, die als zweistellige prädikative Ausdrücke verwendet werden können, kommen besonders häufig in Bereichen des Wortschatzes vor, die mit reziproken sozialen Rollen zu tun haben (‚Arzt‘: ‚Patient‘, ‚Herr‘/‚Herrin‘: ‚Diener‘, usw.), ebenso bei Verwandtschaftsrelationen (‚Vater‘/‚Mutter‘: ‚Sohn‘/‚Tochter‘, usw.) einerseits und zeitlichen und räumlichen Relationen andererseits (‚oben‘: ‚unten‘, ‚vor‘: ‚hinter‘, ‚vor‘: ‚nach‘, usw.).

Die Lage in bezug auf Lexeme wie ‚kaufen‘ und ‚verkaufen‘ ist etwas komplizierter. Wenn wir sie als dreistellige Prädikate behandeln und die Reihenfolge der Termini in der symbolischen Repräsentation der Relationen $R(x, y, z)$ und $R(z, y, x)$ mit grammatischen Funktionen wie Subjekt, direktes Objekt, indirektes Objekt usw. in den Sätzen, die ‚kaufen‘ enthalten, korrelieren, dann können wir sagen, daß ‚kaufen' die 1–3 Konverse von ‚verkaufen' ist (cf. Bar-Hillel, 1967 a). Da wir wissen, daß der erste und der dritte der nominalen Ausdrücke bei ‚kaufen' (*x, y, z*) ≡ ‚verkaufen' *(z, y, x)* vertauscht werden müssen, und da wir auch wissen, welche grammatischen Veränderungen in Sätzen, die ‚kaufen' und ‚verkaufen' enthalten, gemacht werden müssen, können wir Paare von Sätzen wie ‚*X* kaufte *Y* von *Z*': ‚*Z* verkaufte *Y* an *X*' aufgrund der Äquivalenz der Propositionen, die durch sie ausgedrückt werden, in Zusammenhang bringen. Es ist jedoch möglich, daß die semantische Relation, die zwischen mehrstelligen Konversen besteht, in allen Fällen als das Produkt von zwei oder mehreren einfachen Relationen (cf. 12.4) analysiert werden kann.

9.2. Direktionale, orthogonale und antipodale Oppositionen

Wir haben bisher drei Arten lexikalischer Oppositionen unterschieden: Antonymie (eng definiert aufgrund von Gradierbarkeit), Komplementarität und Konversheit. Es gibt aber noch einen vierten Typ mit verschiedenen Untertypen, der, obgleich er nicht immer von diesen dreien unterschieden werden kann, in der Sprache wichtig genug ist, um ihm ein eigenes Etikett zu geben. Wir werden diesen Typ direktionale* Opposition nennen. Man kann sie am deutlichsten in der Beziehung sehen, die zwischen ‚hinauf': ‚hinunter', ‚ankommen': ‚abfahren' und ‚kommen': ‚gehen' besteht. Was diese Paare gemeinsam haben, bei dem, was als ihre typischste Verwendung angesehen werden kann, ist eine Implikation der Bewegung in einer von zwei entgegengesetzten Richtungen in bezug auf einen gegebenen Ort *O*. Zwischen ihnen bestehen aber wichtige Unterschiede. Wenn wir ‚hinauf': ‚hinunter' mit ‚kommen': ‚gehen' vergleichen, dann können wir sofort sehen, daß, während ‚kommen': ‚gehen' auf einer Opposition zwischen der Bewegung nach *O* und der Bewegung von *O* weg beruht (wie auch bei ‚ankommen': ‚abfahren'), ‚hinauf': ‚hinunter' auf einer Opposition innerhalb der Bewegung von *O* weg beruht.[6a] ‚Rechts': ‚links' und ‚vorn': ‚hinten' verhalten sich, wenn sie in direktionalen oder richtungsanzeigenden Ausdrücken verwendet werden, in dieser Hinsicht wie ‚hinauf': ‚hinunter'. Aber die Direktionalität von ‚hinauf': ‚hinunter' (d. h. in der vertikalen Dimension) ist absolut, während dies für die Direktionalität von ‚rechts': ‚links' und ‚vorn': ‚hinten' nicht gilt. Dies ist ein wichtiger Punkt, auf den wir noch zurückkommen werden (cf. 15.5).

Wenn man ‚kommen': ‚gehen' mit ‚ankommen': ‚abfahren' vergleicht, dann kann man sehen, daß es mehrere Unterschiede gibt. Der von einem theoretischen Standpunkt aus wichtigste hat mit der Tatsache zu tun, daß mit der Opposition zwischen ‚kommen' und ‚gehen' wie mit der Opposition von ‚hier' und ‚dort' und vielen anderen Paaren Deixis* verbunden ist (cf. 15.1), wohingegen dies für die Opposition zwischen ‚ankommen' und ‚abfahren' nicht gilt. Wir können sagen „X kam letzte Nacht in Paris an", unabhängig davon, ob wir selbst zum Äußerungszeitpunkt in Paris sind oder zum Zeitpunkt des Ereignisses, das beschrieben wird, in Paris waren.

Direktionale Opposition kann nur zufriedenstellend innerhalb eines allgemeineren Rahmens diskutiert werden, in dem An-einem-bestimmten-Ort-sein als ‚in einem bestimmten Zustand sein' und Bewegung als eine Art Veränderung dieses Zustandes analysiert wird. Von diesem Gesichtspunkt aus betrachtet steht In-Paris-ankommen in der gleichen Relation zu In-Paris-sein wie Heiraten zu Verheiratet-sein oder Reichtum erwerben zu Reichtum-haben. Und Von-Paris-abfahren oder Paris-verlassen steht in der gleichen Relation zu In-Paris-sein wie ‚sterben' zu ‚leben' oder ‚ver_ ssen' zu ‚wissen'. Es ist kaum möglich, die Wichtigkeit der direktionalen Opposition – sowohl der deiktischen als auch der nicht-deiktischen – als einer strukturellen Relation zu stark zu betonen. Sie durchdringt sowohl die grammatische als auch die lexikalische Struktur der Sprachen: sie ist für die Analyse der grammatischen Kategorien Tempus, Aspekt und Kasus und der Personal- und Demonstrativpronomina zentral; sie ist darüber hinaus die Grundlage für vieles, was beim Gebrauch bestimmter Lexeme und Ausdrücke als metaphorisch angesehen werden kann. Ferner kann es durchaus sein, daß unser Verständnis nicht nur der direktionalen Opposition, sondern auch der Opposition im allgemeinen auf einer Art analogischer Ausweitung der Unterscheidungen beruht, die wir zuerst in bezug auf unsere eigene Orientierung und das An-einem-Ort-sein oder Bewegung anderer Objekte in der externen Welt anzuwenden lernen. Dies ist die Lokalismusthese*, auf die wir noch zurückkommen werden (cf. 15.7).

Bewegung von einem Ort O aus führt dazu, in Nicht-O zu sein (oder nicht mehr in O zu sein); Bewegung nach O führt dazu, in O zu sein. Dadurch entstehen zwei mögliche auf Direktionalität beruhende Abfolgerelationen*, die man als positiv oder negativ unterscheiden kann, je nachdem, ob auf das resultierende An-einem-Ort-sein O oder Nicht-O zutrifft. Ein Beispiel für positive Abfolge ist die Implikationsrelation, die zwischen der Proposition, die durch ‚X ist nach O gekommen/gegangen', und der Proposition, die durch ‚X ist (jetzt) in O' ausgedrückt wird, besteht; negative Abfolge durch die Relation, die zwischen der Proposition, die durch ‚X ist von O gekommen/gegangen', und der Proposition, die durch ‚X ist nicht/nicht mehr in O' ausgedrückt wird, besteht. Positive oder negative Abfolge ist für die Analyse der Bedeutung von Paaren lexikalischer Gegenteile in vielen verschiedenen Bereichen des Wortschatzes relevant. ‚Lernen' und ‚wissen' sind (in bestimmten Kontexten) aufgrund der Implikation, die zwischen Paaren von Propositionen „X hat Y gelernt" → „X weiß (jetzt) Y" (d. h. X ist von Y-nicht-wissen zu Y-wissen gegangen) besteht, verwandt und ‚vergessen' und ‚wissen' aufgrund der Implikation „X hat Y vergessen" → „X weiß Y nicht/nicht mehr" (d. h. X ist von Y-wissen zu Y-nicht-wissen gegangen). Ähnliches gilt

für die positiv verwandten Ausdrücke ‚bekommen' („erwerben"): ‚haben'
(„besitzen") einerseits und die negativ verwandten ‚verlieren': ‚haben', ‚sterben': ‚leben', ‚sich scheiden lassen' : ‚verheiratet sein' andererseits. Aufgrund
dieser Abfolgerelationen kann man ‚lernen': ‚vergessen' (ebenso wie ‚sich
erinnern': ‚vergessen' in anderen Kontexten mit etwas anderen Implikationen), ‚heiraten': ‚sich scheiden lassen', usw. als direktionale Gegenteile ähnlich wie ‚nach [A]': ‚von [A]' ansehen.

Wir wollen jetzt eine weitere Unterscheidung zwischen orthogonalen* und
antipodalen* Gegenteilen machen. Wenn wir die Oppositionen, die innerhalb der Menge {‚Norden', ‚Süden', ‚Osten', ‚Westen'} bestehen, betrachten,
dann sehen wir, daß es sich um zwei Arten handelt. Jedes der vier Elemente
der Menge ist zwei anderen orthogonal entgegengesetzt (‚Norden' ist auf
diese Weise ‚Osten' und ‚Westen' entgegengesetzt, ‚Osten' ist ‚Süden' und
‚Norden' entgegengesetzt) und einem anderen antipodal (diametral) (‚Norden' ist somit ‚Süden' entgegengesetzt und ‚Osten' ‚Westen'). Die antipodalen
Positionen sind in dieser Menge von vier Lexemen in dem Sinne dominant,
daß muttersprachliche Sprecher des Deutschen zweifellos sagen werden, daß
‚Norden' und ‚Süden' oder ‚Osten' und ‚Westen' Gegenteile sind und nicht
‚Norden' und ‚Osten' oder ‚Norden' und ‚Westen'. Wenn die antipodalen
Gegenteilen als zweistellige prädikative Ausdrücke verwendet werden (oder
innerhalb zweistelliger prädikativer Ausdrücke wie ‚südlich von'), sind sie
natürlich Konversen. Aber die speziellere Beziehung, die zwischen ‚Norden'
und ‚Süden' und zwischen ‚Osten' und ‚Westen' besteht, leitet sich aus der
Tatsache her, daß alle vier Lexeme dem gleichen Feld angehören und jedes
Lexem seiner Konverse in einem zweidimensionalen Raum diametral entgegengesetzt ist. In ähnlicher Weise sind ‚über': ‚unter', ‚vor': ‚hinter' und
‚links': ‚rechts' in einem dreidimensionalen Raum diametral entgegengesetzt.
Wir werden für diese Art von Opposition den Terminus ‚antipodal' verwenden.

Die Beispiele, die soeben angeführt wurden, machen das Wesen der antipodalen Opposition auf relativ einfache und intuitiv klare Weise deutlich. Aber
antipodale Opposition ist keineswegs auf Bereiche des Wortschatzes, die mit
An-einem-Ort-sein oder mit Richtung im physikalischen Raum zu tun haben,
eingeschränkt. Man kann behaupten, daß sie zumindest zu einem gewissen
Grad auch im Bereich der Farben wirksam ist. Jeder muttersprachliche Sprecher des Deutschen würde wahrscheinlich ohne Zögern zustimmen, daß
‚schwarz' und ‚weiß' Gegenteile sind. Einige Sprecher, allerdings vielleicht
eine Minderheit, würden behaupten, daß ‚grün' in ähnlicher Weise ‚rot' entgegengesetzt ist und ‚blau' ‚gelb'.[7] Es ist nun interessant zu beobachten, daß
die Zentralbereiche, die durch diese Wörter denotiert werden, genau diejenigen Bereiche sind, die in Sprachen mit einem Farbsystem, das aus sechs
Ausdrücken besteht, lexikalisiert sind, entsprechend der Hypothese von Berlin und Kay (cf. 8.3), ferner, daß sie als paarweise antipodale Gegenteile in

einem dreidimensionalen Raum angeordnet werden können.[8] Die Tatsache, daß die meisten Sprecher des Deutschen ‚schwarz‘ und ‚weiß‘ als Gegenteile behandeln, aber nicht (außer in bestimmten speziellen Kontexten) ‚rot‘ und ‚grün‘ und noch weniger ‚blau‘ und ‚gelb‘, liegt es nahe, daß das Prinzip der antipodalen Opposition, zumindest im Deutschen, nur partiell im Farbwortschatz relevant ist, obgleich es beim Erwerb der Farbausdrücke durch Kinder eine Rolle spielen kann.

Auch an Verwandtschaftsbezeichnungen zeigt sich in vielen Sprachen das Prinzip der antipodalen Opposition auf verschiedene Weise. Wir wollen der Einfachheit halber nur einen zweidimensionalen Raum betrachten, der durch die symmetrischen Relationen verheiratet-sein-mit (der-Ehepartner-sein-von) und von-den-gleichen-Eltern-geboren sein (Geschwister-sein-von) strukturiert ist. Nehmen wir an, daß a Ehepartner von b ist, daß c Geschwister von a ist und d Geschwister von b. Dies kann wie folgt symbolisiert werden: Ehepartner $(a, b) \equiv$ Ehepartner (b, a); Geschwister $(a, c) \equiv$ Geschwister (c, a); Geschwister $(b, d) \equiv$ Geschwister (d, b). Wir können die vier Elemente der Menge a, b, c, d in einem rechteckigen Raum so anordnen, wie die Himmelsrichtungen des Kompasses, so daß a zu b, b zu d und d zu c orthogonal* *(d. h. perpendikulär) ist.*[8a] Die komplexe Relation Geschwister-des-Ehepartner-sein, die als Geschwister-×-Ehepartner (x, y) symbolisiert werden kann, ist eine antipodale Opposition, die das Produkt der zwei orthogonalen Relationen Geschwister (x, z) und Ehepartner (z, y) ist. Die konverse antipodale Relation Ehepartner-×-Geschwister (y, x) ist ein Produkt von Ehepartner (y, z) und Geschwister (z, x). Diese antipodalen Relationen, die im vorliegenden Beispiel zwischen b und c und a und d bestehen, kann man als Schwagerbeziehungen bezeichnen. Wir können natürlich nicht im voraus wissen, daß sie in einer gegebenen Sprache lexikalisiert werden, selbst dann nicht, wenn die Sprache in einer Gesellschaft verwendet wird, in der monogame Ehen institutionalisiert sind und in der das Verwandtschaftssystem dadurch strukturiert wird. Aber wir wollen kurz zwei Sprachen vergleichen, in denen diese Schwagerbeziehungen lexikalisiert sind: Deutsch und Russisch.

Im Deutschen wird Geschwister-des-Ehemannes-von-sein mit Geschwister-der-Ehefrau-von-sein lexikalisch identifiziert (Schwager/Schwägerin). Ferner wird Geschwister-×-Ehepartner (x, y) mit Ehepartner-×-Geschwister (y, x) identifiziert. Es gibt jedoch im Standarddeutschen kein Lexem für ‚Schwiegergeschwister‘ (oder irgend ein einzelnes Lexem, das damit synonym ist). Wir müssen zwischen ‚Schwager‘ und ‚Schwägerin‘, je nach dem Geschlecht der Person, auf die wir uns beziehen, wählen. Was wir im Deutschen lexikalisch identifiziert vorfinden, ist daher „Bruder des Ehepartners“ und „Ehemann des Geschwisters“ (ebenso wie „Ehemann des Geschwisters des Ehepartners“) durch „Schwager“ und „Schwester des Ehepartners“ und „Frau des Geschwisters“ (ebenso wie „Frau des Geschwisters des Ehepartners“) durch „Schwägerin“. Mit anderen Worten: ein Schwager ist ein männliches Schwiegergeschwister und eine Schwägerin ist ein weibliches Schwiegergeschwister.

Im Russischen muß man nicht zwei, sondern sechs Lexeme betrachten. Wie im Deutschen ist das Geschlecht der Person, auf die Bezug genommen wird, in allen Fällen relevant. Aber Geschwister-des-Ehemannes-von-sein wird lexikalisch von Geschwister-der-Ehefrau-von-sein unterschieden: und beide Relationen sind asymmetrisch. Nehmen wir an, daß *a* der Mann von *b* ist, dann ist die Relation zwischen *c* und *b* („Bruders Frau") lexikalisiert als ‚nevestka' und die Relation zwischen *d* und *a* („Mann der Schwester") als ‚zjatj'. Die Konverse von ‚nevestka' (*b, c*) wird in der Disjunktion von ‚deverj' („Bruder des Mannes") und ‚zolovka' („Schwester des Mannes") lexikalisiert, die Konverse von ‚zjatj' (*a, d*) in der Disjunktion von ‚shurin' („Bruder der Frau") und „svojačenica" („Schwester der Frau").[8a] Es ist offensichtlich, daß der Bedeutung dieser russischen Lexeme (soweit sie bisher dargestellt wurde) eher als der Bedeutung von ‚Schwager' und ‚Schwägerin' im Deutschen dadurch Rechnung getragen werden kann, daß man sie als Produkt der Bedeutungen eines geordneten Paares asymmetrischer Relationen aus einer Menge {„Mann", „Frau", „Bruder", „Schwester"} auffaßt, von denen jedes Element in der Tat im Russischen lexikalisiert ist. Die Tatsache, daß zwei der Produkte („Frau der Schwester" und „Mann des Bruders") nicht lexikalisiert sind, bedarf keiner Erklärung. Aber es wäre *a priori* durchaus vorstellbar, daß es eine eigene Konverse für ‚shurin' und ‚svojačenica' einerseits und für ‚deverj' und ‚zolovka' andererseits geben würde, ebenso wie es *a priori* durchaus vorstellbar wäre, daß „männlicher Geschwister eines Männlichen" und „männlicher Geschwister eines Weiblichen" lexikalisch unterschieden wären. Das russische und das deutsche System sind, was die orthogonalen Relationen betrifft, intern konsistent und isomorph. Aber sie unterscheiden sich in bezug auf die Lexikalisierung der antipodalen Oppositionen.[9]

Die Unterscheidung zwischen orthogonalen und antipodalen Gegenteilen, die soeben deutlich gemacht wurde, ist grundsätzlich nicht auf Konversen beschränkt. ‚Mann' ist seinem Komplement ‚Frau' in einer Dimension entgegengesetzt und seinem Komplement ‚Junge' in einer anderen Dimension, ebenso wie ‚Mädchen' orthogonal ‚Junge' und ‚Frau' gegenübergestellt ist. Aufgrund dieser Tatsache sind ‚Mann': ‚Mädchen' und ‚Frau': ‚Junge' antipodale Gegenteile, allerdings sind sie in ihrer tatsächlichen Verwendungsweise vermutlich aus nicht-sprachlichen Gründen weniger häufig entgegengesetzt. Aber es ist wichtig zu erkennen, daß es nicht notwendigerweise eine einzige Antwort auf die Frage gibt „Was ist das Gegenteil von dem und dem Lexem?". Die orthogonalen Gegenteile sind in der Menge {‚Mann', ‚Frau', ‚Junge', ‚Mädchen'} dominant, ebenso wie die antipodalen Oppositionen in der Menge {‚Norden', ‚Süden', ‚Osten', ‚Westen'} dominant sind. In {‚Frühling', ‚Sommer', ‚Herbst', ‚Winter'} ist ‚Winter' seinem antipodalen Gegenteil ‚Sommer' stärker entgegengesetzt als seinen orthogonalen Gegenteilen

‚Frühling' und ‚Herbst', aber ‚Frühling' ist seiner Antipode ‚Herbst' nicht stärker entgegengesetzt als zu ‚Sommer' und ‚Winter'. Die Unterscheidung zwischen orthogonaler und antipodaler Opposition ist im Wortschatz nicht immer so klar, wie es aufgrund der vielleicht ziemlich speziellen Fälle, die wir erwähnt haben, scheinen mag; die Interpretation einiger dieser Fälle kann denn auch durchaus in Frage gestellt werden. Es geht uns an dieser Stelle weniger darum, die Unterscheidung in besonderen Fällen zu verteidigen, als darum, verschiedene Aspekte des Begriffs der lexikalischen Opposition zu erhellen.

Der Terminus ‚Antonymie' wurde im 19. Jahrhundert geprägt, um ein Phänomen zu beschreiben, nämlich Entgegengesetztheit der Bedeutung, das seinerseits als das Gegenteil von Synonymie angesehen wurde; beträchtliche Verwirrung in der Semantik wurde durch die häufige Praxis verursacht, die Termini ‚synonym' und ‚antonym' ihrerseits als Gegenteile zu behandeln. Es ist oft angenommen worden, daß ‚Antonymie' (im weiteren Sinne von „Entgegengesetztheit") sich auf das entgegengesetzte Extrem der Bedeutungsidentität bezieht: d. h. auf den höchsten Grad an Bedeutungsverschiedenheit. Dies ist aber offensichtlich falsch in Anbetracht der meisten der Beispiele für Antonymie, die in Lexika und Handbüchern der Semantik zitiert werden. Wenn wir zwei Objekte in bezug auf die Frage, ob sie eine oder mehrere Eigenschaften aufweisen oder nicht, vergleichen und gegenüberstellen, dann tun wir dies normalerweise auf der Basis ihrer Ähnlichkeiten in anderen Hinsichten. Wir können sagen, daß X verheiratet ist und Y ledig ist, aber daß sie in allen anderen Hinsichten ähnlich sind. Darüber hinaus können wir das Wort ‚verheiratet' und ‚ledig' von X und Y nicht prädizieren, es sei denn, eine bestimmte Anzahl anderer Wörter ist auch von X und Y prädizierbar. Dies gilt für die meisten, wenn nicht sogar für alle lexikalischen Gegenteile. Oppositionen werden entlang einer Dimension der Ähnlichkeit gemacht.

Einige Semantiker haben nun vorgeschlagen, wie wir in unserer Behandlung der Komponentenanalyse sehen werden, daß die Bedeutung aller Lexeme des Wortschatzes in bezug auf eine Menge binärer Kontraste beschreibbar sind (cf. 9.9). Dies impliziert, daß jedes Lexem mit jedem anderen Lexem des Wortschatzes in einem multidimensionalen Raum, der durch Oppositionen strukturiert ist, verglichen werden kann. Innerhalb dieses Raumes wird es zahlreiche Fälle von orthogonaler Opposition geben (die zwischen Lexemen, die auf einer einzigen Dimension zueinander in Opposition stehen, besteht); innerhalb verschiedener Subräume wird es Fälle antipodaler Opposition, wie sie oben erwähnt wurden, geben. Aber antipodale Gegenteile wie ‚Norden' und ‚Süden' in einem zweidimensionalen Subraum und ‚rot' und ‚grün' in einem dreidimensionalen Subraum (wenn sie überhaupt auf diese Art zu analysieren sind) werden natürlich identisch sein in bezug auf die Frage, ob sie alle anderen Bedeutungskomponenten, die innerhalb des Gesamtraumes definiert sind, besitzen oder nicht. Nehmen wir jedoch an, daß es bestimmte Paare von Lexemen gibt, die sich in jeder Dimension unterscheiden. Diese könnten dann als maximal bedeutungsverschieden oder als absolute Gegenteile beschrieben werden (innerhalb des Wortschatzes, der als geschlossenes lexikalisches System angesehen wird); sie ständen in einer maximalen antipodalen Opposition. Wenn man eine solche Klassifikation der Lexeme vornimmt, dann wäre es auch möglich (wenn es überhaupt sinnvoll ist), Fragen wie die folgende zu stellen: „Ähnelt ‚Mann' in der Bedeutung eher ‚Aschenbecher' oder ‚Schönheit'?" Es wurden nun viele Vorschläge zur Messung der Bedeutungsähnlichkeit gemacht (auf einer Skala, die von der Identität zur maximalen Verschiedenheit reicht), die im Prinzip solche Fragen beantworten würden. Insoweit sie angewandt wurden, hat keine von ihnen bisher brauchbare Ergebnisse erbracht; es ist daher zweifelhaft, ob der Begriff einer Skala der Bedeutungsähnlichkeit und der Bedeutungsverschiedenheit, bezogen auf den Wortschatz als ganzen mit den theoretischen Endpunkten Synonymie und absolute antipodale Opposition, in irgendeiner Weise gültig ist.

Wie immer dies auch sein mag, die Unterscheidung zwischen antipodaler und orthogonaler Opposition scheint auf die Analyse bestimmter Wortfelder (wie z. B. dem Feld der Verwandtschaftsnamen) anwendbar zu sein und sogar in brauchbarer Weise; die Annahme antipodaler Oppositionen innerhalb multidimensionaler Felder könnte die Analyse bestimmter zyklisch geordneter Mengen von Lexemen wie {‚Norden', ‚Süden', ‚Osten', ‚Westen'} und sogar einer Menge wie {‚schwarz', ‚weiß', ‚rot', ‚grün', ‚gelb', ‚blau'}, die teilweise zyklisch ist, im Bereich der komponentiellen Semantik möglich machen.

9.3. *Nicht-binäre Kontraste*

Über nicht-binäre Bedeutungskontraste braucht weniger gesagt zu werden als über Opposition. Es scheint klar zu sein, daß es solche Kontraste gibt, auch wenn sich schließlich herausstellen wird, daß viele scheinbar nicht-binäre Kontraste (z. B. die Kontraste, die zwischen jedem Element der Menge der Farbwörter und jedem anderen Element der Menge bestehen) aufgrund verschiedener binärer Unterschiede analysierbar sind. Es ist schwer, sich vorzustellen, daß {‚Sonntag', ‚Montag', ‚...', ‚Samstag'}, {‚Januar', ‚Februar', ..., ‚Dezember'} oder sogar {‚Rose', ‚Pfingstrose', ‚Tulpe', ‚Rittersporn', usw.} in dieser Weise zufriedenstellend analysiert werden können. Es scheint auch keinen vernünftigen Grund zu geben, anzunehmen, daß lexikalische Mengen mit vielen Elementen – wie die soeben genannten – notwendigerweise einem spezialisierten technischen oder wissenschaftlichen Teilwortschatz angehören und nicht dem allgemeinen Wortschatz einer Sprache. Das Äußerste, das vielleicht gesagt werden kann, ist, daß die Aufstellung von lexikalischen Mengen mit vielen Elementen (z. B. die Wörter, die die Elemente in der Chemie oder verschiedene Arten in der Botanik denotieren) typischer ist für spezialisierte Taxonomien als für die Sprache im allgemeinen; es sollte beachtet werden, daß spezialisierte Taxonomien, auch wenn sie alltagssprachliche Wörter verwenden, oft dazu neigen, lexikalische Mengen in der Taxonomie eine Struktur zu geben, die strenger ist, als es für den Wortschatz des alltäglichen Sprachgebrauchs charakteristisch ist.

Die Bedeutungsbeziehung, die zwischen Lexemen in Mengen mit vielen Elementen wie {‚Sonntag‘, ‚Montag‘, . . . ‚Samstag‘} besteht, kann als Inkompatibilität* beschrieben werden. Es ist schwierig, diesen Begriff so präzise zu machen wie den Begriff der Opposition. Es wurde z. B. darauf hingewiesen, daß eine Definition von Inkompatibilität aufgrund kontradiktorischer Gegensätze auf Probleme stößt: „X ist eine Rose" impliziert „X ist keine Pfingstrose/Tulpe/Rittersporn usw."; aber „X ging am Samstag dorthin" impliziert nicht „X ging nicht am Sonntag/. . ./Freitag dorthin", und „Willi schlug Maria mit der Faust" impliziert nicht „Willi schlug Maria nicht mit der Handfläche bzw. trat Maria nicht mit dem Fuß" (cf. Lehrer, 1973: 25). Dies ist natürlich wahr; dennoch ist es evident, daß eine Inkompatibilitätsbeziehung innerhalb der jeweiligen lexikalischen Mengen besteht. Nehmen wir an, daß X nur an einem Tag dorthin ging (oder daß wir uns nur über einen Fall seines Dorthingehens erkundigen); wenn wir nun sagen, *es war am Samstag, daß X dorthin ging,* dann wird man normalerweise annehmen, wir hätten etwas gesagt, das „X ging nicht am Sonntag dorthin" impliziert. Ferner, wenn wir annehmen, daß Willi Maria in einer und nicht in einer anderen Weise schlug, dann wird man normalerweise annehmen, daß wir, wenn wir sagen, *Willi schlug Maria mit der Faust* (mit Starkton auf *Faust,* hier markiert mit Accent aigu), etwas gesagt hätten, das „Willi trat Maria nicht mit dem Fuß/schlug sie nicht mit der Handfläche" impliziert. Daß X am Samstag ging, ist inkompatibel damit, daß er am Sonntag oder an irgend einem anderen Tag ging, aber nicht in dem Sinne, daß er nicht sowohl am Samstag als auch am Sonntag gegangen sein könnte, sondern daß er nicht am Samstag-und-Sonntag gegangen sein könnte. Es besteht die weitere Schwierigkeit, daß die Inkompatibilität als strukturelle Relation zumindest vortheoretisch nicht immer klar unterscheidbar ist von dem, was wir geneigt wären, als Unverbundenheit der Bedeutung zu beschreiben. Wichtig ist, daß die Inkompatibilität als lexikalische Relation ebenso wie die Opposition auf einem Kontrast innerhalb von Ähnlichkeit beruht: ‚Rose‘ und ‚Schwein‘ sind kontradiktorische Gegensätze, aber es hat wenig Sinn, ihren Status als Inkompatibilia zu diskutieren, da ersteres eine Blume und letzteres ein Tier denotiert; man kann kaum sagen, daß die Bedeutung des einen die Bedeutung des anderen begrenzt.

In Mengen von inkompatiblen Ausdrücken mit vielen Elementen gibt es verschiedene Arten der Anordnung: mit einer Menge mit vielen Elementen ist in diesem Kontext eine Menge gemeint, die mehr als zwei Lexeme enthält. Solche Mengen können seriell* oder zyklisch* geordnet sein. In einer seriell geordneten Menge gibt es zwei äußerste Elemente (wenn die Menge geschlossen ist), und alle anderen Lexeme in der Menge sind zwischen zwei anderen angeordnet; in einer zyklisch geordneten Menge ist jedes Lexem zwischen zwei anderen angeordnet. Bei seriell geordneten Mengen können Skalen* von Graden* unterschieden werden, je nachdem, ob die konstituierenden Lexeme gradierbar sind oder nicht (cf. Lehrer, 1973: 29). Die Anordnung auf Skalen aufgrund von Inkompatibilität ist charakteristischerweise weniger streng als die Anordnung in Graden. Betrachten wir z. B. die Menge {,ausgezeichnet', ,gut', ,mittelmäßig', ,dürftig', ,schlecht', ,miserabel'}. Erstens ist sie in gewisser Weise indeterminiert: sollten wir ,hervorragend', ,furchtbar' usw. hinzufügen? Zweitens, obgleich wir wahrscheinlich darin übereinstimmen würden, daß sie auf einer Skala in der Reihenfolge, in der sie soeben aufgezählt wurden, geordnet sein können, werden sie nur dann als inkompatibel angesehen, wenn zwei oder mehrere von ihnen explizit in einem bestimmten Kontext kontrastiert sind (cf. *Sie ist nicht (nur) gut – sie ist ausgezeichnet*). Darüberhinaus können wir in der Menge das antonyme Paar ,gut': ,schlecht' als stilistisch neutraler und vielleicht als allgemeiner anwendbar als die anderen identifizieren; dies ist typisch für lexikalische Skalen. Stilistisch weniger neutrale, emotivere Lexeme (oder das, was man häufig als solche betrachtet), z. B. ,ausgezeichnet' oder ,miserabel', sind vielleicht deskriptiv äquivalent mit explizit gradierten Ausdrücken wie ,sehr gut' oder ,sehr schlecht'. Die Skala {,heiß', ,warm', ,kühl', ,kalt'} ist im Deutschen etwas ungewöhnlich, da sie ein äußeres und ein inneres Paar von Antonymen enthält, ,heiß': ,kalt' und ,warm': ,kühl'. Wie Lehrer jedoch hervorhebt, „kontrastieren sie in ähnlicher Weise wie inkompatible Ausdrücke" (1973: 28), wenn sie implizit in bezug auf eine Temperaturnorm für das Essen oder das Wetter gradiert sind. Die äußersten Elemente einer Skala (z. B. ,eiskalt' und ,kochend' in der Menge {,kochend', ,heiß', ,warm', ,kühl', ,kalt', ,eiskalt'}) können als skalare Gegenteile beschrieben werden.

Grade zeigen das Prinzip der seriellen Anordnung in einer strengeren Form; aber sie sind weniger charakteristisch für den nicht-technischen Gebrauch der Sprache. Eines der Trierschen Beispiele für ein Wortfeld fällt in diese Kategorie: Lexemmengen, die für die Eingruppierung von Examenskandidaten je nach ihrer Leistung verwendet werden. Wenn von den Prüfern die Konvention übernommen wird, daß jeder Kandidat aufgrund der Grade {,ausgezeichnet', ,gut', ,durchschnittlich', ,mittelmäßig', ,dürftig'} klassifiziert wird, dann werden diese Lexeme als seriell angeordnete Menge von inkompatiblen und ungradierbaren Ausdrücken aufgefaßt; die Bedeutung eines jeden Lexems wird durch seine Stellung innerhalb der Grade determiniert. Die Menge der Lexeme, die verwendet werden, um Unterschiede im militärischen Rang zu beschreiben, liefert ein anderes Beispiel; innerhalb der Menge {,General', … ,Unteroffizier', ,Soldat'}, wie sie in bezug auf die Bundeswehr verwendet werden, sind die äußersten Elemente ,General' und ,Soldat' Gegenteile im Rang. Numeralia {‚eins', ‚zwei', „...', ‚zwölf', „...', ‚hundert', ‚tausend', ‚Million', ‚Billion', ...} stellen im Deutschen ebenfalls eine Reihe dar, die die interessante Eigenschaft hat, daß sie ihre eigene Grammatik hat, aufgrund derer eine infinite Menge lexikalisch komplexer Ausdrücke konstruiert werden kann. Es soll nebenbei erwähnt werden, daß es interessante formale Unterschiede in den Grammatiken der Numeralia in verschiedenen Sprachen gibt; diese haben neuerlich die Aufmerksamkeit der Linguisten auf sich gelenkt (cf. Hurford, 1975).

Die offensichtlichsten Beispiele für zyklische Mengen oder Zyklen* kann man unter Wörtern finden, die Zeiteinheiten oder Abschnitte denotieren: {‚Frühling', ‚Sommer', ‚Herbst', ‚Winter'}; {‚Januar', ..., ‚Dezember'}; {‚Sonntag', ..., ‚Samstag'}. Diese sind alle aufgrund von Sukzessivität geordnet: daher die Analytizität* von „Frühling geht unmittelbar dem Sommer voran", „Samstag folgt unmittelbar Freitag", „Oktober liegt zwischen September und November" (cf. Leech, 1969: 116). Im Unterschied zu Skalen und Graden haben Zyklen keine äußersten Elemente oder Extreme: jedes Element der Menge ist zwischen zwei anderen angeordnet. Die Tatsache, daß es ein konventionelles erstes und letztes Element in vielen diesen Mengen gibt (daß Januar der erste Monat des Jahres ist, Samstag der letzte Tag der Woche, usw.) vermindert ihre Zyklizität nicht: „Hans kam am Samstag und Peter kam am darauffolgenden Tag" impliziert „Peter kam am Sonntag", und „Hans kam am Montag, aber Peter kam am vorangehenden Tag" impliziert auch „Peter kam am Sonntag". Andererseits muß erkannt werden, daß alternative Interpretationen von Ausdrücken wie ‚nächsten Freitag', ‚letzten Donnerstag' („nächste Woche Freitag": „der nächste Freitag von heute aus gesehen"; „letzte Woche Donnerstag": „letzten Donnerstag"), die sich, je nachdem, an welchem Tag der Woche sie geäußert werden, in bezug auf die Referenz unterscheiden können, auf einem möglichen Konflikt zwischen der Auffassungsweise der Menge als Zyklus und der als Serie beruhen.

Bei dieser kurzen Diskussion serieller und zyklischer Mengen von Lexemen soll schließlich angemerkt werden, daß beide Prinzipien innerhalb des gleichen Wortfeldes wirken können. Innerhalb der Menge zentraler Farbwörter im Deutschen konstituieren {‚schwarz', ‚grau', ‚weiß'} eine Skala und {‚rot', ‚gelb', ‚grün', ‚blau', ‚violett'} einen Zyklus. Es wurde bereits erwähnt, daß sowohl ‚schwarz':‚weiß' (auf den Endpunkten einer Skala) als auch ‚rot', ‚grün', ‚gelb':‚blau' (innerhalb eines Zyklus) vielleicht als antipodale Gegenteile betrachtet werden können.

9.4. Hyponymie

Nicht weniger wichtig als Opposition und Kontrast ist als paradigmatische Sinnrelation die Relation, die zwischen einem spezifischeren oder untergeordneten Lexem und einem allgemeineren oder übergeordneten Lexem besteht, was durch Paare wie ‚Kuh': ‚Tier', ‚Rose': ‚Blume', ‚Ehrlichkeit': ‚Tugend', ‚kaufen': ‚bekommen', ‚karminrot': ‚rot' verdeutlicht werden kann. Es gibt keinen allgemein akzeptierten Terminus für diese Relation (oder ihre Konverse). Neuerlich ist jedoch der Terminus Hyponymie* (aufgrund von Analogiebildung mit ‚Antonymie' und ‚Synonymie') üblicher geworden; er scheint auch angemessener zu sein als Alternativen wie ‚Inklusion' oder ‚Subordination', die in der Linguistik und der Logik auch in anderen Bedeutungen verwendet werden. Wir können also sagen, daß ‚Kuh' ein Hyponym* von ‚Tier' ist, ‚Rose' ein Hyponym von ‚Blume', usw.; ferner, daß ‚Rose', ‚Tulpe', ‚Osterglocke' usw. Ko-Hyponyme* (desselben Lexems) sind, da jedes ein Hyponym von ‚Blume' ist. Der entsprechende, aus dem Griechischen stammende Terminus für die konverse Relation, ‚Hyperonymie' (cf. Mulder & Hervey, 1972), ist leider der Form nach ‚Hyponymie' allzu ähnlich und könnte leicht Verwirrung hervorrufen. Stattdessen werden wir den Terminus Superordination* verwenden, der im Unterschied zu ‚Subordination' in der Linguistik als Terminus technicus nicht so oft mit einer entgegengesetzten Bedeutung verwendet wird.

Hyponymie wird von den Logikern häufig unter Rückgriff auf Klasseninklusion* (cf. 6.4) diskutiert; bis zu einem gewissen Punkt ist dies auch einigermaßen zufriedenstellend. Wenn z. B. X die Klasse der Blumen ist und Y die Klasse der Tulpen, dann ist es in der Tat der Fall, daß X Y echt einschließt ($X \supset Y \,\&\, Y \not\supset X$). Aber es gibt Probleme, die mit der Definition der Hyponymie aufgrund der Klassenlogik verbunden sind. Erstens ist es unklar, ob wir sagen sollen, daß ein Hyponym in seinem superordinierten Ausdruck eingeschlossen ist oder ein superordinierter Ausdruck in seinen Hyponym(en). Wenn wir die Extension* von Lexemen betrachten, dann würden wir sagen, daß das superordinierte Lexem inklusiver ist; aber was die Intension* von Lexemen angeht, so ist das Hyponym inklusiver (Tulpen haben alle definierenden Eigenschaften von Blumen und bestimmte zusätzliche Eigenschaften, die sie von Rosen, Osterglocken usw. unterscheiden.) Diese Tatsache selbst ist nicht besonders problematisch; es ist in der Tat ein Axiom in der Logik, daß Extension und Intension in dieser Weise bei Inklusionsverhältnissen verwandt sind. Ein ernsthaftes Problem besteht jedoch darin, daß die Klassenlogik für die Formalisierung der Semantik nicht geeignet zu sein scheint, es sei denn, wir machen ziemlich umstrittene Annahmen über die wechselseitige Definierbarkeit von Denotation und Bedeutung: indem wir z. B. sagen, daß das Denotatum von ‚Blume' eine Klasse von Objekten ist und seine Bedeutung die definierenden Eigenschaften der Klasse. Dies ist der Ansatz, der von Gelehrten wie Carnap (1956) verfolgt wurde. Aber wir verwenden den Terminus ‚Denotation' für die Relation, die zwischen Lexemen und entweder Klassen von Individuen oder Eigenschaften, Aktivitäten, Prozessen und Relationen besteht, wie es in bestimmten Fällen angemessen zu sein scheint (cf. 7.4); wir haben auch die Annahme verworfen, daß, wenn ein Lexem Bedeutung hat, es auch Denotation haben muß.

Hyponymie ist durch eine einseitige Implikation definierbar. ‚Karminrot' ist z. B. als Hyponym von ‚rot' etabliert und ‚kaufen' als Hyponym von ‚bekommen' aufgrund der Implikationen „Sie trug ein karminrotes Kleid" → „Sie trug ein rotes Kleid", „Ich kaufte es von einem Freund" → „Ich bekam es von einem Freund" (d. h. zwischen den Propositionen, die durch die Sätze ‚Sie trug ein karminrotes Kleid' und ‚Sie trug ein rotes Kleid' usw. ausgedrückt werden, wenn diese Sätze geäußert werden, um eine Behauptung zu machen). Die Definition der Hyponymie durch eine unilaterale Implikation ermöglicht es uns, Synonymie* als zweiseitige oder symmetrische Hyponymie zu definieren: Wenn x ein Hyponym von y ist und y ein Hyponym von x, dann sind x und y synonym. Wenn Hyponymie als nicht-symmetrisch definiert wird (was notwendig ist, wenn Synonymie als symmetrische Hyponymie behandelt wird), dann kann eigentlich Hyponymie von Synonymie dadurch unterschieden werden, daß sie asymmetrisch ist (zur Unterscheidung zwischen nicht-symmetrischen und asymmetrischen Relationen, cf. 6.3). Diese Unterscheidung der asymmetrischen Hyponymie als Sonderfall nicht-symmetrischer Hyponymie ist analog zur Standardunterscheidung zwischen der eigentlichen Inklusion und der Inklusion in der Klassenlogik (cf. 6.4). In diesem Abschnitt werden wir uns primär mit eigentlicher Hyponymie befassen, und wir werden den Terminus ‚Hyponymie' ohne Einschränkung in diesem Sinne verwenden.

Hyponymie ist eine transitive Relation. Wenn x ein Hyponym von y ist und y ein Hyponym von z, dann ist x ein Hyponym von z (cf. 6.3). ‚Kuh' ist z. B. ein Hyponym von ‚Säugetier', und ‚Säugetier' ist ein Hyponym von ‚Tier'; daher ist ‚Kuh' ein Hyponym von ‚Tier'.

Allgemein gesagt, gilt für das Deutsche, daß, wenn die Relation der Hyponymie zwischen zwei Substantiven besteht, es möglich ist, syntaktisch angemessene Ausdrücke, die sie enthalten, anstelle von x und y in der folgenden Form ‚x ist eine Art von y' (wobei x ein Hyponym von y ist) einzufügen; dies wird einen Satz ergeben, der eine metasprachliche oder reflexive Proposition ausdrückt, die (bis zu dem Grad, zu dem jede metasprachliche Proposition, die sich auf natürliche Sprachen bezieht, analytisch ist) analytisch ist (cf. 6.5). Also: Die Proposition, die durch ‚Eine Kuh ist eine Art Tier', ‚Eine Tulpe ist eine Art Blume' usw. ausgedrückt wird, kann als analytisch angesehen werden.[9 a] Es gibt viele andere spezifischere Lexeme (die selbst Hyponyme von ‚Art' sind), die für bestimmte Werte von x und y verwendet werden können: z. B. ‚Farbton' in ‚karminrot ist ein Farbton von rot', ‚Marke' in ‚Ein BMW ist eine Automarke', usw. Wenn ein Substantiv x mehr als einem Hyponym y, z usw. superordiniert ist, dann werden Ausdrücke wie die folgenden als sinnvoll akzeptiert; ‚Kühe und andere (Arten von) Tieren', ‚Tulpen und andere (Arten von) Blumen'; sie können mit den folgenden semantisch abweichenden Ausdrücken kontrastiert werden: ‚Kühe und andere (Arten von) Blumen' und ‚Tulpen und andere (Arten von) Tieren'. Es kann angenommen werden, daß das häufige Vorkommen von solchen Ausdrücken eine wichtige Rolle bei der Erkennung der Hyponymie und Ko-Hyponymie im Spracherwerb spielt; es ist wichtig zu beachten, daß man in dieser Weise lernen kann, daß ein Lexem ein Hyponym eines anderen ist, oder daß zwei Lexeme Ko-Hyponyme sind, ohne im Prinzip irgend etwas anderes über ihre Bedeutung zu wissen. Ein Großteil unseres Wissens über die Bedeutung von Wörtern unserer Muttersprache kann in der Tat von dieser Art sein. Wir könnten z. B. wissen, daß ‚Banyan' ein Hyponym von ‚Baum' ist oder ‚Fischadler' von ‚Vogel' und dennoch nicht in der Lage sein, zu sagen, wie sich Banyans von anderen Bäumen unterscheiden oder Fischadler von anderen Vögeln.

Es ist nun auch zu beachten, daß eine Frage wie *Was für eine Art Tier war es?* (die z. B. einem Kind von einem Elternteil nach einem Besuch im Zoo gestellt wird) entweder mit *ein Elefant* oder *ein großes* angemessen beantwortet werden kann, wobei die Endung ‚-es' als quasi-pronominaler Ersatz für ‚Tier' angesehen werden kann, vergleichbar dem Englischen ‚one' in ‚a big one'. Dies würde es nahe legen, daß ein Hyponym zumindest in vielen Fällen die Bedeutung eines adjektivischen Modifikators verkapselt* und sie mit der Bedeutung des superordinierten Lexems kombiniert (cf. 8.5). Dies bedeutet nicht, daß das Hyponym immer mit einem Ausdruck, in dem das superordinierte Lexem durch ein oder mehrere Adjektive modifiziert ist, äquivalent oder synonym ist. In manchen Fällen kann dies so sein' ‚Tyrann' ist ein Hyponym von ‚Herrscher', und ‚despotischer Herrscher' oder ‚grausamer Herrscher' ist vielleicht (in vielen Kontexten) mit ‚Tyrann' äquivalent; es kann auch durchaus sein, daß die Bedeutung von ‚Tyrann' häufig aufgrund seiner Äquivalenz mit dem einen oder anderen dieser Ausdrücke gelernt wird, wenn man die Bedeutung von ‚grausam' oder ‚despotisch' und ‚Herrscher' vorher kennt. Aber die Bedeutung eines Wortes wie ‚Kuh' wird sicherlich nicht auf der Basis ihrer Äquivalenz mit einem Ausdruck wie ‚rinderartiges Tier' gelernt. Es ist viel wahrscheinlicher, daß der Prozeß umgekehrt verläuft. Unser Verständnis von ‚rinderartig' hängt von unserem vorgängigen Wissen davon, welche Art von Tieren Kühe sind, ab. Was hier gesagt werden soll, ist einfach, daß die Bedeutung eines Hyponyms zunächst bei vielen Substantiven als das Produkt der Bedeutung eines superordinierten Substantivs und irgendeines tatsächlichen oder möglichen adjektivischen Modifikators angesehen werden kann. Die Angemessenheit von *ein Tyrann* oder *ein grausamer* als Antwort auf die Frage *was für eine Art Herrscher war x?* spiegelt diese Tatsache wider.

Verben, Adjektive, Adverbien und andere Wortarten können nicht in die Formel ‚*x* ist eine Art von *y*' ohne vorherige Nominalisierung* eingefügt werden (cf. 10.3), und selbst dann ist der resultierende Satz im allgemeinen ziemlich unnatürlich, wenn nicht sogar vollkommen unakzeptabel (z. B.

‚Kaufen ist eine Art von Bekommen'). Aber es gibt andere Wörter und Ausdrücke, die dazu dienen, den Wortschatz bei anderen Wortarten aufgrund der Hyponymie zu strukturieren, wie ‚Welche Art von …' dies für Substantive tut. Vergleichbar mit den Fragen *Was für eine Art Tier war es?* und *War es eine Kuh oder eine andere Art Tier?* sind *Wie bekam er es – durch Kaufen oder Stehlen?* und *Kaufte er es, oder bekam er es auf eine andere Weise?* Ähnliches gilt für Adjektive wie ‚freundlich' und ‚nett': *Wenn du sagst, daß er nett ist, meinst du, daß er freundlich oder in einer anderen Weise nett ist?* Ebenso wie wir sagen können *Eine Kuh ist ein Tier von einer bestimmten Art,* so können wir, allerdings vielleicht weniger idiomatisch sagen, *etwas kaufen ist etwas in einer bestimmten Weise bekommen,* und *freundlich sein (zu jemandem)* bedeutet *nett sein (zu jemandem) in einer bestimmten Weise.*

Allgemein gesagt, was adjektivische Modifikation für Substantive ist, ist adverbielle Modifikation für Verben und Adjektive; und ebenso wie ‚Welche Art von …' mit einem durch ein Adjektiv modifiziertes Substantiv oder mit einem hyponymen Substantiv beantwortet wird, so wird ‚wie' oder ‚in welcher Weise' mit einem adverbiell modifizierten oder hyponymen Verb oder Adjektiv beantwortet. Es gibt jedoch viele verschiedene Subklassen von Adverbien; ‚wie' oder ‚in welcher Weise' ist nicht immer dem Typ der adverbiellen Modifikation, die vorliegt, angemessen. Es wäre müßig, selbst wenn es praktikabel wäre, hier zu versuchen, alle Realisierungsmöglichkeiten, die Hyponymie bei verschiedenen Wortarten und ihren Subklassen durch Verwendung in Interrogativwörtern und Wortgruppen und Ausdrücken, die ‚ein anderes' oder ‚ein bestimmtes' (vergleichbar mit ‚eine andere Art' und ‚von einer bestimmten Art') enthalten, aufzuzählen; die Funktion und Distribution dieser Wörter und Ausdrücke kann nur im Rahmen einer umfassenden grammatischen Beschreibung der Sprache befriedigend dargestellt werden. Wir wollen jedoch annehmen, daß das allgemeine Prinzip deutlich ist. Hyponymie ist eine paradigmatische Sinnrelation, die auf der Verkapselung einer syntagmatischen Modifizierung der Bedeutung des superordinierten Lexems in dem Hyponym beruht.

Allgemein gesagt, kontrastieren Ko-Hyponyme desselben superordinierten Ausdrucks in ihrer Bedeutung (wir werden zunächst die Möglichkeit nichtkontrastierender synonymer Ko-Hyponyme außer acht lassen); das Wesen des Kontrastes kann in bezug auf einen Unterschied in der verkapselten syntagmatischen Modifizierung des superordinierten Ausdrucks erklärt werden. Zum Beispiel kontrastieren ‚kaufen' und ‚stehlen' als Ko-Hyponyme von ‚bekommen' in Sätzen wie ‚x kaufte das Buch von y' und ‚x stahl das Buch von y'.

Nachdem wir festgestellt haben, daß zwei Lexeme Ko-Hyponyme desselben superordinierten Ausdrucks sind und daß sie miteinander kontrastieren, können wir nun fortfahren, das Wesen ihres Kontrastes durch die Spezifizierung der Relationen, die zwischen ihnen und anderen Lexemen bei einem

Implikationsverhältnis bestehen, zu bestimmen. In einigen Fällen, allerdings nicht in allen, kann ihr Bedeutungskontrast mit einem Kontrast zwischen zwei syntagmatischen Modifikatoren des superordinierten Lexems assoziiert werden. ‚Kaufen' kontrastiert z. B. mit ‚stehlen' als Hyponym von ‚bekommen', und der Kontrast zwischen den zwei Ko-Hyponymen kann mit dem Kontrast zwischen den Adverbialphrasen ‚durch Kaufen' und ‚durch Stehlen', die als syntagmatische Modifikatoren von ‚bekommen' verwendet werden, assoziiert werden.

Aber die Bedeutung der Substantive ‚Kauf' und ‚Diebstahl' kann, außer in Bezug auf ‚kaufen'/‚verkaufen' und ‚stehlen', kaum befriedigend analysiert werden; es scheint, daß es kein einzelnes Paar von kontrastierenden Ausdrücken im Deutschen gibt, das als syntagmatische Modifikatoren von ‚bekommen' in einer nicht-zirkulären metasprachlichen Paraphrase von ‚kaufen' und ‚stehlen' fungieren könnte. Dies ist keineswegs untypisch. Wenn die Ausdrücke ‚durch Kaufen' und ‚durch Stehlen' in dieser Weise verwendet werden, dann ist es am besten, man stellt sie sich als eine vollständige Menge von spezifischeren Modifikationen der Bedeutung von ‚bekommen' vor, die in ‚kaufen' und ‚stehlen' verkapselt ist.

9.5. Hierarchische Struktur im Wortschatz

Die Relation der Hyponymie verleiht dem Wortschatz und bestimmten Feldern im Wortschatz eine hierarchische Struktur; die hierarchische Anordnung der Lexeme kann formal als Baumdiagramm dargestellt werden, das in Abbildung 7 schematisiert ist. In dem Diagramm stehen *a, b, c, ..., k, l,* usw. für individuelle Lexeme; der Ausgangspunkt oder die Wurzel des Baumes ist mit ∅ etikettiert. Es wird gezeigt, daß zwei Zweige von jedem Knoten ausge-

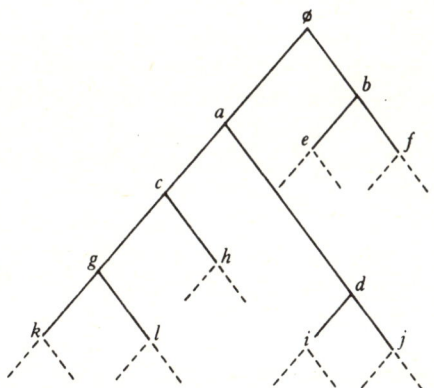

Abb. 7. Modell eines hierarchisch geordneten Wortschatzes

hen; aber dies ist natürlich nur für Ko-Hyponyme in Oppositionsrelation angemessen (cf. 8.3). Die gestrichelten Linien deuten weitere Zweige des Baumes an. Wie wir gesehen haben, ist Hyponymie transitiv, so daß jedes Lexem ein Hyponym von jedem anderen Lexem ist, das es im Baum dominiert* (d. h. daß es höher im Baum ist und mit ihm durch einen Weg verbunden ist, der nur aus absteigenden Zweigen besteht). Aufgrund der Abbildung 7 gilt z. B.: $H(f, b)$, $H(l, a)$, $H(l, c)$, $H(g, a)$, usw. (wobei ‚H‘ für die Relation der Hyponymie steht). Wenn wir nun den Begriff der direkten oder unmittelbaren Dominierung (d. h. mit nur einem einzigen absteigenden Zweig verbunden sein) einführen, dann können wir sagen, daß a sowohl c als auch d unmittelbar* dominiert, aber nicht g, h, l usw.; daß c unmittelbar g und h dominiert; daß b unmittelbar e und f dominiert usw. Aufgrund dieser Tatsache ist a der unmittelbar superordinierte Ausdruck von c und d, und c und d sind unmittelbare Hyponyme von a: es gibt kein (echtes) Hyponym von a, derart, daß c oder d davon ein (echtes) Hyponym ist.

Wir können uns jetzt überlegen, ob ein Baumdiagramm, wie z. B. das in Abbildung 7 in der Tat die Struktur des Wortschatzes oder von Teilen des Wortschatzes abbildet. Diese allgemeine Frage teilt sich in eine Anzahl spezifischerer Fragen; einer der wichtigsten heuristischen Vorteile der Konstruktion solcher Diagramme (die als einfache mathematische Modelle eines empirischen Bereiches interpretiert werden können) besteht darin, daß sie uns zwingen, Fragen zu betrachten, die sonst unserer Aufmerksamkeit entgehen würden.

Eine solche Frage kann ganz kurz erwähnt und ohne weitere Diskussion abgetan werden. Wenn man Abbildung 7 betrachtet, dann wäre es natürlich, sich zu fragen, ob die Sinnrelation, die zwischen g und h besteht, notwendigerweise oder überhaupt jemals dieselbe ist wie die, die zwischen i und j besteht; allgemeiner, wenn (I) y und z unmittelbare Ko-Hyponyme von x sind (II), q und r unmittelbare Ko-Hyponyme von p sind und (III) x und p unmittelbare Ko-Hyponyme von n sind, ist es dann immer oder überhaupt jemals der Fall, daß $R_i(y, z) = R_j(q, r)$? Die Antwort scheint zu sein, daß dies manchmal der Fall ist und manchmal nicht. Im alltäglichen Deutsch (in dem Wörter die ‚Säugetier‘, ‚Wirbeltier‘ usw. nicht verwendet würden) sind z. B. ‚Pferd‘ (x) und ‚Schaf‘ (p) unmittelbare Ko-Hyponyme von ‚Tier‘ (n); ‚Hengst‘ (y) und ‚Stute‘ (z) sind unmittelbare Ko-Hyponyme von ‚Pferd‘, und ‚Widder‘ (q) und ‚Mutterschaf‘ (r) sind unmittelbare Ko-Hyponyme von ‚Schaf‘; die Sinnrelation, die zwischen ‚Hengst‘ und ‚Stute‘ besteht, ist dieselbe, so können wir annehmen, wie die Relation, die zwischen ‚Widder‘ und ‚Mutterschaf‘ besteht. Andererseits sind ‚Vogel‘ und ‚Fisch‘ (ebenso wie ‚Tier‘ und vielleicht ‚Person‘) unmittelbare Ko-Hyponyme von ‚Geschöpf‘; aber die Kontraste innerhalb der Menge {‚Adler‘, ‚Drossel‘, ‚Star‘, ‚Brachvogel‘, ‚Seeschwalbe‘, ‚Austernfischer‘ usw.} und {‚Katze‘, ‚Pferd‘, ‚Schaf‘, ‚Kuh‘, ‚Wolf‘, ‚Elefant‘ usw.} sind heterogen und idiosynkratisch. Bestenfalls können wir in der Lage sein, verschiedene Arten von skalaren Gegenteilen innerhalb jeder Menge zu finden, die auf Kriterien wie Größe, Freundlichkeit, Nützlichkeit für den Menschen beruhen. Aber es wäre hoffnungslos, eine vollständige Bedeutungsanalyse der Elemente von jeder Menge aufgrund der Kontraste, die für beide Mengen relevant sind, zu versuchen. Die theoretische Bedeutung dieser Überlegung wird deutlicher, wenn wir dazu übergehen, die Probleme der Komponentenanalyse zu betrachten. Der Leser mag zwischenzeitlich verschiedene Mengen von Ko-Hyponymen im Deutschen und anderen Sprachen im Lichte dessen, was in diesem Paragraphen gesagt wurde, betrachten.

In Abbildung 7 haben wir eine Null [∅] an der Wurzel des Baumes anstatt eines Buchstabens, der für ein tatsächliches Lexem steht, angekreuzt. Damit ist beabsichtigt, anzudeuten, daß der Wortschatz und sogar jeder einzelne Teil davon hierarchisch von einem Punkt aus strukturiert sein kann, der selbst nicht mit einem tatsächlichen Lexem assoziiert wird. Insoweit Abbildung 7 die hierarchische Struktur des Wortschatzes als Ganzes repräsentiert, scheint klar zu sein, daß es kein Lexem am Ausgangspunkt geben kann. Die Tatsache selbst, daß Lexeme zumindest in den meisten Sprachen einer Anzahl verschiedener Wortklassen angehören, würde die hierarchische Anordnung des Wortschatzes auf Grund von Hyponymie unter einem einzelnen Lexem ausschließen. Denn ein Lexem, das einer Wortart angehört, kann nicht ein Hyponym eines Lexems sein, das einer anderen Wortart angehört. Wenn nun Abbildung 7 die Struktur des Wortschatzes als Ganzes repräsentiert, dann sind *a* und *b* superordinierte Ausdrücke, die keine Hyponyme eines anderen Lexems sind; die Zweige, die von der Wurzel des Baumes zu ihnen hinabgehen, müssen daher eliminiert werden.[10]

Aber ist es tatsächlich der Fall, daß der Wortschatz einer Sprache hierarchisch aufgrund von Hyponymie unter mehreren verschiedenen Ausgangspunkten strukturiert ist, wobei jeder mit einer bestimmten Wortart oder einer größeren Subklasse einer der Wortarten assoziiert ist? Dies ist zumindest auf den ersten Blick eine plausiblere Vorstellung; sie ist auch mit der aristotelischen Lehre von den Kategorien der Prädikation und ihren anschließenden Entwicklungen verwandt. Wir wollen zunächst die Substantive im Deutschen betrachten. Es gibt im Deutschen kein Lexem, das allen Substantiven superordiniert ist. Sogar für das mehr oder weniger technische Wort ‚Entität' gilt dies nicht, da es nur zählbare Substantive abdeckt, und seine nächsten Äquivalente im alltäglichen Deutsch ‚Ding' und ‚Objekt' sind noch restringierter. Es gibt kein Lexem, das allen abstrakten oder allen konkreten Substantiven superordiniert ist; oder allen Kontinuativa oder allen Elementen einer der größeren Subklassen der Substantive, die normalerweise im Deutschen unterschieden werden (cf. 11.3). Statt dessen finden wir eine Menge ganz allgemeiner Lexeme – ‚Person' (oder ‚menschliches Wesen'), ‚Tier', ‚Fisch', ‚Vogel', ‚Insekt', ‚Ding', ‚Ort', ‚Zeug', ‚Stoff', ‚Qualität', ‚Eigenschaft', ‚Zustand' usw. –, die größeren oder kleineren Subklassen dieser Subklassen von Substantiven superordiniert sind.[11] Die traditionelle Definition der Substantive – dies soll erwähnt werden – als Wörter, die Personen, Orte und Dinge denotieren, ist (abgesehen von ihren anderen Inadäquatheiten) mangelhaft, da sie einerseits Tiere, Fische und Vögel nicht erwähnt, andererseits auch nicht Qualitäten, Zustände, Gefühle usw. Es ist auch wichtig zu bemerken, daß ‚Tier' im normalen Deutsch sowohl ‚Person' als auch ‚Fisch', ‚Vogel' und ‚Insekt' nicht superordiniert ist, sondern damit kontrastiert, und daß ‚Geschöpf', obgleich es allen fünf Lexemen superordiniert ist, stilistisch auf verschiedene Weisen restringiert ist. Von der lexikalischen Struktur des Deutschen her gibt es daher nichts, was die Ansicht unterstützen könnte, alle Substantive, die belebte Wesen denotieren, seien hierarchisch aufgrund von Hyponymie in einer einzigen Klasse angeordnet.

In noch auffallenderer Weise als für Substantive gilt für andere Wortarten, daß sie nicht hierarchisch unter einem einzigen superordinierten Lexem angeordnet sind. Es gibt bestimmte ganz allgemeine Verben wie ‚handeln', ‚bewegen', ‚werden', ‚machen', ‚bekommen' und ‚sein', die eine große Anzahl von Hyponymen haben. Wir haben z. B. bereits gesehen, daß ‚bekommen' die Hyponyme ‚kaufen' und ‚stehlen' hat, und diesen können wir ‚leihen', ‚gewinnen', ‚verdienen', ‚fangen', ‚finden', ‚fassen' usw. hinzufügen. Aber keines der allgemeinsten Verben ist im Deutschen allen transitiven oder intransitiven Verben superordiniert, allen Zustandsverben oder Handlungsverben, allen Bewegungsverben oder allen Elementen einer der traditionellerweise anerkannten Subklassen der Verben. Wenn wir die am häufigsten vorkommenden Adjektive im Deutschen betrachten, dann werden wir sehen, daß es überhaupt keine superordinierten Adjektive gibt, von denen bestimmte Subklassen Hyponyme sind. Es gibt keine Lexeme, von denen alle Adjektive, die Farbunterschiede denotieren, Hyponyme sind. Wir sagen nicht, *War es rot oder in anderer Weise gefärbt?*, sondern eher, *War es rot oder (von) eine(r) andere(n) Farbe?* Ähnliches gilt für Subklassen von Adjektiven, die Unterschiede der Form, des Materials, des Geschmacks, des Lauts, des Alters, der Größe, des Geisteszustands usw. denotieren. Es gibt keinen paradigmatisch superordinierten Ausdruck, von dem ‚rund', ‚viereckig', ‚rechteckig' usw. Hyponyme sind: statt dessen finden wir etwas, das als quasi-paradigmatische Relation zwischen diesen spezifischeren Adjektiven und dem allgemeineren abstrakten Substantiv ‚Form' bezeichnet werden kann (cf. *Welche Form hatte es, rund oder viereckig?*). Adjektive wie ‚süß', ‚sauer', ‚bitter' stehen in einer ähnlichen quasi-paradigmatischen Relation zu dem superordinierten Verb ‚schmecken' (cf. *Wie schmeckt es?*) und sekundär zu dem entsprechenden Substantiv ‚Geschmack' (cf. *Welchen Geschmack hat es?*). Darüber hinaus stehen die Substantive ‚Form', ‚Größe' und ‚Farbe' in quasi-paradigmatischer Relation zum Verb ‚aussehen', wie es in Sätzen wie *Wie sieht er aus?* verwendet wird, und in paradigmatischer Relation zu dem entsprechenden

Substantiv ‚Aussehen' (cf. *Beschreibe sein Aussehen – Welche Farbe und Form hatte es, rot und viereckig, oder grün und rund?*).

Die Bedeutung, in der der Terminus ‚quasi-paradigmatisch' hier verwendet wird, sollte aufgrund der Beispiele ausreichend deutlich sein; sie kann leicht innerhalb des Rahmens einer einigermaßen umfassenden Transformationsgrammatik* des Deutschen (cf. 10.3) präzisiert werden. Wir können z. B. das Verhältnis zwischen ‚rund' und ‚Form' oder ‚süß' und ‚Geschmack' als Relation der Quasi-Hyponymie* beschreiben. Wenn wir auch von der Quasi-Hyponymie ebenso wie von der Hyponymie sagen, daß sie eine Relation ist, aufgrund derer der Wortschatz hierarchisch strukturiert ist, dann ist die Hypothese, daß der Wortschatz aller Sprachen unter einer relativ kleinen Menge von Lexemen mit ganz allgemeiner Bedeutung hierarchisch strukturiert ist, etwas plausibler. Es handelt sich dabei jedoch um eine Hypothese, die auf der Basis der zur Zeit verfügbaren Evidenz schwierig zu bewerten ist.

Konventionelle Lexika, in denen Lexeme (in ihrer Zitierform) in alphabetischer Anordnung aufgezählt sind, ihre Hauptbedeutungen definiert und anhand von Zitaten (normalerweise aus geschriebenen Quellen) belegt sind, fügen häufig einigen ihrer Eintragungen, allerdings nicht allen, eine Liste sogenannter Synonyme und Antonyme hinzu. Die besseren und umfassenderen alphabetischen Lexika geben einige Hinweise auf die Kontexte, in denen ungefähr äquivalente Lexeme austauschbar sind, und sie lenken die Aufmerksamkeit auf Unterschiede in ihren Konnotationen oder ihrem emotiven Gehalt; aber kein Lexikon unterscheidet systematisch die verschiedenen Arten von lexikalischer Opposition, die in der Sprache zu finden sind (cf. 8.3). Was die Relationen der Hyponymie und Antonymie angeht, so werden diese selten explizit gemacht; und sie können nicht immer aus der Definition abgeleitet werden.

Es gibt jedoch eine andere Art Lexikon, das häufig als begrifflich statt als alphabetisch beschrieben wird (cf. Ullmann, 1957: 313ff.; 1962: 254ff.). Das bekannteste von diesen und das früheste in der Neuzeit ist Rogets *Thesaurus of English Words and Phrases* (1852). Das Prinzip, das einem begrifflichen Lexikon oder Thesaurus* (um einen speziellen Terminus zu verwenden und zwar einen, der keine Festlegung auf den Konzeptualismus* in der Semantik voraussetzt: cf. 4.3) ist es, wie Roget selbst in seiner Einleitung zur ersten Auflage sagt, „die Wörter und Ausdrücke der Sprache nicht entsprechend ihrer Lautgestalt oder ihrer Schreibweise, sondern streng nach ihrer Bedeutung" zu klassifizieren. Obgleich Rogets Werk primär dazu angelegt war, „um den Ausdruck der Ideen zu erleichtern und bei der literarischen Komposition zu helfen", war es von den philosophischen Spekulationen des 17. Jahrhunderts (die sich aus den Ideen von Francis Bacon, Descartes und Leibniz herleiten) über die Möglichkeit der Konstruktion einer idealen Sprache zu Systematisierung und Weiterentwicklung der wissenschaftlichen Erkenntnis stark beeinflußt, insbesondere von dem berühmten Essay über dieses Thema (1668) von John Wilkins (cf. Robins, 1967: 112ff.; Salmon, 1966). Thesauri, die mit dem von Roget für das Englische vergleichbar sind, die aber Fortschritte in der deskriptiven Semantik während des dazwischenliegenden Zeitraumes nutzen, existieren auch für das Deutsche (Dornseiff, 1933) und das Spanische (Casares, 1942); es gibt ferner im Anhang zu Bally (1909) einen Entwurf für einen Thesaurus für das Französische, der an Roget offensichtlich angelehnt ist. In diesem Zusammenhang ist auch Bucks *Dictionary of Selected Synonyms in the Principal Indo-European Languages* (1949) zu erwähnen. Obgleich diese Werke wertvoll sind, liefert jedoch keines von ihnen die Information, die wir brauchen würden, um die Frage zu beantworten, ob der Wortschatz der Sprachen, die sie behandeln, nach streng hierarchischen Prinzipien angeordnet ist.

Der ehrgeizigste Plan zur Konstruktion eines Thesaurus aufgrund eines vorgeblich universalen Rahmens semantischer Kategorien und Subkategorien, der bisher vorgelegt wurde, ist Hallig und Wartburgs (1952) sogenanntes Begriffsystem. Trotz seines Anspruchs, ein empirisch begründetes universell anwendbares Klassifikationssystem zu sein, das den Standpunkt „des begabten Durchschnittsindividuums, dessen Weltbild durch die sprachlich bedingten vorwissenschaftlichen Allgemeinbegriffe bestimmt ist", widerspiegelt, unterliegt es der Kritik, daß es ebenso ein apriorisches System ist wie Rogets und wahrscheinlich, soweit es auf deskriptiver Semantik beruht, zugunsten des naiven Realismus von Sprechern dessen, was Whorf als *Standard Average European* bezeichnet hat, voreingenommen ist (1962: 64). Es kann auch aus anderen Gründen kritisiert werden (cf. Ullmann 1957: 314f.; Gekkeler, 1971: 99f.). Zumindest für das Deutsche ist es schwierig, die dreiteilige Einteilung des Wortschatzes auf der höchsten Ebene nach Lexemen, die sich auf das Universum, den Menschen und den Menschen und das Universum beziehen, zu rechtfertigen; ebenso ist es schwierig, aufgrund von Hyponymie und Quasi-Hyponymie Rogets sechs Hauptklassen von Lexemen zu rechtfertigen: (I) abstrakte Relation; (II) Raum; (III) Materie; (IV) Verstand; (V) Wille; (VI) Gefühl und moralische Kräfte.

Bisher ist wenig über die lexikalische Struktur der meisten Sprachen der Welt bekannt; wie wir gesehen haben, ist es bisher unmöglich, selbst für gut untersuchte und leicht zugängliche europäische Sprachen, die Hypothese, daß der Wortschatz als Ganzes aufgrund von Hyponymie und Quasi-Hyponymie hierarchisch geordnet sei, zu bewerten. Der theoretische Semantiker sollte bei der Aufstellung von allgemeinen Hypothesen dieser Art entsprechend vorsichtig sein. Es ist jedoch nicht zu leugnen, daß es einen gewissen Grad von hierarchischer Organisation in allen Bereichen des Wortschatzes der Sprachen, die untersucht wurden, gibt. Es ist in der Tat schwer, sich eine Sprache vorzustellen, die in zufriedenstellender Weise in einer Kultur verwendet wird, deren Wortschatz nicht aufgrund der komplementären Prinzipien der Hyponymie und des Kontrastes strukturiert ist; die deskriptive Arbeit, die bisher in verschiedenen Bereichen des Wortschatzes in bestimmten Sprachen geleistet wurde, scheint diese Schlußfolgerung auch zu unterstützen.

9.6. *Lexikalische Lücken*

Wir wollen nun Abbildung 7 nicht als Repräsentation der hierarchischen Organisation des Gesamtwortschatzes einer Sprache interpretieren, sondern als Repräsentation bestimmter Wortfelder innerhalb des Wortschatzes (cf. 8.2). Eine der Fragen, die in diesem Zusammenhang auftritt, ist die Frage, ob es das geben kann, was man als lexikalische Lücken* bezeichnet hat. Wir befassen uns hier nicht mit dem Fehlen eines Lexems, das ein Objekt denotiert, das zufällig in der Kultur, in der die Sprache verwendet wird, nicht existiert; noch weniger mit dem Fehlen von Lexemen, die die Bedeutung kontradiktorischer syntagmatischer Modifikatoren verkapseln würden (z. B. der Nichtexistenz eines Lexems mit der Bedeutung „verheirateter Junggeselle" oder „viereckiger Kreis"). Mit einer lexikalischen Lücke ist hier das gemeint, was Strukturalisten oft metaphorisch als Loch im Muster beschreiben: d. h. das Fehlen eines Lexems an einer bestimmten Stelle in der Struktur eines Wortfeldes. Wir wollen uns daran erinnern, daß dies, nach Trier, theoretisch unvorstellbar ist; aber die Annahmen, die eine Ablehnung der Möglichkeit lexikalischer Lücken bestimmten, sind fragwürdig (cf. 8.2). Lexikalische Lücken der Art, mit der wir uns hier befassen, gehören in die Kategorie dessen, was Lehrer (1973: 97) Matrixlücken nennt. Sie sagt nämlich: „Eine Matrixlücke zeigt sich, wenn verwandte lexikalische Einheiten in semantische Merkmale analysiert werden und auf einem Diagramm oder einer Matrix dargestellt werden." Wir wollen die Frage jedoch mit besonderem Bezug auf die hierarchische Struktur diskutieren. Wenn man sie von diesem Standpunkt aus betrachtet, dann teilt sie sich in zwei spezifischere Fragen: (I) Kann es Ko-Hyponymie ohne ein existierendes superordiniertes Lexem geben? (II) Können wir überhaupt sagen, daß es eine lexikalische Lücke an einer Stelle in der hierarchischen Struktur gibt, an der wir ein Hyponym eines existierenden superordinierten Ausdruckes erwarten würden?

Die Antwort auf die erste Frage, wie sie soeben gestellt wurde, wird im voraus aufgrund unserer Definition der Hyponymie und folglich der Ko-Hyponymie entschieden. Sie kann aber auf folgende Weise neu formuliert werden: Ist es jemals der Fall, daß zwei oder mehr Lexeme kontrastieren, ohne daß es ein superordiniertes Lexem gibt, von dem sie unmittelbar Hyponyme sind? Wir haben bereits eine Anzahl von Beispielen für lexikalische Lücken dieser Art betrachtet. Wenn Abbildung 7 das Feld der Farbadjektive im Deutschen repräsentieren würde, dann würde es am Fuße des Baumes kein Lexem geben. Andererseits, wenn wir in dem Feld Lexeme, die verschiedenen Wortklassen angehören, zusammengruppieren würden (unter der Annahme, daß es eine befriedigende Integration von grammatischer und lexikalischer Struktur gibt), dann könnten wir sagen, daß das Substantiv ‚Farbe‘ {‚rot‘, ‚grün‘, …} unmittelbar superordiniert ist. Bei dieser Interpretation der hierarchischen Struktur wird die Anzahl der lexikalischen Lücken unter superordinierten Ausdrücken stark reduziert sein. Sie wird aber nicht ganz verschwinden. Es gibt im Deutschen keinen unmittelbaren superordinierten Ausdruck für ‚gehen‘, ‚kommen‘, für ‚Lehrer‘ und ‚Schüler‘, für ‚kaufen‘ und ‚verkaufen‘ oder für viele andere Paare von Gegenteilen im Deutschen. Die Nichtexistenz bestimmter superordinierter Ausdrücke (und das relativ seltene Vorkommen oder die restringierte Anwendung anderer, z. B. ‚Ehepartner‘ als superordinierter Ausdruck für ‚Ehemann‘ :‚Ehefrau‘, ‚Elternteil‘ als superordinierter Ausdruck für ‚Vater‘ :‚Mutter‘ usw.) hängt mit dem wichtigen Begriff der Kodifizierbarkeit zusammen. (cf. Brown 1958: 235 ff.).

Die zweite Frage ist in allgemeinen Worten etwas schwerer zu beantworten. Um eines der Chomskyschen Beispiele zu nennen (1965: 231; cf. Lehrer, 1973: 97): Im Deutschen gibt es ein Wort ‚Leiche‘, das ungefähr „Körper eines toten menschlichen Wesens‘‘ bedeutet, und ein Wort ‚Kadaver‘ mit der Bedeutung „Körper eines toten Tieres‘‘, aber kein Wort, das auf tote Pflanzen angewandt wird. Aber dieses Beispiel ist nicht so einfach, wie es auf den ersten Blick scheinen könnte. Erstens sollte beachtet werden, daß die Bedeutung von ‚Leiche‘ und ‚Kadaver‘ nicht einfach das Produkt der Bedeutung von ‚tot‘ und ‚Person‘ einerseits und von ‚tot‘ und ‚Tier‘ andererseits ist. ‚Leiche‘ ist kein Hyponym von ‚Person‘, und ‚Kadaver‘ ist kein Hyponym von ‚Tier‘. Wenn wir erst die Bedeutung von ‚Körper‘ in die Paraphrasen mit aufnehmen, dann ist der angebliche Parallelismus zwischen ‚Körper‘, ‚Kadaver‘ und einem möglichen, aber nicht aktualisierten Lexem, das auf tote Pflanzen anwendbar ist, zerstört. Darüber hinaus könnte man behaupten, daß ‚Leiche‘ und ‚Kadaver‘ nicht in der Weise kontrastieren, die durch die Paraphrasen, die wir ihnen gegeben haben, nahegelegt würde. Wenn Kannibalismus in deutschsprachigen Ländern institutionalisiert wäre und menschliche Wesen zusammen mit Schafen, Rindern und Schweinen für die Ernährung geschlachtet würden, dann ist es vorhersagbar, daß ‚Kadaver‘ auf die toten Körper der menschlichen Wesen, die in der Metzgerei angeliefert würden, angewandt würde. Wenn andererseits Marias kleines Lamm stirbt und sie, da sie es sehr gern hat, beschließt, es im Garten zu beerdigen und vielleicht während der Beerdigungszeremonie die Totenmesse zu lesen, dann wird sie das, was sie tut, bestimmt nicht als das Beerdigen eines Kadavers beschreiben: Was begraben wird, wird der Körper oder die Leiche des Lammes sein.

Was im Zusammenhang mit diesem Beispiel gesagt werden soll, ist nicht unsinnig oder spaßhaft. Es kann auch nicht unter Hinweis auf den Unterschied zwischen der kognitiven Bedeutung und der emotiven Bedeutung von Wörtern außer acht gelassen werden. Es ist einfach nicht klar, daß ‚Leiche‘

und ‚Kadaver' der kognitiven Bedeutung oder dem kognitiven Sinn nach in der Weise, die angedeutet wurde, verwandt sind. Wichtig ist, daß unsere Handlungen mit toten menschlichen Wesen und toten Tieren sich in charakteristischer Weise unterscheiden und daß diese einerseits bei Beerdigungen und Obduktionen und andererseits in Schlachthöfen, Metzgereien und bei der Zubereitung des Essens instituionalisiert sind; in bezug auf solche kulturellen Institutionen ist nämlich die Unterscheidung zwischen ‚Leiche' und ‚Kadaver' lexikalisiert. Der Tatsache, daß wir kein Wort mit der Bedeutung „tote Pflanze" haben, kann vermutlich damit erklärt werden, daß tote Pflanzen, als eine Klasse von Objekten, keine kulturell anerkannte Rolle in den Gesellschaften spielen, in denen Deutsch sich entwickelt hat. Lehrers (1973) Diskussion des Wortschatzes für das Kochen in verschiedenen Sprachen zeigt sowohl die Wichtigkeit kultureller Überlegungen als auch die Schwierigkeit, zu entscheiden, was eine strukturell definierbare lexikalische Lücke unter einem gemeinsamen superordinierten Ausdruck ist und was nicht.

Wir wollen nun ein anderes Beispiel nehmen. Wie wir oben gesehen haben (cf. 9.2), gibt es im Russischen verschiedene Wörter für „Bruder der Frau", „Bruder des Mannes", „Schwester der Frau", „Schwester des Mannes", „Frau des Bruders", „Mann der Schwester", aber (was nicht überraschend ist) keine Wörter für „Mann des Bruders" und „Frau der Schwester". Es gibt zweifellos an diesen Stellen zwei Löcher im Muster; aber im Deutschen gibt es keine zwei entsprechenden lexikalischen Lücken, da der Wortschatz des Verschwägertseins im Deutschen, wie wir gesehen haben, aufgrund verschiedener Oppositionen strukturiert ist. Man könnte geneigt sein zu sagen, daß es auf keinen Fall in irgendeiner Sprache Wörter mit der Bedeutung „Mann des Bruders" oder „Frau der Schwester" geben könnte. Aber dies ist sicherlich nicht der Fall. Nehmen wir an, es würde verbreiteter und sozial akzeptabler werden, als es im Moment ist, daß zwei Leute des gleichen Geschlechts eine feste Beziehung eingehen, bei der nicht nur Wohngemeinschaft, sondern auch eine offen erkennbare Rollentrennung, die mit der Rollentrennung in konventionellen Ehen vergleichbar ist, vorliegt. Eine solche Beziehung könnte durchaus mit einer Hochzeitszeremonie und dem Austausch des Ja-Wortes beginnen; und das jeweilige Paar könnte sich selbst als verheiratet beschreiben und von anderen so beschrieben werden, wobei der eine der Ehemann und der andere die Ehefrau ist. Welche Wirkung würde dies auf die lexikalische Struktur haben? Die Produkte der Bedeutungen von ‚Schwester' und ‚Frau' und ‚Bruder' und ‚Mann', die in „Frau der Schwester", „Mann des Bruders" resultieren, sind unter den Umständen, die wir uns vorgestellt haben, leicht interpretierbar. Die lexikalischen Lücken in der Struktur des Wortschatzes der Verwandtschaftsnamen im Russischen würden also möglichen, aber nicht-existierenden Lexemen entsprechen. Wenn die Lücken mit neuen Wörtern gefüllt würden, dann würde die lexikalische Struktur der Sprache bis zu diesem Grad unbeeinflußt bleiben. Die Bedeutungen der momentan nicht existierenden Wörter sind sozusagen schon fertig vorhanden, um lexikalisiert zu werden. Nehmen wir jedoch an, daß sie nicht durch neue Wörter gefüllt würden, sondern daß dessen zwei existierende Lexeme für ‚verschwägert sein‘ ihrer Bedeutung nach erweitert würden, um die Lücken zu füllen: Möglicherweise ‚zjatj‘ und ‚nevestka‘, wobei das erstere allmählich die Bedeutung „Mann des Geschwisters" (oder Kindes)" und letzteres „Frau des Geschwisters (oder Kindes)" bekommen würde. Dies wäre eine strukturelle Veränderung, und sie würde das gegenwärtige Muster der Beziehungen, die in diesem Wortfeld bestehen, verdrehen. Was jedoch das Deutsche betrifft, so gibt es keine Lücken, die gefüllt werden müßten, gleichgültig ob durch die Bildung neuer Wörter oder durch die Bedeutungserweiterung bereits existierender Wörter. Der Mann des Bruders von jemandem ist vermutlich der männliche Ehepartner des Geschwisters von jemandem, und auf ihn kann daher einfach durch den Ausdruck ‚Schwager‘ referiert werden. Wenn man der Ansicht ist, daß das Geschlecht der bezeichneten Person nicht entscheidend ist, sondern eher die soziale Rolle, die er/sie spielt, dann könnte alternativ auf den männlichen Ehepartner des Bruders von jemandem durch ‚Schwager‘ oder ‚Schwägerin‘ referiert werden, je nachdem, ob er in der Beziehung der Mann oder die Frau ist.

Das Beispiel, das in dem vorangegangenen Abschnitt diskutiert wurde, mag ziemlich phantasievoll erscheinen: aber in sozialen Institutionen und bei sozialen Praktiken finden doch Veränderungen statt, und Sprachen können sich in der oben angedeuteten Weise den veränderten Umständen anpassen. Anthropologische Diskussionen der Verwandtschaftsverhältnisse sollten dazu dienen, uns davor zu warnen, im voraus anzunehmen, daß sogar ein so universelles Merkmal wie biologisches Geschlecht notwendigerweise in diesem Bereich des Wortschatzes sich widerspiegeln und dominant sein muß. Der Hauptgrund für die Einführung dieses hypothetischen Beispiels an dieser Stelle war es jedoch, den Begriff der lexikalischen Lücken im Rahmen der strukturellen Semantik zu verdeutlichen und gleichzeitig einige Hinweise auf die Schwierigkeiten zu geben, die entstehen, wenn wir ernsthaft den Unterschied zwischen möglichen und nicht-möglichen Lexemen betrachten. Die Ausdrücke ‚weiblicher Ehemann‘ und ‚männliche Ehefrau‘ würden wahrscheinlich von den meisten Sprechern des Deutschen als semantisch unakzeptabel angesehen werden (wie ‚viereckiger Kreis‘). Aber es bedarf, wie wir gesehen haben, keiner großen Phantasie, sich eine Welt vorzustellen, in der solche Ausdrücke nicht als kontradiktorisch angesehen werden würden. Sogar in der Welt, wie wir sie kennen, sind die Propositionen, die durch Sätze wie ‚Sie ist der Vater von fünf Kindern‘ oder ‚Sie liebt ihre Frau immer noch‘ in keiner Weise semantisch abweichend. Der Journalist James Morris z. B. hörte nicht auf, der Vater seiner Kinder zu sein, als er eine Frau wurde (und den Namen ‚Jan Morris‘, cf. Morris, 1974 annahm). Die Technik, sich mögliche Welten außer unserer eigenen vorzustellen und dann die Anwendbarkeit existierender Lexeme oder Kollokationen von existierenden Lexemen in bezug auf sie zu betrachten, bringt Schwierigkeiten mit sich. Es ist ganz einfach, einer Gruppe von muttersprachlichen Sprechern einen Fragebogen vorzulegen und sie zu fragen, was sie unter den und den Umständen sagen würden (und es ist noch einfacher für den Linguisten, seine eigene Intuition zu befragen). Aber die Interpretation der Ergebnisse, die durch solche Methoden erzielt werden, unterliegt immer Austins Caveat: „In nicht normalen Fällen versagt die normale Sprache." (1970: 68)

Es gibt einige klare Fälle von lexikalischen Lücken in Sprachen, die im Unterschied zu den Beispielen, die wir hier ausführlich diskutiert haben, keine Probleme in bezug auf die Frage aufwerfen, ob es Umstände gibt, in denen man ein Wort mit einer bestimmten Bedeutung verwenden würde. Im Französischen ebenso wie im Deutschen und anderen Sprachen gibt es viele Paare von antipodalen Gegenteilen, die bei der Beschreibung räumlicher Ausdehnung oder des An-einem-Ort-seins verwendet werden: z. B. ‚haut': ‚bas' („hoch": „tief"), ‚long': ‚court' („lang": „kurz"). Es gibt ein Lexem ‚profond' mit der Bedeutung „tief", aber es hat kein antipodales Gegenteil (im Unterschied zum Englischen, cf. ‚shallow'). Entweder wird ‚profond' negiert oder der Ausdruck ‚peu profond' („nicht sehr tief") wird verwendet, um die lexikalische Lücke zu füllen. Wenn im Französischen Lexeme wie ‚bas', ‚court' usw. fehlten und regelmäßig die Ausdrücke ‚peu haut', ‚peu long' usw. verwendet würden, dann würden wir natürlich nicht von lexikalischen Lücken sprechen. Wie wir gesehen haben, kann unter theoretischen Gesichtspunkten auf Antonymie verzichtet werden (cf. 9.1).

9.7. Markierte und unmarkierte Ausdrücke

Der Begriff der Markierung* (oder Markiertheit*), der aus den Arbeiten der Prager Schule stammt (cf. Vachek, 1964, 1966), ist in der strukturellen Linguistik äußerst wichtig. Bedauerlicherweise werden damit jedoch eine Anzahl disparater und voneinander unabhängiger Phänomene abgedeckt. Im folgenden werden wir uns mit der Markierung nur insoweit befassen, als sie für die Analyse der lexikalischen Struktur relevant ist; wir werden im folgenden drei Arten, auf die Lexeme als markiert* oder unmarkiert* beschrieben werden können, unterscheiden.

Wir wollen mit dem, was man formale Markierung* nennen kann, beginnen. Die Wörter ‚Wirt': ‚Wirtin', ‚Graf': ‚Gräfin', ‚Löwe': ‚Löwin', usw. sind morphologisch oder formal verwandte komplementäre Ausdrücke (cf. 9.1). Die Formen des zweiten Elements eines jeden Paares (z. B. *Wirtin, Wirtinnen*) enthalten ein Suffix *-in,* das den Formen des ersten Elements (*Wirt, Wirte*) fehlt. Dieses Suffix ist das formale Merkmal der Opposition, ebenso wie die Präfixe *un-, in-, dis-* die formalen Merkmale der Opposition in ‚freundlich-': ‚unfreundlich, ‚konsistent': ‚inkonsistent', ‚kontinuierlich': ‚diskontinuierlich', usw. sind (cf. „das eine Oppositionsglied [ist] durch das Vorhanden-sein, das andere durch das Nichtvorhandensein eines Merkmales gekenn-zeichnet" (cf. Trubetzkoy, 1939: 67)). In Fällen wie diesen beruht der Begriff der Markierung auf der Anwesenheit oder dem Fehlen eines bestimmten Formelements; von den Lexemen, deren Formen dieses Element enthalten, kann man sagen, daß sie, im Unterschied zu den unmarkierten Elementen eines jeden Paares, denen das jeweilige Element fehlt, (formal) für diese Opposition markiert sind. Nicht alle diese Oppositionen, dies sollte beachtet werden, sind von der Art, daß der formal markierte Ausdruck aus semanti-schen Gründen als negativ beschrieben werden würde. Es ist auch nicht der Fall, daß bei formal verwandten Gegenteilen das eine formal markiert sein muß und das andere formal unmarkiert: cf. ‚nützlich‘:‚nutzlos‘, ‚verständ-nisvoll‘:‚verständnislos‘.

Formale Markierung korreliert nun häufig, allerdings nicht immer, mit einem Unterschied in der Distribution*: das formal markierte Element der Opposition wird normalerweise in seiner Distribution (d. h. im Bereich der Kontexte, in denen es auftritt) eingeschränkter sein als das formal unmar-kierte Element. Aber dieses Kriterium der distributionellen Beschränkung ist von der formalen Markierung als solcher unabhängig und kann ebensogut auf formal nicht verwandte Lexeme angewandt werden. Wie wir gesehen haben (9.1), treten die negativen Elemente oder das, was man als solche betrachten könnte, von Oppositionen wie ‚hoch‘:‚tief‘, ‚gut‘:‚schlecht‘, ‚glücklich‘:‚unglücklich‘, usw. normalerweise in Sätzen wie ‚Wie … war *X*?‘ auf. Man sagt, daß die Opposition in Kontexten dieser Art aufgehoben oder neutralisiert* ist. Eine wichtige Eigenschaft der Struktur der Sprache besteht auf allen Ebenen darin, daß, wenn eine Opposition durch formale Markie-rung charakterisiert ist, das formal markierte Element dasjenige ist, das von den neutralisierenden Kontexten ausgeschlossen ist; die Erkenntnis dieser allgemeinen Korrelation zwischen formaler Markierung und Distribution war denn auch aus rein distributionellen Gründen verantwortlich für die Ausweitung der Termini ‚markiert‘ und ‚unmarkiert‘ auf Paare formal nicht verwandter Lexeme. Es muß aber betont werden, daß hier unterscheidbare Eigenschaften eine Rolle spielen, und daß der Gebrauch des Terminus ‚Mar-kierung‘ für beide zur Verwirrung führen kann.

Wir wollen die Paare ‚Graf‘:‚Gräfin‘ und ‚Löwe‘:‚Löwin‘ betrachten. In beiden Fällen ist das zweite Element formal markiert und das erste formal unmarkiert. Die zwei Paare unterscheiden sich aber in bezug auf das Krite-rium der distributionellen Beschränkung oder Neutralisierung. ‚Löwe‘ hat eine weitere Distribution als ‚Löwin‘:‚männlicher Löwe‘ und ‚weiblicher Löwe‘ sind akzeptable Kollokationen, aber ‚männliche Löwin‘ und ‚weibli-che Löwin‘ sind es nicht (da das eine kontradiktorisch ist und das andere tautologisch). Die Opposition zwischen ‚Graf‘ und ‚Gräfin‘ (oder zwischen ‚Prinz‘ und ‚Prinzessin‘) wird jedoch in ähnlichen Kontexten nicht neutralisiert: die Kollokationen ‚weiblicher Graf' und ‚männliche Gräfin' sind kontradiktorisch, wohingegen ‚männlicher Graf' und ‚weibliche Gräfin' tautologisch sind. Wir können daher eine Unterscheidung zwischen formaler Markierung und distributioneller Markierung machen. Wenn beide Arten der Markierung relevant sind, werden sie normalerweise zusammenfallen (wie z. B. bei ‚Löwe': ‚Löwin', ‚glücklich': ‚unglücklich', usw.). Es gibt aber formal markierte Lexeme, die distributionell nicht markiert sind (z. B. ‚Gräfin' im Verhältnis zu ‚Graf'). Und es gibt auch viele distributionell markierte Lexeme, die formal nicht markiert sind: insbesondere die negativen Elemente von formal nicht verwandten antonymen Paaren wie ‚gut': ‚schlecht', ‚hoch': ‚tief', usw.

Distributionelle Markierung korreliert mit semantischer Markierung*, in vielen Fällen kann sie plausibel als durch semantische Markierung determiniert erklärt werden; es soll noch einmal betont werden, daß diese grundsätzlich unabhängig von formaler Markierung ist. Ein semantisch markiertes Lexem ist ein Lexem, das seiner Bedeutung nach spezifischer ist als das entsprechende semantisch unmarkierte Lexem. ‚Hündin' ist der Bedeutung nach spezifischer als ‚Hund', denn ‚Hündin' denotiert nur weibliche Tiere, wohingegen ‚Hund' in vielen Kontexten sowohl auf männliche als auch weibliche Tiere angewandt werden kann; aus diesem Grund sind die Kollokationen ‚männlicher Hund' und ‚weiblicher Hund' in gleicher Weise akzeptabel. In solchen Kontexten wird der semantische Kontrast zwischen ‚Hund' und ‚Hündin' neutralisiert. In anderen Kontexten jedoch, wenn die Gegenteile in einer disjunktiven Frage (*Ist es ein Hund oder eine Hündin?*) oder einer Aussage, in der das eine prädiziert und das andere negiert ist (*Es ist ein Hund, keine Hündin*), verwendet werden, nimmt das unmarkierte Lexem eine spezifischere Bedeutung an, die mit der inhärent spezifischen Bedeutung des markierten Lexems inkompatibel ist. Es sollte jedoch beachtet werden, daß, während alle semantisch markierten Lexeme (aufgrund ihrer spezifischeren Bedeutung) distributionell markiert sind, das Umgekehrte nicht gilt. *X hat einen Hund* kann geäußert werden, um eine wahre Aussage zu machen, gleichgültig, ob das Tier, auf das Bezug genommen wird, weiblich oder männlich ist. Aber die Proposition, die ausgedrückt wird, wenn man *X hat ein großes Haus gekauft* äußert, würde man im allgemeinen als falsch betrachten, wenn das Haus in der Tat eher klein als groß in bezug auf die relevante Norm wäre.

Bisher haben wir Hyponymie (und Quasi-Hyponymie) unter der Annahme diskutiert, daß sie notwendigerweise eine irreflexive Relation ist (cf. 9.4). Aber diese Annahme ist fragwürdig in Anbetracht dessen, was über semantische Markierung gesagt wurde: daß das unmarkierte Element der Opposition sowohl eine allgemeinere als auch eine spezifischere Bedeutung je nach Kontext hat. Da ‚Hund' manchmal mit ‚Hündin' kontrastiert und es manchmal ihm superordiniert ist, folgt daraus, daß unter bestimmten Umständen

‚Hund' ein Hyponym von sich selbst sein kann. „Ist dieser Hund ein Hund oder eine Hündin?" ist ein bedeutungsvoller, wenn auch vielleicht ein ziemlich abweichender Satz. Wenn dies ein isoliertes Phänomen in der Sprache wäre, dann könnte man geneigt sein zu sagen, daß ‚Hund' zwei verschiedene Bedeutungen hat, „Hund$_1$" und „Hund$_2$", und daß dieses Lexem in der einen Bedeutung, „Hund$_1$", ‚Hündin' superordiniert wäre und in der anderen Bedeutung, „Hund$_2$", mit ‚Hündin' ko-hyponym wäre. Aber das Phänomen ist im Wortschatz des Deutschen und anderer Sprachen weit verbreitet. Es ist eine unmittelbare Folge der semantischen Markierung und sollte nicht als ein Fall von Polysemie* (cf. 13.4) behandelt werden. Was das Verhältnis zwischen ‚Hund' und ‚Hündin' angeht, so könnte man fast sagen, daß die lexikalische Struktur des Deutschen von uns nicht erwartet, daß wir uns mit dem Geschlecht von Hunden befassen, es sei denn, sie sind weiblich – aber auch dann nicht immer.

Es soll betont werden, daß, wenn es zwei Lexeme für eine bestimmte Tierart gibt, wobei das eine Lexem in bezug auf das Geschlecht semantisch markiert ist und das andere nicht, nicht immer das Lexem, das das weibliche Tier denotiert, markiert ist, wie im Deutschen bei ‚Löwe':‚Löwin', ‚Tiger': ‚Tigerin', ‚Wolf':‚Wölfin' und allgemein bei Paaren semantisch markierter Wörter, die wilde Tiere und Vögel denotieren. Das Wort ‚Bulle' ist im Verhältnis zu ‚Kuh' markiert, ‚Hahn' in bezug auf ‚Huhn' und (für jene Sprecher, die das Wort ‚Mutterschaf' normalerweise nicht verwenden würden) ‚Widder' in bezug auf ‚Schaf'. Der Grund hierfür scheint zu sein, daß die männlichen Tiere dieser Art von Landwirten normalerweise in kleinerer Zahl gehalten werden als die weiblichen Tiere und auch nur zu Züchtungszwecken: Der Hauptbestand ist weiblich, und dieser wird aufgrund der lexikalischen Struktur des Deutschen als die unmarkierte Norm behandelt. Was immer der Grund dafür ist, unter theoretischen Aspekten ist es wichtig, daß bei der Lexikalisierung des Geschlechtsunterschiedes bei einigen Arten das Lexem, das die weiblichen Tiere denotiert, semantisch markiert ist. Für die Komponentenanalyse impliziert dies, daß ein einziges zweiwertiges Merkmal plus-oder-minus männlich oder plus-oder-minus weiblich nicht über den gesamten Wortschatz generalisiert werden kann (cf. 9.9). Eine sorgfältigere Analyse dieser und anderer Beispiele zeigt, daß die Frage, ob ein Lexem semantisch unmarkiert ist oder nicht, eine Frage des Grades ist. ‚Hund' ist zumindest für viele Sprecher des Deutschen semantisch völlig unmarkiert in bezug auf ‚Hündin', da es ohne Einschränkung als superordinierter Ausdruck im Verhältnis zu seinem markierten Hyponym fungieren kann. ‚Kuh' ist weniger unmarkiert als ‚Hund'; das gleiche gilt für ‚Huhn' und vielleicht auch für ‚Reh'. Man könnte sehr wohl auf eine Gruppe von Tieren durch einen Ausdruck wie ‚Jene Kühe (dort drüben)' Bezug nehmen, ohne damit zu implizieren, daß die Gruppe keine Bullen enthält. Aber der gleiche Ausdruck würde wahrscheinlich nicht verwendet, um auf eine Gruppe, die nur aus Bullen besteht, zu referieren. Weiterhin könnte man durchaus den Ausdruck ‚männliche Kuh' als reflexive oder metasprachliche Paraphrase für ‚Bulle' verwenden; aber ‚männliche Kuh' (im Unterschied zu ‚weibliche Kuh') ist keine akzeptable Kollokation in nicht-reflexiver Verwendung des Ausdrucks (allerdings wurde er offenbar im 19. Jahrhundert als Euphemismus für ‚Bulle' verwendet. Sie ist ebenso wie ‚weiblicher Bulle' in sich widersprüchlich. Man kann auch kaum korrekterweise sagen, *diese Kuh ist ein Bulle* (wie man sagen kann, *dieser Hund ist eine Hündin*), außer natürlich in Situationen, in denen ‚diese Kuh' der Bedeutung nach ungefähr so verstanden wird wie „dieses Tier, das du (inkorrekterweise) als Kuh beschrieben hast".

Noch weniger unmarkiert als ‚Kuh' im Verhältnis zu ‚Bulle' ist ‚Mann' im Verhältnis zu ‚Frau'. Im Englischen sind ‚man' und ‚woman' die einzigen Gattungsnamen, die im Singular ohne Determinator als generisch* referierende Ausdrücke verwendet werden können (cf. 7.2); ‚man' wird häufiger in dieser Weise verwendet als ‚woman'. Wenn ‚man' nun im Singular in einen generisch referierenden Ausdruck verwendet wird, dann ist es unmarkiert: cf. *It is man that is responsible for evnironmental pollution.* In diesem Satz kann die Referenz des Ausdrucks ‚man' so verstanden werden, daß sie Frauen einschließt oder ausschließt. Ähnliches gilt für den Plural von ‚man' als generisch referierenden Ausdruck: cf. *Men have lived on this island for ten thousand years.* Aber in den meisten, wenn nicht sogar in allen anderen Arten von Ausdrücken, gleichgültig ob sie referentiell oder prädikativ sind, wird ‚man' nicht so verstanden, daß es ‚woman' superordiniert ist. Es ist nicht nur der Fall, daß man nicht korrekterweise sagen kann, *That man is a woman* (außer unter den Bedingungen, die oben für ‚jene Kuh ist ein Bulle' angeführt wurden), sondern auch, daß man normalerweise nicht den Ausdruck ‚those men (over there)' verwenden würde, sondern ‚those people (over there)', wenn man auf eine Gruppe, die eine oder mehrere Frauen enthält, referiert. Wenn man sagt, daß ‚man' im Verhältnis zu ‚woman' unmarkiert ist, dann muß berücksichtigt werden, daß dies nur unter sehr stark eingeschränkten Bedingungen der Fall ist.

Wie wir gesehen haben, kann die Bedeutung eines Hyponyms im allgemeinen als das Produkt der Bedeutung seines superordinierten Ausdrucks und eines syntagmatischen Modifikators des superordinierten Ausdrucks analysiert werden. Sprachen stellen die Mittel bereit, um eine unbestimmte große Menge von hyponymen Ausdrücken durch explizite syntagmatische Modifikation zu konstruieren (‚Buch', ‚großes Buch', ‚großes rotes Buch', usw.); daß Sprachen es uns ermöglichen, dies zu tun, und daß sie bei der Beschreibung von Personen, Objekten, Aktivitäten usw. so genau und so präzise sein können, wie die Umstände es verlangen, ist bedingt durch das Konstruktionsmerkmal der Produktivität* (cf. 3.4). Viele dieser Ausdrücke können aufgrund ihrer häufigen Verwendung in Kontexten, die bestimmte ihrer Implikationen neutralisieren oder unanwendbar machen, im Verlaufe der Zeit eine spezialisiertere Bedeutung erlangen, was auch für einzelne Wörter unter den gleichen Bedingungen gilt. Wenn dies geschieht, dann sind sie bereits auf den Weg, den Status von phrasalen Lexemen oder gar von Wortlexemen zu erreichen. Diese Frage werden wir später noch ausführlicher diskutieren (13.2). Hier geht es uns darum, sie zum Phänomen der semantischen Markierung in Beziehung zu setzen.

Als Beispiele nehmen wir einerseits die englischen Ausdrücke ‚nurse', ‚female nurse' und ‚male nurse' und andererseits ‚student', ‚male student' und ‚female student'. Das Verhältnis zwischen dem Lexem ‚student' und den hyponymen Ausdrücken ‚male student' und ‚female student', die daraus durch syntagmatische Modifikation entsprechend der produktiven Regeln des Sprachsystems konstruiert sind, ist ganz unproblematisch. Aus einer Aussage wie *My cousin is a student* kann nichts über das Geschlecht des Denotatums ‚my cousin' geschlossen werden; und es gibt keinen Grund für uns, uns ‚male student' oder ‚female student' als einzelne phrasale Lexeme vorzustellen. Aus der Aussage *My cousin is a nurse* werden jedoch die meisten Sprecher des Englischen schließen, daß die Person, auf die Bezug genommen wird, weiblich ist. Basiert diese Schlußfolgerung auf einer Implikation, die zur Bedeutung ‚nurse' gehört? Und wenn dies so ist, impliziert ‚nurse' wie ‚Kuh'das Merkmal ‚female' dies aufgrund der semantischen Unmarkiertheit im Sprachsystem im Verhältnis zu ‚male nurse'? Oder ist die Schlußfolgerung probabilistisch, bestimmt durch unser Wissen, daß die meisten Pflegekräfte in Krankenhäusern wie die meisten Schreibkräfte und die meisten Studenten der Haushaltswissenschaft oder Sprachtherapie zufällig weiblich sind?

Man kann behaupten, daß ‚nurse' aufgrund seiner Bedeutung im Sprachsystem zum gegenwärtigen Zeitpunkt ‚weiblich' impliziert (oder die Disjunktion von ‚Mädchen' und ‚Frau') und daß es relativ zu ‚male nurse' unmarkiert ist. Erstens sollte beachtet werden, daß *My cousin is a male nurse* eine vollkommen normale Äußerung ist (wohingegen *My cousin is a female nurse* abweichend ist). Darüber hinaus kommt der Ausdruck ‚male nurse' in der Alltagssprache nicht nur vergleichsweise häufig vor, sondern, wenn der Ausdruck im gesprochenen Englisch prädikativ verwendet wird, erhält jede seiner Konstituenten auch die gleiche Betonung. Dies allein ist ein Anzeichen dafür, daß ‚male' nicht als einfaches attributives Adjektiv mit implizitem Kontrast zu ‚female' verwendet wird, um ‚nurse' zu modifizieren. Die Rollen der Krankenschwestern und Krankenpfleger in einem Krankenhaus sind bis zu einem gewissen Grad verschieden. Wenn man sagt, daß jemand ‚a male nurse' ist (wenn ‚male nurse' normal betont ist), dann impliziert man nicht, daß es sich dabei um eine Pflegekraft handelt, die zufällig männlich ist. Ebenso wie wir uns eine Veränderung bei den Implikationen von ‚Mann' und ‚Frau' vorgestellt haben als Folge einer möglichen Institutionalisierung der homosexuellen Ehe, wobei der Unterschied zwischen der Rolle des Mannes und der Rolle der Frau mehr oder weniger konstant bleibt (cf. 8.3), so können wir uns eine Veränderung in den Implikationen von ,nurse' und ,male nurse' vorstellen derart, daß Personen, die die eine Rolle erfüllen, als ,nurses' beschrieben würden, und Personen, die die andere Rolle erfüllen, als ,male nurses', unabhängig von ihrem Geschlecht. Zum gegenwärtigen Zeitpunkt sollte man jedoch vielleicht ,nurse' und ,male nurse' als Lexeme betrachten, die als das unmarkierte und das markierte Element einer Opposition im Wortschatz bedeutungsverwandt sind; sie sind in bezug auf ihre semantische Markierung ,Kuh' und ,Bulle' ähnlicher als ,Hund' und ,Hündin'. In diesem Zusammenhang kann hervorgehoben werden, daß um die Jahrhundertwende in England der Ausdruck ,lady typist' häufig in Kontexten (z. B. in Anzeigen) verwendet wurde, in denen heute ,typist' verwendet würde.

Bei unserer Diskussion der semantischen Markierung haben wir nicht mehr getan, als auf einige der Unterscheidungen, die bei einer ausführlichen Behandlung des komplizierten und umstrittenen Themas gemacht werden müßten, hinzuweisen. Einige der Behauptungen, die über bestimmte Beispiele gemacht wurden, könnten aus faktischen Gründen in Frage gestellt werden. Es kann jedoch kein Zweifel bestehen, daß die semantische Markierung eine Frage des Grades ist und daß sie ein wichtiges Merkmal der lexikalischen Struktur von Sprachen ist. Die Tatsache, daß alle Beispiele, die wir oben verwendet haben, mit der Lexikalisierung des Geschlechtsunterschiedes bei Menschen und Tieren zu tun hatten, sollte nicht als Hinweis darauf angesehen werden, daß semantische Markierung nur dieser Unterscheidung eigentümlich ist. Wir haben uns auf diese Unterscheidung teilweise deshalb konzentriert, weil sie relativ unproblematisch ist und teilweise deshalb, weil sie so oft bei Diskussionen der semantischen Markierung herangezogen wird. Es ist selten, daß Autoren Gradunterschiede bei der semantischen Markierung diskutieren; eine beträchtliche Menge deskriptiver Arbeit über verschiedene Sprachen wird noch notwendig sein, bevor überhaupt irgendeine umfassende Abhandlung über das Thema geschrieben werden kann.

9.8. Teil-Ganzes-Beziehungen

Eine etwas andere hierarchische Beziehung als die der Hyponymie sollte nun erwähnt werden: die Teil-Ganzes*-Beziehung. Diese wird durch ,Arm' : ,Körper', ,Rad' : ,Wagen', usw. exemplifiziert. In solchen Fällen ist die Unterscheidung zwischen Hyponymie und Teil-Ganzes-Relationen hinreichend deutlich. Ein Arm ist keine Art Körper, sondern ein Teil des Körpers; Ausdrücke wie ,Arme und andere Arten von Körpern' sind daher unsinnig. Wie viele Autoren hervorgehoben haben (cf. Bierwisch, 1965; Kiefer, 1966), hängen Teil-Ganzes-Beziehungen zwischen Lexemen mit einer bestimmten Teilklasse possessiver Konstruktionen zusammen, die durch semantisch und grammatisch verwandte Ausdrücke und Sätze wie ,Peters rechter Arm' und ,Peter hat einen rechten Arm' exemplifiziert sind. Possessivkonstruktionen dieser Art werden in vielen Sprachen und auch im Deutschen in bestimmten Kontexten und Sätzen wie ‚Peters Buch' und ‚Peter hat ein Buch' unterschieden, wobei ersteres als unveräußerliche* und letzteres als veräußerliche* Possessiva beschrieben werden.

Lexikalische Teil-Ganzes-Relationen sind zumindest so vielfältig wie die verschiedenen Arten der Hyponymie, die man in der Sprache finden kann; wir werden auch nicht versuchen, sie in Einzelheiten zu beschreiben. Eine Frage, die in mehreren neuen Abhandlungen über das Thema diskutiert wurde, ist, ob die Teil-Ganzes-Relation ebenso wie die Hyponymierelation transitiv ist. Die Tatsache, daß verschiedene Autoren über diesen Punkt uneinig sind, ist vielleicht ein Anzeichen dafür, daß hier verschiedene Arten von Teil-Ganzes-Beziehungen in der Sprache vorliegen, daß die logischen Unterschiede zwischen ihnen größer sind als die Unterschiede der verschiedenen Arten der Hyponymie (und Quasi-Hyponymie). Es kann auch sein, daß sie die Unfähigkeit widerspiegelt, eine konsistente Unterscheidung zu machen zwischen der Teil-Ganzes-Relation, wie sie zwischen den Denotata der Ausdrücke (d. h. als Relation, die zwischen den getrennten oder trennbaren Komponenten eines Dinges und des gesamten Dinges, von denen sie Komponenten sind, besteht) und einer strukturellen Bedeutungsrelation im Wortschatz der Sprachen besteht. Die Teil-Ganzes-Beziehung, die zwischen physikalisch diskreten Denotata besteht, ist eindeutig transitiv: Wenn ein Ding x Teil eines Dinges y ist, das ein Teil eines Dinges z ist, dann ist x immer als Teil von z beschreibbar. Transitivität besteht auch, vorausgesetzt, daß ein bestimmter Grad von Indeterminiertheit bei der Referenz von Ausdrücken in solchen Fällen berücksichtigt wird, wenn die jeweiligen Denotata keine physikalischen Objekte sind, sondern Punkte oder Bereiche im physikalischen Raum (oder der Raum-Zeit). Wenn x ein Punkt oder ein Bereich ist, der Teil des Bereichs y ist, der Teil des Bereichs z ist, dann ist x ein Teil von z.

Die Tatsache, daß eine Einheit als Teil einer anderen Einheit beschrieben werden kann, impliziert jedoch nicht, daß im Wortschatz eine Teil-Ganzes-Relation besteht zwischen den Lexemen, die in Ausdrücken verwendet werden, die sich auf diese Einheiten beziehen. Man kann sich z. B. auf ein bestimmtes Objekt x mit ‚der Griff' beziehen, und dies kann ein Teil eines anderen Objekts y sein, auf das man sich mit ‚die Tür' beziehen kann; dies wiederum kann Teil eines dritten Objekts z sein, auf das man sich mit ‚das Haus' beziehen kann. x ist ein Teil von z (aufgrund der Transitivität der Teil-Ganzes-Beziehung, die zwischen physikalischen Einheiten besteht). Aber Sätze wie ‚das Haus hat einen/keinen Griff' oder ‚es gibt einen/keinen Griff an diesem Haus' sind zumindest seltsam, und Ausdrücke wie ‚der Hausgriff' oder der ‚Griff des Hauses' sind sicherlich unakzeptabel. Sowohl Ausdrücke wie ‚der Türgriff' und ‚der Griff der Tür' als auch der Satz ‚Die Tür hat einen/ keinen Griff' sind vollkommen akzeptabel. Dies gilt auch für ‚die Tür des

Hauses' (und ‚die Haustür') und ‚das Haus hat eine/keine Tür'. Wir könnten daher geneigt sein, eine semantische Teil-Ganzes-Beziehung zwischen ‚Griff' und ‚Tür' und zwischen ‚Tür' und ‚Haus', aber nicht zwischen ‚Griff' und ‚Haus' aufzustellen.

Es gibt jedoch viele Probleme, die mit dem Begriff der Teil-Ganzes-Beziehungen, die zwischen Lexemen bestehen, zusammenhängen. Wenn wir sagen, daß sie per definitionem intransitiv sind, dann werden wir gezwungen sein, eine sehr große Anzahl von lexikalischen Paaren mit einer Teil-Ganzes-Relation anzunehmen, von denen viele bei der Analyse des Wortschatzes aufgrund allgemeiner Redundanz-Regeln*, die auf Transitivität beruhen, eliminiert werden könnten, wie Bierwisch (1965) dies vorschlug. ‚Manschette': ‚Ärmel' und ‚Ärmel': ‚Jacke' sind z. B. Paare mit Teil-Ganzes-Relationen, ebenso wie ‚Manschette': ‚Jacke': cf. ‚Diese Ärmel haben keine Manschetten', ‚Die Ärmel dieser Jacke haben keine Manschetten', ‚Diese Jacke hat keine Manschetten'. Um der Akzeptabilität dieser drei Sätze und ihrer semantischen Verwandtheit systematisch Rechnung zu tragen, scheint es notwendig zu sein, den Begriff der Transitivität heranzuziehen. Denn die Teil-Ganzes-Beziehung, die zwischen ‚Manschette' und ‚Jacke' besteht, muß sicherlich als Produkt der Teil-Ganzes-Relationen betrachtet werden, die zwischen ‚Manschette' und ‚Ärmel' und ‚Ärmel' und ‚Jacke' bestehen. Das Problem besteht also darin, daß wir einerseits Beispiele haben wie ‚Griff': ‚Tür': ‚Haus' und andererseits ‚Manschette': ‚Ärmel': ‚Jacke'. Der Leser mag für sich selbst weitere Beispiele beider Arten konstruieren und untersuchen. Wenn er dies tut, wird er bald eine Vorstellung vom Kern des Problems bekommen. Es ist sehr wichtig, daß man sagt, lexikalische Teil-Ganzes-Beziehungen sind nicht transitiv, anstatt zu sagen, daß sie alle entweder transitiv oder intransitiv sind; aber dies führt kaum zu Fortschritten bei unserem Verständnis der Struktur des Wortschatzes der Sprachen. Notwendig ist ein allgemeines Prinzip, wenn ein solches überhaupt gefunden werden kann, das es uns ermöglichen würde, in bezug auf die Bedeutung bestimmter Mengen von Lexemen zu entscheiden, ob sie das, was Bierwisch (1965) Teil-von-Ketten im Wortschatz nennt, darstellen, ohne für jedes Lexem die Stelle, die es in einer Teil-von-Kette einnimmt, als Teil seiner Bedeutung zu spezifizieren. Keine der neueren Behandlungen des Themas, selbst wenn sie bei der Diskussion bestimmter Mengen von Lexemen erhellend gewesen sind, hat irgendwelche brauchbaren allgemeinen Prinzipien der benötigten Art aufgedeckt.

Man könnte behaupten, daß die ganze Frage für die linguistische Semantik irrelevant ist, daß sie nur eine Sache unseres allgemeinen Wissens um die Relationen, die zwischen bestimmten Einheiten in der externen Welt bestehen, ist. Damit kann man sich aber nicht zufrieden geben. Wir könnten z. B. durchaus sagen, und dies könnte auch wohl plausibel erscheinen, daß ‚Tür' eine bestimmte Bedeutung hat und daß ‚Haus' eine bestimmte Bedeutung hat (analysierbar aufgrund der Bedeutung und Denotation) und daß die Teil-Ganzes-Beziehung, die oben dem lexikalischen Paar ‚Tür‘ : ‚Haus‘ zugeschrieben wurde, statt dessen unserem Wissen um das rein kontingente Faktum zugeschrieben werden sollte, daß alle Häuser (oder alle normalen Häuser) Türen haben. Es gibt jedoch zahllose Lexeme im Wortschatz der Sprachen, deren Bedeutung nicht unabhängig von einer semantischen Teil-Ganzes-Relation spezifiziert werden kann. Wie könnten wir dann hoffen, die Bedeutung von ‚Ärmel‘ oder ‚Revers‘ analysieren zu können, ohne eine Teil-Ganzes-Beziehung zwischen diesen Lexemen und ‚Mantel‘, ‚Jacke‘, ‚Kleidungsstück‘ usw. heranzuziehen (wie auch die andere Relation, die zwischen ‚Ärmel‘ und ‚Arm‘ besteht)? Noch überzeugender sind Mengen von Wörtern wie ‚Sekunde‘, ‚Minute‘, ‚Stunde‘, ‚Tag‘, ‚Woche‘ usw. Die Bedeutung von ‚Tag‘, ‚Monat‘, und ‚Jahr‘ (und vielleicht ‚Woche‘) könnte zumindest teilweise ohne Bezugnahme auf irgendwelche Teil-Ganzes-Relationen, die innerhalb der Menge bestehen, erklärt werden; es könnte auch als Frage kontingenter Fakten angesehen werden, daß es ungefähr 30 Tage in einem Mondmonat und zwischen 12 und 13 (Mond)Monate in einem Jahr gibt. Aber es ist grundsätzlich unmöglich, die Bedeutung von ‚Sekunde‘, ‚Minute‘ und ‚Stunde‘ zu erklären, ohne die Teil-Ganzes-Relationen, die innerhalb dieser Menge bestehen, zu spezifizieren; wir könnten nicht zwischen Sonnenmonaten (oder Kalendermonaten) und Mondmonaten unterscheiden ohne Bezugnahme auf die Teil-Ganzes-Relationen, die innerhalb dieser Menge von Lexemen bestehen.

Der Unterschied zwischen Hyponymie und Teil-Ganzes-Beziehungen, so wurde gesagt, ist hinreichend deutlich in Fällen wie ‚Arm‘ : ‚Körper‘, ‚Rad‘ : ‚Wagen‘, d. h. wenn die jeweiligen Lexeme Substantive sind, die diskrete physikalische Objekte denotieren. Der größte Teil der Diskussion von lexikalischen Teil-Ganzes-Beziehungen von seiten der Linguisten war auf solche Fälle beschränkt. Man kann jedoch behaupten, daß andere Wortarten, abgesehen von konkreten Substantiven, die diskrete physikalische Objekte denotieren, in einer Teil-Ganzes-Beziehung stehen können; die Unterscheidung zwischen den zwei Beziehungen ist in solchen Fällen oft keineswegs offensichtlich. Gold ist z. B. sowohl eine Art von Materie als auch ein Teil der Materie. Es ist gleichermaßen vernünftig zu sagen, *diese Substanz enthält Gold* oder *diese Substanz besteht aus Gold (und anderen Metallen)* und *diese Substanz ist Gold*. Wir können nicht vernünftigerweise sagen, *dieses Tier besteht aus einer Kuh (und anderen Säugetieren)* oder *dieser Körper ist ein Arm*. Abstrakte Substantive können auch, ebenso wie konkrete Kontinuativa, mit denen sie in bestimmter Weise logisch verwandt sind (cf. 11.3), sowohl als Hyponyme zu einem superordinierten Ausdruck als auch als Teile zu einem Ganzen in Beziehung gesetzt werden. Ehrlichkeit kann als eine Art Tugend und auch als Teil der Tugend angesehen werden. Dies gilt auch für viele Verben, die Handlungen denotieren. Von der Proposition „X kann nähen" kann man z. B. annehmen, daß sie eine Konjunktion aus „X kann reihen", „X kann säumen", „X kann heften" usw. impliziert. Jedes der Verben in der Menge {‚reihen‘, ‚säumen‘, ‚heften‘ usw.} ist ein Hyponym von ‚nähen‘, und man kann dennoch sagen, daß eine Handlung denotiert wird, die Teil der Handlung ist, die durch ‚nähen‘ denotiert wird. Diese wenigen Beispiele sollen zeigen, wie die hierarchische Beziehung zwischen Lexemen im Falle anderer Lexeme als zählbarer Substantive, die diskrete Objekte denotieren, von der Sprache als Hyponymie oder als Teil-Ganzes-Beziehung behandelt wird oder vielleicht als eine Relation, die zwischen beiden liegt und bestimmte Charakteristika mit beiden gemeinsam hat. Weitere Komplexitäten und wechselseitige Relationen treten auf, wenn wir bestimmte Arten von Teil-Ganzes-Beziehungen wie z. B. die ein-Zeitabschnitt von-zu-sein untersuchen (cf. die Teil-Ganzes-Relation zwischen ‚Kindheit‘ und ‚Leben‘ und die Hyponymie-Relation, die zwischen ‚Kind‘ und ‚Person‘ besteht). Diese werden wir nicht diskutieren.

In diesem Abschnitt sollten wir auch verschiedene Arten von Kollektiva* wie ‚Vieh‘, ‚Klerus‘, ‚Möbel‘, ‚Herde‘, ‚Familie‘, ‚Bibliothek‘ erwähnen. Kollektive Substantive können semantisch als Lexeme definiert werden, die Mengen oder Gruppen von Personen oder Objekten denotieren. Im Deutschen zerfallen sie in eine Anzahl verschiedener grammatischer Klassen. ‚Vieh‘ und ‚Klerus‘ werden z. B. als Singular behandelt, aber ‚Möbel‘ als Singular oder Plural (cf. ‚Dieser Klerus ist …‘:‚Dieses Möbel ist …‘, ‚Diese Möbel sind …‘). Im Englischen gibt es andere Ausdrücke, die in bezug auf Numeruskongruenz innerhalb der Nominalphrase sich singularisch verhalten, aber (zumindest im britischen Englisch) entweder als Singular oder als Plural in bezug auf Numeruskongruenz mit dem Verb oder der Verbalphrase im Satz verstanden werden können (cf. ‚this family‘:‚The family has decided …‘ oder ‚The family have decided …‘). Die grammatische Zweideutigkeit vieler Kollektiva in bezug auf die Unterscheidung zwischen Singular und Plural kann natürlich durch die Tatsache erklärt werden, daß eine Klasse von Gegenständen von einem Standpunkt aus als eine einzelne Einheit betrachtet werden kann, aber von einem anderen Standpunkt aus oder für andere Zwecke als eine Vielzahl. Wir haben bereits erwähnt, daß pluralische Nominalphrasen (z. B. ‚those men‘), wenn sie als allgemein referierende Ausdrücke fungieren, manchmal verwendet werden, um jedem Element einer Klasse eine bestimmte Eigenschaft zuzuschreiben, aber daß sie auch verwendet werden können, um etwas über die Klasse als ganze zu behaupten (cf. 7.2). In dieser Hinsicht ähneln Nominalphrasen, die Kollektiva enthalten, pluralischen Nominalphrasen; es ist auch interessant zu beobachten, daß, wenn solche Nominalphrasen distributiv auf Gruppen von Menschen referieren, sie notwendigerweise das Relativpronomen ‚who‘ (und nicht ‚which‘) und die pluralische Numeruskongruenz wählen. Beide der folgenden Ausdrücke sind möglich (im britischen Englisch), der erstere mit distributiver und der letztere mit kollektiver Referenz auf ‚Government‘:‚The Government, who have …‘, are

...'; ,The Government, which has ..., is ...'. Aber weder ist ,The Government, who has ..., is ...', noch ,The Government, which have ..., are ...' grammatisch akzeptabel.

Hier geht es uns um den Platz, den Kollektiva in der Struktur des Wortschatzes einnehmen. Viele von ihnen fungieren als superordinierte Ausdrücke in bezug auf eine Menge von Quasi-Hyponymen. Es handelt sich dabei jedoch um eine andere Art von Quasi-Hyponymie als die, die oben im Zusammenhang mit Beispielen wie ,rund':,Form' oder ,blau':,Farbe' erwähnt wurde. ,Vieh' ist z. B. {,Kuh', ,Stier', ,Schwein' usw.} superordiniert, was sich aufgrund regelmäßigen Gebrauchs von Ausdrücken wie ,Kühe, Schweine und anderes Vieh' zeigt; ,Klerus' ist {,Bischof', ,Priester' usw.} superordiniert. Es gibt jedoch Unterschiede zwischen diesen zwei Beispielen. Obgleich ,Priester' und ,Bischof' Quasi-Hyponyme von ,Klerus' sind, wie ,Kuh' und ,Schwein' von ,Vieh' (oder ,Mann' und ,Frau' von ,Leute'), stehen ,Priester' und ,Bischof' auch in einer bestimmten Art von Teil-Ganzes-Beziehung in bezug zu ,Klerus': cf. ,Priester, Bischöfe und andere Mitglieder des Klerus'. ,Möbel' unterscheidet sich grammatisch von ,Klerus', ist aber semantisch damit parallel: cf. ,Tische, Stühle und andere Arten von Möbeln (Möbelstücke)'. Es gibt viele solche Kollektiva im Wortschatz des Deutschen und anderer Sprachen, die Mengen von Lexemen in einer hierarchischen Beziehung, die in bezug auf die Unterscheidung zwischen Hyponymie und Teil-Ganzes-Beziehung ambivalent ist, superordiniert sind. Die Tatsache, daß es eine Ambivalenz dieser Art gibt, entspricht der Tatsache, daß solche Kollektiva, gleichgültig ob sie grammatisch Singular oder Plural sind, semantisch Kontinuativa sehr ähnlich sind. Wir haben bereits gesehen, daß die Unterscheidung zwischen Hyponymie und Teil-Ganzes-Beziehung bei superordinierten Kontinuativa weniger scharf umrissen ist als bei superordinierten zählbaren Substantiven, die diskrete physikalische Objekte denotieren. Es sollte auch beachtet werden, daß die Funktion von Wörtern wie ,Art', ,Teil', ,Mitglied', ,Stück' usw. (in Ausdrücken wie ,Tierarten', ,Mitglieder des Klerus', ,Körperteile', ,Möbelstücke') vergleichbar ist mit der Funktion der sogenannten Klassifikatoren* in Sprachen, die keine grammatische Unterscheidung zwischen Singular und Plural machen (11.4).

Eine andere Art von Kollektivum wird durch ,Herde', ,Bibliothek' und ,Wald' exemplifiziert. Das Verhältnis zwischen ,Schaf' und ,Herde', ,Buch' und ,Bibliothek', usw. ist eindeutig kein Hyponymieverhältnis: Ausdrücke wie ,Schafe und andere Arten von Herde' sind unsinnig. Es liegt auch keine Teil-Ganzes-Beziehung der gleichen Art vor wie die, die zwischen ,Arm' und ,Körper' besteht. Kollektiva wie ,Herde' haben fast die gleiche individuierende Funktion wie die Wörter ,Tropfen' oder ,Pfund' in ,zwei Tropfen Wasser' oder ,drei Pfund Butter' (cf. 7.6). Es besteht natürlich auch ein Unterschied: ,Wasser' und ,Butter' sind Kontinuativa, wohingegen ,Schaf' ein zählbares Substantiv ist. Jedes Schaf in der Herde ist ein Individuum. Ein

Kollektivum wie ‚Herde' individuiert eine Menge von undifferenzierten Individuen in der gleichen Art, wie ‚Tropfen' oder ‚Pfund' eine Menge von Wasser oder Butter individuiert. Eine Herde kann aus Schafen und Lämmern bestehen, wie der Klerus aus Bischöfen, Priestern usw. besteht. Ein Körper besteht aus Armen, Beinen usw. Herden, der Klerus und Körper können von diesem Gesichtspunkt aus alle als Mengen von Gegenständen betrachtet werden. ‚Die Schafherde' ist im Unterschied zu ‚der Klerus von Priestern' und ‚der Körper von Beinen' ein akzeptabler Ausdruck. ‚Herde', ‚Wald', ‚Bibliothek' usw. ähneln den allgemeineren Wörtern ‚Menge', ‚Sammlung', ‚Gruppe' usw., abgesehen davon, daß sie syntagmatisch eingeschränkt sind (und dies ist auch charakteristisch für viele, allerdings nicht alle Klassifikatoren* in verschiedenen Sprachen: cf. 11.4). Da sie syntagmatisch eingeschränkt sind, können sie die Bedeutung der Lexeme, die Elemente der jeweiligen Mengen (cf. 8.2) denotieren, verkapseln*. Die Ausdrücke ‚eine Viehherde' und ‚eine Möbelgarnitur' verdeutlichen den Unterschied zwischen den zwei verschiedenen Typen von Kollektiva.

9.9. Komponentenanalyse

Es ist wahrscheinlich richtig zu sagen, daß die Mehrheit der strukturellen Semantiker heutzutage die eine oder andere Version der Komponentenanalyse* vertritt. Dieser Ansatz zur Beschreibung der Bedeutung von Wörtern und Ausdrücken beruht auf der These, daß die Bedeutung eines jeden Lexems aufgrund einer Menge allgemeinerer Bedeutungskomponenten* (oder semantischen Merkmale) analysiert werden kann, von denen einige oder alle mehreren verschiedenen Lexemen im Wortschatz angehören. Insoweit die Komponentenanalyse mit dem Konzeptualismus (cf. 4.3) verbunden ist, kann man sich die Bedeutungskomponenten (für die es bisher keinen allgemein akzeptierten Terminus gibt) als atomare und die Bedeutungen bestimmter Lexeme als molekulare Begriffe vorstellen. Man kann z. B. annehmen, daß die Bedeutung von ‚Mann' (verstanden als das Komplement von ‚Frau' cf. 9.1) die atomaren Begriffe „männlich", „erwachsen" und „menschlich" (in dem molekularen Begriff „Mann") kombiniert. Und man kann annehmen, daß sich die Bedeutung von ‚Frau' (d. h. „Frau") von der von ‚Mann' allein dadurch unterscheidet, daß sie „weiblich" (oder „nicht-männlich") statt „männlich" mit „erwachsen" und „menschlich" kombiniert. Die auf diese Weise interpretierte Komponentenanalyse kann mit den Ideen von Leibniz und Wilkins in Verbindung gebracht werden, die, wie wir bereits gesehen haben, als Inspiration für Roget bei der Abfassung seines Thesaurus fungierten (cf. 9.1).

Die frühesten und einflußreichsten Vertreter der Komponentenanalyse in der nach-Saussureschen strukturalistischen Tradition waren Hjelmslev und Jakobson. Ihre Standpunkte sind nicht identisch, aber sie sind ziemlich ähnlich, was ihre Befürwortung der Komponentenanalyse betrifft: sie glaubten beide, daß die Prinzipien, die Trubetzkoy (1939) in der Phonologie eingeführt hatte, sowohl auf die Grammatik als auch auf die Semantik ausgedehnt werden könnten und auch sollten. Führend unter den Repräsentanten dieser charakteristisch europäischen Version der Komponentenanalyse sind Greimas (1966, 1970), Pottier (1974), Prieto (1964, 1966) und Coseriu (cf. Coseriu & Geckeler, 1974). In Amerika scheint sich die Komponentenanalyse unabhängig entwickelt zu haben. Sie wurde zunächst nicht von Linguisten als allgemeine Theorie der semantischen Struktur, sondern von Anthropologen als Technik zur Beschreibung und zum Vergleich des Wortschatzes der Verwandtschaftsnamen in verschiedenen Sprachen entwickelt (cf. Goodenough, 1956, Lounsbury, 1956; Wallace & Atkins, 1960). Erst einige Jahre später wurde sie von Gelehrten wie Lamb (1964), Nida (1964, 1975) und Weinreich (1963, 1966) übernommen und verallgemeinert, ebenso von Katz und Fodor (1963) in ihrem fruchtbaren Aufsatz, der zur Integration der Semantik und Syntax im Rahmen der transformationellen Grammatik* (cf. 10.5) führte.

Wir werden die Ähnlichkeiten und Unterschiede zwischen den verschiedenen Versionen der Komponentenanalyse, die in dem vorangegangenen Abschnitt erwähnt wurden, nicht systematisch behandeln. Wir werden uns statt dessen auf einige der allgemeineren theoretischen und methodologischen Fragen, mit der sich jede Version der Komponentenanalyse auseinandersetzen muß, konzentrieren; wir werden damit beginnen, eine notationelle Konvention einzuführen, die es uns ermöglicht, diese Fragen deutlicher zu formulieren. Unsere Konvention soll darin bestehen, Kapitälchen für die Darstellung der Bedeutungskomponenten zu verwenden. Statt zu sagen, daß „Mann" das Produkt von „männlich", „erwachsen" und „menschlich" ist, wollen wir sagen, daß „Mann" (die Bedeutung [meaning] oder genauer den Sinn [sense] des Lexems ‚Mann': cf. 7.3) das Produkt von MÄNNLICH, ERWACHSEN und MENSCHLICH ist. Was hier mit ‚Produkt' gemeint ist, ist eine der Fragen, die wir diskutieren müssen. Eine andere Frage ist das Verhältnis zwischen MÄNNLICH und „männlich", zwischen ERWACHSEN und „erwachsen", zwischen MENSCHLICH und „menschlich" usw. Denn wie „Mann" die Bedeutung des deutschen Lexems ‚Mann' ist, so ist „männlich" die Bedeutung des deutschen Lexems ‚männlich' und „menschlich" ist die Bedeutung des deutschen Lexems ‚menschlich'.

Eine Antwort auf die Frage, ob MÄNNLICH mit „männlich", ERWACHSEN mit „erwachsen", usw. zu identifizieren ist, besteht darin, daß grundsätzlich eine strenge Unterscheidung zu machen ist zwischen den Bedeutungen der Lexeme und den Begriffen oder Bedeutungskomponenten, in die diese Bedeutungen zerlegt werden können; so daß folglich MÄNNLICH und ERWACHSEN nicht mit „männlich" und „erwachsen" zu identifizieren sind. Man nimmt an, daß MÄNNLICH, ERWACHSEN usw. einer Menge von universellen atomaren Begriffen angehören, die in bestimmten Sprachen lexikalisiert* sein können oder nicht; und man nimmt an, daß die Lexikalisierung darin besteht, ein Lexem zur Verfügung zu stellen, dessen Bedeutung zumindest eine dieser atomaren Bedeutungskomponenten enthält. Daraus folgt, daß verschiedene Sprachen nicht notwendigerweise die gleichen Bedeutungskomponenten lexikalisieren und, wenn sie die gleichen Bedeutungskomponenten lexikalisieren, daß sie sie nicht notwendigerweise in der gleichen Weise kombinieren. Wir wollen diesen Standpunkt vorläufig akzeptieren, der, wie wir gesehen haben, es dem strukturellen Semantiker ermöglicht, die stärkere Version des Relativismus zu vermeiden (cf. 8.3).

Wir müssen nun fragen, was mit dem Terminus ‚Produkt' gemeint ist, wenn man z. B. sagt, daß „Mann" das Produkt von MÄNNLICH, ERWACHSEN und MENSCHLICH ist. In diesem Fall ist es plausibel, ‚Produkt' als Konjunktion der Bedeutungskomponenten zu interpretieren: die Extension von ‚Mann' (verstanden als Komplement von ‚Frau') ist der Durchschnitt der Klassen MÄ, E und ME, deren Intensionen die atomaren Begriffe MÄNNLICH, ERWACHSEN und MENSCHLICH sind (cf. 6.4). Diese Interpretation von Produkt (allerdings wird dies selten explizit gemacht) scheint den meisten der frühesten Arbeiten über Komponentenanalyse sowohl in Europa als auch in Amerika zugrunde zu liegen. Pottiers (1964) bekannte Analyse der französischen Lexeme ‚chaise', ‚fauteuil', ‚canapé' und ‚tabouret' (die ungefähr den deutschen Ausdrücken ‚Stuhl', ‚Sessel', ‚Sofa' und ‚Hocker' entsprechen) aufgrund der Bedeutungskomponenten ZUM DARAUFSITZEN, MIT BEINEN, MIT EINEM RÜCKEN, MIT ARMLEHNEN und FÜR EINE PERSON ist vermutlich in dieser Weise zu verstehen. Das gleiche gilt für Hjelmslevs (1957) Analyse von ‚Schafbock', ‚Mutterschaf', ‚Mann', ‚Frau', ‚Junge', ‚Mädchen', ‚Hengst', ‚Stute' und Katz und Fodors (1963) Analyse dessen, was sie als die vier verschiedenen Bedeutungen von ‚Junggeselle' ansahen.

Andererseits lassen Analysen der Verwandtschaftsnamen typischerweise sowohl die Disjunktion als auch die Konjunktion der Bedeutungskomponenten zu. Wenn man annimmt, daß dies tatsächlich die richtige Analyse ist und daß nicht nur MÄNNLICH, sondern auch die zweistelligen relationalen Prädikate EHEPARTNER (x, y) und GESCHWISTER (x, y) atomare Begriffe sind, dann kann man die Bedeutung von ‚Schwager' (zumindest teilweise) als MÄNNLICH (x) & (EHEPARTNER-DES-GESCHWISTERS-VON (x, y) ∨ GESCHWISTER-DES-EHEPARTNERS-VON (x, y) repräsentieren. Wie dieses Beispiel zeigt, müssen wir, wenn wir Konjunktion und Disjunktion verbinden, eine Unterscheidung zwischen Klassen wie (X.(Y+Z)) und ((X.Y)+Z) in die Darstellung der Bedeutung der Lexeme (durch Klammerung oder auf andere Weise: cf. 6.4) einführen. Denn (X.(Y+Z)), aber nicht ((X.Y)+Z) ist extensional mit (X.Y)+(X.Z) identisch: z. B. wenn x ys Schwager ist, dann ist x entweder sowohl männlich als auch der Ehepartner des Geschwisters von y oder sowohl männlich als auch der Geschwister des Ehepartners von y. Unser Beispiel zeigt auch: (I) daß, wenn relationale Prädikate wie EHEPARTNER (x, y) und GESCHWISTER (x, y) in das Inventar der atomaren Begriffe aufgenommen werden, es eine Möglichkeit geben muß (gleichgültig ob durch die Verwendung von Variablen wie x und y oder auf andere Weise), die Gerichtetheit der Relation zu indizieren; und (II) daß, wenn komplexe Relationen wie EHE-PARTNER-DES-GESCHWISTERS-VON (x, y) und GESCHWISTER-DES-EHEPART-NERS-VON (x, y) verwendet werden, sie in einer solchen Weise definiert werden müssen, daß sie nicht notwendigerweise äquivalent sind. Es ist daher nicht richtig zu sagen, daß die Bedeutung eines Lexems eine unstrukturierte Menge von Bedeutungskomponenten ist, daß z. B. „Schwager" das Produkt von MÄNNLICH, EHEPARTNER und GESCHWISTER ist. Wie wir bereits gesehen haben (bei unserer kurzen Betrachtung des Deutschen und Russischen: cf. 9.2), können GESCHWISTER-DES-EHEPARTNER-VON und EHEPARTNER-DES-GE-SCHWISTERS-VON durch das gleiche Lexem lexikalisiert sein oder nicht; das Geschlecht von y kann anstelle des Geschlechts von x oder zusätzlich zum Geschlecht von x ausschlaggebend sein. MÄNNLICH (x) & MÄNNLICH (y) & GESCHWISTER-DES-EHEPARTNERS-VON (x, y); MÄNNLICH (x) & WEIBLICH (y) & GESWISTER-DES-EHEPARTNERS-VON (x, y); MÄNNLICH (x) & MÄNNLICH (y) & EHEPARTNER-DES-GESCHWISTERS-VON (x, y) und MÄNNLICH (x) & WEIB-LICH (y) & EHEPARTNER-DES-GESCHWISTERS-VON (x, y) sind grundsätzlich lexikalisch unterscheidbar; die Frage, ob sie in verschiedenen Sprachen unterschieden sind oder nicht, ist eine Frage der kontingenten Daten.

Es bedarf in der Tat nur einer kurzen Überlegung, um zu erkennen, daß bestimmte komplexere Kombinationen aus EHEPARTNER und GESCHWISTER möglich sind und daß die Frage, ob und wie sie in bestimmten Sprachen lexikalisiert sind, auch eine Frage der kontingenten Daten ist. Viele Sprecher des Deutschen (allerdings offenbar nicht alle) fassen EHEPARTNER-DES-GE-SCHWISTERS-DES-EHEPARTNERS-VON (x, y), aber nicht GESCHWISTER-DES-EHEPARTNERS-DES-GESCHWISTERS-VON (x, y), oder EHEPARTNER-DES-GE-SCHWISTERS-DES-EHEPARTNERS-DES-GESCHWISTERS-VON (x, y) oder GE-SCHWISTER - DES - EHEPARTNERS - DES - GESCHWISTERS - DES - EHEPARTNERS - VON (x, y) usw. unter ‚Schwager' und ‚Schwägerin' zusammen. Diese Rela-tionen sind alle lexikalisierbar, und es muß möglich sein, zu spezifizieren, welche von ihnen im gleichen Lexem zusammengefaßt sind und welche nicht. Es muß grundsätzlich auch möglich sein, bestimmte rekursive* Kombinatio-nen von EHEPARTNER (x, y) und GESCHWISTER (x, y) zu behandeln. Das Geschwister des eigenen Geschwisters ist entweder man selbst oder eines der eigenen Geschwister. Aber in einer nicht monogamen Gesellschaft ist der Ehepartner des eigenen Ehepartners nicht notwendigerweise man selbst. Dar-aus folgt, daß eine einfache Relation wie Ehepartner (x, y) infinit rekursiv ist, und im Unterschied zur ziemlich offensichtlichen rekursiven (und vermutlich nicht atomaren) Relation des-Vorfahre-sein-von ist sie nicht transitiv (cf. 6.4). Mit keinem deutschen Verwandtschaftsnamen (außer ‚Vorfahre' und

‚Abkömmling‘) scheint Rekursion verbunden zu sein. Es gibt jedoch andere Sprachen, bei denen die rekursive Anwendung der gleichen atomaren Relation für die Komponentenanalyse des Verwandtschaftswortschatzes grundlegend ist (cf. Lounsbury, 1964). Was das Deutsche betrifft, so müssen wir spezifizieren, welche der unbegrenzt vielen Produkte von angenommenen atomaren Relationen wie EHEPARTNER (x, y) und GESCHWISTER (x, y) lexikalisiert sind und welche nicht; wie wir bereits gesehen haben, kann dies nicht einfach durch Aufzählung der Bedeutungskomponenten, die verbunden werden, getan werden. Nicht jede Beziehung, die sowohl EHEPARTNER (x, y) und GESCHWISTER (x, y) enthält, ist als ‚Schwager‘ oder ‚Schwägerin‘ lexikalisiert.

Man kann behaupten, daß der Begriff des Produkts, den wir verwenden, wenn wir sagen, daß die Bedeutung eines Lexems das Produkt einer Menge atomarer Begriffe ist, noch reicher sein muß als der, den wir bisher ausgearbeitet haben. Nach Weinreich (1966) haben Lexeme eine interne Struktur, die die syntaktische Struktur von Sätzen und Ausdrücken widerspiegelt; dieser Standpunkt wurde von den sogenannten generativen Semantikern* (cf. 10.5) übernommen. McCawley (1971) hat z. B. vorgeschlagen, daß die Bedeutung des Verbs ‚töten‘ in VERURSACHEN, WERDEN, NICHT und LEBENDIG analysiert werden kann und daß diese Elemente nicht einfach nebengeordnet sind (wie z. B. MÄNNLICH, ERWACHSEN und MENSCHLICH in der Bedeutung von ‚Mann‘ nebengeordnet sind), sondern in einer hierarchischen Struktur kombiniert sind, die hier (unter Auslassung bestimmter Variablen) als (VERURSACHEN (WERDEN (NICHT (LEBENDIG)))) dargestellt werden kann. Mit dieser Analyse ist der weitere Vorschlag verbunden, daß in diesem Fall das Deutsche nicht nur den ganzen Komplex lexikalisiert, sondern auch jede der konstituierenden Kombinationen: daß LEBENDIG in ‚lebendig‘ lexikalisiert ist, (NICHT LEBENDIG) als ‚tot‘, und (WERDEN (NICHT LEBENDIG)) als ‚sterben‘.

Wir werden hier nicht auf die Einzelheiten dieser Analyse eingehen. Für unseren gegenwärtigen Zweck reicht es aus, darauf hinzuweisen, daß, wenn man annimmt, daß VERURSACHEN, WERDEN, NICHT und LEBENDIG sich so zusammenfügen, daß sich als ihr Produkt die Bedeutung des Verbs ‚töten‘ ergibt, diese in einer hierarchischen Struktur, wie sie sich in dem komplexen Ausdruck ‚Verursachen nicht lebendig zu werden‘, zeigt, kombiniert sein müssen und nicht z. B. in der, die sich in ‚verursachen nicht zu werden lebendig‘ oder ‚nicht (zu) verursachen zu werden lebendig‘ zeigt. Wie wir später sehen werden, wird eine etwas andere Auffassung über die interne Struktur der Lexeme von jenen Gelehrten vertreten, die ihre Grammatiktheorie auf den Begriff der Valenz* (cf. 12.2) gründen. Aber auch sie würden behaupten, daß die Prinzipien oder Operationen, aufgrund derer Bedeutungskomponenten in Lexemen beim Lexikalisierungsprozeß kombiniert werden, im wesentlichen die gleichen sind wie die Prinzipien oder Operationen, aufgrund derer Wörter und Ausdrücke in syntaktisch wohlgeformten Sätzen kombiniert werden.

Es wurde genug gesagt, um zu zeigen, daß Matrizen der Art, die oft in Listen von Bedeutungskomponenten verwendet werden, zumindest für einige Lexeme ergänzt werden müssen mit einer Spezifikation der Art, in der Bedeutungskomponenten kombiniert sind; und darüber hinaus, daß ihrer Kombination nicht in allen Fällen aufgrund der einfachen Operationen Konjunktion und Disjunktion (mit oder ohne Rekursion) Rechnung getragen werden kann. Wir können uns jetzt einigen anderen Punkten zuwenden.

Der erste hat mit der Frage des Binarismus* und dem Gebrauch der Merkmalsnotation* (die häufig, allerdings nicht notwendigerweise, mit Binarismus assoziiert wird) zu tun. Wie wir gesehen haben, ist das Prinzip des dichotomen Kontrastes von großer Wichtigkeit für die lexikalische Struktur der Sprachen: viele Paare von Lexemen können als Antonyme oder komplementäre Ausdrücke beschrieben werden (cf. 9.1). Darüber hinaus kann man annehmen, daß viele der Oppositionen, die zwischen Antonymen und komplementären Ausdrücken bestehen, ein markiertes und ein unmarkiertes Element haben (cf. 9.7). Die Binarismusthese*, wie wir diesen Terminus interpretieren werden, besagt, daß alle lexikalischen Kontraste sowohl dichotom als auch privativ sind. Wie die Phoneme /p/ und /b/ im Französischen auf der phonologischen Dimension der Stimmhaftigkeit zueinander in Opposition stehen, so stehen ‚Mann‘ und ‚Frau‘, ‚Junge‘ und ‚Mädchen‘, usw. auf der semantischen Dimension des Geschlechts in Opposition (cf. Greimas, 1965: 20 ff.; Pottier, 1974: 61 ff.); wie man sagen kann, daß /b/ das phonologische Merkmal der Stimmhaftigkeit enthält, das /p/ fehlt, so (so kann man behaupten) enthalten „Mann" und „Junge" die Bedeutungskomponente MÄNNLICH, die „Frau" und „Mädchen" fehlt.

Aber warum, so könnte man jetzt fragen, sagen wir, daß „Frau" und „Mädchen" die Komponente MÄNNLICH fehlt, statt daß „Mann" und „Junge" die Komponente WEIBLICH fehlt? Wie wir gesehen haben, ist ‚Mann‘ und nicht ‚Frau‘ das unmarkierte Element der Opposition, allerdings ist ‚Mann‘ keineswegs so vollkommen unmarkiert wie ‚Hund‘ im Verhältnis zu ‚Hündin‘ (cf. 9.7). Wenn wir auf die Semantik die gleiche Art von Überlegungen, die Trubetzkoy (1939) in die Phonologie einführte, anwenden, dann ist es eindeutig vorzuziehen zu sagen, daß die Bedeutungskomponente, deren Anwesenheit oder Abwesenheit „Frau" von „Mann" und „Hündin" von „Hund" unterscheidet, WEIBLICH ist. Aber es gibt keinen derartigen Grund zu sagen, daß ‚Junge‘ im Verhältnis zu ‚Mädchen‘ semantisch unmarkiert ist. ‚Schafbock‘ im Verhältnis zu ‚Mutterschaf‘ oder ‚Hengst‘ im Verhältnis zu ‚Stute‘. Es ist gleichermaßen angemessen zu sagen, daß „Junge" und „Schafbock" MÄNNLICH enthalten, das bei „Mädchen" und „Mutterschaf" fehlt, wie es angemessen ist zu sagen, daß „Mädchen" und „Mutterschaf" WEIBLICH enthalten, das bei „Junge" und „Schafbock" fehlt. Dies wäre vielleicht kein Problem, gäbe es nicht die Tatsache, daß bei anderen Paaren von komplementären Ausdrücken wie ‚Kuh‘: ‚Bulle‘ und ‚Ente‘: ‚Erpel‘ das Element, das das Männliche denotiert, das semantisch markierte ist.

Wenn wir der Ansicht sind, daß es eine universale Menge von atomaren Begriffen gibt, die in bestimmten Sprachen lexikalisiert sind, dann führt uns die Tatsache, daß bei der Geschlechtsunterscheidung manchmal MÄNNLICH und manchmal WEIBLICH in der Bedeutung des markierten Elements eines Paares von komplementären Ausdrücken anwesend zu sein scheint, in ein Dilemma. Wir können beliebig entweder MÄNNLICH oder WEIBLICH als angenommenen universalen atomaren Begriff auswählen und das andere aufgrund dessen negativ definieren (d. h. wir können entweder +WEIBLICH und −WEIBLICH oder +MÄNNLICH und −MÄNNLICH verwenden); wie wir soeben gesehen haben, führt dies zu einer unbefriedigenden Analyse bestimmter Paare von komplementären Ausdrücken. Alternativ können wir sowohl MÄNNLICH als auch WEIBLICH als atomare Begriffe zulassen; aber dies würde dem Geist des Binarismus völlig zuwiderlaufen, da es +MÄNNLICH und +WEIBLICH als theoretisch nicht verwandte und potentiell ko-existente Komponenten belassen würde, und es würde (mangels einer zusätzlichen Aussage oder Regel, die besagt, daß +MÄNNLICH −WEIBLICH impliziert und daß +WEIBLICH −MÄNNLICH impliziert zu einer Explikation der logischen Folgerungs-Beziehung, die zwischen Propositionen wie „Dieses Pferd ist ein Hengst“ und „Dieses Pferd ist keine Stute“ besteht, in keiner Weise beitragen.

Wir haben soeben eine weitere notationelle Konvention eingeführt. Diese besteht in der Verwendung eines Plus-Zeichens oder eines Minus-Zeichens, um zwischen den positiven und den negativen Werten, dessen, was in der Linguistik technisch als Merkmal* bezeichnet wird, zu unterscheiden. Man kann hinzufügen, daß der Terminus ‚Merkmal‘ auch in bezug auf die Werte der Variablen verwendet wird: d. h. nicht nur die Variable ±MÄNNLICH oder ±WEIBLICH) wird als Merkmal beschrieben, sondern auch ihre zwei Werte +MÄNNLICH und −MÄNNLICH (oder +WEIBLICH und −WEIBLICH). Wir werden den Terminus ‚Komponente‘ weiterhin für die Werte verwenden und ‚Merkmal‘ für die Variable, deren Wert sie sind.

Der Gebrauch der Merkmalsnotation wirft eine weitere Frage auf. Wenn man annimmt, daß −MÄNNLICH nicht eine mit WEIBLICH äquivalente Komponente repräsentiert, sondern das Fehlen von +MÄNNLICH, wie können wir dann den Unterschied zwischen „Pferd“ und „Stute“ erfassen? Denn „Pferd“ fehlt auch die Komponente +MÄNNLICH (wenn man annimmt, daß das Merkmal, aufgrund dessen „Hengst“ und „Stute“ unterschieden werden ±MÄNNLICH und nicht ±WEIBLICH ist); an dieser Stelle kann hinzugefügt werden, daß der Terminus ‚unmarkiert‘ von den Linguisten nicht selten in einer Weise verwendet wird, die den Unterschied zwischen ‚Hund‘ oder ‚Ente‘ einerseits und ‚Pferd‘ oder ‚Kind‘ andererseits verwischt. Von den

Wörtern ‚Pferd' und ‚Kind' sagt man bei diesem Gebrauch des Terminus ‚unmarkiert', daß sie für das Merkmal ±MÄNNLICH (oder ±WEIBLICH) unmarkiert sind. Aber ‚Pferd' und ‚Kind' sind nicht die unmarkierten Elemente einer privativen Opposition wie ‚Hund' und ‚Ente'. Wir müssen daher darauf achten, daß wir eine Unterscheidung zwischen dem Minuswert und dem Nullwert eines Merkmals machen: d. h. zwischen −MÄNNLICH (cf. „Ente") und Ø MÄNNLICH (cf. „Pferd" oder „Kind") und zwischen −WEIBLICH (cf. „Hund") und Ø MÄNNLICH (cf. „Pferd" oder „Kind"). Wenn man diese Unterscheidung nicht macht, dann wird man fälschlicherweise annehmen, daß eine Proposition wie „Das dort drüben ist ein Pferd" entweder mit „Das dort drüben ist ein Hengst" oder mit „Das dort drüben ist eine Stute" äquivalent ist, je nachdem, ob ±WEIBLICH oder ±MÄNNLICH als das Merkmal, dessen Werte „Hengst" und „Stute" unterscheiden, ausgewählt wird.

Tatsächlich könnte noch eine weitere Unterscheidung gemacht werden: zwischen jenen Lexemen, deren Bedeutung sowohl mit dem negativen als auch mit dem positiven Wert eines binären Merkmals kompatibel ist, und jenen Lexemen, deren Bedeutung weder mit dem negativen noch mit dem positiven Wert kompatibel ist. „Pferd" ist z. B. sowohl mit +MÄNNLICH als auch mit −MÄNNLICH (oder sowohl mit +WEIBLICH als auch mit −WEIBLICH) kompatibel, wohingegen „Haus", so könnte man behaupten, mit keinem von beiden kompatibel ist. Wenn die Unterscheidung zwischen dem Minuswert und dem Nullwert eines binären Merkmals akzeptiert wird, dann kann man die weitere Unterscheidung zwischen dem nullwertigen ‚Pferd' und dem so nicht bewertbaren ‚Haus' leicht darstellen, indem man sagt, daß, während die Bedeutung von ‚Pferd' als Komponente ØMÄNNLICH (oder ØWEIBLICH) enthält, die Bedeutung von ‚Haus' keinen Wert von ±MÄNNLICH (oder ±WEIBLICH) enthält. Aber dadurch, daß wir diese Art der Darstellung des Unterschieds zwischen „Pferd" und „Haus" in bezug auf das Merkmal ±MÄNNLICH (oder ±WEIBLICH) wählen, betrachten wir offensichtlich das zur Diskussion stehende Merkmal als dreiwertig und nicht als binär. Eine Alternative wäre es, die Unterscheidung zwischen nullwertigen und nicht bewertbaren Lexemen abzulehnen und zu sagen, daß weder ‚Pferd' noch ‚Haus' für irgendeinen Wert von ±MÄNNLICH (oder ±WEIBLICH) spezifiziert ist. Dies stimmt eher mit dem Geist des Binarismus überein; man kann behaupten, daß es für den Zweck der Komponentenanalyse ausreicht, zwischen minuswertig und unspezifiziert zu unterscheiden. Die Tatsache, daß sowohl ‚männliches Pferd' als auch ‚weibliches Pferd' normale und leicht interpretierbare Ausdrücke sind, wohingegen ‚männliches Haus' und ‚weibliches Haus' dies nicht sind (unter der Annahme, daß diese Tatsache aufgrund der Bedeutung von ‚Pferd' und ‚Haus' erklärt werden kann), ist aufgrund der Anwesenheit einer Komponente wie +BELEBT bei „Pferd" und ihrem Fehlen bei „Haus" erklärbar. Nur belebte Entitäten können männlich oder weiblich sein; die Tatsache, daß es einige Arten geschlechtsloser oder hermaphroditischer Geschöpfe gibt, ist wohl vernünftigerweise als Frage der Kontingenz, nicht aber als Frage der logischen Notwendigkeit anzusehen und ist dann für die Beschreibung des Deutschen oder irgendeiner anderen Sprache irrelevant. Es gibt natürlich viele lexikalische Kontraste, die nicht dichotom zu sein scheinen (cf. 9.3); wie wir sowohl hier als auch schon zuvor gesehen haben, bereitet sogar ein scheinbar einfacher dichotomer Kontrast wie der, der zwischen ‚Mann' und ‚Frau', ‚Schafbock' und ‚Mutterschaf', ‚Hengst' und ‚Stute', usw. besteht, dem Analysierenden verschiedene Probleme, wenn er ihn als eine privative Opposition behandeln möchte, die mit der phonologischen Opposition, die zwischen den Phonemen /b/ und /p/, /d/ und /t/, usw. besteht, vergleichbar ist.

Eine weitere Schwierigkeit bei der Merkmalsnotation besteht darin, daß sie nicht in natürlicher Weise die Unterscheidung zwischen Komplementarität und Antonymie darstellen kann, wenn sie nicht die Darstellung der Ähnlichkeiten zwischen diesen zwei Arten des dichotomen Kontrastes außer acht lassen will (cf. 9.1). Bierwisch (1969) macht z. B. eine Unterscheidung zwischen dem, was er singuläre Marker wie MENSCHLICH nennt, deren logische Negation NICHT-MENSCHLICH einfach ihr Gegenteil ist und keine positive Eigenschaft denotiert, und dem, was er als antonyme n-Tupel bezeichnet (in einer ungewöhnlich weiten Bedeutung des Terminus ‚Antonym', die von Katz stammt, 1964, 1966). Beispiele dieser sogenannten antonymen n-Tupel sind {MÄNNLICH, WEIBLICH} und {SCHWARZ, WEISS, ROT, GRÜN, ...}; es wird dabei angenommen, daß jedes Element der Menge ein positiver Wert eines n-wertigen Merkmals ist (wobei $n = Z$). MÄNNLICH wäre also einer der zwei möglichen äquipollenten Werte des Merkmals GESCHLECHT; SCHWARZ wäre einer der möglichen Werte des Merkmals FARBE; usw. (Genauer: Was wir gerade als MÄNNLICH und SCHWARZ dargestellt haben, wären zweiseitige Bedeutungskomponenten, die bestehen aus (I) einem superordinierten Marker aus der Menge M = {GESCHLECHT, FARBE, ALTER, ART, ...} und (II) einem subordinierten Marker, μ, der spezifiziert, welche bestimmte Position innerhalb des durch den superordinierten Marker denotierten Bereichs durch den subordinierten Marker denotiert wird. Aber wir brauchen nicht auf die Einzelheiten des Bierwischschen Formalismus im gegenwärtigen Zusammenhang eingehen.) Innerhalb dieses Rahmens ist es ganz einfach, eine allgemeine Regel zu formulieren, die dem Verhältnis, das zwischen komplementären äquipollenten Werten eines zweiwertigen Merkmals besteht, Rechnung trägt, da n-Tupel mit zwei Elementen lediglich ein Sonderfall von n-wertigen n-Tupeln sind. Jede logische Beziehung, die als zwischen einem beliebigen Element einer Menge mit n-Elementen oder entweder der Konjunktion oder der Disjunktion der verbleibenden $n-1$ Elemente der Menge bestehend definiert ist, besteht zwischen jedem Element einer Menge mit zwei Elementen und dem verbleibenden einzelnen Element. Aber die Wichtigkeit der dichotomen lexikalischen Opposition in der Sprache ist derart, daß es zumindest kontraintuitiv wäre, Komplementarität so zu behandeln, als unterschiede sie sich der Art nach nicht vom mehrfachen äquipollenten Kontrast, obgleich es von einem rein formalen Gesichtspunkt aus durchaus befriedigend sein kann, dies zu tun. Darüber hinaus kann Antonymie (in dem engeren Sinne, den wir diesem Terminus gegeben haben: cf. 9.1) nicht innerhalb dieses Rahmens behandelt werden, ohne eine ergänzende notationelle Konvention oder eine zusätzliche Komponente (wie z. B. der positive Wert eines zweiwertigen Merkmals ±POLAR oder die zweistellige relationale Komponente GRÖSSER (*x, y*): cf. Bierwisch 1967, 1970) einzuführen, um Antonyme von komplementären Ausdrücken zu unterscheiden.

Wir werden in diesem Abschnitt keinen weiteren Gebrauch von der Merkmalsnotation machen; wir werden auch nichts weiter über Binarismus und die formalen oder notationellen Probleme sagen, die er verursacht. Verschiedene allgemeinere Aspekte der Komponentenanalyse müssen aber noch behandelt werden.

Die Komponentenanalyse kann als Ausweitung der Feldtheorie angesehen werden und insbesondere als Versuch, die Feldtheorie auf eine sichere theoretische und methodologische Basis zu stellen (cf. 8.4); so wird auch die Komponentenanalyse häufig von europäischen Strukturalisten dargestellt (cf. Geckeler, 1971). Daß sie so interpretiert wird, ist ganz natürlich. Es ist jedoch wichtig zu erkennen, daß sie weder die Feldtheorie voraussetzt, noch von ihr vorausgesetzt wird. Einerseits ist es möglich, der Ansicht zu sein, daß bestimmte Teilklassen der Gesamtheit der Lexeme in einer Sprache ein Feld konstituieren und eine Vielzahl von Sinnrelationen miteinander eingehen, und gleichzeitig die Komponentenanalyse als Methode zur Identifikation des Feldes unter Aufstellung der Sinnrelationen, die unter den Elementen des Feldes bestehen, abzulehnen. Andererseits könnte man ebensogut die Komponentenanalyse als Mittel zur Aufstellung der Sinnrelationen, die innerhalb der Mengen von Lexemen bestehen, übernehmen, aber sich weigern anzuerkennen, daß der Begriff eines Wortfeldes überhaupt irgendeine Rolle spielt.

Nur ein Aspekt dessen, was einige Gelehrte als die Interdependenz der Feldtheorie und der Komponentenanalyse ansehen, braucht uns hier zu interessieren; dies ist die Unterscheidung, die auf der Basis dieser angeblichen Interdependenz zwischen zwei Arten von semantischen Komponenten gemacht wurde: zwischen Semen* und Klassemen* (cf. Pottier, 1974; Coseriu, 1967). Nach Coseriu sind Seme die kleinsten distinktiven Bedeutungsmerkmale, die innerhalb eines einzelnen Wortfeldes operieren; sie dienen dazu, das Feld aufgrund verschiedener Arten von Opposition zu strukturieren (cf. Coseriu & Geckeler, 1974: 149). Beispiele für Seme wären die Bedeutungskomponenten, die Pottier als distinktiv im Wortfeld, das aus ‚chaise', ‚fauteuil' etc. besteht, anerkennt. Klasseme sind im Unterschied zu Semen ganz allgemeine Bedeutungskomponenten, die Lexemen, die mehreren verschiedenen Wortfeldern angehören, gemeinsam sind; sie sind häufig nicht nur lexikalisiert, sondern auch grammatikalisiert (cf. Coseriu & Geckeler, 1974: 152). Beispiele für Klasseme wären BELEBT/UNBELEBT, MÄNNLICH/WEIBLICH und möglicherweise VERURSACHEN und HABEN. Bei Hjelmslevs Bedeutungsanalyse von ‚Mann‘, ‚Frau‘, ‚Hengst‘, ‚Stute‘ usw. würden vermutlich sowohl Seme als auch Klasseme eine Rolle spielen.

Die Unterscheidung zwischen Semen und Klassemen wurde hier erwähnt, weil sie in bestimmter Hinsicht zumindest ungefähr mit der gleichermaßen umstrittenen, aber bekannteren Unterscheidung zwischen unterscheidenden Merkmalen* [distinguishers] und Markern* korrespondiert, von der, wie sie ursprünglich von Katz und Fodor (1963) gemacht wurde, angenommen wurde, daß sie die Unterscheidung zwischen dem, was in der Sprache bei der Bedeutung eines Lexems systematisch ist und was nicht, widerspiegeln würde. Der systematische Teil der Bedeutung eines Lexems sollte durch eine Menge von Markern und der Rest durch einen unterscheidenden Ausdruck dargestellt werden. Die notwendigen und hinreichenden Bedingungen, um zu entscheiden, ob eine bestimmte Komponente ein Marker oder ein unterscheidendes Merkmal ist, wurden in Katz und Fodor (1963) nicht genau spezifiziert; die ganze Basis der Unterscheidung zwischen den zwei Arten von Komponenten wurde von Bolinger (1965), Weinreich (1966), Bierwisch (1969) und anderen in Frage gestellt. Was uns hier interessiert, ist die Ähnlichkeit zwischen der Sem/Klassem-Unterscheidung, die von bestimmten europäischen Strukturalisten gemacht, und der Unterscheidung zwischen unterscheidendem Merkmal/Marker, die von einigen Transformationsgrammatikern postuliert und von anderen abgelehnt wurde.

Auf den ersten Blick scheinen diese zwei Unterscheidungen nichts gemeinsam zu haben: die eine beruht offensichtlich auf der vorgängigen Eingrenzung von Wortfeldern; die andere ist völlig unabhängig von der Feldtheorie, und man nimmt an, daß sie primär auf dem Begriff der Systematizität innerhalb der Sprache beruht. Es besteht aber eine Ähnlichkeit zwischen der Vorstellung europäischer Strukturalisten von Klassemen und Katzs Vorstellung von Markern. Wenn Katz sagt, daß seine Marker für die Sprache systematisch sind (daß z. B. MÄNNLICH für das Deutsche systematisch ist), dann geht es ihm um die Rolle, die Marker nach seiner Theorie bei der Aufstellung der Selektionsrestriktionen* (cf. 10.5) spielen. Dem abweichenden Charakter eines Satzes wie ‚Jener Mann ist schwanger‘ (bei der Annahme, daß er semantisch abweichend ist) könnte z. B. dadurch Rechnung getragen werden, daß sichergestellt wird, daß ‚schwanger‘ nicht mit einem Substantiv, dessen Bedeutung die Komponente MÄNNLICH enthält, kombinierbar ist; dies impliziert, daß MÄNNLICH für das Deutsche systematisch ist. Ferner, wenn Pottier und Coseriu semantische Komponenten in Seme und Klasseme aufteilen, dann betonen sie, daß es die Klasseme sind, die die semantisch fundierten syntagmatischen Interdependenzen zwischen Substantiven und Adjektiven oder zwischen Substantiven und Verben determinieren: daß es z. B. das Klas-

sem MÄNNLICH ist, daß die Wahl des italienischen ‚ammogliarsi' (statt ‚mari-
tarsi'), des rumänischen ‚a se însura' (statt ‚a se marïta'), des russischen
‚zenitsjy' (statt ‚vyxodtj zamuz') in Sätzen determiniert, die deutschen Sätze,
die das Verb ‚heiraten' enthalten, entsprechen. Es besteht vielleicht weniger
Ähnlichkeit zwischen ‚Semen' und ‚unterscheidenden Merkmalen', da man
annimmt, daß die ersteren von minimalen funktionalen Oppositionen
(gleichgültig ob privativen oder äquipollenten) abhängen, wohingegen die
letzteren lediglich den Rest der lexikalischen Bedeutung darstellen, der nicht
aufgrund von Markern dargestellt werden kann. Außerdem ist es evident,
daß Komponenten wie Pottiers ZUM DARAUFSITZEN (die er als Sem klassifiziert) von Katz als unterscheidende Merkmale behandelt werden würden.

Systematizität innerhalb der Sprache, wie Katz diesen Begriff versteht,
korreliert nun häufig mit verschiedenen anderen Charakteristika. Die aufgrund von Klassemen oder Markern dargestellten semantischen Unterscheidungen und Äquivalenzen zwischen Lexemen, die in den Beispielen, die von
den Autoren gegeben wurden, die zwei Arten von semantischen Komponenten verwenden, sind der Art, daß (I) sie leicht zwischen den Sprachen identifizierbar und weniger offensichtlich sprachabhängig oder kulturabhängig sind
als die Unterscheidungen und Äquivalenzen, denen aufgrund von Semen oder
unterscheidenden Merkmalen Rechnung getragen wird; (II) sie syntaktisch
relevant sind und sowohl grammatikalisiert als auch lexikalisiert sein können; (III) sie nicht auf wenige Lexeme beschränkt, sondern im Wortschatz
weit verbreitet sind. Alle diese Kriterien sind voneinander unabhängig. Daraus folgt, daß, wenn eines von ihnen als definierend angesehen wird (unter
der Annahme, daß es ausreichend präzise für den Zweck spezifiziert werden
könnte), es mit den anderen unverträglich sein könnte. MÄNNLICH ist z. B. im
Türkischen nicht syntaktisch relevant (es gibt keine Genusunterscheidungen,
die Personalpronomina werden nicht in bezug auf das Geschlecht des Denotatums unterschieden, usw.): aber es scheint im Wortschatz genauso weit
verbreitet zu sein wie im Deutschen, Französischen, Russischen usw.; dabei
handelt es sich natürlich um einen besonders einleuchtenden Fall dessen, was
man als einen sprachunabhängigen und kulturunabhängigen atomaren Begriff betrachten könnte.

Diese Diskussion der Sem/Klassem-Unterscheidung einerseits und der Unterscheidung zwischen unterscheidendem Merkmal/Marker andererseits
diente nicht nur dazu, die Tatsache zu betonen, daß mit der Präzisierung
dieser Unterscheidungen Schwierigkeiten verbunden sind. Sie hatten den po-
sitiveren Zweck, den Begriff der Komponentenanalyse mit der Diskussion
des Universalismus und Relativismus im vorangegangenen Kapitel (8.3) in
Zusammenhang zu bringen. Bei unserer Darstellung der Komponentenanalyse haben wir bisher noch nicht explizit die Annahme, daß Bedeutungskomponenten universale atomare Begriffe sein müssen, in Frage gestellt. Aber
diese Annahme ist dennoch fragwürdig.

Was den begrifflichen Status der Bedeutungskomponenten angeht, so muß betont werden, daß es keinen notwendigen Zusammenhang zwischen der Komponentenanalyse und dem Konzeptualismus* in dem Sinne, den wir diesem Terminus gegeben haben (cf. 4.3), gibt. Es wäre durchaus möglich, die Sinnrelationen, die zwischen Lexemen bestehen, zu faktorisieren und diese Faktoren als theoretische Konstrukte zu behandeln, deren Annahme die Beschreibung der Sprache vereinfacht, aber den Linguisten nicht auf die Existenz irgendwelcher entsprechender mentaler Entitäten verpflichtet. Wie wir z. B. der arithmetischen Proportion $21:14::15:10$ die Faktoren 7, 5, 3 und 2 entnehmen können, da $(7 \times 3):(7 \times 2)::(5 \times 3):(5 \times 2)$ gilt, so können wir der semantischen Proportion ‚Mann‘:‚Frau‘ :: ‚Hengst‘:‚Stute‘ die Faktoren *a, b, c, d,* entnehmen (gleichgültig wie diese Faktoren von dem Linguisten in seinem Modell des Sprachsystems etikettiert oder symbolisiert werden). Die Faktoren würden ihre sprachliche Bedeutung aus der Tatsache herleiten, daß jeder von ihnen es dem Linguisten ermöglicht, die semantische Akzeptabilität oder Unakzeptabilität von Mengen von Sätzen zu erklären: Die Anwesenheit von *a* in „Mann" würde die Akzeptabilität von ‚Jener Mann schneidet sein eigenes Haar‘ und die Unakzeptabilität von ‚Jener Mann schneidet ihr eigenes Haar‘ oder ‚Jener Mann ist schwanger‘ erklären; die Anwesenheit von *b* als auch *d* in „Stute" (und von *d* in Kombination mit einem oder mehreren spezifizierten Komponenten in „Fohlen") würde die Akzeptabilität von ‚Jene Stute hat soeben ein schönes kleines Fohlen geboren‘ erklären, und die Anwesenheit von entweder *a* oder *c* (oder beiden) in „Mann", „Frau" und „Hengst" würde die Unakzeptabilität von ‚Jener Mann/jene Frau/jener Hengst hat soeben ein schönes kleines Fohlen geboren‘ erklären. Die Frage, ob diese Sätze in der Tat semantisch abweichend sind oder nicht, ist natürlich eine andere Frage (cf. 10.5). Wichtig ist, daß die Feststellung der Bedeutungskomponenten auf der Grundlage von Proportionen wie ‚Mann‘:‚Frau‘ :: ‚Hengst‘:‚Stute‘ ausgeführt werden kann; die Gültigkeit der Faktoren aber steht oder fällt mit ihrer erklärenden Kraft in bezug auf den Sprachgebrauch.

Die meisten Vertreter der Komponentenanalyse wären allerdings nicht damit zufrieden zu sagen, daß Bedeutungskomponenten allein aufgrund der Akzeptabilität von Sätzen und der Äquivalenz- und Implikationsrelationen, die zwischen Sätzen innerhalb einer einzelnen Sprache bestehen, definiert werden sollten (aber es kann angemerkt werden, daß dies Hjelmslevs Ansicht war; und bis zu diesem Grad war unsere Darstellung seiner Analyse von ‚Mann‘:‚Frau‘, ‚Hengst‘:‚Stute‘ usw. etwas irreführend). Sie würden lieber sagen, daß die Etiketten, die gewählt wurden, um die Komponenten zu identifizieren, mehr Inhalt haben als unsere algebraischen Faktoren *a, b, c,* und *d*; sie würden es auch bevorzugen, zumindest einige der Faktoren mit der externen Welt aufgrund der Denotationsrelationen in Verbindung zu bringen, indem sie sagen, daß MÄNNLICH (unser *a*) die Klasse aller Entitäten, die die-

und-die Eigenschaft haben, denotiert, daß MENSCHLICH (unser *c*) die Klasse aller Entitäten, die eine andere (aber damit kompatible) Eigenschaft haben, denotiert usw. Dies läßt sich nicht bestreiten. Es ist jedoch offensichtlich, daß, wenn man keine extensionale Definition von MÄNNLICH, MENSCHLICH usw. gibt oder irgendeine intensionale Definition, die keinen metasprachlichen Gebrauch von den deutschen Wörtern ‚männlich‘, ‚menschlich‘ usw. macht (oder den französischen Wörtern ‚mâle‘, ‚humain‘ usw.; oder den russischen Wörtern ‚mužkoj‘, ‚čelovečeskij‘; oder den Wörtern irgendeiner anderen natürlichen Sprache), man keine Erklärung für die Bedeutung von ‚männlich‘, ‚menschlich‘ oder für die Bedeutungskomponenten in der Bedeutung von ‚Mann‘ gegeben hat, die irgend etwas zu der Analyse, die von rein algebraischen Symbolen Gebrauch macht, beiträgt (cf. Lewis, 1972). Darüber hinaus muß in Anbetracht der Ungenauigkeit, mit der der Terminus ‚Begriff‘ häufig von Semantikern verwendet wird und angesichts der Kritik, die von Philosophen und Psychologen gegen den Konzeptualismus gerichtet wurde, betont werden, daß mit der extensionalen oder intensionalen Definition von MÄNNLICH, MENSCHLICH usw. nicht notwendigerweise die Annahme irgendwelcher entsprechender mentaler Entitäten verbunden ist.

Wir wollen uns jetzt der Frage der Atomizität zuwenden. Seit Leibniz seine Vorschläge zur Konstruktion einer universellen symbolischen Sprache dargelegt hat, war das Prinzip der Atomizität in philosophischen Diskussionen über die Art und Weise, in der Bedeutungen von Wörtern in kleinere und vermutlich grundlegendere Komponenten analysiert werden könnten, wichtig. Mit ‚grundlegend‘ ist in diesem Kontext gemeint, daß die jeweiligen Konstituenten die Berührungspunkte zwischen der Sprache und der externen Welt ausmachen: d. h. daß sie dadurch definiert werden können, daß sie unmittelbar auf Entitäten außerhalb der Sprache bezogen werden. Es war Leibnizs Absicht, daß die Symbole in seiner Universalsprache einfache (d. h. atomare) Ideen ausdrücken sollten, und man nahm allgemein an, daß dies zumindest in der empiristischen Tradition impliziere, daß sie aufgrund unmittelbarer Empfindung erworben worden sein sollten. Was auch immer die philosophischen Verdienste des empiristischen Prinzips der Atomizität sein mögen, es ist offensichtlich, daß die meisten der Bedeutungskomponenten, die von den Linguisten postuliert wurden (z. B. MÄNNLICH, LEBENDIG, ZUM DARAUFSITZEN) in diesem Sinne nicht atomar sind.

Es kann sein, daß es bestimmte Lexeme gibt, deren Denotation aufgrund von perzeptuellen Unterscheidungen, die insoweit physiologisch atomar sind, als man zeigen kann, daß sie von einem Alles-oder-Nichts-Response auf einen sensorischen Stimulus abhängen, Rechnung getragen werden kann. Die Erkennung einer rötlichen oder grünlichen Schattierung könnte z. B. physiologisch atomar sein: Es scheint der Fall zu sein, daß es bestimmte Zellen in der Retina gibt, die auf einen Stimulus entweder reagieren oder nicht, je nachdem, ob es sich um eine Schattierung handelt oder nicht, auf die die Zellen abgestimmt sind; wir haben bereits gesehen, wie diese Tatsache für die Hypothese von Berlin und Kay (cf. 8.3) relevant sein könnte. Was jedoch die meisten Bedeutungskomponenten angeht, so ist es schwer, einzusehen, wie man grundsätzlich entscheiden könnte, ob sie atomar oder nicht-atomar sind. Der Begriff der perzeptuellen Atomizität scheint für sie irrelevant zu sein (z. B. EHEPARTNER, GESCHWISTER); es gibt keinen anderen Begriff der Atomizität, der nicht der Kritik, daß seine Gültigkeit nicht verifizierbar ist, ausgesetzt ist. Aber der Atomismus ist ebenso wie der Konzeptualismus eindeutig kein wesentlicher Bestandteil der Komponentenanalyse. Mehr brauchen wir darüber nicht zu sagen.

Der Zusammenhang zwischen der Komponentenanalyse und dem Universalismus ist etwas komplizierter, da es mehrere Versionen des Universalismus gibt; ein Großteil der Anziehungskraft der Komponentenanalyse leitet sich zweifellos aus ihrer Assoziation, gleichgültig, ob zufällig oder nicht, mit der einen oder anderen dieser Versionen her. Die extremste Form der Universalismusthese würde zumindest die folgenden drei unterscheidbaren Unterthesen enthalten: (I) daß es eine festgelegte Menge semantischer Komponenten gibt, die in dem Sinne universal sind, daß sie in allen Sprachen lexikalisiert sind; (II) daß die formalen Prinzipien, aufgrund derer diese Bedeutungskomponenten kombiniert werden, um als ihre Produkte die Bedeutungen von Lexemen zu ergeben, universal (und vermutlich angeboren) sind; und (III) daß die Bedeutung aller Lexeme in allen Sprachen ohne Rest in variable Kombinationen von (homogenen) Bedeutungskomponenten dekomponierbar ist. Der Unterschied zwischen (I) und (II) hat mit der Unterscheidung, die Chomsky (1965) zwischen substantiellen und formalen Universalien macht, zu tun. Wir wollen daher (I) und (II) als die Thesen der substantiellen bzw. formalen Universalität bezeichnen und (III) als die Ohne-Rest-These.

Wie wir gesehen haben, vertritt Katz nicht die komplette These des extremen Universalismus: Er steht nämlich nicht zu der Ohne-Rest-These; seine Auffassung von den substantiellen Universalien beinhaltet nicht, daß alle Sprachen sie lexikalisieren (oder grammatikalisieren) müßten, sondern nur, daß alle Bedeutungskomponenten (soweit sie keine unterscheidenden Merkmale sind), die in irgendeiner Sprache lexikalisiert sind, aus einem festgelegten Inventar genommen werden (die Kenntnis dieses Inventars ist angeboren). Dies ist die Auffassung, die Chomsky und alle seine Anhänger in bezug auf alle substantiellen Universalien, semantische, syntaktische und phonologische vertreten. Sie ist auch sicherlich Bierwischs Auffassung, der Katzs Begriff der unterscheidenden Merkmale kritisiert, da diese in grundlegendere Elemente analysiert werden können; indem er sie kritisiert, erklärt er explizit, daß er ein Anhänger dessen ist, was auf den ersten Blick wie extremer Universalismus aussieht; dies scheint auch die Auffassung der sogenannten generativen Semantiker* zu sein (cf. 10.5). Die Chomskysche Form der These der substantiellen Universalität ist daher viel schwächer, als das, was wir oben als (I) dargestellt haben.

Keiner der europäischen Strukturalisten war oder ist extremer Universalist. Hjelmslev blieb bei seiner eigenen relativ schwachen Version der These von der formalen Universalität, aber er lehnte explizit die These der substantiellen Universalität in jeder Form ab. Neuere Autoren in der gleichen nach-Saussureschen Tradition (insbesondere Pottier, Coseriu, Greimas) haben ebenfalls deutlich gemacht, daß sie zumindest die strenge Form der These der substantiellen Universalität ablehnen; ihr Glaube an die Ohne-Rest-These wird zum Teil durch ihr methodologisches Prinzip geschwächt, daß die Analyse nicht über die Stelle hinaus ausgeführt werden sollte, an der jedes Lexem sich von jedem anderen nicht-synonymen Lexem unterscheidet, und zum Teil durch ihre Anerkennung zweier Arten von Bedeutungskomponenten – Klassemen und Semen. Obgleich einige der Seme universal sein könnten und sogar atomar (z. B. die Seme, die „rot" von „grün" unterscheiden), sind die meisten von ihnen offensichtlich nicht universal; und einige von ihnen sind komplex und residual in gleicher Weise wie Katzs unterscheidende Merkmale. Schließlich darf erwähnt werden, daß russische Gelehrte wie Melčuk, Žolkovskij, Apresjan, auf deren Arbeiten später (cf. 12.3) hingewiesen wird, nicht die These des extremen Universalismus zu vertreten scheinen, trotz ihres Interesses an der Konstruktion einer universalen semantischen Metasprache, deren Wortschatz (wie der von Leibnizs symbolischer Sprache: cf. Apresjan, 1974: 38) aus atomaren Bedeutungskomponenten zusammengesetzt werden soll; dies gilt auch für Leech (cf. 1974: 231–62) oder Lehrer (1974) oder Wierzbicka (1972), die ein ganzes Buch der Aufstellung eines Inventars universaler Bedeutungskomponenten und der Exemplifizierung der Weise, wie solche Bedeutungskomponenten lexikalisiert sind, gewidmet hat. Kurz gesagt, es ist nicht deutlich, daß irgend ein Vertreter des extremen Universalismus unter Linguisten gefunden werden kann, die heutzutage die Komponentenanalyse vertreten oder praktizieren.

Soweit gegenwärtig erkennbar, scheint die plausibelste Version der Universalismusthese diejenige zu sein, die oben bei unserer Diskussion der Hypothese von Berlin und Kay (cf. 8.1) skizziert wurde. Wenn einige (aber keineswegs alle) der semantischen Unterscheidungen, die in Sprachen gemacht werden, durch eine genetisch übermittelte Disposition, auf biologisch und kulturell auffallende Stimuli zu reagieren, determiniert sind, dann werden Sprachen allmählich diese semantischen Unterscheidungen lexikalisieren (und vielleicht auch grammatikalisieren): z. B. den Unterschied zwischen dem, was senkrecht ist, und dem, was nicht senkrecht ist, zwischen dem, was fest ist und dem, was nicht fest ist, zwischen dem, was belebt ist und dem, was nicht belebt ist. Folglich wird die Analyse vieler, wenn nicht sogar aller Sprachsysteme zeigen, daß es Sinnrelationen gibt, die in vielen Bereichen des Wortschatzes gelten, denen nicht durch die Annahme von Bedeutungskomponenten wie SENKRECHT, FEST, BELEBT, Rechnung getragen werden kann; diese Bedeutungskomponenten (deren Distribution in den Sprachen der Welt vermutlich proportional zur relativen Auffallendheit der Distinktionen, die sie enkodieren, variieren wird) werden der Art sein, daß sie von Katz als Marker (und nicht als unterscheidende Merkmale) behandelt würden. Insofern die Marker/unterscheidendes Merkmal-Unterscheidung mit der Klassem/Sem-Unterscheidung korrespondiert (und keine dieser zwei Unterscheidungen wurde bisher, wie wir gesehen haben, präzisiert), würden sie auch Klasseme sein (und keine Seme): denn sie würden wahrscheinlich syntaktisch relevant sein und in verschiedenen Wortfeldern wirksam sein. Nicht alle Marker oder Klasseme, die bei der Analyse bestimmter Sprachen anerkannt werden, würden jedoch substantielle Universalien sein, da es nichts gibt, was eine Sprache davon abhalten könnte, eine nicht-universale Unterscheidung zu lexikalisieren und sie syntaktisch relevant zu machen. Daraus folgt, (I) daß man nicht erwarten kann, daß die Unterscheidung zwischen Klassemen und Semen einerseits und zwischen Marker und unterscheidenden Merkmalen andererseits mit der Unterscheidung zwischen universellen oder nicht-universellen Bedeutungskomponenten über eine bloße Annäherung hinaus korrespondiert und (II) daß das Inventar der Bedeutungskomponenten, aufgrund dessen der Wortschatz irgendeiner Sprache beschrieben wird, sowohl universale als auch nicht-universale Bedeutungskomponenten enthalten könnte.

Wir haben nun unsere Darstellung der allgemeinen Prinzipien der Komponentenanalyse zu Ende geführt. Die neuere Literatur der linguistischen Semantik ist voller programmatischer Aussagen darüber, daß der Bedeutung aller Lexeme in allen Sprachen unter Rückgriff auf die Kombination von angeblich grundlegenderen und möglicherweise universalen Bedeutungskomponenten Rechnung getragen werden kann und muß. Bisher waren jedoch die Analysen, die veröffentlicht wurden, unvollständig und zum größten Teil nicht überzeugend; sie waren auf relativ wenige Bereiche des Wortschatzes aus relativ wenigen Sprachen beschränkt. Aus diesem Grund sollte man vorsichtig sein, wenn man die Ansprüche, die zugunsten der Komponentenanalyse von ihren begeisterteren Vertretern erhoben werden, als gültig akzeptiert. Es gibt aber auch andere Gründe.

Es wird inzwischen weitgehend anerkannt, daß es in bestimmten Bereichen des Wortschatzes, in denen die Komponentenanalyse praktiziert wurde, und insbesondere im Bereich der Verwandtschaftsausdrücke (cf. Romney & D'Andrade, 1964) möglich ist, mehrere gleichermaßen plausible Analysen für die gleiche Menge von Lexemen zu liefern. Angenommen, daß dies so ist, wie entscheiden wir dann, daß die eine Analyse richtig ist und die andere nicht? Bisher ist diese Frage noch nicht beantwortet worden. Es ist in der Tat nicht einmal klar, ob sie beantwortbar ist. Denn es muß noch gezeigt werden, daß Bedeutungskomponenten der Art, auf die Linguisten bei ihren Bedeutungsanalysen von Lexemen häufig zurückgreifen, irgendeine Rolle bei der

Produktion und Interpretation von Sprachäußerungen spielen; wenn nicht gezeigt werden kann, daß die angeblich grundlegenden Bedeutungskomponenten eine psychologische Gültigkeit haben, dann verschwindet ein Großteil der ursprünglichen Anziehungskraft der Komponentenanalyse.

Die psychologische Realität der Bedeutungskomponenten wurde oft in Zweifel gezogen. Das gleiche gilt für ihre Universalität. In allgemeinen Diskussionen der Verdienste der Komponentenanalyse wird gewöhnlich jedoch nicht die Tatsache erwähnt, daß sie, selbst in jenen Bereichen, in denen sie relativ überzeugend aussieht, zumindest ebenso vieles unerklärt läßt, wie sie erklären kann. Wenn z. B. die Bedeutung der Lexeme ‚Mann‘, ‚Frau‘, ‚Erwachsener‘, ‚Mädchen‘, ‚Junge‘ und ‚Kind‘ aufgrund der Bedeutungskomponenten MENSCHLICH, ERWACHSEN und WEIBLICH analysiert werden, dann können wir leicht die Tatsache erklären, daß Ausdrücke wie ‚erwachsenes Kind‘ oder ‚männliches Mädchen‘ semantisch abweichend sind. Wenn wir dies tun, dann müssen wir annehmen (und es wird häufiger angenommen, als explizit in Behandlungen der Komponentenanalyse gesagt), daß „männlich" (d. h. die Bedeutung des deutschen Lexems ‚männlich‘) die Bedeutungskomponente −WEIBLICH enthält und sich darin erschöpft, daß „erwachsen" ERWACHSEN enthält und sich darin erschöpft, usw. Bei dieser Annahme müßte jedoch ‚männliches Kind‘ synonym mit ‚Junge‘ sein. Dies ist aber nicht der Fall. Ein 18jähriger Junge ist bestimmt kein Kind. Wenn „Junge" ferner sich von „Mädchen" allein dadurch unterscheidet, daß es −WEIBLICH und nicht WEIBLICH enthält, wie tragen wir dann der Tatsache Rechnung, daß die Lexeme ‚Junge‘ und ‚Mädchen‘ einfach nicht in einer solchen Weise verwendet werden, daß dem angeblich häufig vorkommenden −ERWACHSEN eine einheitliche Interpretation gegeben werden kann? Aufgrund irgendwelcher ganz offensichtlicher Kriterien (geschlechtliche Reife usw.) erreichen Mädchen das, was normalerweise als Erwachsensein beschrieben wird, früher und nicht später als Jungen; dennoch werden sie länger als Mädchen beschrieben im Vergleich zur Beschreibung von Jungen als Jungen. Die Proposition „X ist jetzt ein Mann" kann durchaus implizieren „X ist kein Junge mehr"; aber „X ist jetzt eine Frau" impliziert nicht „X ist kein Mädchen mehr". Es könnte natürlich behauptet werden, daß diese Unterscheidung im Gebrauch der Lexeme ‚Junge‘, ‚Mädchen‘ und ‚Kind‘, aufgrund dessen der angeblich häufig vorkommenden Komponente −ERWACHSEN in den drei Fällen eine verschiedene Interpretation gegeben wird, mit irgend etwas über und jenseits ihrer wörtlichen Bedeutung zu tun hat. Aber was ist dieser zusätzliche Bestandteil? Es ist ganz einfach, irgendeine Hypothese dadurch zu retten, daß unidentifizierte zusätzliche Elemente postuliert werden, oder dadurch, daß zu schnell auf die Unterscheidung zwischen wörtlicher und nicht-wörtlicher Bedeutung zurückgegriffen wird. Da die Komponentenanalyse die Suche nach Generalisierung (d. h. nach der Identifizierung der gleichen Bedeutungskomponenten für die größe Anzahl von Lexemen) vorantreibt, unterliegt sie immer der Gefahr, ziemlich oberflächlichen Übergeneralisierungen zum Opfer zu fallen. Wenn immer wir auf angeblich häufig vorkommende Bedeutungskomponenten wie MENSCHLICH, ERWACHSEN und WEIBLICH zurückgreifen, dann müssen wir uns fragen, worin ihr interlexematischer Status besteht, wie sie zu identifizieren sind und worin ihre erklärende Kraft besteht.

Es ist auch wichtig, den Unterschied zwischen einem Lexem, der Bedeutung eines Lexems und einer hypothetischen Bedeutungskomponente, die mit der Bedeutung eines Lexems korrespondiert (z. B. zwischen ,menschlich', „menschlich" und MENSCHLICH), immer im Auge zu behalten. Es gibt grundsätzlich keinen Grund dafür, warum die Zitierformen von Lexemen des Deutschen oder irgendeiner anderen Sprache verwendet werden sollten, um die Bedeutungskomponenten, die in der semantischen Analyse des Deutschen postuliert werden, zu etikettieren; wenn irgendein anderes Identifikationssystem übernommen würde (ein numerisches System, entsprechend der Position der Bedeutungskomponente in einer standardisierten Grundliste), dann wäre es weniger wahrscheinlich, daß wir annehmen, daß wir, weil wir beispielsweise die Bedeutung von ,menschlich' kennen, auch die Bedeutung von MENSCHLICH kennen. Da man annimmt, daß die Bedeutung von ,menschlich' aufgrund der postulierten theoretischen Einheit MENSCHLICH zu erklären ist (d. h. man nimmt an, daß „menschlich" MENSCHLICH enthält und sich darin erschöpft), muß die theoretische Einheit selbst anders als aufgrund von ,menschlich' definiert werden. Wenn dies nicht getan wird, dann wird die Komponentenanalyse nicht nur in der Praxis, sondern auch im Grundsatz auf die äußerst fragwürdige Prozedur reduziert, die Bedeutungen bestimmter Lexeme wie ,menschlich', ,erwachsen' oder ,weiblich' aus der eigenen Muttersprache oder aus irgendeiner anderen Sprache, die häufig als Metasprache in der theoretischen und deskriptiven Linguistik verwendet wird, als grundlegende Bedeutungskomponenten bei der Analyse irgendeiner Sprache, die der Linguist beschreibt, zu behandeln.

Anmerkungen

1. Einführung:
Einige Grundbegriffe und ihre Bezeichnungen (Termini)

1 Leech (1974: 1 ff.) schlägt vor, daß der Grund, warum „Semantiker scheinbar oft unangemessen lang über die ‚Bedeutung' als einem vermutlich notwendigen Vorspiel für die Erforschung ihres Gegenstandes rätseln", darin besteht, daß sie versucht haben, „Semantik durch andere Wissenschaftsgebiete zu erklären". Ich glaube, daß dahinter noch mehr steckt. Es läßt sich dafür argumentieren, daß die sprachliche Bedeutung nicht verstanden oder erklärt werden kann, es sei denn, durch andere Arten nicht-sprachlicher Bedeutung.

1a [Der deutsche Leser möge beachten, daß englisch *to mean, meaning* in höherem Maße mehrdeutig sind, als deutsch *bedeuten, Bedeutung*. Diese Tatsache spiegelt sich natürlich in diesem Abschnitt bei der Übersetzung wider.]

2 Morris (1964: VII) hat aufgrund der Tatsache, daß „in vielen Sprachen es ein Wort wie das englische ‚meaning' gibt", und zwar mit den zwei Bedeutungen „das, was etwas bezeichnet, und der Wert oder das Bedeutendsein dessen, was bezeichnet wird", vorgeschlagen, daß es eine wesentliche Beziehung zwischen Bezeichnung [‚signification'] und einen-Wert-haben gibt. Ich möchte nicht leugnen, daß dem so ist. Ich glaube jedoch nicht, daß jede Art sprachlicher Bedeutung zufriedenstellend durch den Begriff Bezeichnung [‚signification'] (cf. Kapitel 4) analysiert werden kann. Darüber hinaus scheint der Begriff der Intentionalität nicht weniger wichtig zu sein als jener des einen-Wert-habens in dem Komplex der aufeinanderbezogenen Begriffe, die unter ‚meaning' subsumiert sind.

3 Der Ausdruck ‚reflexiv' wird später auch in seinem traditionelleren Sinn gebraucht, in dem Wort ‚Reflexivpronomen' und im Hinblick auf die Eigenschaft, die reflexive von nicht-reflexiven Pronomina unterscheidet. Aus dem Kontext wird immer klar werden, welche der beiden Bedeutungen von ‚reflexiv' gemeint ist.

4 Zu der Unterscheidung zwischen Gebrauch und Zitierung gibt es jetzt eine ganze Menge an philosophischer Literatur. Zabeeh et al. (1974: 20–31) gibt eine nützliche Zusammenfassung mit bibliographischen Hinweisen. Von den zahlreichen diesem Gegenstand gewidmeten philosophischen Aufsätzen ist Garver (1965) möglicherweise der hilfreichste und, vom linguistischen Standpunkt aus, der subtilste. Mit der Unterscheidung zwischen Gebrauch und Zitierung darf die Unterscheidung zwischen Gebrauch und Bedeutung nicht verwechselt werden, die von den sogenannten Alltagssprachen-Philosophen (cf. Fußnote 6) viel diskutiert worden ist und die durch Wittgensteins (1953: 43) berühmten und außerhalb des Kontextes irreführenden Slogan „Die Bedeutung eines Wortes ist sein Gebrauch in der Sprache" zu einer seltsamen Prominenz gebracht worden ist.

5 Heute wird es vermutlich weit eher akzeptiert sein, als es zu irgendeiner früheren Zeit der Fall war, daß jede Formalisierung parasitär in bezug auf den alltäglichen

Gebrauch der Sprache ist, soweit sie nämlich intuitiv auf der Basis der Alltagssprache verstanden werden muß (cf. 6.1).

6 Für die sogenannte Philosphie der Alltagssprache (wichtige Vertreter sind Austin, Ryle, Strawson und Urmson) cf. Caton (1963), Chapell (1964), Cohen (1966), Passmore (1957), Urmson (1956), Warnock (1958). Für formale Semantik: cf. Kapitel 6. Eine etwas tendenziöse Diskussion der Philosophie der Alltagssprache und der formalen Semantik vom Standpunkt der generativen Grammatik (cf. 10.3) aus kann in Fodor & Katz (1964) gefunden werden.

7 Cf. Peirce *Collected Papers*, 4.537 u. 2.245. Die Typ-Exemplar-Unterscheidung ist in zahlreichen neueren Arbeiten über Semantik und Semiotik erklärt und herangezogen worden. Sie ist jedoch nur zu oft falsch interpretiert worden.

8 Reichenbachs Terminus ‚Exemplar-Reflexiv' wird in der Literatur viel häufiger angetroffen als sein Verfahren der Exemplar-Anführungszeichen. Aber es wird oft, wenn auch ziemlich ungenau, als das Äquivalent von ‚indexikalisch' (in einer der Bedeutungen dieses Ausdrucks: cf. 4.2 und Bar-Hillel, 1954) oder für ‚egocentric particular' (cf. Russell, 1940: 96) verwendet.

9 Linsky (1950) verwendet Reichenbachs Exemplar-Anführungszeichen, um auf eine Anzahl von Verwechslungen hinzuweisen und diese zu klären.

10 Der Terminus ‚Lexem' ist in der Linguistik in mehreren verschiedenen Bedeutungen verwendet worden. Die Unterscheidung zwischen ‚Form' und ‚Lexem', so wie sie hier getroffen wird, soll mit jener von Matthews (1972, 1974) konsistent sein, der viel dafür getan hat, sie zu präzisieren. Der Terminus ‚Ausdruck' ist jedoch, soweit ich weiß, in der Linguistik nie definiert worden, es sei denn, in dem sehr verschiedenen glossematischen Sinn, in dem er zu ‚Inhalt' in Opposition gebracht wurde (cf. Hjelmslev, 1953).

11 Wie in solchen klassichen Arbeiten wie Cherry (1957) und Miller (1951).

12 Die Termini ‚Sprachverhalten' und ‚Sprachsystem' sollen dazu dienen, Saussures (1916) ‚parole' und ‚langue' zu übersetzen (cf. 8.2). Die Termini sind jenen Hjelmslevs (1953) ‚Prozeß' und ‚System' nachgebildet.

13 Wie wir später sehen werden, werden Äußerungen heutzutage von Sprachphilosophen gewöhnlich innerhalb des Ansatzes der Sprechakttheorie, die von Austin (1962) eingeführt wurde, diskutiert. In diesem Kontext hat der Ausdruck ‚Sprechakt' einen ziemlich speziellen Sinn, der ihn von ‚Äußerungssignal' unterscheidet (cf. 16.1).

14 Dieser Punkt muß angesichts der Rolle, die von Beobachtungsausdrücken in empiristischen Versionen wissenschaftlicher Methodologie gespielt wird, betont werden. Die Notwendigkeit, zwischen dem theoretischen und dem vortheoretischen Vokabular der Linguistik zu unterscheiden, ist bei mehreren Gelegenheiten von Bar-Hillel (cf. 1964, 1970) betont worden. Es darf jedoch nicht angenommen werden, daß die Unterscheidung so scharf gezogen werden kann, wie es Gelehrte wie Carnap, Hempel oder Reichenbach zu der Zeit des Höhepunktes des logischen Positivismus vorgeschlagen haben: cf. Carnap (1956), Popper (1968).

15 Jemand wie Itkonen (1974) würde sagen, daß die Linguistik wie die Sozialwissenschaften im allgemeinen hermeneutisch und nicht wirklich empirisch ist, insoweit sie sich darauf beschränkt, das, was schon intuitiv gewußt ist, zu erklären und zu systematisieren. Dies stellt jedoch bisher eine Minderheitsansicht dar.

16 Der Terminus ‚Annehmbarkeit' wurde auf diese Weise ursprünglich von Chomsky

(cf. 1957: 13) gebraucht. In jüngerer Zeit ist er in einer etwas verschiedenen Bedeutung verwendet worden (cf. Chomsky 1965: 11). Für eine kürzliche Diskussion des Begriffs der Annehmbarkeit cf. Al (1975).

17 Diese Unterscheidung wird von Chomsky nicht gemacht, der bewußt den Terminus ‚Grammatik‘ (in einem sehr allgemeinen Sinne: cf. 10.1) mit systematischer Ambiguität benützt, um sowohl auf die Kompetenz des muttersprachlichen Sprechers als auch auf das Modell des Linguisten eben dieser Kompetenz zu referieren (cf. Chomsky, 1965: 25).

18 Anführungszeichen werden ebenfalls weggelassen, wenn ein Ausdruck mit einem Stern versehen ist. Dies hat von einem notationellen Gesichtspunkt aus (sonst natürlich nicht) die Wirkung, daß die Unterscheidung zwischen dem Gebrauch und der Zitierung von besternten Ausdrücken beseitigt wird. Wir fügen noch hinzu, daß kein Versuch gemacht worden ist, um eine notationelle Unterscheidung zwischen dem Gebrauch und der Zitierung von Symbolen zu treffen.

19 Äußerungssignale sind tatsächlich Formen, aber Äußerungssignale stehen nicht in derselben Beziehung zu Sätzen wie Formen zu Ausdrücken.

2. Kommunikation und Information

1 Ein mittlerweile klassisches Werk ist Cherry (1956). Smith (1966) gibt eine ausführliche Darstellung des Bereichs mit Nachdrucken der wichtigsten Aufsätze.

2 Lewis (1969) argumentiert auf einer philosophischen Basis dafür, daß eine Wahrhaftigkeitskonvention eine für das Funktionieren einer Sprache notwendige Bedingung ist.

3 Eine populärere Darstellung als Shannon & Weaver (1949) gibt Weaver (1949). Für weitere Einzelheiten und mögliche Anwendungen cf. Miller (1951), Cherry (1957), Smith (1966). Hockett (1953) trug viel dazu bei, die Linguisten mit den allgemeinen Grundsätzen bekannt zu machen.

4 Benedetto Croce wird von englischsprachigen Linguisten und Sprachphilosophen sehr selten erwähnt. Andererseits ist er, wie Lepschy (1966: 98) bemerkt, einer der sehr wenigen Gelehrten, deren Einfluß Sapir (1921) ausdrücklich anerkennt. Croces Werk wird von de Mauro (1965) im allgemeineren Kontext der Entwicklung der Semantik behandelt. Obwohl ich Croce und Vossler mit Firth und Malinowski kontrastiert habe, kann niemand die Arbeiten irgendeines dieser vier Gelehrten (oder Sapirs) lesen, ohne gewahr zu werden, daß jeder von ihnen die Rolle von sowohl sozialen Beschränkungen wie auch individueller Kreativität beim Gebrauch und der Entwicklung der Sprache anerkennt; es geht dabei höchstens um Fragen der Gewichtung. Auch die Linguisten der Prager Schule haben die sich gegenseitig ergänzenden Rollen der sozialen und expressiven Funktionen der Sprache stets gewürdigt (cf. Garvin, 1955; Vachek, 1964).

5 Dies ist eine von der Bedeutung des Ausdrucks, wie sie in auf Austin (1962) zurückgehenden Arbeiten gebraucht wird, verschiedene Bedeutung von ‚Sprechakt‘: cf. 16.1.

6 Laver (1975) argumentiert dafür, daß dem Begriff der ‚phatischen Kommunion‘ eine etwas breitere Interpretation zuteil werden sollte.

3. Sprache als ein semiotisches System

1 Es mag pedantisch erscheinen, auf diesen terminologischen Punkt einzugehen. Man kann aber argumentieren, daß die Verwendung der Termini ‚verbales Verhalten‘, um auf etwas zu referieren, das eigentlich Sprachverhalten ist, und die Verwendung des Ausdrucks ‚nichtverbale Kommunikation‘ (von Sozialpsychologen heutzutage häufig abgekürzt als NVC), um auf nicht-sprachliche Kommunikation zu referieren, für die Erforschung von Sprache und Nicht-Sprache abträglich gewesen ist. Viel von dem, was in diesem Kapitel erscheint, ist eine revidierte und erweiterte Fassung von Lyons (1972). Für Kritik an diesem Artikel und an anderen Kapiteln in Hinde (1972): cf. Mounin (1974).

2 Der Terminus ‚Tonsprache‘, obwohl in der Linguistik gut eingeführt, ist weit davon entfernt, genau definiert zu sein. Er kann fälschlicherweise so verstanden werden, als ob er implizierte, daß Sprachen, die nicht als Tonsprachen klassifiziert sind, keinen systematischen Gebrauch von Intonation machten. Eine klassische Abhandlung der Tonsprachen von einem besonderen Standpunkt aus ist Pike (1948).

3 Bei parasprachlichen und prosodischen Erscheinungen hat es in neuester Zeit ein enormes Anwachsen des Interesses gegeben: (cf. Key, 1975). Meine eigene Darstellung lehnt sich stark an Crystal (1969, 1975) an; beide Arbeiten fassen die bisherige Forschung zusammen und sind in bezug auf ihre umfassenden Bibliographien unschätzbar. Eine bequeme Zusammenfassung neuerer Forschung, sowohl im Hinblick auf stimmliche als auch auf nichtstimmliche parasprachliche Merkmale, ist Laver (1976).

4 Meine Definition von ‚Medium‘ unterscheidet sich jedoch in bestimmten Hinsichten von derjenigen Abercrombies. Meine eigenen Ansichten sind durch Hjelmslevs Begriff der Substanz beeinflußt worden (cf. Hjelmslev, 1953). Für die Klassifizierung und Analyse dieser Erscheinungen gibt es Alternativen.

5 Die teilweise Unabhängigkeit der geschriebenen und der gesprochenen Sprache voneinander ist etwas, was viele Linguisten nicht erkannt haben. Von den Linguisten der Prager Schule ist es immer anerkannt worden (cf. Vachek, 1945/9, 1964) und innerhalb eines andersartigen theoretischen Ansatzes von den Glossematikern (cf. Uldall, 1944; Spang-Hanssen, 1961). Allgemein gesagt hat die nach-Bloomfieldsche amerikanische Linguistik (unter Einschluß der Chomskyschen Versionen der generativen Grammatik: cf. 10.3) das Prinzip der Priorität der gesprochenen Sprache in übertriebener Weise betont. Bemerkenswerte Ausnahmen sind Bolinger (1946) und kürzlich, in einer stimulierenden und sehr originellen Diskussion des ganzen Gegenstandes, Householder (1971: 244–64).

6 So wie es hier gesagt wird, ist dies einigermaßen eine Vereinfachung insoweit, als Phoneme, obwohl sie als die minimalen Segmente auf der phonologischen Ebene betrachtet werden können, nicht notwendigerweise die minimalen Einheiten sind, da sie weiter in Mengen von simultanen Komponenten (oder distinktiven Merkmalen*) analysiert werden können. Der Begriff der distinktiven Merkmale (d. h. minimaler kontrastierender phonologischer Komponenten) geht auf Trubetzkoy (1939) zurück. Später wurde er von Jakobson (cf. Jakobson & Halle, 1956) modifiziert und mit weiteren Veränderungen in die Chomskysche generative

Grammatik eingebaut (cf. Chomsky & Halle, 1968). Hjelmslev (1953) hatte eine etwas andere Auffassung von den distinktiven Merkmalen, die er als Keneme* bezeichnete. Für eine Diskussion des Status der distinktiven Merkmale cf. Householder (1971: 147–93). Es sollte auch noch hinzugefügt werden, daß die phonologische Analyse einer Äußerung durch eine Spezifizierung der segmentalen Phoneme, die in dem verbalen Teil der Äußerung vorkommen, bei weitem nicht ausgeschöpft wird. Solche prosodischen Merkmale wie Betonung und Intonation müssen ebenfalls berücksichtigt werden, und ob diese sogenannten suprasegmentalen Merkmale* durch das Prinzip der Dualität charakterisiert sind oder nicht, ist eine Streitfrage. Die hier gegebene, notwendigerweise vereinfachte Darstellung des Prinzips der Dualität genügt jedoch für unseren gegenwärtigen Zweck. Es ist wichtig zu betonen, daß hier nichts über bedeutungsvolle Einheiten auf einer höheren Ebene gesagt worden ist.

7 Die dreiteilige typologische Klassifikation von Sprachen als flektierend (oder fusionierend), isolierend oder agglutinierend wird nicht länger als so wichtig betrachtet, wie sie vielen Linguisten im 19. Jahrhundert erschienen war (cf. Pedersen, 1931; Jespersen, 1924). Befreit man sie jedoch von ihren evolutionären Implikationen und interpretiert man sie in einer angemessenen Weise, so hat sie immer noch ihren Wert (cf. Bazell, 1958).

8 Für weitere Diskussion und Nachweise, cf. Matthews (1972, 1974). Die Terminologie, die ich hier gebraucht habe, entspricht jener von Matthews (1974) und unterscheidet sich in bestimmter Hinsicht von jener von Lyons (1968).

9 Ein modernes Beispiel ist Loglan (cf. Brown, 1966); cf. Zwicky (1969) für eine einfühlende, aber kritische Besprechung, in der mehrere Punkte von allgemeinerem Interesse hervorgehoben werden. Für den Hintergrund der Arbeiten von Dalgarno und von Wilkins, cf. Salmon (1966).

10 Die Erscheinungen, die von Trubetzkoy und seinen Nachfolgern mit dem Begriff der Grenzsignale beschrieben worden sind, werden von den Phonologen der sogenannten Londoner Schule (cf. Palmer, 1970) ziemlich verschieden behandelt.

11 Hier sind bestimmte Einschränkungen angebracht: cf. Bolinger (1961).

12 Für eine Diskussion cf. Caplan & Marshall (1975), Dimond & Beaumont (1974), Lenneberg (1967), Schmitt & Worden (1974), Whitaker (1971).

13 Über den Spracherwerb von Kindern gibt es eine ausgedehnte und immer noch wachsende Literatur: Cf. Bates (1976), Brown (1973), Clark & Clark (1977), Ferguson & Slobin (1973), Flores d'Arcais & Levelt (1970), Greenfield & Smith (1974), Hayes (1970), Huxley & Ingram (1971), McNeill (1970), Moore (1973), Slobin (1971).

14 Es ist kaum notwendig zu betonen, daß diese Frage sehr kontrovers ist, und was ich im Text gesagt habe, scheint mir nichts anderes zu sein als das, was die Vorsicht diktiert. Es ist natürlich möglich, daß zukünftige und noch nicht vorhersehbare Entwicklungen in der Erforschung der Neurophysiologie oder Ethologie das Gleichgewicht der Meinungen der Gelehrten dramatisch auf die eine oder andere Seite verschieben können. Beim Verfassen dieses Abschnitts habe ich mich stark an die relativ wenigen und allgemeinen Quellen gehalten. Unter ihnen (abgesehen von jenen, auf die im Text verwiesen wird oder die in früheren Fußnoten erwähnt sind) haben sich die folgenden als nützlich erwiesen und können für den

Nichtspezialisten in diesem Gebiet als eine Einführung dienen: Adams (1972), Bateson & Klopfer (1973), Bower (1974), Hinde (1972), Sebeok (1968, 1974), Sebeok & Ramsay (1969), Whitaker (1971). Einige der philosophischen Probleme werden in Chomsky (1968, 1976), Cooper (1973), Hook (1969) und Sampson (1975) diskutiert.

4. Semiotik

1 Dies ist nur eine kleine Auswahl an Literaturhinweisen: cf. auch Baldinger (1957), Barthes (1964), Buyssens (1943), Eco (1971), Greimas *et al.* (1970), Guiraud (1971), Langer (1942), Mounin (1970), Mulder & Hervey (1972), Prieto (1966), Spang-Hanssen (1954). Es ist interessant zu beobachten, daß indische Theorien der Bezeichnung in mancherlei Hinsicht zu westlichen Theorien parallel liefen oder ihnen zeitlich vorangingen: cf. Kunjunni Raja (1963).

2 Über die Frage, ob diese Darstellung der Ockhamschen Auffassung in allen Einzelheiten richtig ist, läßt sich vielleicht streiten. Aber sie gibt sein Grundanliegen deutlich und knapp wieder.

3 Der Terminus ‚Konzeptualismus‘ wird in dieser Arbeit nie in demjenigen Sinne verwendet, in dem er üblicherweise von den Philosophen gebraucht wird.

4 Es muß betont werden, daß die hier vorgebrachte Kritik am Konzeptualismus in keiner Weise die Annahme von Begriffen als theoretischen Konstrukten innerhalb einer psychologischen Theorie betrifft.

5 Die Fragen, die wir in diesem Abschnitt behandelt haben, werden oft unter Rückgriff auf das Verhältnis von Sprache und Wirklichkeit diskutiert (cf. Urban, 1939). Zu einer Auswahl von Arbeiten, die neuere Ansätze darstellen, cf. Olshewsky (1969: 653–731).

6 Zu diesem Aspekt von Peirces cf. Feibleman (1946), Gallie (1952).

7 Zu einer Auswahl verschiedener Auffassungen cf. Bar-Hillel (1971) und Davidson & Harman (1972).

5. Behavioristische Semantik

1 Es ist nicht beabsichtigt, im folgenden eine umfassende Darstellung des Behaviorismus zu geben. Es werden nur diejenigen Aspekte behandelt, die für die Entwicklung der Semantik von Bedeutung sind. Eine klassische Abhandlung ist Osgood (1953). Zum allgemeinen Hintergrund cf. Carroll (1953), Osgood und Sebeok (1954).

2 Nach Skinner (1957: 86–7), der diesen Abschnitt aus Weiss zitiert, „ist es eine oberflächliche Analyse, die sich zu eng an die traditionelle Vorstellung, daß Wörter ‚für [Dinge] stehen‘, anlehnt“.

3 Bloomfield gab den sogenannten Mentalismus zugunsten des Weisschen Behaviorismus auf, da er glaubte, daß die Linguistik bei psychologischen Auseinandersetzungen neutral bleiben könnte und sollte: cf. Bloomfield (1926: 153). Im traditionellen philosophischen Sprachgebrauch bezieht sich der Terminus ‚Mentalismus‘ oft auf die Lehre, die besagt, daß die Gegenstände des Wissens außerhalb des Geistes des Wahrnehmenden keine Existenz haben. Der Terminus wird hier im allgemeineren Sinn verwendet, in dem er von den Begründern des Behaviorismus gebraucht

wurde: nämlich um jene philosophische Theorie zu beschreiben, nach der es einen radikalen Unterschied zwischen dem Geist und der Materie gibt.

4 Bloomfields Bedeutungstheorie ist daher wie die Theorie von Ogden & Richards (cf. 4.1) eine kausale Theorie: sie ist auch, ebenso wie die von Ogden und Richards, eine kontextuelle Bedeutungstheorie, da sie die Bedeutung einer Äußerung vom Kontext, in dem sie geäußert wird, abhängig macht. Über kausale Bedeutungstheorien im allgemeinen cf. Black (1968: Kapitel 7). Nicht alle kontextuellen Bedeutungstheorien beruhen auf den Prinzipien des Behaviorismus. Insbesondere sollte betont werden, daß Firth, der explizit eine kontextuelle Bedeutungstheorie vertrat (cf. 14.4), kein Behaviorist war; Ogden & Richards waren nur in einem ziemlich ungenauen Sinn dieses Terminus Behavioristen.

5 Der Titel von Skinners Buch (1957) ist in gewisser Weise irreführend. Der Terminus ‚verbales Verhalten', wie Skinner ihn verwendet, schließt vieles über die Sprache hinaus ein; andererseits gibt es, wie wir bereits gesehen haben, in der Sprache vieles, das nicht Teil der verbalen Komponente ist (cf. 3.1). Obwohl Skinners Buch erst 1957 erschien, war eine frühere Version schon einige Jahre zuvor in Umlauf und hatte einen großen Einfluß auf die Sprachpsychologie in Amerika ausgeübt.

6 Zu einigen dieser Fragen cf. Fodor (1968), Broadbent (1973), Greene (1972). Von einem gewissen Punkt an scheint durch die Hinzufügung postulierter angeborener Mechanismen der Behaviorismus eines Quine in den Mentalismus eines Chomsky überzugehen (cf. Hook, 1969; Davidson & Hintikka, 1969).

6. *Logische Semantik*

1 Besonders hilfreich als Einführung in die zugrundeliegende philosophische Literatur sind folgende Arbeiten: Caton (1963), Feigl & Sellars (1949), Flew (1951, 1953), Lehrer & Lehrer (1970), Linsky (1952), Olshewski (1969), Parkinson (1968), Passmore (1957), Rorty (1967), Searle (1971), Stroll (1967) und Zabeeh *et al.* (1974). Ein englischer Klassiker des logischen Positivismus ist Ayer (1936). Einige der Themen, die in diesem Kapitel behandelt werden, wurden unter speziellen und teilweise gegensätzlichen Standpunkten behandelt von Alston (1964), Austin (1961), Cohen (1966), Harrison (1972), Putnam (1975), Quine (1953, 1960, 1970), Schaff (1960), Schiffer (1972), Strawson (1952, 1959, 1971), Ziff (1960).

2 Es wäre möglich und in gewisser Hinsicht auch vorzuziehen gewesen, auf eine Darstellung der mathematischen Logik gänzlich zu verzichten, da viele zuverlässige Handbücher zur Verfügung stehen. Ein Problem besteht darin, daß sie oft für diejenigen geschrieben sind, die sich auf die mathematische Logik spezialisieren wollen. Ein weiteres Problem ist, daß der Gebrauch der Termini ‚Satz', ‚Proposition' und ‚Aussage' bei den Logikern nicht einheitlich ist. Dadurch, daß ich in dieses Kapitel drei kurze Abschnitte über die formale Logik aufgenommen habe, konnte ich die Terminologie festlegen und, auf die Gefahr der Übervereinfachung hin, meine Behandlung den besonderen Zielsetzungen dieses Buches anpassen. Soweit ich auf spezielle Arbeiten zurückgegriffen habe, handelt es sich dabei hauptsächlich um Carnap (1958), Church (1956), Prior (1962), Reichenbach (1947), Schoenfield (1967). Hätte Allwood *et al.* (1977) zu der Zeit, als ich dieses Buch schrieb, bereits zur Verfügung gestanden, hätte ich wohl mehr davon Gebrauch gemacht, als es so möglich gewesen ist.

3 Der Terminus ‚Proposition' ist sehr problematisch. In Gochet (1972) wird eine sehr gute Literaturübersicht gegeben.

4 Der Logiker würde sagen, daß Klassen immer extensional definiert werden: zwei Klassen sind dann und nur dann identisch, wenn sie genau dieselben Elemente enthalten. Worauf es hier ankommt, ist die Frage, ob die Extension ausreicht, um die Intention zu bestimmen und davon zu unterscheiden.

5 Zu einer sehr gründlichen Diskussion der Arbeiten Freges und ihres Stellenwertes in der Sprachphilosophie cf. Dummett (1973).

6 Eine hilfreiche Diskussion und Einführung in die Literatur findet sich in Zabeeh *et al.* (1974: 525–660) und in Olshewskys (1969: 353–457) Kapiteln über das Analytische und das Synthetische.

7 Einige Wissenschaftler könnten glauben, daß mein Zugang zum Begriff der möglichen Welten aufgrund des Begriffs der Zustandsbeschreibungen etwas altmodisch ist. Aber ich fand es hilfreich, in solchen Begriffen zu denken. Ein alternativer Ansatz ist der von Kripke (1963) oder Hintikka (1969).

8 Tarskis (1944) Aufsatz ist wahrscheinlich für den Nicht-Spezialisten ein besserer Ausgangspunkt. Zum Hintergrund und zu weiteren Literaturhinweisen: cf. Olshewsky (1969: 575–652) und Zabeeh *et al.* (1974: 661–74).

9 Was hier gesagt wird, soll nicht so verstanden werden, als beinhalte es, daß Tarskis Definition der Wahrheit und die modelltheoretische Semantik unauflösbar miteinander verbunden seien.

10 Dies ist eine recht idiosynkratische terminologische Unterscheidung, die in Standarddarstellungen der modelltheoretischen Semantik nicht gemacht wird.

11 Eine andere Alternative ist es, sie als Konstrukte innerhalb eines computerisierten oder computerisierbaren informationsverarbeitenden Systems zu behandeln: cf. Minsky (1968), Winograd (1975), Woods (1975).

7. Referenz, Sinn und Denotation

1 Für viele Autoren ist diese Bedeutung des Terminus ‚referieren' nicht die sekundäre, sondern die primäre. Zum Hintergrund und zur philosophischen Rechtfertigung des hier vertretenen Standpunkts: cf. Linsky (1967). Die meisten der Literaturhinweise, die in Fußnote 1 zu Kapitel 6 zitiert wurden, sind einschlägig. Das gilt auch für Linsky (1971), Quine (1966).

2 Wenn man sagt, daß ein Satz einen referierenden Ausdruck enthält, so beinhaltet dies, daß er einen Ausdruck enthält, der bei einem Äußerungsvorkommnis dieses Satzes verwendet werden kann, um zu referieren.

3 Für eine gute Zusammenfassung der Art, in der die Linguisten den Begriff der Koreferenz definiert haben, und zu einigen Problemen, die daraus entstanden: cf. Fauconnier (1974).

4 Man könnte behaupten, daß, wenn John ein Mädchen mit grünen Augen heiraten möchte und er dabei kein bestimmtes Mädchen im Auge hat, er dennoch wünschen muß, es möge der Fall sein, daß es ein Mädchen mit grünen Augen gibt und er sie heiratet und dies dasjenige ist, was in (12 b) ausgedrückt ist. Ich finde diese Argumentation allerdings gar nicht überzeugend.

5 Wenn ich das sage, bin ich mir bewußt, daß dasjenige, was genau mit ‚spezifisch'

und ‚nicht-spezifisch' gemeint ist, nicht ganz deutlich ist. Zur Diskussion dieser Unterscheidung und ihren semantischen und syntaktischen Implikationen: cf. Dahl (1970), Jackendoff (1972).

6 Zur Diskussion und zu Hinweisen auf die neuere linguistische und philosophische Literatur: cf. Dik (1968), Partee (1972, 1975).

7 Siehe Biggs (1975), Dahl (1975), Jackendoff (1972), Lawler (1972), Smith (1975).

8 Die Unterscheidung ‚Bedeutung' vs. ‚Bezeichnung' wird von verschiedenen Autoren in unterschiedlicher Weise gemacht. Aber Brekle (1972) bringt sie in einen engeren Zusammenhang mit Freges Unterscheidung. Dies gilt auch für Coseriu & Geckeler (1974).

9 Dies halte ich für den Inhalt des Putnamschen Begriffs der Stereotypen oder Roschs Begriff der natürlichen Kategorien, die mit dem traditionellen Begriff der natürlichen Arten in Zusammenhang gebracht werden können.

10 Es ist möglich, daß ‚sunetos' bei anderen zeitgenössischen Autoren das beste Äquivalent für ‚intelligent' ist . Aber ‚sunetos' wird bei Platon nur sehr selten verwendet. In Kontexten, in denen wir durchaus ‚intelligent', ‚schlau' oder ‚klug' verwenden würden, werden normalerweise die griechischen Wörter ‚eumathes' oder ‚sophos' gebraucht. Wenn ich dies sage, so mache ich natürlich bestimmte Annahmen über die interkulturelle Identifizierung von Kontexten (cf. Lyons, 1963).

11 Der Begriff ‚rites de passage' geht auf Van Gennep (1909) zurück. Aber er ist auch sehr oft von Anthropologen verwendet worden: cf. Gluckman (1962), Lévi-Strauss (1958), Turner (1969). (Er wurde auch ausgeweitet auf die Ritualisierung der Übergänge zwischen den verschiedenen mehr oder weniger unterscheidbaren Stadien einer Begegnung: cf. Firth, 1972; Laver, 1975.) In philosophischen Behandlungen der Eigennamen besteht eine Tendenz, die rituelle und sogar magische Bedeutung von Namen in vielen Kulturen unterzubewerten.

12 Zur Diskussion des sprachlichen Status von Namen: cf. Kuryłowicz (1960), Sørensen (1963).

13 In vielen Kontexten ist es schwierig, die vokative Funktion von der referentiellen Funktion zu trennen (z. B. beim Verlesen einer Anwesenheitsliste); es gibt noch andere Kontexte, in denen weder die vokative noch die referentielle Funktion von Namen eine Rolle spielt.

13a Im Alltagsenglischen besteht ein deutlicher Zusammenhang zwischen dem Substantiv ‚name' und dem Verb ‚call'; es ist kein Zufall, daß das Verb ‚call' nicht nur „nennen" [to name] bedeuten kann, sondern auch „ansprechen (als)" [to address], „rufen" [to summon] und „(jemandem) einen Namen zuschreiben" [to assign a name to]. [Zwischen den deutschen Verben besteht kein derartiger Zusammenhang.]

14 Zu Literaturhinweisen auf neuere Arbeiten über den Spracherwerb siehe Fußnote 13 zu Kapitel 3.

8. Strukturelle Semantik I: semantische Felder

1 Teile dieses Kapitels wurden in Robey (1973) veröffentlicht.

2 In den letzten Jahren wurden einige von Saussures eigenen Anmerkungen entdeckt und veröffentlicht (cf. Godel, 1957); sie werden zusammen mit anderen Quellen

verwendet, um eine kritische Ausgabe herzustellen (cf. Saussure, 1967–71). Eine nützliche Auswahl an Schlüsselpassagen aus Saussure (1916) erscheint zusammen mit einem Kommentar in Roulet (1975); ein Glossar der Saussureschen Terminologie, im Kontext zitiert, findet sich in Engler (1968).

3 Zur Frage der Übersetzung: cf. Beckman & Callow (1974), Brower (1959), Catford (1965), Mounin (1963), Nida (1964), Nida & Taber (1969), Steiner (1975).

4 Coseriu (1952) unterscheidet zwischen System und Norm, während Hjelmslev (1953) von den sozio-psychologischen Implikationen von Saussures Auffassung über das Sprachsystem abstrahiert. Chomskys (1965) Unterscheidung zwischen ,Kompetenz' und ,Performanz' ist in bestimmten Hinsichten mit Saussures Unterscheidung zwischen ,langue' und ,parole' vergleichbar (cf. 1.6).

5 Spang-Hanssen (1954) liefert eine nützliche Zusammenfassung verschiedener früherer Bedeutungstheorien aus strukturalistischer Sicht. Ich halte Whorf (1956) für einen Vertreter des Phänomenalismus (seine philosophische Position ist allerdings möglicherweise nicht ganz klar: cf. Black (1959), Cassirer (1923) für einen Idealisten und Hjelmslev (1953) für neutral. Die Frage wird aus der Sicht eines Materialisten (oder genauer eines Marxisten) von Schaff diskutiert (1960, 1964: cf. Olshewsky, 1969: 101–11, 736).

6 Insbesondere von E. R. Heider (= E. H. Rosch): cf. Rosch (1973 a, b).

7 McNeill (1972) ist hier sehr kritisch; Conklin (1973) in konstruktiver Weise kritisch; er stellt die Arbeit von Berlin und Kay in einen allgemeineren Zusammenhang; Kay (1975) bringt die Hypothese auf den neuesten Stand und führt Verbesserungen ein. Harrison (1973) macht einige philosophische Bemerkungen über den Erwerb des Farbwortschatzes.

7a Ullmann (1957: 57) weist auf die Schwierigkeit hin, die Termini ,ergliedern' und ,ausgliedern' befriedigend ins Englische zu übersetzen; denn durch die englische Übersetzung „organic and interdependent articulateness" kann man die zwei korrelierenden Aspekte nicht zum Ausdruck bringen.

8 Es ist nicht üblich, Whorf mit Trier in Verbindung zu bringen. Aber meiner Ansicht nach gibt es eine auffallende Ähnlichkeit in ihrer Ausdrucksweise. Ein Teil der Kritik, die hier gegen Triers Theorie der Wortfelder vorgebracht wird, scheint tatsächlich auf viele andere Versionen der strukturellen Semantik zuzutreffen. Neben den im Text zitierten Literaturhinweisen scheinen auch die folgenden hilfreich zu sein: Ader (1964), Baldinger (1970), Elwert (1968), Gipper (1959, 1963), Lehrer (1974), Leisi (1953), Wotjak (1971).

9. Strukturelle Semantik II: Sinnrelationen

1 Ein großer Teil des Kapitels 9 ist eine Überarbeitung des Kapitels 10 von Lyons (1968). Der Leser wird jedoch darauf hingewiesen, daß es bestimmte terminologische Unterschiede gibt. Insbesondere wurde der Terminus ,Denotation' in Lyons (1968) nicht verwendet.

2 Mit dieser Aussage über konträre Gegenteile soll nur auf einen wichtigen und relevanten Unterschied zwischen konträren Gegensätzen und Kontradiktionen hingewiesen werden. In der genannten Formulierung würde sie Paare wie „Dieser Kaffee hier ist heiß" und „Hier gibt es keinen Kaffee" als konträre Gegensätze zulassen; diese Konsequenz würde nicht jeder akzeptieren wollen.

3 Solche Lexeme werden von Katz (1964, 1966) als Antonyme angesehen. Dies ist aber eine ungewöhnlich weite Interpretation des Terminus ‚Antonymie'.

4 Worauf es Sapir ankam, ist den Logikern sehr wohl bekannt und geht zumindest bis auf Aristoteles zurück (cf. *Categories 56*).

5 Katz (1972: 254) macht in diesem Zusammenhang eine Unterscheidung zwischen relativen und absoluten Adjektiven. Kamp (1975) macht die logischen Probleme deutlich, die entstehen, wenn relative Adjektive semantisch wie gewöhnliche einstellige Prädikate behandelt werden. Siehe auch: Bierwisch (1967), Cruse (1976), Givón (1970), Ljung (1974).

6 Es ist interessant zu beobachten, daß C. K. Ogden, der Erfinder des Basic English – er war auch der Autor eines kleinen, aber wichtigen Buches über den Begriff der Opposition (cf. Ogden, 1932) –, es für nötig hielt, 50 Paare morphologisch nicht verwandter Gegenteile unter den 850 Lexemen des Basic English anzuführen. Er baute auch die Möglichkeit zur Bildung weiterer 50 Gegenteile mittels *un*-Präfigierung der von ihm sogenannten Eigenschaftsnamen in das System ein; allerdings empfiehlt er dem Lernenden ‚not' zu gebrauchen (cf. Ogden, 1968: 131). Was immer man auch an Kritik gegen das Basic English vorbringen könnte, so muß man sicherlich eingestehen, daß Ogdens Intuition oder Urteil in dieser Hinsicht richtig war.

6a [Lyons behauptet, daß die englischen Wörter ‚up': ‚down' auf einer Opposition beruhen, die innerhalb der Bewegung von O weg gemacht wird. Diese Behauptung scheint aber fragwürdig zu sein. Sie würde nur stimmen, wenn die englischen Wörter ‚up': ‚down' nur die Bedeutung ‚hinauf': ‚hinab' hätten. Da sie aber auch die Bedeutung ‚herauf': ‚herab' haben können, kann die Opposition auch entweder innerhalb der Bewegung nach O bestehen (‚herauf': ‚herab') sowie zwischen der Bewegung nach O und von O weg (‚herauf': ‚hinab' oder ‚hinauf': ‚herab'). In den zwei letztgenannten Fällen trifft der von Lyons gemachte Unterschied – zwischen ‚up': ‚down' und ‚come': ‚go' – nicht zu, da jede dieser beiden Oppositionen sowohl eine Bewegung nach O als auch eine Bewegung von O weg ausdrückt.]

7 Diese drei Paare werden im Basic English tatsächlich als Gegenteile behandelt, obgleich wenige Sprecher des Englischen den Kontrast zwischen ‚blau' und ‚gelb' oder sogar zwischen ‚grün' und ‚rot' für denselben Kontrast halten würden, der zwischen ‚schwarz' und ‚weiß' besteht. Nach Ogden (1932: 88) „wird der empfindsame Farbkünstler ... darauf bestehen, daß rot und grün den typischen und unbezweifelbaren Fall einer Opposition darstellen. Sie ziehen ihn sozusagen emotionell in zwei Richtungen, und die Tatsache, daß sie einander als komplementäre Einheiten neutralisieren, ist bloß eine Folge ihrer fundamentalen Opposition".

8 Es gibt zumindest eine Farbtheorie, die diesen antipodalen Relationen offenbar Rechnung trägt: nämlich Herings (1874) Theorie (cf. Zollinger, 1973).

8a [Im englischen Original stehen die Buchstaben, die die Beziehungen darstellen, teilweise in einer falschen Reihenfolge. Statt (*a, d*) für die Konverse von ‚zjatj' steht (*d, a*), und für die Beziehung ‚nevestka' steht ‚die Beziehung zwischen *b* und *c*' statt ‚zwischen *c* und *b*'. Da bei den russischen Verwandtschaftsbeziehungen gerade die *Richtung* der Beziehung ausschlaggebend ist (so entsteht z. B. der Unterschied zwischen ‚Frau des Bruders' und ‚Schwester des Mannes'), ist es besonders wichtig, die zwei Personen, zwischen denen eine Beziehung besteht, in der richtigen Reihenfolge anzugeben.]

9 Es gibt auch noch andere Unterschiede zwischen den zwei Systemen, die man in einer detaillierteren Analyse darstellen müßte. „Der Mann der Schwester der Frau" wird im Russischen getrennt lexikalisiert, obgleich dies für keine der drei anderen Möglichkeiten von „Ehepartner des Geschwisters des Ehepartners von" gilt. Frauen von Brüdern sind in der „nevestka"-Beziehung symmetrisch verwandt. Die Ehemänner von Schwestern stehen in keiner lexikalisierten Beziehung. Darüber hinaus wird nicht nur „Mann der Schwester", sondern auch „Mann der Tochter" als ‚zjatj' lexikalisiert; und „Frau des Sohnes" ist in der Bedeutung von ‚nevestka' eingeschlossen. Da „Vater des Mannes" und „Vater der Frau" lexikalisch unterschieden sind, ebenso wie „Mutter des Mannes" und „Mutter der Frau", ist die Darstellung der verschiedenen konversen Relationen zwischen Paaren von Lexemen ziemlich kompliziert: sie ist jedoch intern konsistent, was der Leser für sich selbst verifizieren kann. Das aus dem 19. Jahrhundert stammende russische System, das hier beschrieben wird, ist jetzt durch ein einfacheres ersetzt worden. Dies beeinträchtigt jedoch nicht das, was im Text gesagt wird.

9 a [Im Alltagsenglischen können auch für ‚kind' unter eingeschränkteren Bedingungen ‚sort' und ‚type' eingesetzt werden.]

10 Die Anthropologen haben viel Aufmerksamkeit auf den Begriff der hierarchischen Struktur im Wortschatz, insbesondere im Zusammenhang mit der Untersuchung sogenannter Laienklassifizierungen*, gerichtet (Berlin, Breedlove & Raven, 1966, 1974; Conklin, 1962, 1972; Frake, 1962, Sturtevant, 1964). Es scheint jetzt allgemein akzeptiert zu sein, daß Laienklassifizierungen, im Unterschied zu modernen wissenschaftlichen Klassifizierungen, den Bereich, den sie klassifizieren, nicht erschöpfen: sie erreichen auch nicht in allen Bereichen den gleichen Grad an Spezifiziertheit.

11 In vielen Sprachen fungieren einige der allgemeinsten Substantive, die im Deutschen semantisch mit ‚Person', ‚Tier', ‚Gegenstand' usw. vergleichbar sind, als Klassifikatoren (cf. 11.4).

Bibliographie

Abercrombie, D. (1965). *Studies in Phonetics and Linguistics*. London: Oxford University Press.

Abercrombie, D. (1967). *Elements of General Phonetics*. Edinburgh: Edinburgh University Press.

Abercrombie, D. (1968). ‚Paralanguage'. *British Journal of Disorders of Communication* 3 (1). 55–9.

Abraham, S. & Kiefer, F. (1966). *A Theory of Structural Semantics*. The Hague: Mouton.

Adams, P. (ed.) (1972). *Language in Thinking*. Harmondsworth: Penguin.

Ader, D. (1964). ‚Verzeichnis der Schriften Jost Triers'. In W. Foerste & K. H. Borck (eds.) *Festschrift für Jost Trier zum 70. Geburtstag*. Köln & Graz: Böhlau.

Al, B. P. F. (1975). *La Notion de Grammaticalité en Grammaire Générative-Transformationelle*. Leyde: Presse Universitaire de Leyde.

Allwood, J., Anderson, L.-G., Dahl, Ö. (1977). *Logic in Linguistics*. London & New York: Cambridge University Press.

Alston, W. P. (1964). *Philosophy of Language*. Englewood Cliffs. N. J.: Prentice-Hall.

Antal, L. (1963). *Questions of Meaning*. The Hague: Mouton.

Antal, L. (1964). *Content, Meaning and Understanding*. The Hague: Mouton.

Apresjan, J. D. (1974). *Leksičeskaja Semantika*. Moskva: Izd, ‚Nauka'.

Argyle, M. (1967). *The Psychology of Interpersonal Behaviour*. Harmondsworth: Penguin, Pelican Books.

Argyle, M. (1969). *Social Interaction*. London: Methuen.

Argyle, M. (1972). ‚Non-verbal communication in human social interaction'. In Hinde (1972: 243–268).

Argyle, M. (ed.) (1973). *Social Encounters*. Harmondsworth: Penguin Books.

Argyle, M. (1975). *Bodily Communication*. London: Methuen.

Austin, J. L. (1958). ‚Performatif-Constatif': Vortrag gehalten auf der Royaumont Konferenz. Engl. Übers. in Caton (1963).

Austin, J. L. (1961). *Philosophical Papers*. London: Oxford University Press. (2. Aufl. 1970.)

Austin, J. L. (1962). *How To Do Things With Words*. Oxford: Clarendon Press. Dt. Übers.: *Zur Theorie der Sprechakte*. Stuttgart: Reclam, 1972.

Ayer, A. J. (1936). *Language, Truth and Logic*. London: Gollancz. (2. Aufl. 1946.)

Baldinger, K. (1957). *Die Semasiologie: Versuch eines Überblicks*. Berlin: Deutsche Akad. der Wissensch. zu Berlin.

Baldinger, K. (1970). *Teoría Semantica: Hacia una Semántica Moderna*. Coleción Romania, 12. Madrid: Alcala.

Bally, C. (1909). *Traité de Stylistique Française*. Paris: Leroux.

Bar-Hillel, Y. (1954a). , Logical syntax and semantics'. *Language* 30. 230–7. (Reprinted in Bar-Hillel, 1964.)

Bar-Hillel, Y. (1954b). ‚Indexical expressions'. *Mind* 63. 359–79. (Reprinted in Bar-Hillel, 1964.)

Bar-Hillel, Y. (1964). *Language and Information*. Reading, Mass.: Addison-Wesley.

Bar-Hillel, Y. (1967a). ‚Dictionaries and meaning-rules'. *Foundations of Language* 3. 409–14. (Reprinted in Bar-Hillel, 1970: 347–53.)

Bar-Hillel, Y. (1967b). Review of Fodor & Katz (1964). In *Language* 43. 526–50. (Reprinted in Bar-Hillel, 1970.)

Bar-Hillel, Y. (1970). *Aspects of Language*. Jerusalem: Magnes.

Bar-Hillel, Y. (ed.) (1971). *Pragmatics of Natural Language*. Dordrecht-Holland: Reidel.

Bar-Hillel, Y. & Carnap, R. (1952). ‚An outline of a theory of semantic information'. *Technical Report*, 247. Cambridge, Mass.: MIT Research Laboratory of Electronics. (Reprinted in Bar-Hillel, 1964: 221–74.)

Barthes, R. (1964). *Eléments de Sémiologie*. Paris: Seuil. Dt. Übers.: Elemente der Semiologie. Frankfurt: Syndikat, 1979.

Barthes, R. (1967). *Système de la Mode*. Paris: Seuil.

Bartsch, R. & Vennemann, T. (1972). *Semantic Structures*. Frankfurt: Athenäum.

Bates, E. (1976). *Language and Context: The Acquisition of Pragmatics*. New York: Academic Press.

Bateson, P. P. G. & Klopfer, P. (eds.) (1973). *Perspectives in Ethology*. New York: Plenum.

Bazell, C. E. (1958). ‚Linguistic Typology'. In Strevens (1966: 29–49).

Bazell, C. E. *et al.* (eds.) (1966). *In Memory of J. R. Firth*. London: Longmans.

Beekmann, J. & Callow, J. (1974). *Translating the Word of God*. Grand Rapids, Michigan: Zondervan.

Bendix, E. H. (1966). *Componential Analysis of General Vocabulary*. The Hague: Mouton. (Auch veröffentlicht als Teil 2 von *International Journal of American Linguistics,* 32: 2, und Publication 41 des Indiana University Research Center in Anthropology, Folklore and Linguistics.)

Bennett, J. (1976). *Linguistic Behaviour*. Cambridge: Cambridge University Press.

Benveniste, E. (1939). ‚Nature du signe linguistique'. *Acta Linguistica* 1. 23–9. (Reprinted in Benveniste, 1966: 49–55. Also in Hamp *et al.*, 1966: 104–8.)

Benveniste, E. (1966). *Problèmes de Linguistique Générale*. Paris: Gallimard.

Berlin, B., Breedlove, D. E. & Raven, P. H. (1966). ‚Folk taxonomies and biological classification'. *Science* 154. 273–5. (Reprinted in Tyler, 1969.)

Berlin, B., Breedlove, D. E. & Raven, P. H. (1974). *Principles of Tzeltal Plant Classification*. New York & London: Academic Press.

Berlin, B. & Kay, P. (1969). *Basic Color Terms*. Berkeley: University of California Press.

Bierwisch, M. (1965). ‚Eine Hierarchie syntaktisch-semantischer Merkmale'. *Studia Grammatica* 5. 29–86. (3. überarbeitete Aufl., Berlin: Akademie Verlag, 1970.)

Bierwisch M. (1967). , Some semantic universals of German adjectivals'. *Foundations of Language* 3. 1–36.

Bierwisch, M. (1969). ‚On certain problems of semantic representations'. *Foundations of Language* 5. 153–84.

Bierwisch, M. (1970). ‚On classifying semantic features'. In Bierwisch & Heidolph (1970).

Bierwisch, M. & Heidolph, K. E. (1970). *Progress in Linguistics*. The Hague: Mouton.

Biggs, C. (1975). ‚Quantifiers, definite descriptions and reference'. In Keenan (1975: 112–20).

Birdwhistell, R. L. (1952). *Introduction to Kinesics*. Louisville, Ky.: University of Louisville Press.

Birdwhistell, R. L. (1970). *Kinesics and Context*. Philadelphia: University of Pensylvania Press & Harmondsworth: Penguin Books.

Black, M. (1959). ‚Linguistic relativity: the views of Benjamin Lee Whorf'. *Philosophical Review* 68. 228–38.

Black, M. (1968). *The Labyrinth of Language*. New York: Praeger. (England: London: Pall Mall, 1970 & Harmondsworth: Penguin Books, 1972.) Dt. Übers.: *Sprache. Eine Einführung in die Linguistik*. München: Fink, 1973.

Bloom, L. (1973). *One Word at a Time*. The Hague: Mouton.

Bloomfield, L. (1914). *An Introduction to the Study of Language*. New York: Holt.

Bloomfield, L. (1926). ‚A set of postulates for the science of language'. *Language* 2. 153–64. (Reprinted in Joos, 1957: 26–31.)

Bloomfield, L. (1935). *Language*. London: Allen & Unwin. (Amerikan. Ausgabe. New York: Holt, Rinehart & Winston, 1933.)

Bloomfield, L. (1943). ‚Meaning'. *Monatshefte für Deutschen Unterricht* 35. 101–6.

Bobrow, D. G, & Collins, A. (eds.) (1975). *Representation and Understanding*. New York, San Francisco & London: Academic Press.

Bolinger, D. W. (1946). ‚Visual morphemes'. *Language* 22. 333–40.

Bolinger, D. (1961). *Generality, Gradience and the All-or-None*. The Hague: Mouton.

Bolinger, D. (1965). ‚The atomization of meaning'. *Language* 41. 555–73.

Bolinger, D. (1968). *Aspects of Language*. New York: Harcourt Brace & World.

Bolinger, D. (ed.) (1972). *Intonation*. Harmondsworth: Penguin.

Bonomi, A. (1975). *Le Vie del Riferimento*. Milano: Bompiani.

Bower, T. G. R. (1974). *Development in Infancy*. San Francisco: Freeman.

Bréal, M. (1897). *Essai de Sémantique*. Paris. Engl. Übers.: *Semantics: Studies in the Science of Meaning*. London, 1900.

Brekle, H. E. (1972). *Semantik*. München: Fink.

Broadbent, D. E. (1958). *Perception and Communication*. London & New York: Pergamon.

Broadbent, D. (1973). *In Defence of Empirical Psychology*. London: Methuen.

Brower, R. A. (ed.) (1959). *On Translation*. London: Oxford University Press. (Republished New York: Oxford University Press (Galaxy Books), 1966.)

Brown, J. C. (1966). *Loglan: A Logical Language*. Gainsville, Fla.: Loglan Institute.

Brown, R. W. (1958). *Words and Things*. Glencoe, Ill.: Free Press.

Brown, R. W. (1970). *Psycholinguistics: Selected Papers*. New York: Free Press.

Brown, R. W. (1973). *A First Language*. London: Allen & Unwin.

Buck, C. D. (1949). *A Dictionary of Selected Synonyms in the Principal Indo-European Languages*. Chicago: University of Chicago Press.

Bühler, K. (1934). *Sprachtheorie*. Jena: Fischer. (Reprinted Stuttgart: Fischer, 1965.)

Burling, R. (1964). ‚Cognition and componential analysis: God's truth or hocuspocus?' *American Anthropologist*. 66. 20–8.

Burling, R. (1970). *Man's Many Voices*. New York: Holt, Rinehart & Winston.

Buyssens, E. (1943). *Les Langages et le Discours*. Bruxelles: Lebègue.

Caplan, D. & Marshall, J. C. (1975). ‚Generative grammar and aphasic disorders‘: Review von Whitaker (1971). *Foundations of Language* 12. 583–96.

Carnap, R. (1942). *Introduction to Semantics*. Cambridge, Mass. M. I. T. Press.

Carnap. R. (1950). *The Logical Foundations of Probability*. Chicago: University of Chicago Press.

Carnap, R. (1952). ‚Meaning postulates‘. *Philosophical Studies* 3. 65–73. (Reprinted in Carnap, 1956b.)

Carnap, R. (1956a). ‚The methodological character of theoretical concepts‘. In H. Feigl & M. Scriven (eds.) *Minnesota Studies in the Philosophy of Science*, vol. 1. Minneapolis: University of Minnesota Press. (Reprinted in Zabeeh *et al.,* 1974: 331–70.)

Carnap. R. (1956b). *Meaning and Necessity*, 2. Aufl. Chicago.

Carnap, R. (1958). *Introduction to Symbolic Logic*. New York: Dover. (Übersetzung des überarbeiteten Textes von *Einführung in die Symbolische Logik*. Wien: Springer, 1954.)

Carroll, J. (1953). *The Study of Language*. Cambridge, Mass.: Harvard University Press.

Casares, J. (1942). *Diccionario Ideológico de la Lengua Española*. Madrid: G. G.

Cassirer, E. (1923). *Philosophie der Symbolischen Formen*, vol. 1. Berlin. Engl. Übers.: *The Philosophy of Symbolic Forms*. New Haven, Conn.: Yale University Press, 1953.

Cassirer, E. (1945). ‚Structuralism in modern linguistics‘. *Word* 1. 99–120.

Castañeda, H-N. (1967). ‚On the logic of self-knowledge‘. *Nous* 1. 9–22.

Catford, J. C. (1965). *A Linguistic Theory of Translation*. London: Oxford University Press.

Caton, C. E. (ed.) (1963). *Philosophy and Ordinary Language*. Urbana, Ill.: University of Illinois Press.

Chafe, W. L. (1970). *Meaning and the Structure of Language*. Chicago & London: University of Chicago Press.

Chappell, V. C. (ed.) (1964). *Ordinary Language*. Englewood Cliffs, N. J.: Prentice-Hall.

Chase, S. (1938). *The Tyranny of Words*. New York: Harcourt, Brace.

Cherry, C. (1957). *On Human Communication*. Cambridge, Mass.: M. I. T. Press. (Reprinted New York: Science Editions, 1959.)

Cherry, C. (ed.) (1974). *Pragmatic Aspects of Communication*. Dordrecht: Reidel, 1974.

Chomsky, N. (1957). *Syntactic Structures*. The Hague: Mouton.

Chomsky, N. (1965). *Aspects of the Theory of Syntax*. Cambridge, Mass.: M. I. T. Press. Dt. Übers.: *Aspekte der Syntaxtheorie*. Frankfurt: Suhrkamp, 1969.

Chomsky, N. (1968). *Language and Mind*. New York: Harcourt, Brace & World. (Erweiterte Aufl. 1972.) Dt. Übers.: *Sprache und Geist*. Frankfurt: Suhrkamp, 1970, 1972.

Chomsky, N. (1976). *Reflections on Language*. London: Temple Smith. Dt. Übers.: *Reflexionen über die Sprache*. Frankfurt: Suhrkamp, 1977.

Chomsky, N. & Halle, M. (1968). *The Sound Pattern of English*. New York: Harper & Row.

Church, A. (1956). *Introduction to Mathematical Logic.* Princeton: Princeton University Press.

Clark, E. V. (1973). ‚What's in a word? On the child's acquisition of semantics in his first language'. In Moore (1973: 65–110).

Clark, H. H. (1973). ‚Space, time, semantics and the child'. In Moore (1973: 27–63).

Clark, H. H. & Clark, E. V. (1977). *Psychology and Language.* New York: Harcourt Brace Jovanovich.

Cohen, L. J. (1966). *The Diversity of Meaning, 2.* Aufl. London: Methuen.

Conklin, H. C. (1955). ‚Hanunoo color categories'. *Southwestern Journal of Anthropology* 11. 339–44. (Reprinted in Hymes, 1964: 189–92.)

Conklin, H. C. (1962). ‚Lexicographical treatment of folk taxonomies'. In Householder & Saporta (1962: 119–41). (Reprinted in Tyler, 1969: 41–59.)

Conklin, H. C. (1972). *Folk Classification: A Topically Arranged Bibliography of Contemporary and Background References Through 1971.* New Haven: Department of Anthropology, Yale University.

Conklin, H. (1973). ‚Color categorization': Review of Berlin & Kay, 1969. *American Anthropologist* 75. 931–42.

Cooper, David, E. (1973). *Philosophy and the Nature of Language.* London: Longmans.

Copleston, F. C. (1946–1966). *A History of Philosophy,* 8 Bd. London: Burns Oates & Washbourne.

Coseriu, E. (1952). ‚Sistema, norma y habla'. In Coseriu (1962: 11–113).

Coseriu, E. (1962). *Teoría del Lenguaje y Lingüística General.* Madrid: Gredos. Dt. Übers.: *Sprachtheorie und Sprachwissenschaft.* München: Fink, 1975.

Coseriu, E. (1967). ‚Lexikalische Solidaritäten'. *Poetica* I. 293–303.

Coseriu, E. & Geckeler, H. (1974). ‚Linguistics and semantics'. In Sebeok (1974: 103–71).

Croce, B. (1902). *Estetica Come Scienza dell'Espressione e Linguistica Generale.* Palermo: Sandron. (3. und folgende Aufl., Bari: Laterza.) Engl. Übers.: *Aesthetics as Science of Expression and General Linguistics.* London: Macmillan, 1922.

Cruse, D. A. (1976). ‚Three classes of antonyms in English'. *Lingua* 38. 281–92.

Crystal, D. (1969). *Prosodic Systems and Intonation in English.* London & New York: Cambridge University Press.

Crystal, D. (1975). *The English Tone of Voice.* London: Arnold.

Dahl, Ö. (1970). ‚Some notes on indefinites'. *Language* 46. 33–41.

Dahl, Ö. (1975). ‚On generics'. In Keenan (1975: 99–111).

Dalgarno, G. (1661). *Ars Signorum.* London.

Davidson, D. & Hintikka, J. (eds.) (1969). *Words and Objections: Essays on the Work of W. V. Quine.* Dordrecht: Reidel.

Davidson, D. & Harman, G. (eds.) (1972). *Semantics of Natural Language.* Dordrecht: Reidel.

Deese, J. (1965). *The Structure of Associations in Language and Thought.* Baltimore: Johns Hopkins Press.

Deese, J. (1970). *Psycholinguistics.* Boston: Allyn & Bacon.

De Laguna, G. (1927). *Speech.* New Haven, Conn.: Yale University Press. (Reprinted, Bloomington, Ind.: Indiana University Press.)

De Mauro, T. (1965). *Introduzione alla Semantica.* Bari: Laterza.

De Mauro, T. (1967). *Ludwig Wittgenstein*. Dordrecht: Reidel.

Dik, S. C. (1968). ‚Referential identity'. *Lingua* 21. 70–97.

Dimond, S. J. & Beaumont, J. G. (1974). *Hemisphere Function in the Human Brain*. London: Elek Science.

Dixon, R. M. W. (1971). ‚A method of semantic description'. In Steinberg & Jakobovits (1971).

Dixon, R. M. W. (1973). ‚The semantics of giving'. In Gross *et al*. (1973: 205–23).

Donnellan, K. (1966). ‚Reference and definite descriptions'. *Philosophical Review* 75. 281–304. (Reprinted in Steinberg & Jakobovits, 1971.)

Dornseiff, F. (1934). *Der Deutsche Wortschatz nach Sachgruppen*. Berlin: De Gruyter.

Ducrot, O. & Todorov, T. (1972). *Dictionnaire Encyclopédique des Sciences du Langage*. Paris: Seuil.

Dummett, M. (1973). *Frege: Philosophy of Language*. London: Duckworth.

Eco, U. (1971). *Le Forme del Contenuto*. Milano: Bompiani.

Eco, U. (1972). ‚Introduction to a semiotics of iconic signs'. *Versus* 2. 1–15.

Elwert, W. T. (ed.) (1968). *Probleme der Semantik*. Wiesbaden: Steiner.

Engler, R. (1968). *Lexique de la Terminologie Saussurienne*. Utrecht & Anvers: Spectrum.

Erdmann, K. O. (1925). *Die Bedeutung des Wortes*, 4th edition. Leipzig.

Esper, E. A. (1968). *Mentalism and Objectivism in Linguistics*. New York: American Elsevier.

Fauconnier, G. (1974). *La Coréférence: Syntaxe ou Sémantique?* Paris: Seuil.

Feibleman, J. K. (1946). *An Introduction to Peirce's Philosophy*. New York: Harper.

Feigl, H. & Sellars, W. (eds.) (1949). *Readings in Philosophical Analysis*. New York: Appleton-Century-Crofts.

Ferguson, C. & Slobin, D. (eds.) (1973). *Studies in Child Language Development*. New York: Holt, Rinehart & Winston.

Fillmore, C. (1971), ‚Types of lexical information'. In Steinberg & Jakobovits (1971).

Fillmore, C. & Langendoen, T. (eds.) (1971). *Studies in Linguistic Semantics*. New York: Holt, Rinehart & Winston.

Firth, J. R. (1935). ‚The technique of semantics'. In *Transactions of the Philological Society*. (Reprinted in Firth, 1957.)

Firth, J. R. (1937). *The Tongues of Men*. London: Watt.

Firth, J. R. (1950). ‚Personality and language in society'. *The Sociological Review* 42. 37–52. (Reprinted in Firth, 1957 a.)

Firth, J. R. (1957 a). *Papers in Linguistics, 1934–1951*. London: Oxford University Press.

Firth, J. R. (1957 b). ‚Ethnographic analysis and language with reference to Malinowski's views'. In Raymond Firth (ed.) *Man and Culture*. London: Routledge. (Reprinted in Palmer, 1968.)

Firth, R. (1972). ‚Verbal and bodily rituals of greeting and parting'. In J. S. La Fontaine (ed.) *The Interpretation of Ritual*. London: Tavistock Publications.

Flew, A. (ed.) (1951). *Logic and Language,* first series. Oxford: Blackwell.

Flew, A. (ed.) (1953). *Logic and Language,* second series. Oxford: Blackwell.

Flores D'Arcais, G. & Levelt, W. J. M. (eds.) (1970). *Advances in Psycholinguistics*. Amsterdam: North-Holland.

Fodor, J. A. (1968). *Psychological Explanation.* New York: Random House.

Fodor, J. A. & Katz, J. J. (1964). *The Structure of Language: Readings in the Philosophy of Language.* Englewood Cliffs, N. J.: Prentice-Hall.

Fodor, J. D. (1977). *Semantics: Theories of Meaning in Generative Grammar.* New York: Crowell.

Frake, C. O. (1962). ‚The ethnographic study of cognitive systems'. In Gladwin & Sturtevant (1962: 72–85). (Reprinted in Tyler, 1969: 28–41.)

Frege, G. (1892). ‚Über Sinn und Bedeutung'. *Zeitschr. f. Philosophie und philosoph. Kritik* 100. 25–50. Engl. Übers.: ‚On sense and reference'. In Geach & Black (1960: 56–78). Reprinted in Zabeeh *et al.,* 1974: 118–40; Feigl & Sellars, 1949: 82–102; etc.

Gallie, W. B. (1952). *Peirce and Pragmatism,* überarb. Aufl. London: Penguin Books & New York: Dover Publications, 1966.

Gardiner, A. H. (1932). *The Theory of Speech and Language.* Oxford: Clarendon Press.

Gardner, B. T. & Gardner, R. A. (1971). ‚Two-way communications with an infant chimpanzee'. In A. Schrier & F. Stollnitz (eds.) *Behavior of Non-Human Primates,* vol. 4. New York: Academic Press.

Garver, N. (1965). ‚Varieties of use and mention'. *Philosophy and Phenomenological Research* 26. 230–8. (Reprinted in Zabeeh et al., 1964: 96–104.)

Garvin, P. L. (1955). *A Prague School Reader in Esthetics, Literary Structure, and Style.* Washington, D. C.: Washington Linguistic Club. Publ. of Washington Linguistic Club, no. 1).

Geach, P. & Black, M. (eds.) (1960). *Translations from the Philosophical Writings of Gottlob Frege.* 2. Aufl., Oxford: Blackwell.

Geach, P. T. (1962). *Reference and Generality.* Ithaca, N. Y.: Cornell University Press. (Verb. Ausg. 1968.)

Geckeler, H. (1971). *Strukturelle Semantik und Wortfeldtheorie.* München: Fink.

Gelb, I. J. (1963). *A Study of Writing,* 2. Aufl. Chicago: University of Chicago Press.

Gipper, H. (ed.) (1959). *Sprache, Schlüssel zur Welt: Festschrift für Leo Weisgerber.* Düsseldorf: Schwann.

Gipper, H. (1963). *Bausteine zur Sprachinhaltsforschung.* Düsseldorf: Schwann.

Gipper, H. (1972). *Gibt es ein sprachliches Relativitätsprinzip?: Untersuchungen zur Sapir-Whorf Hypothese.* Frankfurt: Fischer.

Givón, T. (1970). ‚Notes on the semantic structure of English adjectives'. *Language* 46. 816–37.

Gladwin, T. & Sturtevant, W. C. (eds.) (1962). *Anthropology and Human Behavior.* Washington, D. C.: Anthropological Society of Washington.

Gluckman, M. (ed.) (1962). *Essays on the Ritual of Social Relations.* Manchester: Manchester University Press.

Gochet, P. (1972). *Esquisse d'une Théorie Nominaliste de la Proposition.* Paris: Colin.

Godel, R. (1957). *Les Sources Manuscrites du Cours de Linguistique Générale de Ferdinand de Saussure.* Genève & Paris: Droz.

Goffman, E. (1956). *The Presentation of Self in Everyday Life.* Edinburgh: Edinburgh University Press.

Goffman, E. (1971). *Relations in Public.* Harmondsworth: Penguin.

Goodenough, W. H. (1956), ‚Componential analysis and the study of meaning‘. *Language* 32. 195–216.

Goodman, N. (1952). ‚On likeness of meaning‘. In Linsky (1952). (Reprinted in Olshewsky, 1969: 537–42.)

Greene, J. (1972). *Psycholinguistics.* Harmondsworth: Penguin.

Greenfield, P. & Smith, J. (1974). *Communication and the Beginning of Language.* New York & London: Academic.

Greimas, A. (1966). *Sémantique Structurale.* Paris: Larousse.

Greimas, A. J. (1970). *Du Sens: Essais Sémiotiques.* Paris: Seuil.

Greimas, A. J. et al. (ed.) (1970). *Sign, Language, Culture,* The Hague: Mouton.

Grice, H. P. (1957). ‚Meaning‘. *Philosophical Review* 66. 377–88. (Reprinted in P. F. Strawson (ed.) *Philosophical Logic.* Oxford: Oxford University Press, 1971. Auch in Steinberg & Jakobovits, 1971; Zabeeh et al., 1974.)

Grice, H. P. (1968). ‚Utterer’s meaning, sentence-meaning, and word-meaning‘. *Foundations of Language* 4. 225–42. (Reprinted in Searle, 1971.)

Gross, M., Halle, M. & Schützenberger, M.-P. (eds.) (1973). *The Formal Analysis of Natural Languages.* The Hague: Mouton.

Guiraud, P. (1971). *La Sémiologie.* Paris: Presses Universitaires de France. Engl. Übers.: *Semiology.* London: Routledge & Kegan Paul, 1975.

Hall, E. T. (1959). *The Silent Language.* New York: Doubleday.

Hall, E. T. (1966). *The Hidden Dimension.* New York: Doubleday & London: Bodley Head.

Halliday, M. A. K. (1970). ‚Functional diversity in language‘. *Foundations of Language* 6. 322–61.

Halliday, M. A. K. (1973). *Explorations in the Functions of Language.* London: Arnold.

Hallig, R. & Wartburg, W. von (1952). *Begriffssystem als Grundlage für die Lexicographie. Versuch eines Ordnungsschemas.* Berlin: Academie Verlag.

Hammel, E. A. (ed.) (1965). *Formal Semantic Analysis.* Special publication of *American Anthropologist* 67: 5, pt 2.

Hamp. E. P., Householder, F. W. & Austerlitz R. (eds.) (1966). *Readings in Linguistics II.* Chicago & London: University of Chicago Press.

Harman, G. (ed.) (1974). *On Noam Chomsky.* New York: Doubleday.

Harris, Z. (1951). *Methods in Structural Linguistics.* Chicago: University of Chicago Press. (Wiederveröffentlicht als *Structural Linguistics,* 1961.)

Harrison, B. (1972). *Meaning and Structure: An Essay in the Philosophy of Language.* New York: Harper & Row.

Harrison, B. (1973). *Form and Content.* Oxford: Basil Blackwell.

Hayakawa, S. I. (1949). *Language in Thought and Action.* New York: Harcourt, Brace.

Hayden, D. E. & Alworth, E. P. (eds.) (1965). *Classics in Semantics.* London: Vision.

Hayes, J. R. (ed.) (1970). *Cognition and the Development of Language.* New York: Wiley.

Hayes, K. J. & Hayes, C. (1951). ‚Intellectual development of a home-raised chimpanzee‘. *Proceedings of the American Philosophical Society* 95 No. 2 (1951). 105–9.

Heider, E. R. (= Rosch, E. H.) (1971). ‚‚„Focal“ color areas and the development of color names‘. *Developmental Psychology.* 4. 447–55.

Heider, E. R. (1972). ‚Universals in color naming and memory'. *Journal of Experimental Psychology.* 93 (1), 10–20.

Heider, E. R. & Olivier, D. C. (1972). ‚The structure of the color-space in naming and memory for two languages'. *Cognitive Psychology* 3. 337–54.

Hempel, C. G. (1965). *Aspects of Scientific Explanation.* New York: Free Press.

Henle, P. (ed.) (1958). *Language, Thought and Culture.* Ann Arbor: University of Michigan Press. Dt. Übers.: *Sprache, Denken, Kultur,* Frankfurt: Suhrkamp, 1969.

Herder, J. G. (1772). ‚Abhandlung über den Ursprung der Sprache'. In B. Suphan (ed.). *Herder's Sämmtliche Werke,* vol. 5. Berlin, 1891.

Hering, E. (1874). ‚Grundzüge einer Theorie des Farbensinnes'. Sitz. Ber. Öst. Akad. Wiss, Math.-Naturwiss. Kl., Abt. 3. 69.179–217.

Herriot, P. (1970), *An Introduction to the Psychology of Language.* London: Methuen.

Hewes, G. W. (1973). ‚Primate communication and the gestural origin of language'. *Current Anthropology* 14. 5–24.

Hinde, R. A. (ed.) (1972). *Non-Verbal Communication.* London & New York: Cambridge University Press.

Hintikka, J. (1969). ‚Semantics for propositional attitudes'. In J. W. Davis *et al.* (eds.) *Philosophical Logic.* Dordrecht: Reidel. (Reprinted in Linsky, 1971: 145–67).

Hjelmslev, L. (1953). *Prolegomena to a Theory of Language.* (Aus dem Dänischen übers., 1943, von F. J. Whitfield.) Bloomington, Ind.: Indiana University. Dt. Übers.: *Prolegomena zu einer Sprachtheorie.* München: Hueber, 1974.

Hjelmslev, L. (1957). ‚Pour une sémantique structurale'. In *Essais Linguistiques.* Copenhague: Cercle Linguistique de Copenhague, 1957: 96–112.

Hockett, C. F. (1953). Review of Shannon & Weaver (1949). In *Language* 29. 69–93.

Hockett, C. F. (1958). *A Course in Modern Linguistics.* New York: Macmillan.

Hockett, C. F. (1960). ‚The origin of speech'. *Scientific American* 203. 89–96.

Hockett, C. F. & Altmann, S. (1968). ‚A note on design features'. In Sebeok (1968: 61–72).

Hoenigswald, H. M. (1960). *Language Change and Linguistic Reconstruction.* Chicago: University of Chicago Press.

Hook, S. (ed.) (1969). *Language and Philosophy: A Symposium.* New York: New York University Press.

Höpp, G. (1970). *Evolution der Sprache und Vernunft.* Berlin, Heidelberg & New York: Springer.

Householder, F. W. (1971). *Linguistic Speculations.* London & New York: Cambridge University Press.

Householder, F. W. & Saporta, S. (eds.) (1962). *Problems in Lexicography.* Publications of Indiana University Research Center in Anthropology, Folklore and Linguistics, 21. (Supplement zu *International Journal of American Linguistics,* 28.) Baltimore: Waverley Press.

Hughes, G. E. & Cresswell, M. J. (1968). *An Introduction to Modal Logic.* London: Methuen.

Humboldt, W. von (1836). *Über die Verschiedenheit des menschlichen Sprachbaues.* Berlin. (Reprinted Darmstadt: Classen & Roether, 1949.)

Hurford, J. R. (1975). *The Linguistic Theory of Numerals.* London, New York & Melbourne: Cambridge University Press.

Huxley, R. & Ingram, E. (eds.) (1971). *Language Acquisition: Models and Methods.* New York: Academic Press.

Hymes, D. (ed.) (1964). *Language in Culture and Society.* New York: Harper & Row.

Ipsen, G. (1924). ‚Der alte Orient und die Indogermanen'. In *Festschrift für Wilhelm Streitberg.* Heidelberg: Winter.

Itkonen, E. (1974). *Linguistics and Metascience.* Studia Philosophica Turkuensia, 2. Kökemäki: Societas Philosophica et Phaenomenologica Finlandiae/Risteen Kirjapaino.

Jackendoff, R. (1972). *Semantic Interpretation in Generative Grammar.* Cambridge, Mass.: M. I. T. Press.

Jakobson, R. (1936). ‚Beitrag zur allgemeinen Kasuslehre'. *Travaux du Cercle Linguistique de Prague* 6. 240–88. (Reprinted in Hamp *et al.,* 1966.)

Jakobson, R. (1959). ‚On linguistic aspects of translation'. In Brower (1959: 232–9).

Jakobson, R. (1960). ‚Linguistics and Poetics'. In Sebeok (1960).

Jakobson, R. (1971), *Selected Writings,* vol. 2: *Word and Language.* The Hague: Mouton.

Jakobson, R. & Halle, M. (1956). *Fundamentals of Language.* The Hague: Mouton.

Jespersen, O. (1924). *The Philosophy of Grammar.* London: Allen & Unwin.

Jespersen, O. (1909–49). *A Modern English Grammar on Historical Principles.* Copenhagen: Munksgaard. Reprinted, London: Allen & Unwin, 1954.

Jolles, A. (1934). ‚Antike Bedeutungsfelder'. *Beiträge zur Geschichte der deutschen Sprache und Literatur* 58. 97–109.

Joos, M. (ed.) (1957). *Readings in Linguistics.* Washington, D. C.: American Council of Learned Societies. (Wiederveröffentlicht als *Readings in Linguistics I.* Chicago & London: Chicago University Press.)

Kamp, J. A. W. (1975). ‚Two theories about adjectives'. In Keenan (1975: 123–55).

Kasher, A. (1972). ‚Sentences and utterances reconsidered'. *Foundations of Language* 8. 313–45.

Katz, J. J. (1964). ‚Analyticity and contradiction in natural language'. In Fodor & Katz (1964: 519–43).

Katz, J. J. (1966). *The Philosophy of Language.* New York: Harper & Row. Dt. Übers.: *Philosophie der Sprache.* Frankfurt: Suhrkamp, 1969, 1971.

Katz, J. J. (1972). *Semantic Theory.* New York: Harper & Row.

Katz, J. J. & Fodor, J. A. (1963). ‚The structure of a semantic theory'. *Language* 39. 170–210. (Reprinted in Fodor & Katz, 1964: 479–518.)

Kay, P. (1975). ‚Synchronic variability and diachronic change in basic color terms'. *Language in Society* 4. 257–70.

Keenan, E. L. (ed.) (1975). *Formal Semantics of Natural Language.* London & New York: Cambridge University Press.

Key, M. R. (1975). *Paralanguage and Kinesics.* Metuchen, N. J.; Scarecrow.

Kiefer, F. (1966). ‚Some semantic relations in natural language'. *Foundations of Language* 2. 228–40.

Kiefer, F. (ed.) (1969). *Studies in Syntax and Semantics.* Dordrecht: Reidel.

Koerner, E. F. K. (1972). *Contribution au Débat Post-Saussurien sur le Signe Linguistique.* The Hague: Mouton.

Korzybski, A. (1933). *Science and Sanity.* Lancaster, Pa.: International Non-Aristotelian Library.

Koziol, H. (1967). *Grundzüge der Englischen Semantik*. Wien & Stuttgart: Braumüller.

Kripke, S. A. (1963). ‚Semantical considerations on modal logic'. *Acta Philosophica Fennica* 16. 83–94. (Reprinted in Linsky, 1971: 63–72.)

Kronasser, H. (1952). *Handbuch der Semasiologie*. Heidelberg: Winter.

Kühlwein. W. (1967). *Die Verwendung der Feindseligkeitsbezeichnungen in der Altenglischen Dichtersprache*. Neumünster: Karl Wachholtz.

Kunjunni Raja, K. (1963). *Indian Theories of Meaning*. Madras: Adyar Library and Research Centre.

Kuryłowicz, J. (1936). ‚Dérivation lexicale et dérivation syntaxique'. *Bulletin de la Société de Linguistique de Paris* 37. 79–92. (Reprinted in Hamp *et al.*, 1966: 42–50.)

Kuryłowicz, J. (1960). ‚La position linguistique du nom propre'. In *Esquisses Linguistiques*, pp. 182–92. Wrocław-Krakow: Wydawnictwo Polskieij Akademii Nauk, (Reprinted in Hamp *et al.*, 1966: 362–70.)

Ladefoged, P. (1971). *Preliminaries to Linguistic Phonetics*. Chicago: University of Chicago Press.

Lamb, S. M. (1964). ‚The sememic approach to structural semantics'. In Romney & D'Andrade (1964: 57–78).

Langer, S. K. (1942). *Philosophy in a New Key*. Cambridge, Mass.: Harvard University Press.

Latacz, J. (1966). *Zum Wortfeld ‚Freude' in der Sprache Homers*. Heidelberg: Winter.

Laver, J. (1968). ‚Voice quality and indexical information'. *British Journal of Disorders of Communication* 3. (1) 43–54.

Laver, J. (1970). ‚The production of speech'. In Lyons (1970: 53–75).

Laver, J. (1975). ‚Communicative functions of phatic communion'. In A. Kendon *et al.* (eds.) *The Organization of Behavior in Face-to Face Communication*. The Hague: Mouton.

Laver, J. (1976). ‚Language and nonverbal communication'. In E. C. Carterette & M. P. Friedman (eds.) *Language and Speech (Handbook of Perception,* vol. 7). New York: Academic Press. Kap. 10: 345–361.

Laver, J. (in Vorbereitung). *The Phonetic Description of Voice Quality*. London & New York: Cambridge University Press.

Laver, J. & Hutcheson, S. (eds.) (1972) *Communication in Face to Face Interaction*. Harmondsworth: Penguin.

Lawler, J. (1972). ‚Generic to a fault'. In *Papers from the Eighth Regional Meeting Chicago Linguistic Society*. Chicago Linguistic Society.

Leech, G. N. (1969). *Towards a Semantic Description of English*. London: Longmans.

Leech, G. N. (1974). *Semantics*. Harmondsworth: Penguin.

Lehrer, A. (1974). *Semantic Fields and Lexical Structure*. Amsterdam & London: North Holland & New York: American Elsevier.

Lehrer, A. & Lehrer K. (eds.) (1970) *Theory of Meaning*. Englewood Cliffs, N. J.: Prentice-Hall.

Leibniz, G. W. von (1704). ‚Table de définitions'. In Louis Couturat (ed.) (1903). *Opuscules et Fragments Inédits de Leibniz*. Paris: 437–510.

Leisi, E. (1953). *Der Wortinhalt*. Heidelberg: Winter. (3. Aufl. 1967).

Lenneberg, E. H. (1967). *The Biological Foundations of Language*. New York: Wiley.

Leontjev, A. A. (ed.) (1971). *Semantičeskaja Strucktura Slova*. Moskva: Izd. ,Nauka'.

Lepschy, G. C. (1966). *La Linguistica Strutturale*. Torino: Einaudi. Engl. Ausg.: *A Survey of Structural Linguistics*. London: Faber, 1970.

Lévi-Strauss, C. (1958). *Anthropologie Structurale*. Paris: Plon. Dt. Übers.: *Strukturale Anthropologie*. Frankfurt: Suhrkamp, 1958, 1967, 1971.

Lewis, C. I. (1943). ,The modes of meaning'. *Philosophy and Phenomenological Research* 4. 236–50. (Reprinted in Linsky, 1952.)

Lewis, D. (1969). *Convention*. Cambridge, Mass.: Harvard University Press.

Lewis, D. (1972). ,General Semantics'. In Davidson & Harman (1972: 169–218).

Lewis, D. (1975). ,Adverbs of quantification'. In Keenan (1975: 3–15).

Lieberman, P. (1973). ,On the evolution of language: a unified view'. *Cognition* 2. 59–94.

Linsky, L. (1950). ,On using inverted commas'. *Methodos* 2. 232–36. (Reprinted in Zabeeh *et al.*, 1974: 106–16.)

Linsky, L. (ed.) (1952). *Semantics and the Philosophy of Language*. Urbana, Ill.: University of Illinois Press.

Linsky, L. (1967). *Referring*. London: Routledge & Kegan Paul.

Linsky, L. (ed.) (1971). *Reference and Modality*. London: Oxford University Press.

Ljung, M. (1974). ,Some remarks on antonymy'. *Language* 50. 74–88.

Lounsbury, F. G. (1956). ,A semantic analysis of the Pawnee kinship usage.' *Language* 32. 158–94.

Lounsbury, F. G. (1964). ,The structural analysis of kinship semantics'. In H. G. Lunt (ed.) *Proceedings of the Ninth International Congress of Linguists* S. 1073–93. The Hague: Mouton.

Lyas, C. (ed.) (1971). *Philosophy and Linguistics*. London: Macmillan.

Lyons, J. (1963). *Structural Semantics*. Oxford: Blackwell.

Lyons, J. (1968). *Introduction to Theoretical Linguistics*. London & New York: Cambridge University Press.

Lyons, J. (ed.) (1970). *New Horizons in Linguistics*. Harmondsworth: Penguin.

Lyons, J. (1972). ,Human language'. In Hinde (1972: 49–85).

McCawley, J. (1971). ,Prelexical syntax'. In R. J. O'Brien (ed.) *Report of the Twenty-Second Annual Round Table Meeting on Linguistics and Language Studies*. Washington, D. C.: Georgetown University. (Reprinted in Seuren, 1974: 29–42.)

McIntosh, A. (1961). ,Patterns and ranges'. *Language* 37. 325–37.

McNeill, D. (1970). *The Acquisition of Language*. New York: Harper & Row.

McNeill, N. B. (1972). ,Colour and colour terminology': Review von Berlin & Kay (1969). *Journal of Linguistics* 8. 21–33.

Malinowski, B. (1926). ,The problem of meaning in primitive languages'. In der zweiten und allen nachfolgenden Auflagen von Ogden & Richards, *The Meaning of Meaning*.

Malinowski, B. (1935). *Coral Gardens and Their Magic,* vol. 2. London: Allen & Unwin. (Reprinted Bloomington, Ind: Indiana University Press, 1965.)

Malkiel, Y. (1959). ,Studies in irreversible binomials'. *Lingua* 8. 113–60. (Reprinted in Malkiel, 1968: 311–55.)

Malkiel, Y. (1968). *Essays on Linguistic Themes*. Oxford: Blackwell.

Malkiel, Y. (1974). Review of H. Geckeler *Zur Wortfelddiskussion* (1971). *Foundations of Language* 12. 271–85.

Malmberg, B. (1972). *Readings in Modern Linguistics*. The Hague: Mouton.

Martin, R. M. (1958). *Truth and Denotation*. Chicago: University of Chicago Press.

Martinet, A. (1957). ‚Arbitraire linguistique et double articulation'. *Cahiers Ferdinand de Saussure* 15. 105–16. (Reprinted in Hamp *et al.*, 1966: 371–8.)

Martinet, A. (1949). ‚La double articulation linguistique'. *Travaux du Cercle Linguistique de Copenhague* 5. 30–47.

Martinet, A. (1960). *Eléments de Linguistique Générale*. Paris: Colin.

Matoré, G. (1953). *La Méthode en Lexicologie*. Paris: Didier.

Matthews, P. H. (1972). *Inflectional Morphology*. Cambridge: Cambridge University Press.

Matthews, P. H. (1974). *Morphology*. London: Cambridge University Press.

Matthews, P. H. (1975). Review von Brown (1973). *Journal of Linguistics* 11. 322–43.

Meljčuk, I. A. (1974). *Opyt Teorii Lingvističeskikh Modelej „Smysl ↔ Tekst"*. Moskva: ‚Nauka'.

Mill, J. S. (1843). *A System of Logic*. London: Longmans.

Miller, G. A. (1951). *Language and Communication*. New York: McGraw Hill.

Miller, G. A. (ed.) (1968). *The Psychology of Communication*. Harmondsworth: Penguin.

Miller, G. A. (1972). ‚English verbs of motion: a case study in semantics and lexical memory'. In Melton, A. W. & Martin, E. (eds.) *Coding Processes in Human Memory*. Washington: Winston.

Miller, G. A. & Johnson-Laird, P. N. (1976). *Perception and Language*. Cambridge, Mass.: Harvard University Press & London: Cambridge University Press.

Minsky, M. (ed.) (1968). *Semantic Information Processing*. Cambridge, Mass.: M. I. T. Press.

Mohrmann, C., Sommerfelt, A., & Whatmough, J. (eds.) (1971). *Trends in European and American Linguistics* 1930–1960. Utrecht & Antwerp: Spectrum.

Moore, T. E. (ed.) (1973). *Cognitive Development and the Acquisition of Language*. New York & London: Academic Press.

Morris, C. W. (1938). *Foundations of the Theory of Signs*. In Neurath *et al.* (1939). (Reprinted in Morris, 1971.)

Morris, C. W. (1946). *Signs, Language and Behaviour*, Englewood Cliffs, N. J.: Prentice Hall. (Reprinted in Morris, 1971).

Morris, C. W. (1964). *Signification and Significance*. Cambridge, Mass.: M. I. T. Press. (Kapitel I reprinted in Morris, 1971.)

Morris, C. W. (1971). *Writings on the General Theory of Signs*. The Hague: Mouton.

Morris, Jan (= James) (1974). *Conundrum*. London: Faber.

Morton, J. (ed.) (1971). *Biological and Social Factors in Psycholinguistics*. London: Logos.

Mounin, G. (1963). *Les Problèmes Théoriques de la Traduction*. Paris: Gallimard.

Mounin, G. (1970). *Introduction à la Sémiologie*. Paris: Éditions de Minuit.

Mounin, G. (1974). Review von Hinde (1972). *Journal of Linguistics* 10. 201–6.

Mulder, J. & Hervey, S. (1972). *Theory of the Linguistic Sign*. The Hague: Mouton.

Nash, W. (1971). *Our Experience of Language*. London: Batsford.

Neurath, O., Carnap, R. & Morris, C. (eds.) (1939). *Encyclopedia of Unified Science*.

2. Aufl., Chicago: University of Chicago Press. (Kombinierte Ausgabe von: *Foundations of the Unity of Science*. vol. 1.2.)

Nida, E. A. (1951). ‚A system for the description of semantic elements‘. *Word* 7. 1–14.

Nida, E. (1964). *Toward a Science of Translating*. Leiden: Brill.

Nida, E. (1975). *Exploring Semantic Structures*. München: Fink.

Nida, E. A. & Taber, C. R. (1969). *The Theory and Practice of Translation*. Leiden: Brill.

Nöth, W. (1975). *Semiotik: Eine Einführung mit Beispielen für Reklameanalysen*. Tübingen: Niemeyer.

Ogden, C. K. (1932). *Opposition*. London. (Repr. mit einer neuen Einleitung von I. A. Richards, Bloomington, Ind.: Indiana University Press 1967.)

Ogden, C. K. (1968). *Basic English: International Second Language*. (Eine revidierte und erweiterte Ausgabe von *The System of Basic English*, vorbereitet von E. C. Graham.) New York: Harcourt Brace.

Ogden, C. K. & Richards, I. A. (1923). *The Meaning of Meaning*. 1. Aufl., London. Routledge & Kegan Paul. Dt. Übers.: *Die Bedeutung der Bedeutung*. Frankfurt: Suhrkamp, 1974.

Öhman, S. (1951). Wortinhalt und Weltbild. Stockholm: Almqvist & Wiksell.

Öhman, S. (1953). ‚Theories of the linguistic field‘. *Word* 9. 123–34.

Oksaar, E. (1958). *Semantische Studien im Sinnbereich der Schnelligkeit*. Stockholm: Almqvist & Wiksell.

Oldfield, R. C. & Marshall, J. C. (eds.) (1968). *Language*. Harmondsworth: Penguin.

Olshewsky, T. M. (ed.) (1969). *Problems in the Philosophy of Language*. New York: Holt, Rinehart & Winston.

Orr, J. (1962). *Three Studies on Homonymics*. Edingburgh: Edinburgh University Press.

Osgood, C. E. (1953). *Method and Theory in Experimental Psychology*. London & New York: Oxford University Press.

Osgood, C. E. & Sebeok, T. (eds.) (1954). *Psycholinguistics*. Bloomington: Indiana University Press.

Osgood, C. E., Suci, G. J. & Tannenbaum, P. H. (1957). *The Measurement of Meaning*. Urbana, Ill.: University of Illinois Press.

Palmer, F. R. (ed.) (1968). *Selected Papers of J. R. Firth, 1952–59*. London: Longmans & Bloomington, Ind.: Indiana University Press.

Palmer, F. R. (ed.) (1970). *Prosodic Analysis*. London: Oxford University Press.

Palmer, F. R. (1976). *Semantics: A New Outline*. Cambridge: Cambridge University Press.

Parisi, D. (1972). *Il Linguaggio Come Processo Cognitivo*. Torino: Boringhieri.

Parkinson, G. H. R. (ed.) (1968). *The Theory of Meaning*. London: Oxford University Press.

Partee, B. (Hall). (1972). ‚Opacity, coreference and pronouns‘. In Davidson & Harman (1972: 415–41).

Partee, B. (Hall). (1975). ‚Deletion and variable binding‘. In Keenan (1975: 16–34).

Passmore, J. (1957). *A Hundred Years of Philosophy*. London: Duckworth & New York: Basic Books, 1966.

Pedersen, H. (1931). *Linguistic Science in the Nineteenth Century. Methods and Re-*

sults. (Übers. aus dem Dänischen.) Cambridge, Mass.: Harvard University Press. (Wiederveröffentlicht als *The Discovery of Language. Linguistic Science in the Nineteenth Century.* Bloomington, Ind.: Indiana University Press, 1962.)

Peirce, C. S. (1931–58). *Collected Papers,* vols. 1–8, hrsg. von C. Hartshorne & P. Weiss. Cambridge, Mass.: Harvard University Press.

Peirce, C. S. (1940). *The Philosophy of Peirce: Selected Writings,* hrsg. von J. Buchler. London.

Piaget, J. (1932). *Le Langage et la Pensée chez l'Enfant.* Neufchâtel & Paris.

Pike, K. L. (1948). *Tone Languages.* Ann Arbor: University of Michigan.

Pike, K. L. (1967). *Language in Relation to a Unified Theory of the Structure of Human Behavior.* 2. Aufl., The Hague: Mouton.

Popper, K. (1968). *The Logic of Scientific Discovery,* 2. überarb. Aufl. New York: Harper & Row.

Porzig, W. (1934). ‚Wesenhafte Bedeutungsbeziehungen'. *Beiträge zur Geschichte der deutschen Sprache und Literatur* 58. 70–97.

Porzig, W. (1950). *Das Wunder der Sprache.* Bern: Francke.

Pottier, B. (1964). ‚Vers une semantique moderne'. *Travaux de linguistique et de literature* 2. 107–37.

Pottier, B. (1974). *Linguistique Générale.* Paris: Klincksieck.

Premack, D. (1971). ‚Language in a chimpanzee?' *Science* 172. 808–22.

Premack, A. (1975). *Chimps who can Read.* New York: Harper & Row.

Prieto, L. J. (1964). *Principes de Noologie.* The Hague: Mouton.

Prieto, L. J. (1966). *Messages et Signaux.* Paris: Presses Universitaires de France. (2. Aufl. 1970.)

Prior, A. N. (1962). *Formal Logic,* 2. Aufl. Oxford: Clarendon Press.

Putnam, H. (1975). *Mind, Language & Reality.* London & New York: Cambridge University Press.

Quadri, B. (1952). *Aufgaben und Methoden der Onomasiologischen Forschung.* Romanica Helvetica, 37. Bern.

Quillian, M. R. (1966). ‚Semantic memory'. In Minksy (1968).

Quine, W. V. O. (1940). *Mathematical Logic.* Cambridge, Mass.: Harvard University Press.

Quine, W. V. O. (1951). ‚Two dogmas of empriricism'. *Philosophical Review* 60. 20–43. (Reprinted in Quine, 1953: 20–46; Olshewsky, 1969: 398–417; Zabeeh et al., 1974: 584–610.)

Quine, W. V. O. (1953). *Form a Logical Point of View.* Cambridge, Mass.: Harvard University Press.

Quine, W. V. O. (1960). *Word and Object.* Cambridge, Mass.: M. I. T. Press.

Quine, W. V. O. (1966). *The Ways of Paradox.* New York: Random House.

Quine, W. V. (1969). ‚Reply to Chomsky'. In Davidson & Hintikka (1969: 302–11).

Quine, W. V. O. (1970). *Philosophy of Logic.* Englewood Cliffs, N. J.: Prentice Hall. Dt. Übers.: *Philosophie der Logik.* Stuttgart: Kohlhammer, 1973.

Quirk, R. & Svartvik, J. (1966). *Investigating Linguistic Acceptability.* The Hague: Mouton.

Reichenbach, H. (1947). *Elements of Symbolic Logic.* London & New York: Macmillan.

Robey, D. (ed.) (1973). *Structuralism: An Introduction.* Oxford: Clarendon Press.

Robins, R. H. (1967). *A Short History of Linguistics.* London: Longmans.

Roget, P. M. (1852). *Thesaurus of English Words and Phrases.* London. (Gekürzt und überarbeitet, mit Ergänzungen von J. L. Roget & S. R. Roget. Harmondsworth, Middlesex: Penguin, 1953.)

Romney, A. K. & D'Anrade, R. G. (eds.) (1964). *Transcultural Studies in Cognition.* (Sonderveröffentlichung von *American Anthropologist* 66, no. 3, pt 2. June 1964.)

Rorty, R. (ed.) (1967). *The Linguistic Turn.* Chicago: University of Chicago Press.

Rosch, E. H. (= Heider, E. R.) (1973 a). ‚On the internal structure of perceptual and semantic categories.‘. In Moore (1973: 111–44).

Rosch, E. H. (1973 b). ‚Natural categories‘. *Cognitive Psychology.* 4. 328–50.

Rossi, I. (ed.) (1974). *The Unconscious in Culture: The Structuralism of Lévi-Strauss in Perspective.* New York: Dutton.

Roulet, E. (1975). *F. de Saussure: Cours de Linguistique Générale.* Paris: Hatier.

Russell, B. (1905). ‚On denoting‘. *Mind* 14. 479–93. (Reprinted in Feigl & Sellars, 1949: 103–15.)

Russell, B. (1940). *An Inquiry into Meaning and Truth.* London: Allen & Unwin.

Russell, B. (1949). *A Critical Exposition of the Philosophy of Leibniz.* London: Allen & Unwin.

Ryle, G. (1949). *The Concept of Mind.* London: Hutchinson. (Reprinted Harmondsworth: Penguin Books, 1964.)

Ryle, G. (1957). ‚The theory of meaning‘. In C. A. Mace (ed.) *British Philosophy in the Mid-Century.* London: Allen & Unwin, 1957. (Reprinted in Zabeeh *et al.,* 1974: 219–44; Olshewsky, 1969: 131–50.)

Salmon, V. G. (1966). ‚Language-planning in seventeenth-century England‘. In Bazell *et al.* (1966: 370–97).

Salomon, L. B. (1966). *Semantics and Common Sense.* New York: Holt, Rinehart & Winston.

Sampson, G. (1975). *The Form of Language.* London: Weidenfeld & Nicolson.

Sapir, E. (1921). *Language.* New York: Harcourt, Brace & World. Dt. Übers.: *Die Sprache. Eine Einführung in das Wesen der Sprache.* München: Hueber, 1961, 2. unveränd. Aufl. 1972.

Sapir, E. (1944). ‚Grading: a study in semantics‘. *Philosophy of Science* 2. 93–116. (Reprinted in Sapir, 1949.)

Sapir, E. (1949). *Selected Writings in Language, Culture and Personality,* hrsg. von D. G. Mandelbaum. Berkeley: University of California Press.

Saussure, F. de (1879). *Mémoire sur le Système Primitif de Voyelles dans les Langues Indo-Européennes.* Leipzig. (Reprinted in *Recueil des Publications Scientifiques de F. de Saussure.* Genève & Heidelberg, 1922.)

Saussure, F. de (1916). *Cours de Linguistique Générale.* Paris: Payot. Dt. Übers.: *Grundfragen der allgemeinen Sprachwissenschaft.* 2. Aufl. Berlin: de Gruyter, 1967.

Saussure, F. de (1967–71). *Cours de Linguistique Générale: Édition Critique,* par Rudolf Engler. Wiesbaden: Harrassowitz.

Schaff, A. (1960). *Wstęp do Semantyki.* Warszawa. Engl. Übers.: *Introduction to Semantics.* London: Pergamon, 1962. Dt. Übers.: *Einführung in die Semantik.* Frankfurt, Wien. 1966, 1969.

Schaff, A. (1964). *Język a Poznanie.* Warszawa.

Schaff, A. (1969). ‚A Marxist formulation of the problem of semantics'. (Aus der engl. Übers. von Schaff, 1960.) In Olshewsky (1969: 101–11).

Schank, R. C. (1975). *Conceptual Information Processing.* Amsterdam: North-Holland.

Schiffer. S. (1972). *Meaning.* Oxford: Oxford University Press.

Schilpp, P. A. (ed.) (1963). *The Philosophy of Rudolph Carnap.* La Salle, Ill.: Open Court.

Schmitt, F. O. & Worden, F. G. (eds.) (1974). *The Neurosciences: Third Study Programm.* Cambridge, Mass. und London: M. I. T. Press.

Schoenfield, J. R. (1967). *Mathematical Logic.* London: Addison-Wesley.

Searle, J. R. (1958), ‚Proper names'. *Mind* 67. 166–73.

Searle, J. R. (1969). *Speech Acts.* London & New York: Cambridge University Press. Dt. Übers.: *Sprechakte. Ein sprachphilosophischer Essay.* Frankfurt: Suhrkamp, 1971.

Searle, J. R. (ed.) (1971). *The Philosophy of Language.* London: Oxford University Press.

Sebeok, T. A. (ed.) (1960). *Style in Language.* Cambridge, Mass.: M. I. T. Press.

Sebeok, T. A. (ed.) (1968). *Animal Communication.* Bloomington, Ind.: Indiana University Press.

Sebeok. T. A. (ed.) (1974). *Current Trends in Linguistics,* vol. 12. The Hague: Mouton.

Sebeok, T. A. & Ramsay, A. (eds.) (1969). *Approaches to Animal Communication.* The Hague: Mouton.

Seiffert, L. (1968). *Wortfeldtheorie und Strukturalismus.* Stuttgart: Kohlhammer.

Seuren, P. (ed.) (1974). *Semantic Syntax.* London: Oxford University Press.

Shannon, C. E. & Weaver, W. (1949). *The Mathematical Theory of Communication.* Urbana, Ill.: University of Illinois Press.

Sinclair, H. (= Sinclair-de-Zvart, H.) (1971). ‚Sensorimotor action patterns as a condition for the acquisition of syntax'. In Huxley & Ingram (1971).

Sinclair, H. (1973). ‚Language acquisition and cognitive development'. In Moore (1973: 9–25).

Skinner, B. F. (1957). *Verbal Behavior.* New York: Appleton Crofts.

Slobin, D. I. (ed.) (1971). *The Ontogenesis of Grammar.* New York & London: Academic.

Smith, A. G. (ed.) (1966). *Communication and Culture.* New York: Holt, Rinehart & Winston.

Smith, N. V. (1975). ‚On generics'. *Transactions of the Philological Society 1975.*

Sommer, R. (1969). *Personal Space.* Englewood Cliffs, N. J.: Prentice-Hall.

Sørensen, H. S. (1963). *The Meaning of Proper Names.* Copenhagen: Gad.

Spang-Hanssen, H. (1954). *Recent Theories of the Nature of the Linguistic Sign. Travaux du Cercle Linguistique de Copenhague,* 9. Kopenhagen.

Spang-Hanssen, H. (1961). ‚Glossematics'. In Mohrmann *et al.* (1961: 128–64).

Sperber, H. (1930). *Einführung in die Bedeutungslehre.* 2. Aufl. Bonn, Leipzig. (3. Aufl. Bonn, 1965.)

Spradley, J. P. (ed.) (1972). *Culture and Cognition.* San Francisco, London & Toronto: Chandler.

Stampe, D. W. (1968). ‚Towards a grammar of meaning‘. *Philosophical Review* 77. 137–74 (Reprinted in Harman, 1974.)

Steinberg, D. D. & Jakobovits, L. A. (eds.) (1971). *Semantics*. London & New York: Cambridge University Press.

Steiner, G. (1975). *After Babel: Aspects of Language and Translation*. London: Oxford University Press.

Stern, G. (1931). *Meaning and Change of Meaning*. Gothenburg. (Reprinted, Bloomington, Ind.: Indiana University Press, 1964)

Stevenson, C. L. (1944). *Ethics and Language*. New Haven, Conn.: Yale University Press.

Strawson, P. F. (1950). ‚On referring‘. *Mind* 59. 320–44. (Reprinted in Flew, A. (ed.) (1956) *Essays in Conceptual Analysis*. London: Macmillan; Caton, 1963: 162–93; Strawson, 1971; Olshewsky, 1969; Zebeeh et al., 1974.)

Strawson, P. F. (1952). *Introduction to Logical Theory*. London: Methuen.

Strawson, P. F. (1959). *Individuals*. London: Methuen.

Strawson, P. F. (1964). ‚Intention and convention in speech acts‘. *Philosophical Review* 73. 439–60. (Reprinted in Searle, 1971 and Strawson, 1971.)

Strawson, P. F. (1971). *Logico-Linguistic Papers*. London: Methuen.

Strevens, P. D. (ed.) (1966). *Five Inaugural Lectures*. London: Oxford University Press.

Stroll, A. (ed.) (1967). *Epistemology*. New York & London: Harper & Row.

Sturtevant, E. H. (1917). *Linguistic Change. An Introduction to the Historical Study of Language*. Chicago: University of Chicago Press. (Neu aufgelegt und mit einem neuen Vorwort versehen von Eric P. Hamp, Chicago: University of Chicago Press (Phoenix Books), 1961.)

Sturtevant, W. C. (1964). ‚Studies in ethnoscience‘. In Romney & d'Anrade (1964: 99–131).

Tarski, A. (1935). ‚Der Wahrheitsbegriff in den formalisierten Sprachen‘. *Studia Philosophica* 1. 261–405. Engl. Übers. in Tarski (1956).

Tarski, A. (1944). ‚The semantic conception of truth‘. *Philosophy and Phenomenological Research* 4. 341–75. (Reprinted in Tarski, 1956; Olshewsky, 1969; Zabeeh *et al.*, 1974.)

Tarski, A. (1956). *Logic, Semantics, and Metamathematics*. London: Oxford University Press.

Thorpe, W. H. (1972). ‚The comparison of vocal communication in animals and man‘. In Hinde (1972: 27–47).

Trier, J. (1931). *Der Deutsche Wortschatz im Sinnbezirk des Verstandes*. Heidelberg: Winter.

Trier, J. (1934). ‚Das sprachliche Feld. Eine Auseinandersetzung‘. *Neue Jahrbücher für Wissenschaft und Jugendbildung* 10. 428–49.

Trier, J. (1938), ‚Über die Erforschung des menschenkundlichen Wortschatzes‘. *Actes du IVème Congrès International des Linguistes*, S. 92–7. Copenhague: Munksgaard. (Reprinted in Hamp *et al.*, 1966: 90–95.)

Trubetzkoy, N. S. (1939). *Grundzüge der Phonologie*. Prague: Cercle Linguistique de Prague. (Franz. Ausg.: *Principes de Phonologie*. Paris: Klincksieck, 1949.)

Turner, V. W. (1969). *The Ritual Process*. Chicago: Aldine.

Tyler, S. A. (ed.) (1969). *Cognitive Anthropology*. New York: Holt, Rinehart & Winston.

Uldall, H. J. (1944), ‚Speech and writing'. *Acta Linguistica* 4. 11–16. (Reprinted in Hamp *et al.*, 1966: 147–51.)

Uldall, H. J. (1957). *Outline of Glossematics*. *Travaux de Cercle Linguistique de Copenhague*, 10. Copenhagen.

Ullmann, S. (1957). *The Principles of Semantics*, 2. Aufl. Glasgow: Jackson & Oxford: Blackwell. Dt. Übers.: *Grundzüge der Semantik*. Berlin: de Gruyter 1967, 1972.

Ullmann, S. (1962). *Semantics*. Oxford: Blackwell & New York: Barnes & Noble. Dt. Übers.: *Semantik*. Frankfurt: Fischer, 1973.

Ullmann, S. (1972). ‚Semantics'. In T. A. Sebeok (ed.), *Current Trends in Linguistics*, vol. 9: *Linguistics in Western Europe*. The Hague: Mouton.

Ullmann, S. (1973). *Meaning and Style*. Oxford: Blackwell.

Urban, W. (1939). *Language and Reality*. London: Allen & Unwin.

Urmson, J. O. (1956). *Philosophical Analysis*. Oxford: Clarendon Press.

Vachek, J. (1945/9). ‚Some remarks on writing and phonetic transcription'. *Acta Linguistica* 5. 86–93. (Reprinted in Hamp *et al.*, 1966: 152–7.)

Vachek, J. (ed.) (1964). *A Prague School Reader in Linguistics*. Bloomington, Indiana: Indiana University Press.

Vackek, J. (1966). *The Linguistic School of Prague*. Bloomington: Indiana University Press.

Van Gennep, A. (1909). *Les Rites de Passage*. Engl. Übers.: *The Rites of Passage*. Chicago: University of Chicago Press, 1961.

Vossler, K. (1932). *The Spirit of Language in Civilization*. London: Routledge & Kegan Paul.

Waismann, F. (1965). *The Principles of Linguistic Philosophy*. London: Macmillan. Dt. Übers.: *Logik, Sprache, Philosophie*. Stuttgart, 1976.

Wallace, A. F. C. & Atkins, J. (1960). ‚The meaning of kinship terms'. *American Anthropologist* 62. 58–80.

Warnock, G. J. (1958). *English Philosophy Since 1900*. London: Oxford University Press.

Watson, J. B. (1924). *Behaviorism*. New York.

Weaver, W. (1949). ‚The mathematics of communication' (aus *Scientific American* 181 (1): 11–15). In Smith (1966): 15–24.

Weinreich, U. (1963). ‚On the semantic structure of language'. In J. Greenberg (ed.) *Universals of Language*. Cambridge, Mass.: M. I. T. Press, 1963.

Weinreich, U. (1966). ‚Explorations in semantic theory'. In T. A. Sebeok (ed.), *Current Trends in Linguistics*, vol. 3. The Hague: Mouton. Dt. Übers.: *Erkundungen zur Theorie der Semantik*. Tübingen, 1970.

Weisgerber, L. (1939). *Die volkhaften Kräfte der Muttersprache*. Frankfurt.

Weisgerber, L. (1950). *Von den Kräften der deutschen Sprache. II. Vom Weltbild der Deutschen Sprache*. Düsseldorf: Schwann.

Weisgerber, L. (1954). ‚Die Sprachfelder in der geistigen Erschließung der Welt'. In *Festschrift ... Trier*. Meisenheim: Hain. 1954: 34–49.

Weiss, A. P. (1925). *A Theoretical Basis of Human Behavior*. Columbus, Ohio.

Westcott, R. W. (1971). ‚Linguistic iconism'. *Language* 47. 416–28.

Whitaker, H. (1971). *On the Representation of Language in the Human Brain*. Edmonton, Alberta: Linguistic Research.

Whorf, B. L. (1956). *Language, Thought and Reality: Selected Writings of Benjamin Lee Whorf,* hrsg. von J. B. Carroll. New York: Wiley.

Wiener, P. P. & Young, F. H. (eds.) (1952). *Studies in the Philosophy of Charles Sanders Peirce.* Cambridge. Mass.: Harvard University Press.

Wierzbicka, A. (1972). *Semantic Primitives.* Frankfurt: Athenäum.

Wiggins, D. (1967). *Identity and Spatio-Temporal Continuity.* Oxford: Blackwell.

Wilkins, J. (1668). *An Essay Towards a Real Character and a Philosophical Language.* London.

Winograd, T. (1975). ‚Frame representations and the declarative procedural controversy'. In Bobrow & Collins (1975: 185–210).

Wittgenstein, L. (1953). *Philosophical Investigations.* Oxford: Blackwell & New York: Macmillan.

Woods, W. A. (1975). What's in a link: foundations for semantic networks'. In Bobrow & Collins (1975: 35–82).

Wotjak, G. (1971). *Untersuchungen zur Struktur der Bedeutung.* Berlin: Akademie.

Wundt, W. (1912). *Völkerpsychologie,* 3. Aufl., Band 2. Leipzig.

Zabeeh, F., Klemke, E. D. & Jacobson, A. (1974). *Readings in Semantics.* Urbana, Chicago & London; University of Illinois Press.

Ziff, P. (1960). *Semantic Analysis.* Ithaca, N. Y.: Cornell University Press.

Zollinger, H. (1973). ‚Zusammenhänge zwischen Farbennennung und Biologie des Farbensehens beim Menschen'. *Vierteljahrschr. der Naturforsch. Gesellsch. in Zürich* 118. 227–55.

Zwicky, A. (1969). Review von Brown (1966). *Language* 45. 444–57.

Sachregister

Termini technici sind durch Sternchen (*) gekennzeichnet;
die Seiten, auf denen ein Terminus technicus eingeführt wird, sind kursiv gedruckt.

linguistischer Relativismus* s. Relativismus

linguistische Semantik* s. Semantik

Logik 130, 151, 152
– mathematische Logik 151, 152, 153
– symbolische Logik 152

logischer Atomismus* s. Atomismus

logisch folgen s. folgen

logischer Kalkül s. Kalkül

logischer Konnektor s. Konnektor

logische Konstante* s. Konstante

logisch möglich 178

logische Möglichkeit s. Möglichkeit

logisch notwendig 181

logische Notwendigkeit* s. Notwendigkeit

logischer Positivismus* s. Positivismus

logisches Prädikat s. Prädikat

logische Semantik s. Semantik

logisch unmöglich 178, 183

logische Wahrscheinlichkeit s. Wahrscheinlichkeit

Lokalismusthese* 292

Lücke
– lexikalische Lücke 311ff.

makrolinguistische Semantik* s. Semantik

mand* 142, 143, 145

Marker* 337, 338, 343

markiert 315, 316, 317, 318, 321, 333

Markiertheit* 315

Markierung* 315, 316, 317
– distributionelle Markierung 317
– formale Markierung* 315, 316, 317
– semantische Markierung* 317, 320, 321

materiale Äquivalenz s. Äquivalenz

materialer Sinn s. Sinn

materielle Implikation s. Implikation

mathematische Logik s. Logik

Matrixlücke 311

Medium* 50, 67, 68, 81, 82, 83, 90, 92, 100, 101, 103, 350
– graphisches Medium* 82
– phonisches Medium* 82

Mediumübertragbarkeit* 101

mehrfache Quantifikation* s. Quantifikation

mehrstellig 162, 165

mehrstelliges Prädikat s. Prädikat

mehrwertiges System* s. System

Menge
– seriell geordnete Menge* 298, 299
– zyklisch (geordnete) Menge 298, 299, 300

Mengentheorie 167

menschliche nichtverbale Kommunikation s. Kommunikation

menschliches Signalsystem s. Signalsystem

menschliches Verhalten s. Verhalten

mentaler Begriff* s. Begriff

Mentalismus* 133, 136, 139, 352

Merkmal* 333
– distinktives Merkmal* 244, 256, 350
– paralinguistisches Merkmal 225
– parasprachliches Merkmal* 72, 75, 76, 77, 79, 83, 92, 103, 121
– prosodisches Merkmal* 72, 74, 75, 76, 83, 92, 351
– semantisches Merkmal 327
– stimmliches Merkmal 75
– suprasegmentales Merkmal* 351
– unterscheidendes Merkmal* 337, 338, 342, 343
– verbales Merkmal* 72

Merkmalsnotation* 332

Metapher* 275

metaphorische Bedeutung* s. Bedeutung

Metasprache* 24, 25, 26, 39, 68, 177, 180, 181

metasprachlich 24, 25, 26, 66, 68, 181

mikrolinguistische Semantik* s. Semantik

Modalität* 176, 183

Modell* 184, 185

modelltheoretische Semantik* s. Semantik

Modulation* 79
– parasprachliche Modulation* 76
– prosodische Modulation* 76

modulieren 80

mögliche Welt s. Welt

Namenregister

SPRACHWISSENSCHAFT IM VERLAG C. H. BECK

John Lyons
Einführung in die moderne Linguistik
Aus dem Englischen von Werner und Gerda Abraham
Für den deutschen Leser eingerichtet von Werner Abraham
5., unveränderte Auflage. 1980.
XXI, 538 Seiten mit 35 Abbildungen und Tabellen im Text
Paperback (Beck'sche Elementarbücher)

Frank Palmer
Semantik
Eine Einführung. Aus dem Englischen übertragen
und für den deutschen Leser eingerichtet von Christoph Gutknecht
1977. 160 Seiten. Paperback (Beck'sche Elementarbücher)

Christiane und Ota Weinberger
Logik, Semantik, Hermeneutik
Eine Einführung. 1979. 231 Seiten mit Abbildungen
und Tabellen. Paperback (Beck'sche Elementarbücher)

Uriel Weinreich
Sprachen in Kontakt
Ergebnisse und Probleme der Zweisprachigkeitsforschung
Mit einem Vorwort von André Martinet
Herausgegeben und mit einem Nachwort zur deutschen Ausgabe versehen
von A. de Vincenz. Aus dem Englischen von Jörg Kohlhase
1977. 281 Seiten. Paperback (Beck'sche Elementarbücher)

Matthias Hartig/Robert I. Binnick
Grammatik und Sprachgebrauch
Neue Ansätze der Sprachverhaltensforschung
1978. 171 Seiten. Paperback (Beck'sche Elementarbücher)

Frank Palmer
Grammatik und Grammatiktheorie
Eine Einführung in die moderne Linguistik
Aus dem Englischen von Christoph Gutknecht
1974. 184 Seiten. Paperback (Beck'sche Elementarbücher)